地球の歩き方 C12 ●2024～2025年版

ゴールドコースト&ケアンズ
グレートバリアリーフ　ハミルトン島

Gold Coast & Cairns
Great Barrier Reef　Hamilton Island

JN050400

地球の歩き方 編集室

Gold Coast & Cairns CONTENTS

出発前に必ずお読みください！　旅のトラブルと安全対策…388

168　ケアンズ

296　ハミルトン島と
グレートバリアリーフ

353 旅の準備と技術

巻末【別冊付録】
ブリスベン＆クイーンズランド ガイド

Brisbane

Column & Topics

■ 本書で用いられる記号・略号

MAP ..... 表示物件の地図位置

住 .... 住所

電 .... 電話番号

FREE ..... 無料電話番号

FREE ..... 日本の無料電話番号

FAX ...... ファクス番号

URL ...... ウェブサイトの URL
（https:// もしくは http:// は省略）

Email .... e メールアドレス

開 .... 開館時間

営 .... 営業時間

休 .... 休業日

時 .... ツアー＆アクティビティ
開始・終了時間および所要時間

料 .... 料金

CC .... 利用可能クレジットカード

　　　　A：アメックス

　　　　D：ダイナースクラブ

　　　　J：JCB

　　　　M：マスターカード

　　　　V：ビザカード

● **ツアー＆アクティビティ、テーマパークなどの料金において**

大人 大人料金　**子供** 子供料金

家族 通常大人 2 人＋子供 2 人の家族割引料金

● **レストランのデータにおいて**

予約 ...... 予約の必要性の有無

予算 ...... レストランの予算

　　　　B：朝食

　　　　L：ランチ

　　　　D：ディナー

酒 .... 酒類ライセンスの有無および BYO の可否

ドレス ..... レストランにおけるドレスコード

● **ホテルのデータにおいて**

WiFi ...... Wi-Fi 設備の無料／有料

宿泊料金は特に断りのないかぎりふたり 1 室のもの。なおコンドミニアムに関しては、

1B 1 ベッドルーム／**2B** 2 ベッドルーム／**3B** 3 ベッドルームの料金となる

■ ワイルドライフハビタット
住 Port Douglas Rd., Port Douglas, 4871
電 (07)4099-3235
URL www.wildlifehabitat. com.au
開 毎日 8:00 ～ 16:00
休 クリスマスデー
料 大人 $43 子供 $26 家族 $112
※入園料は初回入園から 3 日間有効
※動物と 4 パークパスもあり
（→ P.211 欄外）
●コアラ記念写真
時 10:45 ～
料 コアラと一緒 $24、コアラを抱って $29
●鳥と朝食（入園券付き）
時 7:45 ～ 9:00
料 大人 $77 子供 $50 家族 $237
●スイム・ウィズ・ソルティー（入園券付き）
時 10:00、11:30、12:45、13:30
料 1 人 $181、2 人 $279、3 人 $414、4 人 $544
●ワイルドナイト・ノクターナルツアー
時 18:00 ～ 20:00（催行日は要確認／時間は季節により多少異なる）
料 大人 $46 子供 $33 家族 $125

熱帯雨林の中で動物と触れ合う　MAP P.199 右

ワイルドライフハビタット
The Wildlife Habitat

ポートダグラスの町の入口に位置するワイルドライフハビタットは、うっそうとした熱帯雨林や湿地、草地などを園内に再現し、そこに生きる動物たち本来の姿を見てもらえるよう考えられた動物園だ。運営にウェットトロピックス管理機構が協力していることからも、その施設の充実ぶりがわかるだろう。園内には140 種を超える動物がおり、カンガルーやワラビー、カラフルな鳥などは放し飼い、さらに貴重なキノボリカンガルーの展示や小形夜行性動物の生態観察が楽しめる**ノクターナルハウス** Nocturnal House もある。

熱帯雨林にすむさまざまな種類の鳥が自由に飛び回る巨大エイビアリーをもつ**ウエットランド・ハビタットエリア** Wetland Habitat Area は必見。エイビアリー内に植えられた熱帯樹木の林冠部分（キャノピー）の様子も見られるようタワーも造られている。

エイビアリー内には熱帯の鳥がいっぱい

自然に近いかたちで、動物が飼われている

オリジナルアクセサリーを手に入れよう　MAP P.178/3A

インディビジュエル
● *Indivi Jewel*

オーストラリアヒスイ、サンゴ、パール、アクアマリン、水晶などさまざまな石を組み合わせてイヤリングやネックレス、ブレスレット、指輪などが作れる。もちろん日本人スタッフがいることも多く、デザインの相談も安心だ。デザインを決めてからできあがるまで 1 日程度（簡単なデザインなら当日受け渡しも可能）。

手ごろな値段でパールアクセサリーを手に入れるのもおすすめ

DATA
住 Shop 3, 72 Grafton St., Cairns, QLD 4870
電 (07)4041-5064
URL indivijewel.com.au
営 月　　金 10:00 ～ 16:30、土 9:00 ～ 15:45
休 日祝
CC MV

さまざまな石を組み合わせてお気に入りのアクセサリーを作る

ブロードビーチのおしゃれカフェといえば　MAP P.55/2B

ノーネームレーン・カフェ
● *No Name Lane Cafe*

ブロードビーチのペッパーズ・ブロードビーチの間を通る人気グルメエリア、オラクル・ブルバードにある。毎朝オフィスへ出かける前にここに立ち寄って、朝食やおいしいコーヒーを楽しむ地元の人がいっぱい。朝食メニューで人気なのはハニカムパンケーキ $21、アボカドと赤カブのセットトースト $20、エッグベネディクト $22 など。もちろんコーヒーメニューも充実している。

DATA
住 17-19 Elizabeth Ave., Broadbeach, QLD 4218
電 (07)5526-7666
URL www.facebook.com/NoNameLane
営 毎日 6:30 ～ 15:00（テイクアウェイは 6:00 ～ 16:00）
予約 不要　**予算** $10 ～ 30　**酒** なし
CC MV　**ドレス** カジュアル

ボリュームもあるハニカムパンケーキ

キュートでかわいいリゾートとして大評判　MAP P.54/1B

QT ゴールドコースト
★★★ ★★ ● *QT Gold Coast*

サーファーズパラダイス中心部から徒歩 7 ～ 8 分の所にある 22 階建てのホテル。サーファーズパラダイスのほかのホテルとは異なり、ホテル全体の雰囲気がカラフルで、キュートな感じいっぱい。部屋は明るくモダンで柔らしいファニチャーが印象的。ビューによって値段は違うが、どちらの客室にもバルコニーがあるので、海、山、すばらしい景色が楽しめる。

レストランは市場の雰囲気を取り入れたオープンキッチンのビュッフェレストラン、バザーのほか、本格的な日本料理の山玄、軽食や朝食が楽しめるフィックスカフェがある。ナイター設備付きのテニスコートやジム、プール、スパ Q ゴールドコースト（→ P.133）も揃う。

DATA
住 7 Staghorn Ave. (Cnr. Surfers Paradise Blvd.), Surfers Paradise, QLD 4217
電 (07)5584-1200
URL www.qthotels.com/gold-coast
料 S $339 ～ 530
CC ADJMV　**WiFi** 無料
日本での予約先：なし
日本語スタッフ：いない
客室 297 室

リゾート感たっぷりのプール

明るくキュートな雰囲気の客室

●地名用語の略記

St.	Street	**Drv.**	Drive
Sts.	Streets	**Cnr.**	Corner of ～
Rd.	Road		
Rds.	Roads	**Bldg.**	Building
Ave.	Avenue	**NP**	National Park
Tce.	Terrace		
Blvd.	Boulvard	**CP**	Conservation Park
Hwy.	Highway		
Mwy.	Motorway		

地図の記号

🏨	ホテル
🍴	レストラン
SC	ショッピングセンター
S	ショップ
♪	ナイトライフスポット
🏛	博物館／美術館
i	インフォメーション
⛳	ゴルフ場
✉	郵便局
🚗	レンタカー会社
🚃	ライトレール（路面電車）駅
🚌	バスターミナル
🤿	ダイブショップ
⚓	スノーケリングサイト
◣	ダイブサイト
🌿	展望地
🎬	映画館
✚	病院
⊕	両替所
✝	教会
🏫	学校
⚱	墓地
N	方位マーク

※N印の方角が北
※色が変わっている部分が地図エリアを表す州

●建物の色分け

	ホテル
	ショッピングセンター
	上記以外の建物

■ 新型コロナウイルス感染症について

　新型コロナウイルス（COVID-19）の感染症危険情報について、全世界に発出されていたレベル1（十分注意してください）は、2023年5月8日に解除されましたが、渡航前に必ず外務省のウェブサイトにて最新情報をご確認ください。
●外務省 海外安全ホームページ・オーストラリア危険情報
URL www.anzen.mofa.go.jp/info/pcinfectionspothazardinfo_071.html#ad-image-0

■ 掲載情報のご利用に当たって

■ 現地取材および調査時期

　本書は、2023年3～4月の取材調査データを基に編集しています。しかしながら時間の経過とともにデータに変更が生じることがあります。特に現地ツアー、ホテル、レストランなどの料金は、旅行時点では変更されていることも多くあります。またツアーは申し込み人数が少ない場合は、催行されない可能性もあります。したがって、本書のデータはひとつの目安としてお考えいただき、現地ではできるだけ新しい情報を入手してご旅行ください。

■ 発行後の情報の更新と訂正について

本書発行後に変更された掲載情報や訂正箇所は、「地球の歩き方」ホームページの本書紹介ページ内に「更新・訂正情報」として可能なかぎり最新のデータに更新しています（ホテル、レストラン料金の変更などは除く）。下記URLよりご確認いただき、ご旅行前にお役立てください。
URL www.arukikata.co.jp/travel-support/

■ 電話番号について

　本書に紹介してある現地の電話番号表記において、日本の市外局番に当たる州外局番はすべてカッコ付きで表記してあります。同一州内であっても現地で市外へ電話をかける場合は、念のため州外局番からダイヤルしてください。また現地無料電話は1800、もしくは大部分の1300から始まる10桁の番号です。現地均一料金ダイヤルは13から始まる6桁、もしくは一部の1300から始まる10桁の番号です。ただし現地無料電話、現地均一料金ダイヤルは、日本からはつながりません。

■ 地名・人名表記

　本書では原則として原音に近いカタカナ表記にするよう努めました。しかしなかにはカタカナ表記の難しいものもあります。その場合は、日本の各書物で一般的となっていると思われるものを採用しています。

■ 投稿記事について　✉

　投稿記事は、多少主観的になっても原文にできるだけ忠実に掲載してあります。データに関しては編集部で追跡調査を行っています。掲載記事のあと（東京都　○○　'22）とあるのは投稿者名と旅行年を示しています。ただしホテルなどの料金で追跡調査で新しいデータに変更している場合、寄稿者データのあとに調査年['23]としてあります。なお、ご投稿をお送りいただく場合はP.399をご覧ください。

基本情報

※本書で紹介している
ゴールドコースト、ケアンズ、グレートバリアリーフ地域はクイーンズランド州に属しています。

クイーンズランド州の旗

▶旅の会話→ P.389

国旗
左上がイギリス連邦を示すユニオンジャック。左の大きな七稜星がオーストラリア6つの州と特別地域、右の5つの星が南十字星を表している。

正式国名
オーストラリア連邦
Commonwealth of Australia

国歌
アドバンス・オーストラリア・フェア
Advance Australia Fair

面積
約768万2024km²（日本の約20倍）

人口
約2650万人（オーストラリア統計局による2022年9月時点での推計）

首都
キャンベラ Canberra　人口約46万人

クイーンズランド州
面積約173万620km²／人口約543万人

クイーンズランド州州都
ブリスベン Brisbane　人口約250万人

元首
英国王チャールズ3世 Charles III。国王は国民が選んだ政府の助言に基づき、オーストラリア総督（Governor-General）を任命する。オーストラリア総督は、首相の助言に基づいて各大臣を任命する。

政体
議会制民主主義。連邦議会は下院（House of Representatives）と上院（Senate）からなる2院制。

民族構成
イギリス系33.0%、オーストラリアン29.9%、その他ヨーロッパ系28.2%、中国系5.5%、インド系3.1%、先住民2.9%、その他4.7%。
※オーストラリア統計局2021データによる（複数民族回答可の統計）

宗教
キリスト教43.9%、イスラム教3.2%、ヒンズー教2.7%、仏教2.4%、無宗教38.9%、その他の宗教2.0%、不明6.9%。
※オーストラリア統計局2021データによる

言語
公用語として英語が使われている。

通貨と為替レート

$5紙幣はエリザベス2世崩御により、新紙幣に変更される予定。

通貨単位はオーストラリアドル A$ とオーストラリアセント A¢（本書では $ と ¢ と表記）。紙幣は $5、10、20、50、100（すべてポリマー幣）で、硬貨は5、10、20、50¢、$1、2の6種類。$1＝100¢。2023年7月現在 $1≒96円。

1ドル　2ドル　5ドル　10ドル　20ドル　50ドル　100ドル

5セント　10セント　20セント　50セント

電話のかけ方

▶電話とインターネット、郵便→ P.385

日本からオーストラリアへかける場合　**例** ケアンズの(07)1234-5678へかける場合

事業者識別番号		国際電話識別番号		オーストラリアの国番号		州外局番（頭の0は取る）		相手先の電話番号
0033（NTTコミュニケーションズ） 0061（ソフトバンク） **携帯電話の場合は不要**		**010**※	+	**61**		**7**		**1234-5678**

※NTTドコモは事前にWORLD CALLに登録が必要。
※携帯電話の場合は010のかわりに「0」を長押しして「+」を表示させると、国番号からかけられる。

祝祭日と休日

祝祭日

祝日は、国の祝日のほか州の祝日・地域の祝日がある（本書で紹介するクイーンズランド州の祝日は★印／ゴールドコースト地域の祝日は○／ケアンズ地域の祝日は●）。ほとんどの祝日が週末の前後に組み入れられるため、年によって日にちは異なる（年によって日付が変わる、あるいは設定されない可能性がある祝日にはカッコ付きで年を表示してある）。詳細はオーストラリア大使館ウェブサイト URL japan.embassy.gov.au で確認を。12/24 と 12/31 は昼までの営業のところが多い。官庁などは休み。

新年	New Year's Day	1/1
オーストラリアデー	Australia Day（建国記念日）	1/26
グッドフライデー	Good Friday	3/29('24)・4/18('25)
グッドフライデーの翌日	The day after Good Friday	3/30('24)・4/19('25)
イースターサンデー	Easter Sunday ★	3/31('24)・4/20('25)
イースターマンデー	Easter Monday	4/1('24)・4/21('25)
アンザックデー	Anzac Day	4/25
勤労感謝の日	Labour Day ★	5/6 ('24)・5/5('25)
ケアンズ・ショーデー	Cairns Show Day ●	例年 7 月中旬
ゴールドコースト・ショーデー	Gold Coast Show Day ○	例年 8 月後半
国王誕生日	King's Birthday ★	10/2('23)・10/7('24)・10/6('25)
クリスマスデー	Christmas Day	12/25
ボクシングデー	Boxing Day	12/26

※イースター関連の祝日が土・日曜と重なった場合は、よく月曜日を振替休日とするのが一般的だ。

スクールホリデー

主要観光地はスクールホリデー時期、混み合うことが多い。クイーンズランド州のスクールホリデー（2023 年後半～ 2025 年前半）は次のとおり。2023 年 9/16 ～ 10/2、12/9 ～ 2024 年 1/21、3/29 ～ 4/14、6/22 ～ 7/7、9/14 ～ 9/29、12/14 ～ 2025 年 1/27、4/5 ～ 4/21

ビジネスアワー

以下は一般的な営業時間の目安。

一般企業・官庁

月～金曜 9:00 ～ 17:00

銀行

月～木曜 9:30 ～ 16:00、金曜 9:30 ～ 17:00　※ 9:00 から営業する銀行もある。

郵便局

月～金曜 9:00 ～ 17:00
※中心部では土曜の午前に営業する郵便局もある。

ショップ

一般に月～金曜の 9:00 ～ 17:30。ただしゴールドコースト、ケアンズ、ハミルトン島など観光地では年中無休というところも多く、一部みやげ物屋は 21:00 過ぎまで開いている。また主要都市には毎週 1 回レイトナイト・ショッピングデーが設定されており、その日はほとんどの商店が 21:00 まで営業する（ゴールドコースト中心部木曜、ケアンズ木曜）。

レストラン

昼食 12:00 ～ 14:30、夕食 18:00 ～ 22:00　※店によって異なる。

オーストラリアから日本へかける場合　　例 (03) 1234-5678 へかける場合

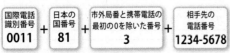

国際電話識別番号	+	日本の国番号	+	市外局番と携帯電話の最初の0を除いた番号	+	相手先の電話番号
0011		**81**		**3**		**1234-5678**

※ホテルの部屋からは、外線につながる番号を頭につける。

▶**オーストラリア国内通話**
オーストラリアの公衆電話は数がひじょうに少なくなっているが、国内通話はすべて無料となっている。市内へかける場合、州外局番は不要。市外へかける場合は州外局番からダイヤルする。

電気＆ビデオ

電圧とプラグ

電圧は 220 ／ 240V、周波数は 50Hz。プラグはハの字型 O タイプ。高圧のため、コンセントに付いているスイッチを入れないと電気は流れない。日本の電気製品を利用する場合、その製品の電圧範囲を調べ 240V まで対応していなければ変圧器を用意する。変換プラグは常に必要。

DVD・ブルーレイ・ビデオ方式

オーストラリアの場合、DVD リージョンコードは 4、ブルーレイ・リージョンコードは B で、テレビ・ビデオは PAL 方式。日本（DVD リージョンコード 2、ブルーレイ・リージョンコード A、NTSC 方式）とは異なるため、オーストラリアで購入するほとんどのソフトは、一般の日本の機器では再生できない。

インターネット接続

▶電話とインターネット、郵便→ P.385

主要ホテルでは、Wi-Fi でのインターネット接続を無料で提供している。一部の高級ホテルの場合、客室での利用を有料とするケースもあるが、各ホテルの無料会員プログラムに加入することで無料となる場合が多い。また主要都市中心部のカフェやファストフード店などでは無料 Wi-Fi ホットスポットを用意しているところもある。

チップ

▶チップとマナー → P.384

オーストラリアはチップを渡す習慣はないとされているが、高級なホテルやレストランなどでは、特別なサービスを受けたと感じたときには、チップを渡すのが一般的。

タクシー

料金の 5 〜 10％くらいの額。トランクに荷物を入れて、出し入れを手伝ってくれた場合は、やや多めに。

レストラン

高級レストランで、サービス料が加算されないときには、10 〜 15％程度。伝票の合計額にチップ相当額を自分で書き足して支払う。

ホテル

ルームサービスなど特別なサービスをお願いしたときに、$2 程度。

飲料水

水道水は硬水で、軟水の日本とは異なる。飲料としては問題ないが、胃腸の弱い人はミネラルウオーター、スプリングウオーターを購入しよう。600㎖で店により $2 〜 4 前後。

気候

▶旅のシーズン → P.355

広大なオーストラリアにはさまざまな気候が存在する。一般的に北部沿岸は熱帯で雨季と乾季に分かれ、中・南部沿岸は温帯〜冷温帯で四季があり、大陸中央部は乾燥した砂漠気候となっている。年間を通して日差しが強いので、サングラスと日焼け止めクリームは必需品。

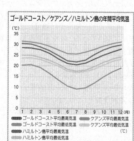

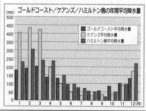

日本からのフライト時間

▶航空券の手配 → P.363

2023 年 7 月現在、東京（成田）からゴールドコースト *1、ケアンズへジェットスターが、東京（羽田）からケアンズへヴァージン・オーストラリア航空が、東京（羽田）*2 からブリスベンへカンタス航空が直行便を運航している。ケアンズまで約 7 時間、ゴールドコーストおよびブリスベンまで約 8.5 時間。

時差とサマータイム

本書で紹介するオーストラリアのクイーンズランド州は日本と 1 時間の差（日本時間に 1 時間プラス）となっている。オーストラリア他州で採用されているサマータイム（デイライトセービングタイム）は、クイーンズランド州では採用されていない。

---

*1：ジェットスターは 2023 年 10 月 29 日から東京〜ゴールドコースト便をブリスベン発着便に変更予定。2024 年 2 月 2 日からは関空〜ブリスベン便も就航予定。
*2：カンタス航空は 2023 年 11 月 26 日以降東京〜ブリスベン便を成田空港発着に変更予定。

郵便局 Australia Post（オーストラリア・ポスト）は、○の中に P のマークが目印。営業時間は月～金曜の 9:00 ～ 17:00 で、土・日曜、祝日は休み（中心部では土曜の午前だけ営業する郵便局もある）。切手は郵便局窓口および局内自動販売機、ホテルのレセプションなどでも購入可能。

日本までは航空便で 5 ～ 7 日。小包は 1 個当たり 20kg まで OK。

郵便料金
●日本までの航空便の料金
はがきは \$3、封書は厚さ 5mm 以下で重さ 250g まで \$3.10、厚さ 20mm 以下で重さ 250 ～ 500g まで \$10.60。

▶電話とインターネット、郵便　→ P.385

郵 便

パスポート
パスポートの残存有効期間は滞在日数分以上あれば OK。

ビザ
日本人がオーストラリアへ入国する場合はビザ、もしくは ETAS 登録が必要。

空港諸税
空路オーストラリアを出国する場合に必要な出国税（PMC）\$60、および各空港の各種空港税は、原則として航空券購入時に請求されることになっている。空港税・手数料については下表を参照のこと。

税関・検疫
旅行者が身につけたり手荷物として携行する商業目的以外の身の回り品と個人で使うためのスポーツ用品、また、成人（18 歳以上）ひとりにつき、たばこ 25g と開封した一箱まで、2.25 ℓ までの酒類、\$900 相当の一般財（みやげ物、革製品、電子機器、カメラ、ジュエリーなど）を無料で持ち込める。なお検疫はとても厳しい。詳しくは下記ホームページ参照。
🔗 japan.embassy.gov.au

入出国

▶出入国の手続き　→ P.366

主要空港　出国税・空港税（各種手数料含む）一覧					(2023 年 7 月現在)
空港名	国際線出発		国際線到着	国内線出発	国内線到着
	出国税	空港税	空港税	空港税	空港税
ケアンズ	\$60.00	\$31.58	\$31.58	\$17.47	\$14.37
ハミルトン島				\$26.41	\$26.41
ブリスベン	\$60.00	\$41.96	\$41.96	\$18.27	\$11.70
ゴールドコースト	\$60.00	\$16.45	\$16.45	\$6.50	\$6.50

東京→ケアンズ→ハミルトン島→ブリスベン／ゴールドコースト→東京　という航空券の場合

追加出国税・空港税計算例	
ケアンズ国際線到着	\$31.58
ケアンズ国内線出発	\$17.47
ハミルトン島国内線到着	\$26.41
ハミルトン島国内線出発	\$26.41
ブリスベン国内線到着	\$11.70
ゴールドコースト国際線出発	\$16.45
オーストラリア出国税	\$60.00

合計　\$190.02

この金額と、日本の出国税・航空燃料サーチャージを合わせた金額を、航空券購入時に支払う。

オーストラリアではほとんどの商品に GST と呼ばれる消費税 10% がかかる。旅行者は、30 日以内に出国する、手荷物として未使用・未開封で持ち出す、同じ店で合計 \$300 以上購入という条件の下、帰国の際に空港で所定の手続きをすれば、この税金が戻ってくる。

税 金
TAX

▶出入国の手続き　→ P.366

比較的安全とされるオーストラリアだが、外務省の海外安全ホームページには、窃盗被害、海水浴やサーフィン、スクーバダイビングなどの事故に関する注意が記載されている。出発前に確認しておこう。

🔗 www.anzen.mofa.go.jp

オーストラリアの警察、消防、救急車　000

安全とトラブル

▶旅のトラブルと安全対策　→ P.388

オーストラリアでは、アルコール類とたばこの購入は 18 歳以下不可。若年者でこれらを購入する際、ID が必要となることもあるので、予定のある人は用意を忘れずに。レンタカーを借りる場合も年齢制限があり（25 ～ 60 歳という会社もある）、身分証明書代わりにクレジットカードの提示を要求される。カードを所有していない場合、かなりのデポジット（預り金）が必要となる。

年齢制限

長さ…メートル m　　　重さ…キログラム kg　　　距離…キロメートル km

度量衡

マナー
エスカレーターでは左側に立ち、右側を空ける。列を作るときは一列に並び、先着順に前に進む。タクシーを停めるときは手を横に出す。

その他

▶チップとマナー　→ P.384

※本項目のデータは、オーストラリア政府、オーストラリア大使館、外務省などの資料を基にしています。

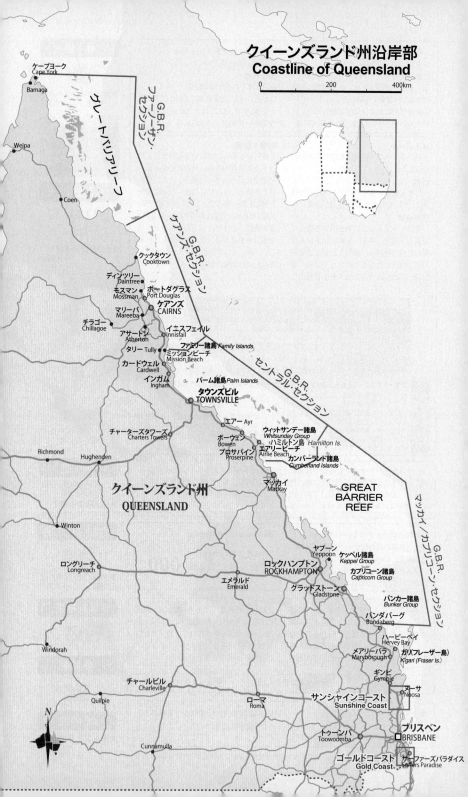

クイーンズランド州沿岸部
Coastline of Queensland

0   200   400km

ゴールドコースト＆ケアンズへの誘い

ホテルのバルコニーからビーチを眺めると
たくさんの人がビーチを歩いていた
引き寄せられるようにビーチへ出てみる
「キュ！」
踏みしめた砂から音がした
ゴールドコーストのビーチは
きれいで粒子の細かい砂浜特有の鳴き砂だ
楽しくなって少し足に力を入れ
音を鳴らしながら
ビーチウオークを楽しんだ

ギャラリーやおしゃれなカフェ、
ワイナリーが集まる町が
山の上にあるという
森に囲まれた小さな町
お店巡りももちろん楽しいけれど
それ以上に
少しひんやりして澄んだ空気が気持ちいい
散策しながら
何度も何度も深呼吸

真っ暗な森の中を
小さな懐中電灯ひとつで散策
見上げると天の川もくっきりと見える
まるで神聖な空気に包まれているような
雰囲気だ
滝の裏の洞窟に入る
星空かと見まがうばかりに
無数の青白い光が天井を埋め尽くす
ツチボタルの幼虫が
生を紡ぐために見せる光
夜の森で
生きる力をもらえたような気がした

CAIRNS

クルーズ船に乗り込んだ
2階のデッキで心地よい風を感じながら
わずか45分の船旅
海の色が群青から
エメラルドグリーンに変わった
透明度の高い、浅い珊瑚礁の海だ
珊瑚礁でできたグリーン島へと続く
長い桟橋に降り立つ
桟橋の下を見ると
海面からウミガメが顔を出していた
いい1日になりそうな予感がする

世界最古の森の上
スカイレールの窓から見下ろす光景は
濃淡の緑のパッチワークが
山の上を覆っているようだ
聞こえてくるのは
森を通り抜ける風の音と鳥の声
静かだけれど心が安まる
自然を楽しむのに人工の音はいらない
そう感じた瞬間だった

絶対体験したかった
ロックワラビーへの餌づけ
岩場を下ると待ち構えていたように
あちらこちらから
バネ仕掛けの人形のように
小さな体を弾ませながら
ロックワラビーが近づいてきた
顔を近づけてみる
長いまつげのつぶらな瞳
その瞳に
私はどんなふうに映っているんだろう……

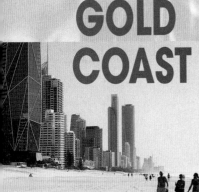

GOLD COAST

ケアンズ&ゴールドコーストで
オーストラリア先住民の文化に触れる！

オーストラリアには、今から5万年以上前から営みを続ける先住民（アボリジナル・ピープルとトレス海峡諸島民）がいる。文字を持たなかったため、創世記ドリームタイムの伝説を口頭で、あるいは絵で伝承し、自然とともにどう生きるかを実践し、狩猟採集民としての文化を現在まで継承し続けている。彼らの文化と知恵は世界中から注目を集めており、ケアンズやゴールドコーストでは、その文化に触れられるさまざまなツアーが催行されている。

■ グリーン島 - ケアンズ沖合
ウンヤミ・カルチュラル・ウオーキングツアー

ウンヤミとはグリーン島（→ P.202）の先住民の名称で「精霊の住む場所」を意味している。この島はグリーン島の西に見えるヤラバー地域のグルグル・グンガンジ族と、ケアンズ地域のギムイ・インディジ族の共同所有となっており、彼らがこの島をいかに大切にしてきたかをツアーに参加することで知ることができる。

ツアーの始まりは、クラップスティックを打ち鳴らしながら、島の散策の安全と伝説を伝える許可を、精霊に対して行うことから始まる。その後、グリーン島に生えるさまざまな植物の根、茎、葉、実の使い方——食料としてはもちろん、薬用であったり籠を編んだりするのに用いる方法——、さらに珊瑚の海での漁の方法などを、島内散策しながら教え

グレートバリアリーフ - ケアンズ沖合
ドリームタイム・ダイブ＆スノーケル

ケアンズ発着グレートバリアリーフ・クルーズで、スノーケルやダイビングを楽しみながら先住民文化にも触れよう、というのがこのツアー。ケアンズ周辺地域出身の先住民クルーが乗船時にはディジュリドゥの演奏で迎えてくれて、リーフに到着するまでの間にグレートバリアリーフの創世記を話し、火起こしの実演などを見せてくれる。もちろんダイビング、スノーケリングのポイントもすばらしい。

●Dreamtime Dive & Snorkel
URL dreamtimedive.com
📞 (07)4222-7480
ツアー時間 毎日 8:15 ～ 17:00
料 大人$269 ～ 子供$139 ～

A 船上では空き時間にも先住民文化の説明が行われる
B 当日の海況によってベストなリーフを訪れるので、スノーケル＆ダイビング目的の人にもぴったり

てくれる。そして調理のために、ココナッツの殻を使った火起こしの実演や、島に伝わる伝説をゆっくりと話してくれるのだ。

リゾートアイランドとしてケアンズから日帰りや1泊で訪れることが多いグリーン島。2022年にこのツアーは開始されたばかりで、まだ日本人の参加者は少ない。しかし、海で遊んだりビーチでのんびりするだけでは見えない、グリーン島の重要性を知る意味でも参加してみたいツアーだ。

●Wunyami Cultural Walking Tour
URL www.blackseahorse.com.au/tours
📞 (07)4052-0242
ツアー時間 月水金 ～ 日 9:45 ～ 10:45、13:00 ～ 14:00
料 大人$39 子供$19.50

1 クラップスティックによる精霊への許可依頼からツアーは始まる
2 美しいラグーンをもつサンゴの島グリーン島は先住民にとっても大切な場所
3 バンダナスの葉のトゲを剥ぎバスケット作りに応用する方法を教えてくれる
4 グリーン島の植物は多様で、一つひとつていねいにどのように利用するかを説明

ウオークアバウト・カルチュラルエクスペリエンス

1 マングローブに分け入りマッドクラブ探しを行う
2 やり投げ大会前にどうやったらうまく的に当たるかを実演

モスマン（→ P.200）周辺の先住民ククヤランジ族が催行するモスマン近郊の浜辺とモスマン渓谷の森を散策するツアー。マングローブの森でマッドクラブなどの食料をどうやって探し捕まえたか、森の植物をどのように利用したかなどを、ていねいにガイド。運が良ければ実際にマッドクラブを捕まえることもできる。また森の背後にそびえる大分水嶺を指し示し、ククヤランジ族の創世記の物語も伝えてくれる。あまり堅苦しくならないように、ビーチ近くの森でやり投げ大会をしたり、地元のフルーツショップに立ち寄りフルーツの試食をしたりするのも楽しい。

● Walkabout Cultural Experience
🔗 walkaboutadventures.com.au
📞 0429-478-206
ツアー時間 1日ツアー：8:00 〜 17:30 ／半日ツアー：8:00 〜 13:00、12:30 〜 17:30
※催行日はウェブサイト参照
💰 1日ツアー：1人 $245 ／半日ツアー：1人 $180

モスマンゴージ・ガディク・ドリームタイムウオーク

世界遺産に登録されているモスマン渓谷（→ P.200）の森で行われている、ククヤランジ族の文化体験ツアー。ガディクとはククヤランジ族に伝わる創世記の物語。ツアー以外で立ち入ることができない森への立ち入り許可を得るスモークセレモニーから始まり、森の中を歩きながらブーメランなど狩猟道具の作成方法や、森から恵みを得るブッシュタッカーの知恵、遠出する際に他部族と争わないようにするオカー（自然由来の絵の具）を使った体への絵付けなどの説明を聞く。ツアー最後にはダンパーとビリーティーが振る舞われる。

● Mossman Gorge Ngadiku Dreamtime Walks
🔗 www.mossmangorge.com.au/things-to-do/dreamtime-walks
📞 (07)4099-7000
ツアー時間 毎日 10:00 〜 14:00 の1時間ごと（所要約 1 時間 30 分）
💰 大人 $90 子供 $45 家族 $225

3 熱帯雨林内の巨大な板根を利用し狩猟道具が作られた
4 体にペイントすることは遠出する際のパスポートのようなものだという

パマギリ・アボリジナル・エクスペリエンス

B

キュランダの人気テーマパーク、レインフォレステーション・ネイチャーパーク（→ P.211）内で行われている先住民文化体験ツアー。あまり難しく考えず、気軽に先住民の文化の一端に触れられるのが魅力だ。

キュランダ地区のパマギリ族が、まずディジュリドゥの循環呼吸による演奏方法を紹介。その後、狩猟道具のブーメランややり投げ体験。これが思いのほか楽しい。また専用ショーステージでは、パマギリ族による歓迎の踊りから、カンガルー、エミューなど、それぞれのトーテムを表す踊りを伝説の物語にそって演じてみせる。最後はステージ上で見学客も一緒に楽しく先住民ダンスを踊るといった内容だ。

A

● Pamagirri Aboriginal Experience
URL www.rainforest.com.au/experiences/pamagirri-aboriginal-experience/
(07)4085-5008
ツアー時間 毎日 12:00 ～ 13:00、14:00 ～ 15:00
※催行時間は変更になることもある
料 大人$28 子供$17 家族$73

C

A 息継ぎと吹き出しを同時に行う循環呼吸で演奏されるディジュリドゥ　**B** ショーアップされている分、観光客にもわかりやすい踊り　**C** 意外に難しいブーメラン投げ

ジェルーガル・ウオークアバウト

ゴールドコーストで唯一の先住民文化体験。ジェルーガルとはこの地域（ユガンベ語族）の言葉で「創造の山」を意味する。彼らの創世記の神話が数多く残るバーレイヘッズ国立公園（→ P.67）内を歩き、伝説に登場する場所を見、そこでどうやって営みをつないできたかの説明を聞く。またツアー出発地であるジェルーガル・アボリジナルカルチュラルセンター内では、ユガンベ語族の歴史や、彼らの狩猟対象となった動物に関する展

示が行われている。こちらも必見だ。

● Jellurgal Walkabout
URL www.jellurgal.com.au/tours/jellurgal-walkabout
(07)5525-5955
ツアー時間 指定日の 9:30 ～ 11:30 もしくは 13:30 ～ 15:30　※指定日はウェブサイト参照のこと
料 大人$39 子供$20

D バーレイヘッズのさまざまな場所が創世記の伝説の痕跡を残している
E 植物を利用し籠を編む方法も教えてくれる
F カルチュラルセンター内にはユガンベ語族のかつての長老の説明やさまざまな道具が展示してある

D

E

F

奇岩絶景に圧倒され、
美味なワインを味わう！

グラニットベルト
Granite Belt

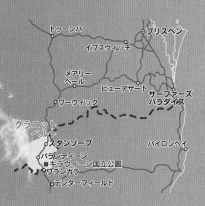

ゴールドコーストから車で約3時間、クイーンズランド州とニューサウスウエールズ州の州境にあるのがグラニットベルト。

約2億9000万年程前に噴火した溶岩が一度は地中に埋もれ、その後の地殻変動で露出してできた標高1000m前後の高地だ。特に最南部のギラウィーン国立公園は、溶岩台地が風雨で浸食され、オーストラリア有数の奇岩絶景地帯として人気が出ている。

また亜熱帯地方に属しながらも標高が高いため、数年に一度、6～8月には降雪にも見舞われる。夏は暑く乾燥し、冬は寒いという気候を活かし、ワイン用ブドウやリンゴなどの栽培が盛ん。特にワイン用ブドウは高品質で、最近注目を集めるワイン産地でもある。

レンタカー利用でなければ観光に不便な場所だが、オーストラリアは日本と同じ右ハンドルで、交通ルールも日本に似ている。郊外に出れば車の数も少ない。ぜひレンタカーを借りて、奇岩絶景を見に、そしておいしいワインを探しにグラニットベルトへ出かけたい。

ギラウィーン国立公園内ピラミッドの頂上付近にある
巨大なバランシングロック

さまざまな奇岩が見られる
ギラウィーン国立公園
Giraween National Park

　グラニットベルト最南部にある国立公園で、溶岩台地が浸食され、さまざまな奇岩が現れている。日本の東尋坊などでも分かるように、溶岩は冷えて固まろうとする際に収縮し亀裂が入る。亀裂の入った部分は風化・浸食の影響を受けやすい。ギラウィーン国立公園で見られる奇岩は、数千万年という長い時間をかけ自然が造り出した造形なのだ。

　国立公園中心部のインフォメーションセンターから奇岩絶景を観に行くいくつものウォーキングルートが設定されている。いちばん人気は往復2時間前後（約3.6km）のピラミッド The Pyramid。花崗岩の巨大な岩肌が露出した岩山のような場所で、頂上付近には「よく倒れないな」と不思議になるようなバランシングロックがある。岩肌は滑りやすく、しかも急斜面なので十分注意しよう。特に下りは気をつけたい。

　またピラミッドとインフォメーションセンターを挟んだ反対側の山頂にはスフィンクス、タートルロック The Sphinx & Turtle Rock と名付けられた奇岩もある。こちらは往復約4時間（約7.4km）のちょっとハードなルートだ。

　なおギラウィーンとはこの地の先住民の言葉で「花の咲く場所」を意味しており、春〜夏には周囲の森にさまざまなワイルドフラワーが咲き乱れる。もちろん野生動物も多く、特に朝夕はインフォメーションセンター近くでも野生のカンガルーやハリモグラを見かけることがあるほどだ。

● Girraween National Park
URL parks.des.qld.gov.au/parks/girraween

1 巨大な一枚岩のピラミッド
2 ピラミッドへ続く遊歩道沿いでもバランシングロックが見られる
3 ピラミッドへは急勾配の岩肌を上るので、スニーカーなどが必須
4 隠れた名奇岩スフィンクス

日本ではほとんど手に入らない
希少ワインを求めて
ワイナリー巡り
Visit Granite Belt Wineries

花崗岩が砕けた砂利土壌が覆うグラニットベルト地区。決して栄養豊かとはいえないこの土壌が、実は高品質なワイン用ブドウを生み出すのに役立っている。他のワイナリー地区に比べ1本の木から収穫できるブドウの実が少ないため、糖度が凝縮されて完熟しワイン造りに最適となる。

現在グラニットベルトには50ほどのワイナリーがあり、その多くが一般客用のテイスティングしながらワインを選べるセラードアをオープン。またレストランや宿泊施設を併設するところも多い。週末はワイナリーやブ

ドウ畑を望むコテージに泊まり、極上ワインと食事のマリアージュを楽しもうとする大勢の人たちが、ブリスベンやゴールドコーストからやってくる。特に人気があるのは、中心地スタンソープに

A グラニットベルトに点在するブドウ畑
B リッジミルでワインテイスティング
C リッジミルでは有料で工場見学も可能だ
D バランシングハートのレストラン屋外席は週末予約でいっぱいになるほど

ほど近いリッジミル・エステイト Ridgemill Estate、ギラウィーン国立公園にほど近い場所にあるバランシングハート・ヴィンヤード Balancing Heart Vineyards、グラニットベルト中部のバランディーン・エステイト Ballandean Estate だ。いずれもレストランを併設している。

● Ridgemill Estate
URL www.ridgemillestate.com
● Balancing Heart Vineyards
URL www.balancingheart.com.au
● Ballandean Estate
URL ballandeanestate.com

グラニットベルトの日本人宿
ツインスターゲストハウス
Twinstar Guesthouse

バランディーンにある3部屋だけのゲストハウスで日本人ご夫妻が経営。ここには天体観測用ドームが設けられており、宿泊すればご主人の詳しい解説付きで星空観察が楽しめる。グラニットベルトは晴天率も比較的高く、空気も澄んでいるので天体観測に適しているのだ。

URL twinstarguesthouse.com
住 28146 New England Hwy., Ballandean, QLD 4382 ☎ (07)4684-1135
料 S$95、W$115、T$130 CC AJMV

GOLD COAST & CAIRNS GOOD FOOD GUIDE

ゴールドコースト＆ケアンズで
これを食べよう！

オージービーフ・ステーキ Aussie Beef Steak

オーストラリアといえばオージービーフ。そしてオージービーフのおいしさを味わうなら、やっぱりステーキがいちばん。レストランによっては最高級のオーストラリア和牛、ブラックアンガスビーフ、産地限定の特選ビーフなどを扱っている場合もある。日本でも一般的なサーロインやヒレ、ランプステーキはもちろん、日本ではなかなか食べられないボリューム満点のTボーンステーキ（T型の骨の片側がサーロイン、片側がヒレ肉）、エビのグリルを上にのせたサーフ＆ターフ・ステーキなどもぜひ試してみたい！

一般的なステーキは300〜350g前後。赤身中心なので意外に食べられる

1kg前後のTボーンステーキ（通称トマホークステーキ）が食べられるレストランもある

ミートパイ Meat Pie

オーストラリアの国民食ミートパイ。ぐつぐつ煮込んだお肉たっぷりのビーフシチューがパイ生地の中に入っているのが定番だ。

各地に名物ミートパイ屋さんがあるほか、スーパーなどでもレンジアップ用の物が売られている

白身魚は定番のタラのほかタイやバラマンディやサメなど選べるレストランもある

ハンバーガー Hamburger

お肉のおいしいオーストラリアだけあって、バーガーは種類も豊富。お店によって趣向を凝らした具材を使用しているところも多い。定番なのはビーフパテにレタス、ビートルート（赤カブのシロップ漬け）、チーズが入ったもの。

ファストフードチェーンも多いが、最近は高級バーガー店の人気が高い

フィッシュアンドチップス
Fish 'n' Chips

英国の影響を強く受けるオーストラリアでは、白身魚のフライに山盛りポテトを合わせたフィッシュアンドチップスも人気。英国ではビネガーと塩で食べるのが一般的だが、オーストラリアでは全体にシーズンソルトを振りかけ、タルタルソースとトマトケチャップにつけて食べるのが一般的だ。

オージーアニマル・ミート Aussie Animal Meats

オーストラリアに生息する動物の肉を使った、オーストラリアならではの料理。ただし一般のオージーが好んで食べるわけではなく、あくまで観光客向け。オーストラリアのブッシュフードを食べさせてくれるレストランやツアーに含まれるディナーなどで味わえる。ゴールドコースト＆ケアンズ滞在中、一度はトライして「○○食べたよ！」と日本に帰ってから自慢してみよう！

オージーアニマル・ミートを盛り合わせたプレートを提供する観光客用レストランもある

エミュー。 ダチョウに似た世界で二番目に大きな飛べない鳥。高タンパク、低脂質のヘルシーな赤身肉。独特の臭みがあるが、スパイスを使った味付けなら気にならず、おいしく食べられる。

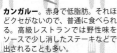

カンガルー。 赤身で低脂肪。それほどクセがないので、普通に食べられる。高級レストランでは野性味をソースで少し消したステーキなどで出されることも多い。

高級店ではカンガルーをモダンオーストラリア料理として提供するところも……

クロコダイル。 オーストラリア北部はクロコダイルの一大生息地で、食用になっているのは養殖物。鶏のささみに似た味で食べやすい。

バラマンディ。 スズキ目アカメ科に属する大型の魚で、北部オーストラリアでは人気のある食材。ここではフィッシュケーキにしてあるが、まるごと姿焼きや切り身のソテーなどさまざまな料理で食べられる。

シーフードプラッター
Seafood Platter

四方を海に囲まれたオーストラリアは新鮮な魚介類の宝庫。日本に輸出されているシーフードも数多い。さまざまな種類のシーフードをいっぺんに味わいたいときにおすすめなのがシーフードの盛り合わせ（シーフードプラッター）だ。レストランにより盛り合わせるシーフードが異なるのでちゃんと確かめてからオーダーしよう！

クイーンズランド特産のモートンベイバグ（ウチワエビの仲間）やクルマエビ、さらにオーストラリア南部特産のカキはシーフードプラッターに欠かせない

高級中華料理店ならまず間違いなく美味なマッドクラブが食べられる。ただし料金は時価のことが多い

マッドクラブ Mud Crab

ゴールドコースト、ケアンズのあるクイーンズランド州のマングローブにすむマッドクラブ。ツメが大きく身がぷりぷりで、ゆでても焼いても美味。特に中華風に味つけしたマッドクラブは絶品だ。

オーストラリアの
ワインとビール
Australia Wines & Beers

世界中で高評価を得ているオーストラリアワイン。ゴールドコースト近郊でもワインが造られており、特にシロメ Sirromet（→ P.96）はクイーンズランド州 No.1 ワイナリーと評判。またビールならクイーンズランド州の地ビール、グレートノーザン Great Northern、XXXX（フォーエックス）、さらに最近ではクラフトビールも多数出ている。ちなみにグレートノーザンはオーストラリアで最も飲まれているビールだ。

GOLD COAST & CAIRNS
SOUVENIR SELECTION

ゴールドコースト＆ケアンズで見つけた
おみやげセレクション

Made in Australia の商品に
はこのタグが付いている

ヘレン・カミンスキー Helen Kaminski

シドニーの自然とライフスタイルからインスピレーションを得るというヘレンの帽子はとてもエレガント。ヒラリー・クリントンなどセレブのファンも多い。特にマダガスカル産のラフィアヤシから作られるラフィアハットは、ヘレンの名前を世界に知らしめた名品。**ゴールドコーストのパシフィックフェア (→ P.147)** 内やブリスベン中心部にある高級デパート、デビッドジョーンズで購入可能。

人気のラフィアハットは$350 〜。日本では手に入らないデザインもある

ラフィアヤシでできたバッグも大人気。最新デザインのものがお手頃価格で手に入る。$475 〜

アグブーツ UGG Boots

日本でも人気のアグブーツ（ムートンブーツの総称）。オーストラリアにはアグのメーカーだけで 80 社以上ある。日本で最もよく知られているのはアグ・オーストラリア UGG Australia だが、実はアメリカのデッカーズ社が中国で製造しているもので、主に高級ショッピングセンターなどに専門店が入っている。またアグ・オーストラリアと並ぶ高級アグブーツブランドのエミュー Emu も、オーストラリア国内でのみ購入可能なオーストラリア製のプラチナライン（タグがメタル製）と日本でも購入可能な中国製のものがある（こちらは革のタグ）。こうしたメジャーブランド以外にも、全品オーストラリア製の UGG シンス 1974 UGG Since 1974、ジャンボ・アグブーツ Jumbo UGG Boots、チックエンパイア Chic Empire などが人気。各社デザイン、カラー、ボアの品質、軽さなどが違うので、いろいろ履き比べてみるのがおすすめ。

ゴールドコーストの UGG シンス 1974 ではパーツごとにカスタマイズして自分だけのオリジナルブーツも作れる $289 〜

人気のエミューはショートブーツが$170 〜、ミドルブーツが $200 〜

各都市をイメージしたアナベルのエコバッグや動物柄の DBL エコバッグなど値段も手頃でおみやげにいい

オーストラリア発エコバッグ

Australian made Ecobag (Envirosax etc.)

ゴールドコースト発のエンビロサックは、キャメロン・ディアスが愛用していることで一躍ブームになったブランド。持ち手が広く容量も多いのでとても使いやすい。現地で購入してビーチバッグに使うのもアイデア。同社系列のアナベル annabel はケアンズやゴールドコーストなどのご当地エコバッグもラインアップ。また、同じような素材で、オーストラリアらしいかわいい動物などをデザインした DBL などのエコバッグも多数出てきている。

T2 T2

日本未入荷だが、紅茶好きの間では「パッケージがおしゃれ」「美味しい」「フレーバーがたくさんある」と大評判なのがオーストラリアのメルボルン生まれの紅茶ブランドT2。**ゴールドコーストのパシフィックフェア**（→ P.147）、**ケアンズのケアンズセントラル**（→ 269）といった大型ショッピングモール内に専門店がある。

オーストラリアの自然塩
Natural Salt

世界自然遺産地域マンゴー湖国立公園周辺で産出されたピンクソルトと、海水を天日干ししたグレートバリアリーフ・マクロビオティックソルト。どちらもミネラルたっぷり。

左：ピンクソルト150g$6.50
右：グレートバリアリーフ・マクロビオティックソルト 200g$6.90

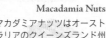

ティムタム TimTam

オーストラリアのチョコレートといえばこれ。オリジナル以外にもダブルコーティングやホワイトチョコなど、さまざまな味がある。

オーストラリア各地のスーパーで簡単に手に入る。1袋 $4.50 だが、セール時には $3 ほどに

マカダミアナッツ
Macadamia Nuts

マカダミアナッツはオーストラリアのクイーンズランド州が原産地。日本人好みのワサビフレーバーやアワビフレーバーなどもある。

ほとんどのおみやげ店、スーパーなどで手に入る。各味 $9 〜

ナチュラルボディケアグッズ
Natural Body Care Goods

オーストラリアならではの自然素材を使った石鹸は、おみやげに大好評。万能スキンケアオイルとして評判のホホバオイルやアンチエイジング効果＆美白効果に優れたプラセンタも、オーストラリア特産品。

羊の胎盤から採取したプラセンタは注目のボディケアグッズ

ホホバオイルは人間の肌の主成分に近いオイルで、美肌効果、保湿効果、肌荒れ防止や抗菌作用がある

マリーバコーヒー
Mareeba Coffee

ケアンズ近郊マリーバで作られているアラビカ種の上質なコーヒー。まだ生産量がそれほど多くないこともあって、日本ではめったに手に入らない逸品。特にコーヒーワークスが有名だ。またマリーバ産のコーヒーを中心にオーストラリアのコーヒー豆をブレンドしたバイロンベイコーヒーも人気がある。

ケアンズの人気コーヒーブランド、スカイバリー

一番ポピュラーなコーヒーワークスのコーヒー1袋 $7 〜

パナチョコレート Pana Chocolate

メルボルン発のオーガニックチョコレート。乳製品や動物性原料を一切使わず、低温、ハンドメイドで作る体に優しいチョコレート。さまざまなフレーバーがある。スプレッドタイプもある。**スーパーのウールワースやコールス**で購入可能。

東京にも限定支店を出すほど注目のパナチョコは1箱 $6 〜、スプレッドは $9

ジュリーク Jurlique

オーストラリアを代表する自然派コスメブランド。ドイツ出身の夫妻が世界中からハーブを育てるのに最適な場所として選んだ南オーストラリア。そこで育てられたオーガニックハーブを使ったスキンケアグッズは肌に優しく潤いを与えてくれる。**ゴールドコーストのパシフィックフェア**（→ P.147）、**ケアンズのケアンズセントラル**（→ P.269）にある**マイヤーデパート**で購入可能。

ジャラハニー＆マヌカハニー
Jarrah Honey & Manuka Honey

ジャラハニーは西オーストラリア州でしか採取できない貴重な抗菌ハチミツ。マヌカハニーは本来はニュージーランド原産。オーストラリアではニュージーランド製のほか、オーストラリア製のマヌカハニー（ジェリーブッシュハニー）も販売されている。抗菌効果は同等とされている。

日本でも注目を集め始めたジャラハニー

オーストラリアンマヌカは味もいいと評判

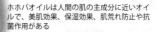

オーストラリア百科

□オーストラリアの動物 28

□オーストラリアの植物 32

□グレートバリアリーフの海中世界 34

□オーストラリアで見られる星座 38

ENCYCLOPEDIA
OF AUSTRALIA

コアラ
■ Koala

コアラの愛らしさに思わず見とれてしまう

生きたぬいぐるみといわれるほどかわいいコアラ。名前は「水を飲まない」という先住民の言葉に由来する。コアラは1日に約1kgものユーカリの葉を食べるのだが、その葉が十分な水分量を含んでいるため、ほとんど水を飲まないからだ。なおコアラが食べるのはユーカリの葉のみ。しかも600種以上あるユーカリのうち、食べるのはわずかに数十種という偏食家だ。また1日に18〜20時間は寝ている薄暮性（準夜行性）のため、動物園などでは活発に活動する姿を見ることは少ない。1回のお産で1頭を産み、赤ちゃんは袋の中で6ヵ月を過ごし育つ。袋から出たあともさらに4ヵ月ほどは母親と一緒にいる。

オーストラリアへ行ったらコアラを抱いて記念写真を撮りたいという人もいるだろう。コアラを抱けるかどうかは州によって異なり、本書で紹介しているクイーンズランド州はOKだ。ただしコアラ保護のために各動物園とも「コアラを抱いて記念写真」ができる時間・人数に制限がある。ピークにはできない場合もあるのでそのつもりで。

哺乳類有袋目

子はできるだけ小さく産み、雌だけがもつおなかの袋（育児嚢）の中でおっぱいをあげながら育てる、それが有袋目。オーストラリア以外ではほとんど見かけないが、オーストラリアでは最も一般的な哺乳類だ。

オーストラリアの動物
Animals in Australia

カンガルー
■ Kangaroo

野生で見られることも多いグレーカンガルー

オーストラリアのシンボルとして国章にも描かれる動物がカンガルー。ひと口にカンガルーといってもその仲間は60種以上。一般的な体長1〜1.5mのグレーカンガルー（オオカンガルー）や最大2mにもなるアカカンガルーから、中型のワラルー、小型のワラビー、木の上で生活するツリーカンガルーと見た目もさまざまだ。共通しているのは、前肢が短く、後肢はふくらはぎがなくほとんどがアキレス腱となっていること（そのため跳躍力に優れている）。そしてオーストラリアのほかの動物同様夜行性だ。グレーカンガルーの場合、野生では10〜12頭の群れで生活し、そのうち2〜3頭だけが大人の雄。コアラと同様に赤ちゃんは生後6〜8ヵ月ほど母親の袋の中で育ち、その後も出たり入ったりしながら独立していく。

パディメロン（ヤブワラビー）は多雨林地帯の森で見られる

ケアンズ近郊の森にわずかに生息する珍しいカオグロキノボリカンガルー

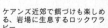

ケアンズ近郊で餌づけも楽しめる、岩場に生息するロックワラビー

ポッサム
■ Possum

別名フクロギツネで、十数種類いる。なかでもオーストラリア東海岸のいたるところに生息しているのがブラッシュテイルポッサムだ。昼間は木の上で生活し、夜になると地上に下りてくることも。木のほら穴に巣を作り、木の葉や皮、果実などを食べる。子供は育児嚢で育てたあと、背中に背負って育てる。体長は 40cm くらい。

運がよければ見られる子供をおんぶしているポッサム

バンディクート
■ Bandicoot

オーストラリアではポッサムと並び、頻繁に見られる体長 30 ～ 40cm の小型有袋目。ちょっと見には大型のネズミに見えるためいやがる人もいるが、実は日本のプレイステーションのゲームソフト「クラッシュバンディクー」のモデルとなったほど日本人には身近だ。ケアンズ周辺ではノーザンバンディクートとロングノーズドバンディクートがよく見られる。

動物探検ツアーで見かけることが多い

珍しいケバナウォンバット

ユーモラスな顔をしたヒメウォンバット

ウォンバット
■ Wombat

体長は大人で 1m 前後、性格はおとなしく、やや臆病。昼間は土の中に作った巣穴で過ごし、夜になってから草や根、木の皮やキノコを食べに出てくる。頑丈な爪をもっており、穴掘りが大得意。通常は単独で生活しているが、繁殖期はつがいで暮らす。オーストラリアには一般的に見られるヒメウォンバットのほか、ひじょうに生息数が少ないケバナウォンバットがいる。

タスマニアでも伝染病のため数が少なくなっているタスマニアンデビル

タスマニアンデビル
■ Tasmanian Devil

オーストラリア本土では絶滅し、現在タスマニア島にのみ生息している（ゴールドコースト、ブリスベン、ケアンズの一部の動物園で観察可能）。大型有袋目のなかでは数少ない肉食動物。歯は鋭く、獲物の毛皮、羽、骨にいたるまで食い尽くしてしまう。ただし生きている動物を襲うことはない。夜行性で、日中は穴の中や洞窟、茂みの中で過ごす。

哺乳類単孔目

哺乳類の仲間だが、子は卵で産み孵ったらおっぱいで育てるという珍種中の珍種。「単孔」というのは、排泄、排便、生殖すべてをひとつの穴で行っているということだ。世界中に2種類しかいない。

カモノハシ ■ Platypus

<source type="base64" media_type="" data="で見られる/アーに参加すれば高確率ケアンズの動物探検ツ" />

カモのようなくちばしと長く平べったい尾、水かきをもつ水陸両生。雄は後肢のけづめに毒をもっている。水辺の近くに巣穴を作り、朝夕に巣穴から出てザリガニやエビ、貝や水生昆虫などを食べる。水中では目を閉じていて、くちばしが触角となって餌を探す。通常2個の卵を産み、卵から孵った赤ちゃんは母親の腹の乳腺からにじみ出てくる乳を飲んで育つ。ひじょうに臆病な動物で、野生で見るのは難しい。オーストラリアにのみ生息している。

ハリモグラ ■ Echidna

細い口でアリを食べるハリモグラ

全身が針毛で覆われ、危険が迫ると体を丸めて針毛を逆立て身を守る。草原や森に暮らす夜行性で、夜になると巣穴から出てきて、土中のアリを優れた嗅覚で見つけ出す。歯はなく、とがった鼻先から長い舌を出して食べる。雌は1回に1個の卵を産み、下腹部にある育児嚢で育てる。卵から孵ったばかりの赤ちゃんに針毛はない。オーストラリアとパプアニューギニアにのみ生息している。

オーストラリアには珍しい鳥がいっぱいだ。特にインコ／オウム類が多い。

ワライカワセミ（クッカバラ）
■ Laughing Kookaburra

カワセミの仲間としては最大

オーストラリア東部一帯でよく見かける大型のカワセミ。人間の笑い声に似た奇妙な鳴き方をするため、この名前がついた。群れで行動し、ちょっとハスキーな声の合唱はなわばりを主張するため。ヘビやネズミが好物で、オーストラリアでは益鳥とされている。ニューサウスウエールズ州の州鳥。なおクイーンズランド州北部には青い羽をもつ珍しいアオバワライカワセミもいる。

ヒクイドリ（カソワリィ）■ Cassowary

ひじょうに警戒心の強い鳥だ

オーストラリア北東部の熱帯雨林に生息する飛べない巨鳥（体長1.2〜1.5m）。硬いトサカをもち、首は鮮やかなブルー、首筋は真っ赤。黒い毛で覆われ、足は太く爪も鋭い。ひじょうに珍しい鳥で、野生で見られたら幸運。ケアンズ近郊、ミッションビーチやケープトリビュレーション、アサートンテーブルランド付近に生息している。

エミュー ■ Emu

内陸部では野生で見かけることが多いエミュー

ダチョウに次いで大きな鳥（体長1.6〜1.9m）だが、翼は退化して小さくなり20cmくらいしか飛び上がることができない。その代わり、時速50キロのスピードで走ることができる。水浴が好きで、泳ぐこととも。メスは繁殖期に7〜18個の卵を産むが、抱くのはオスの仕事。ヒナの子育ても父親の役目。鳴き声は太鼓をたたくようなポンポンという音。北部熱帯雨林を除き、オーストラリアほぼ全域に生息している。

キバタン
■ Sulphur-crested Cockatoo

オーストラリアの東海岸およびオーストラリア北部に生息し、通称シロオウムとも呼ばれる。頭に角のような黄色い羽が出ているのが特徴。ハミルトン島ではホテルのバルコニーにやってくるほどポピュラー。

思いのほか鳴き声がうるさい

爬虫類

トカゲをはじめとする数多くの爬虫類がオーストラリアには生息している。

ワニ　Crocodile

太く大きな口が特徴のイリエワニ

おもに北部の水域に生息する。大きく分けると淡水にすむフレッシュウオータークロコダイル（オーストラリアワニ／淡水ワニ）と海水、汽水、淡水域にすむソルトウオータークロコダイル（イリエワニ／海水ワニ、通称ソルティ）の2種類。オーストラリアワニは群れをなし、人間を襲うことはまずないが、全長7mにまで達する巨大なイリエワニは獰猛で、餌になりそうな動物なら何にでも（つまり人間にも）襲いかかってくる。

トカゲ　Lizard

エリマキトカゲ

オオトカゲ

オーストラリアはトカゲの宝庫だ。体長数cmの小さなトカゲから2mを超えるオオトカゲまで種類も多い。人気のあるのは、かつて日本でも一世を風靡したエリマキトカゲ。首の周りの襟は普段は折りたたまれていて、敵を威嚇したり、求愛するときに大きく広げる。勝ち目がないとわかるとすっくと2本足で立って、スタスタと一目散に走り出す。また熱帯雨林にすむアガマの仲間のレインフォレストドラゴン、ウオータードラゴンなどもユニークで人気がある。ほかにも体長1mを超える通称ゴアナは大陸全土でごく普通に見られる。

ゴシキセイガイインコ（レインボーロリキート）
Rainbow Lorrikite

動物園で餌づけが行われることが多い鳥だ

オーストラリアには数多くのインコ、オウム類が生息しており、野生でもごく当たり前に見かける。なかでもよく知られているのがゴシキセイガイインコ（ナナイロインコとも呼ばれる）。オーストラリア東海岸の亜熱帯から熱帯にかけて広く生息しており、名前のとおり青や緑、黄色、オレンジなどカラフルな色をしている。

ヤブツカツクリ　Australian Brush-turkey

ヤブのなかでかさこそ音がしたら、たいていヤブツカツクリだ

一見すると七面鳥のようだが、実は別種でオーストラリア区にしか生息していないツカツクリ亜目の鳥。枯れ草をたくさん集めてマウンド（塚）のような巣を作る習性があるのでこうした和名がつけられている。卵はマウンドの中約60cmほどの深さの所に置かれ、枯れ草の盛り具合で巣の中の温度を一定（約33〜35℃）に保ち、卵が孵るのを待つ。くちばしの先が敏感な温度センサーになっていて、ときどきマウンドに口を突っ込んで温度を測っている。なおマウンドを管理するのはオスの役目だ。

ガマグチヨタカ　Tawny Frogmouth

ずんぐりとした容貌が愛らしいと人気のガマグチヨタカ

サイフのガマ口に似た大きな口をもっているので、和名をオーストラリアガマグチヨタカという（体長35〜45cm）。体の半分が顔といったユーモラスな体型が観光客に人気だ。なおヨタカなので完全夜行性。昼はじっとしていてほとんど動かない。

コシグロペリカン　Australia Pelican

モートン島では餌づけもしているコシグロペリカン

世界に7種いるペリカンの仲間で最大なのがコシグロペリカン。体長は160〜190cmにもなる。オーストラリア中央部を除くほぼ全域に生息していて、ケアンズのトリニティ湾、ゴールドコーストのブロードウオーター、モートン島などでごく普通に見られる。

ユーカリ
■ Eucalyptus

オーストラリアではいたるところでユーカリの林を見ることができる

ユーカリはオーストラリアのほぼ全域に生えている。多様な自然環境に適応しながら進化し、一見、それが同じユーカリの仲間なのか判別がつかないほどだ。ユーカリ全体に共通する特徴は、葉に油分をたっぷり含んでいるということ。しかも光合成によってその油が蒸発する。ユーカリの森は引火性ガスが常に充満している状態だ。また常緑樹なので葉は通年生え替わり、古い葉が地面に積もっている。夏になると気温が30℃を超え、ガスが充満した中でカラカラに乾いた枯葉が燻されていく。そこに雷が落雷すると発火し燃え広がる。オーストラリアの夏の風物詩とでも呼びたくなるようなブッシュファイアーがこうして起きるのだ。なおブッシュファイアーが起きても、木の芯まで燃え尽きることは少なく、数週間でほぼ元どおりの姿になる。

どこまでも続くユーカリの森

ユーカリの油分は抽出され、薬や健康食品、アロマテラピー用品などに利用されている。抗菌、抗ウイルス作用があって、風邪やのどの痛みによく効くそうだ。

ユーカリ林
Eucalyptus Forest

オーストラリアの植物といえば、真っ先に名前が出てくるのがユーカリ（現地ではガムツリー Gum Tree という呼び方が一般的）。ひと口にユーカリとはいうが、その種類はオーストラリアだけで600種を超える（亜種も含めると1000種ともいわれる）。オーストラリアが原産で、全種類の95%はオーストラリアで確認できるという。まさにユーカリ大国だ。

オーストラリアの植物
Plants in Australia

ナンキョクブナ
■ Mytle Beech

南半球の大陸がひとつの大陸ゴンドワナであったことを立証するのに重要な役割を果たした大木。オーストラリアではタスマニア〜ゴールドコースト周辺で見られる。北半球のブナとは別の種類の単独のナンキョクブナ科に分けられている。

ゴールドコーストのスプリングブルック国立公園で見られるナンキョクブナ

絞め殺しのイチジク
■ Strangler Fig

熱帯雨林の代表的な着生植物。鳥や小動物が実を食べ、糞と一緒に絞め殺しのイチジクの種をほかの木に落とし、そこから芽を出す。根は下へ伸び、地面へと達する。地面から養分を取るようになったあと、幹を着生した木に巻きつけていき、最後には殺してしまうので、この名前がついた。

絞め殺しのイチジクのなかで最大規模のカーテンフィグツリー（ケアンズ／アサートンテーブルランド）

多雨林地帯の植物
Rainforest

オーストラリア東海岸沿いには、沿岸部を南北に貫くように標高1000mほどの山脈が続く。それが大分水嶺（グレートディバイディングレンジ）。大分水嶺一帯は雨も多く、多様な植物からなる多雨林地帯も数多く残っている。その森は、はるか1億年以上前のゴンドワナ大陸時代から続く太古の歴史をもつ森なのだ。

グラスツリー
■ Grasstree

黒っぽい幹の上にふさふさした緑の葉を茂らせるユニークな姿のユリ科の植物（和名はススキノキ）。幹には堅い殻に覆われた種をつけている。ブッシュファイアーが種をはじき飛ばし、新しい芽を出す手助けをしている。

枯れた葉がまるで洋服のように幹を包み込んでいる

バンクシア
■ Banksia

オーストラリア原産の植物で約70種が確認されている（オーストラリア以外ではニューギニアに少数生えている）。円筒状の花が特徴的で、色は種類によってさまざま。ちなみに名称はキャプテンクックとともに航海をした高名な英国人植物学者ジョセフ・バンクに由来する。

オーストラリア旅行中いろんな所で目にするバンクシア

ボトルブラシ
■ Bottlebrush

グラスやボトルを洗うときに使うブラシによく似た花をつける植物（オーストラリア原産）。日本ではカリステモン、あるいはブラシの木として知られている。

いろいろな色の花があるが、特に赤い花がよく目立つ

ジャカランダ
■ Jacaranda

オーストラリアに春の到来を告げる紫色の花を咲かせる木。中南米原産で白人入植後に持ち込まれたといわれる。日本の桜とは違い開花時期が長く、ほとんどの場所で初夏までジャカランダの花を見ることができる。

オーストラリアの季節の花の代表格

木生シダ
■ Tree Fern

日本で一般的に見られるシダと違い、木のように茎を伸ばす。多雨林地帯で多数見られる。恐竜がいた時代から今に残る植物のひとつだ（日本でも沖縄や小笠原諸島などで同種のヘゴがある）。

木生シダの群生地は原始的な雰囲気だ

ウチワヤシ
■ Fan Palm

団扇のように葉を伸ばすオーストラリア原産のヤシ。ケアンズ近郊の熱帯雨林ではよく見られ、この種としては世界最大で高さ20mほどに達する。乾季の終わりに赤い実をつけるが、これはこの地方に住む先住民の食用となっていた。

ケアンズの北ケープトリビュレーションで数多く見られる

クライミングパーム
（ちょっと待ってのツル）
■ Climbing Palm (Waite-a-While)

熱帯雨林のいたるところで見られるラタン（籐）の仲間。ツルには、一方向に無数の小さなとげが生えており、歩いているときに引っかかると離れなくなる。その様子が、あたかも「ちょっと待って」と引っ張られているような感じに見えるので、この通称がついた。

太くなるとツルの周りは無数のトゲで覆われる

グレートバリアリーフの

Marine life at Great Barrier

グレートバリアリーフの珊瑚礁

文・小林雅子

世界自然遺産グレートバリアリーフ（G.B.R.）は、オーストラリアの東岸に約2000kmも続く世界最大の珊瑚礁群だ。総面積はおよそ35万km²で、日本の総面積にほぼ匹敵するほどの大きさだ。これだけ広大なG.B.R.は、実は大小2500もの珊瑚礁（リーフ）からできあがっている。そしてこの海域には350種以上といわれるサンゴが群生し、1500種を超える魚類、4000種あまりの棘皮動物（ナマコやヒトデなど）、そして250種近い鳥類が生息しているのだ。

サンゴの分類

　G.B.R.などの珊瑚礁は、大きく分けるとイシサンゴ（六放サンゴ）、ソフトコーラル（八放サンゴ）、ヒドロサンゴの3つに分類される。

　珊瑚礁で最も多いのはイシサンゴ（六放サンゴ）という類で、名前のとおり硬い。硬いといっても、スノーケリング中、足ヒレなどで蹴ってしまうと簡単に壊れてしまうこともある。イシサンゴとは反対にソフトコーラルはぷよんとした感じで柔らかい。そして竜宮城のような鮮やかな色をもっているのが特徴だ。

　なおスノーケリングやダイビングでサンゴウオッチングをする場合は、やたら

エダサンゴの群落は潮の流れの穏やかな所に多い

と手を触れないように。カエンサンゴに限らず、サンゴで切ったり、こすったりしたけがは膿みやすく治りにくいからだ。それにサンゴのほうもダメージを受けてしまうのだ。

　なおアクセサリーに使われるサンゴは、一般に宝石サンゴと呼ばれており、生息しているのは水深数百mという深海。通常スノーケリングやスクーバダイビングなどではまずお目にかかれないものだ。

サンゴは生き物だ

　一見、動かないただの塊のように見えるサンゴも、れっきとした生き物。プランクトンを食べながら、少しずつ成長しているのだ。顔を近づけじっくり観察してみるとわかるのだが、サンゴはイソギンチャクに形の似たポリプが集合して、ひとつの塊を形成している。昼間は見ることが難しいが、夜にはイソギンチャクのように触手を出してプランクトンを待ち受けている。

34

サンゴの仲間イソギンチャクと共生関係にあるクマノミ

11月の大潮の数日後の夜、流れサンゴのコーラルスポーニングが始まった

一本足のテーブルを思わせるテーブルサンゴ

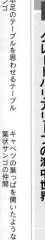

キャベツの葉っぱを開いたような葉状サンゴの仲間

海中世界
Reef

アクロポーラというかわいい学名をもつミドリイシの仲間は代表的なイシサンゴ

ハナガササンゴのポリプをよく見るとイソギンチャクが集合しているようだ

サンゴは、石灰質の骨格をもったイソギンチャクと考えると、動物だと理解しやすいだろう。

また、動物であるからにはサンゴも子供を作る。外見からではわからないのだが、サンゴもオスとメスに分かれている。そして1年に1度、ある満月の数日後の夜にコーラルスポーニング（サンゴの放卵）と呼ばれるときを待つ。サンゴのオスとメスが卵と精虫をいっせいに放出し受精させるのだ。

規模が世界最大のグレートバリアリーフである。同時期に、これだけ多くのサンゴが放卵するのも、もちろんここだけのことだ。コーラルスポーニングを紹介してあるパンフレットを読むと「ピンクの雪が降りしきる」と説明があるが、確かに海の中一面小さなサンゴの卵でいっぱいになる。その様はとても幻想的で感動的だ。

まるで人間の脳のようなノウサンゴ

グレートバリアリーフで見られる**生物たち**

ナポレオンフィッシュ
体長 1m を超える巨大なベラ科の魚（和名メガネモチノウオ）。世界中で
ダイバー＆スノーケラーに人気で、G.B.R. では特に多く見かける。

マンタレイ
和名オニイトマキエイで、ダイバー憧れの
エイ。北部 G.B.R. では見られるポイントや
時期が限られるが、南部 G.B.R. では 1 年
を通してよく見かける。

クマノミ
イソギンチャクと共生関係にある人
気のクマノミは、G.B.R. には数種
類いる。映画『ファインディング・
ニモ』のモデルとなったカクレクマ
ノミのほか、固有種のバリアリーフ
アネモネフィッシュ、レッドアンド
ブラックアネモネフィッシュ、スパ
インチークアネモネフィッシュがよ
く見られる。

カクレクマノミ

スパインチークアネモネフィッシュ

レッドアンドブラックアネモネフィッシュ　ハナビラクマノミ　バリアリーフアネモネフィッシュ

ウミガメ
G.B.R. 全域で、アオウミガメやタイマイがよく見られるほか、南
部でアカウミガメも見かける。

ユメウメイロ
鮮やかな青い体と黄色い尾びれが特徴のタカサゴ
科の魚。いつも群れで泳いでいる。

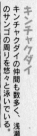

キンチャクダイ
キンチャクダイの仲間も数多く、浅瀬のサンゴの周りを悠々と泳いでいる。

ロクセンヤッコは50cmほどの大きさになる。名前のとおり体に6本の縦縞が入っている。

サザナミヤッコは体長40cmほど

ヨスジフエダイ
体長25cmほどのスズキの仲間で、その名のとおり黄色い体に4本の線が入っている。浅瀬で群れていることが多い。

チョウチョウウオ
G.B.R.の珊瑚礁域にはひじょうに多くの種類のチョウチョウウオがいる。どれも鮮やかな体色をしていて見ていて飽きることがない。

オオシャコガイ
シャコ貝の仲間もG.B.R.ではビッグサイズが当たり前だ。1mを超える

ツノダシ
体長20cm前後で、ほとんどのスノーケリングポイントで見ることができる。『ファインディング・ニモ』のギルのモデルとなった魚だ。

ナンヨウブダイ
こぶ状の頭をもつブダイの仲間で大きなものは70cmにもなる。がりがりとサンゴをかじっていることがある。

バラクーダ
カマスの仲間で体長50cm〜1m。比較的小型のバラクーダは浅瀬で群れをなしていることが多い。

37

オーストラリアで見られる星座
Stars in Southern Hemisphere

南半球の星座

せっかく南半球に来たからには、北半球では見えない星座を見てみたい。空気が澄んでいるオーストラリアではちょっと見上げただけできれいな星空が見渡せ、肉眼で天の川がはっきりわかる。都心を離れると、星が多すぎて星座を探すのが困難なくらいだ。

南半球では、天の南極を中心に日周運動をしているため、星座が日本と同じ形で見えるわけではなく、季節や時間によって逆さまに見えることもある。季節も逆となるため、日本では夏の星座として宵の南の空低くでしか見られない、いて座と天の川が冬の星座として頭上高くに見える。

南十字星の見つけ方

天の南極を見つける方法として、よく利用されるのが南十字星だ。「星」と名がつくのでひとつの明るい星だと思っている人も多いが、正確には1627年フランスの天文学者ロワイエによって設定された。「みなみじゅうじ座」と呼ばれる5つの星からなる星座（1等星のαとβ、2等星のγ、3等星のδ、そして4等星のεからなる／なお肉眼では確認できないがαは実は二重星だ）。

明るい4つの星をクロスさせると十字架の形に見えることからこの名前がついている。天の川のなかにあるのだが、全天にある88の星座のなかで最も小さく、まとまりもよいのでひじょうに見つけやすい。町なかでも十分確認できるほどだ。な

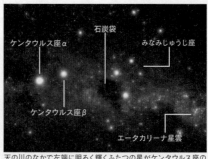

天の川のなかで左端に明るく輝くふたつの星がケンタウルス座のアルファ、ベータで、その右側にあるのが南十字星（みなみじゅうじ座）。南十字星の左脇の黒くなっている部分が石炭袋。南十字星の右側にある赤っぽい星団がエータカリーナ星雲だ

（図中ラベル：ケンタウルス座α、石炭袋、みなみじゅうじ座、ケンタウルス座β、エータカリーナ星雲）

お南十字星のすぐ近くの天の川のなかには、ケンタウルス座の1等星α、βがあり、これを目印（サザンポインターズ）にすると、意外に簡単に南十字星を見つけることができる。

天の南極は、南十字星の長辺α－γを地平線方向へ約4.5倍した場所となる。またその場所は、ケンタウルス座のα－βを結ぶ線の中心から直角に引いた線と、南十字星のα－γを結ぶ線を延ばした線の交点でもある。

なお先住民のある部族の間では、南十字星はアカエイに、サザンポインターズはそれを追いかけるサメの尾ヒレにたとえられている。また南十字星のすぐ近くには、星の少ない部分が黒く浮かび上がって見える暗黒星雲コールサック（石炭袋）や、散開星団ジュエルボックス（NGC4755）がある。ちなみにコールサックは、先住民のある部族がエミューが卵を抱く姿に見たてている。

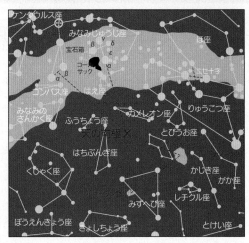

南十字星は 1年中見えるわけではない

星は天の南極を中心に回転しており、ゴールドコーストやケアンズ、ハミルトン島付近では、季節によって南十字星は日没後にはすでに地平線に隠れてしまっているということもある。つまり南十字星はもちろん、どんな星座でも見頃があるというわけだ。一般的にゴールドコースト、ケアンズ、ハミルトン島付近での南十字星の見頃は2～7月で、宵の頃に南の夜空にしっかりと確認できる。逆に9月中旬～10月下旬は、ほとんど見ることができない。

星の雲　大小マゼラン雲

9～11月に、暗い場所へ行くと南の空にうっすらと雲のように見える星団がふたつ確認できる。これが南天の奇景と呼ばれる大小マゼラン雲だ。実際には銀河系の周りを回る大星団で、大マゼラン雲は地球から16万光年、小マゼラン雲は17万光年離れている。なおこの名前は、マゼランが世界一周航海のときに見つけたことに由来している。

また南十字星が地平線下にあるときに、天の南極を探すのに大小マゼラン雲を利用することもできる。大小マゼラン雲を結ぶ線を一辺とする正三角形を地平線方向に向かって描いたとき、正三角形のもうひとつの頂点となる場所がほぼ天の南極となるのだ。

星座図の見方

次ページよりゴールドコースト、ケアンズ付近の星座図を季節ごとに掲載している。円の中心が天頂（ほぼ頭上）にあたり、円周部分は地平線となり、上が北側の星空を、下が南側の星空を表している。なお観察時間により星は動くので、星座図と同様に見える目安時間も記載してある。またこの星座図には惑星（肉眼で見える金星、火星、木星、土星）は表示していない。これらは年や時期・時間により見える場所が異なる。

かなり小さな雲、といった感じの小マゼラン雲

暗い所なら見つけやすい大マゼラン雲

9〜11月の星空

星座図の目安時間

9月中旬	0:00 頃
10月中旬	22:00 頃
11月中旬	20:00 頃

黄道 12 星座の見頃
うお座　みずがめ座　やぎ座

南十字星（みなみじゅうじ座）は地平線下で見えないが、代わって大マゼラン雲、小マゼラン雲がよく見える。またエリダヌス座のアケルナル（0.5等星）、りゅうこつ座のカノープス（シリウスに次いで全天で 2 番目に明るい− 0.7 等星の星）など、明るい星が多く輝いている。なおエリダヌスとは、ギリシア神話に出てくる架空の川の名前で、エリダヌス座は蛇行するエリダヌス川の形をしている。この川は、太陽神アポロンの日輪馬車の操作を誤った息子バエトンが、空から落ちてきたときに優しく受けとめた川だといわれている。

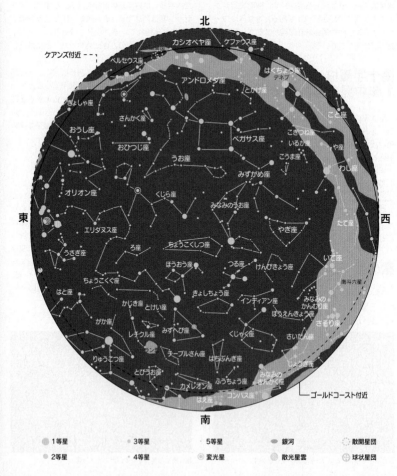

1等星	3等星	5等星	銀河	散開星団
2等星	4等星	変光星	散光星雲	球状星団

40

12 ～ 2 月の星空

星座図の目安時間	
12 月中旬	0:00 頃
1 月中旬	22:00 頃
2 月中旬	20:00 頃

黄道 12 星座の見頃
かに座 ふたご座 おうし座 おひつじ座

大小マゼラン雲を見るのに適した時期で、南十字星（みなみじゅうじ座）も深夜には見やすくなる。また日本では冬の星座として知られるオリオン座やおうし座が天高く上って見える。おうし座のなかにはスバル（プレアデス星団）を確認できる。実際には約 100 個の星からなる散開星団だが、肉眼では 7 つの星の集まりに見えるため英語ではセブンシスターズと呼ばれている。狩人オリオンに恋をした、アトラスとプレイオンの 7 人の美しい娘たちのことで、7 人全員がオリオンを追いかける姿を不憫に思った神ゼウスが、彼女たちをハトにして空に舞い上げたのだといわれている。

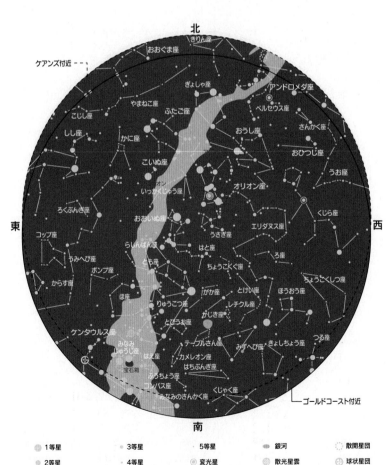

北

ケアンズ付近

東

西

ゴールドコースト付近

南

● 1等星	● 3等星	・ 5等星	銀河
● 2等星	・ 4等星	変光星	散光星雲

散開星団
球状星団

3〜5月の星空

星座図の目安時間

3月中旬　0:00 頃
4月中旬　22:00 頃
5月中旬　20:00 頃

黄道12星座の見頃
てんびん座　おとめ座　しし座

南十字星（みなみじゅうじ座）が最も見頃となる時期。またこの時期北の地平線近くには北斗七星も見ることができる。南十字星のαβの間には天の川のなかにできた暗黒部分コールサック（石炭袋）、そしてβのすぐ隣には通称「宝石箱」と呼ばれる散開星団 NGC4755 もある。先住民のある部族では、コールサックを頭に、天の川の星の少ない部分を順に首（ケンタウルス座のα、βの横）、胴（さそり座のあたり）、足（いて座からわし座にかけて）として巨大なエミューの姿を天空に見いだしていたといわれている。

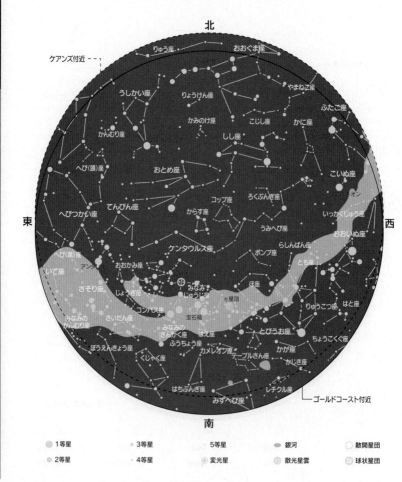

北

ケアンズ付近

りゅう座　おおぐま座
うしかい座　りょうけん座　やまねこ座
かみのけ座　こじし座　ふたご座
かんむり座　しし座
へび（頭）座　おとめ座　こいぬ座
てんびん座　コップ座　ろくぶんぎ座　オリオン
へびつかい座　からす座　いっかくじゅう座
うみへび座　おおいぬ座
ケンタウルス座　らしんばん座
へび（尾）座　おおかみ座　ポンプ座　とも座
いて座　アンタ　ほ座
さそり座　じょうぎ座　みなみじゅうじ座　η星団　りゅうこつ座　はと座
コンパス座　宝石箱　ほ座
みなみのかんむり座　さいだん座　みなみのさんかく座　ほえ座　とびうお座　ちょうこくぐ座
ぼうえんきょう座　ふうちょう座　カメレオン座　テーブルさん座　かがく座　かじき座
くじゃく座　レチクル座　ゴールドコースト付近
はちぶんぎ座
みずへび座

東　西

南

● 1等星	・ 3等星	・ 5等星	● 銀河	散開星団
● 2等星	・ 4等星	⊕ 変光星	散光星雲	球状星団

6 ～ 8 月の星空

星座図の目安時間

6 月中旬	0:00 頃
7 月中旬	22:00 頃
8 月中旬	20:00 頃

黄道 12 星座の見頃
やぎ座　いて座　さそり座　てんびん座

天の川の見頃がこの季節。また頭上高くさそり座が輝き、北の空には七夕の星こと座のベガとわし座のアルタイルもよく見える。さそり座の隣にはいて座がある。ギリシア神話では、さそりに刺されて死んだオリオンの復讐のため、射手がさそりの心臓（赤い大きな星アンタレス）を狙っている姿といわれる。なお、さそり座が天にある間は、オリオン座は地平線下に隠れて出てこない。さそり座のハサミの先にあるてんびん座は、かつてさそり座の一部だった。ローマ時代にシーザーが善悪を判断する星座として独立させたものだ。

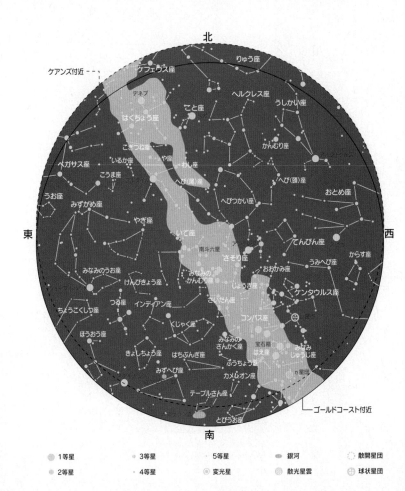

1等星	3等星	5等星	銀河	散開星団
2等星	4等星	変光星	散光星雲	球状星団

Area Code 電話の州外局番（エリアコード）**(07)**

Time Difference 日本との時差 **＋1時間**

オーストラリア東部標準時で、サマータイムは実施していない。そのためサマータイムを実施している他の東部の州（シドニーのあるニューサウスウエールズ州など）とは、夏季に1時間の時差（－1時間）ができる。

延々 60km 近い砂浜が続く

オーストラリアを代表するリゾート地

それがゴールドコースト。

亜熱帯気候で年間晴天日数
約 300 日という気象条件、
イルカやザトウクジラがやってくる海
そして豪快な波が打ち寄せるビーチ……。
さらに内陸には
世界自然遺産に登録されているうっそうとした亜熱帯雨林。
町も明るく開放的で、出会う人々もおおらか。
自然を満喫し、オージービーチカルチャーに触れる。
ゴールドコースト滞在は
そんな魅力に満ちている。

Contents of Gold Coast

How to get there
ゴールドコーストへの行き方

日本 から

東京（成田）からジェットスターが**ゴールドコースト国際空港** Gold Coast International Airport (OOL)[*1] へ、東京（羽田[*2]）からカンタス航空が**ブリスベン国際空港** Brisbane International Airport (BNE) への直行便を運航している（どちらも所要約9時間）。また東京（羽田）からカンタス航空を利用しシドニー経由で入る方法もある。そのほか日本各都市から香港、シンガポールなど東南アジアの都市経由でブリスベン国際空港に入ることもできる。ゴールドコースト国際空港、ブリスベン国際空港からゴールドコースト市内へのアクセスは→ P.59。

*1: 2023年10月29日からジェットスターはゴールドコースト便を運休し、ブリスベン便に変更予定。また2024年2月2日からは関空～ブリスベン便も就航予定。

*2: 2023年11月26日より成田に変更予定

ケアンズ／ハミルトン島 から

ケアンズ～ゴールドコーストには、ジェットスターが毎日1～2便のフライトを運航。このほかケアンズ～ブリスベンには毎日、カンタス航空、ジェットスター、ヴァージン・オーストラリア航空が多くのフライトをもっている（所要約1時間30分）。ハミルトン島からは、カンタス航空、ヴァージン・オーストラリア航空が毎日1便ブリスベンに直行便をもっている（所要約1時間45分）。

左：東京からはカンタス航空がブリスベン直行便を運航
下：東京からゴールドコースト国際空港へ直行便を運航するジェットスター

Useful Address
ゴールドコーストのユースフルアドレス

日本大使館／領事館

●**日本国総領事館（ブリスベン）**
Consulate-General of Japan　MAP P.89/2B
🏠 Level 17, Blue Tower, 12 Creek St., Brisbane, 4000
📞 (07)3221-5188　FAX (07)3229-0878
URL www.brisbane.au.emb-japan.go.jp
🕐 月～金 9:00～12:00、13:30～16:00

日本語の通じる病院

●**日本語医療センター**
International Medical Centre　MAP P.71
🏠 Shop 1039, Level 1, Australia Fair Shopping Centre, 42 Marine Pde., Southport, 4215
📞 (07)5526-3532
URL www.nihongoiryo.com.au
🕐 毎日 9:00～18:00（原則予約制）CC ADJMV

●**ゴールドコーストさくらクリニック**
Gold Coast Sakura Clinic　MAP P.53/2B
🏠 Level 1, 62-64 Davenport St., Southport, 4215　📞 0487-119-119
URL www.goldcoastsakuraclinic.com
🕐 月～金 9:00～17:00　休 土日祝

●**マーメイドビーチ・メディカルセンター**
Mermaid Beach Medical Centre　MAP P.53/2B
🏠 Shop 23-24, Pacific Square, 2532 Gold Coast Hwy., Mermaid Beach, QLD 4218
📞 (07)5572-1668
URL www.ipn.com.au/gp/qld-mermaid-beach-mermaid-beach-medical-centre/home/
🕐 月～金 8:00～20:00、土 9:00～18:00
休 日祝

ビジターインフォメーションセンター

●**サーファーズパラダイス・ビジターインフォメーション＆ブッキングセンター**
Surfers Paradise Visitor Information & Booking Centre　MAP P.54/3A
🏠 2 Cavill Ave., Surfers Paradise, 4217
📞 1300-309-440
URL www.destinationgoldcoast.com
🕐 月～土 9:00～17:00、日 9:00～16:00

主要航空会社連絡先

●**カンタス航空 Qantas Airways**
📞 13-13-13
●**ジェットスター Jetstar**
📞 13-15-38
●**ヴァージン・オーストラリア航空**
Virgin Australia
📞 13-67-89

滞在のポイント
ゴールドコースト

 POINT

Travel Season
旅のシーズン

春 spring 9〜10月

日中の最高気温が25℃を超える日も多くなり、雨も少なく穏やかな天気が続く。10月前半まではホエールウオッチングも楽しめるほか、テーマパーク巡り、マリンアクティビティにも向いている。10月末には公道を使ったカーレースも開催される。日本の初夏の服装で出かけよう。

夏 summer 11〜3月

真夏の日差しが降り注ぐこの時期は、ゴールドコーストらしさを味わうのにいちばん。マリンアクティビティを楽しむにはベストシーズンだ。また内陸部ヒンターランドでは、海沿いに比べると気温が2℃ほど低いので、この時期の観光がいちばん。ワイナリーではブドウの収穫も行われる。

秋 autumn 4〜5月

まだ夏の日差しは残るが、海はそろそろ冷たく感じられる頃。好天の日が多く、ほとんどのアクティビティ、観光が存分に楽しめる時期だ。東京の晩夏〜初秋の服装を目安に。

冬 winter 6〜8月

雨に降られることがひじょうに少ない季節。気温は低く、東京の春くらいの服装が最適。ホエールウオッチングクルーズのシーズンで、マリンアクティビティを楽しむにはウエットスーツなどがあったほうがベター。テーマパーク巡りにも適している。

ゴールドコーストの平均気温・降水量

月	1月	2月	3月	4月	5月	6月	7月	8月	9月	10月	11月	12月
平均最高気温（℃）	28.7	28.6	27.8	25.9	23.4	21.3	21.1	21.9	23.9	25.3	26.7	27.8
平均最低気温（℃）	21.9	21.8	20.8	18.3	15.3	13.1	12.0	12.5	14.8	16.9	18.9	20.5
平均月間降水量（mm）	139.9	177.7	110.8	125.8	112.2	112.8	48.8	62.6	44.4	91.5	119.0	139.3

上：野生のイルカに餌づけができるモートン島タンガルーマ・アイランドリゾート
左：テーマパークならオーストラリアならではの動物と触れ合うこともできる（カランビン・ワイルドライフサンクチュアリ）

POINT
Travel Style
旅のスタイル

海と森で自然に触れ、
さらに魅力的なテーマパークも攻略

　ゴールドコーストの魅力は、美しいビーチと海洋哺乳類（イルカ、クジラなど）に出合える海、そして夜行性動物が生息する世界遺産の森が共存するところ。まずは、この恵まれた自然を存分に楽しみたい。野生のイルカやクジラ、夜行性動物に出合えるツアー、森を歩き世界遺産を満喫できるツアーなど、自然のなかへ出かけるツアーの種類は多い。ツアー参加時以外は、できるだけビーチへ出てみたい。ゴールドコーストのすばらしいビーチを知らずして、ゴールドコーストへ来たかいはないというものだ。

　またテーマパークの数が多いのもゴールドコーストの特徴。各テーマパークへはゴールドコースト中心部から数社がシャトルサービスを実施しているので、アクセスは簡単。もちろんレンタカーでアクセスするのもおすすめだ。

レンタカーがあれば
行動がグンと楽になる

　バスやツアー利用で、観光に不便なことはまったくない。それでもレンタカーがあ

れば、観光はもちろん、空き時間の利用方法や、食事＆ショッピングの楽しみも大きく広がる。

　例えばテーマパークへのアクセス。テーマパークシャトル利用だと出発時間・帰着時間に制約があり、朝のんびり出発だとか午後早めに戻ってくるといったことが難しい。しかしレンタカーなら、ゴールドコースト中心部から各テーマパークまで片道30分以内なので、気が向いたときにアクセス可能だ。世界遺産の森も、森に関する知識があればツアーを利用しなくてもレンタカーアクセスで十分に楽しめる。さらにバイロンベイやサンシャインコーストなど、ビヨンド・ゴールドコースト巡りにはレンタカーほど便利なアクセス手段はない。

　ショッピングモールとして人気のハーバータウンやロビーナ・タウンセンターは、公共バス利用だと時間もかかるが、レンタカーならアクセスが簡単だ。またディナーエリアも、ホテル近く以外の場所へ気軽に出かけられる、といったメリットがある。

人気観光スポット、バイロンベイへもレンタカーなら楽々アクセス

ローカルが多いバーレイヘッズの
ビーチ

ゴールドコーストの過ごし方
How to enjoy

地元っ子気分が味わえるビーチ巡り

ゴールドコーストのビーチはエリアごとに特色がある。いくつかのビーチを訪れてみるのも楽しい過ごし方だ。

観光客でにぎわうサーファーズパラダイスビーチは、滞在中誰もが訪れるビーチだが、その北隣のメインビーチ、南隣のブロードビーチなら、それほど混み合うことなく地元の人に交じってビーチライフを楽しめる。またサーファーならぜひ訪れたいのが、ゴールドコースト南部のバーレイヘッズ、カランビン、クーランガッタ（キラ、グリーンマウント、デュランバー）。いずれも世界的にも有名なサーフポイントだ。眺めのよいビーチならバーレイヘッズ、カランビンがおすすめ。海の向こうにメインビーチからサーファーズパラダイス～ブロードビーチと続く高層建築群が眺められる。

各ビーチにあるサーフ＆ライフセービングクラブにも立ち寄りたい。基本的には会員制のクラブだが、パスポートを提示すればビジター利用が可能。サーフィンやボディボードがレンタルできる場所もあり、どこも眺めのよいレストラン＆バーを併設している。

ツアーは前日夜までに予約

世界遺産の森へのツアーは、ゴールドコースト滞在中外せないもののひとつ。よほどのピークシーズン以外ツアーが満員ということは少ないが、できることなら前日夜までに予約をしておきたい。ただし、わざわざ日本出発前にツアー予約をする必要はない。現地到着後、翌日の天候などをチェックしてから申し込むのがおすすめだ。

バーレイヘッズのビーチ脇の芝生エリアは格好のリラックススポット

亜熱帯の森を散策するツアーはぜひ参加してみたい

ゴールドコースト おすすめ
モデルプラン

ゴールドコースト滞在の基本は現地 3 ～ 4 泊。このうち半日は最低でもビーチで楽しむ時間を取りたい。またより自然に親しむため、ゴールドコースト中心部だけに滞在するのではなく、ビヨンド・ゴールドコースト（ゴールドコースト周辺）に宿泊するプランを考えるのもアイデアだ。ここでは現地移動手段、日数のパターン別に3つのモデルプランを紹介しよう！

※ 2023 年 10 月 29 日から日本発着のゴールドコースト直行便はなくなり、シドニーなどでの乗り換え便を利用しないかぎり、基本、ブリスベンが発着都市となる。このモデルプランはすべてブリスベン空港発着を想定している。

はじめてのゴールドコースト ベストプラン現地 4 泊

1日目　初日はやっぱり海！　そしてツチボタル！

早朝 早朝ブリスベン空港に到着したら、まずはシャトルバスでホテルまでの移動。

午前 **ホテルに着いたら**、荷物を置いてビーチへ直行！

昼 **ランチタイムは**サーファーズパラダイスやブロードビーチの町で！

夕方 **人 気 No.1 ツ ア ー**のツチボタルツアー（→ P.113）に参加して、自然の神秘に感動しよう！ **野生動物探検が付いたツアー**（→ P.114）もおすすめ。

ツチボタルの光は星のよう……

ゴールドコーストのビーチ最高！

2日目　世界遺産のツアーで過ごす 1 日

1日 **ゴールドコースト周辺には**世界遺産の森が広がっている。せっかくだから、日本語ツアー（→ P.113 ～ 115）に参加して、森に詳しいガイドに説明してもらおう。

日本語ツアーなら難しい説明もみんな理解できちゃう

3日目　イルカと触れ合いにモートン島へ出かけよう！

1日 **日帰りツアー**（→ P.122）があるので、ちょっと離れたモートン島へも気軽に行くことができる。イルカの餌づけ付きツアーに申し込んでおけば、夕方島を出発前に野生イルカへの餌づけも楽しめる。

モートン島タンガルーマリゾートでランチ

島ではデザートサファリツアーや各種マリンアクティビティ、野生のジュゴンを見にいくマリンエコクルーズなどにも参加可能だ。

デザートサファリツアーに参加して砂滑り！

4日目　テーマパークとショッピング

日中 **ゴーエクスプローラーカード**を手に入れて好みのテーマパーク（→ P.99 ～）へ。動物好きならカランビン、海の生き物好きならシーワールド、ライドアトラクション好きならムービーワールド。ライドも動物も一緒に楽しみたかったらドリームワールドへ。夏ならウオーターパークも楽しい！

カランビン・ワイルドライフサンクチュアリでカンガルーと触れ合おう！

夕方 少し早めに戻って**パシフィックフェア**（→ P.147）や**ハーバータウン・プレミアウムアウトレット**（→ P.148）でショッピング

オリジナルのアグブーツをオーダーしよう！（→ P.146）

5日目　日本へ帰国

早朝 **日本へのフライトはブリスベンを午前中出発**。前の夜にパッキングを済ませておこう！

海外旅行慣れしている人向け レンタカー利用現地 4 泊

1 日目 初日からイルカに出合えるモートン島宿泊

早朝 **ブリスベン空港でレンタカーを借りたら**モートン島行きフェリー乗り場へ。所要 15 分。

午前 **朝のフェリーでモートン島（→ P.86）へ。**

昼 **日中は**デザートサファリツアーやマリンアクティビティを楽しもう！

夕方 **お楽しみの** イルカの餌づけ。

夕方にビーチ近くにやってくる野生のイルカに餌づけする

2 日目 ビーチとショッピングを楽しむ 1 日

午前 **朝のフェリーで**本土へ戻ったら、ゴールドコーストまでは約 1 時間 30 分のドライブ。ショッピング好きなら途中ハーバータウン・プレミアムアウトレット（→ P.148）にも立ち寄れる。

昼 **ゴールドコーストに着いたら**ビーチでのんびり肌を焼こう！ サーファーズパラダイス以外にも魅力的なビーチはいろいろ。車で巡ってみるのも楽しい。

夕方 **ショッピング**を楽しもう！

3 日目 バイロンベイ観光とツチボタル観光を 1 日で！

日中 **バイロンベイ（→ P.83）** までは 1 時間ちょっとのドライブ。おしゃれなお店やカフェをのぞいて、オーストラリア大陸最東端で記念写真。

バイロンベイ灯台へ！

夕方 **帰りは**ナチュラルブリッジ経由でツチボタル見学。夕方からの見学になるので、ツアー客がやってくる前の静かな時間が楽しめる。

歴史的建物が多く残るブリスベンの町

4 日目 ブリスベン 1 日観光＆ブリスベン泊

1 日 **ブリスベンへ。**ローンパイン・コアラサンクチュアリ（→ P.108）やマウントクーサ展望台（→ P.93）などブリスベン郊外の観光をしたら、市内のオフィスでレンタカーを返却。町歩き、ショッピング、グルメを満喫！

ブリスベンはグルメの町。おいしいレストランがいっぱい！

ブリスベンへ行ったら見逃せないローンパイン・コアラサンクチュアリ。世界 No.1 のコアラ飼育数を誇る！

5 日目 日本へ帰国

午前 **ブリスベン泊なので**朝ゆっくり食事をしてから、電車でブリスベン国際空港へ！

2 度目のゴールドコーストなら レンタカー利用現地 3 泊

1 日目 レンタカーでゴールドコースト南部のビーチへ

午前 **ブリスベン空港でレンタカーを借りたら、**バーレイヘッズやクーランガッタなどゴールドコースト南部のビーチを目指そう。ローカルな雰囲気のサーフビーチだ！

午後 ビーチで過ごしたり、ビーチ周辺のローカルなカフェでのんびりしたり。

夕方 **ローカルビールのブリュワリー（→ P.68）で、**地元の人と一緒に盛り上がろう。

2 日目 タンボリンマウンテン 1 日ドライブ！ ワインも美味

日中 **ドライブで**高原の町タンボリンマウンテン（→ P.74）へ。ワイナリー巡りをしたり、ツチボタルを見たり、愛らしいお店でショッピングしたり、カフェでお茶を楽しんだり。

夕方 **夕方早めからは**サーファーズパラダイスやブロードビーチでショッピング！

牧場を舞台にしたショーが観られるアウトバックスペクタキュラー

3 日目 スプリングブルック国立公園でウオーキング

日中 **世界遺産の森**スプリングブルック国立公園（→ P.79）までは約 1 時間ほどのドライブ。ブッシュウオーキングを楽しもう！

夕方 **ショー & ディナー**のアウトバックスペクタキュラー（→ P.138）を観に行こう！ 古きよきオーストラリアに触れられる

4 日目 日本へ帰国

午前 **レンタカー返却時間を考えて** 6:30 頃出発。途中ヤタラ・パイショップ（→ P.73）で朝食を仕入れるのもおすすめ。

ゴールドコースト広域図
Around Gold Coast

0 _____ 50km

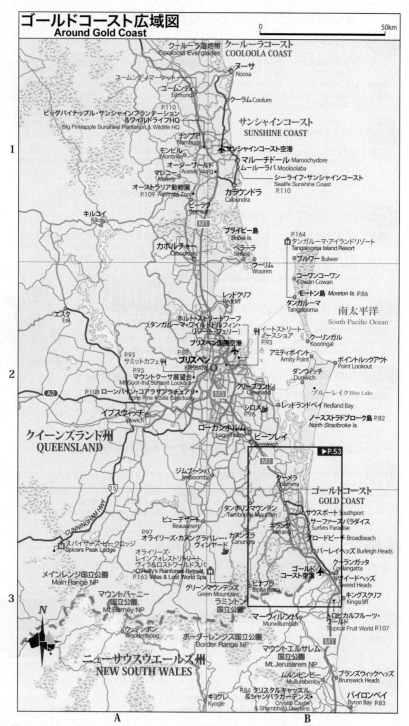

クールーラ湿地帯
Cooloola Everglades

クールーラコースト
COOLOOLA COAST

ヌーサ
Noosa

ユームンディマーケット

クーラム Coolum

ユームンディ
Eumundi

P.110
ビッグパイナップル・サンシャインプランテーション
&ワイルドライフHQ
Big Pineapple Sunshine Plantation & Wildlife HQ

ナンブア
Nambour

サンシャインコースト
SUNSHINE COAST

サンシャインコースト空港

モンビル
Montville

オージー・ワールド
Aussie World

マルーチドール Maroochydore
ムールーラバ Mooloolaba

マレニー
Maleny

オーストラリア動物園
P.109 Australia Zoo

カラウンドラ
Caloundra

シーライフ・サンシャインコースト
Sealife Sunshine Coast
P.110

ビーラワ
Beerwah

キルコイ
Kilcoy

ブライビー島
Bribie Is.

P.164
タンガルーマ・アイランドリゾート
Tangalooma Island Resort

カボルチャー
Caboolture

ベラーラ
Bellara

ブルワー Bulwer

ウーリム
Woorim

コーワンコーワン
Cowan Cowan

エスク
Esk

レッドクリフ
Redcliff

モートン島 Moreton Is. P.86

タンガルーマ
Tangalooma

南太平洋
South Pacific Ocean

ホルト・ストリートワーフ
(タンガルーマ・ワイルドドルフィン・
リゾート・フェリー)

P.88
ブリスベン国際空港

イートストリート・
ノースショア
P.93

クーリンガル
Kooringal

P.93
サミットカフェ●
ブリスベン
BRISBANE

アミティポイント
Amity Point

ポイントルックアウト
Point Lookout

P.93
マウントクーサ展望台●
Mt Goot-tha Summit Lookout

ダンウィッチ
Dunwich

P.108 ローンパイン・コアラサンクチュアリ●
Lone Pine Koala Sanctuary

クリーブランド
Cleveland

ブルーレイク Blue Lake

イプスウィッチ
Ipswich

シロメ
P.96

レッドランドベイ Redland Bay

クイーンズランド州
QUEENSLAND

ローガンホルム
Loganholme

ノースストラドブローク島 P.82
North Stradbroke Is.

ビーンレイ
Beenleigh

▶P.53

ジムブーンバ
Jimboomba

クーメラ
Coomera

ゴールドコースト
GOLD COAST

サウスポート Southport

ビューデザート
Beaudesert

タンボリンマウンテン
Tamborine Mounten

ネラング
Nerang

サーファーズパラダイス
Surfers Paradise

P.97
オライリーズ・カヌングラバレー・
ヴィンヤード

カヌングラ
Canungra

ブロードビーチ Broadbeach

オライリーズ・
レインフォレストリトリート、
ヴィラ&ロストワールドスパ
O'Reilly's Rainforest Retreat,
P.163 Villas & Lost World Spa

バーレイヘッズ Burleigh Heads

スパイサーズ・ピークロッジ
Spicers Peak Lodge

メインレンジ国立公園
Main Range NP

グリーンマウンテンズ
Green Mountains

ゴールド
コースト空港

クーランガッタ
Coolangatta

ツイードヘッズ
Tweed Heads

マウントバーニー
国立公園
Mt Barney NP

ラミントン
国立公園

ビナブラ
Binna Burra

キングスクリフ
Kingscliff

ウッデンボン
Woodenbong

マーウィルンバ
Murwillumbah

トロピカルフルーツ・
ワールド
Tropical Fruit World P.107

ボーダーレンジズ国立公園
Border Range NP

マウントエルサレム
国立公園
Mt.Jerusarem NP

ニューサウスウエールズ州
NEW SOUTH WALES

ブランズウィックヘッズ
Brunswick Heads

ムルンビンビー
Mullumbimby

キョグレ
Kyogle

P.84 クリスタルキャッスル
&シャンバラガーデンズ
Crystal Castle
& Shambhala Gardens

バイロンベイ
Byron Bay P.83

N

A

B

1

2

3

ゴールドコースト
Gold Coast

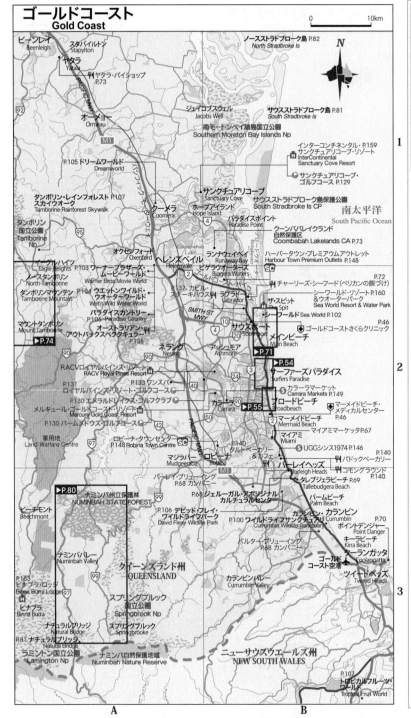

0   10km

N

ビーンレイ
Beenleigh

スタパイルトン
Stapylton

ヤタラ
Yatala

ヤタラ・パイショップ P.73

オーメョー
Ormeau

ジェイコブスウェル
Jacobs Well

ノースストラドブローク島 P.82
North Stradbroke Is

サウスストラドブローク島 P.81
South Stradbroke Is

南モートンベイ諸島国立公園
Southern Moreton Bay Islands Np

P.105 ドリームワールド
Dreamworld

タンボリン・レインフォレスト P.107
スカイウオーク
Tamborine Rainforest Skywalk

タンボリン
国立公園
Tamborine Np

クーメラ
Coomera

ヘレンズベイル
Helensvale

サンクチュアリコーブ
Sanctuary Cove

ホープアイランド
Hope Island

パラダイスポイント
Paradise Point

インターコンチネンタル・P.159
サンクチュアリコーブ・リゾート
InterContinental
Sanctuary Cove Resort

サンクチュアリコーブ・
ゴルフコース P.129

サウスストラドブローク島保護公園
South Stradbroke Is CP

南太平洋
South Pacific Ocean

クーンババレイクランド
自然保護区
Coombabah Lakelands CA P.73

イーグルハイツ
Eagle Heights

ワーナーブラザーズ・P.103
ムービーワールド
Warner Bros.Movie World

ノースタンボリン
North Tamborine

タンボリンマウンテン
Tamborine Mountain

パラダイスカントリー
P.106 Paradise Country

マウントタンボリン
Mount Tamborine

オーストラリアン・
アウトバックスペクタキュラー
P.138

オクセンフォード
Oxenford

コーンババ・
Coombabah
Lake

ランナウェイベイ
Runaway Bay

ハーバータウン・プレミアウムアウトレット
Harbour Town Premium Outlets P.148

ビゲラウオーターズ
Biggera Waters

P.137 カビル・
ステーキハウス

ラブラドール
Labrador

チャーリーズ・シーフード (ペリカンの餌づけ) P.72

シーワールド・リゾート P.160
＆ウオーターパーク
Sea World Resort & Water Park

ザ・スピット
The Spit

シーワールド Sea World P.102

P.46
ゴールドコーストさくらクリニック

ウエットンワイルド・
ウオーターワールド
Wet'n'Wild Water World

パラダイスカントリー
P.106 Paradise Country

SMITH ST
MWY

サウスポート
Southport

メインビーチ
Main Beach

ネラング
Nerang

アッシュモア
Ashmore

P.71

P.54

サーファーズ パラダイス
Surfers Paradise

RACVロイヤルパインズ・リゾート
RACV Royal Pines Resort

P.131
ロイヤルパインズ・リゾート・ゴルフコース

P.130 エメラルドレイクス・ゴルフクラブ

ワンスパ

カラーラ
Carrara

P.55

カラーラマーケット
Carrara Markets P.149

ブロードビーチ
Broadbeach

メルキュール・ゴールドコースト・リゾート
Mercure Gold Coast Resort

P.130 パームメドウス・ゴルフコース

軍用地
Land Warfare Centre

ロビーナ・タウンセンター
P.148 Robina Town Centre

マジラバー
Mudgeeraba

ロビーナ
Robina

ダルトンベーカリー
＆カフェ

P.140

マーメイドビーチ・
メディカルセンター
P.46

マーメイドビーチ
Mermaid Beach

マイアミマーケッタ P.67

マイアミ
Miami

UGGシンス1974 P.146

P.140
パックベーカリー

バーレイヘッズ
Burleigh Heads

コモングラウンド
P.140

P.80

ナミンバ州立保護林
NUMINBAH STATE FOREST

バーレイ・ブリューイング
P.68 カンパニー

タルブジェラビーチ
Tallebudgera Beach

ジェルーガル・アボリジナル
P.68 カルチュラルセンター

パームビーチ
Palm Beach

ビーチモント
Beechmont

P.106 デビッド・フレイ・
ワイルドライフパーク
David Fleay Wildlife Park

P.100 ワイルドライフサンクチュアリ
Currumbin Wildlife Sanctuary

カランビン・カランビン
Currumbin

P.70

ナミンババレー
Numinbah Valley

クイーンズランド州
QUEENSLAND

カランビンバレー
Currumbin Valley

ポイントデンジャー
Point Danger

キーラビーチ
Kirra Beach

ゴールド
コースト空港

ツーランガッタ
Coolangatta

P.163
ビナブラ・ロッジ
Binna Burra Lodge

ビナブラ
Binna Burra

P.81 ナチュラルブリッジ
Natural Bridge

ナチュラルブリッジ
Natural Bridge

スプリングブルック
国立公園
Springbrook Np

スプリングブルック
Springbrooke

ツイードヘッズ
Tweed Heads

ラミントン国立公園
Lamington Np

ナミンバ自然保護地域
Numinbah Nature Reserve

ニューサウスウエールズ州
NEW SOUTH WALES

P.107
トロピカルフルーツ・
ワールド
Tropical Fruit World

バルター・ブリューイング
P.68 カンパニー

A   B

1

2

3

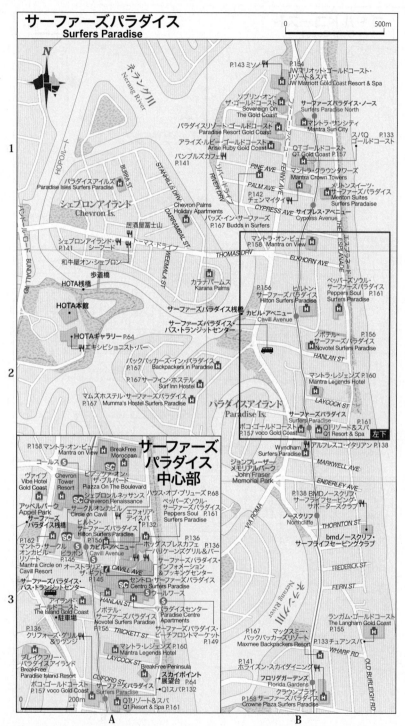

サーファーズパラダイス
Surfers Paradise

0 ── 500m

ネランゲ川 Nerang River

P.143 ミソノ
P.134 JWマリオット・ゴールドコースト・リゾート＆スパ
JW Marriott Gold Coast Resort & Spa

ソブリン・オン・ザ・ゴールドコースト
Sovereign On The Gold Coast

サーファーズパラダイス・ノース
Surfers Paradise North

パラダイスリゾート・ゴールドコースト
Paradise Resort Gold Coast

マントラ・サンシティ
Mantra Sun City

スパQ
ゴールドコースト P.133

アライズ・ルビー・ゴールドコースト
Arise Ruby Gold Coast

QTゴールドコースト
QT Gold Coast P.157

バンブルズカフェ
P.141

マントラ・クラウンタワーズ
Mantra Crown Towers

パラダイスアイルズ
Paradise Isles Surfers Paradise

BURRA ST
STANHILLS DRIVE
HOPE ST

PINE AVE
FERNY AVE

メリトンスイーツ・サーファーズパラダイス
Menton Suites Surfers Paradise

シェブロンアイランド
Chevron Is.

PALM AVE
P.142 チェンマイタイ

Chevron Palms
Holiday Apartments

CYPRESS AVE
サイプレス・アベニュー
Cypress Avenue

居酒屋冨士山

DARRAMBAL ST

RIVER DRV

シェブロンアイランド・P.141 シーフード
トーマス・ドライブ

バッズ・イン・サーファーズ P.167 Budds in Surfers

マントラ・オン・ビュー
P.158 Mantra on View

THE ESPLANADE

和牛屋オン・シェブロン

WEEMALA ST

THOMAS DRV
ELKHORN AVE

歩道橋

カラナパームス
Karana Palms

ペッパーズ・ソウル・サーファーズパラダイス
Peppers Soul P.161
Surfers Paradise

HOTA桟橋

P.156 サーファーズパラダイス桟橋
Hilton Surfers Paradise

ヒルトン・サーファーズパラダイス
Hilton Surfers Paradise

HOTA本館

サーファーズパラダイス桟橋

カビル・アベニュー
Cavill Avenue

ノボテル・サーファーズパラダイス P.156
Novotel Surfers Paradise

HOTAギャラリー P.64
エキシビジョニスト・バー

サーファーズパラダイス・バス・トランジットセンター

HANLAN ST

バックパッカーズ・イン・パラダイス
P.167 Backpackers in Paradise

マントラ・レジェンズ P.160
Mantra Legends Hotel

P.167 サーフイン・ホステル
Surf Inn Hostel

LAYCOCK ST

マムズホステル・サーファーズパラダイス
P.167 Mumma's Hostel Surfers Paradise

パラダイスアイランド
Paradise Is.

サーファーズパラダイス P.161
Surfers Paradise

ポコ・ゴールドコースト P.157 voco Gold Coast
Q1リゾート＆スパ
Q1 Resort & Spa

左下

ワインダム・サーファーズパラダイス
Wyndham Surfers Paradise

アルフレスコ・イタリアン P.138

ジョンフレーザー・メモリアルパーク
John Fraser Memorial Park

MARKWELL AVE

ENDERLEY AVE

P.138 BMDノースクリフ・サーフライフセービング・サポーターズクラブ

ハウス・オブ・ブルーズ P.68

ノースクリフ
Northcliffe

THORNTON ST

bmdノースクリフ・サーフライフセービングクラブ

VIA ROMA

Nerang River

FREDERICK ST

FERN ST

ランガム・ゴールドコースト
The Langham Gold Coast P.155

WHARF RD

OLD BURLEIGH RD

P.167 マックスミー・バックパッカーズリゾート
Maxmee Backpackers Resort

P.133 チュアンスカイ

P.141 ホライズン・スカイダイニング

フロリダガーデンズ
Florida Gardens

クラウンプラザ P.158 サーファーズパラダイス
Crowne Plaza Surfers Paradise

サーファーズパラダイス中心部

P.158 マントラ・オン・ビュー
Mantra on View

BreakFree Moroccan

コールス

ヴァイブ・ホテル・ゴールドコースト
Vibe Hotel Gold Coast

シェブロン・タワー・リゾート
Chevron Tower Resort

ピアッツァ・オン・ザ・ブルバード
Piazza On The Boulevard

シェブロンルネッサンス
Cheveron Renaissance

アッペルパーク
Appel Park

サークルオンカビル
Circle on Cavill

エフォリア・ディスカバ
P.132

ハウス・オブ・ブルーズ P.68

ペッパーズソウル・サーファーズパラダイス
Peppers Soul P.161
Surfers Paradise

サーファーズ桟橋

P.162 マントラ・サークル・オンカビル・リゾート
Mantra Circle on Cavill Resort

ヒルトン・サーファーズパラダイス
Hilton Surfers Paradise
P.156

ビラボン

カビル・アベニュー
Cavill Avenue

CAVILL AVE

オーストラリア・フェア・ギフト
P.145

ホッグズブレスカフェ P.136
ハルケーンズグリル＆バー P.136

サーファーズパラダイス・インフォメーション・ブッキングセンター

サーファーズパラダイス・バス・トランジットセンター

HANLAN ST

セントロ・サーファーズパラダイス
Centro Surfers Paradise

ウールワース

アイランド・ゴールドコースト
The Island Gold Coast

・駐車場

ノボテル・サーファーズパラダイス
Novotel Surfers Paradise
P.156

パラダイスセンター
Paradise Centre
Apartments

P.136 クリフォーズ・グリル＆ラウンジ

TRICKETT ST

サーファーズパラダイス・ビーチフロントマーケット
P.149

ブレイクフリー・パラダイスアイランド
BreakFree
Paradise Island Resort

ポコ・ゴールドコースト P.157 voco Gold Coast

マントラ・レジェンズ P.160
Mantra Legends Hotel

CLIFFORD ST

LAYCOCK ST

BreakFree Peninsula

スカイポイント展望台 P.64

Q1スパ P.132

0 ── 200m

サーファーズパラダイス
Surfers Paradise

Q1リゾート＆スパ
Q1 Resort & Spa P.161

A

B

1

2

3

54

ブロードビーチ
Broadbeach

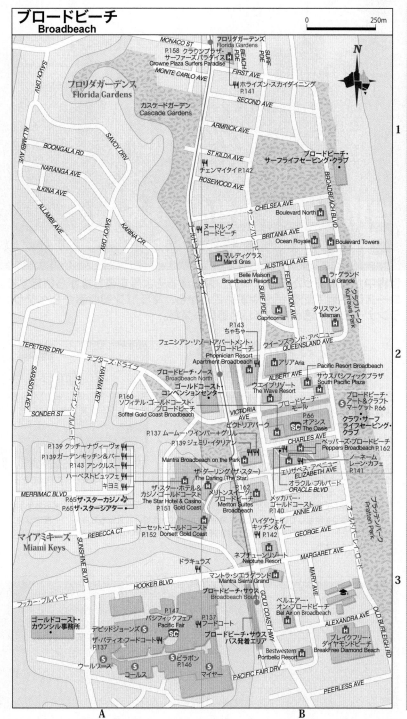

0　　　　　250m

MONACO ST
フロリダガーデンズ
Florida Gardens
P.158 クラウンプラザ・
サーファーズパラダイス
Crowne Plaza Surfers Paradise

BEACH PDE
SURF PDE
FIRST AVE

ホライズンズ・スカイダイニング
P.141

フロリダガーデンズ
Florida Gardens

MONTE CARLO AVE

SECOND AVE

カスケードガーデン
Cascade Gardens

ARMRICK AVE

SAVOY DRIV

ST KILDA AVE
チェンマイタイ P.142

ブロードビーチ・
サーフライフセービング・クラブ

BROADBEACH BLVD

BOONGALA RD
NARANGA AVE
ILKINA AVE

ALLAMBI AVE

SAVOY DRIV

KARINA CR

ROSEWOOD AVE

CHELSEA AVE
Boulevard North

ヌードル・ブ
ロードビーチ

BRITANIA AVE
Ocean Royale
Boulevard Towers

マルディグラス
Mardi Gras

AUSTRALIA AVE

Belle Maison
Broadbeach Resort

FEDERATION AVE

ラ・グランド
La Grande

SURF PDE

Capricornia

タリスマン
Talisman

Kurrawa Park クラウバーク

P.143
ちゃちゃ

フェニシアン・リゾートアパートメント・
ブロードビーチ
Phoenician Resort
Apartment Broadbeach

QUEENSLAND AVE
クイーンズランド・アベニュー

アリア Aria

Pacific Resort Broadbeach

TEPETERS DRV
テプターズ・ドライブ

ブロードビーチ・ノース
Broadbeach North

ALBERT AVE

サウスパシフィックプラザ
South Pacific Plaza

SARASOTA KEY
HAVANA KEY

ゴールドコースト
コンベンションセンター

ウエイブリゾート
The Wave Resort

ブロードビーチ・
モール

ブロードビーチ・
アート&クラフト
マーケット P.66

SONDER ST

P.160
ソフィテル・ゴールドコースト・
ブロードビーチ
Sofitel Gold Coast Broadbeach

VICTORIA
AVE

P.66
オアシス
The Oasis

クラウ・サーフ
ライフセービング・
クラブ

ビクトリアパーク

CHARLES AVE

P.139 クッチ♥ナヴィーヴォ♥
P.139 ガーデンキッチン&バー♥
P.143 アンクルスー♥
ハーベストビュッフェ♥
キヨミ♥

P.137 ムームー・ワインバー+グリル

P.139 ジェミリ・イタリアン

Mantra Broadbeach on the Park

ペッパーズ・ブロードビーチ
Peppers Broadbeach P.162

ノーネーム
レーン・カフェ

ザ・ダーリング（ザ・スター）
The Darling (The Star)

エリザベス・アベニュー
ELIZABETH AVE

MERRIMAC BLVD
P.65 ザ・スターカジノ♪
P.65 ザ・スターシアター◆

ザ・スター・ホテル&
カジノ・ゴールドコースト
The Star Hotel & Casino P.151 Gold Coast

メリトンスイーツ・
ブロードビーチ
Meriton Suites
Broadbeach P.162

オラクル・ブルバード
ORACLE BLVD

SUNSHINE BLVD

マイアミキーズ
Miami Keys

REBECCA CT

ドーセット・ゴールドコースト
P.152 Dorsett Gold Coast

メッカバー・
ゴールドコースト
P.140

ANNIE AVE

ハイダウェイ
キッチン&バー
♥ P.142

GEORGE AVE

MARGARET AVE

MARY AVE

OLD BURLEIGH RD

ドラキュラズ

ネプチューンリゾート
Neptune Resort

HOOKER BLVD
フッカー・ブルバード

マントラ・シエラグランド
Mantra Sierra Grand

ベルエアー・
オン・ブロードビーチ
Bel Air on Broadbeach

GOLD COAST HWY

ブロードビーチ・サウス
Broadbeach South

ゴールドコースト・
カウンシル事務所

P.147
パシフィックフェア
Pacific Fair

デビッドジョーンズ

ザ・パティオ・フードコート♥
P.137

ウールワース

P.137
フードコート

ブロードビーチ・サウス
バス発着エリア

ALEXANDRA AVE

ブレイクフリー・
ダイヤモンドビーチ
BreakFree Diamond Beach

SC

P.146
ビラボン

Bestwestern
Portbello Resort

コールス

マイヤー

PACIFIC FAIR DRV

PEERLESS AVE

A　　　　　　　　B

世界中から参加者が集まる
ゴールドコーストマラソン

世界中から集まったランナーが、海を渡るそよ風を感じながら快走する。コースは平坦で記録が出やすいことから、マラソン初心者からベテランランナーまで、思う存分楽しめるレースだ。

約3万人が参加する ビッグな大会

2013〜19年と7年連続で、日本人トップランナーのひとり川内優輝選手も参加している

　ゴールドコーストマラソンは2024年で44回目を迎える、伝統ある大会だ。毎年約3万人の参加者が集う大会で、日本人参加者も毎年1000人ほどと海外マラソンとしてはハワイのホノルルマラソンに次いで多い。コースもゴールドコーストの海岸に沿ったゴールドコースト・ハイウェイを南北に走る風光明媚なルートだ。しかも高低差はわずかに8mとひじょうにフラット。また制限時間も6時間30分と長いのでフルマラソン初心者でも安心して参加できる。

　フルマラソン以外にも車いすフルマラソン、ハーフマラソン、車いす10km、10kmラン、5kmファンラン、さらに子供向けジュニアダッシュ（2kmもしくは4km）まで、個人参加から家族参加までに対応する種目を用意しているのが大きな特徴だ。走るのが大好きな人はもちろん、「一度マラソンを走ってみたかった」「運動不足解消に」「家族みんなで思い出を作りたい」など、気軽な気持ちでぜひ参加してみよう。

ゴールドコーストマラソン日本事務局
URL www.gcm.jp（大会の詳細および申込書のダウンロード）
● **2024年度第44回ゴールドコーストマラソン予定**
　開催日　2024年7月6日（土）／7月7日（日）＊予定
　申し込み　2024年3月中旬からウェブサイトで申し込み受け付け開始予定
　参加費　参加費は2024年半ばに発表される。ここでは2023年の例を紹介する　＊（）内は4月28日までの早割申し込み料金：フルマラソン $200（$180）／ハーフマラソン $165（$145）／車いすフルマラソン $200（$180）／車いす $110（$90）／10kmラン $110（$90）／5kmファンラン $90（$70）／4kmおよび2kmジュニアダッシュ $40（$30）
※4月29日〜6月12日は日本事務局へ郵便・メールでの申し込みが可能。6月13日〜大会前日15:00までは日本事務局ウェブサイトで申し込み可能。大会前日16:00までは現地での申し込みも可能。いずれも通常料金となる。

蒸し暑い日本を抜け出して
ゴールドコーストマラソンを
走る！

　ゴールドコーストマラソンは毎年 7 月第 1 日曜開催。この時期はゴールドコーストの冬に当たり、マラソンスタートの朝 7:00 頃に気温は約 10℃、日中の最高気温も 20℃前後と涼しい。加えて雨のほとんど降らない時期なので、湿度は 40%以下だ。マラソンを走る時期としてはベスト。記録を狙うのにおすすめの大会なのだ。

大会後も
ウェブサイトをチェック

　大会の詳細をチェックしたり申込書のダウンロードなどは、日本語ウェブサイトで可能。またフルマラソンは 5km ごとに設置されたカメラでビデオ撮影されており、大会後、英語サイトでゼッケン番号を入力すれば、自分の走っている様子を見ることもできる。このビデオや、プロのカメラマンが撮影したマラソン中の写真などの購入も可能だ。

2023 年度のスケジュール例
7 月 1 日（土）

種　目	スタート時間
ハーフマラソン	6:15
2km ジュニアダッシュ	9:40
4km ジュニアダッシュ	9:55
5km ファンラン	10:25

7 月 2 日（日）

種　目	スタート時間
車いすフルマラソン	6:10
フルマラソン	6:15
車いす 10km	6:40
10km ラン	6:45

■日本からゴールドコーストへのフライト

2023年7月現在、東京（成田）からジェットスター（JQ）が毎日直行便を運航（2023年10月29日からブリスベン発着に変更予定）。また東京（羽田）からカンタス航空がブリスベンへ週3便直行便を運航（2023年11月26日より発着が成田になり毎日運航予定）している。

■ゴールドコースト空港

MAP P.53/3B

URL www.goldcoastairport.com.au

ホテルまで直接行けるコニクション

■コニクション・エアポートトランスファー

☎ 1300-370-471

URL www.con-x-ion.com

🕐 飛行機の発着に合わせて運行

●ゴールドコースト空港エアポートトランスファー

🚩 サーファーズパラダイス、ブロードビーチまで

片　道：大人 $32　子供 $14
家族 $85 ／ 往　復：大人 $61
子供 $28 家族 $160

●ブリスベン国際空港エアポートトランスファー

🚩 サーファーズパラダイス、ブロードビーチまで

片　道：大人 $72　子供 $33
家族 $176 ／ 往　復：大人 $138
子供 $66 家族 $341

格安移動手段として人気のトランスリンクバス Route 777

■トランスリンク Route 777

🕐 空港発：毎日 5:16 〜
23:36 ／ブロードビーチ・サウス発：毎日 4:05 〜 23:06
（15 〜 30 分ごとに運行）

🚩 2 ゾーン料金：片道：大人 1
回チケット $6.30、ゴーカード通常料金 $4.34、ゴーカードオフピーク料金 $3.47
子供 1 回チケット $3.10、ゴーカード通常料金 $2.17、ゴーカードオフピーク料金 $1.74

空港アクセス

ゴールドコースト空港 ↔ ゴールドコースト中心部

ゴールドコースト空港は、ゴールドコースト最南部クーランガッタに位置している。国際線、国内線ともに同じターミナルを利用している。国際線での入国時には案内板に従い、入国審査、預け荷物の受け取り、税関という手順となる。出国時にはチェックイン後に、国内線用手荷物検査を受けたあとに国内線搭乗待合ホールへと入り（広々としており各種ショップやカフェなども充実）、その後に2階で出国審査と国際線用手荷物検査を受け、3階の国際線搭乗待合ホール（免税店やカフェ、TRS ブースなどがある）へ、という順路となる。

日本からゴールドコースト空港へ直行便を運航するジェットスター

エアポートバス　飛行機の発着に合わせて**コニクション** Coni-x-ion が滞在先ホテルまで直接行ってくれる**エアポートトランスファー** Airport Transfer を行っている。所要約30〜40分。チケット購入は到着ホール内にある**トランスポート＆インフォメーションデスク** Transport & Information Desk にて。なおゴールドコースト空港へ向かう場合は、予約しておけばホテルでピックアップしてくれる。コニクションは空港送迎とテーマパークシャトルがセットになったパスを発行しており、最初からテーマパークシャトルを利用するつもりなら、購入しておくとお得だ（→ P.100）。

トランスリンクバス　公共バスのトランスリンクがゴールドコースト空港からライトレールの南の始発駅ブロードビーチ・サウスまで急行バス **Route 777** を運行している（所要約30分）。ブロードビーチはもちろん、ライトレール沿線のサーファーズパラダイス内ホテルなら、荷物を持っての移動も少なく、利用価値が高い。空港内インフォメーションで、後述するゴーエクスプローラーカード（→ P.61）を購入すれば、その後の観光も含め格安となる。

タクシー＆ライドシェア　サーファーズパラダイスやブロードビーチまでは25〜30km。タクシー利用の場合は $75 〜 95（大人数乗れるワンボックスタイプのマキシータクシーだと $115 〜 140）で、所要25〜30分。3人以上の場合はエアポートバスよりも割安となる場合がある。なおウーバー Uber などライドシェア利用もポピュラー。タクシーより少し安くサーファーズパラダイスまで $55 〜 85 ほどだ。ゴールドコースト空港にはライドシェア利用者専用の乗降場所がある。

レンタカー　国内線到着ターミナルと出発ターミナルの間にレンタカー会社のカウンターがある。空港前の道路はゴールドコーストを南北に貫くゴールドコースト・ハイウェイ Gold Coast Hwy.。サーファーズパラダイス方面へ向かう場合は左折後道なりに進めばいい。サーファーズパラダイスまで所要約30分。

ブリスベン国際空港↔ゴールドコースト中心部

　日本からカンタス航空やジェットスター（2023年10月29日より）直行便を利用したり、ケアンズやハミルトン島など国内線を利用する場合はブリスベン国際空港発着となる。ここはオーストラリアの拠点空港のひとつで、国際線ターミナルと国内線ターミナルが分かれている。ゴールドコーストへのアクセス手段は両ターミナルとも同じだ。

ブリスベン国際空港国際線到着ホールのビジターインフォメーション＆ブッキングセンター

エアポートバス　最も一般的なのが**コ**ニクションが運行する**エアポートトランスファー** Airport Transfer で、ゴールドコーストの滞在ホテル前まで行ってくれる。所要時間は1時間15分〜1時間30分。チケット購入は、国際線ターミナルの場合は到着ホール内にある**ビジターインフォメーション＆ブッキングセンター** Visitor Information & Booking Centre、国内線の場合はヴァージンオーストラリア側到着出口外のコンコースにある**コニクションのカウンター**で。なおゴールドコーストからブリスベン国際空港へ向かうときは、前日までに電話予約しておけばホテルでピックアップしてくれる。

電車　ブリスベン国際空港からゴールドコーストまで**エアトレイン** Airtrain が走っている（ブリスベン空港〜ヘレンズベイル駅所要約90分）。ゴールドコーストの駅は内陸部の町ヘレンズベイル、ネラング、ロビーナ、バーシティレイクスとなる。ヘレンズベイル駅でライトレール（→ P.61）に乗り換えれば、サーファーズパラダイス、ブロードビーチへ出るのは比較的簡単だ。

タクシー＆ライドシェア　ゴールドコーストまで約70kmもの距離があるため、よほどのことがないかぎりタクシーやライドシェア利用はおすすめできない。料金はゴールドコーストのエリアにもよるがタクシーで $200 〜 250、ライドシェアで $160 〜 240。

レンタカー　空港到着ホール内に大手レンタカー会社のブースがあり、レンタカーを借りることができる。ブリスベン国際空港からゴールドコーストへは、自動車専用道路に出さえすれば、ほぼ1本道でまず迷うことはない。自動車専用道路の制限速度は時速90〜110キロで、所要約1時間15分。

ゴールドコーストの市内交通

　ゴールドコーストはクイーンズランド州全域の公共交通機関を管轄する**トランスリンク** Translink のブリスベン郊外エリアに属する。後述するバス、ライトレール、さらにブリスベンからの電車などはすべて共通の料金システムだ。
　料金はゾーン制。ブリスベンを含む広域ゾーンは全部で8つに分かれており、ゴールドコースト地域はゾーン4〜7だ。通過ゾーン数で運賃が決まるシステムで、2時間以内ならバス、ライトレール、電車の乗り換えも同一料金となる。

使い勝手のいいエアトレイン

■**エアトレイン**
📞(07)3216-3308
URL www.airtrain.com.au
🕐5:04 〜 22:04 の 30 分ごと
●**サーファーズパラダイス＆ブロードビーチまで**（ヘレンズベイル駅からライトレール利用）
🎫 片道：大人$42.60　子供$10.90／往復：大人$83.20　子供$21.80
※オンライン購入で15%割引

■**中長距離バスでゴールドコーストへ**
　サーファーズパラダイス中心部にバス・トランジットセンター Bus Transit Centre があり、発着場所となっている。
●**サーファーズパラダイス・バス・トランジットセンター**
MAP P.54/3A
🏠 Beach Rd. & Remembrance Drv., Surfers Paradise, 4217

■**ブリスベン国際空港からレンタカー利用時の注意**
　ブリスベン国際空港からゴールドコーストへ向かう場合は、有料道路のゲートウェイ・モーターウェイ、ローガン・モーターウェイを通る（合わせて通行料 $11.60）。料金ゲートがないゴー・ブイアイエー go via 方式だが（日本でいうETC専用）、ほとんどのレンタカー会社はゴー・ブイアイエー対応。支払いはレンタカー会社が代行し、レンタカーを借りる際に登録したクレジットカードから後日引き落とされる。詳細はレンタカー時にレンタカー会社で確認のこと。
URL www.govia.com.au

細かな路線をもつトランスリンクバス

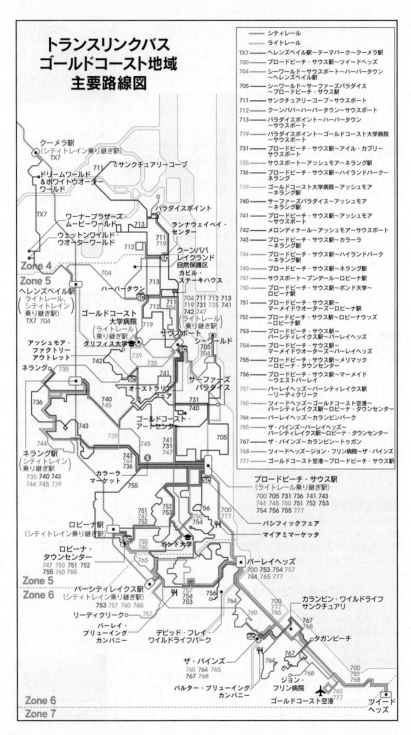

トランスリンクバス
ゴールドコースト地域
主要路線図

┄┄┄┄┄	シティレール	
━━━━━	ライトレール	
TX7 ━━	ヘレンズベイル駅〜テーマパーク〜クーメラ駅	
700 ━━	ブロードビーチ・サウス〜ツイードヘッズ	
704 ━━	シーワールド〜サウスポート〜ハーバータウン〜ヘレンズベイル駅	
705 ━━	シーワールド〜サーファーズパラダイス〜ブロードビーチ・サウス駅	
711 ━━	サンクチュアリコーブ〜サウスポート	
712 ━━	クーンババ〜ハーバータウン〜サウスポート	
713 ━━	パラダイスポイント〜ハーバータウン〜サウスポート	
719 ━━	パラダイスポイント〜ゴールドコースト大学病院〜サウスポート	
731 ━━	ブロードビーチ・サウス駅〜アイル・カプリ〜サウスポート	
735 ━━	サウスポート〜アッシュモア〜ネラング駅	
736 ━━	ブロードビーチ・サウス駅〜ハイランドパーク〜ネラング	
739 ━━	ゴールドコースト大学病院〜アッシュモア〜ネラング駅	
740 ━━	サーファーズパラダイス〜アッシュモア〜ネラング駅	
741 ━━	ブロードビーチ・サウス駅〜アッシュモア〜サウスポート	
742 ━━	メロンディナール〜アッシュモア〜サウスポート	
743 ━━	ブロードビーチ・サウス駅〜カラーラ〜ネラング駅	
744 ━━	ブロードビーチ・サウス駅〜ハイランドパーク〜ネラング駅	
745 ━━	ブロードビーチ・サウス駅〜ネラング駅	
747 ━━	サウスポート〜ブンデール〜ロビーナ駅	
750 ━━	ブロードビーチ・サウス駅〜ボンド大学〜ロビーナ駅	
751 ━━	ブロードビーチ・サウス駅〜マーメイドウオーターズ〜ロビーナ駅	
752 ━━	ブロードビーチ・サウス駅〜ロビーナウッズ〜ロビーナ駅	
753 ━━	ブロードビーチ・サウス駅〜バーシティレイクス駅〜バーレイヘッズ	
754 ━━	ブロードビーチ・サウス駅〜マーメイドウオーターズ〜バーレイヘッズ	
755 ━━	ブロードビーチ・サウス駅〜メリマック〜ロビーナ・タウンセンター	
756 ━━	ブロードビーチ・サウス駅〜マーメイド〜ウエストバーレイ	
757 ━━	バーレイヘッズ〜バーシティレイクス駅〜リーディクリーク	
760 ━━	ツイードヘッズ〜ゴールドコースト空港〜バーシティレイクス駅〜ロビーナ・タウンセンター	
764 ━━	バーレイヘッズ〜カランビンパーク	
765 ━━	ザ・パインズ〜バーレイヘッズ〜バーシティレイクス駅〜ロビーナ・タウンセンター	
767 ━━	ザ・パインズ〜カランビントゥガン	
768 ━━	ツイードヘッズ〜ジョン・フリン病院〜ザ・パインズ	
777 ━━	ゴールドコースト空港〜ブロードビーチ・サウス駅	

クーメラ駅
（シティトレイン乗り継ぎ駅）
TX7

ドリームワールド
&ホワイトウォーター
ワールド

サンクチュアリコーブ
711

ワーナーブラザーズ
ムービーワールド

パラダイスポイント

TX7

ウェットンワイルド
ウオーターワールド

713
711
719

ランナウェイベイ・
センター

712

クーンババ
レイクランド
自然保護区

Zone 4

Zone 5

704

カビル・
ステーキハウス

ヘレンズベイル駅
（ライトレール、
シティトレイン
乗り継ぎ駅）
TX7 704

ハーバータウン

713

704 711 712 713
712 704 719 731 735 747
711 742 747
704 （ライトレール）
乗り継ぎ駅

ゴールドコースト
大学病院
（ライトレール）
乗り継ぎ駅

719

アッシュモア・
ファクトリー
アウトレット

グリフィス大学

サウスポート

シーワールド
705
704

ネラング

735

742

739
735

サーファーズ
パラダイス

741

736

740
745

オーストラリア
フェア

731

740

ゴールドコースト・
アートセンタ

743

739

705

ネラング駅
（シティトレイン
乗り継ぎ駅）
735 740 743
744 745 739

744

741
731
747

745

743
744
736

カラーラ
マーケット

755

ブロードビーチ・サウス駅
（ライトレール乗り継ぎ駅）
700 705 731 736 741 743
744 745 750 751 752 753
754 756 755 777

751
747
752

752
753

56
750
754

700
777

パシフィックフェア

マイアミマーケッタ

ロビーナ駅
（シティトレイン乗り継ぎ駅）

750
760

765

ボンド大学

バーレイヘッズ
700 753 754 757
764 765 777

ロビーナ・
タウンセンター
747 750 751 752
755 760 765

Zone 5

Zone 6

バーシティレイクス駅
（シティトレイン乗り継ぎ駅）
753 757 760 765

リーディクリーク

757

757
754
753

756

764

709
777
765

カランビン・ワイルドライフ
サンクチュアリ

760

767
768

バーレイ・
ブルーイング
カンパニー

デビッド・フレイ
ワイルドライフパーク

767

タガンビーチ

ザ・パインズ
760 764 765

764

767

700
760
768

バルター・ブルーイング
カンパニー

ジョン
フリン病院

ゴールドコースト空港

760
777

768

ツイード
ヘッズ

Zone 6

Zone 7

公共交通機関を頻繁に利用する可能性があったら、リチャージ式スマートカードの**ゴーエクスプローラーカード** go explorer card か**ゴーカード** go card を手に入れたい。ゴーエクスプローラーカードは下記に紹介するトランスリンクバス、ライトレールの1日券（リチャージも1日券としてのみ可能）。空港インフォメーションで

通過ゾーン	シングルチケット運賃		ゴーカード通常運賃		ゴーカード・オフピーク	
	大人	子供	大人	子供	大人	子供
1	$5.10	$2.60	$3.55	$1.78	$2.84	$1.42
2	$6.30	$3.10	$4.34	$2.17	$3.47	$1.74
3	$9.60	$4.80	$6.63	$3.32	$5.30	$2.65
4	$12.60	$6.30	$8.72	$4.36	$6.98	$3.49
5	$16.60	$8.30	$11.46	$5.73	$9.17	$4.58
6	$21.10	$10.50	$14.55	$7.28	$11.64	$5.82
7	$26.20	$13.10	$18.10	$9.05	$14.98	$7.24
8	$31.10	$15.60	$21.48	$10.74	$17.18	$8.59

（2023年7月現在）

手に入れれば、バス、ライトレールを乗り継いでサーファーズパラダイスまで格安で行くことができる。またムービーワールドやドリームワールドへのバスにも利用可能だ。ゴーカードは数日間にわたりメインに公共交通機関を利用する人向け。通常料金でシングルチケットよりも約30％割引、さらに平日の8:30〜15:30、19:00〜翌3:00、土・日曜の全日は**オフピークとなり30％以上割引**となる。また月曜を起算日として8度利用すれば、以後7日目の日曜までは何度利用しても運賃半額となる。なお**ライトレールとゴールドコースト〜ブリスベンシティ＆空港を結ぶ電車（シティトレイン）はスマートチケット SmartTicket に対応しており、タッチ決済対応 AMEX、Master、VISA カード利用でもゴーカードと同一料金で利用可能**だ。

カードは乗り降りする際に専用機械にかざすだけ（ライトレールの場合は駅のホームに読み取り機が設置されている）。ゴーエクスプローラーカードの購入は空港およびサーファーズパラダイスのインフォメーションや主要ホテルのレセプションで。ゴーカードはコンビニエンスストアのセブンイレブンやサーファーズパラダイスのインフォメーションなどで購入可能。

■ゴーエクスプローラーカード、ゴーカードの詳細
URL translink.com.au
●ゴーエクスプローラーカード
料 大人 $10 子供 $5（リチャージもこの単位で）
●ゴーカード
　ゴーカードはデポジットとして最初に 大人 $10 子供 $5 の保証料＋最低 $5 以上のチャージが必要。

ゴーエクスプローラーカードとゴーカード

■トランスリンクバス
☎ 13-12-30
URL translink.com.au

■ライトレールの詳細
URL www.goldlinq.com.au

［トランスリンクバス］ 北はドリームワールド、ヘレンズベイルから、南はクーランガッタやツイードヘッズまでに路線をもっている。ライトレールとの接続を重視した路線網で、おもにゴールドコーストの南部および内陸への路線はブロードビーチ・サウス Broadbeach South、北部および内陸への路線はサウスポート Southport を起点としている。

［ライトレール］ ライトレール（正式名称**Gリンク** G:link）はヘレンズベイル〜サウスポート〜サーファーズパラダイス〜ブロードビーチ・サウスを結ぶ路面電車。サーファーズパラダイス中心部に数駅設置されているので観光客でも利用しやすい。

ライトレールの南の終点ブロードビーチ・サウス駅

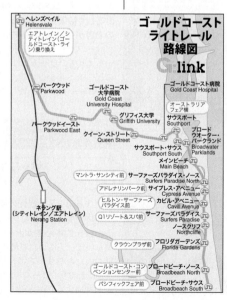

ゴールドコースト
ライトレール
路線図
G:link

ヘレンズベイル Helensvale
　エアトレイン／シティトレイン（ゴールドコースト・ライン）乗り換え
パークウッド Parkwood
ゴールドコースト大学病院 Gold Coast University Hospital
パークウッドイースト Parkwood East
グリフィス大学 Griffith University
クイーン・ストリート Queen Street
ネラング駅（シティトレイン／エアトレイン）Nerang Station
マントラ・サンミヤ前
アドレナリンパーク前
ヒルトン・サーファーズパラダイス前
Q1リゾート＆スパ前
クラウンプラザ前
ゴールドコースト・コンベンションセンター前
パシフィックフェア前
ゴールドコースト病院 Gold Coast Hospital
オーストラリアフェア前
サウスポート Southport
ブロードウォーター・パークランド Broadwater Parklands
サウスポート・サウス Southport South
メインビーチ Main Beach
サーファーズパラダイス・ノース Surfers Paradise North
サイプレス・アベニュー Cypress Avenue
カビル・アベニュー Cavill Avenue
サーファーズパラダイス Surfers Paradise
ノースクリフ Northcliffe
フロリダガーデンズ Florida Gardens
ブロードビーチ・ノース Broadbeach North
ブロードビーチ・サウス Broadbeach South

■ゴールドコーストのタクシー会社
●ゴールドコーストキャブ
Gold Coast Cabs
📞 13-10-08
URL www.gccabs.com.au
CC AJMV
料 初乗り：月～金7:00～19:00が$2.90、毎日0:00～5:00が$6.30、それ以外（祝日を含む）$4.30／課金：1kmごとに$2.17また規定速度以下で運転した場合1分当たり82¢／追加料金：電話予約$1.50

タクシーの乗降時には自分でドアを開ける

■ライドシェア利用は自己責任で
　オージーたちも気軽に利用するライドシェアは、一般的にタクシーより割安で、アプリで配車・支払いが完了するので英語が苦手でも安心。ただし、まったくトラブルがないわけではないので、利用は自己責任で。特に夜遅くに女性ひとりでの利用はおすすめしない。

家族連れが安心して楽しめる波の穏やかなビーチもある（クーランガッタのレインボーベイ・ビーチ）

サーファーズパラダイスビーチへの入口

　北の始発駅ヘレンズベイルではブリスベン国際空港からのエアトレインと接続するので、ブリスベン空港アクセスの手段としても利用価値が高い。

タクシー＆ライドシェア　慣れない土地でバスを利用するのが不安、あるいは急いでいる、そんな場合に便利なのはやはりタクシーやライドシェア。流しのタクシーは少なく、サーファーズパラダイスやブロードビーチなどの町なかにあるタクシー乗り場を利用するか、主要ホテル入口でコンシェルジュに呼んでもらうのがおすすめだ。なおオーストラリアのタクシーは自動ドアではないので、乗るときは自分でドアを開け、降りるときは自分で閉めること。またオーストラリアではウーバー Uber、オラ Ola、ディディ DiDi などライドシェア利用が一般的。アプリ決済できるので安心だ。

Orientation
ゴールドコーストの歩き方

1年を通じてにぎわいを見せるサーファーズパラダイスビーチ

　ゴールドコーストへ来たら、まずはビーチへ繰り出そう。その名のとおり美しく輝く白い砂浜がどこまでも続く。中心地サーファーズパラダイスのビーチでは、大勢の人が思いおもいにくつろいでいる姿を目にするが、ちょっと中心部を外れると、人もまばらな海岸線が延びている。砂はサラサラで細かく、汚れていないため、歩くとキュッキュッと音がする鳴き砂だ。ゴールドコーストには、そんなすばらしいビーチが数多くある。

　2020年前半～2023年前半のコロナ禍の間、観光客メインのショップ、レストランが集まっていたサーファーズパラダイスは、町として活気が以前ほどなくなり、逆により南側、地元の人向けのお店が多かったエリアが、より活況を見せるようになっている。

　サーファーズパラダイスやブロードビーチなど、自分が泊まっているエリアのビーチだけではなく、行動範囲を広げていろんな町のビーチへ出かけてみよう。オージーでにぎわう雰囲気を味わうのもゴールドコーストならではの楽しみ方だ。

The Town
ゴールドコーストの町

サーファーズパラダイス
Surfers Paradise

ゴールドコースト観光の中心地
　コロナ禍前ほどのにぎわいはないとはいえ、今もゴールドコーストの観光的中心地がサーファーズパラダイスなのは間違いない。美しいビーチ沿いに高層ホテルが連なり、ビーチには肌を焼く大勢の人たちやサーフボードを抱えたサーファーたち……そんなイメージどおりのゴールドコーストが、この町にはある。日本人旅行者が利用する宿泊施設の大部分が集中している。

美しいビーチと高層ビル群という景色が楽しめるサーファーズパラダイス

サーファーズパラダイスのエスプラネード沿いにはよく整備された遊歩道がある

カビル・モールを起点に町を把握する

カビル・モールのソウル1階は最新のショッピングスペースだ

サーファーズパラダイスの繁華街はそれほど広くないので、簡単に概略をつかむことができる。起点になるのは**カビル・モール** Cavill Mall だ。**カビル・アベニュー** Cavill Ave. の一部で、**エスプラネード** The Esplanade(海岸通り)と**オーキッド・アベニュー** Orchid Ave. の間の歩行者天国のことだ。ここには泳ぎ疲れたオージーや、リゾート気分を満喫しようとやってくる観光客がいつも集まっている。両脇には、ゴールドコースト有数の高さ（77 階建て）を誇る豪華コンドミニアムの**ペッパーズソウル・サーファーズパラダイス**（→ P.161）、サーファーズパラダイス最大のショッピングセンターの**セントロ・サーファーズパラダイス** Centro Surfers Paradise、さらにカフェやファストフード店、サーフショップ、おみやげ店などがぎっしり。

カビル・モールとオーキッド・アベニューの角にあるブースが**サーファーズパラダイス・インフォメーション＆ブッキングセンター** Surfers Paradise Information & Booking Centre。各種ツアーパンフレットや無料情報誌が手に入る。

ライフセーバーによる監視が行われているので安心して海で泳げる

サーファーズパラダイス・ブルバードとオーキッド・アベニューでショッピング

オーキッド・アベニューと、ライトレールが走る**サーファーズパラダイス・ブルバード** Surfers Paradise Blvd.（ゴールドコースト・ハイウェイの一部で、サーファーズパラダイス中心部でのみこう呼ばれる）の間は、各種ショップが集まるエリア。ただしコロナ禍の中閉店したお店も多く、シャッターが閉まったままのところもある。

サーファーズパラダイス・ブルバードの中心となるのが**ヒルトン・サーファーズパラダイス**（→ P.156）だ。オーキッド・アベニューとの間に建つツインタワーの豪華ホテル＆コンドミニアム。1 階のオーキッドアベニューとの間は、**アジアンストリートフード Asian Street Food** と名付けられた、アジア各国料理のフードコート。手頃な値段で食事を楽しめる。

サーファーズパラダイス・ブルバード沿いの巨大アーケードとして注目を集めるのが**サークルオンカビル** Circle on Cavill と**シェブロンルネッサンス** Cheveron Renaissance。サークルオンカビルは巨大なスクリーンを屋外にもつ広場を中心に、注目のレストランやショップが並んでいる。

南太平洋の豪快な波が打ち寄せるサーフビーチ。波遊びを楽しむ雰囲気だ

情報収集はカビル・アベニューのインフォメーションで

人気のミーティングポイント、サークルオンカビル

1日中にぎわうカビル・モール

一方、その隣にあるシェブロンルネッサンスには、サーフブランドをはじめとする小粋なショップやカフェ、レストラン、大手スーパーが集まっている。

なお、サーファーズパラダイス・ブルバード沿いに建つ、超高層コンドミニアムリゾートのQ1リゾート＆スパの77階には展望台**スカイポイント** Skypoint が設けられており、サーファーズパラダイス周辺のパノラマビューを楽しむのに適している。

📷 ゴールドコーストを一望できる展望台　MAP P.54/3A

スカイポイント展望台
Skypoint Observation deck

■スカイポイント展望台
🏠 Level 77 of Q1 Resort & Spa, 9 Hamilton Ave., Surfers Paradise, QLD 4217
📞 (07)5582-2700
URL www.skypoint.com.au
🕐 水〜月 7:30 〜 21:00
🚫 火
料 大人 $31 子供 $23 家族 $85／3日パス（3日間の間何度でも入場できる）：1人 $37
●スカイポイントクライム
料 デイクライム：1人 $89 トワイライトクライム：1人 $114／ナイトクライム：1人 $99
※同系列のドリームワールド、ホワイトウォーターワールドとの共通割引入場券がある（→ P.104 コラム）

サーファーズパラダイス中心部南側にそびえる**Q1 リゾート＆スパ**（→ P.161 は、世界有数の高さ（322.5m）を誇るコンドミニアムだ。この 77 階（高さ 230m）にゴールドコーストの大パノラマを堪能できる展望デッキがある。サーファーズパラダイス・ブルバード側の入口から専用高速エレベーターを利用。エレベーター天井に取りつけられたカメラの映像を見ていると、わずか 47 秒で展望デッキへ到着する。

Q1のてっぺんに上る

展望デッキはぐるりと一周できるようになっており、360°ゴールドコーストの大パノラマが堪能できる。ところどころにある双眼鏡を使って景色を楽しむのもおすすめだ。また、展望デッキ内にあるミニシアターにも必ず立ち寄りたい。ゴールドコーストの歴史を 10 分程度にまとめた映画が上映されている。併設のスカイポイント・ビストロ＋バーも人気で、朝食、ランチ、アフタヌーンティーなどが楽しめる。

スカイポイントで景色を眺めながらハイティーを楽しもう

なおスカイポイントではスリルを味わいたい人、さらにすばらしい景色を眺めたい人向けに、展望台の屋外をさらに上へと登っていける**スカイポイントクライム** Skypoint Climb も行っている。海抜 270m で自然の海風を受けながら眺める景色は最高だ。

アドベンチャー好きならトライしたいスカイポイントクライム

📷 ゴールドコーストで芸術に触れる　MAP P.54/2A

HOTA（ホタ）
HOTA (Home of The Arts)

遠くからでも目に付く外観が印象的な HOTA ギャラリー

サーファーズパラダイス中心部から歩いて 20 分ほどの場所にある、ゴールドコーストの芸術の中心地。シアターやシネマをもつ**HOTA 本館** HOTA Central、現代美術の企画展示が行われる見た目にもカラフルな**HOTA ギャラリー** HOTA Gallery、イベント会場となることが多い屋外劇場、そして各種アートが点在する公園内遊歩道**スカルプチャー・ウオーク** Sculpture Walk からなる。なかでも HOTA

エキシビショニスト・バーは必ず寄りたい

ギャラリーは見逃せない。おもにクイーンズランド州やゴールドコースト出身の現代芸術家の手による絵画や彫刻、空間芸術、デジタルアートなどの展示が行われている。最上階にはサーファーズパラダイスの高層コンドミニアム群を望む絶景ルーフトップバー、**エキシビショニスト・バー** The Exhibitionist Bar もある。日曜の午前中には敷地内で **HOTA マーケット** HOTA Markets が開催されるので、それに合わせて訪問するのがおすすめだ。

■ **HOTA**
🏠 135 Bundall Rd., Surfers Paradise, QLD 4217
📞 (07)5588-4000
URL hota.com.au
● **HOTA ギャラリー**
🕐 毎日 10:00 ～ 16:00
🎫 無料
● **エキシビショニスト・バー**
🕐 月 火 10:00 ～ 16:00、水木 10:00 ～ 22:00、金土 10:00 ～ 24:00、日 10:00 ～ 20:00
● **HOTA マーケット**
🕐 日 6:00 ～ 11:30

ブロードビーチ
Broadbeach

落ち着いた雰囲気のブロードビーチのビーチ

サーファーズパラダイスに次ぐ人気エリア

　ブロードビーチはサーファーズパラダイスに次ぐ観光エリアで、サーファーズパラダイスからライトレールで南へ 15 分ほどの所にある。ライトレールの南の終点で、ブロードビーチからゴールドコースト各エリアへのバス路線も充実している。

　ビーチはサーファーズパラダイスほど込みあっておらずゆったり。町には地元で人気の数多くの飲食店が集まり、ゴールドコースト随一のグルメエリアとして知られている。今では高級なリゾートエリアとして、サーファーズパラダイス以上の活気がある。

■ **ブロードビーチ** MAP P.55
　サーファーズパラダイスからライトレール利用。ブロードビーチ・ノースとブロードビーチ・サウスの駅がある。所要約 10 ～ 15 分。

ブロードビーチのビクトリアパークにあるサイン

Column

ザ・スターは
大人気エンターテインメントスポット

　ブロードビーチのアイコン的存在なのがザ・スター・ホテル＆カジノ・ゴールドコースト。ホテル以外にもカジノを中心としたエンターテインメント施設をもっており、1 日中、ゴールドコースト市民、観光客でにぎわっている。
　メインとなるザ・スターカジノ The Star Casino は 24 時間営業で、ブラックジャック、ルーレット、バカラをはじめとするゲームテーブルが実に 80 以上もあり、それ以外にもゲームマシンが数多い。ギャンブル好きでなくとも、日本では味わえない「カ

ジノ」という雰囲気を味わいにぜひ出かけてみたい。
　またザ・スターシアター The Star Theatre は 2150 席をもつ巨大劇場。有名アーティストによるコンサートや、ラスベガススタイルのショーなどが 1 年を通じて演じられている。ゴールドコースト滞在期間のスケジュールをウェブサイトでチェックしておこう。

● **ザ・スター・ホテル＆カジノ・ゴールドコースト**
MAP P.55/3A・B
URL www.star.com.au/goldcoast

落ち着いた気分でショッピングが楽しめるパシフィックフェア

それだけではない。ホテル、レストラン、カジノ、シアターなどをもち昼夜を問わず1日中大勢の人が集まる**ザ・スター・ホテル＆カジノ・ゴールドコースト**（→ P.151）、高級ブランドブティックをはじめとするさまざまな専門店、デパート、スーパーが入った巨大高級ショッピングセンターの**パシフィックフェア**（→ P.147）などもあるのだ。もちろんレストランやカフェも多い。フードコートも飲食店の雰囲気を考えてファストフード系と高級系の2ヵ所あるほどだ。

町の中心は**ビクトリア・アベニュー** Victoria Ave. の一角、歩行者天国になっている**ブロードビーチ・モール** Broadbeach Mall とその周辺。ゴールドコーストでも人気のカフェやレストランが集まっており、週末の夜などはどこも予約なしでは入れないほど。**ペッパーズ・ブロードビーチ**（→ P.162）の間を通る**オラクル・ブルバード** Oracle Blvd. も、ホットなグルメスポットとして人気。有名レストラン、おしゃれカフェが集まっており、おいしいレストラン探しの際には、まずチェックしたい。なおブロードビーチ・モール沿いにはショッピングセンターの**オアシス** The Oasis もある。このショッピングセンターのモール側は気取らない雰囲気のレストランが並んでいて、ここも食事場所として要チェック。オアシス内にはスーパーのウールワースやアルコール販売のBWSもあるのでなかなか便利だ。

■**オアシス The Oasis**
MAP P.55/2B
🏠 Broadbeach Mall, Victoria Ave., Broadbeach, QLD 4218
📞 (07)5592-3900
URL oasisshoppingcentre.com
🕐 月～水金土 9:00～17:30、木 9:00～19:00、日祝 10:30～16:00（ウールワースは月～金 6:00～21:00、土 7:00～22:00、日 7:00～21:00）

■**ブロードビーチ・アート＆クラフトマーケット Broadbeach Art & Craft Markets** MAP P.55/2B
毎月第1・3日曜にビーチ沿いのクラワパークで開催されるマーケット。
URL www.artandcraft.com.au
🕐 毎月第1・3日 8:00～14:00

カラーラ周辺には人気のゴルフ場が多い

ビーチ沿いのカフェやレストランは、地元の人でいつもいっぱい

週末はカラーラまで足を延ばそう

ブロードビーチから**ネラング−ブロードビーチ・ロード** Nerang-Broadbeach Rd. を西へ進むと**カラーラ** Carrara へと出る。こ

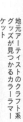

地元アーティストのクラフト系グッズが見つかるカラーラマーケット

こはまた、週末にゴールドコースト最大のフリーマーケット、**カラーラマーケット**（→ P.149）が開かれることで知られている。おみやげ品の類はほとんどないが、生活に密着したさまざまな品物、工芸品、野菜や果物などが500を超える露店で売られている。ゴールドコーストっ子の素顔を見に、ぜひ出かけてみよう。

またカラーラ周辺は、**パームメドウズ・ゴルフコース**（→ P.130）、**エメラルドレイクス・ゴルフクラブ**（→ P.130）、**ロイヤルパインズ・リゾート・ゴルフコース**（→ P.131）など数多くのゴルフ場が集まる地域でもある。

バーレイヘッズとその周辺
Burleigh Heads & Around

世界中のサーファー憧れの町バーレイヘッズ

ブロードビーチ以南は、地元の人がこよなく愛する最もゴールドコーストらしいエリア。特に**マイアミ** Miami ～バーレイヘッズにかけては、おしゃれカフェも多く、時間があったらぜひ足を運びたいところだ。

サーファーズパラダイスの高層ビルをバックにサーフィンが楽しめる

またこのあたりもビーチ沿いに多くのコンドミニアムが建ち並んでいる。あえてこの一角に宿泊するのも楽しい。

バーレイヘッズは、サーフィンをする人たちにとっては聖地のような場所だ。北から大きな弧を描きながら長く続いてきたビーチが、ここバーレイヘッズで一度岬にぶつかって途切れている。その独特の地形から、ゴールドコーストでも特に美しい波が立ち、オーストラリア有数のサーフポイントとなっている。かつて、サーフィンのワールドチャンピオンシリーズ ASP WCT 男子クイックシルバープロ、女子ロキシープロが行われたこともあるほどだ（現在はクーランガッタ周辺で開催）。

バーレイヘッズはまた世界的サーフブランドのビラボンの発祥地としても知られている。町にはサーフグッズを扱う店も多く、いつも多くのサーファーでにぎわっている。

バーレイヘッズは景勝地としても人気だ。町からバーレイヘッズ岬へ向かう**グッドウィン・テラス** Goodwin Tce. 沿いにはウオーキングルートがあり、登り切った駐車場のあたりからはサーフィンをする人たちの姿はもちろん、海の向こうにサーファーズパラダイスの摩天楼が望めるのだ。

じっくり散策したい バーレイヘッズ国立公園

バーレイヘッズ岬一帯は**バーレイヘッズ国立公園** Burleigh Heads NP に指定されている。豊かなユーカリ林と亜熱帯雨林が残っている。グッドウィン・テラス突き当たりの駐車場脇に入口がある。国立公園内には1周約1時間のウオーキングトラックが整備されているので、ぜひ歩いてみたい。うっそうとした森の中では亜熱帯特有の珍しい植物が数多く見られるし、ヤブツカツクリなどの鳥もよく見かける。

■**マイアミ＆バーレイヘッズ**
MAP P.53/2B
ブロードビーチ・サウスからトランスリンクバス Route 700、777 を利用。約15分

■**バーレイヘッズ・アート＆クラフトマーケット**
Burleigh Heads Art & Craft Markets
ビーチ前のジャスティンパーク Justin Park で毎月最終日曜に開かれるフリーマーケット。
URL www.artandcraft.com.au
毎月最終日曜の 8:00 〜 14:00

ローカルな雰囲気いっぱいのバーレイヘッズ・アート＆クラフトマーケット

グッドウィン・テラス沿いのベンチでは景色を楽しむ人が多い

Column

夜のお祭り気分が楽しめる
マイアミマーケッタ

最近注目のおしゃれタウン、マイアミ。町の入口近くで水・金・土曜の夜に行われているフード＆エンターテインメント・ナイトマーケットがマイアミマーケッタ Miami Marketta。世界各国料理が楽しめるフード屋台が25店、バーもあり、着席スペースも十分に確保されている（それでも週末は大混雑だが……）。またショーステージもあり、ライブバンドによる演奏も楽しめる。ブロードビーチからバスを使わなければアクセスできないなど、ちょっと不便だが、それだけにローカルの雰囲気が楽しめるのも大きな魅力だ。

●**マイアミマーケッタ**
MAP P.53/2B
URL www.miamimarketta.com
水金土 17:00 〜 22:00

ローカルな雰囲気がいっぱいで、食べ物屋台巡りも楽しい

 バーレイヘッズ国立公園では、7月頃の日暮れ時にホタルを見ることができます。日が暮れてから30分くらいの間だけです。（東京都　前田隆人）['23]

バーレイヘッズの町から少し離れるが立ち寄りたいジェルーガル・アボリジナルカルチュラルセンター

うっそうとした亜熱帯雨林内にウオーキングルートがあるバーレイヘッズ国立公園内

なおウオーキングトラック途中の展望台からは、冬季にはザトウクジラが見られることも多い。

バーレイヘッズ国立公園脇（ゴールドコースト・ハイウェイ沿い、バーレイヘッズの町とは国立公園を挟んで反対側）には**ジェルーガル・アボリジナルカルチュラルセンター** Jellurgal Aboriginal Cultural Centre がある。館内にはこの地域の亜熱帯雨林に関

Column

クラフトビールの ブリュワリーへ出かけよう！

クイーンズランド州のビールといえば XXXX が最もよく知られている。しかし、最近では、オーストラリア中で飲めるこうしたビールとは一線を画した、ブリュワリー（ビール醸造所）でしか飲めない、あるいは小規模ブリュワリーで造られていて流通量がわずかな、いわゆるクラフトビールが人気を集めている。

ゴールドコーストで最も代表的なブリュワリーは、バーレイヘッズ郊外にあるバーレイ・ブリューイングカンパニー。6種類のビールを造っており、併設のバーでは飲み比べセットも用意されている。また世界的に有名なプロサーファー、ミック・ファニング、ジョエル・パーキンソンらが経営に参加するのが、カランビンの郊外にあるバルター・ブリューイングカンパニー。サーフィン好きなら絶対訪れたいブリュワリーだ。このほかマウントタンボリンにはフォーティチュード・ブリューイングカンパニー（→ P.75）もある。

ブリュワリーで飲むのが、雰囲気もありおすすめなのだが、現実的には車がないとアクセス不便だし、仮に車があっても飲酒運転の心配もある。そんなときはサーファーズパラダイスのオーキッド・アベニューにあるハウス・オブ・ブリューズへ行ってみよう。ゴールドコースト一帯の主要ブリュワリーのクラフトビールが味わえる。

● **バーレイ・ブリューイングカンパニー Burleigh Brewing Co.** MAP P.53/3B
🏠 2 Ern Harley Drv., Burleigh Heads, QLD 4220
📞 (07)5593-6000
URL burleighbrewing.com.au
🕐 金 15:00 ～ 21:00、土 12:00 ～ 21:00、日 12:00 ～ 18:00

● **バルター・ブリューイングカンパニー Balter Brewing Co.** MAP P.53/3B
🏠 14 Traders Way, Currumbin, QLD 4223
📞 (07)5518-8674
URL www.balter.com.au
🕐 水木 15:00 ～ 20:00、金 15:00 ～ 21:00、土日 12:00 ～ 20:00

● **ハウス・オブ・ブリューズ House of Brews**
MAP P.54/3A
🏠 17 Orchid Ave., Surfers Paradise, QLD 4217
📞 (07)5526-2601
URL www.houseofbrews.com.au
🕐 毎日 12:00 ～ 25:00

Ⓐ週末は大勢の人でにぎわうバーレイ・ブリューイングカンパニー　Ⓑバーレイ・ブリューイングカンパニーのクラフトビール飲み比べセット　Ⓒ名サーファーが経営しているバルター・ブリューイングカンパニー　Ⓓサーファーズパラダイス中心部にあるハウス・オブ・ブリューズ

する簡単なジオラマ展示とカフェがある。ここではアボリジニガイドによるバーレイヘッズ国立公園のウオーキングツアーも行っている（→P.17）。

バーレイヘッズ国立公園最南部、パームビーチ Palm Beach との間はタレブジェラクリーク Tallebudgera Creek 河口で、クリークを挟んでバーレイヘッズ側、パームビーチ側それぞれのビーチは、波のない穏やかな場所で海水浴が楽しめる家族連れに人気の**タレブジェラビーチ** Tallebudgera Beach だ。

タレブジェラクリークを内陸に入ると周りは自然がいっぱい。**タレブジェラクリーク自然保護区** Tallebudgera Creek Conservation Park となっており、その一角に自然動物公園の**デビッド・フレイ・ワイルドライフパーク**（→P.106）がある。

バーレイヘッズの西隣は ローカルに人気のロビーナ

バーレイヘッズの西側の町**ロビーナ** Robina は、ブリスベンからの電車の駅があるターミナルタウンだ。この町にはオーストラリアいちの高級デパートのデイビッドジョーンズやバラエティショップのKマート、ターゲットなど220以上の店舗が入った**ロビーナ・タウンセンター**（→P.148）という大きなショッピングセンターがある。観光客はほとんどおらず、地元の人のショッピングタウンといった雰囲気だ。

浅くて穏やかなタレブジェラビーチ

タレブジェラクリーク自然保護区ではマングローブも見られる

7月頃、バーレイヘッズ国立公園では夕方にホタルも見られる

■**ジェルーガル・アボリジナルカルチュラルセンター**
MAP P.53/3B
住 1711 Gold Coast Hwy., Burleigh Heads, QLD 4220
☎ (07)5525-5955
URL www.jellurgal.com.au
圏 月～金 8:00～15:00、土（要予約）9:00～11:30
休 日

■**ロビーナ**　MAP P.53/2B
ブロードビーチ・サウスからトランスリンクバス Route 751、752 を利用。約20分。

ローカルに大人気のロビーナ・タウンセンター

■**カランビン**　MAP P.53/3B
ブロードビーチ・サウスからトランスリンクバス Route 700、777 で約30分。

カランビンとゴールドコースト最南部
Currumbin & Southern Part of Gold Coast

カランビンロックからは海の向こうにサーファーズパラダイスが望める

サーファーならこのエリアに滞在したい

広大な動物パークの**カランビン・ワイルドライフサンクチュアリ**（→P.100）のあるカランビンから、その南**クーランガッタ**、NSW の**ツイードヘッズ**にかけてのエリアは、ゴールドコーストでも特にローカルサーファーに人気がある。

カランビンからの眺めもすばらしい

カランビンとクーランガッタがこのエリアの中心地。カランビンでは、ビーチにもぜひ出てみたい。サーファーズパラダイスやバーレイヘッズからやってくると、本当に人が少なく静か。ビーチには約2200万年前にマウント・ウォーニングの大噴火時に飛んできたという岩がいくつかある。

カランビン・ワイルドライフサンクチュアリではロリキートの餌づけが楽しめる

■カランビン・サンクチュアリマーケット

カランビン・ワイルドライフサンクチュアリ脇で毎週金曜日16:00～21:00に開かれる食べ物屋台街。午後カランビン・ワイルドライフサンクチュアリ観光を予定している人は、ぜひ立ち寄りたい。

サンクチュアリマーケットは食べ物屋台が充実

■ゴールドコースト空港の秘密

カランビンの南、クーランガッタにあるゴールドコースト空港。空港敷地と、ちょうどクイーンズランド州とニューサウスウエールズ州（NSW）の州境となっている。国際線も発着するゴールドコースト空港はターミナルがクーランガッタにあるが、滑走路は州境をまたぎニューサウスウエールズ側のツイードヘッズへと続いている。

■クーランガッタ＆ツイードヘッズ MAP P.53/3B

ブロードビーチ・サウスからトランスリンクバス Route 700、777で約1時間。

コンドミニアムが増えてきているクーランガッタの町

ビーチの北の外れに数個連なる岩**カランビンロック** Currumbin Rock、サーフライフセービングクラブ脇にあるのが**エレファントロック**Elephant Rockと名づけられている。エレファントロックの上は展望台になっているので、ぜひ登ってみたい。カランビンロックと海、そして海の向こうにサーファーズパラダイスやブロードビーチのビル群という眺望が楽しめるのだ。

世界的サーフポイントが集まるクーランガッタ周辺

クーランガッタ地区は、ゴールドコースト空港前のビーチエリア、**ノースキーラビーチ** North Kirra Beach、**キーラビーチ** Kiira Beach から始まる。特にキーラビーチの周辺にはカフェ

観光客の少ないキーラビーチ

やレストランも多く、ビーチ前のサーフクラブとともに地元サーファーがいつも集まっている。展望台のある小さな岬**キーラヒル** Kirra Hill を回り込んだ先がクーランガッタの町の中心地だ。町にはコンドミニアムやホテルも多く、おしゃれなレストランやカフェ、バーもメインストリート沿いに並ぶ。

クーランガッタの町の目の前にあるのが**クーランガッタビーチ** Coolangatta Beachですぐ東側が**グリーンマウントビーチ** Green Mount Beach、さらに丘を越えた場所は波が穏やかで家族連れに人気の**レインボーベイ・ビーチ** Rainbow Bay Beach、そして州境の崖の前**スナッパーロック** Snapper Rocksとビーチが続く。レインボーベイ・ビーチをのぞき、各ビーチはオーストラリアの有名サーフポイントとして知られており、特にスナッパーロックは、ここ数年ASP WCT開幕戦の男子クイックシルバープロ、女子ロキシープロの開催地にも選ばれているほどだ（毎年3月初め）。

スナッパーロックの崖の上がNSWのツイードヘッズとの州境で、**ポイントデンジャー** Point Danger。ここには1770年に沖合をキャプテンクック一行が通過したことを記念した**キャプテンクック記念碑** Captain Cook Memorial が建てられている（2023年6月現在大幅改修工事が行われている）。

もともとポイントデンジャーという名前は、キャプテンクックが名づけたもの。オーストラリア東海岸の沿岸調査をしていたクック一行が、この岬の沖合で錨を下ろし一晩を過ごしたときのこと。翌朝目を覚ますと船が流されており、あやうく座礁しそうになっていたのだという。そしてこの場所を、今後注意すべき場所「危険なポイント＝ポイントデンジャー」として名前をつけたのだという。

なお記念碑中央部がちょうどクイーンズランド州とニューサウスウエールズ州の州境。記念碑内に立つと床が色分けされていて、それとわかるようになっている。また記念碑の周りは公園のようになっており遊歩道も整備されている。ここからの眺めもすばらしい。

ポイントデンジャーにあるキャプテンクック記念碑

縦書きキャプション：ヨットをイメージして造られたマリーナミラージュ

メインビーチとザ・スピット
Main Beach & The Spit

美味なレストランが多いメインビーチ

　サーファーズパラダイスの北に位置する町がメインビーチ。ビーチ沿いには一般的なホテルはなく、ほとんどが高層のコンドミニア

ムとなる。ショッピングセンターやおみやげ店などもなく、海外からの滞在客はあまり多くない。滞在しているのはほとんどがオージー。サーファーズパラダイスよりもはるかにローカルな雰囲気が漂っているエリアだ。中心街は**テダー・アベニュー** Tedder Ave.。500mほどの通り沿いにカフェやレストランが並んでいる。

ザ・スピットはブロードウオーターに面した高級リゾートエリア

　メインビーチの北、南太平洋と内海ブロードウオーターに挟まれた半島がザ・スピット（行政上はメインビーチの一画）。人気テーマパークの**シーワールド**（→ P.102）が昔からのこのエリアの顔で、現在はゴールドコースト有数の高級リゾートとしても人気のエリアだ。

　このエリアを代表するリゾートが、南太平洋側ビーチ沿いに広々とした敷地をもつ**シェラトングランドミラージュ・リゾート&スパ ゴールドコースト**（→ P.153）。このリゾートとシーワールド・ドライブ Seaworld Drv.を挟んだ反対側（歩道橋でつながっている）にはゴールドコーストで最も高級感あふれるショッピングセンター&ヨットハーバーの**マリーナミラージュ**（→ P.149）が建っている。入っている店舗はブティック、高級革製品、高級衣料を扱うところがほとんど。ゆったりした気分でショッピングが楽しめる。さらにホテル内はもちろんマリーナミラージュにもおしゃれなファインダイニングやカフェが何店も入っており、夜になるとドレスアップしたカップルを目にすることも少なくない。

太平洋側にはシェラトングランドミラージュ、ブロードウオータ側にはマリーナミラージュがある

■**メインビーチ**　MAP P.71
　サーファーズパラダイスやブロードビーチからライトレール利用が便利。メインビーチ駅下車。

■**ザ・スピット**　MAP P.71
　サーファーズパラダイス、ブロードビーチからトランスリンクバス Route 705 利用。約10分。

サウスポートとメインビーチ
Southport - Main Beach　　0　　500m

地図内ラベル：
- シーワールド Sea World P.102
- ブロードウオーター The Broadwater
- シーワールド桟橋
- SEAWORLD DRV
- ザ・スピット The Spit
- シェラトン P.153 グランドミラージュ・リゾート&スパ ゴールドコースト Sheraton Grand Mirage Resort & Spa Gold Coast
- ブロードウオーター・パークランド Broadwater Parklands
- P.155 インペリアルパレス The Imperial Palace
- サウスポート桟橋
- マリーナミラージュ P.149 Marina Mirage
- SC オーストラリアフェア P.149 Australia Fair
- マリナーズ コーブ Mariners Cove
- 日本語医療センター P.46
- ホックスプレスカフェ P.136
- HOLLOWPP
- サウスポート・サウス Southport South
- ブロードウオーター・パークランド Broadwater Parkland
- WATERWAYS DRV
- MAIN BEACH PDE
- サウスポート Southport
- メインビーチ Main Beach
- TEDDER AVE
- GOLD COAST HWY
- COMMODORE DRV
- メインビーチ Main Beach
- ネラング川 Nerang River
- N
- サーファーズパラダイス・ノース Surfers Paradise North
- サーファーズパラダイス Surfers Paradise
- JWマリオット・ゴールドコースト・リゾート&スパ JW Marriott Gold Coast Resort & Spa P.154

マリンアクティビティは
ブロードウオーターで

　内海ブロードウオーターは波が穏やかなため、パラセイリング、ジェットスキー、スピードボートライド、フィッシングなど各種マリンアクティビティを楽しむのに最適な場所。多くのアクティビティ会社がマリーナミラージュや**マリナーズコーブ** Mariners Cove にオフィスを構えており、隣接する桟橋から出発というスタイルを取っている。

上：ブロードビーチは波も穏やかでアクティビティを楽しむのに最適
右：イルカのショーが大人気のシーワールド

マリンアクティビティやクルーズのベースになっているマリナーズコーブ

■**サウスポート**　MAP P.71
　サーファーズパラダイスやブロードビーチからライトレール利用（サウスポート駅、サウスポート・サウス駅）。所要約 10 〜 15 分。

■**ビゲラウオーターズ**
　MAP P.53/2B
　サウスポートからはトランスリンクバス Route 704、利用。

右：チャーリーズ裏手で行われているペリカンの餌付け
下：ショッピング好きならぜひ訪れたいハーバータウン

サウスポート以北
Southport & Northern Suburbs

地元で人気のサウスポート

　ザ・スピットと内海ブロードウオーターを挟んだ本土側が、ゴールドコースト行政の中心地サウスポート。サーファーズパラダイスとは違い、ゴールドコーストの住人でにぎわう町だ。ブロードウオーター沿いに公園が続き、**ブロードウオーター・パークランド** Broadwater Parklands と名

サウスポートの公園は子供連れの旅行者にも大人気

付けられている。子供向け遊具も充実しており、夏季には水遊びができるウオーターランドもオープンする。

　サウスポートの町の中心となるのが**オーストラリアフェア** Australia Fair（→ P.149）。2 大スーパーのコールス、ウールワースをはじめとする 230 もの小売店が集まる巨大ショッピングセンターだ。

ビゲラウオーターズとサンクチュアリコーブ

　サウスポートの北側でまず注目したいのが**ビゲラウオーターズ** Biggera Waters。ブロードウオーター沿いにあるハーレーパーク Harley Park 脇に、人気シーフードレストランのチャーリーズ・シーフード Charis Seafoods があり、その裏手で毎日 13:30 から野生のペリカンの餌づけが行われている。すさまじい数のペリカンが集まってきて餌をねだる様子は大迫力だ。

　そしてビゲラウオーターズから少し西に入った場所にあるのが、地元オージーはもちろん観光客にも人気のアウトレットショッピングタウン、**ハーバータウン・プレミアムアウトレット**（→ P.148）だ。年々拡張しており、ショッピング好きなら迷わず出かけたい。

　クーンバパレイクランド自然保護区で野生のカンガルーの群れが見られます。コアラもいるそうですが、私たちが行った時は見られませんでした。レンタカーで行きましたが、日本人ツアーも来て

ビゲラウオーターズからさらに北上した一角が、運河に浮かぶ高級別荘地の島ホープアイランド Hope Is.。この北側は日本の芸能人なども別荘をもつ運河沿いの高級別荘地サンクチュアリコーブ Sanctuary Cove だ。サンクチュアリコーブにはヨットハーバー、高級別荘、サンクチュアリコーブ・ゴルフコース（→ P.129）、ショッピング＆グルメタウン（マリンビレッジ The Marine Village）、そして高級ホテルのインターコンチネンタル・サンクチュアリコーブ・リゾート（→ P.159）などがある。

なおビゲラウオーターズとホープアイランドの間にあるクーンババレイクランド自然保護区 Coombabah Lakelands Conservation Area は、ゴールドコースト住宅地内で気軽に自然が楽しめる場所。カンガルーやワラビーのほか、野生のコアラも約 50 頭生息しており、運がよければ散歩を楽しみながらこうした動物たちに出合うこともあるほどだ。

巨大テーマパークはパシフィック・ハイウェイ沿い

ゴールドコースト北部にはテーマパークがいっぱい。特にヘレンズベイル Helensvale とオクセンフォード Oxenford の間は一大テーマパークエリアで、ワーナー・ビレッジ系列のワーナーブラザーズ・ムービーワールド（→ P.103）、パラダイスカントリー（→ P.106）、ウエットンワイルド・ウオーターワールド（→ P.104）、ディナーショーのオーストラリアン・アウトバックスペクタキュラー（→ P.138）が集まっている。そしてその北クーメラ Coomera にはドリームワールド（→ P.105）がある。いずれもサーフサイドバスやテーマパークシャトルでアクセス可能だ。

ムービーワールドはゴールドコーストを代表するテーマパークだ

ヨットハーバー付きの豪華な別荘が建ち並ぶサンクチュアリコーブ

サンクチュアリコーブの中心マリンビレッジ

■サンクチュアリコーブ
MAP P.53/1A・B
サウスポートからトランスリンクバス Route 711 を利用。約 1 時間。

■クーンババレイクランド
自然保護区 MAP P.53/1B
サウスポートからトランスリンクバス Route 719 で約30 分。Pine Ridge Rd at Coombabah Road 下車、徒歩約 10 分。

■ヘレンズベイル、オクセンフォード、クーメラ
MAP P.53/1A
ヘレンズベイルまではライトレールが利用できる。同地区の郊外にあるムービーワールド、ウエットンワイルドなどへはヘレンズベイル駅前からトランスリンクバス Route TX7 を利用。サーファーズパラダイスから所要約 50 分。

Column

オーストラリア有数と評判のパイ店
ヤタラ・パイショップ

ゴールドコースト北部ヤタラの高速道路 M1 のヤタラノース出口（Exit 38）近くにあるパイ店がここ。オーストラリア中にその名を知られる有名店で、現地在住の日本人の間では「やたらおいしいヤタラパイ」という語呂合わせまで生まれているほど。人気のステーキパイ $6.60（ビーフシチューソースで煮込まれた肉が入っている）のほか、ステーキパイにマッシュルームやチーズなどをオプションで加えたパイ、カレーパイ、ベジタブルパイ、さらにアップルパイ、カスタードパイのようなデザート系パイまで種類も豊富。レンタカー利用でゴールドコースト北部のテーマパーク観光をするのなら、もう少し足を延ばしてヤタラ・パイショップに立ち寄ってみるのもおすすめだ。

●ヤタラ・パイショップ MAP P.53/1A
48 Old Pacific Hwy., Yatala, QLD 4207
(07)3287-2468
URL www.yatalapies.com.au
毎日 7:00 〜 20:30

いましたよ（編集室注：→ P.114）。（神奈川件　横溝千絵）['23]

マウントタンボリンのハング
グライダーポイント

ビヨンド・ゴールドコーストの町と島

　ビヨンド・ゴールドコーストはゴールドコーストを中心とした南北300kmほどのエリア。亜熱帯雨林の森を抱くゴールドコースト・ヒンターランド、美しいサーフビーチ沿いの町、砂でできた島々、さらにクイーンズランド州の州都ブリスベン。オージーにとってはとてもポピュラーな観光地ばかりだが、日本人旅行者にはなじみの薄い所も少なくない。しかし野生動物との触れ合いや圧倒されるほどの自然景観は、こうした場所でしか体験できないものだ。

タンボリンマウンテン
Tamborine Mountain

　ゴールドコースト内陸部、ゴールドコースト・ヒンターランド Gold Coast Hinterland と呼ばれる丘陵地帯の中心となるのがタンボリンマウンテン。

■タンボリンマウンテン
MAP P.74
　現地では移動に車が必須のため、ゴールドコーストからはレンタカーかツアー利用が一般的だ。レンタカーの場合ゴールドコーストからネラング経由で約45分。日本語ツアーはジェイピーティツアーズがラミントン国立公園と組み合わせたツアー（→ P.115）を催行している。

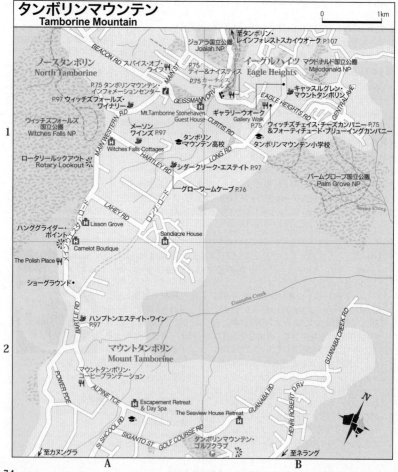

タンボリンマウンテン
Tamborine Mountain

0　　　　　1km

至タンボリン・レインフォレストスカイウオーク P.107

ジョアラ国立公園
Joalah NP

ノースタンボリン
North Tamborine

スパイス・オブ・ライフ

P.75 ティー&ナイスティス

タンボリンマウンテン・インフォメーションセンター P.75

P.75 カーティス・フォールズ

イーグルハイツ
Eagle Heights

マクドナルド国立公園
Macdonald NP

キャッスルグレン・マウントタンボリン

GEISSMANN RD

P.97 ウィッチズフォールズ・ワイナリー

Mt.Tamborine Stonehaven Guest House

ギャラリーウオーク
Gallery Walk
P.75

ウィッチズチェイス・チーズカンパニー P.75
&フォーティチュード・ブリューイングカンパニー

ウィッチズフォールズ国立公園
Witches Falls NP

メーソンワインズ P.97

Witches Falls Cottages

タンボリンマウンテン高校

タンボリンマウンテン小学校

1

ロータリールックアウト
Rotary Lookout

シダークリーク・エステイト P.97

パームグローブ国立公園
Palm Grove NP

グローワームケーブ P.76

Stoney Creek

ハンググライダー・ポイント

Lisson Grove

Sandacre House

Camelot Boutique

The Polish Place

ショーグラウンド

Guanaba Creek

ハンプトンエステイト・ワイン
P.97

2

マウントタンボリン
Mount Tamborine

マウントタンボリン・コーヒープランテーション

Escapement Retreat & Day Spa

The Seaview House Retreat

タンボリンマウンテン・ゴルフクラブ

至カヌングラ

至ネラング

A　　　　　　　　　　　**B**

ジョアラ国立公園の一角にあるカーティスフォールズ

サーファーズパラダイスの北西30kmにある高原の町で、ゴールドコーストの壮大なパノラマが展望できる。ここでは、亜熱帯雨林を散策したり、ハンググライダーにチャレンジしたりといった、さまざまな楽しみ方がある。またしゃれたコテージやB&Bが数多く、時間が許せば数日滞在して高原の気持ちよさを満喫したい。

タンボリンマウンテンの町

ギャラリーウオークをのんびり散策

ひと口にタンボリンマウンテンと呼ぶが、大きく**イーグルハイツ** Eagle Heights、**ノースタンボリン** North Tamborine、**マウントタンボリン** Mount Tamborine の3つの町に分かれている。観光客に最も人気のあるのがイーグルハイツで、アーティストが数多く住んでいることで知られる。**ギャラリーウオーク** Gallery Walk という500mほどの通り沿いに、自作の陶器や工芸品を売るギャラリーやおしゃれなカフェが並んでいる。どのカフェも、デボンシャーティーの看板を出しており、優雅なティータイムを過ごしたい人には最適だ。またギャラリーウオークの入口には**ウィッチズチェイス・チーズカンパニー＆フォーティチュード・ブリューイングカンパニー** Witches Cahse Cheese Company & Fortitude Brewing Co. がある。

人気観光地となっているウィッチズチェイス・チーズカンパニー＆フォーティチュード・ブリューイングカンパニー

実際のチーズ作りの工程を見学できるほか、チーズプラッターを味わったり、おみやげ用チーズを購入したりもできる。併設のフォーティチュード・ブリューイングカンパニーには6種類のオリジナルビールがあり、飲み比べも楽しめる。

ギャラリーウオークからノースタンボリンに向かう途中にあるのが**ジョアラ国立公園** Joalah NP で、亜熱帯雨林の遊歩道を歩けば美しい滝**カーティスフォールズ** Curtis Falls を訪れることもできる。なおジョアラ国立公園入口前には、タンボリンマウンテン地区で最もおしゃれなデボンシャーティー＆アフタヌーンティーが楽しめると評判の**ティー＆ナイスティス** Tea & Niceties があるので、ぜひ立ち寄ってみよう。

ノースタンボリンには**タンボリンマウンテン・インフォメーションセンター** Tamborine Mountain Information Centre があり、一帯の詳しい情報が手に入る。数日滞在して近くの森をブッシュウオーキングしようという人は、ここで手書きのコースマップを手に入れておくといい。また、ワイナリーが点在するのもこの町。オーストラリア国内でもワインの産地として評価が上昇中であり、注目したいエリアだ。

ティー＆ナイスティスのデボンシャーティー

■ **ウィッチズチェイス・チーズカンパニー＆フォーティチュード・ブリューイングカンパニー** **MAP** P.74/1B
🏠 165-185 Long Rd., North Tamborine, QLD 4272
📞 0489-628-877
URL witcheschasecheese.com.au
URL fortitudebrewing.com.au
🕐 毎日 10:00 〜 16:00／ブリュワリー：月〜木 11:00 〜 15:00、金 11:00 〜 21:00、土日 11:00 〜 17:00

チーズプラッターをつまみに地ビールの飲み比べ

■ **ティー＆ナイスティス** **MAP** P.74/1B
🏠 32 Eagle Heights Rd., Eagle Heights, QLD 4272
📞 (07)5545-3645
URL www.teaandniceties.com
🕐 木〜日 10:00 〜 16:00

■ **タンボリンマウンテン・インフォメーションセンター** **MAP** P.74/1A
🏠 Doherty Park, North Tamborine, 4272
📞 (07)5545-3200
URL visittamborinemountain.com.au
🕐 月〜金 9:30 〜 15:30、土日 9:30 〜 16:00
🚫 グッドフライデー、クリスマスデー

ノースタンボリンにあるインフォメーション

■タンボリンマウンテン地区のワイナリーの詳細
　P.96〜97に主要なワイナリーを紹介している。

■グローワームケーブ
[MAP] P.74/1A
🏠Cedarcreek Estate,
104-144 Hartley Rd.,
North Tamborine, 4272
📞(07)5545-1666
[URL] www.tamborineglow
worms.com.au
🕐毎日10:00〜17:00（30分ごとにガイドと一緒に見学）
💴[大人]$23 [子供]$15

人気ワイナリーのひとつ**シダークリーク・エステイト** Cedarcreek Estate（→ P.97）にはツチボタルが見られる人工洞窟**グローワームケーブ** Glow Worm Caves がある。ツチボタルについての簡単なビデオを観たあとで、1年中同じ環境を維持している洞窟内で青白い光を放つツチボタルを見学。夜間ツチボタルツアーに参加できない人は、ここで見ておきたい。

マウントタンボリンはゴールドコースト（ネラング）方面からやってくると最初の町。ゴールドコーストを一望するなら、この町の展望地からがベストだ。

タンボリンマウンテン地区で、のんびり亜熱帯雨林ウオーキングをするのもおすすめ。カーティスフォールズで有名なジョアラ国立公園のほか、**マクドナルド国立公園** Macdonald NP、**ノール国立公園** The Knoll NP、**ウィッチズフォールズ国立公園** Witches Falls NP、**パームグローブ国立公園** Palm Grove NP など、森の中を通る気持ちのいいウオーキングトレイルが造られている場所がいくつもある。またノースタンボリンから北へ車で5分ほどのシダークリーク Ceder Creek 沿いには、亜熱帯の森観察用テーマパークの**タンボリン・レインフォレストスカイウオーク**（→ P.107）もある。

ラミントン国立公園
Lamington NP

■ラミントン国立公園（グリーンマウンテンズ）
　グリーンマウンテンズへの公共交通機関はないため、ツアーもしくはレンタカー利用が一般的（ツアー→ P.114〜115）。なおレンタカーを利用する際は、つづら折りの山道を通ることになるので、運転には十分注意したい。

ヒンターランドに点在する国立公園はぜひ訪れたいが、車がない人には行きにくい所が多い。しかし世界自然遺産に登録されているラミントン国立公園なら、ゴールドコースト、ブリスベンからツアーが数多く出ており、気軽に訪れることができる。ラミントン国立公園の起点となるのは**グリーンマウンテンズ** Green Mountains と**ビナブラ** Binna Burra の2ヵ所だ。

グリーンマウンテンズの起点オライリーズ

グリーンマウンテンズ

ゴールドコーストから日帰り日本語ツアーもあり、人気が高いのが**グリーンマウンテンズ**。マウンテンリゾートの**オライリーズ・レインフォレストリトリート、ヴィラ&ロストワールドスパ**（→ P.163）があり、同敷地内にはカフェやおみやげ店もある。カフェ前の庭には1日中、色鮮やかなクリムゾンロゼーラ（アカクサインコ）やキングパロット（キンショウジョウインコ）が集まっていて、売店で餌を手に入れておけば餌づけも簡単に楽しめるほどだ。

オライリーズから出ているウオーキングルートは、亜熱帯雨林散策にひじょうに適している。車椅子でも見学可能な30分ほどのものから、丸1日かかるものまでいろいろある。このほか、オライリーズ発でさまざまなプログラムも用意されている。基本的には宿泊客向けのものだが、当日空きがあれば日帰り客でも参加可能。ほとんどが所要2時間〜2時間30分ほどのツアーだ。なかでも亜熱帯雨林の上に通されたワイヤーを滑り下りるフライングフォックスは、大人から子供まで楽しめると大人気だ。

野鳥の餌づけも楽しい

グリーンマウンテンズのおすすめウオーキングトラック

●レインフォレスト・サーキット（ブーヨンウオーク）
Rainforest Circuit (Booyong Walk)

フライングフォックスは子供
に大人気

最もポピュラーな約2kmのウオーキングトラック。ボードウオークを歩き始めてすぐに目にするのが、巨大な板根をもつブラックブーヨンの大木。さらに5分ほど歩くと名物**ツリートップウオーク**入口に出る。ここではまず絞め殺しのイチジクの大木に注目。空

ブラックブーヨンの板根にしばし目を奪われる

洞になった木の中に顔を入れてのぞいてみよう。その後、地面からの高さ約16mの所に張り巡らされたつり橋を歩く。ツリートップウオークは、林冠部分を簡単に観察できるよう工夫されたつり橋で、途中にはさらに木の上に2層の見学デッキが設けられている。登れば地上約30mの高さからの森の眺めが楽しめる。

ツリートップウオーク自体は1周約800mで、さらに進むと多雨林の植物を集めたボタニカルガーデンズがある。その後このルートはメインボーダー・トラックにぶつかる。ここで紹介する1周2kmのルートは、左側のオライリーズ方面へ戻るものだ。途中、数十万年前から地球上にあったといわれる松科のフープパインも見られる。

名物ツリートップウオーク

グリーンマウンテンズ周辺
Around Green Mountains

0　　　　1km

—	レインフォレスト・サーキット *Rainforest Circuit*
—	ツリートップウオーク *Tree Top Walk*
—	ウィッシングツリー・トラック *Wishing Tree Track*
—	メインボーダー・トラック *Main Border Track*
—	モランズフォールズ・トラック *Morans Falls Track*
—	パイソンロック・トラック *Python Rock Track*
—	ウエストクリフ・トラック *West Cliff Track*
—	ブループール・トラック *Blue Pool Track*
—	カヌングラクリーク・サーキット *Canungra Creek Circuit*
—	ボックスフォレスト・サーキット *Box Forest Circuit*
—	ツーロナクリーク・サーキット *Toolona Creek Circuit*

ヤラーラーラ（ブループール）
Yarralahla(Blue Pool)

Bundoomba Creek

展望地

ルークスブラフ
Lukes Bluff

ルーク・オライリーズ農場
Luke O'Reilly's Farm

パッツ・ログキャビン
Pats Log Cabin

パッツブラフ
Pats Bluff

ロストワールドスパ

レッドシダーツリー
Red Cedar Trees

パイソンロック・ルックアウト
Python Rock Lookout

モランズフォールズ・ルックアウト
Morans Falls Lookout

オライリーズ・マウンテンヴィラ
O'Reilly's Mountain Villas

ラミントン国立公園＆ワイルドライフ事務所

オライリーズ・レインフォレストリトリート
O'Reillys Rainforest Retreat

モランズフォールズ

ミックスタワー
Mick's Tower

ウィッシングツリー
Wishing Tree

グロウワームガリー
Glow Worm Gully

ジャイアンツガーデンズ
Giants Garden

ボタニカルガーデンズ
Botanical Gardens

ツリートップウオーク
Tree Top Walk

ムーンライトクラッグ・ルックアウト
Moonlight Crag Lookout

N

オーキッドグロット・ルックアウト
Orchid Grott Lookout

アルバート川
Albert River

いかにも多雨林地帯だと感じられるファーンツリーガリー

●ウィッシングツリー・トラック
Wishing Tree Track

オライリーズ裏手から始まる 2.4km のウオーキングトラックで、穏やかな下り道となっている。歩き始めて 5 分ほどで右側へ行く分かれ道へと出る。その先 120m の所にあるのがミックスタワー。3 層 18m の高さをもつ林冠見学用の展望デッキで、一番上まで登れば、さまざまな種類のシダ類を見ることができる。

再びウィッシングツリー・トラックへ戻り坂を下っていく。あたりには巨大な板根をもつブラックブーヨンの木が何本も生えている。そして少しずつ木生シダが見え出したらモランズクリークの支流は近い。支流にはつり橋が架かっており、その両側は巨大な木生シダの森ファーンツリーガリーだ。そこから 5 分ほど歩くと到着するのがウィッシングツリー、つまり願いごとの木。巨木の内部が空洞となっており、その中で願いごとをすればかなうといわれている。なおウオーキングトラックは、ウィッシングツリー内部を通って続いており、その先を真っすぐ 5 分ほど進むと森は途切れる。牧草地を抜ければオライリーズ・マウンテンヴィラ＆ロストワールドスパの敷地だ。ここから 10 分ほど坂を登ればメインロードのラミントン・ナショナルパーク・ロードへと出る。夕方遅めからは、ウィッシングツリーからの分かれ道を 2 分ほど歩いたグロウワームガリーで、ツチボタルを見ることもできる。

願いごとがかなうというウィッシングツリー

■ラミントン国立公園（ビナブラ）

レンタカー利用が現実的。それだけにグリーンマウンテンズほど人が多くなく、のんびりブッシュウオーキングが楽しめる。

迫力ある巨木ビッグフットの木

ベルバード・ルックアウトからの眺め

ビナブラ

ラミントン国立公園東部、標高約 800m の場所にあるのがビナブラ Binna Burra。2019 年の森林火災により、主要施設が全焼してしまっていたが、復旧作業が進み、今では宿泊施設の**ビナブラ・ロッジ**（→ P.163）がさらにアップグレードされて再建。またブッシュウオーキングルートもほぼ元通りになっている。ただし、森の一部はまだ完全には元には戻っておらず、ところどころに森林火災の爪痕が残っている。

ビナブラ周辺の森はグリーンマウンテンズに勝るとも劣らないほどすばらしいので、ぜひ日帰り＆宿泊してブッシュウオーキングを楽しんでみたい。

ビナブラのおすすめウオーキングトラック

●ベルバード・トラック経由ベルバード・ルックアウト
Bellbird Lookout via Bellbird Track

約 30 分ほどで歩ける人気のショートコース（往復約 2km）。グルームズコテージ下からまずベルバード・トラックを歩く。しばらく歩くと通称**ビッグフットの木** Bigfoot Tree と呼ばれるタローウッドの巨木が現れる。まるで怪物が地面に足を下ろしたような迫力で、このコースの見どころとなっている。

ビッグフットの木の先にある三差路で左側へ。右側は約 12km でビナブラへ戻ってくるベルバード・トラックになるので注意しよう。5 分ほどで再び三差路となる。ここも右側へ。うっそうとした森が少しずつ開けると崖の先端にある展望地ベルバード・ルックアウトはすぐそこだ。ここからはナミンババレー Numinbah Vally の絶景が楽しめる。

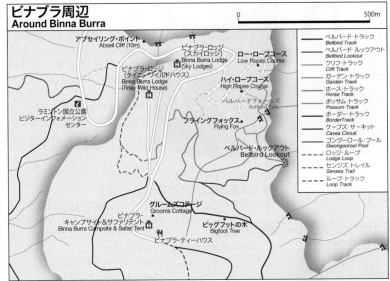

ビナブラ周辺
Around Binna Burra

0　　　　　　　500m

アブセイリング・ポイント
Abseil Cliff (10m)

ビナブラ・ロッジ
（スカイロッジ）
Binna Burra Lodge
(Sky Lodges)

ロー・ロープコース
Low Ropes Course

ビナブラ・ロッジ
（タイニーワイルドハウス）
Binna Burra Lodge
(Tiney Wild House)

ハイ・ロープコース
High Ropes Course

ラミントン国立公園
ビジターインフォメーション
センター

ベルバードフォールズ
Bellbird Falls

フライングフォックス
Flying Fox

ベルバード・ルックアウト
Bellbird Lookout

グルームズコテージ
Grooms Cottage

ビナブラ・
キャンプサイト＆サファリテント
Binna Burra Campsite & Safari Tent

ビッグフットの木
Bigfoot Tree

ビナブラ・ティーハウス

	ベルバード・トラック Bellbird Track
	ベルバード・ルックアウト Bellbird Lookout
	クリフ・トラック Cliff Track
	ガーデン・トラック Garden Track
	ホース・トラック Horse Track
	ポッサム・トラック Possum Track
	ボーダー・トラック Border Track
	ケーブズ・サーキット Caves Circuit
	ゴングーロール・プール Gwongoorool Pool
	ロッジ・ループ Lodge Loop
	センジズ・トレイル Senses Trail
	ループ・トラック Loop Track

崖の下に続く森の中には小山がふたつ見えるが、左側は**エッグロック** Egg Rock、右側は**タートルロック** Turtle Rock となる。復路は同じコースを戻るのが一般的だが、崖沿いの**クリフ・トラック** Cliff Track を歩いて絶景を楽しみつつ戻るのもおすすめだ。

運がよければ近くでコアラが
見られるかも

●**ロッジ・ループ Lodge Loop**
　ビナブラ滞在客におすすめなのがこのショートコース（約1.5km）。ビナブラ・マウンテンロッジ＆スカイロッジの敷地内をひと回りするコースで、崖沿いのユーカリの森の中ではコアラを目にすることも多い。また早朝はこのコース沿いでバードウオッチングをするのも楽しい。

●**ケーブズ・サーキット Caves Circuit**
　クーメラバレー Coomera Valley のすばらしい景観が楽しめる5km のコースで、ラミントン国立公園ビジターインフォメーションセンター〜ラミントン・ティーハウスを結んでいる。亜熱帯雨林、ユーカリ林といった植生の変化を楽しめる。またこのルート沿いでは、高確率でコアラを見かける。

スプリングブルック国立公園
Springbrook NP

　ゴールドコースト・ヒンターランドの南部、NSW 州との州境にあるのがスプリングブルック国立公園だ。2300 万年前の火山（**マウント・ウォーニング**）の大噴火によってできた巨大なカルデラ地形の北端部分にあり、標高はおよそ 700m。亜熱帯雨林、亜熱帯ユーカリ林が造る美しい森、断崖絶壁を流れ落ちる勇壮な滝、そしてクリムゾンロゼーラやキングパロットをはじめとする美しい野鳥やパディメロン、ポッサムなどの有袋類がすむ、大自然が広がっている。高原らしい雰囲気の宿泊施設や愛らしいレストラン

■**スプリングブルック国立公園**　**MAP** P.80
公共交通機関がないためレンタカーかツアー利用となる（ツアーの詳細→ P.116）。

&カフェも多く、自然を満喫しにやってくる地元オージーたちが多い。なお一帯は、**スプリングブルック** Springbrook、**マウントクーガル** Mt. Cougal、**ナチュラルブリッジ** Natural Bridge の3つのエリアに分かれている。ただしそれぞれのエリアを結ぶ道路はなく、現実的には別々に訪れることになる。

ベストオブオール・ルックアウトへのウオーキングルートではナンキョクブナも見られる

スプリングブルックには
壮大な景観が楽しめる展望地がいっぱい

国立公園内での楽しみは、カルデラ地形の突端に造られた展望地から景色を眺めたり、その周囲に造られたウオーキングトレイルを歩いたりすること。

最も人気のある展望地は**ベストオブオール・ルックアウト** Best of All Lookout。スプリングブルック国立公園最南部にある展望地で、マウント・ウォーニングを中心とした壮大なカルデラ地形を一望にできる。駐車場から展望地までのウオーキングトラック沿いの冷温帯雨林も見応え十分。特にかつて南極と地続きであったことを示すナンキョクブナ Myrtle Beech はお見逃しなく。

またパーリングブルックフォールズ・ルックアウト Purlingbrook Falls Lookout やキャニオンルックアウト Canyon Lookout には、亜熱帯雨林、温帯雨林が見られるウオーキングトラックがあり、週末は地元の自然愛好家などでにぎわっている。レンタカーで訪れるのなら、この一帯にはスプリングブルック・マウンテンマナーをはじめとする高原風のホテル&ゲストハウスも多くあるので、ぜひ1泊してみたい。

スプリングブルック国立公園
Springbrook NP

0　　　　5km

ナミンバ森林保護地
Numinbah Forest Reserve

SPRINGBROOK-NERANG RD.

フォーゲットミーノット・コテージ
Forget Me Not Cottages

ナミンババレー
Numinbah Valley

ウンブラ・ルックアウト
Wunburra Lookout

スプリングブルック
国立公園
Springbrook NP

MURWILLUMBAH RD.

スプリングブルック・
マウンテンシャレー
Springbrook Mountain Chalets

グォンゴレラフォールズ
&パーリングブルックフォールズ・
ルックアウト P.80
Gwongorella Falls
& Purlingbrook Falls Lookout

スカットルブットカフェ

ダンシングウオーターズカフェ

スプリングブルック
Springbrook

スプリングブルック・ツチボタルセンター
Springbrook Glow-worms Centre

スプリングブルック国立公園
インフォメーションセンター

キャニオン
ルックアウト
Canyon Lookout
P.80

ナチュラルブリッジ
Natural Bridge

スプリングブルック・
キャニオンコテージ
Springbrook Canyon Cottages

ゴーモーラーラ
フォールズ
Goomoolahra
Falls

P.81
ナチュラルブリッジ
Natural Bridge

スプリングブルック・
マウンテンマナー
Springbrook Mountain Manor

N

P.80
ベストオブオール・ルックアウト
Best of All Lookout

巨大カルデラの中心にあるマウント・ウォーニングは、場所によっては人が寝ている横向きの顔にも見える

上：ナチュラルブリッジに幻想的なツチボタルを見に
いこう
右：バーリングブルックフォールのウオーキング。歩
き疲れたら涼しげな滝の周りでひと休み

幻想的なツチボタルが見られるナチュラルブリッジ

　ゴールドコーストからネラング、ナミンババレーを抜け、車で約
1時間。スプリングブルック国立公園の別セクションにあたるナ
チュラルブリッジには、ツチボタルが多数生息していることで知ら
れている。

　ツチボタルとは、英名グローワームという発光虫（→ P.113）で、
ニュージーランドやオーストラリアの、極めて限られた場所にしか
生息していない。かつてニュージーランドのワイトモケーブで初め
てツチボタルを見たバーナード・ショーが、「世界8大不思議」の
ひとつに数えたほどの生物だ。成虫の寿命はわずか1〜5日。幼
虫時の雌雄が尾の先端に発光器官をもっており、青白い光を放つ。

　ナチュラルブリッジ公園の駐車場から歩いて10分ほど、遊歩
道を下り切った場所に滝があり、その裏側の洞窟がツチボタルの
生息場所。洞窟の天井いっぱいを美しい光で埋め尽くすように見
えるのは、日も暮れかかった頃からだ。暗くなってからのハイキン
グになるので、懐中電灯を忘れずに。

サウスストラドブローク島
South Stradbroke Is.

　ザ・スピットの北に浮かぶサウスストラドブローク島は、ゴール
ドコーストからの日帰りクルーズの目的地として人気の場所だ。島
の土台は完全に砂でできている。延々とどこまでも続く美しいビー
チ、島を覆う亜熱帯雨林や湿地帯、ゴールデンスウォンプワラビー、
アジルワラビーをはじめとする数多くの野生動物、野鳥……こうし
た自然が人々を惹きつけるのだろう。

　島内には日帰り、宿泊とも可能なリゾート施設、**クーランコーブ・
アイランドリゾート**がある。ブロードウオーターに面して建つリゾー
ト施設で、プールサイドにはしばしばワラビーもやってくるほど自
然いっぱいのホテル。ブッシュウオーキングや
バードウオッチングなどに興じたり、南太平洋
の波が打ち寄せるビーチでサーフィンやウイン
ドサーフィンなども楽しめる。さらにブロード
ウオーターでのバナナボートライドや水上ス
キーなどの設備もある。だが、この島での最
大の楽しみはリラックスすることだ。何もせず
にビーチ脇の木陰で過ごすひとときは、間違
いなく至福の時間である。

■ナチュラルブリッジ
　MAP P.53/3A
　公共の交通機関では行く
ことができないので、車か
ツアーを利用することにな
る。ゴールドコーストからは
数社がツアーを催行している
（→ P.113 〜 114）。

■サウスストラドブローク島
　MAP P.53/1B
　クーランコーブ・アイラン
ドリゾートへの宿泊客はホー
プアイランドのマリーナから
出ている専用フェリーサービ
スを利用する。

■クーランコーブ・アイラン
ドリゾート
　(07)5597-9999
　URL www.courancove.com.au
　アクセス ホープアイランドマ
　リーナ Hope Island Marina
　(60 Sickle Ave., Hope Is.,
　QLD 4212) 発着フェリー利
　用。料金やフェリーの時間は
　要問い合わせ。

とにかくのんびり過ごすのが
おすすめだ

■ノースストラドブローク島
MAP P.52/2B

ブリスベンからシティトレイン（電車）でクリーブランド Cleveland へ行き、そこからバスでノースストラドブローク島行きフェリーターミナルへ。フェリーは下記2社が運航（所要約30分）。

●ストラドブローク フライヤー
☎ (07)3281-3821
URL flyer.com.au
時 クリーブランド発 4:55 〜 13:55、15:25 〜 19:25 の間1時間ごと／ダンウィッチ発 5:25 〜 14:25、15:55 〜 19:55 の間1時間ごと
料 片道 大人 $12 子供 $6／往復 大人 $21 子供 $11

●シーリンクフェリー
☎ (07)3488-5300
URL www.sealinkseq.com. au
時 クリーブランド発 6:00 〜 9:00、10:30 〜 13:30、15:00 〜 18:00 の間1時間ごと／ダンウィッチ発 7:00 〜 10:00、11:30 〜 14:30、16:00 〜 19:00 の間1時間ごと　※冬季は運航本数が減る
料 車1台（乗客も含む）片道 $98 〜 123／車なしでも乗船可で片道 大人 $12 子供 $7

■ストラドブローク島の観光情報
URL stradbrokeisland.com

■ストラドブローク島の島内交通
ストラドブローク・アイランドバス Stradbroke Island Buses がダンウィッチ〜アミティポイント〜ポイントルックアウトを毎日11往復している。またポイントルックアウトにはレンタカー店もあり、4WDが1日 $100 程度で借りられる。これを利用するのが一番便利だ。

●ストラドブローク・アイランドバス
☎ (07)3415-2417
URL stradbrokebus.com.au
料 1日券 大人 $10 子供 $5／1回乗車券 大人 $5 子供 $2.50

ノースストラドブローク島
North Stradbroke Is.

サウスストラドブローク島のすぐ北にあるのが、世界で2番目に大きな砂の島ノースストラドブローク島だ（世界最大の砂の島はフレーザー島）。1896年まで、ノースストラドブローク島とサウスストラドブローク島は陸続きだったのだが、大嵐により砂が吹き飛ばされ、現在のようになった。

ノースストラドブローク島のビーチを4WDで走るのは気持ちがいい

巨大な砂の島といっても、島内はユーカリやグラスツリー、バンクシアなどの森に覆われ、野生のコアラやカンガルーも生息する。また2300人ほどの人も住んでおり、小さな町や村が島内に点在している。もちろん砂でできた島だからビーチはすばらしい。特に島の東側に延々30kmにもわたって広がるビーチは、太平洋の波が押し寄せ、絶好のサーフポイント、釣りのポイントとして知られている。

ポイントルックアウトが観光のメイン

島にはフェリーが発着するダンウィッチ Dunwich、島の北端でモートン島を望むアミティポイント Amity Point、島の北東端ポイントルックアウト Point Lookout の3つの町がある。ストラドブローク島ビジターセンター Stradbroke Island Visitor Centre はダンウィッチにある。島の地図やホテルやアクティビティなどの観光資料を入手しておきたいところだが、フェリーに接続するかたちでバスが運行されているので、あくまで時間があったら立ち寄るくらいに考えておいたほうがいい。

野生のコアラも生息している

観光の中心は、ポイントルックアウトだ。周囲には美しいビーチが続き、冬季には沖合を通るザトウクジラの姿も見られる。宿泊施設もポイントルックアウト周辺に多い。キャンプ場、バックパッカーズ、中級〜1級モーテルなどがある。各ホテルには観光やアクティビティの資料が揃っている。まずは居心地のよい宿を確保する、これがこの島に滞在する際の基本だ。

景勝地として有名なポイントルックアウト

またこの町の外れにある断崖絶壁（その名もポイントルックアウト）は、展望地として知られている。遊歩道が造られており、眼下に見える海を泳ぐウミガメ、エイ、マンタ、イルカなどをかなり高確率で見ることができる。またポイントルックアウトの先にあるメインビーチ Main Beach はサーフィンの好スポットとして知られている。

バイロンベイ
Byron Bay

バイロンベイ観光の中心ケープバイロン灯台

サーファーズパラダイスから車で南へ約1時間30分。そこにオーストラリア大陸最東端の町として知られるバイロンベイがある。1770年、キャプテンクックがオーストラリア東海岸を北上中に見つけた岬に**ケープバイロン** Cape Byron と名づけた。19世紀の英国ロマン派の詩人バイロンの祖父である、英国海軍で副司令官を務めた英雄ジョン・バイロンにちなんでつけられた名前だ。

この町はもともと捕鯨基地として栄え始めたが、1962年に基地が閉鎖。その後豊かな自然に囲まれたこの地を愛する芸術家やサーファー、ヒッピーたちが集まる、ボヘミアンな雰囲気のリゾートとして知られるようになった。そして現在、人口約9000人（周辺人口を合わせると約3万人）を抱える、ニューサウスウエールズ州北部随一の人気リゾート地となっている。

大陸最東端のケープバイロン

大陸最東端ポイントは記念撮影場所として人気だ

東経153°38.1′、大陸最東端の岬は、クイーンズランド州最南部からニューサウスウエールズ州北部にかけて広がる大カルデラ地形の東端近くに当たる。岬には1901年、当時の名建築家ジェームズ・バネットの手によるコロニアルスタイルの真っ白な灯台が建っている。現在は使われていないが、かつてはオーストラリア最大規模を誇っていた。目指す最東端は、この灯台から岬の縁に沿って続く遊歩道を5分ほど歩いた所だ。

青い海と白砂のコントラストがまぶしいビーチ

バイロンベイには美しいビーチも数多い。最もにぎわいを見せるのは町の前に広がる**メインビーチ** Main Beach。ビーチ前の広場には今もアーティストやヒッピー風の人たちが集まっていることも多く、白砂のビーチへ下りると家族連れやカップルが思いおもいにくつろいでいる。

■**バイロンベイ**

MAP P.52/3B

ゴールドコーストからレンタカーやツアーを利用（ツアーの詳細→P.118）。便利なのはレンタカーで、片道約1時間30分だ。公共交通機関では、ゴールドコーストからグレイハウンドオーストラリアが毎日バスを運行している（サーファーズパラダイス・トランジットセンターから約2時間）。

■**ケープバイロン灯台**

📞(02)6639-8300

URL www.nationalparks.nsw.gov.au/things-to-do/historic-buildings-places/Cape-byron-lighthouse

🕐インフォメーションセンター：毎日9:30〜16:30

💰駐車料金1時間$8

●**ケープバイロン・ライトハウスツアー** Cape Byron Lighthouse Tours

灯台内見学ツアー。

🕐2023年6月現在限定日のみ催行（要問い合わせ）

💰1人$2の寄付

■**クリスタルキャッスル＆シャンバラガーデンズ**（次ページ）

📞(02)6684-3111

URL www.crystalcastle.com.au

🕐毎日10:00〜17:00

休グッドフライデー、クリスマスデー、ボクシングデー

💰大人$49 子供$35 家族$119

左：町のあちこちでおしゃれなカフェがある
下：大勢の人でにぎわうメインビーチ

ライフセーバーによる監視もあるので、泳ぐのにも安心だ。サーファーに人気があるのがケープバイロン脇の**ワテゴズビーチ** Watego's Beach と外洋に面した**タロービーチ** Tallow Beach。週末ともなると大勢のサーファーがいい波をつかまえに集まってくる。

サーフィンはもちろん、ダイビング、シーカヤック、ブッシュウォークなどアクティビティは盛りだくさん。またマッサージ、アロマテラピー、ヨガなどリラクセーションのための施設も多い。レンタカーがあるなら、近郊に数多くある国立公園や、ヒーリングテーマパークといった雰囲気でオーラ写真の撮影もしてくれる**クリスタルキャッスル&シャンバラガーデンズ** Crystal Castle & Shambhala Gardens などを目指してドライブするのも楽しい（野生のコアラに出合える可能性も高い）。

クリスタルキャッスルの庭園には世界中から集められた神像があちらこちらに鎮座している

バイロン・フレッシュのベイ・レーン側にある LOVE フォトブース

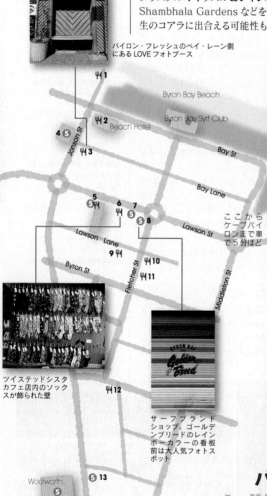

Byron Bay Beach

Byron Bay Syrf Club

Beach Hotel

Jonson St

Bay St

Bay Lane

Lawson St

Lawson Lane

ここからケープバイロンまで車で5分ほど

Byron St

Fletcher St

Middleton St

ツイステッドシスタカフェ店内のソックスが飾られた壁

BYRON BAY
Golden Breed

サーフブランドショップ、ゴールデンブリードのレインボーカラーの看板前は大人気フォトスポット

Woolworth

1　フィッシュヘッズ・バイロンベイ
Fishheads Byron Bay

🏠 1 Jonson St., at Main Beach, Byron Bay, NSW 2481
📞 (02)6680-7632
🌐 www.fishheads byron.com.au

ビーチ前にある大人気レストラン&テイクアウェイショップ。ランチにおすすめ。

2　ビーチホテル
Beach Hotel

🏠 1 Bay St., Byron Bay, NSW 2481
📞 (02)6685-6402
🌐 beachhotel.com.au

ビーチ前のホテル&パブ&ビストロ。パブ&ビストロは1日中大にぎわい。ビール片手にフィッシュ&チップスを食べたかったらここ。

3　バイロン・フレッシュ
Byron Fresh

🏠 7 Jonson St., Byron Bay NSW 2481
📞 0466-213-625
🌐 www.byronfresh.com

LOVE マークのフォトブースがある人気カフェ。オーガニックにこだわったメニューが自慢だ。

バイロンベイ
お散歩マップ

4　バイロンベイ・クッキーカンパニー
Byron Bay Cookie Co.

🏠 Shop 3, 4 Jonson St., Byron Bay NSW 2481
📞 (02)6685-5143
URL cookie.com.au

オーストラリアでも有名なクッキー店。ざっくりしたショートブレッドスタイルのクッキーが美味。おみやげにもおすすめ。

5　ラブ・バイロンベイ・チョコレート
Love Byron Bay Chocolate

🏠 2-3 Lawson St., Byron Bay, NSW 2481
📞 (02)6685-7974
URL love-byronbay.com

世界中から良質のカカオを集めて作る、カカオ含有量70～80%の本格チョコが人気。タブレットタイプ（日本より少し厚め）以外にボンボンショコラタイプもある。また本格的なクレープリーとしても評判。

6　ツイステッドシスタカフェ
Twisted Sista Cafe

🏠 4 Lawson St., Byron Bay NSW 2481
📞 (02)6685-6810

サンドイッチなどフード系メニューが充実しておりランチに最適。壁に飾られた靴下がフォトジェニックと評判。

7　アフェンズ
Afends

🏠 2/6 Lawson St., Byron Bay, NSW 2481
📞 (02)6685-6322
URL www.afends.com

キュートなデザインのウェアがいっぱい

バイロンベイ生まれのサーフ＆ファッションブランドで、シドニー、メルボルンも店舗をもつ。またここではバイロンベイ生まれのサングラスブランド、エポカ EPOKHA も取り扱っている。バイロンベイ発祥グッズでクールに決めてみよう！

8　ゴールデンブリード
Golden Breed

🏠 10 Lawson St, Byron Bay, NSW 2481
📞 1300-882-914
URL goldenbreed.com.au

カリフォルニア生まれのサーフファッションブランド。バイロンベイオリジナルグッズもいっぱい。サーフレッスンのアレンジも行っている。

9　ベアフット・ブリュールーム
Barefoot Brew Room

🏠 1A Lawson Lane (off Fletcher St.), Byron Bay, NSW 2481
📞 0430-316-066
URL barefootroasters.com.au

バイロンベイ近郊で採れる希少なコーヒー豆を、焙煎して飲ませてくれる小さなコーヒースタンド。バイロンベイでコーヒーを飲むなら絶対ここ！

10　ディップカフェ
Dip Cafe

🏠 1/21-25 Fletcher St., Byron Bay, NSW 2481
📞 (02)6685-5141
URL www.dipcafe.com.au

バイロンベイのおしゃれな人たちが集まると評判のカフェ。コーヒーはもちろんフードメニューも大充実。朝ごはん、ランチにおすすめ。

11　コンビ・バイロンベイ
Combi Byron Bay

🏠 5b/21-25 Fletcher St., Byron Bay, NSW 2481
📞 0407-143-077
URL wearecombi.com.au

ピンクをイメージカラーにしているカフェで、アサイボウルやオーガニックパンケーキなどフォトジェニックで美味なフードもいろいろ。スムージーも評判だ。

12　ベイリーフカフェ
Bayleaf Cafe

🏠 2A Marvell St., Byron Bay NSW 2481
URL www.bayleafbyronbay.com

バイロンベイの地元サーファーに人気のあるカフェ。特にバナナブレッドが評判だ。カフェの脇の壁もフォトスポットとして人気がある。

13　サントスオーガニック
Santos Organic

🏠 105 Jonson St, Byron Bay NSW 2481
📞 (02)6685-7071
URL santosorganics.com.au

オーガニックの食品、化粧品から自然に優しい家庭用品までを扱うお店。おみやげに喜ばれそうな石鹸やハニービーラップ、コットンラップなどもある。カフェも併設。

→ P.122

→ P.164

モートン島
Moreton Is.

波も穏やかでビーチも美しい

モートン島は約20km²、同じオーストラリアのフレーザー島、ノースストラドブローク島に次ぐ世界第3位の大きさの砂の島だ。海岸線は美しい白砂のビーチが続き、中央には高さ280mにも及ぶ巨大な砂丘がある。この島が注目を集めるのは、野生のイルカ、ジュゴン、さらには冬季にはクジラと、人気の海洋哺乳類に高確率で出合えることにある。しかも野生イルカに餌づけできる世界でも珍しい場所として知られているのだ。島の中ほどには人気のエコリゾート、**タンガルーマ・アイランドリゾート**(→ P.164)があり、海洋哺乳類に出合うツアーやそのほかのさまざまなアクティビティをアレンジしてくれる。リゾート施設も整っているので、島の魅力を味わうためにもぜひ1～2泊はしてみたい。

📷 モートン島最大のお楽しみ
野生イルカへの餌づけ
Wild Dolphin Feeding

野生イルカへの餌づけは貴重な体験

野生のイルカに自分の手で餌づけできる場所は、世界的にみてもまれ。1992年4月に桟橋脇にやってきていたビューティーと名づけられたイルカが、偶然にもスタッフが投げ入れた魚を食べたのが餌づけの始まり。現在では毎夕8～12頭のイルカがリゾートを訪れている。餌づけには人数制限があり、原則リゾート滞在者(滞在中1回)とイルカ餌づけ付きデイクルーズ客が参加可能。人数に余裕がある場合のみ、それ以外のゲストも参加できる。

イルカは日の暮れる頃に桟橋脇にやってくる。スタッフの指示に従い、手を洗い、浅瀬で餌の魚をあげるのだが、自分の手から餌をもらっていくイルカの姿に感動させられることだろう。餌づけの様子はスタッフが写真撮影しており、翌日以降、インターネットで購入可能だ。

📷 広大な砂丘で砂滑りを楽しむ
デザート・サファリツアー
Desert Safari Tour

童心に返って楽しめる砂滑り

リゾートの南側にある大砂丘地帯**タンガルーマデザート** Tangalooma Desert へ大型の4WDで出かけ、サンドトボガン(砂滑り)を楽しむツアー。途中、ガイドが一見真っ白に見えるここの砂が、実はさまざまな色の砂が混じったものであること、あるいは500種にも及ぶモートン島の植物に関することなどを説明してくれる。

📷 世界中のナチュラリスト注目の的
マリンディスカバリー・クルーズ
Marine Discovery Cruise

注目のマリン・ディスカバリークルーズ

モートン島周辺は世界的に貴重な海洋哺乳類ジュゴンの大生息地でもある（約600頭生息している）。そんなジュゴンの姿を50%以上の確率で見られるクルーズが大人気。運がいいと数百頭のジュゴンが船の周りを埋め尽くすこともあるほどだ。またこのクルーズではジュゴンはもちろん、イルカやウミガメを見かけることも多い。

📷 穏やかな海で思いきり遊ぼう
マリンアクティビティ
Marine Activities

パラセイリングは人気アクティビティだ

ダイビング、スノーケリング、パラセイリング、カヤック、ウインドサーフィン、カタマランセイリングなどが楽しめる。特にガイド付きで行われるスノーケリングツアーはおすすめ。リゾートのすぐ沖合には実に12艘もの難破船が沈んでおり、それらすべてが魚礁と化している。スノーケリングツアーでは、難破船ポイントを訪れるため、信じられないほど多くの魚を見ることができるのだ。

📷 ビーチと砂丘を豪快に走り抜ける
4輪バイク（ATV）ツアー
Quad Bike Tours

砂丘に造られたコースを走り回る

全地形対応4輪バイクで、タンガルーマ裏手の砂丘エリアとビーチを走り回るアドベンチャーツアー。砂丘からは晴れていれば、対岸にサンシャインコーストのグラスハウスマウンテンズも望むことができる。

運がよければジュゴンがボートのすぐ脇までやってくることも……

■ デザート・サファリツアー（前ページ）
🕐 毎日 9:15、13:30 出発（所要1.5時間）
💰 大人 $55 子供 $36

■ マリンディスカバリー・クルーズ
🕐 毎日 12:00 〜 14:00
💰 大人 $69 子供 $49
家族 $209
※船が小さく定員が少ない。早めの予約が必要だ。

■ マリンアクティビティ
🕐 各アクティビティとも当日の天候により催行時間が異なる
💰 パラセイリング：シングル $95、タンデム $170 ／ 透明カヤックで行く難破船：1人乗り $79、2人乗り $119 ／ 難破船スノーケリングツアー 大人 $69 子供 $55 ／ 難破船ファンダイビング（全器材込み）$139 ／ 水中スクーターサファリ 大人 $99 子供 $79 ／ カタマランセイリング1時間 $79 ／ SUP1時間 $39

■ 4輪バイク（ATV）ツアー
🕐 毎日 11:00 〜 12:00、14:00 〜 16:00 の間1時間ごとに催行（所要40〜45分）
💰 シングルライド（1人）$80、タンデムライド（2人）$120
※6歳以上から参加可能

Column

デイクルーズに
サンセットカクテルをプラス

タンガルーマ・アイランドリゾートへの各日帰りクルーズには追加料金で、ドルフィンフィーディング前の時間にサンセットカクテルが楽しめる。レストランやカフェの入った建物の2階ルーフトップにバースペースがあり、海の向こう（実際にはぎりぎり陸地は見えるが……）に沈む夕日を見ながらドリンクを満喫。ドリンクメニューも豊富だ。しかもこのオプションを追加すると、通常のデイクルーズでも帰りは最終便となり、夕方までくつろげるデイラウンジも利用でき、イルカの餌づけも見学可能だ。
●サンセットカクテル追加料金
💰 大人$50 子供$40

慣れると妙におもしろいセグウェイ

■**セグウェイツアー**
圏 毎日 10:00 ～ 15:00 の
1時間ごと
圏 初心者 25 分ツアー $49、
体験者 45 分ツアー $75

イルカの島モートン島にあるドルフィンレイクはヘリコプター遊覧飛行で見にいくことができる

■**ヘリコプター・ジョイフライト**
圏 毎日 10:00 ～
（予約状況による）
圏 ツアー1（約6分フライト）$99／ツアー2（約12分フライト）$187／ツアー3（約18分フライト）$280／ツアー4（約30分フライト）$352

■**ホエールウオッチング・クルーズ**
圏 6月中旬～10月中旬の毎日：タンガルーマ発 12:00 ～15:00／ホルト・ストリート・ワーフ発着 7:00 もしくは 10:00 ～16:45
圏 タンガルーマ発着：
大人 $75 子供 $55／ブリスベン発着 大人 $145 子供 $105

■**ブリスベン** **MAP** P.89
　ゴールドコーストから電車（シティトレイン）利用が便利。サーファーズパラダイス、ブロードビーチからならライトレイルで北の終点ヘレンズベイルに出、そこから電車を利用となる。

ブリスベンの中心シティホール

📷 思いのままにビーチクルージング
ビーチセグウェイツアー
Beach Segway Tours

　アクセルやブレーキなしに、体の重心移動だけで走る環境に優しい電動2輪車セグウェイ。このユニークな乗り物でビーチを駆け抜けるツアーが人気だ。初心者向けには簡単なレッスンとビーチ走行 25 分のツアーがあるほか、体験者向けにはビーチを思う存分走り回れる 45 分のツアーもある。

📷 大空からモートン島を眺める
ヘリコプター・ジョイフライト
Helicopter Joy Flight

空から眺める難破船とリゾートエリア

　手頃な料金でヘリコプターでの遊覧飛行が楽しめる。最も短い約6分のフライトでは、タンガルーマ・リゾート出発後砂丘上空を通り抜け、ビーチに抜けて難破船上空を通って戻ってくる。なお島の北西部にあるイルカの形をした**ドルフィンレイク**が見たかったら、約18分のフライトを利用することになる。また毎日 9:30 からヘリコプターがどんなふうにできているのかを間近で見ながら教えてくれる、ヘリコプターワークショップ（無料）も行っている。

📷 沖合を通るクジラを見にいく
ホエールウオッチング・クルーズ
Whale Watching Cruise

モートン島沖合でブリーチングするザトウクジラ

　6月中旬～10月中旬、モートン島沖合は南極方面からやってくるザトウクジラの通り道となる。この期間、タンガルーマ・リゾートから週3回ホエールウオッチングのクルーズが出るのでぜひ参加したい。見られる確率は7～8割。運がよければ船のすぐ間近を通り過ぎたり、ブリーチしたりするクジラの勇姿も見られることだろう。

ブリスベン
Brisbane

　2032 年夏季オリンピック開催都市ブリスベン。人口 250 万人を擁するクイーンズランド州の州都で、シドニー、メルボルンに次ぐオーストラリア第3の都市だ。世界中との路線をもつ空港があり、ビジネス、ホリデーの重要なゲートウェイとなっている。

町歩きを楽しもう
　市街地はモートン湾からブリスベン川を 25km ほど遡った一帯、ちょうど川が大きく蛇行するあたりに開けている。近代的なビルと重厚な植民地時代の名残を残す建物がうまくミックスした魅力的な町で、ゴールドコーストでは体験できない「町歩き」が楽しめる場所だ。

※ブリスベンとクイーンズランド州の情報を本誌巻末の別冊でも特集している。

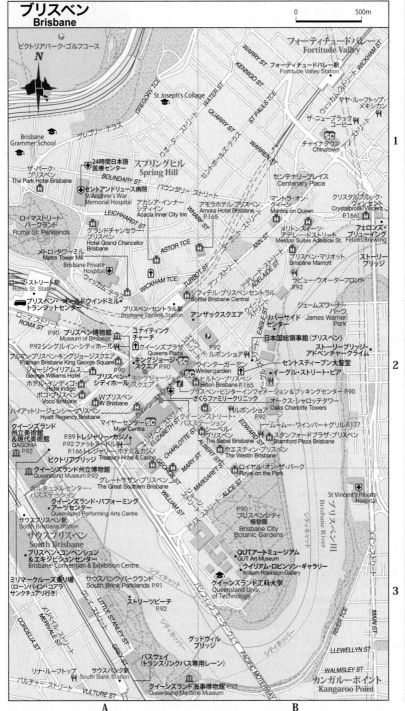

ブリスベン
Brisbane

0   500m

ビクトリアパーク・ゴルフコース
Victoria Park Golf Course

N

フォーティチュードバレー
Fortitude Valley

ワリー・ストリート
WARRY ST

ケニゴ・ストリート
KENNIGO ST

ウィッカム・ストリート
WICKHAM ST

フォーティチュードバレー駅
Fortitude Valley Station

マヤ・ルーフトップ・メキシカン

ザ・ニューブラック・コーヒー

GREGORY TCE

St Joseph's Collage

WATER ST

QUARRY ST

WARREN ST

ST PAULS TCE

SC チャイナタウン
Chinatown

1

Brisbane Grammer School

グレゴリー・テラス

スプリングヒル
Spring Hill

センテナリープレイス
Centenary Place

ザ・パーク・ブリスベン
The Park Hotel Brisbane

24時間日本語医療センター

BOUNDARY ST

バウンダリー・ストリート

マントラ・オン・クイーン
Mantra on Queen

クリスタルブルック・ヴィンセント
Crystabrook Vincent
P.166

セントアンドリュース病院
St Andrew's War Memorial Hospital

アカシア・インナーシティイン
Acacia Inner City Inn

アモラホテル・ブリスベン
Amora Hotel Brisbane
P.165

メリトン・スイーツ・アデレード・ストリート
Meriton Suites Adelaide St.

フェロンズ・ブリューイング
Felons Brewing

ローマストリート・パークランド
Roma St. Parklands

LEICHHARDT ST

グランドチャンセラー・ブリスベン
Hotel Grand Chancellor Brisbane

ASTOR TCE

ANN ST

ブリスベン・マリオット
Brisbane Marriott

ストーリーブリッジ
Story Bridge

メトロ・タワーミル
Metro Tower Mill

WICKHAM TCE

ブリスベン・プライベート病院
Brisbane Private Hospital

TURBOT ST

ADELAIDE ST

ラビュー・ウオーターフロント
P.92

ローマ・ストリート駅
Roma St. Station

ジェームズワーナーパーク
James Warner Park

ブリスベン・オールドウインドミル・トランジットセンター

ソフィテル・ブリスベンセントラル
Sofitel Brisbane Central

EAGLE ST

日本国総領事館（ブリスベン）

ストーリーブリッジ・アドベンチャークライム

ローマ・ストリート
ROMA ST

ブリスベン・セントラル駅
Brisbane Central Station

アンザックスクエア
Anzac Square

リバーサイドセンター

セントスティーブン大聖堂

ブリスベン博物館
Museum of Brisbane
P.92 シングルイン・シティホール

ユナイティングチャーチ

P.92

ルボンショア

イーグル・ストリート・ピア

2

プルマン・ブリスベン・キングジョージスクエア
Pullman Brisbane King George Square

クイーンズプラザ
Queens Plaza

ウインターガーデン
Wintergarden

ヒルトン・ブリスベン
Hilton Brisbane P.165

オークス・シャロッテタワー
Oaks Charlotte Towers

ジョージウィリアムズ
George Williams Hotel

ブリスベン・シティホール
City Hall

キングジョージ・スクエア P.90

SC

ブリスベン・ビジターインフォメーション＆ブッキングセンター P.90

ホテル・インディゴ
Hotel Indigo

W ブリスベン
W Brisbane

ポコ・ブリスベン
Voco Brisbane

さくらファミリークリニック

ルボンショア
P.92

ムームー・ワインバー＋グリル P.137

ハイアットリージェンシーブリスベン
Hyatt Regency Brisbane

マイヤーセンター
Myer Centre

SC

ELIZABETH ST

バスステーション

ザ・セベル・ブリスベン
The Sebel Brisbane

スタンフォードプラザ・ブリスベン
Stamford Plaza Brisbane

クイーンズランド州立近代美術館
QAGOMA
P.92

P.89 トレジャリー・カジノ

P.92 ファットヌードル

CHARLOTTE ST

GEORGE ST

ALBERT ST

EDWARD ST

ウエスティン・ブリスベン
The Westin Brisbane

ビクトリアブリッジ

P.166 トレジャリー・ホテル＆カジノ
Treasury Hotel & Casino

MARY ST

ロイヤル・オン・ザ・パーク
Royal on the Park

クイーンズランド州立博物館 P.92
Queensland Museum

カルチュラルセンター・バスステーション

グレートサザン・ブリスベン
The Great Southern Brisbane

WILLIAM ST

MARGARET ST

ALICE ST

St Vincent's Private Hospital

Brisbane River

サウスブリスベン駅
South Brisbane Station

クイーンズランド・パフォーミング・アーツセンター
Queensland Performing Arts Centre

P.90 ブリスベンシティ植物園
Brisbane City Botanic Gardens

サウスブリスベン
South Brisbane

ブリスベン・コンベンション＆エキジビションセンター
Brisbane Convention & Exhibition Centre

QUT アートミュージアム
QUT Art Museum

ウイリアム・ロビンソン・ギャラリー
William Robinson Gallery

3

ミリマークルーズ乗り場（ローンパイン・コアラサンクチュアリ行き）

サウスバンクパークランド
South Bank Parklands P.91

クイーンズランド工科大学
Queensland Univ. of Technology

CORDELIA ST

MERIWALE ST

GREY ST

ストリーツビーチ
P.92

グッドウィルブリッジ

RIVER TCE

MAIN ST

LLEWELLYN ST

リナ・ルーフトップ
South Bank Station

サウスバンク駅

バスウェイ（トランスリンクバス専用レーン）

WALMSLEY ST

バルチャー・ストリート
VULTURE ST

クイーンズランド海事博物館 P.92
Queensland Maritime Museum

PACIFIC MOTORWAY

カンガルーポイント
Kangaroo Point

A   B

■ブリスベン博物館
MAP P.89/2A
住 Level 3, Brisbane City Hall, King George Sq., 64 Adelaide St., Brisbane, QLD 4000
(07)3399-0800
営 毎日 10:00 〜 17:00
URL www.museumofbrisbane.com.au
時 時計塔ツアー：10:15 〜 16:45 の 15 分ごとにスタート／シティホールツアー：10:30、11:30、13:30、14:30 スタート
料 無料／時計塔ツアー、シティホールツアーも無料

■ブリスベン・ビジターインフォメーション＆ブッキングセンター Brisbane Visitor Information & Booking Centre
MAP P.89/2A
住 The Regent, 167 Queen St. Mall, Brisbane, QLD 4000 (07)3006-9260
URL www.visitbrisbane.com.au
営 月 〜 金 9:00 〜 16:00、土日 10:00 〜 16:00

建物自体見どころのビジターインフォメーション

■トレジャリー・カジノ
MAP P.89/2A
住 Top of the Queen St. Mall, Brisbane QLD 4000
(07)3306-8888
URL www.treasurybrisbane.com.au

ヨーロッパスタイルのトレジャリーカジノ

■ブリスベンシティ植物園
MAP P.89/3B
住 147 Alice St., Brisbane, QLD 4000
URL www.brisbane.qld.gov.au

中心はキングジョージ・スクエア King George Sq.。ここには高さ92mの時計塔をもつネオゴシック様式のブリスベン・シティホール Brisbane City Hall がある。1920 年代の建物で3階にはブリスベン博物館 Museum of Brisbane も入っていて、ブリスベンの開拓から現代にいたるまでの歴史、多民族からなる多様性文化などに関する展示が行われている。また博物館発でシティホール時計塔ツアー（高さ 76m の時計塔の展望台までクラシックなエレベーターで昇るツアー）、シティホールツアー（建築や装飾品に関する解説を聞きながらシティホール内を巡るツアー）も催行されているので、ぜひ参加しよう。

ブリスベン博物館で開拓時代の歴史に触れよう

展望台からキングジョージ・スクエア脇のユニティングチャーチを眺める

1日中にぎわうクイーン・ストリートモール

ランチタイムににぎわうポストオフィス・スクエア

メインストリートはキングジョージ・スクエアの1ブロック南のクイーン・ストリートモール Queen St. Mall だ。この周辺にはいくつものアーケード街やショップ、カフェなどが軒を連ねており、人通りが絶えない。モールの一角のクラシックな旧劇場ザ・リージェント The Regent がブリスベン・ビジターインフォメーション＆ブッキングセンター Brisbane Visitor Information & Booking Centre になっている。建物自体見応えがあるので、情報収集をかねて立ち寄りたい。

なおクイーン・ストリートモールが川に突き当たる場所には、オーストラリアで最もクラシックな雰囲気のカジノ、トレジャリー・カジノ Treasury Casino がある。カジノからクイーンズランド工科大学（QUT）方面は現在、大規模な再開発が進んでいる。

ブリスベン川沿いのイーグル・ストリート Eagle St. は川を眺めながら美味な食事ができる、ブリスベン随一のグルメゾーン。おいしいレストランを探すなら、真っ先に出かけたい場所だ。またイーグル・ストリートの南の突き当たりにあるブリスベンシティ植物園 Brisbane City Botanic Gardens は 1825 年に造営された由緒ある植物園。緑いっぱいのなかに遊歩道が設けられており、市民の憩いの場になっている。

休憩するのにもおすすめのブリスベンシティ植物園

シティ周辺の見どころ巡り

　市中心部とブリスベン川を挟んだ反対側にあるのが**サウスバンク・パークランド** South Bank Parkland だ。1988 年オーストラリア建国 200 年を記念して行われたブリスベン万博の会場だった所で、現在はその跡地を利用し文化・芸術、リラクゼーション、アミューズメント施設が点在する公園となっている。

サウスバンクのストリートビーチ

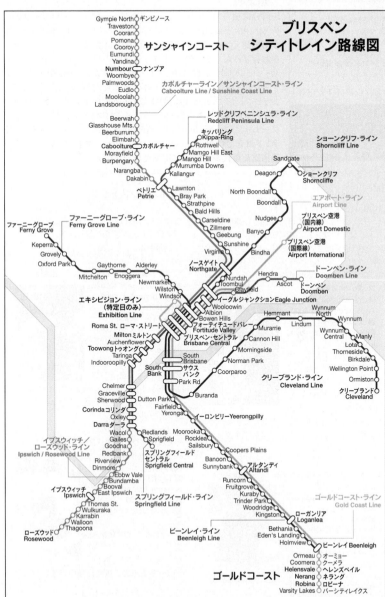

ブリスベン
シティトレイン路線図

サンシャインコースト

Gympie North ギンピノース
Traveston
Cooran
Pomona
Cooroy
Eumundi
Yandina
Nambour ナンブア
Woombye
Palmwoods
Eudlo
Mooloolah
Landsborough

カブルチャーライン／サンシャインコースト・ライン
Caboolture Line / Sunshine Coast Line

Beerwah
Glasshouse Mts.
Beerburrum
Elimbah
Caboolture カブルチャー
Morayfield
Burpengary
Narangba
Dakabin

ペトリエ
Petrie

レッドクリフペニンシュラ・ライン
Redcliff Peninsula Line

キッパリング
Kippa-Ring
Rothwell
Mamgo Hill East
Mango Hill
Murrumba Downs
Kallangur

Lawnton
Bray Park
Strathpine
Bald Hills
Carseldine
Zillmere
Geebung
Virginia

ショーンクリフ・ライン
Shorncliff Line

Sandgate

Deagon
ショーンクリフ
Shorncliffe

North Boondall
Boondall
Nudgee
Banyo
Sunshine
Bindha

エアポート・ライン
Airport Line

ブリスベン空港
（国内線）
Airport Domestic

ブリスベン空港
（国際線）
Airport International

ファーニーグローブ・ライン
Ferny Grove Line

ファーニーグローブ
Ferny Grove

Keperra
Grovely
Oxford Park
Gaythorne Alderley
Mitchelton Enoggera
Newmarket
Wilston
Windsor

ノースゲイト
Northgate
Nundah
Toombul
Clayfield
Hendra
Ascot

ドーンベン・ライン
Doomben Line

ドーンベン
Doomben

エキシビジョン・ライン
（特定日のみ）
Exhibition Line

Roma St. ローマ・ストリート
Milton ミルトン
Auchenflower
Toowong トゥウォング
Taringa
Indooroopilly

Wooloowin
Albion
Bowen Hills
イーグルジャンクション Eagle Junction

Hemmant
Murarrie

フォーティチュードバレー
Fortitude Valley
ブリスベン・セントラル
Brisbane Central

South
Brisbane
サウス
バンク
Park Rd.

Cannon Hill
Morningside
Norman Park
Coorparoo

Wynnum
North
Wynnum
Central
Lindum

Wynnum
Manly
Lota
Thorneside
Birkdale
Wellington Point
Ormiston

South
Bank

クリーブランド・ライン
Cleveland Line

クリーブランド
Cleveland

Chelmer
Graceville
Sherwood
Corinda コリンダ
Oxley
Darra ダーラ

Dutton Park
Fairfield
Yeronga
Buranda

イーロンビリー Yeerongpilly

Wacol
Gailes
Goodna
Redbank
Riverview
Dinmore

Redlands
Springfield

Moorooka
Rocklea
Sailsbury

スプリングフィールド
セントラル
Springfield Central

Coopers Plains
Banoon
Sunnybank

アルタンディ
Altandi

イプスウィッチ／
ローズウッド・ライン
Ipswich / Rosewood Line

Ebbw Vale
Bundamba
Booval
East Ipswich

イプスウィッチ
Ipswich
Thomas St.
Wulkuraka
Karrabin
Walloon
Thagoona

ローズウッド
Rosewood

スプリングフィールド・ライン
Springfield Line

Runcorn
Fruitgrove
Kuraby
Trinder Park
Woodridge
Kingston

ゴールドコースト・ライン
Gold Coast Line

ローガンリア
Loganlea

ビーンレイ・ライン
Beenleigh Line

Bethania
Eden's Landing
Holmview

ビーンレイ Beenleigh

ゴールドコースト

Ormeau オーミョー
Coomera クーメラ
Helensvale ヘレンズベイル
Nerang ネラング
Robina ロビーナ
Varsity Lakes バーシティレイクス

■サウスバンク・パークラン
ド　MAP P.89/3A
URL www.visitbrisbane.com.
au
●クイーンズランド海事博物館
住Cnr. Stanley & Sidon
Sts., South Brisbane, QLD
4101
☎(07)3844-5361
URL maritimemuseum.com.au
開火～金 10:00 ～ 16:00、
土日 9:30 ～ 16:30
料大人 $18 子供 $8 家族 $42

サウスバンクにあるブリスベ
ンサイン

美しい庭園内には、遊歩道、さらにオリンピックサイズのプール
5 個分に相当する広さをもつ人工ラグーンプールの**ストリーツビー
チ** Streets Beach、ネパール・ピースパゴダ、**クイーンズランド海
事博物館** Queensland Maritime Museum などが点在。川沿い
を散歩する人、サイクリングする人など、ブリスベンっ子のリラク
セーションスポットとしてポピュラーなエリアだ。「BRISBANE」の
アートデコが置かれたブリスベンサイン記念写真スポットもある。
またビクトリアブリッジの両側は文化・芸術の中心地。オペラやコ
ンサートが開かれるクイーンズランド・パフォーミングアーツセン
ターエリア Queensland Performing Arts Centre、**クイーンズ
ランド州立博物館** Queensland Museum、**クイーンズランド州立
美術館＆現代美術館** QAGOMA などがある。

Column　　　ブリスベンシティの **人気カフェ＆レストラン**

ブリスベンは大都市だけあって美味なレ
ストランやカフェに事欠かない。ここでは
注目のお店をいくつか紹介しよう。

シングルイン・シティホール
Single Inn City Hall　　　MAP P.89/2A
住City Hall, King George
Sq., Brisbane, QLD 4000
☎(07)3210-2904
URL www.shingleinncity
hall.com

1936 年にレストラ
ン兼ベーカリーとして
オープン。ブリスベン
内に数店舗あるが、シ
ティホール店は当時
の雰囲気を残すクラシックなたたずまいが
人気。デボンシャーティーやアフタヌーン
ティーが人気だ。

ルボンショア Le Bon Choix　　MAP P.89/2B
☎(07)3210-6010
URL www.lebonchoix
bakery.com.au
住379 Queen St.,
Brisbane, QLD 4000
住104 Edward St.,
Brisbane, QLD 4000

ブリスベンシティで
美味なケーキが食べ

たかったら迷わずここ。ケーキと一緒にカ
フェラテもおすすめ。ブリスベン中心部に
2 店舗ある。

ファットヌードル Fat Noodle　MAP P.89/2A
住Cnr. George & Queen
St., Brisbane, QLD 4000
☎(07)3306-8502
URL www.treasury
brisbane.com.au/
casino-restaurants/fat-
noodle

トレジャリーカジノ
内にある大人気アジア
ンヌードルレストラン。昼時はいつも満席
になるほどだ。おすすめはピリっと辛いシ
ンガポールラクサ。

ラビュー・ウオーターフロント
La Vue Waterfront
MAP P.89/2B
住1/501 Queen St.,
Brisbane, QLD 4000
☎(07)3831-1400
URL lavuerestaurant.com.
au

ブリスベン川を望む
おしゃれなフレンチレ
ストラン。ランチやハイ
ティーもあるので気軽に利用できる。

　✉　ブリスベン川を行き来するシティホッパーというフェリーは無料で、30 分に 1 本運航。クルーズ
気分が味わえます。特にクリスマスシーズンは、ストーリーブリッジのネオンがクリスマス色に染

マウントクーサ展望台からの眺め

このほかブリスベン中心部から少し離れた所には、オーストラリア最大のコアラ飼育数を誇る動物テーマパークの**ローンパイン・コアラサンクチュアリ**（→ P.108）、そして市街地のすばらしい景観が望める**マウントクーサ展望台** Mt. Coot-tha Summit Lookout がある。マウントクーサ展望台には**サミットカフェ** Summit Cafe があるので、食事をしたりお茶を楽しんだりしながら景色を満喫するのがおすすめだ。

ブリスベンの移動はバス、電車、フェリーで

ブリスベンの公共交通機関はすべてトランスリンク管轄で料金体系もゴールドコーストと一緒。**ゴーエクスプローラーカードは不可だが、ゴーカードが使える。**

シティやサウスバンク周辺を巡るのに便利なのは、ブリスベン川を行き来するフェリー。広範囲をカバーしているシティキャットと、主に中心部エリアのみのルートをもつ無料の小型フェリーのシティホッパーがある。またバスは渋滞

無料のシティホッパーは観光客に利用しやすいルートをもっている

に巻き込まれないようバスウェイ Busway という専用レーンが設けられている。特にキングジョージ・スクエアとクイーン・ストリートモールの地下には、まるで鉄道駅のようなバスステーションがあり、市内各地へのバスが頻繁に出ている。バスと電車をうまく利用すれば郊外へのアクセスも簡単だ。

■**クイーンズランド州立博物館** MAP P.89/2・3A
🏠 Cnr. Grey & Melbourne Sts., Southbank, QLD 4101
📞 (07)3840-7555
URL www.museum.qld.gov.au/queensland-museum
🕐 毎日 9:30 ～ 17:00
料 無料／スーパークラブ
大人 $16 子供 $13 家族 $47.50

■**クイーンズランド州立美術館＆現代美術館**
MAP P.89/2A
🏠 Stanley Place, Cultural Precinct, Southbank, QLD 4101 📞 (07)3840-7303
URL www.qagoma.qld.gov.au
🕐 毎日 10:00 ～ 17:00
料 無料

■**マウントクーサ展望台**
MAP P.52/2A
●**サミットカフェ**
📞 (07)3333-5535
URL www.summitbrisbane.com.au
🕐 日 ～ 金 6:30 ～ 21:00、日 6:30 ～ 22:00

■**ブリスベンのバス・フェリー・鉄道料金**
ゴールドコースト自体ブリスベン近郊という位置づけにあり、バスや鉄道の料金はゴールドコーストと同じになる（→ P.59 ～ 61）。

Column

ブリスベンの週末の楽しみといえば
イートストリート・ノースショア

ゴールドコーストで最近評判のマイアミマーケッタ（→ P.67）。その規模をさらに拡大したのがイートストリート・ノースショア。ブリスベン中心部からはフェリーのシティキャットに乗って終点ノースキー North Quay で下船すれば、すぐ近く。迷うことなく行くことができるのもいい。

敷地内は、世界中の料理が勢揃いしたメインデッキ Main Deck やイーストワーフ East Wharf、ウエスト

ワーフ West Wharf、ダイナー Diner、中華料理屋台が並ぶアジアストリート Asia Street、デザート系屋台がいっぱいのコンブルアレイ Komble Alley など、いくつかの大きなスペースに分かれている。

いろいろな食事をお祭り気分で食べ歩くことができ、しかもけっこう本格的なライブミュージックも楽しめるイートストリート・ノースショア。ブリスベン滞在が週末になったらぜひ出かけてみたい。

●**イートストリート・ノースショア**
Eat Street Northshore MAP P.52/2B
🏠 221D Macarthur Ave., Hamilton, QLD 4007
URL www.eatstreetmarkets.com
🕐 金土 16:00 ～ 22:00、日 16:00 ～ 21:00
料 12 歳以上 1 人 $5、4 人だと 1 人無料となり $15

➤まりステキです。船上から見るストーリーブリッジ、トレジャリーカジノは特におすすめです。（千葉県　ユウコ）['23]

ヌーサのメインビーチはいつもにぎやか

サンシャインコースト
Sunshine Coast

ヌーサのメインビーチ近くにあるビジターインフォメーション

■サンシャインコースト
MAP P.52/1A・B
ゴールドコーストからサンシャインコーストへは、ブリスベンのローマ・ストリート駅で電車を乗り換えるのが最も簡単な方法。またローマ・ストリート駅に隣接しているブリスベン・トランジットセンターからサンシャインコースト各町へのグレイハウンド・オーストラリア Greyhound Australia などのバスを利用する方法もある。ただしサンシャインコースト内での移動も考えるとレンタカー利用が一番現実的だ。ゴールドコーストからサンシャインコーストまでは車で片道2時間30分。

■ツーリズム・サンシャインコースト
URL www.visitsunshinecoast.com

ゴールドコーストとはブリスベンを挟んでちょうど反対（北側）に位置するのがサンシャインコースト。オーストラリア人にはよく知られたリゾート地で、観光施設もよく整っている。最南部ブライビー島から北のティンカンベイまで実に150km余りも続くビーチは、ゴールドコーストに負けないほど美しく、サーフィンや釣りの好ポイントとして有名だ。

海岸沿いにいくつか町が点在するが、メインとなるのは南側の**マルーチー** Maroochy（**ムールーラバ** Mooloolaba、**マルーチドール** Maroochydore、**クーラム** Coolum 一帯の総称で観光の中心はムールーラバ）と北側の**ヌーサ** Noosa（**ヌーサヘッズ** Noosa Heads、**ヌーサジャンクション** Noosa Junction、**ヌーサビル** Noosaville、**ティワンティン** Tewantin の総称）だ。

南側の中心地マルーチー

マリーナをもつムールーラバ

マルーチーはビーチ沿いに高層コンドミニアムが並び、雰囲気はゴールドコーストのブロードビーチあたりに似ている。特にムールーラバはサンシャインコースト南部随一のリゾート。町の規模は小さいが、美味なレストランも多い。またオーストラリア有数の水族館**シーライフ・サンシャインコースト**（→ P.110）もこの町にある。マルーチドールはサンシャインコースト南部の行政の中心地。サンシャインコースト随一のショッピングセンター、サンシャインプラザ Sunshine Plaza もあってショッピングに便利だ。

ヌーサ川でスタンドアップパドルにチャレンジするのも楽しい

ヌーサのメインストリート

サンシャインコースト随一のリゾートタウン ヌーサ

ヌーサは高級リゾートホテルやおしゃれなコンドミニアムが建ち並ぶサンシャインコーストきってのリゾートタウン。ヤシの木より高い建物を建ててはいけないことになっているため高層ビルによる圧迫感がなく、南国の開放感が漂っている。しゃれたカフェやレストラン、ショッピングアーケードなども多く、オージーの間では高級リゾート地として知られている。波の穏やかなビーチがあるのもうれしい。

サンシャインコーストではほかにも内陸部に見どころが点在。巨大パイナップルのデコが置いてある**ビッグパイナップル・サンシャインプランテーション＆ワイルドライフ HQ**（→ P.110）、オーストラリアの TV 番組『クロコダイルハンター』で有名な故スティーブ・アーウィンの**オーストラリア動物園**（→ P.109）、さらに 2 億年以上前に火山活動によって形成された標高 300m 以上の 13 の独立峰が点在する先住民の聖地**グラスハウスマウンテンズ国立公園** Glass House Mountains NP など、いずれも見逃せない。

先住民の聖地となっているグラスハウスマウンテンズ

Column

サンシャインコーストで
ザトウクジラと一緒に泳ごう！

サンシャインコーストでは、世界的にも数少ない「ザトウクジラと一緒に泳ぐ」ツアーが行われている。オーストラリア以外ではトンガやタヒチなど世界数ヵ所で行われているだけ。2022 年からゴールドコーストでも同様のツアーは始まっているが、期間中の催行日が週 3 回と少ない。しかしサンシャンコーストなら期間中毎日催行とクジラに合えるチャンスも多い。

催行会社はムールーラバのザ・ワーフ内にあるダイブショップ、サンリーフ。ムールーラバの港からザトウクジラの回遊期間中、毎日半日（約 4 時間）のツアーを行っているのだ。

ボートの定員は 20 人。通常 10 人ずつのグループに分けられ、ガイドと一緒に各グループ交互に海に入る。オーストラリアの環境保護規定により、ザトウクジラの 100m 以内に船は近

づいてはいけないし、クジラの進行方向に船を停めることもできない。そのためクジラの進行方向斜め前方からスノーケルギアを付けて海に飛び込むことになる。あとは先頭を泳ぐガイドの後ろをとにかく泳ぐ。船の上からクジラの動きを随時大きな声で知らせてくれる。海の透明度は平均 10 ～ 30m。運がよければ泳ぎだしてすぐにクジラのほうから人に興味を示して近づいてきてくれることもある。

海中を悠然と泳ぐクジラの姿には、ただ圧倒されるばかり。9 月半ば以降は親子クジラも多く、母クジラが子クジラを守るように寄り添う姿も見られる。

●**サンリーフ・ムールーラバ**
Sunreef Mooloolaba
🏠 1 & 12 / 123 Parkyn Pde., Mooloolaba, QLD 4557 📞 (07)5444-5656
🔗 www.sunreef.com.au
🕐 クジラの回遊期間中（2023 年は 7 月 1 日 ～ 10 月 15 日）の毎日 7:00 ～ 10:30、11:30 ～ 15:00
※参加にはある程度の泳力が必要
※海況によりツアー催行が中止になる場合があるので、現地に 2 ～ 3 日滞在するのがおすすめ
💰 1 人 $249
※クジラは野生動物のため 100% 一緒に泳げる保証はない。なお船上からクジラを見ることができなかった場合は、2 度目の予約が 50% 割引となる。

✉ グラスハウスマウンテンズの Mary Cancross Park は、山々を見渡せるその絶景もさることながら、公園内の森を散策することもでき、たいへん美しくおすすめです。(森あんな) ['23]

ゴールドコースト近郊の
おすすめワイナリー
Vineyards in Gold Coast Area

ワインの名産地オーストラリアのなかで、最近新しい生産地として注目を集めているのがゴールドコースト周辺だ。特にタンボリンマウンテンを中心としたヒンターランドには、オープンセラーのワイナリーが数多くある。実際にはこのエリアで収穫されるブドウ以外に、ゴールドコーストから内陸へ2時間30分ほど入った標高1000mほどの高原地帯グラニットベルト（→ P.98）で収穫されるブドウもワイン造りに使用していることが多い。ここでは、ゴールドコースト地区で高品質のワインを提供しているワイナリーを紹介しよう。

シロメ　　　*Sirromet*

クイーンズランド州最大規模のワイナリー。ヒンターランド地区ではなく、ゴールドコーストとブリスベンの間、マウントコットン Mount Cotton 地区に美しいブドウ畑とワインセラー、レストラン、イベントステージ、グランピングスタイルの宿泊施設を持っている。オーストラリア国内はもちろん、世界的な評価も急上昇しており、一部のワインは日本にも輸出されているほど。ゴールドコースト地区でワイナリー巡りをしようと思ったらまず最初に訪れたいところだ。実際のワイン造りには、グラニットベルトの畑で収穫されるブドウをメインに使用しており、ワイナリーがあるマウントコットン産のブドウはほとんど使用されていない。

ブドウのできのよい年にのみ造られるフラッグシップワイン Private Collection LM Reserve Assemblage は1本 $120 を超えるが、カベルネベースのエレガントな味わいが評判。また1本 $30 〜 50 のシグニチャーコレクション Signature Collection（カベルネソーヴィニョン、シラーズ、メルロー、シャルドネ、スパークリング）は、しっかりした味わいのワインで、おみやげにも喜ばれる。

DATA
MAP P.52/2B
🏠 850 Mount Cotton Rd., Mount Cotton, QLD 4165
📞 (07)3206-2999
URL www.sirromet.com
🕐 ワインテイスティング：月〜木 10:00 〜 16:30、土日 10:00 〜 17:00（金は要問い合わせ）／ワイナリーツアー＆ワインテイスティング：毎日 11:30 〜 13:00／トスカンテラス：土日（朝食）7:30 〜 9:30、毎日 11:00 〜 14:00、17:30 〜 20:30
🚫 クリスマスデー
💰 ワインテイスティング1人 $10 〜 15／90分ワイナリーツアー＆テイスティング1人 $35

ワイナリー併設で屋外テラス席もあるトスカンテラス Tuscan Terrace はピザやチーズプラッターなどワインによく合う気軽に食べられるメニューが豊富だ。

シダークリーク・エステイト
Cedarcreek Estate

美しい庭園と美味なレストランをもつヒンターランドの老舗ワイナリー。ヴェルディーリョ、ソーヴィニヨンブラン、シャルドネ、シラーズにいいものが多い。自社ワイン以外にもグラニットベルトの主要ワイナリーのワインを扱うクイーンズランド・ワインセンターを兼ねている。また庭園の一角にツチボタルが見られる人工の洞窟グローワームケーブがある（→ P.76）。

DATA
MAP P.74/1A
🏠 104-144 Hartley Rd., North Tamborine, QLD 4272
📞 (07)5545-1666
URL cedarcreekestate.com.au
🕐 月〜金 10:00 〜 15:00、土日 10:00 〜 16:00／レストラン毎日 10:00 〜 15:00)
🚫 グッドフライデー、クリスマスデー
💰 ワインテイスティング1人 $10

メーソンワインズ
Mason Wines

メーソンワインズは、グラニットベルト、タンボリンマウンテン、サンシャインコーストにブドウ畑とワイナリーをもっている。カベルネソーヴィニヨン、シャルドネの人気が高い。テイスティング時にオプションで地元産チーズを合わせることもできる。新鮮な食材の味を活かしたワインにあう料理を提供するレストランや、コテージ形式の宿泊施設もある。

DATA
MAP P.74/1A
🏠 32 Hartley Rd., North Tamborine, QLD 4272
📞 (07)5545-2000
URL www.masonwines.com.au
🕐 水 〜 日 10:00 〜 16:00／レストラン水〜日 11:00 〜 14:30
🚫 月火、グッドフライデー、クリスマスデー
💰 ワインテイスティング1人 $8

ウィッチズフォールズ・ワイナリー
Witches Falls Winery

タンボリンマウンテンの小規模ワイナリー。この地域のブドウとグラニットベルトのブドウをブレンドして極上の味わいのワインを造っている。ドライリースリング、シャルドネ、カベルネソーヴィニョンが評判だ。

DATA
MAP P.74/1A
🏠 79 Main Western Rd., North Tamborine, QLD 4272
📞 (07)5545-2609
URL witchesfalls.com.au
🕐 日 〜 金 10:00 〜 17:00、土 10:00 〜 18:00 🚫 グッドフライデー、クリスマスデー
💰 ワインテイスティング1人 $15

ハンプトンエステイト・ワイン
Hampton Estate Wines

グラニットベルトを本拠地とするワイナリーで、タンボリンマウンテンにワイナリー、レストラン、ウエディング施設、宿泊施設をもつ。手頃な値段のスパークリングロゼや、ヴェルディーリョとシャルドネのブレンド、シラーズとムールヴェルトのブレンドなどが評判。

DATA
MAP P.74/2A
🏠 52 Bartle Rd., Mount Tamborine, QLD 4271
📞 (07)5545-3144
URL www.hamptonestatewines.com.au
🕐 金〜日 10:00 〜 16:00
🚫 月〜木、グッドフライデー、クリスマスデー

オライリーズ・カヌングラバレー・ヴィンヤード
O'Reilly's Canungra Valley Vineyards

ラミントン国立公園にあるオライリーズ・レインフォレストリトリートの系列ワイナリー。カヌングラからグリーンマウンテンズへ向かう途中にある。ヴェルディーリョ、セミヨン、リザーブシラーズが人気だ。

DATA
MAP P.52/3B
🏠 852 Lamington National Park Rd., Canungra, QLD 4275
📞 (07)5543-4011
URL oreillys.com.au/canungra-valley-vineyards
🕐 毎日 10:00 〜 16:00
🚫 グッドフライデー、クリスマスデー
💰 ワインパドルテイスティング1人 $25

ワイン好きならぜひ訪れたい
グラニットベルト
Granite Belt

グラニットベルトは、クイーンズランド州最大にして最高のワイナリー地区。クイーンズランド州とニューサウスウエールズ州の州境の標高1000m前後の場所で、肥沃な火山灰の土をもち、夏は暑く乾燥し、冬は冷涼な気候と十分な雨量を期待できるという、ワイン造りに格好の場所となっている。クイーンズランド州を代表するワイナリーのシロメ（→P.96）もこの地でブドウを栽培している。

ゴールドコーストからだと、公共交通機関はなく、基本レンタカー利用となる。ゴールドコースト・ヒンターランドからシーニックリムScenic Rimと呼ばれる丘陵地帯と亜熱帯雨林が織りなす美しい光景を眺めながらの快適なドライブだ。サーファーズパラダイスからだと

ネラング→カヌングラ→ビューデザート→ブーナ→メアリーベール→ワーウィック

と通るルートがわかりやすい（所要約3時間）。

グラニットベルトの中心地は**スタンソープ**で、周辺には現在50ほどのワイナリーがワインテイスティングが楽しめるセラードア Celler Door を行っている。一部のワイナリーにはレストランもあり、ワインに合わせた料理を味わうこともできる。

またグラニットベルトの南**ギラウィーン国立公園**は、花崗岩の奇景が望める場所として有名。グラニットベルトに宿泊するのなら、必ず訪れたい場所だ。

上：スタンソープにあるクイーンズランドワイン観光大学併設のレストランでは、手頃な料金でワインと料理のマリアージュが楽しめる
下：ギラウィーン国立公演ではバランシングロックなど不思議な岩を見ることができる

グラニットベルトの詳細
URL granitebeltwinecountry.com.au
※ウェブサイトから詳細な情報誌『Granite Belt Visitors Guide』やワイナリー巡り MAP『Strange Bird Wine Trail Map』などを PDF でダウンロードできる。

ゴールドコースト～グラニットベルト
Gold Coast - Granite Belt

THEME PARKS
iN
GOLD COAST

ゴールドコーストの
テーマパーク

オーストラリア随一のテーマパークエリア

ゴールドコーストには、
絶叫系ライドから家族で楽しめるライドまで揃ったアミューズメント系テーマパーク、
オーストラリアの動物を間近に見られる動物系テーマパーク、
さらにオーストラリアのファーム風のテーマパークまで
いろいろなテーマパークが揃っている。
いくつかの要素をあわせもつテーマパークもあるので、
時間がない旅行者にはありがたい。

■ゴーエクスプローラー
カードもおすすめ
　トランスリンクのバスとラ
イトレールでテーマパークへ
向かうならゴーエクスプロー
ラーカード（→ P.61）がお得。
1 日 $10 でバス、ライトレー
ルが乗り放題になるので、コ
ニクションのテーマパーク
シャトルよりも安くなる。それ
に本数も多い。

■コニクション・テーマパー
クトランスファー＆ルーパス
　購入はブリスベン空港、
ゴールドコースト空港、イン
ターネット、あるいはゴール
ドコースト到着後電話で。

テーマパークへのアクセスは テーマパークシャトル利用が便利

　テーマパークはゴールドコースト中心部にはないので、アクセスにはコニクション Con-X-ion のテーマパークトランスファーを利用しよう。また、地元の人に混じって向かうならトランスリンクのバスやライトレール（→ P.61）でもアクセス可能だ。

●コニクション・ルーパス
Con-X-ion Roo Pass

　コニクションは各テーマパーク送迎サービス以外に、お得なルーパス Roo Pass を販売している。これはテーマパーク送迎の回数（1 ～ 7 回）をあらかじめ決めたもの。さらにブリスベン国際空港もしくはゴールドコースト空港の送迎をセットしたものもある。有効期間も 30 日間と長い。

　なお送迎サービスは往路が通常午前中 1 回（開園時間に間に合うよう設定）、復路は時期により午後 1 ～ 3 回（最終は閉園時間に合わせている）となっている。

| オーストラリアならではの動物と触れ合うなら | MAP P.53/3B |

カランビン・ワイルドライフサンクチュアリ
Currumbin Wildlife Sanctuary

　サーファーズパラダイスの南 18km のカランビンにある動物パーク。ゴールドコースト・ハイウェイを挟んで約 27 ヘクタールの敷地をもち、オーストラリアの哺乳類、爬虫類、両生類、鳥類など 100 種類以上を飼育している。最大限自然景観を残して造られていることから、園全体がナショナルトラストの指定を受けているほど。広い園内、ひととおり見学するなら最低でも半日は必要だ。

(2023 年 6 月現在)

コニクション・テーマパークトランスファー＆ルーパス料金			料金		
会社名	チケットタイプ		大人	子供	家族
	テーマパークトランスファー				
	シーワールド往復		$22	$16	$76
	ドリームワールド＆ホワイトウオーターワールド／ムービーワールド／ウエットンワイルド・ウオーターワールド／カランビン・ワイルドライフサンクチュアリ／ハーバータウン各往復		$28	$20	$96
コニクション ☎1300-266-946 URL www.con-x-ion.com	ルーパス （空港送迎なし） ※ 30 日間有効	3 テーマパーク送迎	$76	$54	$260
		5 テーマパーク送迎	$120	$87	$411
		7 テーマパーク送迎	$142	$109	$502
	ルーパス （ブリスベン国際空港往復付き） ※ 30 日間有効	1 テーマパーク送迎	$163	$102	$409
		2 テーマパーク送迎	$187	$102	$476
		3 テーマパーク送迎	$213	$120	$546
		5 テーマパーク送迎	$248	$145	$640
		7 テーマパーク送迎	$273	$163	$709
	ルーパス （ゴールドコースト空港往復付き） ※ 30 日間有効	1 テーマパーク送迎	$86	$56	$228
		2 テーマパーク送迎	$110	$74	$294
		3 テーマパーク送迎	$136	$92	$363
		5 テーマパーク送迎	$171	$118	$459
		7 テーマパーク送迎	$196	$135	$527

※子供料金：4 ～ 13 歳　※家族料金：大人 2 人＋子供 2 人

名物ロリキートの餌づけ

8:00 ～ 9:30 と 16:00 ～閉園に入口近くの広場で野生のロリキート（ゴシキセイガイインコ）への餌づけが楽しめる。プロのカメラマンによる写真撮影あり（有料）。なおロリキート餌づけエリアは園内有料エリアの手前となっており、入園チケットを買わなくても餌づけが楽しめる（$2 程度の寄付を忘れずに）。

園内入口近くにコアラ舎がある

アニマルプレゼンテーションやショーも要チェック

カンガルーの餌づけエリアは広々としている

希少動物ミニナガバンディクート（ビルビー）も見られる

人気なのが入口近くの写真会場でのコアラを抱いての記念写真（9:00 ～ 12:30）。さらにコアラ舎でのコアラとの触れあいとコアラ抱っこがセットになった**コアラ・エクスペリエンス**もおすすめだ。また曜日限定だが、開演前にコアラを見ながら朝ごはんが食べられる**コアラ・ブレッキータイム**、午後におつまみを楽しみながらドリンクタイムを過ごす**グレイジング・ウィズ・コアラ**も楽しい。

園内散策には無料のミニトレインを上手に利用しよう。停車するのは、コアラやウォンバット、ディンゴなどの観察に適したコアラ・ジャンクションと、カンガルーが放し飼いになっているカンガルークロッシングの2ヵ所。カンガルークロッシングからはゴンドワナ大陸ゆかりの動物を集めたエリアの**ロストバレー**へもアクセスしやすい。ロストバレーではオーストラリア＆ニューギニアのキノボリカンガルー、カソワリィからマダガスカルにすむワオキツネザルまでさまざまな生物を見ながら古代大陸の時代に思いをはせることができる。

また各エリアでは、スタッフによるアニマルプレゼンテーションやショーも行われている。ワシやメンフクロウなどの生態を間近に見せてくれる**ワイルドスカイ・フリーフライトバードショー**、この地の先住民の踊りが見られる**先住民カルチュラルショー**などが人気。コアラの男の子を主人公にしたオーストラリアアニメ『**ブリンキービル**』をテーマにしたエリアもあって、家族連れにはおすすめだ。

園内に設けられた**アドベンチャーパーク**では、ユーカリ林の中に設けられたアスレチックスタイルのつり橋と 150m のワイヤーを滑車を使って滑り下りるフライングフォックスを合わせた**ツリートップチャレンジ**が体験できる。

オーストラリアの大人気アニメの主人公ブリンキービル

動物病院も見学しよう

園内一角には、傷ついた野生動物を治療し、その後に自然へ返す動物病院ワイルドライフホスピタルもあり、見学できる。11:30 からは**スタッフによる無料ガイドツアー**もあるのでぜひ参加したい。オーストラリアには数多くの野生動物が生息しているが、交通事故や山火事、ペットの犬に襲われるなどして傷つく動物がひじょうに多い。そうした現実もこの病院見学で知っておこう。

■カランビン・ワイルドライフサンクチュアリ
住 28 Tomewin St., Currumbin, 4223
☎ (07)5534-1266
FREE 1300-886-511
URL currumbinsanctuary.com.au
営 毎日 9:00 ～ 16:00 ／アドベンチャーパーク：月～金 9:30、12:30 スタート、土日祝およびスクールホリデー時期は 9:30 ～ 16:30 まで 30 分ごとにスタート
休 アンザックデー、クリスマスデー
料 大人 $54.95 子供 $41.95 家族 $169.95 ／ツリートップチャレンジ付き入園 大人 $85 子供 $75 家族 $285
●オプション
コアラを抱いて記念写真（毎日9:00～12:30）$39 ／コアラ・エクスペリエンス（毎日11:00～）1人 $69 ／コアラ・ブレッキータイム（水土日 7:45～）大人 $99 子供 $89 ／グレイジング・ウィズ・コアラ（木日 14:00～）大人 $99 子供 $89
●トワイライト・ツアー
閉園後の夕暮れ時から夜にかけて懐中電灯片手に園内を巡るツアー。
料 大人 $29 子供 $25
催 グナンゲイ・トワイライト（平地部分）土／ビュヒ・トワイライト（山側部分）金
※スクールホリデー時期は催行日が増える

アドベンチャーパークで楽しめるツリートップ・チャレンジ

傷ついた野生動物の治療を行う動物病院

思わず笑顔になれるシール
ガーディアン・プレゼンテー
ション

■シーワールド
🏠 Seaworld Drv., The Spit,
Main Beach, 4217
📞 13-33-86
URL seaworld.com.au
🕐 毎日 9:30 ～ 17:00（ア
トラクションは 10:00 ～
17:00）
🚫 クリスマスデー
💰 大人 $115（105）子供 $105
（95）
※（）内はオンライン購入
※ワーナーブラザーズ・ムー
ビーワールド、ウエットンワ
イルド・ウオーターワールド
とのお得なコンビネーション
パスあり（→ P.104 コラム）。

■アニマル・アドベンチャー
シーワールドの動物たちと
触れ合う各種体験プログラ
ム。
●トロピカルリーフスノーケ
ル 1 人 $69（8 歳以上）
●シャークベイ・ディスカバ
リー 1 人 $229（14 歳以上）
●ドルフィン・ディープアド
ベンチャー1人 $279（9 歳
以上）
●ドルフィン・アクアアドベ
ンチャー
子供 $199 家族 $849
●アシカ・エンカウンター
（5 歳以上）1 人 $89

■ヘリコプターで遊覧飛行
敷地内から発着するヘリ
コプターの遊覧飛行。当日
の朝申し込んで午後出発す
ることも可能。最短コースは
5 分間のフライトで、一番人
気があるのはサーファーズパ
ラダイス、ブロードビーチを
巡る 10 分間のフライトだ。
📞 (07)5588-2224
URL seaworldhelicopters.
com.au
💰 シーワールド・シーニッ
ク（5 分）大人 $85 子供 $75
／サーファーズパラダイス・
シーニック（10 分）大人 $159
子供 $145 ／バーレイヘッズ・
シーニック（15 分）大人 $239
子供 $215
家族で楽しめるドルフィン・
アクアアドベンチャー

海がテーマのショー&エンターテインメント　MAP P.71

シーワールド
Sea World

ショーの時間に合わせて見て回ろう

海が主役のテーマパーク。入
園のときにまずショーの時間を
チェック。ショーの合間に、巨大
な木組みのコースが評判のリバ
イアサン・コースター、回転ツイ
ストのスリルが体験できるボル
テックス、8 人乗りジェットコー
スターのストームコースターと
いったライドアトラクションを楽
しむというのがおすすめだ。

イルカの**アフィニティ・ドルフィ
ンショー**（一番奥の人工ラグーン）
と、ゆかいなアシカの**シールガー
ディアン・プレゼンテーション**（園内中央部のラグーン）は見逃せ
ない。スタッフと絶妙のコンビネーションを見せるイルカや、愛嬌
のあるアシカたちは何度見ても楽しい。また入口前のメインラグー
ン前では、ウエイクボードを使った迫力満点のアトラクション、**サ
ンダーレイク・スタントショー**も楽しめる。これらのショーは午前
と午後に行われている。

シャークラグーン
で巨大なタイガー
シャークを観察

シャークベイは見逃せない

シャークベイはサメのために造られた
世界最大級の人工ラグーン。人工とはい
え、サンゴなどもとても精巧にできており、自然に近い環境でさま
ざまな種類のサメが飼育されている。生き物に触れられるタッチ
プールがあるインタータイダルゾーン、珊瑚礁海域にすむおとなし
いサメが飼育されているリーフラグーン、タイガーシャークなどの危
険なサメが飼育されるシャークラグーンの 3 つに分かれる。シャー
クラグーンの水面下には、10×3m の巨大なアクリルガラスのビュー
イングエリアがある。このほかペンギンが海中で泳ぐ姿を間近に
観察できるペンギンエンカウンターや、エイとの触れ合いが楽し
めるレイリーフ、ニコロデオンのキャラクターたちが出没するテー
マエリア、ニコロデオンランドなども見ておきたい。

アニマルアドベンチャーを楽しもう！

海の生き物と触れ合えるプログラムも充実。なかでも人工ラグー
ンに入ってイルカと触れ合えるドルフィン・ディープアドベンチャー
は大人気（子供が参加する場合は浅瀬でのみ行うアクアアドベン
チャーとなる）。またリーフラグーンで行われるサメと一緒に泳ぐト

ロピカルリーフ
スノーケルもア
クティブ派に評
判だ。

ヘリコプター遊覧飛行
で絶景を楽しむ

　 シーワールド、ムービーワールド、ウェットンワイルド、ドリームワールド＆ホワイトウォーターワー
ルドなどのチケットは、入口購入よりネット購入のほうが割安。（神奈川県　サム）['23]

ハリウッド映画の世界にドップリつかる MAP P.53/1A
ワーナーブラザーズ・ムービーワールド
Warner Bros. Movie World

見逃せないショーがめじろ押し

華やかなオールスターパレードは見逃せない

サーファーズパラダイスから車で20分の所に位置するムービーワールドは、ワーナーブラザーズが造った唯一の映画テーマパーク。映画の名場面を模した町並みが点在する園内では、1日中さまざまなショーが行われている。見逃せないのが園内奥のショースペースで行われる、ハリウッド・スタントドライバーショーだ。迫力満点のカースタントに、笑いを交えた楽しいショーだ。ロキシーシアターで行われているスクービードゥー4Dエクスペリエンスも人気。3Dムービーに体感を加えたもので、毎回満席となるほど。

このほかルーニーチューンズ、バットマン、スーパーマンなどワーナーの人気者たちが勢揃いする**スターパレード**は必ず見ておきたい。ほかにも園内中央の広場やメインストリートでは、ワンダーウーマンのパフォーマンスショー、マリリン・モンロー（そっくりさん？）のライブパフォーマンスなど、さまざまなショーが行われている。さらに園内いたるところに、1日中頻繁にワーナーのキャラクターたちが出てきて記念撮影にも応じてくれる。それぞれのショータイムは、入場するときにもらうパンフレットに記載されているので、それを確認してから園内での予定を立ててみよう。

最新技術を使ったライドも注目

ライド系アトラクションも多彩だ。特に最速110キロ以上で最大4G、しかも長さ1kmを超えるというオーストラリア最大のハイパーコースターDCライバルズや、スタートから2秒で時速100キロに到達する高速スライダーのスーパーマン・エスケープは大人気。また高さ60mのタワーからのフリーフォール、バットマン・スペースショット、映像と体感型ライドでスーパーマンとバットマンの世界に入り込むジャスティスリーグ3Dライド、宙づりのままぐるぐる回るドームステイ・デストロイヤー、南半球最大の急傾斜を滑り下りるグリーンランタン・コースター、西部劇をイメージした景観内を通り抜け、最後は滝を下るよう水しぶきを上げるワイルドウエストフォールなど、絶叫系ライド好きにはたまらないものがいっぱいだ。

南半球最大コースターのDCライバルズ

■ワーナーブラザーズ・ムービーワールド
🏠 Pacific Moterway, Oxenford, 4210
📞 13-33-86
🔗 movieworld.com.au
🕐 毎日9:30～17:00（アトラクションは10:00～17:00)
休 アンザックデー、クリスマスデー
料 大人 $115（105) 子供 $105（95)
※（）内はオンライン購入

ルーニーチューンズのキャラクターショー

真っ逆さまに落ちる絶叫コースターのグリーンランタン

超高速コースターのスーパーマンエスケープ

■ウエットンワイルド・ウ
オーターワールド

🏠 Pacific Motorway,
Oxenford, 4210

📞 13-33-86

🔗 wetnwild.com.au

🕐 5〜8月 10:00〜15:00
（土日・スクールホリデー時
期は〜16:00）／9月〜12
月 26 日 10:00〜17:00
／12 月 27 日〜1 月 12 日
10:00〜21:00 ／1 月 13
日〜4 月 10:00〜17:00

🈲 アンザックデー、クリス
マスデー

💰大人 $99(89) 子供 $89(79)
※（）内はオンライン購入
※シーワールド、ワーナーブ
ラザーズ・ムービーワールド
とのお得なコンビネーション
パスあり（→下記コラム）。

ウエットンワイルド・ウオーターワールド
Wet'n'Wild Water World

大人気のカミカゼ

　ムービーワールドの南隣にあるウオー
ターパークで。特にエクストリーム H2O と
名づけられたエリアには、高さ11m、斜度
70 度を最大時速 50 キロで滑り下りるカミ
カゼ、15m の高さから渦を巻くようにして
トンネル内に吸い込まれていくトルネードな
どスリル満点の絶叫系ウオータースライダー
が大集合。ほかにも園内には 360°回転超
高速スライダーのアクアループ、12m の高さから高速で滑り下りる
スーパーリッパーなど、スライダーは 12 種類。また気軽にボディ
ボード体験できるフローライダーも人気だ。子供たちが大はしゃぎ
できるのがバカニーア・ベイというエリア。海賊船をモチーフにし
たさまざまなアトラクションがあり、海賊船上に設置された巨大バ
ケツは水がいっぱいになると、ものすごい勢いでこぼれ落ちる（最
近日本でも人気のアトラクションだ）。

360°回転するアクアループ

　メインプールはオーストラリア最大の波のプー
ル、ジャイアントウエイブプールだ。人工ビーチ
もあってのんびりするのにもいい。ここでは、9 月
中旬〜4 月中旬の毎週土曜と 12〜1 月のスクー
ルホリデー期間の毎日、プールに入りながらワー
ナー系列の映画が観られるダイブインシアターと
いう催しも行われる。

フローライダーで
ボーダー気分

Column

カシコク！お得に！
パスを利用してテーマパーク巡り

　ゴールドコーストの主要テーマパークは
大きくふたつの経営母体からなっており、
それぞれお得なテーマパーク巡りパスを販
売している。

ビレッジロードショー・テーマパーク
Village Roadshow Theme Parks
🔗 www.themeparks.com.au

　シーワールド、ワーナーブラザーズ・ムー
ビーワールド、ウェットンワイルド・ウオー
ターワールド、パラダイスカントリーとい
う 4 つのテーマパークをもつビレッジ・テー
マパーク。パスは各テーマパーク窓口、ネッ
トで購入可能。なお（）内はオンライン購
入の料金。

● 3 デイパス 3Day Pass
　パラダイスカントリーを除く同系列 3 ヵ所のテーマ
パークに各 1 回入園できるパス。　💰1 人 $189(179)

●スーパーパス Super Pass
　パラダイスカントリーを除く同系列 3 ヵ所のテーマ

パークに 7 日間入場無制限。　💰1 人 $209 (199)

●メガパス Mega Pass
　同系列 4 ヵ所のテーマパークに 14 日間入場無制
限。　💰1 人 $299 (289)

ドリームワールド＆スカイポイント
Dreamworld & Skipoint
🔗 www.dreamworld.com.au

　ドリームワールドとサーファーズパラダイ
スの高層コンドミニアム Q1 の展望台スカ
イポイントを運営。

● 2 日パス 2Day Pass
　ドリームワールドとスカイポイントが使い始めか
ら 7 日間以内それぞれ 1 回入場可能。　💰1 人
$139(129)

● 3 日パス 3 Day Pass
　ドリームワールドとスカイポイントが 3 日間入
場無制限。使い始めから 7 日間有効。　💰1 人
$159(149)

●アニュアルパス Anual Pass
　ドリームワールドとスカイポイントが購入日から 1
年間入場無制限。　💰1 人 $179(169)

ここだけでさまざまな体験ができる　MAP P.53/1A

ドリームワールド
Dreamworld

動物たちと触れ合おう

　サーファーズパラダイスから車で約 30 分のクーメラに位置するドリームワールドは、**33 基の乗り物とアトラクション**、主にオーストラリアの動物を集めた**オーストラリア・ワイルドライフエクスペリエンス**、そして巨大ウオーターパークの**ホワイトウオーターワールド**が一緒になった巨大テーマパーク。

　海外からの旅行者にはやはりオーストラリア・ワイルドライフエクスペリエンスが人気。コアラカントリー、アウトバックアドベンチャー、カカドゥウエットランド、ディンツリーレインフォレストの 4 エリアに分かれていて、それぞれの環境に適した動物が飼育されている。世界で 2 番目に大きいコアラカントリーには約 80 匹のコアラがいて、コアラとの記念撮影も OK だ。カンガルーやウォンバットなどオーストラリア固有の動物もたくさん見られる。飼育係と一緒にディンゴのいる檻の中に入り、間近に観察できるディンゴ・エンカウンターも催行している。すぐ近くにあるオーストラリアンファームでは、お客参加型の羊の毛刈りショーもあって、こちらも見逃せない。また園内には世界でも珍しいホワイトベンガルタイガーとゴールドベンガルタイガーが飼育されており、トレーナーとじゃれ合ったりする姿を見せてくれる。

コアラをはじめいろんな動物に大接近できる

■ドリームワールド
⬛ Dreamworld Parkway, Coomera, 4209
📞 (07)5588-1111
🆓 1800-073-300
🔗 www.dreamworld.com.au
⏰ 毎日 10:00 〜 17:00
🚫 アンザックデー、クリスマスデー
💰 大人 ＄115（105）
子供 ＄105（95）
※（）内はオンライン購入
※お得な入園パスが用意されている→ P.104 コラム
●オプション
　コアラを抱いて記念写真 ＄24.95 ／ディンゴ・エンカウンター 1 人 ＄35

絶叫マシンも種類豊富

絶叫マシンの代表格ザ・クロウ

　絶叫マシン派が喜びそうな乗り物もいっぱい。なかでも 120m の高さからフリーフォール感覚が味わえるジャイアントドロップ、時速 105 キロ、3.8G の体験できるローラーコースターのスティールタイパン、時速 64 キロで回転しながら 360 度スピンするザ・クロウ、一人乗り飛行機スタイルで不規則回転を繰り返すテイルスピンなどがある。子供や家族が楽しめるライドなら、ドリームワークスのキャラクターも現れるマダガスカルマッドネス・エリアへ。

マダガスカルマッドネスの記念撮影ポイント

最新設備が整ったホワイトウオーターワールド

　春〜秋の暖かい時期のみオープンのウオーターパークがホワイトウオーターワールド。世界で数ヵ所にしかないというローラーコースタースタイルのウオータースライダー、スーパーチューブズ・ハイドロコースターは行列ができるほど人気。ほかにもクローバー形チューブで大きなコースを滑り下りるグリーンルームやザ・リップ、3 つの異なったチューブコースを豪快に滑り下りるトリプルボルテックスなど、試してみたいものがいっぱいだ。

　巨大な波の出るプール（ケイブ・オブ・ウエイブ）は、開園前にはサーフスクールにも使われており、海では不安だけどサーフィンしてみたいという人に人気。小さな子供のいる家族連れには巨大バケツから水が落ちてくるパイプラインプランジなどが人気だ。

左下：巨大波の出るプールのケイブ・オブ・ウエイブ
下：スピード感と変速回転でスリルがあるグリーンルーム

■パラダイスカントリー

🏠 Pacific Mwy., Oxenford, 4210
📞 13-33-86
URL paradisecountry.com.au
🕐 毎日 10:00 ～ 15:30
🚫 クリスマスデー
🎫 入園のみ 大人 $54(49)
子供 $44(39)
※ () 内はオンライン購入
●オプション
コアラを抱いて記念写真 $15 ～／コアラ・エンカウンター（記念写真入り USB メモリ付き）$50／砂金取り＆オパール掘り $10／コアラと朝食 大人 $70 子供 $50

鮮やかな手つきで毛を刈っていく羊の毛刈り

■デビッド・フレイ・ワイルドライフパーク

🏠 West Burleigh Rd., Burleigh Heads, 4220
📞 (07)5669-2051
URL parks.des.qld.gov.au/parks/david-fleay
🕐 毎日 9:00 ～ 16:00
🚫 クリスマスデー、アンザックデーの午前中
🎫 大人 $26.15 子供 $11.85
家族 $66.90

オーストラリアのコウノトリ、ジャビルー

パラダイスカントリー
Paradise Country

ストックマンの乗馬技術にはただただ感心

オーストラリアは世界でも特に牧畜が盛んな国として知られている。広大な大地を利用した牧場はオーストラリア全土にあり、羊の飼育頭数は約 1 億頭。オージービーフで知られる牛の飼育数も人口をはるかに超えている。そんなオーストラリアならではの体験ができるのがパラダイスカントリーだ。

牧場内では、ストックマンによる馬と ATV の競走ショー、ワイプクラッキング（ムチ鳴らし）と牧羊犬を使っての羊追いショー、鮮やかな手つきで羊の毛を刈るラムショー＆羊の毛刈りショー、オーストラリアのアウトバック風お茶の儀式ビリーティーセレモニーと焚き火で作ったダンパー（パンの一種）の試食が、それぞれ 1 日 3 回行われている。一角にはミニ動物園と動物保育所もあり、有料でコアラを抱いて記念写真も撮れるし、砂金探しやオパール掘りにもチャレンジできる。また開園前にコアラのすぐそばで朝ごはんが食べられる**コアラと朝食**も催行している。

楽しいビリーティーセレモニー

子供に人気のオパール掘り

デビッド・フレイ・ワイルドライフパーク
David Fleay Wildlife Park

自然がいっぱいの園内

バーレイヘッズ国立公園に隣接し、園内にはユーカリ林、湿地帯、熱帯雨林、マングローブ林の、4 つの代表的なオーストラリアの自然環境を再現している。園内にはボードウオークが造られていて、そこを歩いてコアラ、カンガルー、ウォンバット、エミュー、クロコダイルなどの動物を見て回るようになっている。必ずチェックしておきたいのはショーの時間だ。入場の際にもらう園内のマップに時間と集合場所が書いてある。スタッフがいろいろ解説してくれ、動物たちにタッチする機会もある。この動物園の創始者であるフレイ博士は、50 年ほど前、世界で初めて人工的にカモノハシの繁殖に成功した人物として知られている。園内にあるノクターナルハウス（夜行性動物観察所）では、カモノハシをはじめ、クォールやシュガーグライダー、ビルビーといった絶滅の危機に瀕している動物を見ることができる。

珍しいワラビーも見られる

✉ デビッド・フレイ・ワイルドライフパークへはブロードビーチ・サウス、またはバーレイヘッズから Route 756 のバスが利用できます。（東京都　仲野宏美）['23]

ビヨンド・ゴールドコーストのテーマパーク

亜熱帯雨林をさまざまな高さから見る　MAP P.53/1A
タンボリン・レインフォレストスカイウオーク
Tamborine Rainforest Skywalk

ツリートップウオークから亜熱帯雨林観察

美しい写真とパネルなどが飾られたエコギャラリー

ノースタンボリンの外れ、シダークリーク沿いに茂る森に、長さ約300mのツリートップウオーク（エレベーテッド・ウオークウェイ）を配し、さらにその先にもすばらしい遊歩道が造られている（全長1.5km）。入口から延びるツリートップウオークでは、日の光をできるだけたくさん受けようと葉を広げる亜熱帯の植物の姿が手に取るようにわかる。ツリートップウオークの一角には、シダークリークとその一帯の景色が楽しめるよう、谷に突き出した高さ30m、長さ40mのエリアがあり、人が歩く振動でもかなりの揺れを感じてスリル満点だ。ツリートップウオーク以外にも森を観察できる遊歩道があるので、そちらも歩いてみたい。また、入口には、レインフォレスト・エコギャラリー Rainforest Eco Gallery があり、タンボリンマウンテン周辺の亜熱帯雨林や、そこにすむさまざまな動物について、詳細な展示が行われている。こちらもお見逃しなく。

■タンボリン・レインフォレストスカイウオーク
住 333 Geissmann Drv., North Tamborine 4272
☎ (07)5545-2222
URL skywalktamborine.com
開 毎日 9:30 ～ 17:00（入園は 16:00 まで）
休 クリスマスデー
料 大人 $19.50 子供 $9.50 家族 $49
アクセス 公共の交通機関がないので、レンタカー利用となる。

栽培されている果実の種類にびっくり　MAP P.53/3B
トロピカルフルーツ・ワールド
Tropical Fruit World

トラクタートレインで園内ツアーに出発

ゴールドコーストの南、NSW州ツイードバレーにある世界中のフルーツを集めた果樹園パーク。広大な丘陵地帯には、オーストラリアはもちろん、アマゾン、アンデス、中央アメリカ、インド、中国、東南アジアのフルーツが原産地ごとに仕切られ約500種も植えられている。一農園で扱うフルーツの種類としては世界最大級。それだけに園内見学は巨大なトラクタートレインに乗ってのプランテーションサファリとなる。季節に合わせてガイドが実のついているフルーツの所へ連れていってくれ、ていねいに解説してくれる。ほかにもさまざまなアトラクションが用意されている。必ず参加したいのがミラクルフルーツショーだ。バナナ、マンゴー、パパイア、ジャックフルーツ、ドリアン、グアバ、パッションフルーツなど、季節の果物を試食させてくれる貴重なアトラクションだ。また子供の遊び場やミニ動物園もある。なお併設のカフェでは季節のフルーツを盛り合わせたフルーツプラッターも食べられる。

■トロピカルフルーツ・ワールド
住 29 Duranbah Rd., Duranbah, Tweed Valley, NSW 2487
☎ (02)6677-7222
URL www.tropicalfruitworld.com.au
開 毎日 9:00 ～ 16:00（入園は 15:00 まで）
※園内ツアーは 10:20、11:20、13:20 スタート
※入園時間はクイーンズランド州時間
休 クリスマスデー
料 大人 $56 子供 $35 家族 $160
アクセス レンタカー利用が便利。またゴールドコースト発着バイロンベイへの1日ツアーで訪れることもできる（→ P.118）。

ビッグアボカドが目印

ミラクルフルーツショーは必見

名物フルーツプラッターを味わおう

コアラを抱いて写真も撮れる

ローンパイン・コアラサンクチュアリ

Lone Pine Koala Sanctuary

■ローンパイン・コアラサンクチュアリ

住 708 Jesmond Rd., Fig Tree Pocket 4069

電 (07)3378-1366

URL lonepinekoalasanctuary.com

営 毎日 9:00 ～ 17:00（アンザックデー 13:30 ～ 17:00／クリスマスデー 9:00 ～ 16:00）

料 大人 $49　子供 $35　家族 $145

●オプション

コアラを抱いて記念写真 $35 ～／タッチ・コアラ（コアラの横に立って触れながら写真撮影）$20／コアラ・ディスカバリーツアー（1 回 6 人まで／要予約）$150

アクセス ブリスベン中心部クイーン・ストリート・バスステーション（プラットホーム 2C）からバス No.430、アデレード・ストリート（Stop 41）から No.445 を利用。所要時間 45 ～ 60 分。タクシー利用の場合 $40 ～ 50。

●コアラ＆ブリスベン川クルーズ

ローンパインまでのブリスベン川クルーズ。クルーズ料金には入園料も含まれている。

電 0412-749-426

URL www.mirimar.com

発 ブリスベン・シティ（カルチュラルセンター・ポントゥーン）発 13:30 ／ローンパイン発 13:30（片道所要 75 分）

料 往復（入園料込）大人 $99　子供 $60　家族 $270 ／往路片道のみ（入園料込）大人 $85　子供 $50　家族 $230

ギネスブックにも載っている動物園

ブリスベン・シティの南西約 11km の場所にある、1927 年開園の世界最大・最古のコアラ園（ギネスブックに認定）。園内には 130 頭を超すコアラが飼育されている。年齢や性別などにより飼育場所が分けられており、母親の背中にしがみつく赤ちゃんコアラなど愛らしい姿が見られる。クイーン

親子コアラに出合える確率も高い

ズランド州に生息する北部コアラよりも大きく、毛も茶色の南部コアラも飼育しており、その特徴の違いが観察できるのもおもしろい。園内中央の一番大きなコアラ舎では、コアラの生態についての説明を聞いたり、コアラを抱いての写真撮影も可能（有料／混雑期には抱っこできない場合がある）。さらに 45 分間の**コアラ・ディスカバリーツアー**では、じっくりコアラと触れ合ったり抱っこしたりできる。なおより自然なかたちでコアラが見られるように、ユーカリの木にコアラを放し飼いにしたコアラキングダムも造られている。

餌づけやショー見学も楽しい

コアラ以外にも、ウォンバットやタスマニアンデビル、ポッサム、カンガルーなど 80 種を超えるオーストラリア特有の動物が見られる。特に園内奥では、グレイカンガルーやワラビー、エミューなどが放し飼いにされており、売店で餌を買っていけば、簡単に餌づけが楽しめる。またオーストラリア国内でも数少ないカモノハシ飼育ハウスがあって、元気に動き回るカモノハシの姿を見ることもできる。ほかにも羊の毛刈り＆シープドッグショーやレインボーロリキートの餌づけ、フリーフライトバードショー、スタッフによるカンガルートークなどのイベントがあり、1 日いてもまったく飽きることのない動物園だ。

売店で買った餌を持ってカンガルーの餌づけを楽しもう

コアラの親戚ウォンバットにも出合える

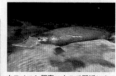

カモノハシ飼育ハウスで間近にカモノハシを観察

オーストラリアが羊大国であることを実感できる羊の毛刈りショー

 ローンパインへのバスを利用する場合は、No.445 がおすすめ。No.430 だと 1 時間近くかかりますが、No.445 なら 45 分ほどです。（東京都　前田隆人）['23]

オーストラリア動物園
Australia Zoo

ショーでは巨大ニシキヘビも見られる

人気のクロコダイルショー

スタッフによる動物トークも楽しい

園内を巡回するシャトルトレーラー

ゾウガメ飼育でも有名な動物園だ

クロコダイルハンターの動物園

『アニマルプラネット』のTVショーで、オーストラリアの動物を世界中に知らしめた「クロコダイルハンター」こと故スティーブ・アーウィン氏のホーム。50エーカーもの敷地をもつ広大な動物園で、コアラ、カンガルー、ウォンバット、タスマニアンデビル、ディンゴ、エミュー、カソワリィ、クロコダイルといったオーストラリア特有の動物はもちろん、珍しいゾウガメやアジアゾウ、トラ、さらにキリンやサイなども飼育しており、その規模はクイーンズランド州でも1、2。園内は広いので、時間に余裕のない人は、巡回している無料のシャトルトレーラーを利用するといいだろう。

ショーのスケジュールをチェック

この動物園では開園から閉園まで、スタッフによるさまざまなパフォーマンスやショーが行われている。なかでも中心部にある巨大なショースタジアム「クロコセウム Crocoseum」でのワイルドライフウォリーア・ショーは見逃せない。13:15スタートで、スネークショーあり、フリーフライトバードショーあり、そしてクロコダイルの餌づけショーありと、内容盛りだくさん。特にクロコダイルの餌づけは、スタッフが手に持った餌でイリエワニを近くまでおびき寄せて行うという、迫力満点のショーだ。

アニマルエンカウンターの時間も要チェック。ゾウガメや子ワニ、ポッサム、ウォンバットなどとの触れ合いが楽しめる貴重な時間だ。タイガーテンプルでのビッグキャット・エンカウンターでは、スタッフが遊具を使ってトラと遊ぶ様子も見られる。

さらにいろいろな動物と記念写真が撮れるのもうれしい。定番のコアラを抱いてはもちろん、ポッサムやニシキヘビ、子ワニ、オウムなどと可能。クロコダイルハンターの動物園らしく、スティーブ・アーウィンや彼の妻テリーと一緒の合成記念写真が撮れるのもユニークだ。

クロコダイルへの餌づけはいろいろなパターンで行われる

■オーストラリア動物園
住 1638 Steve Irwin Way, Beerwah, 4519
☎ (07)5436-2000
URL www.australiazoo.com.au
休 クリスマスデー、アンザックデーの午前中
料 大人 $64.95 子供 $34.95
●ワイルドライフフォト
コアラ、ヘビ、子ワニ、イグアナなどを抱いて写真撮影ができる。$39.95～
アクセス ゴールドコーストからはオーストラリアン・デイツアーズが運行するクロコダイルエクスプレス・オーストラリア動物園ツアー（日本語解説書付き）利用が便利。
☎ (07)5630-1580
URL www.daytours.com.au
時 毎日 7:00～19:00
料 ゴールドコースト送迎＋入園料：大人 $159 子供 $109

タイガーテンプルも見逃せない

園内ではさまざまな動物の散歩風景も見られる

愛らしいワラビーもたくさんいる

■ビッグパイナップル・サンシャインプランテーション&ワイルドライフ HQ
住 76 Nambour Connection Rd., Woombye, 4559
●ビッグパイナップル・サンシャインプランテーション
☎(07)5442-3102
URL www.bigpineapple.com.au
営 毎日 9:00 〜 16:00
●ツリートップチャレンジ
☎1300-881-446
URL www.treetopchallenge.com.au/sunshine-coast-adventure
料 大人 $65 子供 $55 家族 $220
●ワイルドライフ HQ
☎0428-660-671
URL whqzoo.com
営 毎日 9:00 〜 16:00
休 クリスマスデー
料 大人 $39 子供 $25 家族 $109 ／コアラ・エンカウンター 1 人 $75 ／クオッカ・エンカウンター 1 人 $75
アクセス レンタカー利用が現実的。

■シーライフ・サンシャインコースト
住 Parkyn Pde., Mooloolaba, 4557
☎(07)5485-6280
URL www.sealifesunshinecoast.com.au
営 毎日 9:00 〜 17:00 (最終入園 16:00)
休 クリスマスデー
料 大人 $47(37.60) 子供 $33 (26.40)
※ () 内はオンライン購入
●オプション
ペンギン・エンカウンター $107 ／アシカと泳ぐ $157 ／シャーク・ダイブ・エクストリウム (サメのいる水槽でダイビング) $299
アクセス レンタカー利用が現実的。

トンネル内からサメやさまざまな魚を見る

ビッグパイナップル・サンシャインプランテーション&ワイルドライフ HQ
Big Pineapple Sunshine Plantation & Wildlife HQ

目印のビッグパイナップル

ナンブアの南ウーンバイ Woombye にあるパイナップル畑のある丘の上に建つ巨大なパイナップルの張りぼてがビッグパイナップル。中にはパイナップルを作る過程がパネル展示されている。また、上からは周囲が一望できるので、ぜひ上ってみよう。また敷地内の亜熱帯雨林を使ったジップラインやロープアクティビティ、**ツリートップチャレンジ** も楽しい。

パイナップル畑の下には、コアラやカンガルー、ウォンバット、レッサーパンダ、ワオキツネザルなどが飼育されている**ワイルドライフ HQ** がある。動物との触れ合いプログラムが充実していると評判。コアラやクォッカを飼育舎内で間近に観察できるコアラ・エンカウンター、クオッカ・エンカウンターが旅行者には人気だ。もちろんカンガルーの餌づけをしたり、ファームヤードではニワトリやヤギとの触れ合いを楽しむこともできる。

放し飼いのさまざまな動物と触れ合える

シーライフ・サンシャインコースト
Sealife Sunshine Coast

ムールーラバのザ・ワーフの一角にある、いまや日本でもすっかりおなじみの水中トンネル型海洋水族館。厚さ 60mm、全長 80m のアクリル製のトンネルの中を動く歩道に乗って 4 つのエリアを見て回る。珊瑚礁、洞窟、サメの海と 3 つの海の世界を見ていく。シャークシップレック (サメの難破船) と名づけられたエリアでは体長 2.5m もあるオオメジロザメから比較的おとなしいオオセまでさまざまな種類のサメが見られ、コーラルコーブ (珊瑚礁の入江) ではグレートバリアリーフに生息するナポレオンフィッシュから小型のコーラルフィッシュまで観察できる。さらにアカエイやトビエイなどのユニークな顔も観察できるベイ・オブ・レイ (エイの湾)、ウミガメの生態観察に最適なタートル・テンプル (カメの寺院) がある。

1 日数回行われるショーも見逃せない

また、各コーナーもディスプレイに工夫を凝らしており、レインフォレスト風のフレッシュウオーターストリーム、トロピカルラグーン、マングローブをあしらったビラボンなど、自然を再現したなかで魚の表情を見ることができる。1 日 5 回のアシカショーや、ヒトデやなまこに触れるタッチプール、さらにさまざまな海洋生物と触れあえるエンカウンタープログラムも充実している。

TOURS & ACTIVITIES
IN
GOLD COAST

ゴールドコーストの
ツアー＆アクティビティ

海と森を楽しむツアー

ゴールドコーストのツアーは、海やビーチのすばらしさを味わうものと、
世界遺産に登録されている亜熱帯雨林の森を訪れるものに集約される。
海ではイルカやクジラを見たり、
森ではツチボタルやポッサム、ワラビーを見たりと、
オーストラリアならではの自然に親しめるのが魅力だ。

自然のなかでアクティビティを満喫

オーストラリア有数のリゾートだけあって、アクティビティメニューには事欠かない。
一般的なマリンアクティビティはもちろん、
サーフィンのレッスンなども日本語でできてしまうほど。
滞在時間の許す限り、いろんなアクティビティにチャレンジしてみたい。

ゴールドコーストの RANKING 人気ツアー&アクティビティ ベスト5

※順位は 2023 年 7 月現在

ゴールドコーストでツアーを利用するメリットが大きいのは、個人でアクセスしにくい世界遺産の森ラミントン国立公園やスプリングブルック国立公園へ向かうもの。また日本ではなかなか体験できない熱気球や、冬季のホエールウオッチングなども人気がある。

ツチボタルツアー

第1位

ゴールドコーストの定番ツアーとして知られる、ナチュラルブリッジへのツチボタルツアーが、やはり No.1。オセアニアでしか見ることのできない幻想的な青白い光の群れを見るのは感動的だ。日本語ガイド付きで数社が催行しているが、値段が安めのキュージェイエスが人気。なおツチボタルツアーの前に野生動物探検を加えたツアー(→ P.114)も評価が高かった。

紹介ページ
P.113

ゴールドコーストに来たら見逃せない光景だ

(催行会社) キュージェイエス/ジェイピーティツアーズ/ツアー・ゴールドコースト

熱気球ツアー

第2位

世界最大級の観光熱気球に乗って、大空の上から日の出が眺められる半日ツアー。日本では係留型の熱気球にしか乗れないので、大空をゆらゆら風まかせに進むこのツアーは、オーストラリアならではの醍醐味。

紹介ページ
P.119

巨大な熱気球に乗る

(催行会社) ホットエアー/バルーンアロフト・ゴールドコースト/バルーン・ダウンアンダー

ホエールウオッチング・クルーズ

第3位

6 ～ 11 月限定ではあるが、ゴールドコーストでのホエールウオッチングは、ほぼ確実にたくさんのクジラが見られるとあって人気急上昇中。数社が催行しているが、いずれも半日ツアーなので参加しやすいのもいい。特に午前中はアクティブなクジラを見る可能性が大きい。

紹介ページ
P.120

豪快にブリーチングするザトウクジラ

(催行会社) シーワールド・ホエールウオッチング/ホエールズ・イン・パラダイス/スピリット・オブ・ゴールドコースト

タンガルーマ・ドルフィン アドベンチャーツアー

第4位

紹介ページ
P.122

野生のイルカに餌づけができることで知られるモートン島のタンガルーマ・アイランドリゾート。タンガルーマでは日中時間がたっぷりあるので、さまざまなアクティビティにもチャレンジできる。

(催行会社) ジェイピーティツアーズ

グレートバリアリーフ・ デイトリップ

第5位

紹介ページ
P.124

小型飛行機でグレートバリアリーフ最南端のレディエリオット島を目指す。島でのスノーケリングではウミガメやマンタに出合える可能性が大きい。

(催行会社) レディエリオットアイランド・エコリゾート

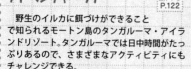

ゴールドコーストの人気ツアー

オーストラリアとニュージーランドでだけ見られる光｜日本語ツアー

キュージェイエス、ジェイピーティツアーズ、ツアー・ゴールドコースト

ツチボタルツアー

QJS, JPT Tours, Tour Gold Coast / Glow worms Tours

オーストラリア最大のツチボタル生息地へのツアー

　オーストラリア最大のツチボタル生息地として知られるナチュラルブリッジ。世界自然遺産「オーストラリア・ゴンドワナ多雨林地域」内のスプリングブルック国立公園の一角にあり、現在3社が日本語ガイド付きツアーを催行している。いずれのツアーでも、国立公園の規定に従い10名に1人ずつガイドが付き、ネラング川の源流が造り出した自然の洞窟の中で詳しい説明を聞きながら、無数の幻想的な光を見ることができるのだ。なお洞窟内はあまり広くないため、一度に入れる人数もかぎられている。当日の混雑具合により、ツチボタル見学時間が多少変わってくることを覚えておきたい。なお天気のいい日には、ツアーの最後に南半球の星空を眺める「スタートーク」も楽しめる。

■ **キュージェイエス QJS**
📞 0412-756-251（携帯）
URL www.qjs.com.au
● **土ボタルツアー**
時 毎日 17:30 ～ 21:00（夕食なし）
料 大人 $95 子供 $60

■ **ジェイピーティツアーズ**
📞 1300-781-362
URL www.jpttours.com
世界遺産ナチュラルブリッジ 土ボタルツアー
時 毎日 18:30 ～ 22:00（夕食なし）
※日本語・英語の混載ツアー
料 大人 $130 子供 $78

■ **ツアー・ゴールドコースト**
URL www.tourgc.com.au
● **世界遺産土ボタルツアー**
時 月～土 18:00 ～ 21:30（夕食なし）
料 大人 $130 子供 $78

絞め殺しイチジクやフープパインなどの植物が見られる森だ

洞窟内で神秘的な光を放つツチボタル

Column　　ツチボタルとは

　ツチボタル Glow worms（glow＝光る／worm＝ミミズのような四肢のない虫）とは、オーストラリアとニュージーランドの、適度な湿度をもつ限られた森や洞窟にすむ双翅目（ハエやカ、アブなどと同種）の昆虫で、ツチボタル科（アラクノカンパ Arachnocampa）に属している。日本で一般的にホタルと呼ばれる鞘翅目の甲虫ホタルとはまったくの別種で、光りながら空を飛ぶようなことはない。基本的に光を出すのは幼虫とメスのサナギだ。幼虫時には餌となる虫をおびき寄せるため（捕食活動）に光り、サナギのメスは成虫になった際にすぐに繁殖行動できるよう（つまりオスをおびき寄せるために）光っているといわれる。なおツチボタルの光は青緑色の連続発光で、その幻想的な色が宮崎アニメ『天空の城ラピュタ』に出てくる飛行石に似ていることから、「モデルでは？」との噂もあるほどだ（事実ではないようです）。

　スプリングブルック国立公園などゴールドコースト一帯で見られるツチボタル（アラクノカンパフラバ Arachnocampa flava）のライフサイクルは約10ヵ月。そのなかで幼虫期間は実に9ヵ月にも及び、その間粘着性体液でコーティングされた糸を垂らし、光におびき寄せられてやってくる虫をつかまえ、ひたすら食べ続ける。サナギの期間は約1週間。やっと成虫になっても口がなく、オスはメスを求めて交尾し、メスは交尾後産卵を済ませるとすぐに死んでしまう。成虫の寿命はオスが4～6日、メスは1～3日といわれる。

　なおツチボタルは、明るい場所では発光による捕食活動ができないと察知し、光るのをやめてしまう（生息場所に日の光が入る時間は発光しない）。生息場所ではフラッシュなどを使った写真撮影は厳禁だ。

■ツアー・ゴールドコースト
URL www.tourgc.com.au
●土ボタルと野生動物探検エコサファリツアー
時 毎日 15:00 〜 21:30
料 夕食付き 大人 $190
子供 $114

コアラは木の高い場所で眠っていることが多い

ディナーはボリュームもあるオーストラリアンフード

世界遺産ラミントン国立公園を満喫　日本語ツアー

ツアー・ゴールドコースト
土ボタルと野生動物探検エコサファリツアー
Tour Gold Coast / Wild Animal Watching & Glow worms Tour

ほぼ確実に見られる野生のカンガルーの群れ

　サーファーズパラダイスから車で20分ほど、ゴールドコースト北部にあるクーンババレイクランド自然保護区 Coombabah Lakelands Conservation Area を訪ね、オーストラリアならではの野生動物探しを行う。ここで見られるのは野生のカンガルーやワラビー、コアラ、さらに数多くの野鳥だ。カンガルーやワラビーはほぼ間違いなく見ることができるし、運がよければコアラも数頭（ただしたいていユーカリの木の高い場所にいることが多い）見つけられるはずだ。

　約1時間ほどの動物探しのあとは、現地で人気のパブレストラン「タバーン Tavern」で夕食。メニューはフィッシュ＆チップス、チキンパーミー（トマトソースとパルミジャーノチーズがかかったチキンカツ）のどちらかを選択。どちらもオージーに人気のメニューだ。

　その後、他のツチボタルツアーがやってくる前にナチュラルブリッジへ向かいツチボタル見学。洞窟内が混み合う前なので、ゆっくり見学できるのがうれしい。もちろんガイドは自然に詳しい日本語エコガイドだ。

■キュージェイエス QJS
☎ 0412-756-251 (携帯)
URL www.qjs.com.au
●世界遺産グリーンマウンテンズ・ツアー
時 毎日 9:00 〜 16:00
料 ランチ付き 大人 $128
子供 $70
※野鳥の餌づけは別料金

オライリーズ・カヌングラバレー・ヴィンヤードでワインテイスティング

世界遺産ラミントン国立公園を満喫　日本語ツアー

キュージェイエス
グリーンマウンテンズ・ツアー
QJS / Green Mountains Tour

ツリートップウオークから亜熱帯雨林を見学　オライリーズで楽しめる野鳥の餌づけ

　ゴールドコーストから車で約1時間30分。世界自然遺産ラミントン国立公園内のグリーンマウンテンズ（オライリーズ）を訪れるツアー。到着後すぐに、オライリーズ・レインフォレストリトリート前に集まってくるアカクサインコやキンショウジョウインコへの餌づけが楽しめる。その後、日本語ガイドとともに亜熱帯雨林散策をしながら向かうのが、亜熱帯雨林観察用に造られたつり橋ツリートップウオーク。さまざまな高さから亜熱帯雨林の森の姿が楽しめるほか、途中から地上30mの展望デッキに登れば、ラミントン国立公園の雄大な景観も満喫できる。

　往路もしくは帰路では、オライリーズ・カヌングラバレー・ヴィンヤード（→ P.97）でのワインテイスティングなども楽しめる。アルパカファームも併設されているので、愛らしいアルパカと触れ合うのも楽しい。

人気の高原地帯の魅力を満喫　　日本語ツアー

ジェイピーティツアーズ

世界自然遺産とタンボリンマウンテンめぐり
JPT Tours / Lamington NP & Mount Tamborine Tour

ゴールドコースト内陸部ヒンターランドは、世界遺産の森と古きオーストラリアの雰囲気を残す愛らしい町が点在する人気のエリアだ。このツアーでは、ヒンターランドの町を代表するマウントタンボリンと、世界遺産の森でのアクティビティが充実しているグリーンマウンテンズ（オライリーズ）も一緒に訪ねる、欲張りな1日ツアーだ。

ゴールドコースト中心部を出発してまず向かうのが、マウントタンボリン。地元アーティストの工芸品店やギャラリー、おしゃれなカフェが建ち並ぶギャラリーウォークでの自由行動。旅の記念になりそうなおみやげ探しを楽しんだり、高原のさわやかな空気を吸いながらモーニングティーをゆっくり味わったりして過ごそう。

女性に人気のギャラリーウオーク

マウントタンボリンのあとは、うっそうとした森が茂る丘陵地の葛折りの道を登ってラミントン国立公園へ。途中、見晴らし台で景色を楽しんだりしながら約1時間かけて目的地オライリーズに到着。ここではまず、アカクサインコ、キンショウジョウインコなどのカラフルな野鳥への餌づけにチャレンジ（餌代有料）。その後は巨大な板根をもつ樹木や数多くのツル、着生植物など亜熱帯雨林の森を日本語エコガイドと一緒にじっくり散策。もちろん人気のツリートップウオークでのガイドウオーキングが楽しめる。

オライリーズではキンショウジョウインコやアカクサインコへの餌づけが楽しめる

なお昼食付きツアーに参加した場合は、オライリーズ・レインフォレストリトリート内で、オージーバーガーやチキンパイ、フィッシュ＆チップスなどのオージースタイルのランチとなる。

世界遺産地域とワイナリー

サザンクロスツアーズ

ラミントン国立公園とワイナリー
Southern Cross Tours / Lamington NP, O'Reilly's & Vineyard Tour

ワイナリーではスパークリングワインで乾杯

英語ガイドだが、じっくりラミントン国立公園を見てみたい人におすすめ。グリーンマウンテンズ（オライリーズ）では、亜熱帯の森に精通したガイドによる詳細な植物の説明を聞きながらのトレイルウオークを楽しむ。もちろん人気アトラクションのツリートップウオークも歩く。ガイドウオークの後はオライリーズ名物のアカクサインコ、キンショウジョウインコへの餌づけ。さらに時間の許す限りパディメロンなど野生動物探しも行う。

展望台から雄大なヒンターランドの景観を楽しみながら山を下り、オライリーズ・カヌングラバレー・ヴィンヤード（→P.97）へ。ここではスパークリングワインとワインに合う軽食が用意されており、のんびりくつろぐことができる。併設のアルパカファームでは、オプションでアルパカとの散策体験もできる。

人気アトラクションのツリートップウオーク

■ジェイピーティツアーズ
📞 (07)5630-1580
URL www.jpttours.com
● 世界自然遺産とタンボリンマウンテンめぐり
🕐 日 8:45 ～ 17:15
料 昼食付き 大人 $150 子供 $100 ／ 昼食なし 大人 $120 子供 $90

■サザンクロスツアーズ
📞 (07)5655-0716
URL www.southerncrosstours.com.au
● ラミントン国立公園とワイナリー
🕐 毎日 9:00 ～ 16:00
料 大人 $119 子供 $99（軽食付き）

すばらしい展望台も訪れる

世界遺産の森をのんびり歩く

シーニックデイツアー・グループ
スプリングブルック、ナチュラルアーチとナミンババレー
Scenic Day Tour Group / Springbrook, Natural Arch & Numinbah Valley

　ゴールドコースト近郊の世界自然遺産地域の中で、植物の多様さ、展望台からの景観の壮大さ、そして自然に親しめるウオーキングルートの豊富さで人気なのがスプリングブルック国立公園。このツアーでは、丸1日かけてスプリングブルック国立公園のすばらしさを味わう。

　ツアーではパーリングブルックフォールズ・ルックアウト、ベストオブオール・ルックアウト、キャニオンルックアウト、ゴーモーラーラ・フォールズ・ルックアウトという4つの展望地を訪れる。この一帯にはゴンドワナ大陸に祖をもつ森があり、訪れる展望地により周辺散策で亜熱帯ユーカリ林、亜熱帯雨林、温帯雨林、冷温帯雨林という異なった森を体験できる。またベストオブオール・ルックアウトで見る冷温帯雨林では、かつて南極と地続きであったことを示すナンキョクブナも見られる。なおこの展望地からは世界第2位の規模を誇るというカルデラの様子も観察できる。

　またツアー後半は地元で評判の森の中のカフェ、ダンシングウオーターカフェ Dancing Water Cafe でデボンシャーティー。屋外席だとレインボーロリキートが目の前までやってくる。さらに明るい時間のナチュラルブリッジを訪れ、滝壺裏までのウオーキングを楽しむ。

スプリングブルック国立公園のパーリングブリッジ展望台からの眺め

ナンキョクブナの北限にあたるスプリングブルック国立公園

昼のナチュラルブリッジも幻想的

半日で世界遺産の森を楽しむ

サザンクロスツアーズ
ナチュラルブリッジとスプリングブルック
Southern Cross 4WD Tours / Natural Bridge Springbrook Waterfalls

　スプリングブルック国立公園とツチボタルで有名なナチュラルブリッジの昼の森を訪ねる午前半日ツアー。スプリングブルック国立公園ではベストオブオール・ルックアウトの散策でナンキョクブナを見、主要展望台から急峻な崖を流れ落ちる滝を見学。夜とはまったく別の顔を見せるナチュラルブリッジでは、亜熱帯雨林の森の植物についての詳しい解説を聞きながらのブッシュウオーク。発光する前の明るい時間にツチボタル見学もできるので、実際にどうやって餌を食べているかも知ることができる。

亜熱帯植物の詳しいガイディングが受けられる

マウントタンボリンの魅力を満喫
シーニックデイツアー・グループ
ベスト・オブ・タンボリンマウンテン
Scenic Day Tour Group / The Best of Tamborine Mountain Tour

マウントタンボリン地区を存分に楽しみたい人向けの英語ガイドツアー。ツアーではガイドと一緒にジョアラ国立公園内の亜熱帯雨林を散策しカーティスフォールズを見学したり、タンボリン・レインフォレスト・スカイウオークでツリートップウオークを楽しんだり……ゴンドワナ大陸時代から続く森の素晴らしさを満喫。その後はタンボリンマウンテンに点在するワイナリー訪問（一部ワインテイスティングは有料）や、人気のギャラリーウオークでの自由時間。またデボンシャーティーが楽しめるカフェや美味なランチスポットなども紹介してくれるので、工芸品ショッピングはもちろん、のんびりカフェタイムも楽しめる。

■ **シーニックデイツアー・グループ**
☎ (07)5531-5536
URL scenicdaytourgroup.com.au
● **ベスト・オブ・タンボリンマウンテン**
🕐 毎日 9:00 ～ 17:00
💰大人 $109.90 子供 $75.50

マウントタンボリンでワインと美味な食事を楽しむ
タッシュマリー・トラベル
デラックス・ワインテイスティング・ツアー、マウントタンボリン
Tash Maree Tours / Deluxe Wine Tasting Tour , Mt Tamborine

マウントタンボリン地区にはワイナリーが点在している（→ P.97）。このツアーではウィッチズフォール・ワイナリー、シダークリーク・エステイト、ハンプトンエステイト・ワイン、メーソンワインズなどから3ヵ所のワイナリーを訪問してじっくりワインテイスティング（日によって訪問ワイナリーは変わる）。さらにマウントタンボリン・ディスティラリー、マウントタンボリン・ブリュワリーでのビールテイスティングも楽しめる。ランチタイムは盛り付けも美しい2コースメニューだ。もちろん周遊中に、景色のいい展望台なども訪れる。

■ **タッシュマリー・トラベル**
☎ 0432-277-262
URL www.tashmareetravel.com/mt-tamborine-winery-tours
● **デラックス・ワインテイスティングツアー、マウントタンボリン**
🕐 毎日 9:00 ～ 17:00
💰 ランチ付き1人 $195

ワイナリー内を見学しながらテイスティング

本格的なワインテイスティングを楽しむなら
クーイーツアーズ
ヒンターランド・ヘリテージワインツアー
Cooee Tours / Hinterland Heritage Wine Tour

ヒンターランド一帯に点在するワイナリーを巡り、じっくりワインテイスティングを楽しむツアー。訪れるワイナリーは3～4ヵ所。まず最初は、美しいブドウ畑の中にクイーンズランダー様式の瀟洒な建物が建つアルバートリバー・ワインズ Albert River Wines。ここではワインテイスティングの後、ベランダに用意されたテーブルで美味なランチを楽しむ。午後はカヌングラ近郊、ラミントン国立公園へ向かう街道近くのサラバ・エステイトヴィンヤード Sarabah Estate Vineyard やアルパカファームも併設する人気のオライリーズ・カヌングラバレー・ヴィンヤード（時間によりどちらか1ヵ所になる場合もある）。そしてゴールドコーストの帰路、カヌングラとネラングのちょうど間にあるマウントネイサン・ワイナリー Mount Nathan Winery で締めくくるという内容だ。

■ **クーイーツアーズ**
☎ 0409-661-342
URL www.cooeetours.com.au
● **ヒンターランド・ヘリテージワインツアー**
🕐 毎日 9:00 ～ 17:00
※パシフィックフェア発着
💰 ランチ付き1人 $160

アルバートリバー・ワインズでは最大6種類テイスティングできる

■ホップオン・ブリュワリー
ツアー
☎ 0459-207-622
URL www.hoponbrewerytours.
com.au
●コールディー・オン・ゴー
ルディー・ブリュワリーツアー
🕐 木〜日 12:00 〜 18:00 頃
💰 1人 $179(ビールテイス
ティング&ランチ付き)
●クイッキー・オン・コースト・
ブリュワリーツアー
🕐 水〜日 13:00 〜 17:00 頃
💰 1人 $139(ビールテイス
ティング付き)

■ジェイピーティツアーズ
☎ 1300-781-362
URL www.jpttours.com
●バイロンベイ1日観光
🕐 土日 8:00 〜 16:30
💰 大 $99 子 $79

大陸最東端は記念写真スポッ
トになっている

バイロンベイのメインビーチ
でのんびりするのもおすすめ

■シーニックデイツアー・
グループ
☎ (07)5531-5536
URL scenicdaytourgroup.
com.au
●バイロンベイと灯台、
ファーム・ツアー
🕐 毎日 8:00 〜 16:00
💰 大 $99.90 子 $69.90

ビール好きなら絶対参加したい
ホップオン・ブリュワリーツアー
コールディー・オン・ゴールディー・ブリュワリーツアー
Hop On Brewery Tours / Coldie on the Goldie Brewery Tour

　ゴールドコーストには最近クラフトビールのブリュワリーが数多くできている。どのブリュワリーも観光客にとってアクセスしにくい場所にあるし、個人で1日に何軒も回るのは難しい。しかし、このツアーなら半日で4ヵ所をセレクトして、各ブリュワリー自慢のビールをテイスティングして巡ることができるのだ。昼スタートということもあり、最初、もしくは2番目に訪れるブリュワリーでのビールを飲みながらのランチも楽しい。

　なおランチの付かない4時間ほどの**クイッキー・オン・コースト・ブリュワリーツアー Quickie on the Coast Brewery Tour** もある。

アーティスティックな町でのんびり過ごす
ジェイピーティツアーズ
バイロンベイ1日観光
JPT Tours / Byron Bay Tour

　ボヘミアンな雰囲気が残るオーストラリア大陸最東端の町バイロンベイ。ゴールドコーストから車で1時間30分ほど南下した場所にあるオージーに大人気のリゾート地だ。バイロンベイでの自由時間をたっぷり取ってあるのがこのツアー。人気のバイロンベイをじっくり楽しみたい人におすすめだ。ツアー行程は、バイロンベイ到着後にまずバイロンベイ灯台とバイロンベイ

大陸最東端に建つバイロンベイ灯台

岬を各自自由観光。40分ほど時間を取っており、大陸最東端のあたりまではゆっくり往復できる。その後、町の中心部で解散。約4時間の自由時間がある。解散時にガイドが、人気のショップやランチスポットなども教えてくれるので、参考にしながら散策を楽しもう。春〜秋なら水着を持っていってゴールドコーストと雰囲気が少し違うビーチで過ごすのもおすすめだ。

ファームにも立ち寄るバイロンベイツアー
シーニックデイツアー・グループ
バイロンベイと灯台、ファーム・ツアー
Scenic Day Tour Group / Byron Bay, The Lighthouse & Farm Tour

　バイロンベイの街の手前にあるレストラン兼農場のスリーブルーダックスThree Blue Duksを訪れ、農場で作られているオーガニック食品を見たり動物と触れ合ったり……その後バイロンベイ灯台や大陸最東端ポイントへのウオーキング(運がよければ冬季はクジラ、それ以外の時期でもイルカやサメ、カメなども見られる)、そしてバイロンベイの町での自由散策といった内容だ。

✉ 8月にバイロンベイへのツアーに参加したのですが、バイロンベイ灯台の展望台から遠くにクジラを見ることができました。(静岡県　匿名希望)['23]

大空で夜明けを迎える
ホットエアー、バルーンアロフト・ゴールドコースト、バルーン・ダウンアンダー

熱気球ツアー

Hot Air, Baloon Aloft Gold Coast, Baloon Down Under / Balloon Tours

ホットエアーの熱気球

徐々に膨らんでいく気球の大きさにまず驚かされる

日本ではアトラクションとしての熱気球はすべて係留されているが、ここオーストラリアでは本当に風まかせにゆらゆらと大空を進む。しかも利用される熱気球はひじょうに大きく、乗り込むゴンドラも12〜14名定員という大型のものだ。熱気球ツアーは海風が多少弱まるゴールドコースト内陸部カラーラ付近もしくはゴールドコースト・ヒンターランドのカヌングラで、日の出前に出発する。熱風で気球が膨らみやすい気温の低い早朝がベストの出発時間なのだ。カラーラ出発はバルーン・ダウンアンダーとバルーンアロフト・ゴールドコーストとの2社が催行。カヌングラ出発はホットエアーが催行している。

陸地を離れた気球はゆっくりと高度約3000フィート付近まで上昇する。気球の高度を調整する際にバーナーの大きな音はするが、それ以外のときは静かで、ゆっくり進んでいく。はるか東側、南太平洋から日が昇り始めると、ゴールドコースト・ヒンターランドの山並みにかかった朝靄がくっきり見えだし幻想的な光景を造りだす。眼下の大地には運がよければカンガルーの群れが走っているのも見かける。フライトは約30分。1時間フライトの場合は、30分を2回飛ぶといったスタイルだ。

フライト後に参加者全員で行う熱気球のあと片づけ（バルーンパッキング）も楽しい。カヌングラ出発のホットエアーはオライリーズ・カヌングラバレー・ヴィンヤードで、カラーラ出発のバルーン・ダウンアンダーはブロードビーチのスター・ゴールドコースト内レストランでのシャンパンブレックファストが付いている。

■ホットエアー
📞 (07)5636-1508
🌐 www.hot-air.jp
🕐 毎日 4:00 〜 11:00 頃
💰 60 分フライト：1 人 440
※シャンパンブレックファストはオライリーズ・カヌングラバレー・ヴィンヤードにて

■バルーン・ダウンアンダー
📞 (07)5531-5536 ／ (07)5500-9797
🌐 www.balloondownunder.com
🕐 毎日 5:00 頃〜 9:30 頃
💰 60分フライト1人 $419（記念写真付き）
※シャンパン付きビュッフェブレックファストはブロードビーチのスター・ゴールドコースト内レストランにて
※コロナの影響からまだ客足が戻っておらず催行中止になる場合もある。その場合 12 ヵ月以内であれば再度ツアー参加可能。もしくは予約時に＄20 を追加しておけば払い戻し可能。

■バルーンアロフト・ゴールドコースト
📠 1800-246-422
🌐 www.balloonaloft.net/japanese
🕐 毎日 5:30 頃〜 9:30 頃
💰 60分フライト1人 $268（朝食なし）
※コロナの影響からまだ客足が戻っておらず催行中止になる場合もある。その場合 12 ヵ月以内であれば再度ツアー参加可能。もしくは予約時に＄20 を追加しておけば払い戻し可能。

早朝のすがすがしい眺めを満喫

ホットエアーの朝食会場はブドウ畑が眺められるオライリーズ・カヌングラバレー・ヴィンヤードだ

ホットエアーに参加しました。バルーンを上げる場所までは遠かったのですが、上からの景色のすばらしさにはただただ感動でした。ワイナリーの食事もよかった。（埼玉県 大内美佳）['23]

■ホエールウオッチング・
クルーズ催行会社
※例年6月中旬から11月初
旬の毎日
●シーワールド・クルーズ
☎(07)5539-9299
URL www.seaworldwhale
watch.com.au
🕐 シーワールド入口脇発
着：期間中 8:00、9:00、
11:00、12:00、14:00、
15:00出発（所要2時間15
分）
※日によって催行されない時
間もある
🎫大人$119 子供$79
家族$369
●ホエールズ・イン・パラダ
イス
☎(07)5538-2111
URL whalesinparadise.com.
au
🕐 カビル・アベニュー突端
のネラング川桟橋発着：期
間中 8:30、10:30、11:30、
13:30、14:30出発（所要3.5
時間）
🎫大人$119 子供$79
家族$396
●スピリット・オブ・ゴール
ドコースト
☎(07)5572-7755
URL www.spiritwhalew
atching.com.au
🕐 マリナーズコーブ発着
9:30 ～ 12:00、13:30 ～
16:00
🎫大人$99 子供$59
家族$236

尾ビレを見せながらゆっくり
と潜行するフルークダウンダ
イブ

シーワールド・クルーズ、ホエールズ・イン・パラダイス、スピリット・オブ・ゴールドコースト

ホエールウオッチング・クルーズ

Sea World Cruises, Whales in Paradise, The Spirits of Gold Coast / Whale Watching Cruise

冬の風物詩、野生のクジラを探しに

　毎年6月から11月までの間、オーストラリアの東海岸沿岸にはたくさんのザトウクジラがやってくるが、それを間近で見られるチャンス。クジラは冷たい南極の海から移動し、グレートバリアリーフの温暖な海の中で子供を産み、子供が寒さに耐えられるまで成長を待って南極へと帰っていく。子を守るため往復1万kmにも及ぶ厳しい冬の旅をする親の愛情を思うと、クジラに遭遇したときの感動は格別だ。ホエールウオッチング・クルーズは現在3社が揺れの少ない大型カタマランを使って催行しており、ザ・スピットが発着場所。

船のそばでブリーチングを見せることもある

ザトウクジラへ大接近！

　ブロードウオーターを抜け外洋へ出、サーファーズパラダイスのスカイラインを海上から眺めながらクルージング。出発からわずか30分～1時間でポイントへ到着だ。ク

親子クジラに出合うことも珍しくない

ルーが遠方で潮を吹くクジラの姿を確認したら、船をクジラから100mほど離れた所まで進める（これ以上船のほうから近づくのは禁止されている）。ここからは運。クジラにも個性があり、逃げていくクジラもいれば好奇心旺盛で船のほうへ近づいてくるクジラもいる。場合によっては船の真横にやってきたり、船の下を通り抜けたりすることもあるほど。またザトウクジラはさまざまなパフォーマンスを見せるが、一般的な潮吹き（ブロウ）や、尾びれを海面に出してからゆっくりと潜るフルークダイブのほかにも、ときおりあたりをうかがうよう顔を海面に出すスパイホップ、さらに豪華なジャンプであるブリーチングなども見せてくれることがある。

　シーズン中は90％以上の高い確率でザトウクジラに遭遇するという。なおホエールウオッチングのベストシーズンは冬。海上を吹く風は思ったよりかなり冷たいので、長袖のジャケットや長ズボンなど防寒対策は十分すぎるほどがいい。また、船上で過ごすので強い日差しへの対策も必要。帽子やサングラス、日焼け止めクリームは忘れずに。船酔いが心配な場合は、船内で酔い止め薬を購入できる。

✉ 世界でも珍しい白いザトウクジラ（ミガルーという名前です）が、北へ向かう7～8月頃と南へ戻る9～10月頃に見られることがあるそうです。（静岡県　匿名希望）['23]

世界でも体験できる場所はわずか
アクアアドベンチャー・ゴールドコースト
ホエールスイム
Aqua Adventure / Swim with Whales

■アクアアドベンチャー・ゴールドコースト
囿95 Marine Pde., Southport, QLD 4215
☎(07)5591-7117
URL aquaadventures.com.au
●ホエールスイム
囲例年6月中旬〜10月前半の水土日8:30〜11:30
圍1人 $249（ボートからの見学のみ1人 $119）
※10歳以上から参加可能
※日本語の説明が必要な場合は、予約時にその旨申し出ること。

　長年、クジラにできるだけ影響を与えないよう保護・観察を続けてきたゴールドコーストで、2022年から始まった最新ツアーがザトウクジラを泳ぎながら観察するホエールスイム。現在、ダイビングなどのマリンアクティビティをメインに手掛けるアクアアドベンチャー・ゴールドコースト1社のみがツアー催行の許可をもっている。クジラへの負荷を考え少人数ツアーとなっており、利用するボートも12人乗りの小型のもの。ゆっくりとザトウクジラに近づき、一緒に泳いでも大丈夫そうか確認。その上で、参加者はスノーケルをつけて海に入り、海面に張られたロープにつかまりすぐ目の前までザトウクジラがやってくるのを待つ。人間を恐れることのないクジラは興味深げに近寄ってくることが多いのだ。そして海中にはクジラの鳴き声が響き渡る。声を聴き、ゆっくりと泳ぐザトウクジラを目の前で見る感動は、一生忘れられないほどだ。

海中で間近にクジラを見る

Column

クジラのおもなパフォーマンスについて

　ザトウクジラはウオッチング中さまざまなパフォーマンスを行う。ここではその行動のいくつかを紹介しよう。

◆**ブロウ Blow**
　クジラの潮吹きのこと。クジラが海面に出て呼吸をする時に行う。

◆**ラウンドアウト＆ペダンクルアーチ Round Out & Peduncle Arch**
　体をアーチ型にしながら潜行していく様子をラウンドアウトという。より深く潜行する時は背ビレが海面上にはっきり見える。この様子はペダンクルアーチだ。

◆**フルークアップダイブ＆フルークダウンダイブ Fluke Up Dive & Fluke Down Dive**
　ブロウを終えて潜行する際、尾ビレを見せる様子。尾ビレを海面に垂直に立てて潜行していくことをフルークアップダイブ、尾ビレを弧を描くように見せながら潜行することをフルークダウンダイブという。

◆**ペックスラップ Pec Slap**
　体を横向きにして胸ビレで海面をたたく行動。

◆**スパイホップ Spy Hop**
　海面上にゆっくりと顔を出し、あたりの様子をうかがうようにしてから顔を沈める行動。

◆**テイルスラップ Tail Slap**
　尾ビレで海面をたたきつけるようにする行動。他のクジラに自分の居場所を知らせるために行うとされる。

◆**ペダンクルスラップ Peduncle Slap**
　尾ビレを海面上に大きく持ち上げ、上下左右に尾ビレを動かしながら海面をたたく行動。雄クジラが雌クジラの奪い合いを行う際、他の雄クジラを威嚇するために行っているといわれる。

◆**ブリーチング Breaching**
　クジラのジャンプ。ブリーチングが見られるかどうかはあくまで運しだいだ。なおブリーチングを行う理由だが、遊んでいる、体に付いた寄生虫を落とす、外敵への威嚇、など諸説あるが、実際のところはっきりしたことはわかっていない。

121

■ジェイピーティツアーズ
☎ 1300-781-362
URL www.jpttours.com
●タンガルーマ・プレミアム
ドルフィンフィーディング
🕐 毎日 7:00 ～ 21:30（夏
季は 22:45）
🚫 クリスマスデー
💲 イルカの餌づけ付きコー
ス：大人 $295 子供 $245 ／
イルカの餌づけ見学コース：
大人 $225 子供 $185
●タンガルーマ・アイランド
リゾート宿泊パッケージ
※時間、料金は要問い合わせ

■オプショナルツアー
　砂滑りとイルカの餌づけの
ほかにも、スノーケリング、
カヌー、ヘリコプターなど各
種アクティビティが用意され
ている（有料）。難破船ツア
ー、バナナボートなど予約
が必要なものもあるので、ス
タッフの指示に従おう。

■モートン島の詳細
→ P.86 ～ 88

■タンガルーマ・アイランド
リゾートの詳細
→ P.164

■イルカの餌づけのルール
　イルカは野生の動物。絶
対触らないこと。これは人
間に触れられストレスを感
じることを避けるため。さら
に人間の病原菌がうつるの
を防ぐために、魚を持つ前に
は必ず用意された消毒液で
手を洗う。また、フラッシュ
撮影はイルカの目に光が入ら
ないよう、桟橋の上からの
み許可されている。

■水着は忘れずに
　マリンアクティビティ、イ
ルカの餌づけなど、水着は
必需品。餌づけは日が暮れ
てからなので、冬は水が冷
たい。ウエットスーツを借り
る（有料、貸し出しは 17:00
まで）など、防寒対策が必
要。餌づけから帰りの船まで
シャワーを浴びる時間はない
ので、体を冷やさないように。
また、日中は冬でも日差しが
強いのでサングラス、帽子は
あったほうがいい。砂滑りで
は砂まみれになってもかまわ
ない服装で。砂がカメラに入
らないように注意。

自然いっぱいの島で思いきりアクティブに過ごす

ジェイピーティツアーズ

タンガルーマ・プレミアムドルフィンフィーディング

JPT Tours / Tangalooma Premium Dolphin Feeding Tour

野生のイルカとコンタクトできる貴重な場所

美しい海と砂の島で過ごす1日

　モートン島は世界で3番目に大きな砂でできた島で、その中心となるのがタンガルーマ・アイランドリゾート。1日ツアーはいくつかコースがあるが、人気なのはやはりイルカの餌づけがついたコースだ。このツアーには、島内のレストランやカフェで使える $25（子供は $15）分のランチバウチャーに加え、砂丘が楽しめるデザートサファリ・ツアー、ジュゴンやイルカ、ウミガメに出会える確率が高いマリン・ディスカバリークルーズ、さらに6月後半～11月前半限定でホエールウオッチングクルーズという、島での人気3ツアーのうちひとつが含まれている（予約時に選択する）。なおツアーは英語ガイドだが、島に着いてしまえば日本人スタッフもいて言葉の心配はほとんどない。

　ブリスベンから船で約1時間15分、タンガルーマ・アイランドリゾートに到着すると、浜辺で戯れるペリカンが出迎えてくれる。リゾート内では基本的に自由。選択したツアーの出発時間、集合場所をリゾートセンター内のインフォメーションで確認しておこう。またそ

デザートサファリツアーでは、スリルとスピード満点の砂滑りが体験できる

れ以外にも、カヌーでの難破船ツアー、熱帯魚がたくさん生息する澄みきった海でスノーケリング、パラセイリングやバナナボートライドなどオプションでさまざまなアクティビティにチャレンジできる。

大自然と野生イルカとの触れ合い

　夕方からのイルカの餌づけの前に、各自リゾート内のレストランで夕食を済ませておこう。イルカの餌づけが始まるのはちょうど日が暮れた頃だ。おなかをすかせてやってくるイルカたちと遭遇できる時間だ。スタッフの注意をしっかり守りながら、そっと魚をくわえさせる。自分の手から魚を食べてくれる感激の体験。頭がよく、愛嬌たっぷりのイルカとの触れ合いは、心に残るツアーのハイライトだ。

時間があったら宿泊パッケージがおすすめだ

　タンガルーマ・アイランドリゾートには、島の魅力を存分に味わえるようたくさんのアクティビティメニューが用意されている。時間がある人はぜひ島に1泊して、さまざまなアクティビティにチャレンジしてみたい。

ビーチでのんびりしたり、パラセイリングにチャレンジしたり、過ごし方は思いのまま

  モートン島1日ツアーで大型4WDで行く砂滑りツアーを選択しました。真っ白な砂丘の上から滑り下りる爽快感は最高です。（北海道　金井誠）['23]

運河沿いの見どころ巡り
シーワールドクルーズ
HOPO ゴールドコーストフェリー
Seaworld Cruises / HOPO Gold Coast Ferry

波のほとんどない川をのんびり行ったり来たり

船のキャプテンは運河沿いの豪邸を詳しく説明する

ブロードウオーター沿いシーワールド桟橋とサーファーズパラダイスのネラング川脇アッペルパーク桟橋を結ぶ、1日乗り降り自由のフェリーサービスが HOPO（ホップオン・ホップオフ・ゴールドコーストフェリー）。途中ブロードウオーター・パークランド、マリーナミラージュ、美術館のある HOTA で上下船可能だ。運河から眺める高層コンドミニアム群、運河沿いの豪邸など、ビーチ沿いを動き回っているだけではなかなか見ない光景が楽しい。船のキャプテンは運河沿いの観光に詳しく、特に世界の著名人などの豪邸の説明を詳しくしてくれる。また操舵しながらイルカ探しもしているので、結構な確率でイルカにも出合える。

なお日曜日午前中は HOTA 脇でサンデーマーケットが開催されるので、それに合わせてこの乗り降り自由フェリーサービスを利用するのがおすすめだ。農産物や工芸品の露店のほか、フードトラックも多数出店。日本人営業のタコ焼き屋さんもあるほどだ。

HOTA サンデーマーケットのタコ焼き屋さん

■シーワールドクルーズ
☎ (07)5655-3528 (HOPO 専用)
URL hopo.com.au
● HOPO ゴールドコーストフェリー
時 サーファーズパラダイス・アッペルパーク桟橋 9:00 〜 16:00 の1時間ごと／シーワールド桟橋発 9:55 〜 16:55 の1時間ごと
料 大人 $45 子供 $25（5 〜 14 歳）家族 $140
※ 1回のみ乗船のチケットもある。区間によって料金は異なり 大人 $10 もしくは $20 子供 $6 もしくは $12

海から陸からゴールドコーストを見て回る
スーパーダック・アドベンチャーツアー、アクアダックツアー
水陸両用バスツアー
Super Duck Adventure Tours, Aquaduck Tours / DUCK Bus Tour

入水、上陸時には車内で歓声も上がる

水陸両用の大型バスに乗ってゴールドコースト観光とブロードウオーター＆カナルクルーズを一度に楽しむというツアー。バスはアヒルをモチーフにした絵が描かれている。もともと水陸両用バスはアメリカ軍が第2次世界大戦時に開発したもので、当時のコードネーム DUKW をアヒルにひっかけて「ダック」と呼んでいたのだ。

ツアールートは、サーファーズパラダイスから海岸通りをザ・スピットへ向かい、ここからブロードウオーターに入水。その後ネラング川を少しだけクルーズして、メインビーチへ上陸、サーファーズパラダイスへ戻るというものだ（あるいは逆ルート）。

■アクアダックツアー
☎ (07)5539-0222
URL www.aquaduck.com.au
時 毎 日 9:45、11:00、12:15、14:15、15:30、16:45 スタート（所要約1時間）
※ ピークシーズンには 10:15、11:30、14:00、15:15、16:30 スタートもある
※ カビル・アベニューとファーニー・アベニューの交差点付近が発着場所
休 クリスマスデー
料 大人 $50 子供 $40（2 〜 16 歳）家族 $169

123

■レディエリオットアイラ
ンド・エコリゾート
📞 (07)5536-3644
FREE 1800-072-200
URL www.ladyelliot.com.au
●グレートバリアリーフ・
デイトリップ
時 毎日 6:00 ～ 17:30
料 大人 $944 子供 $665
※ 2024 年 4 月 以 降 は
大人 $990 子供 $699
※レディエリオットアイラ
ンド・エコリゾートに 1 泊
以上するパッケージもある。
詳細はレディエリオットア
イランド・エコリゾートへ。

大珊瑚礁の海を満喫

レディエリオットアイランド・エコリゾート

グレートバリアリーフ・デイトリップ

Lady Elliot Island Eco Resort / Great Barrier Reef Day trip

ゴールドコーストから日帰りできるグレートバリアリーフの島

絶海の孤島といった雰囲気のレディエリオット島

日帰りでグレートバリアリーフを満喫しようというのがこのツアー。目的地はグレートバリアリーフ最南端の島で世界中のダイバー、スノーケラー憧れの地レディエリオット島（→ P.348）だ。

日が出たばかりのゴールドコーストの町並みを眼下に見ながら、小型飛行機で北を目指す。飛行高度が比較的低いので、途中の景色も存分に楽しめるのがうれしい。また 7 ～ 10 月にはザトウクジラの姿を見かけることも多い。フライトは約 2 時間。紺碧の海の中に小さな島レディエリオット島が見え出す。大きく旋回した飛行機は草原といった感じの滑走路へと着陸だ。

ウミガメやマンタと一緒にスノーケリング

（右）島の周りには数多くのマンタが生息している
（下）スノーケルでも高確率でウミガメに出合える

リーフウオーキングでウミガメにタッチ

島での最初のアクティビティはボートスノーケリングツアー。一周歩いて 1 時間ほどの小さな島だが、その周りをぎっしりと埋める珊瑚礁の美しさには驚かされるはず。しかもここは絶海の孤島のような場所。もちろん海の透明度もきわめて高い。またダイバー、スノーケラーなら一度は海中で出合いたいと願うウミガメとマンタがひじょうに多いことでも有名。ウミガメはどのスノーケリングポイントでも高確率で目にするし、マンタも運がよければスノーケラーのすぐ近くまで寄ってきてくれることがある。

ボートスノーケリングツアーのあとは、リゾート施設の目の前にある浅瀬で魚の餌づけ、そしてリーフウオーキングだ。浅瀬でサンゴを見たりヒトデやナマコなどに触ってみたりするのだが、途中でウミガメにも数多く出合える。浅瀬ということもあって甲羅に触ることもできるほどだ。

島での滞在時間は 5 時間ほどで、こうしたガイド付きアクティビティ以外にものんびり肌を焼いたり、自分でスノーケリングを楽しんだりできる。またランチタイムにはソフトドリンクはもちろん、ビールも無料なのがうれしい。島の美しさ、自然の豊かさに感動し、帰るときには時間が許すなら 1 泊はしたい……そんなふうに思えるツアーだ。

島の周りは透明度の高い珊瑚礁の海だ

ゴールドコーストのアクティビティ

気軽にいろんなマリンアクティビティにチャレンジ！
ゴールドコーストウオータースポーツ
パラセイリング、ジェットスキー、フライボード、ジェットボートライド
Gold Coast Waterssports / Parasailing, Jetski, Flyboad, Jetboat Ride

サーファーズパラダイスから車で北に約10分の所に位置するブロードウオーターは、外洋から遮断され、波が静かなため、マリンアクティビティに最適。パラセイリング、ジェットスキー、フライボード、ジェットボートライドがまとめて楽しめるツアーがある。

■ ゴールドコーストウオータースポーツ
📞 1800-336-434
URL www.goldcoastwatersports.com
🕐 毎日8:00～18:00の間随時（予約時に時間を選ぶ）／所要時間：1アクティビティ2時間、2アクティビティ3時間、3アクティビティ4時間（送迎含む）
💰 パラセイリング1人 $120、2人 $180／ジェットスキー30分 $120／フライボード10分 $175／パラセイリング＋ジェットスキー1人 $140／パラセイリング＋ジェットスキー＋ジェットボート1人 $210／ジェットスキー＋フライボード1人 $230／パラセイリング＋フライボード＋ジェットボート1人 $315／パラセイリング＋ジェットスキー＋フライボード＋ジェットボート1人 $385
※各アクティビティとも年齢制限あり：パラセイリング14歳以上（10～13歳は大人同乗で可）、ジェットスキー18歳以上（10～17歳は大人同乗で可）、フライボード12歳以上、ジェットボート13歳以上（12歳以下は大人同乗で可）

パラセイリングはボート発着なので簡単だ

海風を受け大空からゴールドコーストを眺める

パラセイリング

ゴールドコーストのパラセイリングは、一般的にハーネスを使用したパラシュートにぶら下がるタイプ（ふたり一緒に飛ぶタンデム可）で、ボートからの発着。風の抵抗が少なく安定しているうえ、視界を遮るものがないのがいい。最高50mほどまで舞い上がり、約8～10分間のフライトが楽しめる。鳥のように海の上を舞いながら、はるか遠方に見えるゴールドコーストのパノラミックな景色を満喫しよう。

ジェットスキー

日本では小型船舶免許の必要なジェットスキーも、オーストラリアではインストラクター監視下であれば、限られた海域で誰でもトライできる。ブロードウオーター内にジェットスキー用のポントゥーンベースが設置されており、その周囲に設定されたオーバルのスペースを30分思う存分乗り回る。原付感覚で自分でスピードをコントロールできるのも楽しい。もちろん初めての人でも大丈夫なように、インストラクターがていねいに操作方法を説明してくれる。水温の低い時期には無料でウエットスーツも貸してもらえる。

フライボード

専用ホースが取り付けらたシューズ付きボードに乗り、強い水圧噴射で浮かび上がるアクティビティ。コツさえつかめれば、意外に簡単に空中浮遊が楽しめる。日本でも沖縄などで行われているが、ゴールドコーストでもポピュラーなマリンアクティビティだ。

ジェットボート

ブロードウオーターの真っ青な海面を、風を切りながらすさまじい勢いで疾走する。ボートは時速80キロまで加速し、飛び跳ねているような感覚が味わえる。ときにはスピンしたり、急停止したり、急加速したり……海上のジェットコースターという感じだ。何人もが一緒に乗るので、盛り上がり度も最高。乗船時間は30分。

想像以上のスピード感

初心者でも楽しめるフライボード

爽快感とスリル満点のジェットボート

小さな波には思いのほか早く
乗れるようになる

ゴールドコーストでサーフィンを習おう！ 日本語ツアー

サンシャインステート・サーフスクール
サーフィン&ボディボードレッスン
Sunshine State Surf School(4S) / Half Day Surfing & Bodyboard Lesson

初めてのサーフィンをゴールドコーストで！

　ゴールドコーストはオーストラリアを代表するサーフスポット。豪快に打ち寄せる波を見ているだけでうずうずしてくるサーファーはもちろん、まったくの初心者でも安全に体験できるサーフィンプログラムがこれ。催行はオーストラリアサーフィン協会認定で唯一日本語サービスを行っているサンシャインステート・サーフスクールだ。

　安全面を特に重視しており、当日の海況を見て実際にサーフィンにトライする場所を決める。簡単なブリーフィング後、約1時間30分の日本語レッスン。ビーチでボードの扱い方、乗り方を教わり、それを海で実践するというスタイルだ。初めてのときにはなかなかうまくいかないが、それでもボディボードのようにサーフボードに腹ばいになって波に乗るだけで、何ともいえないスピード感、爽快感が体験できる。

ブロードウオーターでゆっくりカヤッキング

オーストラリアン・カヤッキングアドベンチャー
半日カヤック&スノーケリングツアー
Australian Kayaking Adventures / Half Day Kayaking & Snorkeling Tour

波の穏やかなブロードウオーターはカヤッキングを楽しむのに最高

　サーファーズパラダイスから北へ15分。ブロードウオーターに面したラブラドールのチャーリーズ・シーフード脇から出発するカヤックツアー。ブロードウオーターはほとんど波がなく、最初にカヤックの扱い方を教えてもらえば、あとはガイドと一緒にこぎ出すだけ。カヤッキング中はすぐ近くにイルカが現れることも珍しくなく（80%の確率で見られるとか……）、運がよければウミガメも顔を見せてくれる。

　最初の目的地は無人島のウエイブブレイク島。白砂の美しい小さな島で、まずは朝ごはん。そのあとは遠浅の海でスノーケリングだ。ダイヤモンドフィッシュの大群をはじめ、50種以上の魚に囲まれながらのスノーケリングを楽しもう。次の目的地サウスストラドブローク島までは、再びのんびりカヤッキング。島では英語ガイドによるブッシュウオーキングを楽しみ、ゴールデンスワンプワラビー探しも楽しむ。海と陸地の自然を、ゆっくりと満喫できるゴールドコーストらしいエコなツアーだ。

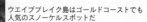

ウエイブブレイク島はゴールドコーストでも
人気のスノーケルスポットだ

魅力的なポイントが多い 日本語ツアー

アクアアドベンチャー・ゴールドコースト
スクーバダイビング

Aqua Adventures Gold Coast / Scuba Diving

船酔いの心配がないウエイブブレイク島でのダイビング

ゴールドコーストにはあまりダイビングのイメージはないが、この近海には亜熱帯～温帯のさまざまな魚が生息するユニークなポイントがたくさんある。ポイントは初心者でも安心して楽しめるブロードウオーター内ウエイブブレイク島周辺、ゴールドコースト南部パームビーチ沖合のクック島、沈船ポイントのスコティッシュプリンス号などがポピュラー。また少し遠出をするならバイロンベイ、ノーストラッドブローク島などでマンタやマダラトビエイ、ギンガメアジ、ウミガメなどにも出合える。

ゴールドコーストでダイビングサービスを提供しているのは、アクアアドベンチャー。日本人インストラクターが在籍しており、ファンダイビング、体験ダイビング、ライセンス取得コースなどを実施している。ほかにもG.B.R.最南端のレディエリオット島への3泊4日ダイビングツアーなども企画している。ゴールドコーストでダイビングをしてみたいと思ったら、コンタクトを取ってみよう。

海の中は神秘の世界

■アクアアドベンチャー・ゴールドコースト
🏠95 Marine Pde., Southport, QLD 4215
📞(07)5591-7117
🌐aquaadventures.com.au
🕐毎日8:00～17:00
💰ウエイブブレイク島ダイビング：1本 $119（器材レンタル込み）／ウエイブブレイク島体験ダイビング：1本 $119（全器材込み）／3日間ライセンス取得コース：$595（健康診断費など別）
※予約時に日本人である旨告げると、日本人ガイドが付く。

初心者から上級者まで楽しめる乗馬ツアー

ガミーズ・ファームツアーズ
半日乗馬ツアー

Gummies Farm Tours / Half Day Horse Riding Tour

ゴールドコースト・ヒンターランドの一角、カヌングラ近郊のビダダババレーにある観光ファーム。広大な敷地内にはユーカリ林、亜熱帯雨林、見晴らしのいい丘、小川などがあり、変化に富んだ乗馬が楽しめると評判だ。思いきり乗馬を楽しみたい人向けの乗馬のみコース(外乗2.5時間)と、乗馬(外乗1時間)＋ファーム内アクティビティ(ムチ鳴らし、ブーメラン投げなど)のカントリーツアーコースがあり、楽しみ方もいろいろ。乗馬ガイドが、参加者のスキルに合わせてトロッティングなどをさせてくれるのもうれしい。

森の中での乗馬が楽しめる

ファームでの動物との触れ合いも楽しい

■ガミーズ・ブッシュツアーズ
🏠392 Biddaddaba Creek Rd., Canungra, QLD 4275
📞(07)5543-0191
🌐www.gummiesfarm.com
●半日乗馬ツアー
🕐毎日9:00～12:30
🚫クリスマスデー
💰大人$125 子供$110
※参加時には必ず長ズボンを着用のこと
※ゴールドコーストからの送迎サービスは5人以上から

ブーメラン投げにチャレンジ

■**タイムアウト・アドベンチャー**
●**ゴールドコースト・セグウェイアドベンチャー**
📞1300-090-767
🌐www.timeoutadventures.com.au
🕐60分ツアー：木～日 10:00、13:30 スタート／90分ツアー：火金～日 10:00、13:30スタート
※季節により催行曜日・催行時間が増える場合がある
💰60分ツアー1人 $84／90分ツアー1人 $119
※最少催行人数2人
出発場所：5 Windmill St., Southport, QLD 4215

■**ゴールドコースト・スカイダイブ**
🏠18 Coyne St., Coolangatta, QLD 4225
📞(07)5599-1920
🌐www.goldcoastskydive.com.au
🕐毎日 8:30、9:30、10:30 スタート
💰タンデムスカイダイビング：$425
●**オプション**
ハンディカムビデオ撮影（USB メディア）：$130
※基本的にホテル送迎はないのでオフィスへの行き方を確認してから出かけること。

海辺の景色を眺めながらセグウェイ

タイムアウト・アドベンチャー
ゴールドコースト・セグウェイアドベンチャー
Time Out Adventures / Gold Coast Segway Adventures

森やビーチをセグウェイで走行するのは気持ちがいい

サウスポートのブロードウオーター沿いにあるブロードウオーター・パークランドでセグウェイが楽しめる。公園内の歩道で練習した後は景色を眺めながらのんびりセグウェイライド。途中ビーチに降りて砂の上をセグウェイで走行することもできる。なお90分コースはザ・スピット北部（シーワールドの北側）フェデレーションウォーク・コースタル保護区 Federation Walk Coastal Reserve 内でのセグウェイ体験で、よりオフロードやビーチでの走行が長くなる。

大空からジャンプ！
ゴールドコースト・スカイダイブ
スカイダイビング
Gold Coast Skydive / Skydiving

オーストラリアでは気軽に楽しめるスポーツのスカイダイビング。ゴールドコーストではゴールドコースト・スカイダイブが初心者向けタンデム・スカイダイビングを催行している。

思わず叫びたくなるほどの興奮

ゴールドコーストの出発場所はゴールドコースト空港。クーランガッタのキーラビーチ Kirra Beach にあるオフィスに集合してから出発だ。小型セスナで飛び立ち1万2000フィートまで上昇。ゴールドコーストの高層ビル群を眼下にダイブ。十数秒の自由落下を体験し、その後パラシュートを開いてのんびり降下。着地ポイントはキーラビーチとなる。

Column

ジャカランダ祭りを見に行こう！

オーストラリアに春を告げる花といえば、鮮やかな紫色のジャカランダ。特にゴールドコーストの南、ニューサウスウエールズ州のグラフトン Grafton はジャカランダの町として知られており、毎年10月後半～11月前半（2023年10月27日～11月5日）には、町をあげてのジャカランダ祭りが開催される。

町のいたるところがジャカランダ並木となっており、町全体が紫色の花で染まるこの時期、グラフトンをぜひ訪れたい。なお同時期にはゴールドコースト発着の日帰りツアーが催行されることが多い。詳細はジャカランダ祭りウェブサイトを確認しよう。
■ **Grafton Jacaranda Festival**
🌐 www.jacarandafestival.com

ゴールドコーストでゴルフ

晴天率の高さ、国際級コースの多さで世界中から「ゴルファーズパラダイス」と呼ばれるゴールドコースト。ほとんどのコースはビジターにも開放されており、比較的手頃な値段で存分にゴルフを楽しむことができる。しかもほとんどのゴルフ場は中心部からそれほど遠くなく、レンタカーがなくてもタクシー利用で行くことができるのだ。

サンクチュアリコーブのザ・バームズ

サンクチュアリコーブ・ゴルフコース
Sanctuary Cove Golf Course

高級リゾートのサンクチュアリコーブにあるリゾートコースで、ビジター可のザ・バームズ（フレッド・ボルトン設計の18ホール）とサンクチュアリコーブ滞在者や会員のみプレイ可のザ・パインズ（アーノルド・パーマー設計の18ホール）に分かれている。

旅行者が一般的にプレイできるのはザ・バームズ（ただし貸し切りなどの日が多く予約できない日も少なくない）。かつてオーストラリアのゴルフコース・トップ100に選ばれたこともある、ヤシの木の生い茂る風光明媚なコースだ。フラットでフェアウェイの広いコースで初心者から十分楽しめる。ザ・パインズはインターコンチネンタル・サンクチュアリコーブリゾート滞在者やクラブメンバーのみがプレイできる特別コース。自然の地形をうまく取り入れつつ、大胆にウオーターハザードやサイドバンカーを配している。

GPS付きゴルフカートやナイター照明付き全天候型練習場、コンピューター利用ゴルフレッスンなど設備はゴールドコースト随一だ。

朝夕はコース上にカンガルーも現れる

ザ・バームズ

🗺 MAP P.53/1A
🏠 The Parkway, Sanctuary Cove, QLD 4212
☎ (07)5699-9000
🔗 URL www.sanctuarycovegolf.com.au
🕐 毎日早朝～日没
🚫 クリスマスデー
💰 ザ・バームズ：グリーンフィー（電動カート代込み）18ホール $175／ザ・パインズ：グリーンフィー（電動カート代込み）18ホール $175／レンタルクラブ $75／レンタルシューズ $15
💳 ADJMV
アクセス サーファーズパラダイスから車で約40分。タクシー利用の場合約 $70～90。

●ザ・バームズ 全18ホール		●パー TOTAL70						●距離 TOTAL 5530m	
ホール	1	2	3	4	5	6	7	8	9	OUT
距離	318	139	294	473	352	148	350	347	465	2886
パー	4	3	4	4	4	3	4	4	5	36
ホール	10	11	12	13	14	15	16	17	18	IN
距離	357	169	302	158	373	340	120	375	450	2644
パー	4	3	4	3	4	4	3	4	5	34

エメラルドレイクス・ゴルフクラブ
Emerald Lakes Golf Club

設計はオーストラリアの名プレイヤー、グラハム・マーシュ。コースは、ウオーターハザードが随所に設けられているが、全体的にフラットで、かつフェアウェイも広め。初心者から上級者までスコアメイクが楽しめるはずだ。なおゴールドコーストで唯一ナイター照明をもち、バック9は日没後もプレイ可能。併設の全天候型練習場やテニスコート、子供用ミニゴルフなどの設備も充実しており、いずれも手頃な値段で利用できる。

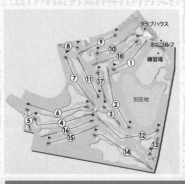

MAP P.53/2B
🏠 Cnr. Nerang-Broadbeach Rd. & Alabster Drv., Carrara, QLD 4211
📞 (07)5594-4400
URL www.emeraldlakesgolf.com.au
🕐 毎日 6:00 ～ 21:30（17:30 ～ 21:30 はバック9のナイター）
🚫 クリスマスデー
💰 グリーンフィー：18ホール 月～金 $77、土日 $87（電動カート付き）／レンタルクラブ $17 ～ 45 ／レンタルシューズ $15
CC ADJMV
アクセス サーファーズパラダイスから車で約15分。タクシー利用の場合約 $30 ～ 40。

●全18ホール		●パー	TOTAL 72		●距離	TOTAL 5807m			
ホール	1	2	3	4	5	6	7	8	9	OUT
距離	317	440	171	447	134	451	376	134	294	2764
パー	4	5	3	5	3	5	4	3	4	36
ホール	10	11	12	13	14	15	16	17	18	IN
距離	305	338	491	132	471	367	385	198	356	3043
パー	4	4	5	3	5	4	4	3	4	36

パームメドウズ・ゴルフコース
Palm Meadows Golf Course

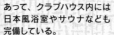

名前のとおりコースのそこかしこにたくさんのヤシの木が植えられており、とてもトロピカルな雰囲気。コースはひじょうに戦略的で、全ホールの2/3にウオーターハザードが配されている。特に名物の18番はグリーンがまるで浮島のようになっているほど。グリーンはオーストラリアでは珍しいベント芝だ。どちらかといえば中上級者向けのコース。もともとは日本の大京が経営していたこともあって、クラブハウス内には日本風浴室やサウナなども完備している。

MAP P.53/2B
🏠 Palm Meadows Drv., Carrara, QLD 4211
📞 (07)5594-2450
URL palmmeadows.com.au
🕐 毎日早朝～日没
🚫 クリスマスデー
💰 グリーンフィー（電動カート代込み）18ホール：平日・週末とも $89 ／レンタルクラブ $30 ～ 45 ／レンタルシューズ $8
CC ADJMV
アクセス サーファーズパラダイスから車で約15分。タクシー利用の場合約 $30 ～ 40。

●全18ホール		●パー	TOTAL 72		●距離	TOTAL 6319m			
ホール	1	2	3	4	5	6	7	8	9	OUT
距離	353	331	486	392	167	367	401	179	480	3156
パー	4	4	5	4	3	4	4	3	5	36
ホール	10	11	12	13	14	15	16	17	18	IN
距離	382	161	379	331	360	475	387	165	523	3163
パー	4	3	4	4	4	5	4	3	5	36

ロイヤルパインズ・リゾート・ゴルフコース
Royal Pines Resort Golf Course

　RACV ロイヤルパインズ・リゾートに併設する高級リゾートコースで、グラハム・マーシュがデザインした 3 つの 9 ホールコースがある（18 ホールでプレイする場合は、このうちのふたつのコースを選ぶ）。ゴールド＆グリーンの 18 ホールは、かつてオーストラリア女子プロトーナメント ALPG の「オーストラリアン・レディスマスターズ」の開催コースだった場所で、現在もプロトーナメントが開催されることがある。全体的にはフラットでフェアウェイも広いが、距離のあるコースが多く、ロングドライブが要求される。

　数多くのサイドバンカーとウオーターハザードの配置も巧みだ。また最新の GPS 付き電動カートが利用できるなど、設備面も充実。プレイ後にリゾートホテル内のレストランやデイスパなどの施設を利用するのもおすすめだ。

●ゴールドコース（9 ホール）　●パー TOTAL36　●距離 TOTAL 3352m

ホール	1	2	3	4	5	6	7	8	9	OUT
距離	340	397	492	377	193	437	132	350	416	3184
パー	4	4	5	4	3	5	3	4	4	36

●グリーンコース（9 ホール）　●パー TOTAL36　●距離 TOTAL 3218m

ホール	1	2	3	4	5	6	7	8	9	OUT
距離	366	152	535	378	158	311	379	289	473	3041
パー	4	3	5	4	3	4	4	4	5	36

●ブルーコース（9 ホール）　●パー TOTAL36　●距離 TOTAL 2945m

ホール	1	2	3	4	5	6	7	8	9	OUT
距離	320	160	473	312	493	282	131	397	374	2942
パー	4	3	5	4	5	4	3	4	4	36

景色のよいホールが多い

MAP P.53/2B
住 Ross St., Ashmore, QLD 4214
℡ (07)5597-8744
URL www.racv.com.au/travel-experiences/resorts/royal-pines-gold-coast/golf.html
営 毎日早朝〜日没
休 なし
料 グリーンフィー（電動カート代込み）18 ホール：ビジター平日 $99 〜 139、週末 $103 〜 145、ホテルゲスト平日 $79 〜 119、週末 $83 〜 125 ／レンタルクラブ $30 〜／レンタルシューズ $15
CC ADJMV
アクセス サーファーズパラダイスから車で 15 分。タクシー利用の場合 $25 〜 35。

131

SPA relaxation in Gold Coast

ゴールドコーストで体験する
スパ・リラクセーション

ゴールドコーストの主要リゾートホテルには、趣向を凝らしたデイスパが数多く併設されている。ホテルゲスト以外のビジターも受け入れているので、自分好みのスパを見つけ、ぜひリラックスした時間を過ごしたい。なおどのスパもそれほど大規模ではないので、予約は必須。できれば前日までに予約しておきたい。

エフォレア・デイスパ
eforea day spa

ヒルトン・サーファーズパラダイスの2階にあり、ゆったりしたマッサージルームとリラクセーションスペースが魅力の高級デイスパ。オーストラリアのオーガニックスキンケアグッズ、イコウ iKOU や、フランスのタラソテラピートリートメント製品タルゴ THALGO を使用。リラクセーションマッサージやヴィシーシャワー体験はもちろん、体調を整えたり体の痛みを軽減するリメディアルマッサージのプログラムも充実している。

フェイシャルトリートメントのプログラムも充実

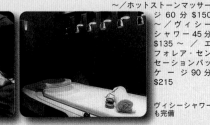

DATA MAP P.54/3A

🏠 Level 2, Hilton Surfers Paradise, 6 Orchid Ave., Surfers Paradise, QLD 4217
📞 (07)5680-8000
URL hiltonsurfersparadise.com.au/eforea-spa-hilton/
🕐 水〜日 10:00 〜 18:00
休 月火
💰 フェイシャル 60 分 $150 〜／マッサージ 60 分 $150 〜／ホットストーンマッサージ 60 分 $150 〜／ヴィシーシャワー 45 分 $135 〜／エフォレア・センセーションパッケージ 90 分 $215

ヴィシーシャワーも完備

Q1 スパ
Q1 Spa (Stephanies Wellness Spa)

クイーンズランド州南部で高級デイスパを展開するステファニーズ・ウェルネススパが運営。自然由来の自社オリジナルプロダクトを用いてボディケアを行っている。トリートメントルームは、よりリラクセーション効果を高めるため、まるで自然の中にいるような効果を演出。カップルトリートメントルームやヴィシーシャワーなどの設備もある。

DATA MAP P.54/3A

🏠 Q1 Resort & Spa, Hamilton Ave., Surfers Paradise, QLD 4217
📞 (07)5551-0910
URL www.q1.com.au/play/spa
URL stephanies.com.au
🕐 火〜木 10:00 〜 18:00、金 10:00 〜 20:00、土 9:00 〜 18:00、日 9:00 〜 17:00
休 月、クリスマスデー
💰 フェイシャル 30 分 $140 〜／ボディマッサージ 60 分 $150 〜／シグニチャー・スパセラピーパッケージ 100 分 $220 〜

左：トリートメント前後にくつろぐエリアもゆったり
右：自然光を取り入れた明るいスパ内

スパ Q ゴールドコースト
SpaQ Gold Coast

モダンで個性的な QT リゾート内にあるスパ。1995 年メルボルンで生まれた自然派由来のスキンケアプロダクト USPA や、日本でも最近注目されている Skeyndor を用いて、各種トリートメントを行う。またネイルやフットケアなどのプログラムも充実。カップル用トリートメントルームもあるなど設備もいい。

DATA MAP P.54/1B

🏨 QT Gold Coast, 1/7 Staghorn Ave., Surfers Paradise, QLD 4217
📞 (07)5584-1108
🌐 www.qthotels.com/gold-coast/spaq/
🕐 火 9:00 ～ 17:30、水～土 9:00 ～ 18:00、 日 9:00 ～ 17:00
🚫 月、クリスマスデー
💰 USPA フェイシャル 60 分 $165 ～／リラックスマッサージ 60 分 $165 ～／マスタリーマッサージ 90 分 $235 ～／シグニチャーパッケージ 180 分 $425 ／ネイル 30 分 $95

人気のＵＳＰＡフェイシャル

スパショップでは USPA や Skeyndor のトリートメントグッズも手に入る

チュアンスパ
Chuan Spa

香港のランガムホテルで高評価を得、その後世界各地のランガムホテルでサービスを開始。ランガム・ゴールドコーストの 2 階にあり、カップル用 2 室を含む全 8 室のトリートメントルームをもつ。チュアンとは中国語で「水の流れ」を意味しており、中国の治癒哲学の五行（木、火、土、金、水）に則った方法でさまざまなトリートメントを行っている。

DATA MAP P.54/3B

🏨 The Langham Gold Coast, 38 Old Burleigh Rd., Surfers Paradise, QLD 4217
📞 (07)5588-5000
🌐 www.langhamhotels.com/en/the-langham/gold-coast/wellness/chuan-spa/
🕐 毎日 10:00 ～ 18:00
🚫 クリスマスデー
💰 フェイシャル：60 分 $290 ～／リラクセーションマッサージ 60 分 $220 ～／ホットストーンマッサージ 90 分 $300 ／チュアン・シグニチャーパッケージ 90 分 $370 ～

東洋スタイルのマッサージだ

リラクセーションエリアにはプールがある

ワンスパ
One Spa

RACV ロイヤルパインズ・リゾート内にある高級デイスパ。「一人ひとりのゲストに心を込めて」というコンセプトで、各種フェイシャル、マッサージ、ボディラップ、ハンズケア、フットケア、ネイルケアまで多様なメニューを揃えている。オーストラリア発高級スキンケアプロダクトの LaGaia UNEDITED（カンタス航空のファーストクラスラウンジでも使用）を使用している。

DATA MAP P.53/2B

🏨 RACV Royal Pines Resort, Ross St., Benowa, QLD 4214
📞 (07)5597-8700
🌐 www.racv.com.au/travel-experiences/resorts/royal-pines-gold-coast/one-spa.html
🕐 毎日 9:00 ～ 17:00
🚫 クリスマスデー
💰 フェイシャル 1 時間 $180 ～／各種ボディマッサージ 1 時間 $155 ～／フットマッサージ 1 時間 $130 ～／スパトリートメントパッケージ 2 時間 $306 ～

自然光が入るトリートメントルーム

水辺に造られたおしゃれなスパだ

地球の歩き方 関連書籍のご案内

オセアニアに魅せられたなら、他の国へも行ってみよう!

※表示価格は定価（税込）です。改訂時に価格が変更になる場合があります。

RESTAURANT iN
GOLD COAST

ゴールドコーストの
レストラン

人気ダイニングスポットは2ヵ所

シーフードをはじめ、中華料理から日本食、エスニックまで多彩。
観光客に人気のダイニングスポットは、
気軽に入れるレストランが多いサーファーズパラダイス周辺、
バリエーション豊富で雰囲気もいいブロードビーチ周辺だ。

各国の味が手軽に楽しめる

一番手軽なのはフードコートでの食事。
特にブロードビーチのパシフィックフェアのフードコートは
バリエーション豊富で、雰囲気もオシャレで大人気だ。
和食はもちろん、タイ料理や中華料理など、
安くておいしいアジア系の店も数多い。

サーファーズ中心部で豪快にステーキを食べる
クリフォーズ・グリル & ラウンジ ● Clifford's Grill & Lounge

MAP P.54/3A

ボコ・ゴールドコースト1階にあるレストラン。オープンキッチンのカジュアルな雰囲気で、炭火で焼き上げるさまざまなグリル料理を味わうことができると評判だ。特に名物の炭火焼き1kg Tボーン（トマホーク）ステーキ（$110）は、2～3人で美味なステーキが食べたいという人におすすめ。盛りつけからして大迫力。柔らかいお肉を、シェアして食べやすいように切り分けてくれているのもうれしい。3種類のソースが付いてくるので、ボリュームがあっても飽きることがない。ほかにも炭火焼きチキン1羽$79、260gサーロインステーキ$42なども人気。バーも併設しておりドリンクメニューも豊富。

DATA
住 VOCO Gold Coast, 3032 Surfers Paradise Blvd., Surfers Paradise, QLD 4217
☎ (07)5588-8400
URL goldcoast. vocohotels.com/eat-drink/cliffords-grill-lounge
営 水～日 17:30 ～ 22:00
休 月火
予約 望ましい
予算 2人で$120 ～ 300
酒 ライセンスド
CC ADJMV
ドレス スマートカジュアル

シェアメニューで一番人気の1kg Tボーンステーキ

迫力満点のリブを食べにいこう！
ハリケーンズグリル & バー ● Hurricane's Grill & Bar

MAP P.54/3A

オーストラリア各地で巨大リブが食べられると人気のハリケーンズグリル。サーファーズパラダイス店は、カビル・モールから高層コンドミニアムのソウルのほうに入った場所にある。骨付き巨大肉のリブは$48（ビーフ、ラム、ポークがある）。またリブにステーキを添えたコンボメニュー（250gのサーロインもしくは300gのランプ$60 ～）も肉好きには大人気だ。リブはテーブルに運ばれてくると、その大きさにビックリ。数人でシェアするのがおすすめだ。ほかにもTボーンやサーロインなどステーキメニューが充実している。

DATA
住 Soul Boardwalk, Level 1,4-14 The Esplanade, Surfers Paradise, QLD 4217
☎ (07)5503-5500
URL www.hurricanes grillandbar.com.au/surfers-paradise
営 月～金 12:00 ～ 15:00、17:00 ～ 21:00、土 12:00 ～ 22:00、日 12:00 ～ 21:00
予約 望ましい
予算 2人で$100 ～ 200
酒 ライセンスド
CC ADJMV
ドレス スマートカジュアル

ポークリブ+250gサーロインステーキのコンボ

地元家族連れに大人気の
ホッグスブレスカフェ ● Hogs Breath Cafe

MAP P.54/3A、P.71

オーストラリアを代表するファミリーレストランチェーン。ゴールドコーストにはサーファーズパラダイスのカビル・モール脇（ソルト・ボードウオーク2階）と、ザ・スピットのマリナーズコーブ内の2店舗あり、いつも地元の人、観光客で混み合っている。店の自慢はプライムリブステーキ。リトルカット200g、トラディショナルカット300ｇ、メガカット400gと、サイドメニュー（カレー味のポテトフライやサラダなど）、ソース（7種類）を選んでオーダー。トッピングもいろいろ。人気なのはガーリックブラウンのせ（リトルカット$38.95）、エビとイカリングのリーフ＆ビーフ（リトルカット$49.95）だ。

DATA
URL www.hogsbreath. com.au
予約 不要
予算 2人で$70 ～ 100
酒 ライセンスド
CC ADJMV
ドレス カジュアル
● サーファーズパラダイス Soul Bldg., T2/9 Cavill Ave., Surfers Paradise, QLD 4217
☎ (07)5527-5554
営 毎日 11:30 ～ 21:00
● ザ・スピット
住 Mariners Cove 4215, 60-70 Seaworld Drv., Main Beach, QLD 4215
☎ (07)5591-6044
営 毎日 11:30 ～ 21:00

ガーリックブラウンのせのリトルカット

🍴 最高級オーストラリア産和牛ビーフが味わえる
🍴 ムームー・ワインバー＋グリル ● Moo Moo The Wine Bar + Grill

ブロードビーチとブリスベンで、大人気のステーキレストラン。牛の鳴き声から店名をつけたというとおり、オージービーフを洗練された味で楽しませてくれる。オーストラリア和牛ステーキ（サーロイン200g$88など）、1kgのオーストラリア和牛ランプステーキ（2人前$178）など高級オージービーフが自慢。九州さつま黒毛和牛熟成肉（150g$128）などの日本から輸入した和牛ステーキもあり、肉好きオージーに評判だ。

DATA
📞 1300-070-710
🌐 www.moomoorestaurant.com 🅟 望ましい 🍷 2人で $120 ～ 200 🍶 ライセンスド 💳 ADJMV 👔 スマートカジュアル
● ブロードビーチ 🏠 Shop 2, Broadbeach on the Park, 2685 Gold Coast Hwy., Broadbeach, QLD 4218 🕐 毎日 12:00 ～ 23:30
● ブリスベン 🏠 The Port Office Bldg., Stamford Plaza, 39 Edward St., QLD 4000 📞 (07)3236-4500 🕐 月～土 11:30 ～ 24:00 🚫 日

オープンエアの席もある

🍴 「お肉が大好き」という人におすすめ
🍴 カビル・ステーキハウス ● Cavills Steakhouse

1984年のオープン以来、地元オージーに愛されてきた老舗ステーキレストラン。調理してもらう肉は、肉屋のようなショーケースの中から自分で選ぶ。オージービーフはもちろん、ラム、チキンもある。特にオージービーフはリブフィレ、アイフィレ、ランプ、Tボーンが選べ、通常1枚340g（$43.50 ～ 59.90）。炭火焼きで、焼き加減のオーダーももちろんOKだ。

DATA
🏠 6 Bayview St., Runaway Bay, QLD 4216
📞 (07)5532-2954
🌐 cavssteakhouse.com
🕐 水～日 12:00 ～ 20:30
🚫 月火
🅟 ディナーは望ましい
🍷 1人 $50 ～ 70
🍶 ライセンスド
💳 ADJMV 👔 カジュアル

ボリューム満点のステーキ

Column

パフィックフェアのフードコート

ゴールドコーストのフードコートなら
パシフィックフェア・フードコート

食費の高いオーストラリアで、少しでも食費を抑えたいときにおすすめなのがフードコート。ゴールドコーストで観光客が利用しやすいのはブロードビーチにある人気ショッピングセンターのパシフィックフェア内。ここにはふたつのタイプの違ったフードコートがある。

ザ・パティオ・フードコート
The Patio Food Court
ザ・リゾート The Resort と名づけられたゆったりした中庭を見下ろす2階にある。ここには高級バーガーチェーンのグリルドバーガーや、人気シェフ監修のジェイミー・オリバー・ピ

厳選したお店が入るパティオ

ザ、フィッシュ＆チップスの人気店、ファット・ア・キャッチ、日本料理のモットモットなどが集まり、ちょっと高級なフードコートといった雰囲気。

フードコート Food Court
バラエティショップのターゲットの近くの2階にある。ここにはサブウェイやマクドナルドからラーメン屋イッピン、丼物と寿司のスモウ、点心のダンプリングギャラリー、ケバブやメメットなどが入っている。ザ・パティオに比べてカジュアルで値段も安めなところが多い。

DATA
🗺 P.55/3A
🏠 Hooker Blvd., Broadbeach, QLD 4218
🌐 www.pacificfair.com.au
🕐 毎日 10:00 ～（店舗により閉店時間は異なるが 19:30 までは開いているところが多い。一部店舗は 22:00 まで）

海を眺めながらロコ気分を味わおう！
BMD ノースクリフ・サーフライフセービング・サポーターズクラブ
● BMD Northcliffe Surf Life Saving Supporters Club

P.54/3B

MAP P.54/3B

サーフライフセービングクラブ2階にあるレストラン。ライフセーバーはもちろん、地元の人たちにも大人気で、ランチタイムやサンセットタイムはビールを飲みながら食事をする人たちで盛況だ。店名の付いた BMD ビーフバーガー $22.60、フィッシュ＆チップス $26.90、チキンパルミジャーノ $26.70、200g アイフィレステーキ $46.40 などがおすすめ。

DATA
🏠Cnr. Garfield Tce. & Thornton St., Surfers Paradise, QLD 4217
📞(07)5539-8091
URL bmdnorthcliffe.com.au
🕐月 ～ 金 7:30 ～ 10:00、11:00 ～ 20:30、土日 7:00 ～ 11:00、11:30 ～ 21:00
予約不要　予算朝食メニュー$7 ～ 30、ランチ＆ディナー$25 ～ 50　酒ライセンスド　CCAMV　ドレスカジュアル

BMD ビーフバーガーはぜひ食べたい

サーファーズパラダイスのイタリアンなら
アルフレスコ・イタリアン
● Alfresco Italian

MAP P.54/2B

ゴールドコーストで20年以上続く人気イタリアンレストラン。ボコ・ゴールドコーストのすぐ近くにある。ナポリ風のピザやパスタなどがメニューに並ぶ。パスタはスパゲティ、フェットチーネ、ペンネ、ニョッキ、ラビオリ、トリテリーニから選ぶことができる。人気メニューはパスタマリナーラ（$38）、ピザ・アルフレスコ（レギュラー $21、ラージ $28）。

DATA
🏠2/3 3018 Surfers Paradise Blvd, Surfers Paradise, QLD 4217　📞(07)5538-9333
URL www.alfrescogc.com
🕐日～木 17:00 ～ 21:00、金土 17:00 ～ 21:30
予約望ましい
予算$40 ～ 70
酒ライセンスド　CC MV
ドレスカジュアル

人気のスパゲティマリナーラ

Column

ストックマンの妙技を観ながらディナー
オーストラリアン・アウトバックスペクタキュラー
Australian Outback Spectacular

ストックマンたちによる競技も楽しい

オーストラリアの荒野で活躍するストックマン（カウボーイのことをオーストラリアではこう呼ぶ）。ストックマンが馬に乗って繰り広げるスペクタクルなショーを観ながら、ディナーを楽しむのがこれ。3コースのディナーメニューで、前菜にパンプキンスープ、メインはテンダーロインバーベキューステーキとアウトバックの雰囲気が楽しめるダンパーブレッド、デザートはストックマンたちに愛されるスイーツ、アップルパイとビリーティーという内容だ（子供メニューあり）。ベジタリアンメニューも用意されている。

ショーは2～3年に一度刷新され、2023年6月現在は「ハートランド Heartland」というタイトルで行われている。ショースペースを囲むように、ひな壇状に1000席のテーブルが用意されている。受付を済ませたら、バーでカントリーミュージックを楽しみながら開演までゆっくりするのがおすすめだ。ワーナーブラザーズ・ムービーワールドとウエットンワイルドの間にある。

"I still call Sutralia home" の音楽が流れるなか、フィナーレを迎える

DATA
MAP P.53/1A
🏠Entertainment Drv., Oxenford, QLD 4210
📞13-33-86
📞(07)5573-3999
URL outbackspectacular.com.au
🕐19:30 ～ 21:00（日曜マチネは 12:30 ～ 14:00）／開演日は時期により異なるのでウェブで確認のこと。月木は休業となることが多い
※おそくともショー開始30分前には到着しておきたい
予算 一般席：日～金 大人$99.99 子供$79.99、土 大人$109.99 子供$99.99 ／トップレイル・プレミアム（ショー正面席＋記念写真、食事中の飲み物無料＋バックステージツアー）：日～金 大人$129.99 子供$119.99、土 大人$149.99 子供$139.99
CC ADJMV
アクセス コニクションがゴールドコーストの各ホテルからシャトルバスを運行している（料金は人数によって異なるので要問い合わせ 📞1300-910-943）。

ナポリスタイルのイタリア料理を満喫
ジェミリ・イタリアン

● Gemilli Italian

MAP P.55/2B

ナポリソース味のニョッキは美味

ブロードビーチパークに面した地元で評判のイタリア料理店。ゴールドコーストのノビーズビーチやソレント、ブリスベンのフォーティチュードバレーにも系列店をもつ。陽気なスタッフがサーブしてくれる前菜のブルスケッタ $18 やフォカッチャ $22 でイタリア気分が盛り上がり、ピザ（各種 $26 〜 30、グルテンフリー対応＋ $3、水牛のモッツァレラチーズ利用＋ $4）やパスタ（$36 〜 41）で舌鼓を打つ。通常の麺類パスタのほかナポリソー

DATA
住 2/2685 Gold Coast Hwy., Broadbeach, QLD 4218
☎ (07)5504-7413
URL gemelliitalian.com.au/gemelli-broadbeach
営 木〜日 12:00 〜 15:00、月〜木 18:00 〜 21:00、金土 17:00 〜 21:30　休 不定休
予約 望ましい
予算 2 人で $80 〜 150
酒 ライセンスド
CC AMV
ドレス スマートカジュアル

いつも混んでいるので予約していきたい

スと水牛のモッツァレラチーズを使ったニョッキ・フォルノ $37 も人気なので、ぜひ試してみたい。

オーセンティックなイタリアンディナーを楽しむ
クッチーナヴィーヴォ

● Cucina Vivo

MAP P.55/3A

ザ・スター・ホテル＆カジノ 2 階にあるイタリアンダイニング。伝統的なイタリア料理を、にぎやかに楽しく、まるでイタリアのトラットリアのような雰囲気で味わえると評判。店内中央に大きなかまどが置かれており、何人ものシェフたちが見事な手つきでピザ生地を延ばし、焼き上げている窯焼きピザは種類豊富で $25 〜 29。ほかにもパスタ各種 $31 〜 45、メインコース $45 〜 56 など。炭火焼きグリルから提供される 300g のイタリア風ステーキのタグリアータ $52 も人気の一品だ。なお金〜日曜の夜にはライブ演奏もある。

DATA
住 The Star Hotel & Casino Gold Coast, Broadbeach, QLD 4218
☎ (07)5592-8443
URL www.star.com.au/goldcoast
営 水〜日 17:30 〜 22:00
休 月火
予約 望ましい
予算 2 人で $100 〜 180
酒 ライセンスド
CC ADJMV
ドレス スマートカジュアル

巨大カマドで焼き上げるピザは本当に美味

オージーに大人気のカジュアルダイニング
ガーデンキッチン＆バー

● Garden Kitchen & Bar

MAP P.55/3A

ザ・スター 1 階カジノレベルにある明るい雰囲気のカジュアルレストラン。屋内のレストランのほか、屋外にはザ・ローン The Lawn と名付けられた芝生席があり、週末はライブエンターテインメントもある。ランチタイムにはガーデンサラダ $23 や炭火焼きアンガスビーフのパテを使ったバーガー＋チップス $26 などが人気。ディナータイムはローストバラマンデー $38、ブラウンリゾット $36、350g の熟成肉のアイフィレ $65 などのメニューがある。クイーンズランドとタスマニア産のシーフードを使ったコールドシーフードプラッター $160 も試してみたい。

DATA
住 The Star Hotel & Casino Gold Coast, Broadbeach, QLD 4218
☎ (07)5592-8443
URL www.star.com.au/goldcoast
営 金〜日 12:00 〜 14:00、木〜月 17:30 〜 22:00
予約 ディナーは望ましい　予算 2 人で $50 〜 180
酒 ライセンスド
CC ADJMV
ドレス スマートカジュアル

カジュアルな雰囲気でおいしい料理を食べるならガーデンキッチン

人気フードエリアのモロッコ料理店
メッカバー・ゴールドコースト

●Mecca Bah Gold Coast

MAP P.55/2B

　ブロードビーチのイーティングゾーン、オラクル・ブルバード入口にある人気店。モロッコ料理、地中海料理を中心としたメニューで、なかでもタジン鍋はシーフード、チキン、ラム、ビーフ、ベジタリアンと種類も豊富で、美味と評判（$30～35）。ファラフェルやミートボールなどの小皿料理（メッゼ$17～30）メニューも多く、お酒とおつまみ、といった利用方法もおすすめだ。

名物タジン鍋を味わおう

DATA
- 住 3 Oracle Blvd., Broadbeach, QLD 4218
- 電 (07)5504-7754
- URL meccabah.com.au
- 営 月 火 17:00～21:00、水～日 12:00～21:00
- 休 不定休
- 予約 ディナーは望ましい
- 酒 1人 $40～70
- 酒 ライセンスド
- CC AMV　ドレス カジュアル

Column

マイアミとバーレイヘッズの間にある
おしゃれなカフェ3店

　観光客よりも地元の人に人気があるのがブロードビーチ以南。特にマイアミからバーレイヘッズにかけてはおしゃれなカフェやレストランがいろいろ。ここにはローカル注目のおしゃれなカフェを3店紹介しよう。

アクセス マイアミやバーレイヘッズへはライトレールの終点ブロードビーチ・サウスからNo.700、777のバス利用が便利。所要約12～15分。

パドックベーカリー The Paddock Bakery

屋外席が人気だ

　ゴールドコースト人気No.1のおしゃれカフェ。週末のランチタイムは席を見つけるのが難しいほどだ。
　ベーカリーと名乗っているだけあってパンの種類やパン系食事メニューが豊富だ。木漏れ日の中で食事ができるガーデン席と屋内席がある。

ベーグルを使ったエッグベネディクト

DATA　MAP P.53/2B
- 住 20 Hibiscus Haven, Miami, QLD 4220
- 電 (07)5508-2573
- URL www.paddockbakery.com　営 毎日 6:00～15:00

コモングラウンド Common Ground

　パドックベーカリーと同じ通りにある朝ごはんで人気のカフェ。アサイボウルや名物になっているアボ・オン・トースト（トース

トの上に赤カブ（ビートルート）のペーストを塗り新鮮なアボカドをのせた一品）を味わってみたい。

DATA　MAP P.53/2B
- 住 2 Hibiscus Haven, Burleigh Heads, QLD 4220
- URL www.facebook.com/commongroundburleigh
- 営 毎日 6:30～14:00

名物のアボ・オン・トースト

タルトベーカリー＆カフェ
Tarte Bakery & Cafe

　バーレイヘッズの町のほぼ真ん中にある人気のブーランジェリー。クロワッサンやシナモンロール、マフィン、さらにハード系のパンまでパンの種類が多く、朝早くからパンを買いにやってくる地元の人がいっぱい。もちろん店の名前になっているとおりタルトも種類豊富だ。店の前の歩道にテラス席が設けられており、パンやタルトと一緒にドリンクを楽しみながら過ごすのがおすすめ。ランチタイムにはサンドイッチなどもある。

美味なイチゴのタルトと甘いスイカジュース

DATA　MAP P.53/3B
- 住 1748 Gold Coast Hwy., Burleigh Heads, QLD 4220　URL tarte.com.au　営 毎日 6:30～15:00

魚屋さん兼シーフードカフェ
シェブロンアイランド・シーフード ●Chevron Island Seafoods

MAP P.54/1A

サーファーズパラダイスから徒歩10分ほど、シェブロンアイランドの中心街にある魚屋さん。ここではイートイン＆テイクアウェイ用メニューがあり、格安で新鮮なシーフードが味わえる。ゴールドコースト随一と評判のフィッシュ＆チップス $10、フィッシュバーガー $9、さまざまなシーフードを使ったグリルドシーフードサラダ $29 などが人気メニューだ。

DATA
住 48-50 Thomas Drv., Surfers Paradise QLD 4217
℡ (07)5592-0027
URL www.facebook.com/chevronislandeafoods
営 毎日 10:00〜20:00
休 不定休
予約 不要
予算 1人 $10〜30
酒 なし
CC MV ドレス カジュアル

シーフードと野菜がいっぱいのグリルドシーフードサラダ

朝食メニューが人気
バンブルズカフェ ●Bumbles Cafe

MAP P.54/1B

サーファーズパラダイス中心部の北ネラング川を望む場所にあるおしゃれカフェ。ハのマークが目印だ。店内はいくつかの部屋に分かれていて、部屋ごとに趣向を凝らしたインテリアになっている。また屋外にもテラス席があって地元の人にはこちらが人気だ。朝食メニューが充実しており、ベーコン＆エッグ $19 やフレンチトースト $25、ベーグルを使ったエッグベネディクト $26 などが人気だ。

DATA
住 19 River Drv., Surfers Paradise, QLD 4217
℡ (07)5538-6668
URL www.bumblescafe.com
営 毎日 6:30〜16:00
予約 不要
予算 1人 $20〜30
酒 なし
CC MV ドレス カジュアル

朝ごはんを食べに行こう！

ブロードビーチのおしゃれカフェといえば
ノーネームレーン・カフェ ●No Name Lane Cafe

MAP P.55/2B

ブロードビーチのペッパーズ・ブロードビーチの間を通る人気グルメエリア、オラクル・ブルバードにある。毎朝オフィスへ出かける前にここに立ち寄って、朝食やおいしいコーヒーを楽しむ地元の人がいっぱい。朝食メニューで人気なのはハニカムパンケーキ $21、アボカドと赤カブのせトースト $20、エッグベネディクト $22 など。もちろんコーヒーメニューも充実している。

DATA
住 17-19 Elizabeth Ave., Broadbeach, QLD 4218
℡ (07)5526-7666
URL www.facebook.com/NoNameLane
営 毎日 6:30〜15:00（テイクアウェイは 6:00〜16:00）予約 不要 予算 $10〜30 酒 なし
CC MV ドレス カジュアル

ボリュームもあるハニカムパンケーキ

ゴールドコースト唯一の回転展望レストラン
ホライズン・スカイダイニング ●Horizon Sky Dining

MAP P.55/1B

クラウンプラザの26階にあり、眺めのよさには息をのむほど。料理はクイーンズランド州の食材をメインに使ったビュッフェで、シーフードの種類も多い。エビ餃子やサルサソースのホタテ、アジア風BBQポーク、ガーリックジンジャービーフなど、世界中で人気の味付けの料理が並ぶ。もちろんスイーツ好きが喜ぶケーキやフルーツなどのデザート類も豊富だ。

DATA
住 Crowne Plaza Surfers Paradise, 2807 Gold Coast Hwy., Surfers Paradise, QLD 4217
℡ (07)5592-9906 URL www.crowneplazasurfersparadise.com.au
営 木〜日ランチ 12:00、12:30、13:00 入店／ディナー 17:30、17:45、18:00 入店 予約 望ましい
予算 木 $110、金〜日 $125／子供は $65 酒 ライセンスド CC ADJMV ドレス カジュアル

ゴールドコーストの景色を楽しみながら食事

🍴 アジアンフードストリートを再現した
ハイダウェイキッチン＆バー

MAP P.55/3B

● Hideaway Kitchen & Bar

ブロードビーチのゴールドコースト・ハイウェイ沿い、サバンナビーチ・リゾートの1階にある。壁にキッチュなアートが描かれた東南アジアふうの屋内席と、世界各地で流行しているたくさんの傘を広げてつるした屋外席のふたつのエリアに分かれている。料理は香港、タイ、マレーシア、インドネシアなどの屋台料理がメイン。シェア料理の種類も多いので、数人で出かけるのがおすすめ。インドネシア風焼きそばのミーゴレン $19、カレー付きロティ $10、アジア風串焼きのサテー各種 $9〜12。

DATA
🏠 2657 Gold Coast Hwy., Broadbeach, QLD 4218
📞 (07)5679-0369
URL hideawaykitchen.com.au 営 月〜金 12:00〜16:00、毎日 17:00〜22:00 予約 ディナーは望ましい 予算 2人 $50〜130 酒 ライセンスド
CC MV ドレス カジュアル

傘をたくさん飾った屋外席

🍴 ゴールドコースト人気 No.1 のタイ料理店
チェンマイタイ

MAP P.54/1B、P.55/1B

● Chiangmai Thai

ゴールドコーストの老舗タイ料理店で、サーファーズパラダイスとブロードビーチに店舗を構える。どちらもライトレールを利用すればアクセスしやすい。料理は本場タイそのものの味で、スパイスや香草がふんだんに使われている。おすすめメニューはタイ風エビスープのトムヤムクン $13.90 やレッドカレーやグリーンカレーなどの各種タイカレー（具材により料金が異なり $24.90〜31.90）、タイ風焼きソバ（パッタイ）$22.90、タイ風チャーハン $20.90 など。2人からオーダーできるセットメニューもあり $42.90〜。

DATA
URL www.chiangmaithairestaurant.com.au
予約 望ましい
予算 2人で $50〜100
酒 ライセンスド CC ADJMV
ドレス カジュアル
●サーファーズパラダイス
🏠 Towers、5-19 Palm Ave.、Surfers Paradise、QLD 4217
📞 (07)5526-8891
営 毎日 17:00〜21:30
●ブロードビーチ
🏠 2779 Gold Coast Hwy.、Broadbeach、QLD 4218
📞 (07)5538-2144
営 毎日 17:00〜21:30

本格的なタイ料理が味わえる

ゴールドコーストの夜景を楽しむ
サイトシーイング・ディナークルーズ

シーワールドクルーズが運航するロマンティックな雰囲気のディナークルーズ。シーワールド発着でほとんど揺れることのないブロードウォーター、ネラング運河をのんびりクルーズしながら、美味なビュッフェディナーを満喫できる。ビュッフェにはシーフード、オージービーフやラム、野菜などが並び、食後はデザートもある。船内調理なのでホットフードができたてなのもうれしい。

しかもクルーズ中はライブ演奏も入って雰囲気もいい。途中デッキから眺めるサーファーズパラダイスの夜景は見事。地元の人たちがよく記念日に乗船するほどだ。

船内でシェフが調理している

デッキの上からサーファーズパラダイスの夜景観賞

DATA
シーワールドクルーズ Seaworld Cruises
URL seaworldcruises.com.au
📞 (07)5539-9299 営 毎日 19:00〜21:30（シーワールド入口脇桟橋発着）
料 大人 $119 子供 $69 家族 $307

ゴールドコースト随一チャイニーズと評判
アンクルスー

MAP P.55/3A
● Uncle Su

ザ・スター内にあり、広東料理レストランとしてはゴールドコースト随一といわれている。しかしレストラン自体それほど気取った感じはなく、スタッフのサービスも心地よい。ランチタイムは飲茶がメインで、点心各種 $14.80 ～ 18.80。ディナーは点心と本格広東料理が味わえ、特にシーフードを使ったメニューが豊富。エビやホタテを使った前菜は盛りつけも美しく、味も大満足。

DATA
住 The Star Hotel & Casino Gold Coast, Broadbeach, QLD 4218
☎ (07)5592-8757
URL www.star.com.au/goldcoast
営 水 ～ 日 12:00 ～ 14:30、17:30 ～ 22:00 休 月火
予約 必 要 予算 L$50 ～ 100、D$70 ～ 200
酒 ライセンスド CC ADJMV
ドレス スマートカジュアル

味はもちろん盛りつけにも注目

オージーにも大人気の日本風定食屋
ちゃちゃ

MAP P.55/2B
● Cha-Cha Japanese Steak House

在住日本人、地元オージーに人気の店で、毎晩、店内はもちろん外に出ているテーブルまでいっぱいになるほどだ。ほとんどのメニューにご飯が付いていて、おかずのボリュームもたっぷり。特に評判なのが和風ステーキ（わさび風味や照り焼きソース味など $27.90）だ。ほかにも天ぷら盛り合わせ $16.90、チキンカツカレー $14.90、豚のしょうが焼き $17.90 などメニュー豊富。

DATA
住 Shop7/24-26 Queensland Ave.., Broadbeach, QLD 4218
☎ (07)5538-1131
URL www.facebook.com/chachabroadbeach/
営 火～日 17:30 ～ 22:00
休 月 予約 不要
予算 2 人で $20 ～ 40
酒 BYO CC MV
ドレス カジュアル

ご飯がすすむ和風ステーキ

和風鉄板焼きの人気店
ミソノ

MAP P.54/1B
● Misono Japanese Steakhouse

JW マリオット・ゴールドコースト&スパの3 階にある鉄板焼き店で、味はもちろん、シェフのユニークなパフォーマンスショーも実に見事だ（これを見るだけでも価値がある）。ゴールドコーストで人気 No.1 の鉄板焼きレストランといっていい。それだけに毎晩混み合うので予約は必須だ。

食材は厳選された最高級のものばかりで、味も文句なし。鉄板焼きはバンケットというセットメニューになっており、エビの前菜、サラダ、焼き野菜、味噌汁、ご飯付き（追加料金で炒飯にできる）。人気なのはフィレステーキと大きなエビを焼くスプラッシュ&メドゥ（$64）、フィレステーキ、チキン、ポークテンダーロインを焼くエグゼクティブシェフの名前がついたヘンリーズチョイス（$66）、フィレステーキとモートンベイバグのミソノ・ゴールドコースト（$79）など。さらにおいしいお肉が食べたいという人向けには、高級和牛ビーフを使ったバンケットもある。

バンケットメニュー以外にも寿司、刺身、天ぷらなどの日本食、ビールのおつまみセットなどもある。

DATA
住 Level 3,JW Marriott Gold Coast & Spa, 158 Ferny Ave., Surfers Paradise, QLD 4217
☎ (07)5592-9770
URL www.misonorestaurant.com
営 水～日 17:30 ～ 21:30
休 月火 予約 望ましい
予算 2 人で $120 ～ 250
酒 ライセンスド
CC ADJMV
ドレス スマートカジュアル

見事な手さばきで調理してみせるシェフパフォーマンス。鉄板焼きの醍醐味のひとつだ

シェフ一人ひとり異なるパフォーマンスネタがあり、笑いの絶えないディナーとなる

店内には数多くの鉄板焼きスペースがある

SHOPPING iN
GOLD COAST

ゴールドコーストの
ショッピング

ショッピングセンターの攻略がポイント

ゴールドコーストでは大型ショッピングセンターを攻略したい。
サーファーズパラダイスからはおもにライトレールやバスでの移動となるが、
ショッピングセンターには、スーパーから各種ショップまで勢揃い。
規模が大きいので、案内図で場所を確認してから動くようにしよう。

ツアーのあとのおみやげ探しは……

1日ツアー参加後のおみやげ探しならサーファーズパラダイス。
中心部には、20:00頃までオープンしている店が多いので、とても便利だ。

人気おみやげ店で見つけた

ゴールドコーストでいまおみやげを買うならコレ！

オーストラリア・ザ・ギフト

AUSTRALIA THE GIFT
MAP P.54/3A

サーファーズパラダイス中心部にある総合おみやげ店がオーストラリア・ザ・ギフト。定番のおみやげはここでほとんど揃うので、まず最初に出かけてみたい。ここで紹介した以外にもアグブーツやオーストラリアをモチーフにしたTシャツ、コアラ型チョコ、コアラやカンガルーのぬいぐるみなどが充実している。

📧 2/3107-3109 Surfers Paradise Blvd, Surfers Paradise QLD 4217 📞 (07)5504-5933 URL www.australiathegift. com.au 🕐 毎日 8:00 ～ 22:00 💳 ADJMV

上：明るいスタッフが応対してくれる
右：サーファーズパラダイスの街の真ん中にある

オーストラリア先住民アートをデザイン
水筒・小銭入れ

オーストラリアの先住民アートは今、世界中から注目を集めている。その独特な世界観をデザインしたグッズがいろいろ。オーストラリアでのブッシュウオーキング時にも便利なステンレス製水筒やハンドメイドで作者も表示してある小銭入れは自分用としても手に入れたい。

水筒はアート柄もいろいろ $44.99

アートがエンボス加工され革の質感もなかなかの小銭入れ $14.99

自然の植物なのでひとつひとつ形が微妙に違う $19.99

オーストラリア固有植物を使った
バンクシアのアロマポット

種がはじけたあとの花の中心部をアロマポットにしたのがこれ。オイルを上から入れるだけで、加熱しなくても種穴から香りが出てくる。

南オーストラリア州の名産品
リグリアンハニーのスキンケアグッズ

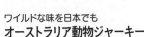

南オーストラリア州カンガルー島のみに生息するミツバチの最後の純血種リグリアンハチ。そのミツをベースにしたスキンケアグッズは日本でもオーガニックコスメ好きに大評判。ハンド＆ネイルクリームはオーストラリア産ホホバオイルなども配合してあり、爪のキューティクルケアに効果を発揮する。

ハンド＆ネイルクリーム $12.99 は日本市価の半額ほど

日本でも注目され始めている
クーリンガル KOOLONGAL の帽子

紫外線の強いオーストラリアで、日焼け防止が十分できるようにと始まった、ゴールドコースト（バーレイヘッズ）発祥のブランド。オーストラリア以外ではアメリカ、カナダで最初に注目を集め、日本でも輸入が始まっている。男性用のフェルト生地のカーボーイハットから、女性用のさまざまな麦わら帽子まで種類も豊富に取り揃えている。

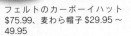

フェルトのカーボーイハット $75.99、麦わら帽子 $29.95 ～ 49.95

ワイルドな味を日本でも
オーストラリア動物ジャーキー

オーストラリアでも食肉となっているカンガルー、クロコダイル、エミューの肉をジャーキーにしたもの。低脂肪高タンパクと評判で味もいい。

3つの味がセットになった詰め合わせ ($24.99) もある

ビラボン **BILLABONG**

MAP P.54/3A
MAP P.55/3A

世界的に知られるサーフブランドのビラボンは、ゴールドコーストのバーレイヘッズが発祥地。今ではほとんどの商品が日本で手に入る。ここでは NSW コフスハーバーの先住民クライ族のプレスクール支援事業としてオーストラリア限定で販売している商品を紹介しよう。なおゴールドコーストに数店舗構えているが、観光客が利用しやすいのはサーファーズパラダイス店とブロードビーチのパシフィックフェア店だ。

サークル・オン・カビルにあるサーファーズパラダイス店

先住民の旗とアートをあしらったキャップ $39.99

URL www.billabong.com.au CC ADJMV
●サーファーズパラダイス店
住 Circle on Cavill, 9 Ferny Ave., Surfers Paradise, QLD 4217 ☎ (07)5538-4552
営 毎日 9:00 〜 17:30
●パシフィックフェア店
住 Pacific Fair, 2 Hooker Blvd., Broadbeach, QLD 4218 ☎ (07)5504-5654
営 月〜水金土 9:00 〜 17:30、木 9:00 〜 21:00、日 9:00 〜 17:00

T シャツは数種類デザインがある $49.99

マークとブーメランをデザインしたシャツ $79.99

UGG シンス 1974 **UGG SINCE 1974**

MAP P.53/2B

数あるアグブーツ店のなかで、UGG シンス 1974 は唯一ゴールドコーストで製造販売を行うお店。既製品はもちろん、ゴールドコーストに工場をもつ利点を生かして、アグブーツのカスタマイズも可能。各パーツごとに生地、柄、色などが選べ、自分だけのオリジナルアグブーツを作れるのだ。月〜木曜にオーダーすれば最短 24 時間で受け取れる。値段はショートブーツ（mini）で $269 〜、ミドルブーツ（mid）で $289 〜、ロングブーツ（tall）で $329 〜。場所はサーファーズパラダイスやブロードビーチから少し離れたマイアミだが、行ってみる価値は十分ある。毎週水曜には工場見学ツアー（1 人 $30）もある。

住 23-25 Christine Ave., Miami, QLD 4220 ☎ (07)5520-4066 URL uggsince1974.com.au 営 月〜土 9:00 〜 17:00、日 10:00 〜 15:00 CC MV
アクセス ライトレールのブロードビーチ・サウスからバス Route 700、777 利用。約 10 分。

パーツをすべて変えるとこんなブーツも作れる。ボタンにスワロフスキーのガラスを利用するのが人気だ

かかとの部分にイニシャルを入れることもできる

Column

観光客が利用しやすい**スーパーマーケット**はここ！

ティムタムをはじめとするお菓子やハチミツなどのおみやげはスーパーで買うとお得。**コールス Coles** と**ウールワース Woolworth** の 2 大大手とそれに準ずる **IGA** がオーストラリアの代表的スーパー。主要な町には数店舗ずつある。

観光客が利用しやすいのは、サーファーズパラダイスではパラダイスセンター地下にあるウールワース、シェブロンルネッサンスのコールス、サーファーズパラダイス・ブルバード沿いの IGA。ブロードビーチではパシフィックフェア内のコールスとウールワース、さらにオアシス内のウールワース。

DATA
● コールス URL www.coles.com.au
● ウールワース URL www.woolworths.com.au
● IGA URL www.iga.com.au

ゴールドコーストの人気ショッピングセンター

高級感あふれる大人気ショッピングセンター
パシフィックフェア

● Pacific Fair

A ザ・リゾートと名づけられた中央広場　B 高級ブランドが勢揃い　C 人気のT2は試飲して選べる　D ゆったりとしたフードコート

ブロードビーチにあるゴールドコーストを代表する巨大ショッピングセンターで、中央部**ザ・リゾート** The Resort と名付けられた屋外広場エリアを中心に数多くの専門店が入っている。ザ・リゾートはもちろん、屋内エリアも通路が広々しており、ショッピングの合間に休憩できる場所も多く、全体にゆったりした雰囲気なのもいい。

人気ショップが勢揃い

オーストラリアンブランドはもちろん、ヨーロッパ、アメリカの高級ブランドも勢揃いしている。

オーストラリアンブランドでは、日本未入荷の紅茶店 T2 が旅行者には大人気。手頃な値段でおみやげにするならここ、と決めてやってくる人も多い。またゴールドコースト生まれのビラボンやビクトリア州発祥のクイックシルバーなどサーフブランドも充実。コスメ系ではイソップやジュリークのゴールドコースト旗艦店のほか、ボディショップやロクシタンなどもある。

高級ブランドではルイ・ヴィトン、プラダ、エルメス、グッチ、シャネル、フェラガモ、コーチ、ブルガリ、ティファニー、ロレックス、ポロ・ラルフローレン、トミーヒルフィガーなどがザ・リゾートの南側すぐの場所に集まっており、高級ブランドブティック街を形成している。円高傾向にある時期であれば、日本より安くこうした高級ブランド品が手に入るはずだ。

ザ・リゾートを囲むように H&M、ZARA、ユニクロなどのファストファッションがあり、ローカルのオージーでいつもいっぱい。またオーストラリアを代表するデパートチェーンのマイヤー Myer、デビッドジョーンズ David Jones、

さらにスーパーマーケットのコールス、ウールワース、バラエティショップのKマートやターゲットなど、オーストラリアらしいおみやげ探しに利用できそうなお店もいっぱいだ。

パシフィックフェアのフードコートもおしゃれと評判で、美味な食事をカジュアルに楽しみたい人にも大人気だ。

ビジターラウンジで割引パスをもらおう

お店が集まるエリアではないが、ハブロック・ブルバード側の入口近くにビジターラウンジもある。主要店舗で割引や特別サービスが受けられるプレビレッジパスの無料発行、無料 Wi-Fi や有料の荷物預かりサービスなどを行っている。

DATA

🏠 Hooker Blvd., Broadbeach, QLD 4218
📞 (07)5539-8766
🌐 www.pacificfair.com.au
🕐 月〜水金土 9:00 〜 17:30、木 9:00 〜 21:00、日祝 9:00 〜 17:00
🚫 クリスマスデー
💳 店舗により異なる
アクセス サーファーズパラダイスからライトレール利用。終点のブロードビーチ・サウス下車すぐの場所にある。また無料のシャトルバスも運行しており、観光客には便利。サーファーズパラダイスなど北部方面からだと1日4本、バーレイヘッズなど南方面からだと1日3便の運行。サーファーズパラダイス発着場所はQ1リゾート＆スパ前となっている。

 パシフィックフェアは巨大でフードコートも充実。Coles スーパーのキッチン用品コーナーでタッパーをおみやげに買いました。外国のタッパーは何となくかわいい。（神奈川県　横溝千絵）['23]

ゴールドコースト随一の巨大アウトレットモール

ハーバータウン・プレミアムアウトレット ●Harbour Town Premium Outlets

広いので半日かけて回りたい

ハーバータウンほぼ中央にあるラルフローレンのアウトレットブティック。

サーファーズパラダイスの北、車で20分のビゲラウオーターズにあるアウトレットショッピングモール。旅行者には一番人気のショッピングセンターで、旅行客向けのサービスも充実。ハーバータウンの一角にツーリストラウンジがあり、そこで無料で発行してもらえるツーリストカードがあれば、主要店舗で割引などが受けられるのだ。またツーリストラウンジでは無料 Wi-Fi 完備で冷たい飲み物も無料、荷物預けや休憩もできる。

ハーバータウン内には70以上のアウトレットショップが並ぶが、その多くはオーストラリアの人気ブランド。もちろんアルマーニ、コーチ、ポロ・ラルフローレン、トミーヒルフィガー、ボス、ラコステ、ノースフェイス、カトマンズ、UGG オーストラリアなど日本のアウトレットでもおなじみ

各種割引が受けられるツーリストカード

のインターナショナルブランド、スポーツブランドのナイキ、アディダス、プーマ、アシックス、コンバース、ニューバランス、カンタベリー、シティサーフ（各種サーフィンブランド）は手に入る。スーパーのウールワースやカフェ、レストラン、映画館などもあるので、半日ぐらいの予定で出かけてみるといいだろう。

UGGオーストラリアやファーラ、ボスなどファッション系ブランドも多い

DATA

🏠 147-189 Brisbane Rd., Biggera Waters, QLD 4216
📞 (07)5529-1734
URL www.harbourtowngoldcoast.com.au
🕐 月～水金土9:00～17:30、木9:00～19:00、日10:00～17:00 CC 店舗により異なる
アクセス サウスポートから Route 704 のバス利用（約15分）。ブロードビーチからサーファーズパラダイス経由で1日1便無料シャトルバスもある。ブロードビーチ発9:15、ハーバータウン発14:00。

***

ゴールドコースト最大のショッピングセンター

ロビーナ・タウンセンター ●Robina Town Centre

とにかくその大きさに驚かされる

観光客は少し行きにくいが、地元の人たちに一番人気があるのがロビーナ・タウンセンターだ。ロビーナ駅のすぐ近くにあり、300を超える専門店が入っている。高級デパートのデビッドジョーンズ、バラエティストアチェーンのターゲット、Kマート、スーパーのコールスやウールワースといった地元の人に必要不可欠なお店が勢揃い。インターナショナルブランドのお店はないが、オーストラリアでは有名なファッションブランドのカントリーロードやナインウエスト、コットンオン、サバ、キュー、さらに主要サーフブランドを扱うシティビーチサーフ、個性的なステーショナリーで評判のタイポやスミグルスなどが人気。日本では手に入らないブランドをじっくりチェックするのにおすすめのショッピングセンターだ。

DATA

🏠 19 Robina Town Centre Drv.(off Robina Parkway), Robina, QLD 4230 📞 (07)5575-0481
URL robinatowncentre.qicre.com
🕐 月～水金土9:00～17:30、木9:00～21:00、日10:30～16:00
CC 店舗により異なる
アクセス ブロードビーチ・サウスから Route 750、751、752 のバス利用が便利。

高級感あふれるショッピングセンター

マリーナミラージュ

● Marina Mirage

吹き抜けの周りに並ぶ高級品店

ザ・スピットの高級リゾート、シェラトングランドミラージュ・リゾート＆スパやインペリアルパレスとつながっているショッピングセンター。マリーナに面した外観はヨットの帆をイメージしたものだ。大きな吹き抜けになったショッピングセンター内にはファッション、アクセサリーなどのブランドショップがゆったり配されている。トミーバハマ以外あまりなじみのないブランドが多い

が、ゆっくり掘り出し物を探すつもりで回ってみたい。またダイニングスポットとしても人気で、特にシーフードのオメロスブラザーズは、高級店として地元で評判だ。

DATA

🏠74 Seaworld Drv., Main Beach, QLD4217 📞(07)5550-6400
URL www.marinamirage.com.au
🕐毎日 10:00 ～ 18:00
CC 店舗により異なる
アクセス サーファーズパラダイス、ブロードビーチから Route705 のバス、もしくはサウスポートから Route 704 のバス利用。

1 階にはカフェやレストランが入っている

地元で人気の大型ショッピングセンター

オーストラリアフェア

● Australia Fair

無料 Wi-Fi がうれしい

サウスポート中心部にある、1983 年オープンの地元で愛されている大型ショッピングセンター。大型バラエティショップのKマート、スーパーマーケットのコールス、ウールワースが夜遅くまで開いているので、地元の人でいつもにぎわっている。センター内は無料 Wi-Fi が使えるし、カフェやレストランもある。

DATA

🏠42 Marine Pde., Southport, QLD 4215
📞(07)556-6600
URL www.australiafair.com.au
🕐月～水金土 9:00 ～ 17:30、木 9:00 ～ 21:00、日祝 10:30 ～ 16:00
※Kマート、コールス、ウールワースは多少営業時間が異なる
休 クリスマスデー
CC 店舗により異なる

スーパーは規模も大きく地元の人でいつもにぎわう

Column

ゴールドコーストのフリーマーケット

オージーの週末のお楽しみはマーケット。最大規模はブロードビーチから内陸に入った所にあるカラーラマーケットだ。約 400 の露店は実用品が圧倒的に多いが、工芸品やおみやげ品などを扱う店があって、観光客にも人気。
またサーファーズパラダイスのエスプラネード沿いで行われるビーチフロントマーケットは、おみやげになりそうな工芸品を多数扱う露店が 120 あまり出店するマーケット。夕食前後に出かけて、掘り出し物を見つけてみよう。

家族連れでにぎわうカラーラマーケット

ビーチフロントマーケット

DATA

■カラーラマーケット Carrara Markets　MAP P.53/2B
🏠Cnr. Gooding Drv. & Manchester Rd., Carrara, QLD 4211　📞(07)5579-9388
URL www.carraramarkets.com.au　🕐土日 8:00 ～ 15:00
アクセス ブロードビーチ・サウスからサーフサイドバス Route 736、743、744、745 利用、約 10 分。
■サーファーズパラダイス・ビーチフロントマーケット Surfers Paradise Beachfront Markets　MAP P.54/3A
URL www.surfersparadisemarkets.com.au　🕐水金日 16:00 ～ 20:00（サマータイム時期は 16:00 ～ 21:00）

149

HOTELS & RESORTS IN GOLD COAST

ゴールドコーストの
ホテル

ちょっと離れた高級リゾート

北のザ・スピットから南の州境まで、
海沿いにたくさんのホテルが建ち並ぶ。
ゴールドコーストが初めてなら
サーファーズパラダイスブロードビーチ周辺に、
2度目以上ならザ・スピットやサンクチュアリコーブにある
高級ホテルでゴージャスに過ごすのもいい。

コンドミニアムもおすすめ

ゴールドコースト滞在の醍醐味はコンドミニアムにある。
ビーチ沿いのグッドロケーションは
すべてコンドミニアムといっても過言ではない。
5つ星ホテル並みの豪華な施設を誇るところもあり、
子供の多い家族やグループで宿泊すればかなりお得。
予算と目的に合わせた選択が可能だ。

ザ・スター・ホテル&カジノ・ゴールドコースト

★★★★★ リゾート感覚でステイできるカジノホテル

● The Star Hotel & Casino Gold Coast

A 夜になるとホテル全体がライトアップされて幻想的な雰囲気　B 最も一般的なスーペリアルーム　C ダーリングのツインルーム　D 吹き抜けになっていて明るい雰囲気のロビーエリア　E プールサイドにはくつろげるようカバナも用意されている
F クッチーナヴィーヴォでぜひ食べたいかまど焼きピザ

　ゴールドコーストで唯一カジノやラスベガススタイルのショーや有名アーティストのコンサートが開かれるザ・スターシアターを併設する、大型エンターテインメントリゾート。レセプションエリアはカジノやショー観劇に訪れるだけの人々でにぎわうフロアとは別に設けられており、カジノがあるとは思えないほどくつろいだ雰囲気。

アコモデーションと設備

　ふたつのホテルコンプレックスがある。一般的なのはカジノの上にある、ザ・スターグランド。客室は通常のスーペリアルームでも32㎡もの広さがある。またモダンでシックな家具調度品でまとめられており、落ち着いた雰囲気だ。またツインルームが多いので、カップルはもちろん、グループ旅行などにも向いている。独立したタワー型の建物がオールスイートタイプのダーリング Darling。最も狭い部屋でも78㎡で、ゴージャスなインテリアやバルマンのアメニティなど贅沢な気分に浸れる。

　レストランの充実度もゴールドコースト随一で6つの特徴あるレストラン&バーをもつ。特にモダンジャパニーズのキヨミ、オーセンティックなイタリア料理のクッチーナヴィーヴォ（→P.139）、本格広東料理のアンクルスー（→P.143）、バラエティ豊富なメニューが自慢のガーデンキッチン&バー（→P.139）などは、ディナータイムに予約が必須なほど大人気だ。もちろんプールやジム、デイスパ、さらにゲームセンター、リゾートショップまで、ホテル内施設は文句なし。駐車場スペースも広く、レンタカー利用者にもありがたい。

　ホテルからは高級ショッピングセンターのパシフィックフェアや、数多くのレストランが集まるブロードビーチ中心部も近い。もちろんライトレールの駅もすぐそばだ。大型イベントや会議が行われるコンベンションセンターとは屋根付きの遊歩道で結ばれている。

DATA

🏠 Broadbeach Is., Broadbeach, QLD 4218
📞 (07)5592-8100　🆓 1800-074-344
🔗 www.star.com.au/goldcoast
💴 The Star Grand:Superior $302、Corner Balcony Deluxe $362、Executive Deluxe $422、Club Suite $644 ／ Darling:Stellar Suite $710～900、King Terrace Suite $1098、Ocean Terrace Suite $1298、Penthouse Suite $2391～
💳 ADJMV　📶 無料　日本での予約先：なし
日本語スタッフ：いない
🛏 The Star 592 室、The Darling 57 室

🏨 ザ・スターとコンプレックスを形成するおしゃれリゾート

★★★ ドーセット・ゴールドコースト ●Dorsett Gold Coast
★☆☆

MAP P.55/3B

A タワーの19階までがドーセットだ　B ロビーエリアはゆったりした雰囲気　C 見晴らしのいい屋外プール　D 広々としたデラックスツインルーム。全室コーヒーマシン完備だ　E 朝食やサンセットドリンクが楽しめるエグゼクティブラウンジ　F ロビー脇にあるジンカフェはバーとしても利用価値大

　ザ・スターとは別系列だが、同一コンプレックス内に4.5星のリゾートスタイルのホテルを構えるのがドーセット。ホテル全体が明るく、スタイリッシュな雰囲気だ。ザ・スターとは別の独自の車寄せをもち玄関までタクシーなどで乗り付けることも可能。またザ・スターのカジノレベルからコンコースでつながっているので、ザ・スター内のレストラン施設の利用も便利だ。駐車場もザ・スターと共用で、駐車券をレセプションに持っていけば無料券を発券してくれるシステムだ。

アコモデーションと設備

　客室はスタンダード、デラックス、エグゼクティブの3タイプで、デラックス以上の客室は角部屋かどうかで料金が異なる。最も小さなスタンダードルームでも26㎡あり、デラックス以上だと31〜32㎡の広さがある。インテリアはシンプルモダン。全室コーヒーマシンもあるなどミニバーも充実している。エグゼクティブは19階にあるエグゼクティブラウンジが利用可能。このラウンジからの眺めはすばらしく、朝は日の光を受けてバラエティ豊かな朝食メ

ニューを、夕方は赤く染まる町を眺めながらスパークリングワイン、ビールなどと一緒にシーフードやカナッペなどの軽食を無料で楽しめる。予算が許すならエグゼクティブの部屋を予約したい。

　プールは中層階にあり、ブーロドビーチのパノラマを眺めながら泳いだり、くつろいだりできる。このほか冬でも温水の屋内プールもある。

　ロビー脇にあるジンカフェ&バーでは、朝は簡単な朝食が取れる。もちろんカクテルをはじめとするドリンク類も豊富だ。

DATA

🏠 5 The Darling Ave., Broadbeach QLD 4218 4218
📞 (07)5504 1000
URL www.dorsetthotels.com/dorsett-gold-coast/index.html
💴 Standard $199、Deluxe $239、Deluxe Corner $249、Deluxe Panoramic $249、Executive $369、Executive Panoramic $379
CC ADJMV WiFi 無料　日本での予約先：なし
日本語スタッフ：いない
客室数 313室

MAP P.71

水の宮殿のような5スターリゾート
★★★
★★
シェラトングランドミラージュ・リゾート&スパ・ゴールドコースト ●Sheraton Grand Mirrage Resort & Spa Gold Coast

A 巨大なラグーンプールが自慢　B 人気のあるラグーンの客室　C ラグーンサイドのバルコニーはくつろぐのに最適　D オイスターバーでモダンオーストラリア料理を味わう　E パールズのアフタヌーンティー　F 明るい日差しが差し込むテラスレストラン　G 明るく開放的なロビーエリア

ゴールドコーストの5つ星ホテルで、唯一ビーチフロントにあるのがシェラトングランドミラージュ。オーストラリアでも有数の高級リゾートとして知られており、ハード面はもちろん、滞在中ちょっとしたところで受けるスタッフの心のこもったサービスなど、さまざまな場面で最高級リゾートの神髄に触れることができる。

アコモデーションと設備

客室は広大なラグーンを囲むように建てられており、庭園側のミラージュ、ガーデンビューと、海が望めるオーシャン、ラグーンプール前のリゾートビューに分かれる。どの客室も十分な広さがあり、バスルームのタブもゆったり。ハネムーナーに人気なのがラグーンを望むデラックススタジオ。部屋も広くなり、バスルームにはスパバスが完備される。またスイートルームも比較的値段が手頃なので積極的に利用したい。このほか家族連れやグループならヴィラもおすすめ。2ベッドルーム+LDKという造りで、メインのバスルームにはスパバス完備。洗濯機・乾燥機も付いている。もちろんホテルルーム同様のサービスが受けられる。

ホテル内レストランで人気なのが、ゴールドコースト有数の美味なビュッフェが味わえるテラスレストランだ。朝食はもちろんランチ、ディ

ナー時はシーフードビュッフェとなり、宿泊客以外にも地元の人でいっぱいになるほどだ。ほかにも落ち着いた雰囲気でディナーを楽しみたい人はパールズバーがおすすめ。軽食からメインコースまでのメニューをもつモダンオーストラリア料理のレストランで、ワインやカクテルなどのドリンク類も充実している。ほかにもプールサイドのオアシスプールバーや、オールデイダイニングのデッキなど食事場所のオプションも多い。なお歩道橋でつながるマリーナミラージュにもレストランが入っている。

DATA

住71 Seaworld Drv., The Spit, Main Beach, QLD 4217　☎(07)5577-0000

URL www.marriott.co.jp/hotels/travel/oolgs-sheraton-grand-mirage-resort-gold-coast

料Hotel：Mirrage $408 ～ 449、Garden View $489、Ocean View $639、Deluxe Studio $509、Resort View Suite $779、Garden View Suite $819、Ocean View Suite $899、Ocean View Deluxe Suite $1294、Ocean View Presidential Suite $2449／Villa：2B $699 ～

カードADJMV　WiFi 無料

日本での予約先：マリオットボンヴォイ
FREE 0120-92-5659
日本語スタッフ：いる
客室数 ホテル 295室＋ヴィラ 35戸

JW マリオット・ゴールドコースト・リゾート＆スパ ● JW Marriott Gold Coast Resort & Spa

A サーファーズパラダイスの町から少し離れたネラング川沿いに建つ瀟洒なリゾート　B プールサイドにはカバナもあってのんびりできる　C 熱帯魚の泳ぐプールでは毎朝魚の餌づけもできる　D オーシャンビューの客室。ゆったり広々としている　E ロビー正面にある美しいステアケースは記念撮影ポイントとして人気だ　F 朝食ビュッフェのエッグコーナーでは好きな卵料理がオーダーできる

サーファーズパラダイス中心部の北約1kmのネラング川沿いにあるゴールドコーストを代表するリゾートホテル。ロビーに入ってまず目を引くのが中央にあるステアケース。まるで映画の1シーンにでも出てくるような雰囲気で、誰もがここで記念写真を撮りたいと思ってしまうような場所。週末にはウエディングカップルの記念撮影場所としても人気が高い。

アコモデーションと設備

客室はゴールドコースト内陸を望むヒンターランドビューと南太平洋を望むオーシャンビューに分かれるが、基本的な設備は同じ。最もポピュラーなタイプの部屋でも42㎡もの広さをもち、現代的なインテリアが印象的だ。また全室ウオークインクローゼット、バスルーム内の独立シャワー室、さらにバルコニーなど使い勝手のいい造りとなっている。

ホテルの自慢のひとつがメインプール。海水ラグーンプールで、プール内には人工の珊瑚礁が置かれ、グレートバリアリーフにすむコーラルフィッシュが泳ぎ回っている。毎朝スタッフが無料の魚の餌づけツアーを行っているので、要チェックだ。またスノーケルセットも借りられるので、フィッシュウオッチングにトライしよう。このほか淡水プールエリアには、ウオー

タースライダーなどもある。なお2023年内には高級デイスパのマリオットスパもオープン予定だ。

レストランはラグーンプールを望むビュッフェレストランのシトリーク、鉄板焼きのミソノ（→P.143）の2ヵ所。シトリークはおもに宿泊ゲスト向けの朝食ビュッフェのほか、ディナーと週末のランチタイムにシーフードビュッフェを行っていて大人気。ミソノはゴールドコーストの鉄板焼きレストランのなかで随一の人気を誇っている。どちらも滞在中一度は食べに行きたいレストランだ。このほかロビーエリアにはカフェやバーもある。

DATA
🏠 158 Ferny Ave., Surfers Paradise, QLD 4217
📞 (07)5592-9800
🔗 www.marriott.co.jp/hotels/travel/oolsp-surfers-paradise-marriott-resort-and-spa
💲 Mountain View $617 ～ 699、Ocean View $674 ～ 819、Ocean View Residntial Suite $1409、Ocean View Presidential Suite $3320
💳 ADJMV 📶 無料
日本での予約先：マリオットボンヴォイ FREE 0120-92-5659 **日本語スタッフ：**いる
🛏 223室

ランガム・ゴールドコースト
唯一オン・ザ・ビーチに建つ5スターリゾート　MAP P.54/3B
●The Langham Gold Coast

ビーチの真ん前という絶好のロケーション

サーファーズパラダイスの町から南へ車で5分ほどの場所にある、2022年オープンの3つのタワーをもつ大型リゾートホテル。道路を挟むことのない正真正銘オン・ザ・ビーチのリゾートで、しかも目の前のビーチは町の中心から少し離れていることもあって人もそれほど多くなくのんびりした雰囲気だ。

もちろん客室も豪華。最も狭いスーペリアルームでも34㎡の広さをもち、ミニバーには全室コーヒーマシンがセット。50インチのTVはストリーミング対応のスマートテレビだ。USBポートも全室最低3ヵ所ある。もちろんバスルームはバスタブとシャワーブースが別になっている。家族連れやグループなら2ベッドルーム以上のジュウェルレジデンスもおすすめ。フルキッチン、フルランドリーの付くコンドミニアムタイプだ。

レストランは朝食ビュッフェとディナーのア

モダンでゆったりとした客室

ラカルト（金・土曜はビュッフェ）を提供するアコヤ、本格広東料理レストランの単コート、おしゃれなアフタヌーンティーで評判のパームコート、さらにカフェスタイルの26＆サニーやロビーバー、プールバーがある。このほかゴールドコースト有数の高級デイスパのチュアンスパ（→ P.133）があるので、ぜひトリートメントを体験したい。

DATA
住 38 Old Burleigh Rd, Surfers Paradise QLD 4217　(07)5638-8888
URL www.langhamhotels.com/en/the-langham/gold-coast
料 Superior Hinterland $469、Deluxe Ocean View $675、Kitchnett Suite $849、Jr.Ocean Suite $835、Executive Ocean Suite $965、Presidential Suite $2399、Chairman's Suite $4999 / Jwell Residence Ocean View:1B $639 ～、2B $739 ～
CC ADJMV　WiFi 無料
日本での予約先：なし　日本語スタッフ：いない
客室数 339 室

インペリアルパレス
優雅にそしてゴージャスに滞在　MAP P.71
●The Imperial Palace

QLD州内から運ばれた砂で造ったラグーンプール

元々はイタリアンブランド、ヴェルサーチが世界で初めてコーディネートしたホテル、パラッツィオ・ヴェルサーチだったホテルで、2023年8月からヴェルサーチブランドを外し、インペリアルパレスとなった。大理石をふんだんに使ったロビーエリアの豪華さやアートあふれる美術館のような雰囲気はそのまま残されている。現在はヴェルサーチの象徴的マークでメドゥーサの取り外しがあちこちで行われており、インペリアルパレスとして完全に生まれ変わるまでは少し時間がかかりそうだ。

客室の内装にはイタリアの家具・調度品が使われており、全室バスルームにはスパバスとシャワー室を完備する豪華さ。また家族連れに評判なのがコンドミニアム。とにかく部屋が広く、しかも値段はホテルルームを2部屋確保するのとほとんど変わらない。

レストランはオールデイダイニングで、日曜ランチおよび毎ディナーでのシーフードビュッ

フェが人気のイル・ブロッコ、ゴールドコースト有数のイタリアンファインダイニングのヴァニタス、そしてロビーの一角にありおしゃれで優雅なハイティーが楽しめるレ・ジャディンがある。ただし各レストランとも今後、コンセプトを変更する可能性はある。

このほかラグーンスタイルの大きなプール、地下にある本格的デイスパ、フィットネスジムなど設備は充実している。

最も一般的なスーペリアの客室

DATA
住 94 Seaworld Drv.(P.O.Box 137), The Spit, Main Beach, QLD 4217
(07)5509-8000
料 Hotel：Superior $300、Lagoon $400、Balcony $450、Superior Suite $400、Deluxe Suite $550、Lagoon Junior $550、Lagoon Suite $650、Broadwater Suite $750 ／ Condominium：2B $1322 ～ 11522　CC ADJMV WiFi 無料
日本での予約先：なし　日本語スタッフ：いない
客室数 ホテル 200 室＋コンドミニアム 72 室

H ★★★ ヒルトン・サーファーズパラダイス
サーファーズパラダイスの中心に建つ

● Hilton Surfers Paradise

A ふたつのタワーをもつ高層ホテル。間にはプールやBBQスペースがある　B レジデンス1ベッドルーム　C レジデンスのリビングダイニング　D 丸窓が印象的なキャッチレストラン　E キャッチレストランのアラカルトは美味と評判　F 一部の客室はネスプレッソ完備

サーファーズパラダイス中心部随一の高級ホテル。オーキッド・アベニューとサーファーズパラダイス・ブルバードの間に建ち、目の前にはライトレールのカビル・アベニュー駅もある。57階建てオーキッドタワー3～15階がホテルルーム、同16～57階と32階建てブルバードタワーの3～32階がレジデンス（コンドミニアム）になっている。ホテルの客室はシンプルモダンなインテリアで統一されており、落ち着いた雰囲気。バスルームも広々としていて使い勝手がいい。レジデンスは広々としたリビングダイニングに最新のキッチン設備をもち、長期滞在にも適している

レストランエリアは2階。メインダイニングはキャッチレストランで、オーキッド・アベニューを望むゆったりとしたレストラン。またロビー脇のザ・フードストアも要チェック。テイクアウェイのデリが充実しており、安くて美味な食事におすすめだ。3階にはジム＆フィットネスセンターやラップブール、ジャクージプール、キッズプール、屋外BBQスペースがある。また世界各地のヒルトンでデイスパを展開するエフォレア（→ P.132）では、優雅な雰囲気のなかで極上のスパトリートメントを堪能できる。

DATA
住6 Orchid Ave. (3113 Surfers Paradise Blvd.), Surfers Paradise, QLD 4217
☎(07)5680-8000
URL hiltonsurfersparadise.com.au
料 Hotel：Guest Room $275、Deluxe $305、Executive $355、Relaxation $375、Relaxation Suite $405　／　Residences：1B $335、2B $375 ～ 469　カードADJMV　WiFi 無料
日本での予約先：ヒルトン・リザベーションズ
☎0066-33-112505　日本語スタッフ：いない
客室数 ホテル＋レジデンス 320 室

H ★★★☆ ノボテル・サーファーズパラダイス
サーファーズパラダイスにそびえる高層ホテル

● Novotel Surfers Paradise

中層階に設けられた屋外プール

サーファーズパラダイスの真ん中、パラダイスセンターの上にあり、ショッピングやナイトライフを楽しむには最高のロケーション。客室はヒンターランドビューとオーシャンビューに分かれているが、8割の部屋はオーシャンビューとなっている。また29～35階の高層階がエグゼクティブルームとなっている。見晴らしのいい屋外プールやテニスコート、さらにジムも完備。レストランは2階にあるハンランズで、特に夜のシーフードビュッフェが値段も手頃で美味と評判だ。

DATA
住 Cnr. Surfers Paradise Blvd. & Hanlan St., Surfers Paradise, QLD 4217
☎(07)5579-3499
URL www.novotelsurfersparadise.com.au
料 $210 ～ 310　カードADJMV　WiFi 無料
日本での予約先：アコーホテルズ　☎(03)4578-4077　日本語スタッフ：いる　客室数408 室

デラックスルームの客室

H 施設とサービスの充実ぶりに納得の滞在
★★★ ボコ・ゴールドコースト
★☆☆

● voco Gold Coast
- an IHG Hotel

A プールは2ヵ所あり、温度調節されているので1年中泳げる　B 明るく開放的なロビーエリア　C もっとも一般的な客室
D バスルームのアメニティはリフィルタイプのAVEDAを使用　E ロビー脇にあるソーシャルハウス・ラウンジバー

インターコンチネンタル・グループの新しい4.5星ブランドがボコ。洗練されたシティホテルといった雰囲気だ。レセプションには日本語を話すスタッフがいることも多い。

部屋はシンプルモダンなインテリアで統一されており、広さも十分で使い勝手がいい。電源コンセント部分にUSB端子がついているのもありがたい。景色によって値段は変わるが、高層階をリクエストすれば、町やビーチ、ネラング川といった景観を眺めることができる。

ホテルの1階には炭火焼きグリルが自慢の人気レストラン、クリフォーズ・グリル&ラウンジ(→P.136)、早朝から開いていてテイクアウェイもできるカフェ&バーのソーシャルハウス・ラウンジバー、朝、昼、夕ともにビュッフェスタイルで料理が楽しめるウエイブズ・レストランがある。ウエイブズのディナービュッフェ(金・土曜)はカニやエビなどのシーフードから巻き寿司、イタリアン、アジア料理各種、さらにデザートにはチョコレートファウンテンもあるなど種類豊富で価値あり。もちろんプールやジム、ゲーミングルームも完備。

DATA
🏠 31 Hamilton Ave., Surfers Paradise, QLD 4217
📞 (07)5588-8333
🔗 goldcoast.vocohotels.com
💲 Standard　City View $226、Standard Ocean View $246、Premium Mountain View $266、Premium Ocean View $286、Retreat Suite $376、Entertainers Suite $476　💳 ADJMV　📶 無料
日本での予約先:インターコンチネンタルホテルグループ 📞 (03)4520-3207　日本語スタッフ:いる
🛏 389室

H キュートでかわいいリゾートとして大評判
★★★ QTゴールドコースト
★☆☆

● QT Gold Coast

サーファーズパラダイス中心部から徒歩7～8分の所にある22階建てのホテル。サーファーズパラダイスのほかのホテルとは異なり、ホテル全体の雰囲気がカラフルで、キュート。おしゃれ感もいっぱいだ。部屋は明るくモダンで愛らしいファニチャーが印象的。ビューによって値段は違うが、どちらの客室にもバルコニーがあるので、海、山、すばらしい景色が楽しめる。

レストランは市場の雰囲気を取り入れたオープンキッチンのビュッフェレストラン、バザーのほか、本格的な日本料理の山玄、朝食や軽食が楽しめるフィックスカフェがある。ナイター設備付きのテニスコートやジム、プール、スパQゴールドコースト(→P.133)も揃う。

DATA
🏠 7 Staghorn Ave. (Cnr. Surfers Paradise Blvd.), Surfers Paradise, QLD 4217
📞 (07)5584-1200
🔗 qthotels.com/gold-coast
💲 $339～530
💳 ADJMV　📶 無料
日本での予約先:なし
日本語スタッフ:いない
🛏 297室

リゾート感たっぷりのプール

明るくキュートな雰囲気の客室

H ★★★ ★☆

何をするにも便利な
マントラ・オン・ビュー

● Mantra on View Hotel

ショッピングに便利なサーファーズパラダイスの中心に位置する22階建ての大型ホテル。ショッピングセンターのピアッツァ・オン・ザ・ブルバードに隣接し、1、2階からアクセスが可能（駐車場もピアッツァと共同となっている）。ビーチまでも徒歩5分と近く、バルコニー付きの部屋からの眺めもいい。

日本人客の利用が多いこともあり、各種日本語サービスも充実。コンシェルジュをはじめとするスタッフの対応もテキパキとしている。客室はスイート以外は、すべて同じ造りで、部屋からの眺めによりカテゴリー分けが行われている（5～8階のシティビュー、9～18階のオーシャンビューのほか19～22階ハイ・オーシャンビューとなっている）。室内はシックな雰囲気でまとめられており、広さも十分でゆったりとしている。

レストラン＆バーはノシ・パンアジアン1ヵ所。環太平洋のさまざまな料理が並ぶ朝食ビュッフェが自慢だ。このほか中層階にあるプール、リラクゼーション施設のオーシャン・デイスパなどの設備がある。

DATA

🏠 22 View Ave., Surfers Paradise, QLD 4217
📞 (07)5579-1000
🌐 www.mantraonview.com.au
💰 City View $145～155、Ocean View $185～195、Twin Suite $245、King Suite $255、River View Suite $305、Ocean View Suite $375
💳 ADJMV 📶 無料
日本での予約先：アコーホテルズ 📞 (03)4578-4077 日本語スタッフ：いる
🛏 321室

サーファーズ中心部の大型ホテルだ

現代感覚あふれる居心地のいい客室

広々としたプールエリア

H ★★★ ★☆

景色抜群の4.5星ホテル
クラウンプラザ・サーファーズパラダイス

● Crowne Plaza Surfers Paradise

静かなプールサイド

週末は挙式がよく行われているチャペル

サーファーズパラダイスとブロードビーチとの中間にある26階建てのホテル。目の前にはライトレールのフロリダガーデン駅があるので、サーファーズパラダイス、ブロードビーチ、どちらにもアクセスしやすい。

客室は広々としており、インテリアはシック。全室に付いているバルコニーからは、ビーチ、ゴールドコーストの高層ビル群、ヒンターランドの山並みなどのすばらしい景色が楽しめる。

メインダイニングはレリッシュ・グリル＆バーで、朝食ビュッフェとランチ＆ディナーがアラカルトのオールデイダイニングだ。さらに最上階にはゴールドコースト唯一の回転展望レストラン、ホライズン・スカイダイニング（→P.141）

が入っている。このほかモダンな雰囲気のスポーツバーのスクイーズがある。屋外には広々としたプールやウェディングチャペルも完備するなど、本格リゾートといった雰囲気だ。

広々とした客室

DATA

🏠 2807-2809 Gold Coast Hwy., Surfers Paradise, QLD 4217
📞 (07)5592-9900
🌐 www.crowneplazasurfersparadise.com.au
💰 Standard $289、Ocean View $349、Premium Ocean View $369、Jr.Suite $389、Premium Suite $409、1B Suite Ocean View $439、Penthouse Suite $489
💳 ADJMV 📶 無料
日本での予約先：インターコンチネンタルホテルグループ 📞 (03)4526-3207
日本語スタッフ：いない
🛏 269室

MAP P.53/1A

インターコンチネンタル・サンクチュアリコーブ・リゾート

H ★★★ ★★ 喧騒から離れた隠れ家リゾート

● InterContinental Sanctuary Cove Resort

A 巨大なラグーンプールが印象的なリゾートホテル　B クイーンズランダースイートのベッドルーム　C 最も一般的なガーデンビューの客室　D 敷地内には朝夕野生のカンガルーがやってくる。間近で観察できるのがうれしい　E 朝食はコープカフェで種類豊富なビュッフェを楽しむ　F グレートハウス内には暖炉があって、どこかヨーロッパのリゾートを思わせる

サーファーズパラダイスから車で30分の高級別荘地、サンクチュアリコーブの中心にあるのがインターコンチネンタル。レセプションやレストランが入ったメインビルディングはグレートハウスと名づけられた、伝統的なクイーンズランド様式の館。外観を見るだけでその優雅さのとりこになりそうだが、さらにドアマンに迎えられて一歩足を踏み入れると、クラシックなゴージャス感に酔いしれてしまうほどだ。そして、大きな窓から正面に見えるホテル自慢の巨大なラグーンプールもまた印象的だ。

アコモデーションと設備

ホテルの敷地は広く、そのなかにいくつかの宿泊棟、そして白砂のビーチを持つラグーンプール、チャペルなどがある。すぐ隣にはゴールドコースト有数のチャンピオンシップコースを持つサンクチュアリコーブ・ゴルフコース（→ P.129）があり、ゴルファーの滞在客も多い。このホテル滞在客は、一般ビジターがプレイできない名コースのザ・パインズでプレイできる特典がある。

客室の内装もまたクラシック。それでいて古さを感じさせない上品な雰囲気がいい。部屋からの眺めによってカテゴリー分けされているが、基本的にはスイートを除きほぼ同じ造りだ。どの客室もバスタブも深めで日本人にはうれしい。全室バルコニー付きで、朝夕は敷地内の芝生やプールの周りにやってくるカンガルーを眺めることもできる。

レストランはグレートハウス内に集まっている。滞在中ぜひ行きたいのがメインダイニングのファイアープレイス。炭火かまどで焼き上げるオーストラリアらしいグリル料理が絶品。コープカフェは、バラエティのある料理が並ぶ朝食ビュッフェのレストラン。大人の雰囲気のレストラン＆バーで人気なのが、ベランダ・レストラン＆バー。ウイスキーのセレクションが豊富で、ウイスキーに合うランチ＆ディナーメニューを用意している。また土・日曜はグレートハウス内でSNS映えすると評判の豪華なハイティーも楽しめる。

なおホテルのすぐ脇にはサンクチュアリコーブのマリンビレッジがあり、そのなかにも数多くのレストランがあるので、食事場所に困ることはないだろう。

DATA

Manor Circle, Sanctuary Cove, QLD 4212
(07)5530-12347
www.sanctuarycove.intercontinental.com
Garden View $474、Lagoon Pool View $494、Marina View $504、Club Lounge Access Marina View $704、Queenslander Suite $874、Homestead Suite $1074、Federation Suite $2974、Manor Suite $3474
ADJMV WiFi 無料
日本での予約先：インターコンチネンタルホテルグループ (03)4526-3207
日本語スタッフ：いる
251室

★★★ マントラ・レジェンズ

立地も便利な快適ホテル

MAP P.54/3A

● Mantra Legends Hotel

エントランスを入ると、中庭にあるプールと滝の流れが目に飛び込み、明るいロビーが広がる。そのプールに面して、レストラン、カフェ、ヘルスクラブ、サウナなどの施設が揃っている。客室はバルコニー付きで、シックにまとめられている。必要なアメニティも揃っており、快適な滞在ができる。人工の滝が流れるレストラン、フェイブルズはシーフードと日替わりのバラエティに富んだビュッフェが楽しめる。プールサイドにテーブルが置かれたテールズバーでは軽食も OK。朝食に和食メニューが用意されているなど、日本人向けのサービスも充実。

DATA
🏠 25 Laycock St., Surfers Paradise, QLD 4217
📞 (07)5588-7888
URL www.mantralegends.com.au
💰 $160 ～ 260、2B $330 ～
CC ADMV
WiFi 無料
日本での予約先：アコーホテルズ☎(03)4578-4077
日本語スタッフ：いない
客室数 198 室

ロビーから見えるプールエリア

デラックスルーム

★★★ ソフィテル・ゴールドコースト・ブロードビーチ

ブロードビーチのおしゃれなホテル

MAP P.55/2B

● Sofitel Gold Coast Broadbeach

ブロードビーチのオアシスとコンプレックスをなす、洗練された雰囲気の都市型高級ホテル。現代風デザインで統一されたホテル内、パーソナルなサービスを心がけているスタッフなど、「さすが高級ホテルブランドのソフィテル」と感じ入ってしまうほど。客室は間接照明を用いた落ち着いた雰囲気で、一番狭い部屋でも 37 ㎡もの広さをもつ。大理石張りのバスルームは、バスタブとシャワーブースが別になっていて使い勝手もいい。
　レストランは朝夕ビュッフェのビストロ・オン 3、フランス料理のエッセンスを取り入れたモダンオーストラリア料理が味わえるファインダイニングのルーム 81 がある。

DATA
🏠 81 Surf Pde., Broadbeach, QLD 4218
📞 (07)5592-2250
URL www.sofitelgoldcoast.com.au
💰 $339 ～ 739
CC ADJMV WiFi 無料
日本での予約先：アコーホテルズ☎(03)4578-4077
日本語スタッフ：いない
客室数 296 室

ふたつのプールをもつ優雅な雰囲気のホテル

高級感あふれる客室

★★★ シーワールド・リゾート＆ウオーターパーク

シーワールドがすぐ隣

MAP P.53/2B

● Sea World Resort & Water Park

シーワールドに併設された総合リゾートホテル。メインビルディングを中心にホテル棟が広がっており、その中央にはブロードウオーターを望む 4m の高さの滝をもつプールエリアがある。その一角には、スポンジ・ボブ・スプラッシュバッシュ（スポンジ・ボブのキャラクターをモチーフにした水遊び場）があり子供たちに人気だ。数多くのウオータースライダーがあるウオーターパーク、テニスコート、ジム、デイスパ設備など施設の充実度はすばらしい。客室は広々としており、コインランドリー設備もある。レストランは朝、昼、夜とビュッフェが楽しめるショアライン、和食レストランの初花、イタリア料理のメルローズがある。

DATA
🏠 Seaworld Drv., Main Beach, QLD 4217
📞 1300-139-677
URL seaworld.com.au/resort
💰 $359 ～ 534
CC ADJMV WiFi 無料
日本での予約先：なし
日本語スタッフ：いる
客室数 403 室

水遊び場のスポンジ・ボブ・スプラッシュバッシュ

明るくてモダンな客室

ゴールドコーストの人気コンドミニアム

ゴールドコーストで長めの滞在を考えているなら、コンドミニアムがおすすめ。ゴールドコーストではホテルより先にコンドミニアムが発達したため、ビーチ沿いのロケーションに建っているのはコンドミニアムが圧倒的に多い。その種類もバラエティに富み、高級リゾートホテル並みの施設を誇るものから、バジェットタイプまでさまざま。自分好みのコンドミニアムでオージー流の生活を体験してみよう。

H ★★★★★
サーファーズパラダイスビーチ前に建つ

ペッパーズソウル・サーファーズパラダイス

MAP P.54/3A
● Peppers Soul
Surfers Paradise

サーファーズパラダイスビーチの真ん前、エスプラネード沿いに建つひときわ豪華な高層コンドミニアム。77階建てソウルの39階までをオーストラリアの高級ホテルグループのペッパーズがマネジメントしている。

1〜3ベッドルームがあり、全室オーシャンビュー。バルコニーから眺めるゴールドコーストの眺めは、間違いなくサーファーズパラダイス随一だ。もちろん客室設備も最新。40インチのTVやブルーレイプレーヤーなども完備している。部屋は白を基調としたコンテンポラリーでおしゃれな雰囲気だ。ホテルが経営するレストランは地中海料理のハイドパラディソだけだが、ホテル1階部分のエスプラネード沿いにはレストラン、カフェなどが並んでいて食事どころに困ることはない。

DATA
🏠 8 The Esplanade., Surfers Paradise, QLD 4217 📞 (07)5635-5700
URL www.peppers.com.au/soul-surfers-paradise
🛏 1B $498、2B $574 〜 649、3B $952 〜 2318
CC ADJMV
日本での予約先：アコーホテルズ 📞 (03)4578-4077
日本語スタッフ：いない
客室数 181室

最新の77階建てコンドミニアムだ

サーファーズパラダイスビーチを望むプール

マスターベッドルーム

H ★★★★★
世界で一番背の高いホリデーアパート

Q1 リゾート&スパ

MAP P.54/3A
● Q1 Resort & Spa

ゴールドコースト随一の高層建築、それがQ1リゾート。サーファーズパラダイス中心部に位置する80階建ての居住用ビルで、77階（地上230m）には、ゴールドコーストのパノラマが一望できる展望デッキ（スカイポイント展望台→P.64）もある。居住用としては世界有数の高さを誇り、その一部をコンドミニアムとして提供している。まず驚かされるのが、各ゲストルームからの眺めのよさだ。大きなバルコニースタイルのスペースをもち（安全上窓でふさがっている）、海側の部屋だと、北はストラドブローク島、南はクーランガッタまで望めるのだ。また部屋も広々としており、インテリアはコンテンポラリーモダンで統一されている。もちろんリゾートと名がつくだけあって、人工ビーチをもつ大きなラグーンプールやインドアプール、Q1スパ（→P.132）、レストランなども完備している。レセプションは24時間オープン。

DATA
🏠 9 Hamilton Ave., Surfers Paradise, QLD 4217
📞 (07)5630-4500
📞 1300-792-008
URL www.Q1.com.au
🛏 1B $369 〜 488、2B $528 〜 573、3B $624 〜 793
CC ADJMV
WiFi 無料
日本での予約先：なし
日本語スタッフ：いない
客室数 317室

ゴールドコースト最高層のコンドミニアムに泊まる

ゆったりとしたベッドルーム

リビングエリアは近代的でとても明るい

サーファーズパラダイスの新名所にもなっている
H ★★★ ☆☆
マントラ・サークルオンカビル・リゾート

MAP P.54/3A

● Mantra
Circle on Cavill Resort

カビル・アベニューの北側、サーファーズパラダイス・ブルバードとファーニー・アベニューの間にあるショッピング＆ダイニングゾーンがサークルオンカビル。このファーニー・アベニュー側に建つ69階建てと49階建てのツインタワーが高級コンドミニアムとなっている。客室には現代的な雰囲気の家具・調度品が置かれ、最新式のキッチンやAV設備などを完備。ホテル内に3つのプール、ミニシアター、ゲスト専用ラウンジをもつなど、設備もすばらしい。もちろん、サークルオンカビルにはレストランやカフェ、ベーカリー、スーパーなどがあり、何をするにも便利。レセプションは24時間オープン。

DATA
住 9 Ferny Ave., Surfers Paradise, QLD 4217
℡ (07)5582-20000
URL www.mantracircleoncavill.com.au
料 1B $330 〜 366、2B $454 〜 497
CC ADJMV WiFi 無料
日本での予約先：アコーホテルズ ℡ (03)4578-4077
日本語スタッフ：いない
客室数 126室

見晴らし抜群のプール

居心地のいいリビングルーム

手頃な値段でブロードビーチを満喫
H ★★★ ☆☆
メリトンスイーツ・ブロードビーチ

MAP P.55/3B

● Meriton Suites
Broadbeach

ブロードビーチのゴールドコースト・ハイウェイ沿いにあり、レストランが集まるエリアやビーチ、ザ・スター・カジノ、パシフィックフェアなど、すべて徒歩5〜10分。2棟の32階建てタワーをもつ大型コンドミニアム。最も狭いスタジオルームでも63㎡と余裕の広さで、電子レンジがあるキチネット、ランドリー設備も完備している。通常の滞在であればこの部屋でも十分。本格的キッチンは1ベッドルーム以上の部屋からとなる。ホテル内には屋外＆屋内プール、サウナ、ジムなどもある。なおレンタカー利用の場合、駐車場は有料だ。

DATA
住 2669 Gold Coast Hwy., Broadbeach, QLD 4218
℡ (07)5579-6200
URL www.meritonsuites.com.au/our-hotels/qld/gold-coast/broadbeach
料 Studio $170、1B $160 〜、2B $300 〜、3B $500 〜　※季節により最低泊数制限あり
CC ADJMV WiFi 無料
日本での予約先：なし
日本語スタッフ：いない
客室数 413室

ツインタワーの大きなコンドミニアム

スタジオルームでもこの広さ

ブロードビーチの最新コンドミニアム
H ★★★ ★★
ペッパーズ・ブロードビーチ

MAP P.55/2B

● Peppers Broadbeach

オーストラリア各地で高級リゾートを手がけるペッパーズブランドの豪華コンドミニアム。ブロードビーチを望む40階建てと50階建てのふたつの高層タワーからなり、両タワーの間のオラクル・ブルバードは大人気イーティングゾーンとなっている。ブロードビーチの中心にあるショッピングセンター、オアシスやサーフ・パレードのレストラン街は目の前だ。すべての施設が近代的。客室は広く、白をベースにしたインテリアはモダン。バルコニースペースもゆったりしている。プール、ゲームルーム、ジム、サウナなどのほか、専用ミニシアター、禅ガーデン、デイスパもある。

DATA
住 21 Elizabeth Ave., Broadbeach, QLD 4218
℡ (07)5635-1000
URL www.peppersbroadbeach.com.au
料 1B $319、2B $413 〜 523、3B $933
CC AMV
WiFi 無料　日本での予約先：アコーホテルズ ℡ (03)4578-4077
日本語スタッフ：いない
客室数 147室

ブロードビーチ地区随一のコンドミニアム

ベッドルームも広々

ビヨンド・ゴールドコーストのホテル

ゴールドコーストのビーチエリアからほんの少し離れるだけで、オーストラリアの大自然が満喫できるホテルが見つかる。特にゴールドコースト・ヒンターランドには泊まってみたいホテルがいっぱいだ。

H ★★★ ☆☆ 亜熱帯雨林を楽しみ尽くす
オライリーズ・レインフォレストリトリート、ヴィラ&ロストワールドスパ

MAP P.52/3B
● O'Reilly's Rainforest Retreat, Villas & Lost World Spa

ゴールドコーストの東の丘陵地帯に広がる世界遺産「オーストラリア・ゴンドワナ多雨林」。その観光ベースとなるのがラミントン国立公園のグリーンマウンテンズだ。オライリーズは、100年ほど前、この地域が国立公園になる前に私有地となった場所に建てられている。

オライリーズはデイビジターも訪れるメインエリアと原則滞在客のみが入れるレインフォレスト&バレービューヴィラ・エリアに分かれている。メインエリアには山小屋風の宿泊施設（リトリート）、レストラン、バー、図書室などがあり、手頃な料金で宿泊できる。ヴィラは高床式戸建ての豪華別荘風。バルコニーにはジャクージも完備。またラミントン国立公園を一望できるプールやロストワールドスパもこちらのエリアにある。アクティビティメニューも充実。ウオーキングトレイル散策、リトリート前での野鳥の餌づけ、ツリートップウオーク、4WDツアー、夜間のツチボタルツアーなど、どれも参加してみたい。朝夕いたるところで目にするパディメロンを観察するのも楽しい。

DATA
🏠 3582 Lamington National Park Rd., vis Canungra, QLD 4275
📞 (07)5502-4911
URL oreillys.com.au
料 Rainforest Retreat：Stinson Room $189、Mountain View $199、Canopy Suite 1B $377、Canopy Suite 2B $449 / Rainforest Villas：1B $419、2B $464 / Valley View Villas：1B $454、2B $504、3B $604 ※ Villaは最低2泊から
CC ADMV WiFi 無料
日本での予約先：なし
日本語スタッフ：いない
客室数 リトリート＋ヴィラ計111室
アクセス ゴールドコースト中心部から車で約1時間30分。

ジャクージプールも完備したレインフォレストリトリート

ヴィラは景色が見やすいよう高床式になっている

敷地内でよく見かけるパディメロン

H ★★★ ☆☆ 世界遺産の森にあるブッシュウオーカー向け宿泊施設
ビナブラ・ロッジ

MAP P.53/3A
● Binna Burra Lodge

2019年の森林火災により大きな被害を受けたビナブラ・ロッジが、2022年より再オープン。世界遺産ラミントン国立公園内にあり、自然愛好家には人気の宿泊施設となっている。オライリーズほど観光用アクティビティは整備されていないが、それだけにブッシュウオーキング・ルートは混雑することもなく、ほぼ滞在客だけで森を満喫できる。部屋はキチネット付きホテルタイプのタイニーワイルドハウスと、コンドミニアムスタイルのスカイロッジ、自然の中にいると大実感できる常設のサファリテントがある。食事は宿泊施設から少し離れた丘の上にあるビナブラ・ティーハウスと軽食やドリンクがメインのグルームズコテージ・ブッシュウオーカーズバーの2ヵ所。またキャンプサイト脇のバーベキュー場で食事を楽しむためのBBQパックも用意されている。

DATA
🏠 1069 Binna Burra Rd., Beechmont, QLD 4211
📞 (07)5533-3622
URL www.binnaburralodge.com.au
料 Tiney Wild House:$365 / Sky Lodge:Studio $373、1B$470、2B$550 / Safari Tent: $75 ~ 97
CC MV WiFi なし
日本での予約先：なし
日本語スタッフ：いない
客室数 まだ一部修復のため部屋数は不明
アクセス ゴールドコースト中心部から車で約1時間30分。

崖沿いに建つスカイロッジ

タイニーワイルドハウスの室内

タンガルーマ・アイランドリゾート

★★★ ☆☆ イルカに出合える島でリゾートステイ ● Tangalooma Island Resort

A 美しい白砂のビーチをもつタンガルーマ・アイランドリゾート　B 水平線近くに日が沈むサンセットタイムは特別な時間
C リゾートらしさいっぱいのプールエリア　D ファイヤーの中華料理は本格的　E 夕方には野生イルカへの餌づけも楽しめる
F ホテル棟となっているクッカブラビル　G 洗練されたデザインのデラックスルームの客室

　イルカの餌づけができる島として知られるモートン島(→P.86)。ゴールドコーストからの1日ツアー(→ P.122) もあるが、できることなら滞在して、島の自然の魅力とアイランドリゾートのすばらしさをじっくり体験したい。日帰りでは遊びきれないほどのアクティビティと、リゾートとしての魅力が詰まっているからだ。(アクティビティの詳細は→P.86 ～ 88)。しかもリゾートには日本語が話せるスタッフも常駐しているので安心だ。

アコモデーションと設備

　フェリーが発着する桟橋からレセプションのあるメインビルディングまではビーチ沿いを歩いて5分ほど。宿泊棟はすべてメインビルディングの先(北側) に建てられている。

　日本人旅行者が一般的に利用するホテルタイプの宿泊施設はクッカブラビルディングで、低層階のスタンダードと高層階のデラックスに分かれている。クッカブラビルディングの前にある2階建てがリゾートユニットで、こちらはオージーの家族連れに人気だ。このほか、クッカブラビルディングよりさらに北側にはさまざまなタイプのヴィラ (ほとんどが2ベッドルーム) が並んでいる。ヴィラの2階にはふたつのシングルベッドがあり、8人まで滞在できるので家族やグループで利用するのに最適だ。それぞれキチネット付き。リゾート内にはスーパーもあるので自炊も可能だ。

　レストランはメインビルディング内に朝食ビュッフェのターシオップス、ディナータイムに BBQ があるビーチ BBQ、ランチに人気のビーチカフェとコーヒーラウンジが入っている。またビーチ沿いには本格中華のファイヤー、ベトナム料理のストーンズもある。なおビーチからは、オーストラリア東海岸では珍しい、わずかに陸地が見えるだけの水平線近くに沈むサンセットも楽しめる。

DATA

P.O.Box 1102, Eagle Farm, QLD 4009
(07)3637-2000　1300-652-250
www.tangalooma.com
Standard $279、Deluxe $299、Resort Unit $279、Family Suite $319、Villa 2B $409 ～ 499
※ヴィラは季節により最低宿泊日数の制限あり
ADJMV 無料 日本での予約先:なし
日本語スタッフ:いる
286 室 (ヴィラ含む)
アクセス モートン島への行き方参照 (→ P.86)。

H ★★★★★ ブリスベンシティ中心部にある
ヒルトン・ブリスベン

MAP P.89/2A

● Hilton Brisbane

ロビーに入ってまず驚くのが吹き抜けの巨大アトリウムだ

ブリスベンの繁華街の中心にある5つ星ホテルがヒルトン・ブリスベン。クイーン・ストリートモールに建つウインターガーデンとコンプレックスをなしている。観光、食事、ショッピング、何をするにも便利な立地がうれしい。

ホテルの建築はオーストラリアの著名な建築家ハリー・サイドラー氏のデザインによる。ロビーエリアから広がる80mを超えるモダンな巨大アトリウムが印象的。アトリウムを取り囲むよう客室が並んでおり、高層階はエグゼクティブクラブフロアとなる。ブリスベンという土地柄ビジネスユースも多いため、客室はゆっくり過ごせるようエレガントであたたかみのある家具・調度品で統一されている。ゲストルーム、デラックスルーム、エグゼクティブルームとも広さは32㎡。なおエグゼクティブ以上のゲストは専用のクラブラウンジが利用でき、夕方のカナッペ&ドリンク、朝食などのサービスを無料で受けられる。

レストランはビンテージド・バー&グリル。巨大ワインセラーが見えるようになっており、食事に合わせて選べるワインも120種を超えるほどの充実ぶり。オーストラリア各地から厳選された食材を使ったメニューで、特に部位によって産地の違う各種ステーキは絶品。

また屋外温水プール、人工芝のテニスコート1面、そしてジムといったアクティブ派も満足できる設備もある。

ゆったりとしたゲストルーム

DATA
🏠 190 Elizabeth St., Brisbane, QLD 4001
📞 (07)3234-2000
URL www.hiltonhotels.jp/brisbane/hilton-brisbane
🛏 Guest Room $499、Deluxe $539、Executive $589、Suite $859
CC ADJMV WiFi 無料
日本での予約先:ヒルトン・リザベーションズ
📞 0066-33-112505
日本語スタッフ:いない
客室数 319室
アクセス ブリスベン中心部にある

H ★★★☆ ブリスベン・セントラル駅近くの高台にある
アモラホテル・ブリスベン

MAP P.89/2B

● Amora Hotel Brisbane

開放的な雰囲気のロビーエリア

ブリスベンのセントラル駅から徒歩5分ほどの高台に位置するホテルで、周囲は閑静な雰囲気。町の中心部のクイーン・ストリートモールやリバーサイド、ハワードスミスワーフなども徒歩圏内と便利な場所で、すぐ近くにはスーパーマーケットもある。こうした立地のよさを考えるとひじょうに手頃なホテルといえる。

客室は明るくスタイリッシュなデザインの家具で統一。スタンダードの客室でも32㎡と広々としている。プレミアムは客室自体スタンダードとほぼ同じだが高層階に位置しており、眺めがいい。なおスタンダードとプレミアムはバスタブがなくシャワーオンリーだ。エグゼクティブもやはり高層階に位置し、スパバス付きのバスルームとなる。エグゼクティブラウンジも利用でき、朝食やサンセットタイムのドリンク&軽食が楽しめる。

メインのレストランは1階ロビー脇のパント

リー。朝食はビュッフェで、ディナータイムはクイーンズランド州で取れた魚介や野菜をメインに使ったモダンオーストラリア料理が味わえる。このほか軽食を提供するツードンキーズカフェ、ロビーバーがある。

おしゃれな雰囲気でゆったりくつろげる客室

DATA
🏠 200 Creek St., Brisbane, QLD 4000
📞 (07)3309-3309
URL www.amorahotels.com/brisbane
🛏 Standard $175、Premium $204、Executive $247 CC AMV WiFi 無料 日本での予約先:なし
日本語スタッフ:いる 客室数 296室
アクセス ブリスベン中心部にある
※2023年11月までホテル内で改修作業が行われており、一部カテゴリーの客室はクローズされる場合がある。

H ★★★★★

クラシックホテルでブリスベンの夜を満喫

MAP P.89/2A

トレジャリー・ホテル&カジノ

●Treasury Hotel & Casino

A 外観を見るだけで歴史を感じる B ラブ・バー+レストランの朝食 C 高天井が印象的なゲストルーム D ジムのある部屋でさえこの重厚感 E ヨーロッパのような雰囲気のカジノにも出かけたい

ブリスベンを代表する歴史的建造物がトレジャリー・ホテル&カジノだ。歴代のクイーンズランド州首相の銅像が立つクイーンズガーデンを挟み、カジノ棟とホテル棟に分かれている。1886 ~ 1926 年にかけて 3 度の増築を行って建てられた政府関係のビルで、外観はそのまま、内部もできるだけ当時の様子を残すよう改築を施して現在のようなカジノとホテルとなった。このホテルに泊まること、それ自体、ブリスベンの歴史に触れられる貴重な体験なのだ。

昔の建物だけあって各階の天井の高さにまず驚かされる。客室のある 2 階以上も 4m 以上の高さをもち、部屋自体に空間的な広がりが感じられる。客室のインテリアはもちろん、ホテル内のエレベーターやロビーエリアなど、すべてがクラシック。まるでタイムスリップしたような気分になるほどだ。無料 Wi-Fi サービスもあるが、重厚な石造りの建物のためか、残念ながらあまりスピードは出ないので、そのつもりで。

レストラン&バーはホテル棟にラブ・バー+レストラン（朝食はここで）、カジノ棟にファットヌードル（→ P.92）やメイウェイダンプリングほか 7 ヵ所。カジノ棟で食事をしても部屋づけが可能だ。

DATA

住 159 William St.(Top of the Queen St. Mall), Brisbane, QLD 4000
☎ (07)3306-8888 FREE 1800-506-889
URL www.treasurybrisbane.com.au
料 Deluxe $358、Parlour Room $428、Suite $578
CC ADJMV Wi-Fi 無料
日本での予約先：なし **日本語スタッフ**：いない
客室数 125 室
アクセス ブリスベン中心部にある

H ★★★★☆

ブリスベンの人気イーティングエリアに建つ

MAP P.89/1B

クリスタルブルック・ヴィンセント

●Crystalbrook Vincent

橋の真下がエントランスだ

ブリスベンのシンボル的存在のストーリーブリッジのたもと、ハワードスミス・ワーフ Howard Smith Wharves は、人気のレストランやブリュワリー&バーが集まるイーティングゾーン。ここに建つのがスタイリッシュホテルと評判のクリスタルブルックだ。芸術的な外観はもちろん、ロビーやホテル内に飾られたさまざまなアート、客室も遊び心たっぷりのデザインの家具で統一されている。ストーリーブリッジの真下には屋上プールやルーフトップバーもある。

DATA

住 5 Boundary St, Brisbane, QLD 4000
☎ (07)3515-0700
URL www.crystalbrookcollection.com/vincent
料 $293 ~ 1013
CC AMV Wi-Fi 無料 **日本での予約先**：なし
日本語スタッフ：いない 客室数 166 室
アクセス ブリスベン中心部から徒歩 15 分ほどの場所にある。無料フェリーのシティホッパー利用が便利

客室内もアートな雰囲気がいっぱい

ゴールドコーストの格安アコモデーション

高級リゾート地ゴールドコーストにも、バックパッカー向けの格安アコモデーションは数多い。ここでは観光の中心地サーファーズパラダイスにある設備の整った人気のバックパッカーズホステルを紹介しよう。バックパッカーズホステルの部屋は、

シングル、ツイン、ダブルのほか、ドミトリー（あるいはドーム）と呼ばれる相部屋形式がある。またシャワー、トイレ、キッチン、ランドリーなどの設備は、基本的に共用となっている。

H バックパッカーズ街にある MAP P.54/2A
サーフイン・ホステル ●Surf Inn Hostel

ペニンシュラ・ドライブで、特にわいわい楽しく過ごしたい旅行者に人気があるのがここ。全室にエアコン、ロッカー完備でとても清潔。プールも、朝から夜まで開いているカフェレストランも併設している。またコモンエリアにあるテレビはNetflix対応だ。

DATA
26-28 Peninsular Drv., Surfers Paradise, QLD 4217 ☎0432-772-628
URL www.surfinn.com.au
料 D $36.10 ～ 51.30
CC AJMV WiFi 無料

プールエリアはいつもにぎわっている

H リゾートらしさいっぱいの MAP P.54/2B
バックパッカーズ・イン・パラダイス ●Backpackers in Paradise

ペニンシュラ・ドライブにあるホステル。ゆったりした中庭には、プール、ハンモック、ピクニックテーブルなどがあって、リゾート気分が楽しめる。夜はTVラウンジの150インチスクリーンで映画上映もあり。バーを併設しており、夜遅くまでにぎやかな雰囲気だ。

DATA
40 Peninsular Drv., Surfers Paradise, QLD 4217
☎(07)5538-4344 FREE 1800-268-621
URL www.backpackersinparadise.com
料 D $35 ～ 55、TW $100 ～ 135 CC MV WiFi 無料

トランジットセンター送迎あり

H サーファーズパラダイスの老舗ホステル MAP P.54/2A
マムズホステル・サーファーズパラダイス ●Mumma's Hostel Surfers Paradise

サーファーズパラダイス中心部から5～10分ほどのネラング川沿いのペニンシュラ・ドライブは、サーファーズパラダイスのバックパッカーズ街だ。マムズホステルは一番奥にあって、アットホームで静かな雰囲気が人気。ドミトリーは4人部屋、6人部屋、10人部屋の3タイプ。ダブルルームもある。

DATA
18 Peninsular Drv., Surfers Paradise, QLD 4217
☎0480-148-499
URL mhsp.com.au
料 D $25 ～ 30、W $80
CC MV WiFi 無料

南国ふうのたたずまいだ

そのほかのホステル

マックスミー・バックパッカーズリゾート Maxmee Backpackers Resort MAP P.54/3B
2837 Gold Coast Hwy., Surfers Paradise, QLD 4217 ☎(07)5592-4677/0412-203-645
URL www.maxmeeresort.com.au 料 D $35 ～ 44 W $120 CC MV WiFi 無料

バッズ・イン・サーファーズ Budds in Surfers MAP P.54/1B
6 Pine Ave., Surfers Paradise, QLD 4217 ☎(07)5538-9661
URL www.buddsinsurfers.com.au 料 D $30 ～ 60 TW $200 CC MV WiFi 無料

CAIRNS

Area Code 電話の州外局番 (エリアコード) **(07)**

Time Difference 日本との時差 **+1**時間

オーストラリア東部標準時で、サマータイムは実施していない。そのためサマータイムを実施している他の東部の州（シドニーのあるニューサウスウエールズ州など）とは、夏季に1時間の時差（－1時間）ができる。

オーストラリア有数の海と森をもつ
世界自然遺産に囲まれたリゾートタウン
それが**ケアンズ**。

沖合30～50km。そこは多様なサンゴ、魚の宝庫である
世界最大の珊瑚礁地帯グレートバリアリーフ。
目を内陸に転じる。
そこは、世界的に稀少な動植物が生息する神秘の森、
世界最古の熱帯雨林ウエットトロピックス。
いずれも世界自然遺産に登録されている地球の宝物。
心も体も解放し、
自然のすばらしさを満喫する。
それが最もケアンズらしい楽しみ方だ。

Contents of Cairns

How to get there
ケアンズへの行き方

日本 から

東京（成田）／大阪からジェットスターが、東京（羽田）からヴァージン・オーストラリア航空が**ケアンズ国際空港** Cairns International Airport (CNS) への直行便を運航している（所要約7時間）。また東京からカンタス航空のブリスベン便を利用し、ブリスベンから国内線でケアンズへ入る方法もポピュラーだ。そのほか日本各都市からシンガポール航空（シンガポール経由）が利用できる。ケアンズ国際空港からケアンズ市内へのアクセスは→ P.181。

東京〜ケアンズのジェットスター便はカンタス航空、日本航空との共同運航便

ゴールドコースト／ブリスベン から

ケアンズ〜ゴールドコーストには、ジェットスターが毎日1便のフライトを運航している（所要2時間10分）。このほかゴールドコーストから車で約1時間30分のブリスベンからは毎日、カンタス航空、ジェットスター、ヴァージン・オーストラリア航空が多くのフライトを運航している（所要約2時間10分）。

ケアンズ空港国内線の預託荷物受け取り場所。ナポレオンフィッシュ、ウミガメ、カクレクマノミの口から荷物が出てくる

Useful Address
ケアンズのユースフルアドレス

日本大使館／領事館
●日本国総領事館ケアンズ出張駐在官事務所
Branch Office in Cairns, Consulate-General of Japan at Brisbane MAP P.179/3A
住 Level 15, Cairns Corporate Tower, 15 Lake St., 4870
☎ (07)4051-5177 FAX (07)4051-5377
URL www.brisbane.au.emb-japan.go.jp/itpr_ja/about_cairns.html
開 月〜金 9:00 〜 12:00、13:30 〜 16:00
休 土日祝および年末年始

日本語の通じる病院
● CTL メディカルサービス
CTL Medical Service MAP P.179/3A
住 Cairns Corporate Tower, Ground Fl., 15 Lake St., 4870 FREE 1800-450-110
URL www.ctlmedical.com.au
開 月〜金 8:00 〜 18:00 休 土日
●ケアンズ 24 時間日本語医療サービス
Cairns 24HR Medical Centre MAP P.178/2A
住 Cnr. Florence & Grafton Sts., 4870
FREE (07)4052-1119
URL www.cairns24hourmedical.com.au
開 月〜金 7:00 〜 21:00、土日 8:00 〜 18：00
※時間外も受付可能

主要航空会社連絡先
●カンタス航空 Qantas Airways
☎ 13-13-13
●ジェットスター Jetstar
☎ 13-15-38
●ヴァージン・オーストラリア航空
Virgin Australia ☎ 13-67-89
●シンガポール航空 Singapore Airlines
☎ (02)7209-4388

ケアンズ 滞在のポイント

熱帯雨林地帯のケアンズ。季節は**乾季と雨季**のふたつだけ。ただし乾季前半と後半では少し気候が異なる。ここではそのため3つのシーズンに区分けしている。

旅のシーズン
Travel Season

乾季前半 the first half of dry season
5月～8月初旬

雨が少なくなる乾季の前半は、風の強い季節でもある。風の影響を受ける熱気球を除くと、陸上のツアー、アクティビティを楽しむのに向いている。クルーズやダイビングは船が揺れるので、弱い人は必ず酔い止めの薬を飲むこと（船に用意されている）。どうしても心配というのなら、グリーン島やフィッツロイ島など短時間で行ける島へのクルーズに参加するといい。なお熱帯ではあるが夜は冷え込むこともある。長袖1枚は必携だ。

乾季後半 the latter half of dry season
8月中旬～12月初旬

好天、微風という日が連日続くこの時期のケアンズは、すべての観光にベストのシーズン。海の透明度はこの時期最もよく、ダイビング、スノーケリング目的なら、この時期に的を絞るのがおすすめだ。なお11月もしくは12月の満月の夜から数日後には、グレートバリアリーフ全域でサンゴの放卵が見られる。服装は8～10月の夜は長袖1枚必携。

雨季 wet season 12月中旬～4月

ケアンズは熱帯雨林気候に属しており、南半球が最も暑くなる夏の間は雨季となる。特に1～3月は雨が多く、サイクロン（台風）がやってくることもある。ただし、雨の合間、晴天日が何日も続くことがままあり、観光にどうにも不便というほどの状況になることはあまりない。この時期は海水温が29℃前後と高く、雨さえ降らなければ、スノーケリングやダイビングはとても快適だ。

ケアンズの平均気温・降水量												
月	1月	2月	3月	4月	5月	6月	7月	8月	9月	10月	11月	12月
平均最高気温（℃）	31.5	31.7	30.6	29.2	27.6	26.0	25.7	26.6	28.1	29.6	30.7	31.4
平均最低気温（℃）	23.7	23.8	23.1	21.6	19.9	17.9	17.1	17.4	18.7	20.6	22.3	23.4
平均月間降水量（mm）	391.8	451.8	421.7	197.4	91.4	45.6	29.2	26.7	33.4	46.0	93.7	175.9

左：ハートリースアドベンチャーズでウォンバットの散歩が見られるかも
右上：水陸両用車アーミーダックで熱帯雨林散策
右下：グリーン島のシーウォーカーで気軽に海中散歩

旅のスタイル
Travel Style

ケアンズ滞在成功のカギはツアー

　ケアンズでは世界最大の珊瑚礁地帯グレートバリアリーフ、世界最古の熱帯雨林ウエットトロピックス（クイーンズランドの湿潤熱帯地域）というふたつの世界自然遺産を、どう楽しむかがポイントとなる。
　一般的な観光から、自然のなかで遊ぶ、のんびりする……とその方法はいろいろ。ただしいずれの場所へも公共交通機関でのアクセスはできず、基本的にはケアンズ発着のさまざまなツアーに参加することになる。そのためツアーを申し込む前に、内容をよくチェックし、自分の旅の目的に合っているかどうかを必ず確かめておきたい。また、早朝発着夕方帰りのツアーが多いので、できることなら前日までに翌日のツアーの申し込みは済ませておきたい。滞在期間が短い人は、ケアンズ到着日に滞在中すべてのツアーのアレンジを済ませておくのがベストだ。
　またグレートバリアリーフへのツアーを考えている人は、ホテルで参加予定日の天候を必ずチェックしておきたい。特に風の強さは要チェック。一般に風速10ノット以下であれば、船はほとんど揺れることはなく、15ノット程度でもよほど乗り物酔いしやすい人以外は船酔いの心配はいらない。15ノット以上風が吹く場合は、酔い止めの薬を飲んでおくのが安心だ。

レンタカー利用も考えてみよう

　ウエットトロピックスへはレンタカーでのアクセスも可能。森へといたるルートは、美しい高原地帯であったり、海岸沿いの見晴らしのよい道だったりと、それなりに楽しい。特にアサートンテーブルランドは景観もよく絶好のドライブコースだ。またモスマンなどの熱帯雨林地域にあるリゾートに滞在するのなら、リゾート発着のツアーもたくさんあるので、レンタカーでのアクセスでも不便さはまったく感じない。
　またケアンズの北にあるハートリースアドベンチャーズやポートダグラスのワイルドライフハビタットなどのテーマパークへはレンタカー利用が圧倒的に便利。ツアーやエクセレンスコーチなどを利用して訪れることもできるが、レンタカーがあればちょっとした空き時間にもアクセスできる。

ワイルドライフハビタットではスノーケルを付けてプールでワニを間近に観察できるプログラムが人気

早朝エスプラネード沿いの遊歩道は散歩やジョギングの人気ルートとなる

POINT

Ｈow to enjoy
ケアンズの過ごし方

早朝はボードウオーク散歩

ケアンズの海沿いにはマーリンワーフから北へ、ちょうどメルキュール・ハーバーサイドホテルのあたりまで2km余りのボードウオークが造られている。ケアンズっ子たちは、早朝からこのボードウオークを散歩するのが大好き。滞在中一度は、そんな彼らに交じってのんびり朝の散歩を楽しみたい。海辺で休むさまざまなペリカンをはじめとする海鳥の姿もよく見かける。途中にはアスレチック用の器具も置いてあるので、トライしてみるのもいいだろう。

ツアーに参加しない日中は、無料の巨大プール、ケアンズ・エスプラネードラグーンでのんびりするのがおすすめ。時間帯によっては無料のウオーターエクササイズ・レッスンもある。またエスプラネードラグーンの周囲には無料で利用できるバーベキュー設備もある。スーパーで食料を買い出しして、ランチタイムにバーベキューを楽しむのもおすすめだ。

晴れた日はエスプラネードラグーンでのんびり過ごすのもいい

週末マーケットも楽しい

ケアンズ中心部では金〜日曜日にラスティーズマーケットがオープンし、多くの市民でにぎわう。滞在中週末にあたるようなら、ぜひこのマーケットを訪れたい。近郊の農家で取れた新鮮な果物や野菜がいっぱい。アサートンテーブルランド産のコーヒーが飲めるカフェなどもマーケット内にある。また郊外だが、ポートダグラスでは日曜日に工芸品やおみやげ品を扱うポートダグラスマーケットも開催される。こちらも要チェックだ。

半日空いたらスパ体験がおすすめ

ケアンズとその周辺は、オーストラリアでも有数のデイスパエリアだ。ケアンズ市中の高級ホテル内はもちろん、パームコーブやポートダグラス、モスマンのリゾートホテル内には、リゾートらしさいっぱいの雰囲気のよいデイスパ設備がある。スキンケアプロダクトにも世界的に有名なものが使われており、値段も日本より割安だ。

パームコーブのアラマンダスパ

173

ケアンズ おすすめ モデルプラン

ケアンズ滞在の基本は 3 ～ 5 泊。雨季には天気が崩れることもあるので、ケアンズを存分に楽しむなら 4 泊以上はしたいところだ。またケアンズでの滞在パターンは、基本的に半日～ 1 日のツアーをいかにうまく組み合わせるかにかかっている。ここでは旅のスタイルに合わせた 3 つのモデルプランを紹介しよう。

夜行性動物探検で出会える確率大のポッサム

ふたつの世界遺産を満喫する ベストプラン現地 4 泊

1日目 オーストラリアならではの動物に合いに行こう！

午前 **ホテルに着いたら**、荷物を置いてエスプラネードラグーンへ。泳いだり、遊歩道を散歩したりしながら、午前中はのんびり体調を整えよう。

無料巨大プールのエスプラネードラグーン

午後 **夜行性動物探検ツアー**（→ P.238）に参加しよう！ロックワラビーの餌づけ、カモノハシウオッチングなど楽しみがいっぱい！

ロックワラビーの餌づけは楽しい！

2日目 お待ちかね！ グレートバリアリーフ

日中 **グレートバリアリーフ・クルーズ**（→ P.222 ～）に参加しよう！ 種類は多いが、初めてのケアンズならグリーン島＋アウターリーフクルーズがおすすめ。1日で2ヵ所巡れて、グレートバリアリーフのすばらしさを大実感！

グリーン島の海は遠浅

夜 **ナイトマーケット**（→ P.268）でショッピング！ 掘り出し物を見つけてみよう。

アウターリーフで体験できるスクーバドゥ

23:00 まであいているナイトマーケット

3日目 キュランダ観光は外せない

1日 **キュランダ 1 日観光**（→ P.237）で熱帯雨林に囲まれた愛らしいキュランダ村へ。スカイレールやキュランダ・シーニックレールウェイなど往復移動手段もユニーク。もちろんアーミーダックに乗って熱帯雨林散策も楽しめる。

水陸両用車のアーミーダック

4日目 スカイダイビングとラフティングでアクティブに過ごす

午前 **アクティビティ天国ケアンズ。タンデムスカイダイビング**（→ P.249）もポピュラーで気軽にチャレンジできる。

1 万 5000 フィートからジャンプ！

午後 **ラフティング**（→ P.246）はケアンズの人気アクティビティのひとつ。世界屈指のラフティングコースでおおはしゃぎ！

夜 **ケアンズ市中でおみやげ屋さん巡り。ナチュラルグッズが大充実。

エキサイティングな気分が味わえるラフティング

5日目 帰国前に熱気球

早朝 **早朝、熱気球ツアー**（→ P.245）に参加。ヴァージン・オーストラリア航空の羽田便やジェットスターの関空便なら間に合う！

※ジェットスターの成田便でも、運航時期により参加可能になる場合がある。

フライトによっては帰国当日でも楽しめる熱気球ツアー

ハネムーンならちょっと贅沢に ロマンティックな現地4泊

ビーチ沿いでの
サンセットカクテル

1日目 グリーン島で過ごす1日

早朝 **空港から直接**リーフフリートターミナルへ。**朝のクルーズ船**でグリーン島（→ P.202）へ。

午前 まずはリゾートへチェックイン（→ P.286）。

昼 **日中**はスノーケリングや体験ダイビング、シーウォーカーなどのアクティビティを満喫。

夕方 **リゾートゲスト**のためのフィッシュフィーディングやサンセットカクテル。

夜 **エメラルドレストラン**で豪華ディナー！

2日目 アウターリーフを満喫しよう！

朝のスノーケリングはまた格別

午前 **早朝**桟橋付近ではよくウミガメが見られる。**マリンランドメラネシア**（→ P.206）でショーを見学。

アウターリーフではカクレクマノミのニモにも会えるかも？

昼 **アウターリーフツアー**（→ P.223）に出発。体験ダイビングや遊覧飛行はぜひ体験してみよう！

夜 **ナイトマーケット**（→ P.268）でショッピング。

3日目 キュランダ1日。列車やスカイレールにもこだわる

日中 **キュランダ1日観光**（→ P.237）に参加。オプションでキュランダ・シーニックレールウェイはゴールドクラスにアップグレードを。帰りのスカイレールも底が透明なガラスになっているダイヤモンドビューにアップグレード。

夜 **スピリット・オブ・ケアンズ**（→ P.260）のディナークルーズに参加。夜景を見ながら優雅にディナータイムを過ごそう！

ディナークルーズは豪華カタマランヨットで

4日目 動物とのスペシャルな触れ合いとパロネラパーク

午前 **ハートリースアドベンチャーズ**（→ P.212）でコアラに触れる「コアラと朝食」後、ズータスティック5を体験。コアラ抱っこ、ウォンバットとの触れ合い、ワニへの餌づけ体験など、思う存分動物との触れ合いが楽しめる。

午後 優雅に**スパ体験**（→ P.253）。

夕方 **夜のパロネラパークツアー**（→ P.241）に参加。素敵なライトアップに感激！

パロネラパークのライトアップは必ず見ておきたい！

5日目 熱気球で締めて日本へ帰国

午前 **早朝**の熱気球体験（→ P.245）は外せない。**ホテルに戻って**空港へ。ヴァージン・オーストラリア航空の羽田便、ジェットスターの関空便利用なら間に合う。

短い日程でも大満足 内容充実現地3泊

顔をぬらさず海中探検できるシーウォーカー

1日目 旅のスタートはグリーン島から

1日 **朝ホテル**に荷物を置いたら、8:30の船でグリーン島へ（→ P.202）。1日目いっぱいグレートバリアリーフの島を満喫。気軽に海中散歩できるシーウォーカーや体験ダイビングはぜひ体験してみたい。

グリーン島のライフガードはとっても気さく

2日目 ケアンズ近郊のグルメを満喫！

日中 **アサートンテーブルランド**を巡りながらグルメを満喫するツアーに参加（→ P.242）。ロックワラビーの餌づけもできる。

夜 **ナイトマーケット**や市中のおみやげ屋さんでおみやげ探し。

3日目 コアラと触れ合いパロネラパークも見学する

午前 早起きして**ハートリースアドベンチャーズ**（→ P.212）の**「コアラと朝食」**へ。朝食会場でコアラに触って写真が撮れる。その後園内散策して昼頃ケアンズ市中へ。

午後 のんびり**エスプラネードラグーン**で、ローカルと一緒に遊ぼう！

夕方 南半球の**星空観察と野生のワラビーが見られるツアー**（→ P.240）に参加。

コアラとセルフィーもできるハートリースの「コアラと朝食」

4日目 日本へ帰国

午前 **おみやげ**の買い忘れがあったらスーパーマーケットへ。その後空港へ。

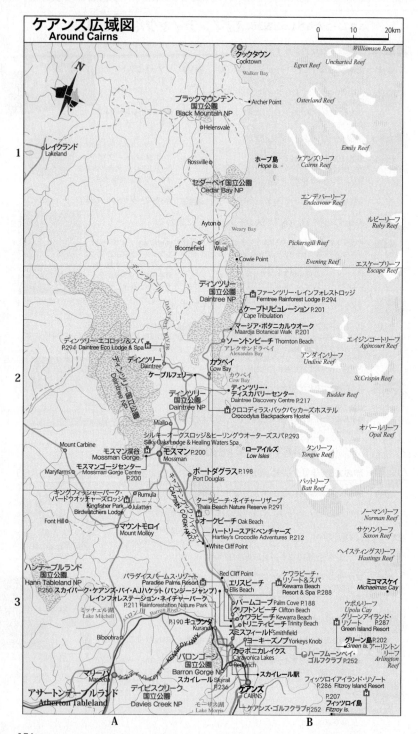

ケアンズ広域図
Around Cairns

0　　　　10　　　　20km

クックタウン
Cooktown

Williamson Reef

Walker Bay

Egret Reef　Uncharted Reef

ブラックマウンテン
国立公園
Black Mountain NP

● Archer Point

Osterland Reef

● Helensvale

1

● レイクランド
Lakeland

Rossville ●

Emily Reef

ホープ島
Hope Is.

ケアンズリーフ
Cairns Reef

セダーベイ国立公園
Cedar Bay NP

エンデバーリーフ
Endeavour Reef

Ayton ●

Weary Bay

ルビーリーフ
Ruby Reef

Bloomefield ● Wujal

Pickersgill Reef

● Cowie Point

Evening Reef

エスケープリーフ
Escape Reef

ディンツリー
国立公園
Daintree NP

ファーンツリー・レインフォレストロッジ P.294
Ferntree Rainforest Lodge P.294

ケープトリビュレーション P.201
Cape Tribulation P.201

マージア・ボタニカルウオーク P.201
Maardja Botanical Walk P.201

ソーントンビーチ
Thornton Beach

ディンツリー・エコロッジ＆スパ
P.294 Daintree Eco Lodge & Spa

アレクサンドラベイ
Alexandra Bay

エイジンコートリーフ
Agincourt Reef

2

ディンツリー
Daintree

カウベイ
Cow Bay

アンダインリーフ
Undine Reef

ケーブルフェリー

カウベイ
Cow Bay

St.Crispin Reef

ディンツリー
国立公園
Daintree NP

ディンツリー・
ディスカバリーセンター
Daintree Discovery Centre P.217

Rudder Reef

Miallo ●

クロコディラス・バックパッカーズホステル
Crocodylus Backpackers Hostel

オパールリーフ
Opal Reef

シルキーオークスロッジ＆ヒーリングウオーターズスパ P.293
Silky Oaks Lodge & Healing Waters Spa P.293

● Mount Carbine

モスマン渓谷
Mossman Gorge

モスマン P.200
Mossman

ローアイルズ
Low Isles

タンリーフ
Tongue Reef

モスマンゴージセンター
Mossman Gorge Centre
P.200

Maryfarms ●

ポートダグラス P.198
Port Douglas

バットリーフ
Batt Reef

キングフィッシャーパーク・
バードウオッチャーズロッジ
Kingfisher Park
Birdwatchers Lodge

Rumula ●

ターラビーチ・ネイチャーリザーブ
Thala Beach Nature Reserve P.291

ノーマンリーフ
Norman Reef

● Julatten

Font Hill ●

オークビーチ
Oak Beach

サクソンリーフ
Saxon Reef

マウントモロイ
Mount Molloy

ハートリーズアドベンチャーズ
Hartley's Crocodile Adventures P.212

● White Cliff Point

ヘイスティングスリーフ
Hastings Reef

ハンテーブルランド
国立公園
Hann Tableland NP

● Red Cliff Point

パラダイスパームス・リゾート
Paradise Palms Resort

ケワラビーチ・
リゾート＆スパ
Kewarra Beach
Resort & Spa P.288

ミコマスケイ
Michaelmas Cay

P.250 スカイパーク・ケアンズ・バイ・AJハケット（バンジージャンプ）
レインフォレステーション・ネイチャーパーク

エリスビーチ
Ellis Beach

3

ミッチェル湖
Lake Mitchell

P.211 Rainforestation Nature Park

パームコーブ Palm Cove P.188

ウポルリーフ
Upolu Cay

グリーンアイランド・
リゾート
Green Island Resort

クリフトンビーチ
Clifton Beach

P.190 キュランダ
Kuranda

ケワラビーチ
Kewarra Beach

Biboohra ●

トリニティビーチ
Trinity Beach

グリーン島 P.202
Green Is. アーリントン
リーフ
Arlington
Reef

スミスフィールドSmithfield

ヨーキーズノブ
Yorkeys Knob

マリーバ
Mareeba

バロンゴージ
国立公園
Barron Gorge NP

カラボニカレイクス
Caravonica Lakes

ハーフムーンベイ・
ゴルフクラブ P.252

レッドリンチ
Redlynch

フィッツロイアイランド・リゾート
P.286 Fitzroy Island Resort

アサートンテーブルランド
Atherton Tableland

デイビスクリーク
国立公園
Davies Creek NP

スカイレール Skyrail
P.236

スカイレール駅

ケアンズ
CAIRNS

P.207
フィッツロイ島
Fitzroy Is.

モーリス湖
Lake Morris

ケアンズ・ゴルフクラブ P.252

A　　　　　　　　　　　　　　　　**B**

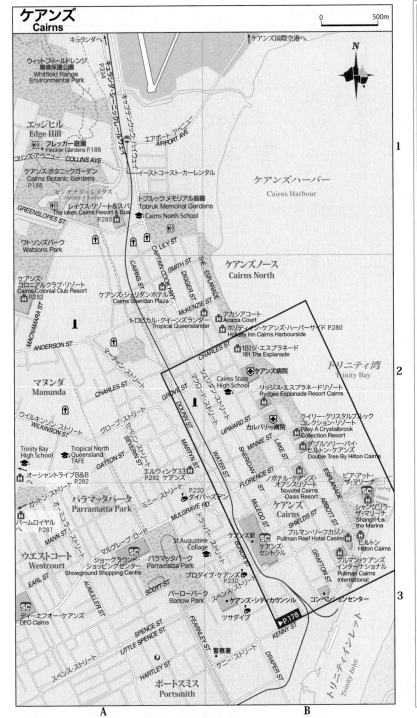

ケアンズ
Cairs

0　　　　500m

N

ケアンズ国際空港へ

キュランダへ P.234

ウィットフィールドレンジ環境保護公園
Whitfield Range Environmental Park

エッジヒル
Edge Hill

フレッカー庭園
Flecker Gardens P.188

コリンズ・アベニュー COLLINS AVE

エアポート・アベニュー
AIRPORT AVE

イーストコースト・カーレンタル

ケアンズ・ボタニックガーデン
Cairns Botanic Gardens P.188

センテナリーレイクス
Centenary Lakes

ケアンズハーバー
Cairns Harbour

トブルック・メモリアル庭園
Tobruk Memorial Gardens

レイクス・リゾート＆スパ
The lakes Cairns Resort & Spa P.285

ケアンズ・ノース・スクール
Cairns North School

GREENSLOPES ST

ワトソンズパーク
Watsons Park

LILY ST

ケアンズノース
Cairns North

ケアンズ・コロニアルクラブ・リゾート
Cairns Colonial Club Resort P.282

THE ESPLANADE

SMITH ST

DIGGER ST

CAPTAIN COOK HWY

CAIRNS ST

McKENZIE ST

アカシアコート
Acacia Court

ケアンズ・シェリダンホテル
Cairns Sheridan Plaza

ホリデイ・イン・ケアンズ・ハーバーサイド P.280
Holiday Inn Cairns Harbourside

トロピカル・クイーンズランダー
Tropical Queenslander

MACNAMARA ST

ANDERSON ST

CHARLES ST

181ジ・エスプラネード
181 The Esplanade

トリニティ湾
Trinity Bay

ケアンズ病院

マヌンダ
Manunda

CHARLES ST

GROVE ST

DOWN ST

Cairns State High School

リッジス・エスプラネードリゾート
Rydges Esplanade Resort Cairns

ウィルキンソン・ストリート
WILKINSON ST

UPWARD ST

ライリー・クリスタルブルックコレクション・リゾート
Riley A Crystalbrook Collection Resort

カルバリー病院

Trinity Bay High School

Tropical North Queensland TAFE

SEVERIN ST

GATTON ST

MARTYN ST

WATER ST

MINNIE ST

SHERIDAN ST

LAKE ST

ダブルツリー・バイ・ヒルトン・ケアンズ
Double Tree By Hilton Cairns

オーシャンドライブB&B へ

エルウィング33 P.282 ケアンズ

FLORENCE ST

ノボテル・ケアンズ・オアシスリゾート
Novotel Cairns Oasis Resort

ESPLANADE

ピア・アット・ザ・マリーナ

パラマッタパーク
Parramatta Park

MULGRAVE RD

ダイバーズデン P.230

McLEOD ST

SHIELDS ST

ケアンズ
Cairns

ABBOTT ST

シャングリ・ラ・ザ・マリーナ
Shangri-La the Marina

バームロイヤル P.281 へ

MANN ST

マルグレーブ・ロード

St Augustine Collage

ケアンズ駅

ケアンズ・セントラル

プルマン・リーフカジノ
Pullman Reef Hotel Casino

GRAFTON ST

BUNDA ST

ヒルトン
Hilton Cairns

ウエストコート
Westcourt

EARL ST

AUMULLER ST

ショーグラウンド・ショッピングセンター
Showground Shopping Centre

パラマッタパーク
Parramatta Park

SCOTT ST

プロダイブ・ケアンズ P.230

プルマン・ケアンズ・インターナショナル
Pullman Cairns International

ディーエフオー・ケアンズ
DFO Cairns

SPENCE ST

LITTLE SPENCE ST

バーローパーク
Barlow Park

ケアンズ・シティカウンシル

ツサダイブ

FEARNLEY ST

KENNY ST

コンベンションセンター

P.178

トリニティインレット
Trinity Inlet

HARTLEY ST

DRAPER ST

警察署
ケニー・ストリート

ポートスミス
Portsmith

A　　　　**B**

1

2

3

ケアンズ中心部
Central Cairns

0   300m

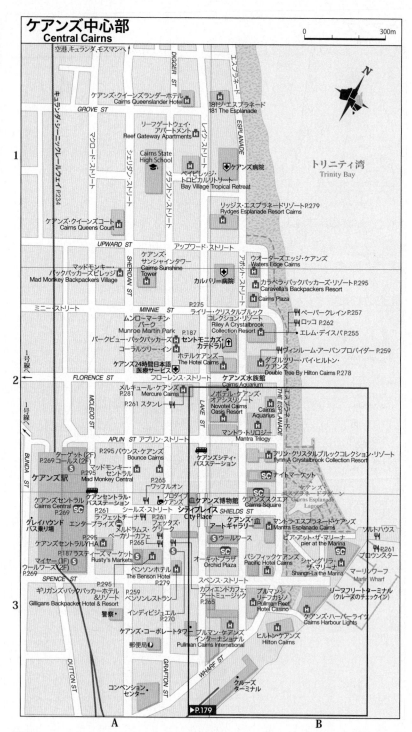

空港、キュランダ、モスマンへ

キュランダ・シーニックレイルウェイ P.234

DIGGER ST

GROVE ST

ケアンズ・クイーンズランダーホテル
Cairns Queenslander Hotel

181ジ・エスプラネード
181 The Esplanade

ESPLANADE

エスプラネード

リーフゲートウェイ・アパートメント
Reef Gateway Apartments

マクラウド・ストリート

シェリダン・ストリート

グラフトン・ストリート

レイク・ストリート

Cairns State
High School
ケアンズ・ステートハイスクール

ケアンズ病院
Cairns病院

1

ベイビレッジ・トロピカルリトリート
Bay Village Tropical Retreat

トリニティ湾
Trinity Bay

リッジス・エスプラネードリゾート P.279
Rydges Esplanade Resort Cairns

ケアンズ・クイーンズコート
Cairns Queens Court

UPWARD ST

アップワード・ストリート

ウオーターズ・エッジ・ケアンズ
Waters Edge Cairns

ケアンズ・サンシャインタワー
Cairns Sunshine Tower

アボット・ストリート

1号線へ

マッドモンキー・バックパッカーズ・ビレッジ
Mad Monkey Backpackers Village

SHERIDAN ST

カルバリー病院

カラベラ・バックパッカーズ・リゾート P.295
Caravella's Backpackers Resort

ミニー・ストリート

MINNIE ST

ケアンズ・プラザ
Cairns Plaza

P.275

ライリー・クリスタルブルックコレクション・リゾート

ペーパークレイン P.257

ムンローマーチン・パーク
Munroe Martin Park

Riley A Crystalbrook
Collection Resort

ロッコ P.262

P.187

エレム・デイスパ P.255

パークビュー・バックパッカーズ
Parkview Backpackers

セントモニカズ・カテドラル
St Monica's Cathedral

ヴィンルーム・アーバンプロバイダー P.259

コーラルツリー・イン
Coral Tree Inn

ホテルケアンズ
The Hotel Cairns

ダブルツリー・バイ・ヒルトン・ケアンズ
Double Tree By Hilton Cairns P.278

ケアンズ24時間日本語医療サービス

FLORENCE ST

フローレンス・ストリート

ケアンズ水族館
Cairns Aquarium

2

メルキュール・ケアンズ P.281
Mercure Cairns

MCLEOD ST

P.261 スタンレー

ノボテル・ケアンズ・オアシスリゾート
Novotel Cairns
Oasis Resort

LAKE ST

THE ESPLANADE

ジ・エスプラネード

ケアンズ・アクアリアス
Cairns
Aquarius

APLIN ST アプリン・ストリート

BUNDA ST

マントラ・トリロジー
Mantra Trilogy

ターゲット (2F) P.269
コールズ (2F)

P.295 バウンス・ケアンズ
Bounce Cairns

ケアンズ駅

マッドモンキー・セントラル
Mad Monkey Central

P.295

P.261

ケアンズシティ・バスステーション

フリン・クリスタルブルックコレクション・リゾート
flynn A Crystalbrook Collection Resort

ナイトマーケット

ケアンズセントラル・バスステーション
Cairns Central
Bus Station

ケアンズセントラル P.269

P.265

ワッフルオン

プロダイブ・ケアンズ

シールズ・ストリート

SHIELDS ST

ケアンズ博物館
シティプレイス
City Place

ケアンズスクエア
Cairns Square

ケアンズ・エスプラネード・ラグーン
Cairns Esplanade
Lagoon

ラ・フェットチーナ P.261

グレイハウンドバス乗り場

エンタープライズ P.295

メルドラムス・グリーク

ベーカリーカフェ P.265

マイヤー (1F)
ウールワース(2F) P.269

ラスティーズマーケット
Rusty's Markets

P.187

ケアンズ・アートギャラリー
Cairns
Art Gallery

マントラ・エスプラネード・ケアンズ
Mantra Esplanade Cairns

ピア・アット・ザ・マリーナ
pier at the Marina

ソルトハウス
Salt House

SPENCE ST

オーキッドプラザ
Orchid Plaza

パシフィックケアンズ
Pacific Hotel Cairns

シャングリラ・ザ・マリーナ
Shangri-La the Marina

P.261 プロウンスター

マーリンワーフ
Marlin Wharf

ベンソンホテル
The Benson Hotel

P.279

ベンソンレストラン P.259

スペンス・ストリート

3

ギリガンズ・バックパッカーホテル&リゾート
Gilligans Backpacker Hotel & Resort

P.295

インディビジュエル P.270

カフィエンドカフェ・アートミュージック P.265

プルマン・リーフカジノ
Pullman Reef
Hotel Casino

リーフフリートターミナル
（クルーズのチェックイン）

ケアンズ・ハーバーライツ
Cairns Harbour Lights

警察

ケアンズ・コーポレートタワー

郵便局

DUTTON ST

GRAFTON ST

プルマン・ケアンズ・インターナショナル
Pullman Cairns International

WHARF ST

ヒルトン・ケアンズ
Hilton Cairns

コンベンション・センター

クルーズ・ターミナル

▶P.179

A   B

ケアンズ中心部拡大図
Enlarged of Central Cairns

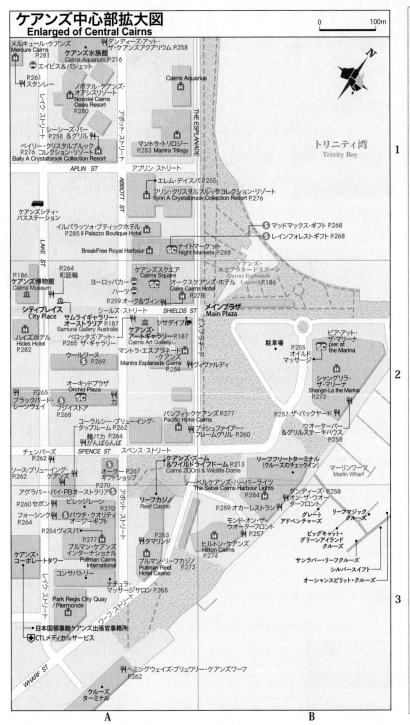

0   100m

メルキュール・ケアンズ
Mercure Cairns P.281

ダンディーズ・アット・
ザ・ケアンズアクアリウム P.258

ケアンズ水族館
Cairns Aquarium P.216

エイビス&バジェット
P.261

スタンレー

Cairns Aquarius

ノボテル・ケアンズ・
オアシスリゾート
Novotel Cairns
Oasis Resort
P.280

シーズ・バー
P.258 &グリル

ベイリー・クリスタルブルック
P.276 コレクション・リゾート
Baily A Crystalbrook Collection Resort

マントラ・トリロジー
P.283 Mantra Trilogy

トリニティ湾
Trinity Bay

1

THE ESPLANADE

APLIN ST

アプリン・ストリート

エレム・デイスパ P.255

フリン・クリスタルブルックコレクション・リゾート
flynn A Crystalbrook Collection Resort P.276

ケアンズシティ・
バスステーション

イルパラッツォ・ブティックホテル
P.285 Il Palazzo Boutique Hotel

BreakFree Royal Harbour

マッドマックス・ギフト P.268

レインフォレストギフト P.268

ナイトマーケット
Night Markets P.268

ABBOTT ST

LAKE ST

P.186
ケアンズ博物館
Cairns Museum

P.264
和話輪

ケアンズスクエア
Cairns Square

ヨーロッパカー

ハーツ

ケアンズ
エスプラネードラグーン
Cairns Esplanade
Lagoon P.186

オークスケアンズ・ホテル
Oaks Cairns Hotel
P.278

P.259 オーク&ヴィン

シティプレイス
City Place

シールズ・ストリート
SHIELDS ST

メインプラザ
Main Plaza

サムライギャラリー・
オーストラリア
Samurai Gallery Australia P.187

ハイズホテル
Hides Hotel
P.282

ベロッツズ・アット・
P.265 ザ・ギャラリー

ケアンズ・
アートギャラリーP.187
Cairns Art Gallery

マントラ・エスプラネード・
ケアンズ
Mantra Esplanade Cairns
P.284

ウールワース
P.269

ヴィヴァルディ

駐車場

ピア・アット・
ザ・マリーナ
pier at
the Marina P.255

オイルド
マッサージ

シャングリラ・
ザ・マリーナ
Shangri-La the Marina P.272

2

オーキッドプラザ
Orchid Plaza

ブラックバード・
レーンウェイ
P.265

フジイストア
P.268

コーラルシー・ブリューイング・
タップルーム P.262

麺バカ P.264
がんばらんば

パシフィックケアンズ P.277
Pacific Hotel Cairns

ブッシュファイアー・
フレームグリル P.260

ザ・バックヤード P.257

ウォーターバー
&グリルステーキハウス
P.258

チェンバーズ

SPENCE ST

スペンス・ストリート

ソース・ブリューイング・
ケアンズ
P.262

オーカー P.267
ギフトショップ
P.270

ケアンズ・ズーム
&ワイルドライフドーム P.213
Cairns ZOOm & Wildlife Dome

リーフフリートターミナル
（クルーズのチェックイン）

マーリンワーフ
Marlin Wharf

アグラバー・バイ・PBオーストラリア
P.260 セボン

ビレッジレーン

ダンディーズ・ P.258
オン・ザ・ウォー
ターフロント

リーフマジック・
クルーズ

フォーシンク
P.264

パウチ・クナリティ・
オージーギフト
P.270

リーフカジノ
Reef Casino

シーベルケアンズ・ハーバーライツ
The Sebel Cairns Harbour Lights

P.259 オカーレストラン

グレート
アドベンチャーズ

ビッグキャット・
グリーンアイランド
クルーズ

P.254 ヴィスパ

プルマン・ケアンズ・
インターナショナル
Pullman Cairns
International P.277

コンサバトリー

ケアンズ・
コーポレートタワー

タマリンド
P.263

モンド・オン・ザ・
ウォーターフロント P.257

ヒルトン・ケアンズ
Hilton Cairns
P.274

サンラバー・リーフクルーズ

シルバースイフト

オーシャンスピリット・クルーズ

3

プルマン・リーフカジノ
Pullman Reef
Hotel Casino P.273

ナチュラ・
マッサージサロン P.265

Park Regis City Quay
/ Piermonde

日本国領事館ケアンズ出張官事務所

CTLメディカルサービス

WHARF ST

ヘミングウェイズ・ブリュワリー・ケアンズワーフ
P.262

クルーズ
ターミナル

A

B

ケアンズで楽しむ
スポーツイベント

アクティブ派に人気のケアンズだけあって、スポーツイベントもひじょうに盛ん。世界各国から参加者の集まる本格的なレースからチャリティイベントまで、バラエティに富んだスポーツイベントを紹介しよう。

アイアンマン・ケアンズ
Ironman Cairns

スイム出発を待つ選手たち

2012年からケアンズで開催されている、本格的トライアスロンレース（スイム3.8km、自転車180.2km、ラン42.2km）。「アイアンマン・ワールドチャンピオンシップ」に参加するためのポイントが得られる大会だけあって、世界中から高レベルの参加者が集まってくる。

開催時期はケアンズの秋で比較的過ごしやすい時期。しかも日本人にとっては時差も少ない。そのため日本人参加者も毎回150名以上を数える。

開催日	例年6月中旬の日曜（例：2023年は6月18日開催）
詳細・申し込み	URL www.ironman.com/im-cairns

ケアンズ・マラソンフェスティバル
Cairns Marathon Festival

2019年から始まったマラソン大会（2020年はコロナ禍で開催されず）。海岸沿いやサトウキビ畑の中を走るフラットな1周約10kmのコースを4周する。2022年にタレントランナーの福島 舞・和可菜姉妹が参加し、女子の部門で1・2位となるなど、日本人の活躍も目立っている。気温が上がる日の出前スタートなので、常夏ケアンズでも気持ちよく走ることができる。フルマラソン、ハーフマラソンのほか、10km、5km、2kmなどのカテゴリーもあり、家族や子供でも参加しやすい。

優勝・準優勝の福島姉妹2022大会女子の部で見事

開催日	例年7月中旬の土・日曜（例：2023年は7月15～16日）
詳細・申し込み	URL www.cairnsmarathon.com.au

ケアンズ・トゥ・カルンバ・バイクライド
Cairns to Karumba Bike Ride

自転車仲間たちとの交流も楽しい

1997年から続くチャリティイベント（参加費の一部が募金となる）で、ケアンズからクイーンズランド州カーペンタリア湾に面した町カルンバまでの780kmを自転車で1週間かけて駆け抜ける。スキルと体力に合わせてグループ分けして走るので、ある程度、自転車の長距離走をこなした経験があれば参加可能だ。これまでの参加者は15～85歳で、日本からも毎年数名の参加者がいる。

開催日	例年6月後半～7月前半の1週間（例：2023年は6月24～30日開催）
詳細・申し込み	URL c2kbikeride.com.au

Access Guide
アクセスガイド

ケアンズ空港国内線出発カウンター

空港アクセス

ケアンズ国際空港 (CNS) はケアンズ中心部の北約 6km に位置している。**国際線ターミナル (T1)** と**国内線ターミナル (T2)** に分かれているが、両ターミナル間は屋根付き遊歩道を歩いて 5 分ほどの距離だ。国際線の到着後の、入国審査、預託荷物受け取り、税関検査の手続きは 1 階で、到着ホールには両替窓口、SIM カード販売カウンター（オプタス、ボーダフォン）、レンタカー会社カウンターなどがある。出国時はチェックインを 1 階で行ったあと 2 階へ上り、出国検査、セキュリティチェックを受けて、搭乗待合ホールに入る。搭乗待合ホールには大型免税店、各種おみやげ店、軽食用レストラン、バーなどがある。

ターミナル内の案内表示には日本語もある

エアポートバス ケアンズ市中へ向かうエアポートシャトルバスは、**エクセレンスコーチ** Excellence Coaches が運行している。インターネットのウェブサイトで便名を入れて予約しておくと、到着ホールでシャトルバスのドライバーが待機してくれている。料金は予約する人数によって異なる。国内線到着ホールは預託荷物が出てくる 1 番バゲージカルーセル前、国際線到着ホールはレンタカーカウンター脇の辺りだ。空港から市内の指定したホテルまでは、通常 10 ～ 20 分ほど（立ち寄るホテル数によって異なる）。もちろんケアンズ市内から空港へ向かう場合は、予約しておけばホテルでピックアップしてくれる。

なおエクセレンスコーチはケアンズ市中以外にも、北のパームコーブなどのノーザンビーチ、ポートダグラスへシャトルバスを運行している。所要時間はポートダグラスまでが約 1 時間 30 分だ。

タクシー & ライドシェア 町に近いのでタクシー利用もおすすめ。3 人以上ならシャトルバスを利用するよりも安く上がる。空港から町のホテルまでは約 10 ～ 15 分、$25 ～ 40。なお町から空港へ向かう場合は、流しのタクシーは少ないのでホテルのフロントで呼んでもらうのがおすすめだ。

■ **日本～ケアンズのフライト**

2023 年 7 月現在、東京（羽田）からヴァージン・オーストラリア航空が毎日 1 便、東京（成田）からジェットスター（JQ）が毎日 1 便、大阪（関空）からジェットスターが（週 5 便～毎日／時期により異なる）、ケアンズへの直行便を運航している。また東京からカンタス航空を利用してブリスベン経由でケアンズへ向かう方法もある（毎日運航）。

■ **エクセレンスコーチ**
☎ 0475-457-320
URL www.excellencecoaches.com
[時] 毎日 6:00 ～ 18:00 の間フライトに合わせて発着／18:00 ～翌6:00はプライベートトランスファーとなる
[料] 空港からの運賃（かっこ内は往復）：
ケアンズ市内：1 人 $35（$45）、2 人 $38（$50）、3 人 $40（$55）、4 人 $45（$55）、プライベートトランスファー 1 ～ 5 人 $65（$100）／ポートダグラス：1 人 $50（$95）、2 人 $95（$185）、3 人 $140（$235）、4 人 $170（$280）、プライベートトランスファー 1 ～ 2 人 $185（$359）、プライベートトランスファー 3 ～ 5 人 $195（$375）

国内線ターミナル脇のライドシェア乗り場

バックパッカーに人気のグレイハウンドオーストラリア

キュランダ・シーニックレールウェイやブリスベンからの長距離列車が発着するケアンズ駅

またケアンズ空港からはウーバーなどのライドシェア利用も一般的。国際線、国内線ともにターミナルの外にライドシェア専用の乗降場所が設けられている。ケアンズ市中までタクシーよりも多少安く、$20 〜 35だ。

レンタカー ツアーをあまり利用せずに、レンタカーでの旅を基本に考えている人は、空港でレンタカーを借りるのがおすすめ。国際線、国内線ともに到着ホールに大手レンタカー会社のカウンターがある。国際線ターミナルでは到着ホールのカウンターで手続きをすればその場でキーがもらえるが、国内線ターミナルの場合は到着ホールのカウンターで手続き後、レンタカー駐車スペース脇にある各社のオフィスでキーを受け取る必要がある。

空港からはマングローブ林に囲まれた1本道のエアポート・ドライブAirport Drv. を5分ほど走ると、キャプテンクック・ハイウェイCaptain Cook Hwy. にぶつかる。ケアンズ中心部へはここを左折、パームコーブ、ポートダグラス方面へは右折となる。

バスターミナル・アクセス

グレイハウンドオーストラリアの長距離バスは、ケアンズ駅の市中心部とは反対側1番プラットフォーム脇が発着場所だ。少し離れたバックパッカーズホステルなどの場合は、たいてい送迎バスが出ている。

鉄道駅アクセス

ケアンズ駅 Cairns Station は、マクロード・ストリートMcLeod St. に面したショッピングセンターのケアンズセントラルCairns Central 内にある。繁華街のシティプレイスへは徒歩5分と近い。格安ホテルが軒を並べるエスプラネードへも歩いて10分程度の距離だ。タクシー乗り場もあり、市内外れのホテルでも、料金は $10 前後。

ケアンズの市内交通

トランスリンクバス ケアンズ周辺を網羅しているのが、青いボディの**トランスリンクバス** Translink Bus。北はパームコーブから南はゴードンベールまで、ケアンズ地区の広範囲を16の路線でカバーしている。

**トランスリンク路線図
ケアンズ中心部**

青いボディが目印のトランスリンクバス

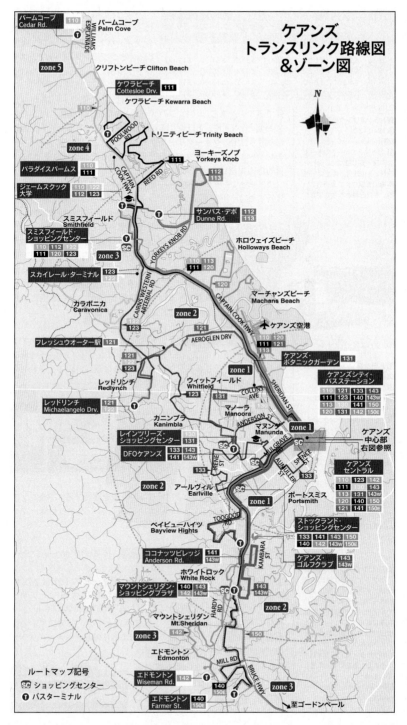

ケアンズ
トランスリンク路線図
＆ゾーン図

ルートマップ記号
SG ショッピングセンター
T バスターミナル

トランスリンクバス料金						(2023年7月現在)
通過	シングルチケット		デイリーチケット		ウイークリーチケット	
ゾーン	大人	子供	大人	子供	大人	子供
1	$2.40	$1.20	$4.80	$2.40	$19.20	$9.60
2	$3.00	$1.50	$6.00	$3.00	$24.00	$12.00
3	$3.60	$1.80	$7.20	$3.60	$28.80	$14.40
4	$4.20	$2.10	$8.40	$4.20	$33.60	$16.80
5	$4.80	$2.40	$9.60	$4.80	$38.40	$19.20

■トランスリンクバス
☎13-12-30
URL translink.com.au
🕐ほとんどのルートで月〜土の早朝〜深夜まで30分〜1時間ごとに運行。金土は一部路線で真夜中まで運行している。また日曜は本数が少なくなる。

シティプレイス脇のトランスリンクバスのターミナル

■トランスノース・バス&コーチサービス
☎(07)3036-2070
URL www.transnorthbus.com
🕐ケアンズ〜キュランダ・シャトルサービス：ケアンズ（ケアンズ駅前大型バス乗り場）月〜金7:00、9:25、15:30、土日10:30、16:00／キュランダ発：月〜金7:15、10:25、14:10、土日9:10、14:40
※片道所要時間約40分
💴ケアンズ〜キュランダ：
大人$7.10 子供$3.50（中学生は$6）

■『リビング・イン・ケアンズ』
　ケアンズの日本語無料情報誌。同内容の情報をホームページにも掲載しているので、ケアンズ到着前の情報収集に活用するといい。また成田空港や関西国際空港のジェットスター・チェックインカウンター横で配布されていることもあるので、注意してみよう。
URL www.livingincairns.com.au

ケアンズ中心部のターミナルはシティプレイス脇の**ケアンズシティ・バスステーション**と大型ショッピングセンターの**ケアンズセントラル前**。ほとんどのバスはこの両方のターミナルを経由する。

　料金はゾーン制で$2.40から（全部で5ゾーンある）。いくつかのゾーンにまたがって利用したかで料金が変わってくる。1日乗り降り自由の**デイリーチケット**や1週間乗り降り自由の**ウイークリーチケット**がお得でおすすめ。デイリーチケットはシングルチケットを2度購入するのと同一料金（つまり目的地往復だけで元が取れる）。

　ウイークリーチケットはデイリーチケット4日分の料金と同じだ。旅行者がよく利用するのはケアンズ中心部〜パームコーブ（途中にスカイレール駅がある）のゾーン6運賃となる。

　バスは市中心部を離れると各停留所以外からでも乗車が可能となる。目的のバスがやってきたら手を挙げて合図する。乗り込んだら行き先をドライバーに伝えよう。その際、片道（Single）か1日券（Daily）かを言うと料金を教えてくれる。降りるときは、目的地が近づいたら車内にある「Stop」と書かれたボタンを押す。

タクシー＆ライドシェア
ケアンズのタクシーTaxiは**ケアンズタクシー** Cairns Taxisのみ。乗り場はシティプレイスやリーフカジノ前など。流しのタクシーをひろうのは難しいので、これらの場所で乗るか、または電話して指定の場所へ来てもらう。ショッピングセンターの前にも停まっていることがある。ワゴン車も多く、荷物がたくさんあるときや人数が多いときは便利だ。なおウーバーなどライドシェア利用もケアンズでは一般的だ。

シティプレイス脇にあるタクシースタンド

エクセレンスコーチ
エアポートシャトルを運行するエクセレンスコーチ Excellence Coachesが、ケアンズ市内から空港、ポートダグラスを結ぶバスを運行している。

トランスノース・バス&コーチサービス
内陸のアサートンテーブルランド、モスマン&ケープトリビュレーション方面をカバーしているのが**トランスノース・バス&コーチサービス** Trans North Bus & Coach Service。キュランダはもちろん、マリーバ、アサートン、ヤンガバラ、マランダへ路線をもっている。特にキュランダへはシャトルサービスで便数1日5往復と多い。ケアンズ中心部の発着場所はケアンズ駅前の大型バス乗り場とオーキッドプラザ前（アボット・ストリート側）。途中スミスフィールド・ショッピングセンターも経由する。

安くキュランダへ行く人に便利なトランスノースのキュランダシャトル

184

Orientation
ケアンズの歩き方

数多くのクルーズ船が発着するマーリンワーフ

　ケアンズの美しさは、目の前に広がる青い海とすぐ後ろまで迫る熱帯雨林のコントラスト。この大自然のすばらしさがケアンズの魅力だ。海でも山でも景色のよさは保証付き。ツアーやアクティビティに参加して、とことん自然を満喫したい。

意外に小さいケアンズの町

　ケアンズはゴールドラッシュ時代の1876年、近くで発見された金鉱の港町として開拓された。町の中心部は小さく、十分歩いて回ることができる。

　多くの高級ホテルや安宿が集まる**エスプラネード** The Esplanade が観光客にとっての町の中心。無料で利用できる大型ラグーンプールの**ケアンズ・エスプラネードラグーン** Cairns Esplanade Lagoon（→ P.186）とその周囲に広がる芝生の公園、さらに**トリニティ湾** Trinity Bay に沿って続く遊歩道、そして夜に活気づく**ナイトマーケット** Night Market（→ P.268）など、エスプラネード周辺はいつも大勢の人でにぎわっている。

エスプラネード沿いの遊歩道は、朝、散歩している人が多い

　グレートバリアリーフへのクルーズ船が出港する**リーフフリートターミナル** Reef Fleet Terminal および**マーリンワーフ** Marlin Wharf もエスプラネードからすぐ。また隣にある**ザ・ピア・アット・ザ・マリーナ**の海沿いのボードウオークは人気のレストランエリアなので覚えておきたい。

ショッピングならシティプレイスの南へ

　町としての中心は**シールズ・ストリート** Shields St. と**レイク・ストリート** Lake St. の交差する**シティプレイス** City Place。この一角のシールズ・ストリートは広々とした歩行者天国になっており、レイク・ストリート側にはトランスリンクバスが発着する**ケアンズシティ・バスステーション** Cairns City Bus Station やタクシー乗り場がある。

ラグーン前でよく見かけるオーストラリアペリカン

　またシティプレイスからケアンズ駅とコンプレックスをなす大型ショッピングセンターの**ケアンズセントラル**（→ P.269）までのシールズ・ストリート沿いは、ケアンズ随一のレストラン街。人気レストランも多く、週末は夜遅くまでにぎわっている。

左：クルーズの手続きはリーフフリートターミナルで
右：エスプラネード沿いの遊歩道には、ケアンズをイメージしたさまざまなアート作品がある

アプリン・ストリートの、レイク・ストリートとアボット・ストリートの間、図書館寄りの歩道脇の大木は、オオコウモリだらけ。地面は「落としもの」で臭いがひどかった。（埼玉県　ぼうれいちゃー）['23]

左：海沿いのボードウオーク
は散歩するのに最適
右上：歩行者天国になってい
るシティプレイス

ショッピングの中心はシティプレイスの南側。**スペンス・ストリート** Spence St. と**アボット・ストリート** Abbott St.。免税店や有名みやげ物店、さらにスーパーマーケットなどがぎっしり並んでいる。日中ほとんどの観光客は町から出てしまっているため、このあたりのお店は 21:00 過ぎまで開いているところが多い。

ケアンズ中心部のおもな見どころ

■ケアンズ・エスプラネードラグーン
☎ (07)4044-3715
URL www.cairns.qld.gov.au/
experience-cairns/Cairns-
Esplanade
開 毎日 6:00 ～ 21:00
休 メンテナンスのため毎週
水 12:00 ～ 21:00
料 無料

時間が空いたら迷わず直行！ MAP P.179/1・2B

ケアンズ・エスプラネードラグーン
Cairns Esplanade Lagoon

エスプラネード沿いにある 4 ヘクタールの広さをもつ無料で利用できる人工プール。晴れた日中は大勢の人でにぎわい、特に週末は周囲の芝生エリアも含めて人でいっぱいになるほどだ。砂を敷き詰めたビーチもあり、プール自体の深さも 80cm ～ 1.6m がほとんどなので、大人から子供まで思う存分楽しめる。ライフガードがいるので家族連れも安心だ。またラグーンの周りには無料の BBQ サイトも用意されている。

日中は大勢の人でにぎわう
ラグーン

子供用遊具が大充実のムディーズ・プレイグラウンド

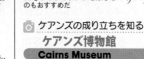
BBQ サイトでランチを楽しむ
のもおすすめだ

エスプラネードラグーンから海沿いに続く**ボードウオーク**は、ケアンズ市民の憩いの場。途中にはアスレチック場や子供向け遊び場の**ムディーズ・プレイグラウンド** Muddy's Playground なども造られている。ボードウオークはまた、水鳥ウオッチングに最適な場所で、大型のオーストラリアペリカン、リーフヘロンなどを見ることができる。

ケアンズの成り立ちを知る MAP P.179/2A

ケアンズ博物館
Cairns Museum

■ケアンズ博物館
住 Cnr Lake & Shields Sts.,
Cairns, QLD 4870
☎ (07)4051-5582
URL www.cairnsmuseum.
org.au
開 月～金 10:00 ～ 15:00
休 土日、ニューイヤーズデー、グッドフライデー、クリスマスデー、ボクシングデー
料 大人 $15 子供 $6 家族 $30
※ 14 歳以下無料

シティプレイスに面して建つ 1902 年建造のクイーンズランド様式の建物（旧アートスクール）を改装したのがケアンズ博物館。隣接するビルとコンプレックスになっており、3 階から下って展示を見るようになっている。

展示は、ケアンズの成り立ちがわかるケアンズ・オーバータイム Cairns Over Time、開拓時代のケアンズの様子をパネルやグッズで紹介するオールドケアンズ Old Cairns、熱帯地域での生活についての紹介を行うリビング・イン・トロピックス Living in Tropics、これからの変わりゆくケアンズについて展示してあるチェンジングケアンズ Changing Cairns という 4 つのテーマ展示がある。

博物館内はじっくり時間をかけて見てみたい

建物自体見応えがあるケアンズ博物館

ケアンズで芸術鑑賞
MAP P.179/2A
ケアンズ・アートギャラリー
Cairns Art Gallery

のんびりとアートに浸るのに最適

1933〜36年に建てられた旧政府ビルを改築したこのギャラリーは、ケアンズおよびノースクイーンズランドのアーティストの作品を数多く展示している。ケアンズ中心部で静かにアートに浸りたい人におすすめの場所だ。

ケアンズで日本の歴史を再発見
MAP P.179/2A
サムライギャラリー・オーストラリア
Samurai Gallery Australia

ギャラリーの規模は小さいが内容は大充実

シティプレイスにある日本の刀、甲冑、槍、掛け軸などを展示するユニークなギャラリー。オーナーのジョンが自費で日本の古武具・古美術品を収集。オージーはもちろん、ケアンズを訪れるすべての人に、日本の重要な文化財とその歴史を知ってもらいたいという思いで一般公開している。江戸、鎌倉時代の刀や掛け軸の展示が多いが、なかには平安時代の太刀など貴重なものもある。ケアンズで日本の古い文化を見直してみる、そんなちょっと変わった経験ができる場所だ。

ケアンズの台所を覗いてみよう！
MAP P.178/3A
ラスティーズマーケット
Rusty's Markets

金曜と週末に開かれるラスティーズマーケットは、ケアンズ市民が新鮮な食材を手に入れに、あるいは朝食やカフェタイムを楽しみにやってくる場所。1975年にわずか6店舗で始まったこのマーケットも、今では180を超える店舗が並ぶ大型マーケットとなっている。シェリダン・ストリートに面した一角には、アサートンテーブルランドなどで収穫された野菜やフルーツが山と積まれ、手頃な値段で購入できる。特に夏季にはマンゴーやシュガーバナナ（日本では手に入りにくい糖度の高いバナナ）、パパイヤ、ライチなどの南国フルーツが格安だ。

またマーケットの奥にはマリーバコーヒーなどを扱う店やカフェ、さらに手作り工芸品や衣類、おみやげを扱う店まであって、マーケット好きならいつまでもいられるほどだ。

世界最大のテーマステンドグラスが見もの
MAP P.178/2B
セントモニカズ・カテドラル
St Monica's Cathedral

1942年5月のケアンズ沖コーラルシー海戦での戦死者の供養のために建設された。ここにはあまり知られていないが、世界最大の「物語を描いたテーマステンドグラス」がある。入口の上、東側のステンドグラスはピースウインドー Peace Window と名づけられており、第2次世界大戦終戦50周年を記念して造られたもの。

■ケアンズ・アートギャラリー
住Cnr. Abbott & Shields Sts., Cairns, QLD 4870
☎(07)4046-4800
URL www.cairnsartgallery.com.au
開月〜金9:00〜17:00、土10:00〜17:00、日10:00〜14:00
料無料

■サムライギャラリー・オーストラリア
住Level 1, 20-22 Shields St., Cairns, QLD 4870
☎0417-642-921
URL samuraigalleryaustralia.com
開火〜金11:00〜16:00、土10:30〜15:00
休日月
料大人$10 子供$5 家族$25
※14歳以下無料

サムライギャラリーのオーナー、ジョン氏

■ラスティーズマーケット
住57-89 Grafton St., Cairns, QLD 4870
☎(07)4040-2705
URL rustysmarkets.com.au
営金5:00〜17:00、土6:00〜17:00、日5:00〜15:30

新鮮なフルーツを手に入れよう

ピースウインドーを中心にクリエーションウインドーがある

187

■セントモニカズ・カテドラル
🏠 183 Abbott St., Cairns, QLD 4870
📞 (07)4046-5620
URL www.cairns.catholic.org.au
🕐 月～金 7:00～17:00、土 7:00～20:00、日 6:00～18:00

■ケアンズ・ボタニックガーデン
🏠 Collins Ave., Edge Hill, Cairns, QLD 4870
📞 (07)4032-6650
URL www.cairns.qld.gov.au/experience-cairns/botanic-gardens
🕐 ビジターセンター：月～金 8:30～16:00、土日 9:30～14:00／フレッカー庭園：毎日 7:30～17:30／センテナリーレイクス：毎日 24 時間
💰 無料
※シティプレイスからトランスリンクバス Route 131 利用、約 10 分。

フレッカー庭園内にあるムンローマーティン・ファーンハウス

広々とした
センテナリーレイクス

■パームコーブとノーザンビーチ
ケアンズ中心部からトランスリンクバスの Route 110、111、112、113、120 利用。パームコーブまで行くのは Routo 110 のみ。

そしてその両脇の壁一面を埋めるのが世界最大のテーマステンドグラス、クリエーションウインドー Creation Windows だ。北側奥の創世記から天地創造へといたるステンドグラスで、ケアンズらしくこの世に現れた大地の上には森が生まれカンガルーやカソワリィなどの動物たちが暮らす姿が描かれている。

📷 気軽に熱帯雨林を散策　　　　　　　　　MAP P.177/1A

ケアンズ・ボタニックガーデン
Cairns Botanic Gardens

ケアンズ中心部から 4km ほど北の**エッジヒル** Edge Hill にある、38ha もの敷地をもつ巨大な植物園。その中心となるのが**フレッカー庭園** Flecker Gardens。1886 年にレクリエーション保護区として開園し、1971 年に現在のようなかたちで開園した。園内には多様なシダを集めた**ムンローマーティン・ファーンハウス** Munro Martin Fern House や、ランをコレクションした**ジョージワトキンス・オーキッドハウス** George Watkins Orchid House などの温室もある。また**センテナリーレイクス** Centenary Lakes まで熱帯雨林ボードウオークがあり、湖ではペリカンや黒鳥、シラサギなども観察できる。

The Suburbs

ケアンズ近郊の町と島

ケアンズのほとんどの見どころは郊外にある。そのため観光は基本的にツアー利用となるが、グレートバリアリーフ以外なら個人でもバスやレンタカーでアクセス可能だ。

パームコーブとノーザンビーチ
Palm Cove & Northern Beaches

ケアンズ北のビーチエリア

ケアンズ中心部に自然のビーチはないが、北へ向かうとノーザンビーチと呼ばれるエリアにいくつものビーチがある。ケアンズから近い順に、**マーチャンズビーチ** Machans Beach、**ホロウェイズ**

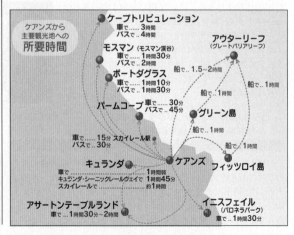

ケアンズから主要観光地への所要時間

- ケープトリビュレーション　車で…3時間　バスで…4時間
- モスマン（モスマン渓谷）　車で…1時間30分　バスで…2時間
- ポートダグラス　車で…1時間10分　バスで…1時間30分
- パームコーブ　車で…30分　バスで…45分
- アウターリーフ（グレートバリアリーフ）　船で…1.5～2時間
- グリーン島　船で…1時間
- フィッツロイ島　船で…1時間
- 車で…15分　バスで…30分　スカイレール駅
- キュランダ　車で…1時間程度／キュランダ・シーニックレールウェイで…1時間45分／スカイレールで…約1時間
- アサートンテーブルランド　車で…1時間30分～2時間
- イニスフェイル（パロネラパーク）　車で…1時間30分

ビーチ Holloways Beach、**ヨーキーズノブ** Yorkeys Knob、**スミスフィールド** Smithfield（ここはビーチではなく町で、大型ショッピングセンターがある）、**トリニティビーチ** Trinity Beach、**ケワラビーチ** Kewarra Beach、**クリフトンビーチ** Clifton Beach、**パームコーブ** Palm Cove（ビーチエリアということで**パームコーブビーチ**と呼ばれることもある）、**エリスビーチ** Ellis Beach と続く。

このエリア沿いには、**スカイレール**のカラボニカ駅（→ P.236 ／スミスフィールド）、バンジージャンプを行っている**スカイパーク・ケアンズ・バイ・AJ ハケット**（→ P.250 ／スミスフィールド）、朝夕には野生のワラビーがよく現れるリゾートホテル＆高級別荘地の**パラダイスパームス**（ケワラビーチ近く）など観光施設がいっぱい。キュランダ方面やポートダグラス方面への観光にも便利な場所だ。

ノーザンビーチの海はどこも比較的穏やかだが、海水浴をする場合は注意が必要。夏季にはボックスジェリーフィッシュ（通称スティンガー）やイルカンジと呼ばれる毒クラゲが発生する。そのためビーチにはクラゲ除けネットが張られるので、このネットの外では絶対に泳がないこと。

人気のパームコーブビーチとパームコーブの町

ビーチの続くノーザンビーチのなかでも人気があるのが、ケアンズから車で 30 分ほどのパームコーブ。ケアンズ、ポートダグラスに次ぐリゾートエリアで、リゾートホテル、リゾートコンドミニアムが数多く、南国らしいリゾートライフを求めるオージーや欧米人旅行者の間では評判だ。それでも町自体の規模は小さく、のんびりとしている。にぎやかなのはレストランやコンドミニアムが並ぶビーチ沿いの**ウイリアムズ・エスプラネード** Williams Esplanade 周辺。主要なリゾートホテルやコンドミニアムにはデイスパ設備もある。

パームコーブ Palm Cove

0 200m

桟橋

シーベル・パームコーブ・コーラルコースト
The Sebel Palm Cove Coral Coast

サンクチュアリー・パームコーブ
Sanctuary Palm Cove

P.255 パラダイス・デイスパ
ペッパーズ・ビーチクラブ＆スパ・パームコーブ
P.288 Peppers Beach Club & Spa Palm Cove
パームコーブ・ショッピングビレッジ
Palm Cove Shopping Village SC
Villa Paradiso
P.289 リーフハウス・リゾート＆スパ
Reef House Resort & Spa
P.254 リーフハウススパ
P.263 リーフハウスレストラン
The Reef Retreat
Melaleuca Resort
マントラ・アンフォラ
Mantra Amphora
イマジンドリフト・パームコーブ
Imagine Drift Palm Cove
P.290 アラマンダ・パームコーブ・バイ・ランスモア
Alamanda Palm Cove by Lancemore
P.263 ヌヌ
P.253 アラマンダスパ
プルマン・パームコーブ・シーテンプルリゾート＆スパ
P.288 Pullman Palm Cove Sea Temple Resort & Spa
ヴィスパ
P.254

CEDER RD
WILLIAMS ESPLANADE
TEREBRA ST
VEIVERS RD
CAPTAIN COOK HWY
DEEP ACRES DRIV
ARGENT EA BLVD

N

静かな雰囲気の
パームコーブビーチ

ローカルに人気の地ビール工場
マカリスター・ブリューイングカンパニー

スミスフィールドにある地ビール工場で、ランチタイムや夕方に地元の人がビールと食事を楽しみにやってくる。食事はフードトラックが日替わりで入り、ビールはラガー系、エール系、黒ビール系など 6 種類。テイスティングポットも楽しめる。

● **Macalister Brewing Company**
MAP P.191 下 ／1B ● 6 Danbulah St., Smithfield, QLD 4878 ● 0408-086-814
URL macalisterbrewingcompany.com.au
● 水金土 12:00 〜 22:00、木日 12:00 〜 19:00

■スミスフィールド・ショッピングセンター
Smithfield Shopping Centre

キャプテンクック・ハイウェイとケネディ・ハイウェイ（キュランダ方面）の交差点にある大型ショッピングセンター。ローカルな雰囲気を味わいながらショッピングを楽しむのにおすすめ。

☎ (07)4038-1006
🔗 www.smithfieldcentre.com.au
🕐 月～水金 9:00 ～ 17:30、木 9:00 ～ 20:00、土 9:00 ～ 16:00、日 10:00 ～ 16:00／コールス、ウールワース、Ｋマート：月～金 8:00 ～ 21:00、土 8:00 ～ 18:00、日 9:00 ～ 18:00

■キュランダ（クランダ）

ケアンズ郊外スミスフィールドにあるカラボニカレイクス発のゴンドラから熱帯雨林を眼下に望めるスカイレイ（→ P.236）と、1880 年代製のクラシックな列車、キュランダ・シーニックレールウェイ（→ P.234）を組み合わせるのが一般的。ほかにケアンズからはトランスノース・バス＆コーチサービス（→ P.184）が 1 日数便のバスを運行している。

■キュランダ・ビジターインフォメーションセンター

🗺 P.191 上 /B
🏠 Therwine St., Kuranda, QLD 4881
☎ (07)4093-9311
🔗 www.kuranda.org
🕐 月火 10:00 ～ 15:00、水～日 10:00 ～ 16:00
🚫 クリスマスデー

左：屋根付きのキュランダ・ヘリテージマーケット
右：緑豊かなオリジナル・レインフォレストマーケット

パームコーブビーチはローカルに人気。それでも広々としたビーチは混雑しておらず、ゆったりとした気分で過ごすことができる。また簡単な買い物は、おみやげ店、スーパーなどが入っている**パームコーブ・ショッピングビレッジ** Palm Cove Shopping Village でできる。

メラルーカの並木道が印象的なパームコーブのウイリアムズ・エスプラネード

キュランダ（クランダ）
Kuranda

熱帯雨林に囲まれたキュランダ

熱帯植物に囲まれたキュランダ駅

キュランダは、ケアンズの北西 30km（車で約 40 ～ 50 分）に位置する人口約 3000 人の世界遺産の熱帯雨林に囲まれた高原の小さな町だ。その昔は先住民がこの地域に暮らしており、キュランダという名前はこの地の先住民の言葉で「熱帯雨林の村」という意味。19 世紀には鉱山の町として栄え、1886 年には鉱山で働く人のために鉄道が敷かれた。これが現在、観光用の**キュランダ・シーニックレールウェイ**（→ P.234）となっている。

外観に先住民アートが描かれたビジターインフォメーション

キュランダの町は、鉱山鉄道が利用されなくなったあとオージーのハネムーンの地として人気が高まり、1960 年代にはヒッピーが自由を求めて集まったこともある。現在でもその名残があり、町には多くのアーティストが住んでいる。**キュランダ・ヘリテージマーケット** Kuranda Heritage Market や**キュランダ・オリジナル・レインフォレストマーケット** Kuranda Original Rainforest Market といった工芸品をおもに扱うマーケットがあり、彼らの作品を観たり購入したりできるのだ。もちろんそれ以外にもユニークなおみやげやナチュラルギフトなどが見つかる。

Kuranda の発音は本来「クランダ」に近いのですが、本書では観光局の表記や日本のツアーパンフレットなどで一般的となっている「キュランダ」を採用しました。

キュランダ (クランダ)
Kuranda

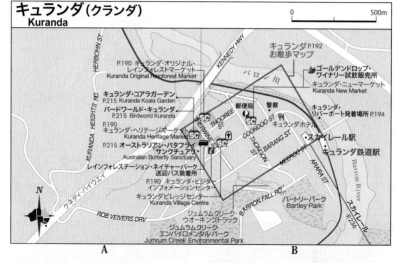

0　　　　　500m

- P.190 キュランダ・オリジナル・レインフォレストマーケット
  Kuranda Original Rainforest Market
- P.215 キュランダ・コアラガーデン Kuranda Koala Garden
- バードワールド・キュランダ P.215 Birdworld Kuranda
- P.190 キュランダ・ヘリテージマーケット Kuranda Heritage Market
- P.215 オーストラリアン・バタフライサンクチュアリ Australian Butterfly Sanctuary
- レインフォレステーション・ネイチャーパーク送迎バス発着所
- P.190 キュランダ・ビジターインフォメーションセンター
- キュランダビレッジセンター Kuranda Village Centre

キュランダ P.192 お散歩マップ

- ゴールデンドロップ・ワイナリー試飲販売所
- キュランダ・ニューマーケット Kuranda New Market
- キュランダ・リバーボート発着場所 P.194
- キュランダホテル
- スカイレール駅
- キュランダ鉄道駅

郵便局　警察

- バートリーパーク Bartley Park
- ジュムラムクリーク・ウオーキングトラック
- ジュムラムクリーク・エンバイロメントパーク Jumrum Creek Environmental Park

KENNEDY HWY
HERBOHN ST
KURANDA HEIGHTS RD
THOOREE ST
COONDOO ST
THONGON ST
BARANG ST
MEEROO ST
ARARA ST
BARRON FALL RD
ROB VEIVERS DRV
Barron River
バロン川
スカイレール P.236

N

A　　　　　　　B

アサートンテーブルランド
Atherton Tableland

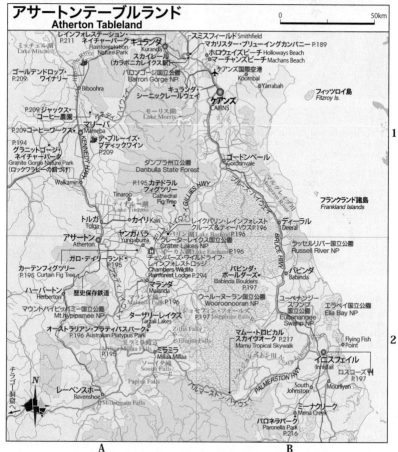

0　　　　　50km

- レインフォレステーション・ネイチャーパーク キュランダ P.211 Rainforestation Nature Park
- スカイレール（カラボニカレイクス駅）
- バロンゴージ国立公園 Barron Gorge NP
- キュランダ・シーニックレールウェイ
- ゴールデンドロップ・ワイナリー P.209
- P.209 ジャックス・コーヒー農園
- P.209 コーヒーワークス
- P.194 グラニットゴージ・ネイチャーパーク Granite Gorge Nature Park（ロックワラビーの餌づけ）
- マリーバ Mareeba
- デ・ブルーイズ・ブディックワイン P.209
- ダンブラ州立公園 Danbulla State Forest
- P.195 カテドラルフィグツリー Cathedral Fig Tree
- トルガ Tolga
- カイリ Kairi
- ヤンガバラ Yungaburra
- アサートン Atherton
- レイクバリン・レインフォレストクルーズ＆ティーハウス P.196
- クレーターレイクス国立公園 Crater Lakes NP
- チェンバーズ・ワイルドライフレインフォレストロッジ P.294 Chambers Wildlife Rainforest Lodge
- カーテンフィグツリー P.195 Curtain Fig Tree
- マランダ Malanda
- マランダ滝 Malanda Falls P.196
- ハーバートン Herberton
- マウントハイピッパミー国立公園 Mt.Hypipamee NP
- オーストラリアン・プラティパスパーク P.196 Australian Platypus Park
- ガロ・デイリーランド・P.195 Gallo Dairyland
- ターザリーレイクス Tarzali Lakes
- ミラミラ滝 Millaa Millaa Falls P.195
- ミラミラ Millaa Millaa
- ソーイタ滝 Souita Falls
- パピナ滝 Papini Falls
- レーベンスホー Ravenshoe
- ミルストリーム滝 Millstream Falls
- スミスフィールド Smithfield
- マカリスター・ブリューイングカンパニー P.189
- ホロウェイズビーチ Holloways Beach
- マーチャンズビーチ Machans Beach
- ケアンズ国際空港
- ケアンズ CAIRNS
- ゴードンベール Gordonvale
- バビンダ・ボールダーズ P.197 Babinda Boulders
- バビンダ Babinda
- ウールヌーラン国立公園 Wooroonooran NP
- ジョセフィンフォールズ P.197 Josephine Falls
- マムー・トロピカルスカイウオーク P.217 Mamu Tropical Skywalk
- イニスフェイル Innisfail
- ロスコーズ P.197
- マウリヤン Mourilyan
- ミーナクリーク Mena Creek
- パロネラパーク P.216 Paronella Park
- フィッツロイ島 Fitzroy Is.
- フランクランド諸島 Frankland Islands
- ディーラル Deeral
- ラッセルリバー国立公園 Russell River NP
- ユーベナンジー・スワンプ国立公園 Eubenangee Swamp NP
- エラベイ国立公園 Ella Bay NP
- Flying Fish Point
- サウスジョンストン South Johnston
- Koombal
- Yarrabah

KENNEDY HWY
GILLIES HWY
BRUCE HWY
PALMERSTON HWY
KUABARA HWY
Mitchell River
Lake Mitchell
Lake Morris
モーリス湖
Lake Tinaroo
ティナルー湖
Lake Barrine
バリン湖
Lake Eacham
イーチャム湖
Mulgrave River
North Johnston River
South Johnston River
Russell River
Tully River
チラゴー洞窟

N

1

2

A　　　　　　　B

191

バードワールド・キュランダ
キュランダ・コアラ
ガーデン

Therwine St

Thorigon St

ゴールデンドロップ・
ワイナリー試飲販売所

キュランダ鉄道駅

1
2/3
キュランダ・オリ
ジナル・レインフォ
レストマーケット

9

SC

キュランダ・
ニューマーケット

8

10

スカイレール駅

SC
キュランダ・ヘリ
テージマーケット

4

6

Coondoo St.

5

7

この間、歩い
て10分ぐらい

Barang St

SC
キュランダ・
インフォメーション　キュランダ・
センター　ビレッジ

オーストラリアン・バタフライ
サンクチュアリ

キュランダ
お散歩マップ

キュランダには工芸品を扱うお店が多い

1　プチカフェ・キュランダ
Pitit Cafe Kuranda

🏠 The Original Rainforest Market, Kuranda QLD 4881
📞 (07)4007-6244
🕐 水木日 8:00 〜 15:00、金土 8:00 〜 20:00

オリジナルマーケット内にあるフレンチスタイルのクレープリー。食事系、デザート系クレープがいろいろ。

メニュー豊富なのでランチにも、ティータイムにもおすすめ

2　ハヤブサ・オブ・キュランダ
Hayabusa of Kuranda

🏠 The Original Rainforest Market, Kuranda QLD 4881
📞 0475-874-330　URL www.facebook.com/hayabusaofkuranda　🕐 木〜日 9:30 〜 15:30

オリジナルマーケット内の和風味屋さん。どら焼きやみたらし団子などを食べながらのんびりくつろげる。オーナーのベンさんは日本のTVでも紹介されたことがあるほどの有名人だ。

どら焼き
と抹茶で
ひと休み

3　ジャパニーズ・ティーハウス・バスク
Japanese Tea House BUSK

🏠 The Original Rainforest Market, Kuranda QLD 4881
URL www.kurandabusk.com
🕐 水〜日 9:30 〜 15:30

ハヤブサの向かいにあるオリジナルブレンドのマンゴーほうじ茶やユーカリ緑茶などが味わえる和風喫茶。ここで味わえるお茶はすべておみやげ用にも購入できる。

和風な店内

4　ビコ・イン・キュランダ
BICO in Kuranda

🏠 15 Therwine St., Kuranda QLD 4881
📞 (07)4093-8131
URL bico-in-cairns.shop
🕐 毎日 10:30 〜 15:00

オーストラリア生まれの人気アクセサリーBICO専門店。ピューター製の手頃なものから、スターリングシルバーのおしゃれなものまで種類豊富。

カップルにおすすめのデザイン

5　ジャーマンタッカー・キュランダ
German Tucker Kuranda

🏠 1-3 Coondoo St., Kuranda QLD 4881
📞 (07)4093-7398
URL www.germantucker.com
🕐 毎日 9:30 〜 15:00

お店の前でソーセージを焼いて、いつもいい匂いをさせているホットドッグ屋さん。テイクアウェイももちろんできるが、奥の2階がレストランとなっており、座ってゆっくり食事も可能だ。

お店の名物
おばちゃん

コーンドー・ストリートには絞め殺しのイチジクの大木が木陰を作る休憩場所もある

またキュランダ・ヘリテージマーケット内には熱帯のさまざまな鳥を集めたバードワールドやコアラと一緒に写真が撮れたり、愛らしいクオッカワラビーに出合えるキュランダ・コアラガーデン、さらにそのすぐ近くにはオーストラリアに生息する蝶を集めたオーストラリアン・バタフライサンクチュアリなどの動物テーマパークがあり、総称して**キュランダ・ワイルドライフエクスペリエンス**（→ P.215）と名付けられている。

キュランダでは、マーケット巡り以外にも、ナチュラルテイストの商品を扱う小さなショップや先住民アートのギャラリー、愛らしいカフェがいくつもあるので、のんびり散策を楽しんでみるといい。メインの通りは**コーンドー・ストリート** Coondoo St.、**サーウィン・ストリート** Therwine St. のふたつで、ほぼこのあたりにお店は集まっている。

■**キュランダ・ヘリテージマーケット** MAP P.191 上 /A
🏠 Rob Veivers Drv., Kuranda, QLD 4872
📞 (07)4093-8060
URL www.kurandamarkets.com.au
🕐 水 〜 日 10:00 〜 15:30
（キュランダ・ワイルドライフエクスペリエンスは毎日）

■**キュランダ・オリジナル・レインフォレストマーケット** MAP P.191 上 /B
🏠 7/13 Therwin St., Kuranda, QLD 4872
📞 (07)4093-9400
URL kurandaoriginalrainforestmarket.com.au
🕐 水 〜日 10:00 〜 15:00

---

6 レアアースオイル
Rare Earth Oil

🏠 SHOP D/15 Coondoo St., Kuranda QLD 4881
📞 0415-513-855
URL www.rareearthoils.com
🕐 月 〜 水 10:00 〜 14:00、木〜日 10:00 〜 15:00

コーンドー・ストリートにあるスキンケア専門店。肌に優しいオーガニックのエッセンシャルオイルや各種ヒーリングバームを扱っている。

レアアースオイルの各種バーム

---

7 レインフォレストビュー・レストラン
Rainforest View Restaurant

🏠 28 Coondoo St., Kuranda QLD 4881
📞 (07)4093-9939
URL www.rainforestview.com.au
🕐 毎日 10:30 〜 16:30

キュランダで熱帯雨林の景色を楽しみながら食事やカフェタイムが楽しめるのがここ。特に屋外テラス席は人気がある。バーガー類やラップサンドのほか、カンガルーミートパイなどもおすすめ。

カンガルーパイにはちゃんとカンガルーマーク

---

8 キュランダ・レインフォレストコーヒー
Kuranda Rainforest Coffee

🏠 Shop 10, 17 Thongon St., Kuranda QLD 4881
📞 0414-790-034
URL www.kurandarainforestcoffee.com.au
🕐 毎日 8:00 〜 15:00

キュランダ近郊で栽培されている高品質のアラビカコーヒーを店内で焙煎して飲ませてくれるカフェ。コーヒー豆の販売も行っており、おみやげにも大人気だ。

---

10 キュランダ・ホテル
Kuranda Hotel

🏠 16 Arara St., Kuranda QLD 4881
📞 (07)4093-7206
URL www.kurandahotel.com
🕐 毎日 10:30 〜 14:45

キュランダ鉄道駅、スカイレールのキュランダ駅からすぐの場所にあるコロニアルな雰囲気のビストロ（宿泊施設は現在使用していない）。入口入ってすぐの場所は開拓時代の名残を残すパブになっていて、地元の人にも大人気。ここではケアンズ近郊で作られるクラフトビールを生ビールで味わえる。ビール飲み比べセットがあるので、いろいろな味を試してみよう。フードメニューももちろん充実しており、特にキュランダバーガーやバラマンディ・フィッシュ＆チップスは、キュランダを訪れる観光客の間で大人気メニュー。ボリュームも満点だ。

人気のキュランダバーガー

---

9 セテイ・バスショップ
Ceti Bath Shop

🏠 Shop 4/25 Coondoo St., Kuranda QLD 4881
📞 0428-643-117
URL ceti.com.au
🕐 毎日 10:00 〜 15:30

オーガニックにこだわったハンドメイドのバス用品を扱っているお店。特にオーストラリアならではの香りがする石鹸はヒーリング効果も抜群でおみやげに大人気だ。

日本語でも大丈夫

上：バラマンディ・フィッシュ＆チップスは味もよくボリュームもある
左：ちょっとレトロな雰囲気がいい

キュランダ・リバーボートで
オーストラリアワニを見に行
こう

■**キュランダ・リバーボート**
MAP P.191 上 /B
☎0412-159-212
URL www.kurandariverboat.
com.au
圏 毎 日 10:45、11:45、
12:30、13:30、14:30 発（所
要 45 分）
圏大人$25 子供$10 家族$60

■**アサートンテーブルラン
ド**
トランスノース・バス&コー
チサービスがケアンズからバス
を運行しているが、観光地
巡りを考えるとレンタカー利
用が現実的。

■**アサートンテーブルラン
ドのフルーツワイナリー&
コーヒー農園**
詳細→ P.209

■**グラニットゴージ・ネイ
チャーパーク**
住332 Paglietta Rd.,
Chewko via Mareeba, QLD
4880
☎(07)4093-2259
URL www.granitegorge.
com.au
圏大人$15 子供$5（6～12歳）
子供$8（13～17歳）／ワラ
ビーの餌$1

またキュランダから車で 5 分ほどの場所には**レインフォレステー
ション・ネイチャーパーク**（→ P.211）がある。人気の水陸両用
車アーミーダックに乗れたり、コアラを抱いて記念撮影できたり、
先住民のショーが観られたりする人気の熱帯雨林テーマパーク
だ。またキュランダ・シーニックレールウェイ駅脇から出ている**キュ
ランダ・リバーボート** Kuranda River Boat にも時間があったら
乗ってみたい。バロン川のクルーズで、川の両岸を埋める熱帯雨
林の景観を眺め、オーストラリアワニ（フレッシュウオータークロ
コダイル）、ウミワシなどの生き物も高確率で見られるのだ。

町からウオーキングルートもある（車だと 5 分ほど）世界遺産
の森**バロンゴージ国立公園**
Barron Gorge NP も訪
ねてみたい。うっそうとし
た森の中にボードウオーク
が造られており、キュランダ・
シーニックレールウェイの
バロンフォールズ駅まで続
いている。

バロンゴージ国立公園内に造られたボードウオーク内の熱帯雨林

アサートンテーブルランド
Atherton Tableland

高原地帯と熱帯雨林が楽しめるアサートンテーブルランド

キュランダから西は大分水嶺（グレートディバイディングレンジ）
に開けた高原地帯で、アサートンテーブルランドと呼ばれている。
この一帯の気候は複雑で、キュランダ同様の熱帯雨林があるかと
思えば、わずか数 km 先が降雨量の少ない乾燥気候となってい
たりする。こうした特異な気象条件と標高の高さを利用し、牧畜業、
農業（コーヒーや紅茶、マンゴー、ライチ、バナナなど）が盛んだ。

見どころは点在しており、レンタカー利用が基本となる（もち
ろんケアンズ発のツアーも数多く出ている）。主要な見どころは
次に紹介するが、ほかにもケアンズの水源**ティナルー湖** Lake
Tinaroo でのウオータースポーツ、週末にアサートン Atherton
〜ハーバートン Herberton 〜レーベンスホー Ravenshoe を結
ぶ**歴史保存鉄道の蒸気機関車**、神秘的な鍾乳洞の**チラゴー洞窟**
Chillagoe Caves などは注目だ。

📷 大人気のロックワラビーの餌づけ　　　　MAP P.191 下 /1A

グラニットゴージ・ネイチャーパーク
Granite Gorge Nature Park

マリーバ近郊の花崗岩の渓谷がグラニットゴージだ。ここには、
この地域固有のイワワラビーである
マリーバロックワラビーが生息してお
り、入口で餌を買っておけば誰でも簡
単に餌づけが楽しめる。また周囲に
はウオーキングトレイルもあり、水辺
では季節によっては珍しいジャビルー
を見かけることもある。ケアンズから
は夜行性動物探検ツアー（→ P.238）
で訪れることが多い。

人気のロックワラビーの餌づけ

194 グラニットゴージで出会えるロックワラビーは本当にかわいい。岩場に入っていくとワラビーのほう
から近くに寄ってきてくれて、簡単に餌づけできます。（兵庫県　進藤あみ）['23]

絞め殺しのイチジクの巨木
MAP P.191 下/1・2A

カーテンフィグツリーとカテドラルフィグツリー
Curtain Fig Tree & Cathedral Fig Tree

どちらも、アサートンテーブルランドのヤンガバラ近郊にある、オーストラリア最大級の絞め殺しのイチジクの大木。特に有名なのがカーテンフィグツリー。約700年前にイチジクに着生された主木が絞め殺され、およそ45度傾いたところでもう1本の大木にぶつかった。そしてイチジクが、ぶつかった大木をも絞め殺している様子が見られる。最初に死んだ木からイチジクの根が無数に地面に向かって下りてきている様が、まるでカーテンのようなのでこの名がついている。カーテンフィグツリーの周りには約100mのボードウオークが造られている。ケアンズからは夜行性動物探検ツアー（→ P.238）で訪れる場合が多い。

自然の力を思い知らされるカーテンフィグツリー

樹齢500年のカテドラルフィグツリー

カテドラルフィグツリーもまたカーテンフィグツリーに劣らぬほどの巨木で、樹齢は約500年。35mもの高さを誇り、200m四方に根が張り巡らされている。ケアンズからはパロネラパークを訪れる一部のツアー（→ P.242）で夜間に立ち寄り、「聖堂の樹」として紹介される。

美味な手作りチョコとチーズを手に入れよう
MAP P.191 下/2A

ガロ・デイリーランド
Gallo Dairyland

アサートン近郊にあり、1930年代から続くガロ・ファミリーファームに隣接したチーズ＆チョコレート工場だ。店内ではさまざまな種類のチーズ、チョコレートが販売されており、週末はケアンズからわざわざ買いにやってくる人も大勢いるほど。

手作りチョコはギフトパッケージもあるので、日本へのおみやげにもいい。カフェもあって、店内で販売されているチョコやチーズ、そしてホームメイドチーズケーキなどを食べることもできる。また敷地内ではチョコやチーズの製造工程を見学することもできる。

■ガロ・デイリーランド
Malanda Rd. (P.O.Box 1345), Atherton, QLD 4883
(07)4095-2388
gallodairyland.com.au
水〜日 10:00 〜 16:00／牛のミルク搾り見学水〜日 14:30 〜 15:30
月火、グッドフライデー、イースターサンデー、イースターマンデー

カフェで食べられるチーズテイスティングプレート

アサートンテーブルランドで最も美しい滝
MAP P.191 下/2A

ミラミラ滝
Millaa Millaa Falls

滝壺で遊べるミラミラ滝

アサートンテーブルランド南部ミラミラ周辺には数多くの滝があり、それらを周遊するドライブルートが**ウオーターフォールサーキット** Waterfall Circuit と名づけられている。このルート上の滝で最も有名なのがミラミラ滝だ（ミラミラとはこの地域の先住民の言葉で「たくさんの水」を意味する）。壮大さはないが、熱帯雨林に囲まれた美しい滝で、滝壺では泳ぐこともできる。

✉ ツアーで夜のカーテンフィグツリーを見ました。とにかく幻想的。ガイドの方が珍しいキノボリカンガルーを見つけてくれたのも感動でした。（愛知県　竹本なな）['23]

■レイクバリン・レインフォレストクルーズ&ティーハウス

MAP P.191 下／1A
住 Lake Barrien Access, Gillies Hwy., Yungaburra, QLD 4872
☎ (07)4095-3847
URL www.lakebarrine.com.au
営 月木金 9:00 ～ 14:30、土日 8:30 ～ 15:00
休 火水、クリスマスデー
料 レインフォレストクルーズ（時間は要確認）：大人 $35 子供 $20 ／ランチクルーズ（12:00 発／催行日は要確認）大人 $50 子供 $25

巨木ジャイアントカウリパイン

マランダ滝のインフォメーションセンター

■マランダフォールズ・ビジターセンター

住 132 Malanda-Atherton Rd., Malanda, QLD 4885
☎ (07) 4089-2583
URL www.trc.qld.gov.au/explorer/information-centres
開 月 ～ 金 9:00 ～ 16:00、土日 10:00 ～ 14:00

■オーストラリアン・プラティパスパーク

住 912 Millaa Millaa-Malanda Rd., Tarzali, QLD 4885
☎ (07)4097-2713
営 木～日 10:00 ～ 16:00（ガイドツアーの時間は要確認）
料 プラティパスツアー：大人 $8.50 子供 $6

📷 ボートクルーズと熱帯雨林散策が楽しめる

バリン湖とイーカム湖
Lake Barrine & Lake Eacham

のんびりとしたバリン湖クルーズ

ティーハウスで味わいたいスコーン

クレーターレイクス国立公園には、バリン湖とイーカム湖というふたつの湖がある。どちらも熱帯雨林に囲まれた火山湖で、水の透明度もひじょうに高い。バリン湖ではティーハウスでデボンシャーティーを楽しんだり、90 分のレインフォレストクルーズで湖の周りに茂る熱帯雨林、湖にすむさまざまな魚をじっくり見て回ったりと、楽しみ方はいろいろ。

またバリン湖周辺にはウオーキングトラックも整備されており、樹齢 1100 年といわれる熱帯雨林の巨木ジャイアントカウリパイン Giant Kauri Pine を見ることもできる。イーカム湖は地元のオージーたちが週末のキャンプなどで訪れることが多い場所。湖畔には広々とした芝生の広場やキャンプ場がある。

📷 運がよければカモノハシ、ツリーカンガルーも見られる

マランダ滝
Malanda Falls

涼しげなマランダ滝

マランダの町外れにあるマランダ滝は、水辺の熱帯雨林でのショートウオークが楽しめる人気の自然保護公園だ。入口にはビジターセンターがあるので、まずはここで園内のショートウオーク・マップを手に入れてから散策に出かけたい。

散策路は**チューリップオークウオーク** The Tulip Oak Walk と**レインフォレストウオーク** Rainforest Walk のふたつ。どちらも 30 分ほどで歩くことができ、熱帯雨林を満喫できる。ここの熱帯雨林内にはキノボリカンガルーやグリーンリングテイルポッサムなど珍しい夜行性動物、そして小川にはカモノハシ、さらに 50 種を超える鳥などが生息している。

📷 カモノハシを個人で見に行くなら

オーストラリアン・プラティパスパーク@ターザリーレイクス
Australian Platypus Park@Tarzali Lakes

高確率でカモノハシに出合える

マランダとミラミラの間、ターザリーレイクスにあるのがオーストラリアン・プラティパスパーク。名前からもわかるとおりここには、高確率でカモノハシが見られる池がある。ガイド付きのプラティパスツアーに参加すれば、ほぼ確実に野生のカモノハシがみられる。またここには燻製のハムやソーセージを作るスモークハウスもあり、ギフトショップで購入できる。併設のカフェも朝食、ランチにおすすめだ。

イニスフェイルとウールーヌーラン国立公園
Innisfail & Wooroonooran NP

イタリア系移民の多い イニスフェイル

ケアンズの南約 90km にあるのがイニスフェイル。アサートンテーブルランド南部への入口、さらにラフティングで有名なタリー Tully やダンク島への船が出るミッションビーチへの起点となる町だ。人口約 7500 人とさほど大きな町ではないが、近郊には宮崎アニメファンに人気の古城パロネラパーク (→ P.216) があり、訪れる観光客は少なくない。

イニスフェイルの町は、ヨーロッパが戦火に見舞われた第 1 次世界大戦から第 2 次世界大戦にかけて多くのイタリア系移民が住み着き、その礎が築かれた。その名残でいまも、町で見かける人の多くはイタリア系で、町には美味なイタリア料理店も何軒かある。なおこの町は 2006 年と 2011 年に最大級の勢力をもったサイクロンの直撃を受けた。近隣の森も樹木が数多く倒れ、動物が激減するなどの被害を受けている。現在、そのほとんどは復旧されたが、郊外の森にはまだその傷跡が残っている場所もある。

地元の人に人気の世界遺産の森 ウールーヌーラン国立公園

ケアンズの南部からイニスフェイルにかけての大分水嶺がウールーヌーラン国立公園となっている。その広さは実に 798km で、東京 23 区をひと回り大きくしたほどの面積だ。クイーンズランド州の 2 大高山であるマウント・バートルフレア Mt.Bartle Frere (1622m)、マウント・ベレンデンカー Mt.Bellenden Ker (1592m) も、この国立公園内にある。

一帯は世界遺産に登録されている熱帯雨林の森で、現在、少しずつではあるが観光客が森のすばらしさを体験できるようなウオーキングトレイル、施設が整備されてきている。観光客に人気のスポットはおもに 3 ヵ所。ケアンズ市民が休日にピクニックにやってくる場所として知られるバビンダ・ボールダーズ Babinda Boulders (バビンダとは先住民の言葉で「滝」を意味する)。熱帯雨林に囲まれた美しい湖とそこから流れ出す川。川には巨石が転がり急流を造り出している。湖の透明度はひじょうに高く、スイミングスポットとして人気が高い。なおこの湖には、先住民の美しい娘オーラナと美男子ダイガの悲恋の伝説が残っている。

ウールーヌーラン国立公園の自然観光スポットとして人気なのが、ジョセフィン・フォールズ Josephine Falls。美しい熱帯雨林散策路をもち、その先には階段状になったジョセフィン・フォールズがある。階段状になった岩の上からウオータースライダー気分で滑り下りることができる。

またイニスフェイルからミラミラへ向かうパルマーストン・ハイウェイ沿いにある熱帯雨林観察用施設マムー・トロピカル・スカイウオーク (→ P.217) もぜひ訪れたい施設だ。

バビンダ・ボールダーズの巨石群

水遊びをしにジョセフィン・フォールズへ

4マイルビーチでゆっくり日焼けを楽しむ

スーパーも入ったポートビレッジ

アンザックパークで週末開催されるマーケット

ポートダグラス
Port Douglas

高級感漂う大人のリゾートタウン

マクロッサン・ロード沿いにさまざまなお店やレストランが並んでいる

　ケアンズの北70kmの所に位置するポートダグラスは、6.4km もの長さをもつ4マイルビーチ4 Mile Beach に面した港町だ。町は太平洋と**ディクソンインレット** Dickson Inlet という入江に挟まれた半島のような所にあり、グレートバリアリーフ北部へのクルーズ船の発着地、ゲームフィッシングの基地として昔から知られている。また、豪華ホテル＆コンドミニアムが集まったオーストラリア有数の高級リゾート地区としても評判だ。

　ケアンズからやってくると、ポートダグラスの町へといたるポートダグラス・ロード沿いの整然としたヤシ並木が印象的だ。この並木道の両側には動物園の**ワイルドライフハビタット**（→ P.214）、オーストラリア有数の豪華リゾート、シェラトングランドミラージュ・ポートダグラスをはじめとする高級ホテルやコンドミニアム、さらにゴルフ場などが続き、やがてデビッドソン・ストリートと名前を変えて町へ入っていく。

町の中心はマクロッサン・ストリート

　町の中心は、4マイルビーチとディクソンインレットを結ぶ**マクロッサン・ストリート** Macrossan St. だ。通りの両側にはブティックやカフェ、レストラン、おみやげ店などが並んでいる。なかでもスーパーのコールスやクイックシルバーダイブなどが入った**ポートビレッジ** Port Village はポートダグラス最大のショッピングセンターで、地元の人、観光客でいつもにぎわっている。

　マクロッサン・ストリートのディクソンインレット側にある小さな公園が**アンザックパーク** Anzac Park。第1次、第2次世界大戦で亡くなったオーストラリア兵を祀る記念碑があり、献花が絶えない。公園脇にある海の見える小さなチャペルが、**セントメアリーズ・バイ・ザ・シー** St Mary's by the sea で、ここはオージーはもちろん日本人ハネムーナーにも人気の挙式場だ。またこの公園では毎週日曜に**サンデーマーケット** Sunday Market も開かれるので覚えておくといい。

愛らしいチャペルのセントメアリーズ・バイ・ザ・シー

上左：フラッグスタッフヒル展望台から4マイルービーチを望む
上右：フラッグスタッフヒル展望台はポートダグラスにやってきたら必ず登りたい場所だ

各種クルーズ発着場所の
クリスタルブルック・スーパーヨットマリーナ

　アンザックパークに沿ってディクソンインレット沿いを通るのがワーフ・ストリート Wharf St.。さまざまなリゾートショップやレストラン、バーなどが入ったマリーナの**クリスタルブルック・スーパーヨットマリーナ** Crystalbrook Super Yacht Marina もこの通りにある。ここからはクイックシルバークルーズなど G.B.R. クルーズ、各種ダイビングクルーズも発着していける。

　町のなかにはさしたる見どころがないのだが、半島の突端にある、**フラッグスタッフヒル展望台** Flagstaff Hill Lookout へはぜひ出かけてみたい。特に早朝は、朝日に輝く南太平洋がキラキラと美しく、思わず見とれてしまうほどだ。

クリスタルブルック・スーパーヨットマリーナ

モスマンとディンツリー国立公園
Mossman & Daintree NP

最古の熱帯雨林エリアへ

ケアンズから日帰りで、徹底的に熱帯雨林を満喫したいなら、ポートダグラスのさらに北、世界遺産に登録されている熱帯雨林のひとつディンツリー国立公園を目指そう。ディンツリー川を挟み大きく南側と北側に分かれており、南側の中心地がモスマン、北側が**ケープトリビュレーション** Cape Tribulation となる。

モスマン渓谷の穏やかな川の流れ

熱帯雨林散策にもってこいの
モスマン渓谷

モスマンの町から西へ15kmほど行った所が、ディンツリー国立公園の一部であるモスマン渓谷。そしてモスマン渓谷散策の起点となるのが**モスマンゴージセンター** Mossman Gorge Centre だ。レンタカーはもちろんツアーバスもここまでしか入ることができない。渓谷内を散策する場合はここから**シャトルバス** Shuttle Bus と呼ばれるバスを利用(所要約5分)するか、20分ほど歩くことになる。センター内にはこの地の先住民ククヤランジ族のアートを展示販売するギャラリーやカフェ、レストランがある。

自分で渓谷内を散策するのもいいが、まずはセンター発で催行される**先住民ガイドツアー**に参加したい(エコシャトルバス込み)。ツアー参加者しか入れないククヤランジ族の神聖な森を散策するもので、コースは2種類ある。人気があるのは**ガディク・ドリームタイムウオーク** Ngadiku Dreamtime Walk。神聖な森へ入る煙の儀式を経て、森を散策。ククヤランジ族のガイドが、森のなかでの生活や植物について詳しく解説。川沿いではオカーと呼ばれるフェイスペインティングも体験できる。

ウオーキングツアー参加後は、自分で熱帯雨林の森をぬうように造られているトレイルを歩きたい。ケアンズ近郊で最も熱帯雨林観察に適したトレイルで、なかでも2.4kmでひと回りできるトレイルは、ウチワヤシや木生シダ、絞め殺しのイチジクなどを見て回るのにベストといえよう。また木立の合間にときおりワラビーが姿を見せることもある。渓谷を流れる川も美しく、泳げるので水着を忘れないようにしよう(雨季の増水時などは遊泳はやめたほうが無難だ)。

野生のクロコダイルの大生
息地 ディンツリー川

モスマンの北、ディンツリー Daintree の町沿いを流れるのがディンツリー川だ。この川にはいまだ橋がなく、北へ向かう場合は車も人も乗れる

ひんやりした水が気持ちいい モスマン川での遊泳

左側コラム:

■**モスマンとディンツリー国立公園**

ケアンズからトランスノース Trans North(→ P.184)がモスマン、ケープトリビュレーション地区へ週3便(火木土)バスを運行している(モスマンまで片道 $39.80、ケープトリビュレーションまで片道 $59.50)。またケアンズ発の日帰りツアーも多いので参加するのもおすすめだ。

このほか空港シャトルも行っているエクセレンスコーチがポートダグラスからモスマンゴージセンターへのシャトルバスを1日2便運行している(人数により1人往復 $130〜170)。

■**モスマンゴージセンター**
🏠212r Mossman Gorge Rd., Mossman 4873
📞(07)4099-7000
URL www.mossmangorge.com.au
🕐毎日 8:00〜18:00
🚫クリスマスデー
●シャトルバス
🕐毎日 8:00〜17:00の間15分ごとに運行
💰大人 $14 子供 $7 家族 $35
※同日内であれば何度でも利用可能

モスマン渓谷散策の玄関口 モスマンゴージセンター

ガディク・ドリームタイムウオークで熱帯植物を見て回る

●**ガディク・ドリームタイムウオーク**
🕐毎日 10:00〜14:00の1時間ごとにスタート(所要1時間30分)
💰大人 $90 子供 $45
家族 $225
※シャトルバス込み

マングローブやワニが見られるクルーズ　ワニは夏季には水の中に潜んでいることが多い

大型のケーブルフェリーを利用することになる。

　また、ディンツリー川はこの地域有数のイリエワニ（エスチュアリンクロコダイル）の生息地。ケーブルフェリー発着場所付近からいくつものリバークルーズが出ており、運がよければ川岸で休んだり泳いだりしているイリエワニを見ることもできる。

熱帯雨林を満喫できるアクティビティが豊富な
ケープトリビュレーション

ケープトリビュレーションへの渡し

　ディンツリー川の北、ディンツリー国立公園北部にあたるのがケープトリビュレーション。最初に訪れたいのが**カウベイ** Cow Bay にある**ディンツリー・ディスカバリーセンター**（→ P.217）。熱帯雨林観察に最適なテーマパークだ。また**ソーントンビーチ** Thornton Beach 近くの**マージア・ボタニカルウオーク** Maardja Botanical Walk も必見。熱帯雨林特有の植物はもちろん、海沿いに広がるマングローブの森もじっくり観察できる、800m ほどのボードウオークだ。**ケープトリビュレーション・ウィルダネスクルーズ** Cape Tribulation Wilderness Cruises も参加したい。小型ボートでの、日中 2 回のクルーズ（所要約 1 時間）。マングローブ茂る川辺、さまざまな水鳥やトカゲ、ときおり現れるイリエワニなど、絶対満足できるはず。

　ココナッツビーチの北にある岬が地域の名前になっているケープトリビュレーション。1770 年 6 月 11 日、この周囲に広がる珊瑚礁でキャプテンクックの乗ったエンデバー号が座礁してしまったため、「困難な岬」という意味のこの名前がつけられた。いまでは、ケープトリップと略して呼ばれることも多い。

　ケープトリビュレーションの北には白砂の美しいビーチが続く。岬に沿ったウオーキングトレイルが造られており、途中の見晴らし台に出れば、ビーチに面した湾がサンゴで埋め尽くされていることがわかるだろう。オーストラリア本土の海岸線で、これほど見事な珊瑚礁をもつ場所は少ない。ただし、ここの珊瑚礁はいわゆるバリアリーフではない。陸地沿いの海底にできるフリンジングリーフと呼ばれるものだ。

カソワリィの一大生息地で、こんないたずら看板も残っている

ケープトリビュレーションのビーチは白砂の遠浅のビーチだ

■ディンツリー川の人気クルーズ
●ブルースベルカーズ・ディンツリー・リバークルーズ
Bruce Belcher's Daintree River Cruise
☎0459-241-899
URL www.daintreerivercruises.com.au
圃 毎 日 9:30、11:00、12:00、13:30、14:30、16:00 発（所要約 1 時間）
料 大人 $35 子供 $16 家族 $89
●ディンツリー・リバークルーズセンター
Daintree River Cruise Centre
☎(07)4098-6115
URL www.daintreerivercruisecentre.com.au
圃 毎 日 9:30、11:00、12:00、14:00、15:30（所要約 1 時間）
料 大人 $35 子供 $17.50
家族 $90

■ケープトリビュレーション・ウィルダネスクルーズ
☎0457-731-000
URL www.capetribcruises.com.au
圃 季節によって時間が変わるので事前に電話で確認のこと。
料 デイクルーズ：大人 $34
子供 $24（10 人まで乗船可能）

■ディンツリー川の渡し
　モスマンの町の北にはディンツリー川が流れている。イリエワニの生息地として知られる川だが、この川には橋がない。川向こう、カウベイやケープトリビュレーションへ向かう場合は、珍しいケーブルフェリーを利用する。
URL www.daintreeferry.com.au
料 車 1 台片道 $27、往復 $47

■ケープトリビュレーションからのアウターリーフ・クルーズ
　ケープトリビュレーションからアウターリーフまでは距離が近いため、比較的短時間でリーフまで行けるのが特徴。詳細は→ P.229

パラソル＆チェアを借りての
んびりするのもおすすめ

■グリーン島
　ケアンズからグレートアド
ベンチャーズもしくはビッグ
キャットの日帰りクルーズを
利用する（→ P.222）。

サンゴでできたグリーン島

グリーン島
Green Is.

　ケアンズの沖合に浮かぶ、小さな島、グリーン島。1周わずか
40分ほどの小さな島はうっそうとした緑に覆われている。1770
年、キャプテンクック一行がエンデバー号に乗ってオーストラリア
東海岸を北上中にこの島を「発見」した。この船には英国王立地
理学会の天文学者グリーンが同乗しており、彼の名前がこの島に
ついたのだ。しかし、そんな歴史的な由来よりも、島の緑の多さ
から名づけられたような錯覚に陥ってしまうほど、島の上はうっそ
うとしている。もちろん島の周りを取り囲むよう白砂のビーチが続
き、珊瑚礁が造り出したラグーン内の海は、どこまでも透き通っ
て穏やかだ。「これぞグレートバリアリーフの島」そう思わずには
いられない。

■ビーチハイヤー
🕐 毎日 9:30 ～ 16:00
💰 パラソル＆ビーチチェア2
組（1日）$45／カヤック（30
分）：1人乗り$25、2人乗
り$35／ビーチバレー（2時
間）$15

Orientation
グリーン島の歩き方

遠浅のラグーンをもつグリーン島

　グリーン島は、観光客が訪
れることができるグレートバリ
アリーフの島としては珍しい、
「純」サンゴの島（コーラルケ
イ）。さまざまなアクティビティ
施設が整っていて、1日中楽
しむことができる。

　桟橋のある島の西側はリゾートエリアで、G.B.R.有数の高級リ
ゾート、**グリーンアイランド・リゾート**（→ P.287）、インフォメーショ
ン、プール、ダイブショップ、デイスパ、レストラン、おみやげ店な
どがある。またビーチに出ると、パラソルやカヌーなどを貸し出す
ビーチハイヤーもある。

遠浅で透明度の高い海で思い
きり遊ぼう

📷 グリーン島でのスノーケリング＆ダイビングなら
グレートアドベンチャーズ・ダイブショップ
Great Adventures Diveshop

　スノーケリングは気軽に海中
世界が楽しめるので、ぜひトラ
イしたい。スノーケリングセッ
トは、リゾートエリア内にある
グレートアドベンチャーズ・ダイ
ブショップで借りられる。桟橋

桟橋脇のスノーケリングポイント

　✉ 8月、グリーン島到着前に船の上からクジラを見ることができました。
（静岡県　ナカイエミ）['23]

ボート・スノーケルトリップならグリーン島のベストポイントでスノーケリングできる

南側のビーチから桟橋周辺をスノーケリングするのがおすすめ。サンゴがぎっしりあって、カラフルな魚がいっぱい。運がいいとウミガメやロウニンアジなども現れる。なお桟橋周辺でスノーケリングする場合は、ライフガードの監視がない。あくまで泳ぎに自信がある人向けだ。ライフガードの監視があるのはグリーン島北側のビーチエリア。こちらは真っ白な砂地のところどころにサンゴが生えており、その周りにさまざまな魚がやってくる。エイが見られることも多い。

なおもっときれいなサンゴやたくさんの魚が見たいと思ったら、迷わず**ボート・スノーケルトリップ**に参加しよう。グリーン島周囲に広がるラグーン内のベスト・スノーケリングポイントまでボートで行くもの。ビーチ近くとは比べものにならないほどの種類、量のサンゴ、魚が見られる。

またここでは、**体験ダイビング、ファンダイビング**も受け付けている。体験ダイビングの場合、プールで練習してから海に行くので、いきなり外洋で行うものより安心だ。なおグリーン島のラグーンには好ダイビングポイントがいくつもある。海中渓谷や浅瀬のサンゴがきれいなニューヨーク New York、美しいサンゴの根（ボミー）が3つ並ぶスリーシスターズ Three Sisters、サメとの遭遇率が高いディープモーリング Deep Mooring が人気で、潮の流れによってはディープモーリング〜ニューヨークをゆっくりとドリフトダイビングすることもある。体験ダイビングはおもに、サンゴや魚が数多く見られるニューヨーク周辺で行うことが多い。透明度は高くないが（通常5〜15mほど）、どのポイントで潜っても、グリーン島のイメージマークになっているウミガメとの遭遇率は高い。ボートダイビングだが、ポイントまでは5〜10分と近いため、船酔いの心配がないのもうれしい。

体験ダイビングはインストラクターが腕を抱えてくれるので簡単

顔をぬらさずダイビング

シーウォーカー
Seawalker

顔をぬらすことなくG.B.R.の世界に大接近できるのが大きなポイント。ダイビングより気軽にできる海中体験とあって人気が高い。ビーチからボートで5分ほどの小さなポントゥーンから、フルフェイスヘルメットをかぶり階段を下りていくと、そこは別世界。不思議な浮遊感覚を楽しみながら海底を歩き、間近にサンゴや魚を観察できる。スタッフが餌づけをしてくれ、カラフルな魚たちに囲まれるのも楽しい。

グリーン島北側のビーチはライフガードがいるので安心

■グレートアドベンチャーズ・ダイブショップ
🕐 毎日 9:30 〜 16:00
🚢 ボート・スノーケリングトリップ、体験＆ファンダイビング：毎日 10:30 〜 11:30、13:00 〜 14:00、14:30 〜 15:30
💰 スノーケリングセット・レンタル：1人 $30（リゾートゲストは無料／クルーズによっては含まれている）／ボート・スノーケルトリップ：大人 $58 子供 $42 家族 $162／体験ダイビング：1本 $184／ファンダイビング：1本 $136（全器材込み）

ダイブショップのスタッフがスノーケリングやダイビングの相談に乗ってくれる

■シーウォーカー
🕐 毎日 9:30 〜 15:00 の随時
💰 1人 $194（12歳以上）

神秘的な海中世界を手軽に楽しめる

シーウォーカーは沖合のサンゴのきれいな場所で行われている。

★シーウォーカー

ボートで行くスノーケルトリップや体験＆ファンダイビングはラグーン外れのとっておきのポイントで！

グリーン島北側のビーチには**ライフガード常駐。**遠浅の海で安心して泳いだりスノーケルを楽しんだり。ビーチハイヤーでパラソル＆チェアやアクティビティグッズも借りられる。

透明度の高いラグーンを両脇に眺めながら、長い桟橋を渡ってグリーン島へ上陸！

ビーチからのスノーケリングなら……**このあたりがベスト！**サンゴがきれいで魚も多い。ただしライフガードがいないので自己責任で。

ビッグキャット1日クルーズ発着場所（ケアンズ往復）
グレートアドベンチャーズ発着場所（ケアンズ往復＆アウターリーフ往復）
ビッグキャット半日クルーズ発着場所（ケアンズ往復）
グラスボトムボートおよびパラセイリング発着場所
魚の餌づけエリア
★（リゾートゲスト向けアクティビティ 17:00）

シーウォーカー送迎ボート、ダイビングボート、発着場所

グレートアドベンチャーズ・ダイブショップ（島内各種ツアー＆アクティビティ受付）

記念写真販売店

サンセットドリンク
（リゾートゲスト向けアクティビティ 17:30）★
ユネスコ世界自然遺産の表示★

ビーチハイヤー
ビーチバレーボール・コート
男性用更衣室
女性用更衣室
ロッカー
プール
トレジャーズ（おみやげ店）
エメラルド・レストラン
リトバイト・アイスクリームショップ
ウンヤミ・カルチュラル・ウオーキングツアー受付

ホテル・レセプション

グリーンアイランド・リゾート
Green Island Resort

ノーチラスアビエーション・発着ヘリポート（遊覧飛行）

ケアンズ周辺のグレートバリアリーフ地域で世界遺産マークがあるのはここだけ。**記念写真におすすめ！**

N

0　　50　　100m

グリーン島 早わかりマップ

グリーン島の
レストラン＆バー

キャノピーグリル
Canopy Grill

カジュアルな食事ならここ（日中のみオープン）。名物はグリーンアイランドバーガー。ほかにもホットドッグやフィッシュアンドチップスなどが人気メニュー。

ボリューム満点の
グリーンアイランドバーガー

マリンランドメラネシアで
**ワニの餌づけ
ショー**は
見逃せません

エメラルド・レストラン
Emerald Restaurant

島内随一のファインダイニング。アラカルトでさまざまな料理が楽しめる。宿泊する場合は朝食、夕食はここで。

エメラルドのランチは
ちょっと豪華
（日替わり魚のグリル）

リフレクションズ・プールバー
Reflections Pool Bar

各種ドリンク類を扱うプールサイドのバー（日中のみオープン）。名物グリーンアイランドカクテルをオーダーしてみよう！

甘くて美味な
グリーンアイランドカクテル

マリンランドメラネシア

リフレクションズ・
プールバー

各種イベント会場

キャノピーグリル

インタープリティブ・
ボードウオーク

島のいたるところで見られる
ナンヨウクイナ

眺めが最高のパラセイリング

■パラセイリング
時 毎日 10:00 ～ 15:00 の随時
料 約 7 分フライト：1 人 $150

■グラスボトムボート・グリーン島エコツアー
時 毎日午前と午後各 1 回催行 (時間は日によって異なるので、グリーンアイランドリゾートのインフォメーションで確認のこと)
料 大人 $26 子供 $14 家族 $66
※子供は 12 歳以上

■ヘリコプター遊覧飛行
催行：ノーチラスアビエーション
℡ (07)4034-9000
URL www.nautilusaviation.com.au
料 10 分：$205

上空から眺めるグリーン島はまた格別

■マリンランドメラネシア
℡ 0468-993-603
URL www.greenislandcrocs.com.au
時 毎日 9:30 ～ 16:00 (ガイドツアーは 10:30 ～ 11:15、13:30 ～ 14:15)
料 大人 $28 子供 $14 家族 $70 ／子ワニを抱いて記念写真 $15

のんびりゆらゆら空中散歩
パラセイリング
Parasailing

リゾートの定番人気アクティビティのパラセイリング。パラセイリングのポイントはグリーン島のラグーンの外だ。ふたり乗りの椅子型のパラセイリングで、当日の風の状況にもよるが 50m ほどの高さまで上がる。眼下にグリーン島やグレートバリアリーフの珊瑚礁を眺める爽快な 7 ～ 8 分のフライトだ。

気軽に海中世界を観察できる
グラスボトムボート・グリーン島エコツアー
Glass Bottom Boat Tour

いま、世界各地のビーチリゾートで行われているグラスボトムボート・ツアー。ガラス底のボートで珊瑚礁地帯を巡り海に入ることなく、間近にサンゴや魚を観察できるものだ。実はこのグラスボトムボートでの海中観察は、世界で最初にグリーン島で始まった。いまも家族連れや年配者に大人気だ。

美しいサンゴとたくさんお魚が見られるグラスボトムボート・ツアー

G.B.R. の大きさを実感できる
ヘリコプター遊覧飛行
Helicopter Scenic Flight

リゾート脇 (島の南側) にあるヘリパッドから、最新のエアバス製大型ヘリコプターで遊覧飛行が楽しめる。飛行時間は約 10 分で、グリーン島上空はもちろん、巨大リーフのアーリントンリーフ、日帰りクルーズで人気のミコマスケイ、干潮時に姿を現すブラソフケイなど、これぞ G.B.R. という絶景が楽しめる。

エアバス製の大型ヘリは静かで乗り心地もいい

ワニの餌づけショーが見られる
マリンランドメラネシア
Marineland Melanesia

500 点を超える南太平洋メラネシアの伝統工芸品を展示するミニ博物館、生きたサンゴ、ロブスターや数々のトロピカルフィッシュを集めたミニ水族館、そしてウミガメの泳ぐタートルプールとクロコダイル園がある。タートルプールではアオウミガ

子ワニを抱いて記念写真

メ、アカウミガメ、タイマイを間近に観察できる。一方クロコダイル園では 50 頭以上のイリエワニを見ることができる。赤ん坊から飼育したワニとしては世界最大という「カシウス」が何といっても見もの。約 110 歳で体長 5.5m という巨大さだ。なおマリンラ

ンドメラネシアでは毎日 10:30、13:30 の 2 回、ガイドツアーを行っている。このツアーでは実際に子ワニを抱かせてもらえたり、体長 4 ～ 5m のイリエワニへの餌づけショーが観られる。

📷 グリーン島に伝わる先住民文化を知る
ウンヤミ・カルチュラル・ウオーキングツアー
Wunyami Cultural Walking Tour

グリーン島の植物の利用法なども知ることができる

ウンヤミ＝「精霊の住む島」としてこの地の先住民（グルグル・グンガン族、グムイ・インデイジ族）に大切にされてきたグリーン島。先住民ガイドと一緒に島を散策し、島に伝わる伝説の物語を聞き、彼らが島で得てきた道具や食料、薬などを知る。リゾートアイランドのもうひとつの側面が知れるツアーとして、最近人気が出てきている。

📷 グリーン島の自然について知識を深めよう
インタープリティブ・ボードウオーク
Interpretive Boardwalk

マリンランドメラネシアの東側、ボードウオーク上に造られたのがこれ。グリーン島の歴史や、島の自然に関するパネル展示があり、ここを訪れるだけでちょっとしたグリーン島の「通」になれるほど。解説は日本語もあるので、言葉の心配もいらない。

島 1 周のついでに立ち寄りたい

フィッツロイ島
Fitzroy Is..

フィッツロイ島は、大陸からはわずか 6km、ケアンズから東南東に 26km の所に位置しているトロピカルアイランドで、熱帯雨林の生い茂る比較的山がちな島だ。そのためマリンスポーツ以外にもブッシュウオーキングや、バードウオッチングなどが楽しめる。

Orientation
フィッツロイ島の歩き方

サンゴのかけらでできたビーチをもつフィッツロイ島

ケアンズからのカタマランは島の西側、**ウエルカムベイ** Welcome Bay に突き出た短い桟橋に着く。ウエルカムベイに面した一画には、4.5 星クラスの**フィッツロイアイランド・リゾート**（→ P.286）がある。

デイビジターも利用できるプールやゲームセンター、レストラン、カフェなど施設も充実。またビーチ脇にはアクティビティセンターがあって、各種マリンスポーツを受け付けている。ビーチはサンゴの細かいカケラでできていて、浅瀬にも珊瑚礁が点在している。スノーケリングするなら桟橋の両側がベストだ。

迫力満点のワニの餌づけ

■ウンヤミ・カルチュラル・ウオーキングツアー
📞(07)4052-0242
URL www.blackseahorse.com.au/tours
🕐 月 水 金 ～ 日 9:45 ～ 10:45、13:00 ～ 14:00
💰 大人 $39 子供 $19.50

■フィッツロイ島
ケアンズのリーフフリートターミナルから 3 社がフェリーサービスを行っている（所要約 45 分）。
●フィッツロイフライヤー（フィッツロイアイランド・リゾート）
📞(07)4044-6700
URL www.fitzroyisland.com
🕐 ケアンズ 発：8:00、11:00*、13:30 ／フィッツロイ島 発 9:30、12:15*、17:00
* ：2 ～ 3 月の月～金は運休
💰 往 復 大人 $90 子供 $45 家族 $245
●フィッツロイアイランド・アドベンチャー（エクスペリエンス・コ）
📞(07)4030-7990
URL www.fitzroyisland adventures.com
🕐 ケアンズ 発：8:30、10:45 ／フィッツロイ島発 14:00、16:00
💰 往 復 大人 $89（95）子供 $56(58) 家族 $234(248)
※ ( ) 内はピーク料金：6/25 ～ 10/31、12/21 ～ 1/31、3/29 ～ 4/23
●サンラバーリーフクルーズ
📞(07)4050-1333
URL www.sunlover.com.au
🕐 ケアンズ発：8:45／フィッツロイ島発 16:00
💰 往 復 ツアー：大人 $129 子供 $79 家族 $337
※ガイドスノーケリングツアー、カヤック、SUP などが含まれる

207

左：人気アクティビティの海上トランポリン
右：シーカヤックで穏やかな海をのんびり遊覧

また海上に浮かんでいるトランポリンも人気。アクティビティセンターでパドルスキーを借りて海上トランポリンまで行くのがおすすめだ。このほかアクティブ派ならトライしたいのが、島を巡る**シーカヤックツアー** Sea Kayak Tour。歩いてアクセスできないリトルフィッツロイ島なども訪れる。

■フィッツロイ島のツアー
＆アクティビティ
　アクティビティセンターやリゾートエリア内のダイブショップで催行されているツアーの料金を示す。
料 スノーケルセット貸し出し $12 ／初心者スノーケルアドベンチャーズツアー 大 $85 子 $75 家族 $280 ／スノーケルツアー 大 $50 子 $35 家族 $125 ／グラスボトムボート・ツアー 大 $25 子 $15 家族 $65 ／カヤック（30 分）$25 ／ガイドカヤックツアー 大 $69 子 $59 ／ガイド SUP ツアー 大 $79 子 $59 ／体験ダイビング 1 本 $175 ／ファンダイビング（全器材込み）1 本 $160 ／子供向けバブルメーカー 1 回 $125

■ケアンズ・タートル・リハビリテーションセンター
URL www.cairnsturtlerehab.org
時 火〜日 13:00 〜 13:30 確認（フィッツロイアイランド・リゾートのレセプションでツアーを申し込む）
料 大 $12 子 $7.50
※ 15 人限定

📷 傷ついたウミガメを保護・治療し海へ返す

ケアンズ・タートル・リハビリテーションセンター
Cairns Turtle Rehabilitation Centre

　フィッツロイ島の桟橋から徒歩 5 分ほど（キャンプ場の隣）にあるのがこの施設。ここでは、サメに襲われたり、ボートのスクリューで傷ついたりしたウミガメを保護し、治療・リハビリを行ったあと、自然に返す活動を行っている。1 日数回ボランティアスタッフによる施設内ツアーが行われていて、リハビリ過程にあるウミガメの様子を観察できる。

あとのように保護されたかの解説も

📷 変化に富んだウオーキングが楽しめる

ネイチャーウオーク
Nature Walk

　熱帯雨林茂る大陸島だけあって、ネイチャーウオークも楽しい。コースはふたつ。健脚派におすすめなのが、北端にある灯台を経由して島の最高地点にある巨大な岩に登り、森のなかを通ってリゾートへ戻ってくる**ライトハウス＆ピーク・サーキット** Lighthouse & Peak Circuit（所要約 2 時間）。途中急な坂道もあるが、頂上から眺めるフィッツロイ島と紺碧の海の様子は本当にすばらしい。またアクセスが簡単で、熱帯雨林が満喫できる**シークレットガーデン・ウオーク** Secret Garden Walk（往復 30 分程度）もぜひ歩いてみたい。

灯台前の展望台からの眺めも壮大だ

フィッツロイ島
Fitzroy Is.

0　　　500m

ケアンズへ
ウエルカムベイ
Welcome Bay
アクティビティセンター
ヌーディービーチ
Nudie Beach
ライトハウス＆ピークス
P.208
桟橋
リトルフィッツロイ島
Little Fitzroy Is.
フィッツロイアイランド・リゾート
Fitzroy Island Resort
P.286
灯台
展望台
(269m)
230m
フィッツロイ島
Fitzroy Is.
シークレットガーデンウオーク
P.208
ケアンズ・タートル・リハビリテーションセンター
P.208
N

島の頂上には大きな岩があり、上からの見晴らしがいい

ケアンズ近郊マリーバの フルーツワイナリー &コーヒー農園

Fruit Wineries & Coffee Plantations

アサートンテーブルランドは、オーストラリア有数の農産物生産地。特にフルーツ栽培が盛んなマリーバ地区では、フルーツワインも造られているほど。またマリーバで収穫されるコーヒーは、世界的な評価も高い。レンタカーでワイナリー＆コーヒー農園巡りを楽しみたい。

ゴールデンドロップ・ワイナリー
Golden Drop Winery

ケアンズ近郊のワイナリーでフルーツの王様マンゴーを利用したワイン造りで知られる。ドライ、ミディアム、スイート、スパークリング、ポートまでさまざまな種類のマンゴーワインを造っている。ティスティングは無料。

DATA
MAP P.191 下 /1A
🏠 227 Billwon Rd., Biboohra, QLD 4880
📞 (07)4093-2750
URL www.goldendrop.com.au
🕐 毎日 9:00 〜 16:30
休 ニューイヤーズデー、グッドフライデー、アンザックデー、クリスマスデー、ボクシングデー

デ・ブルーイズ・ブティックワイン
de Brueys Boutique Wines

マンゴー、ライチ、パッションフルーツなど、さまざまなフルーツでワインを造っている。フルーツポートワインやフルーツリキュールも人気だ。テイスティング無料。

DATA
MAP P.191 下 /1A
🏠 189 Fichera Rd., Mareeba, QLD 4880
📞 (07)4092-4515
URL www.debrueys.com.au
🕐 毎日 10:00 〜 16:00
休 グッドフライデー、クリスマスデー、ボクシングデー

コーヒーワークス
Coffee Works

ケアンズ地域 No.1 のコーヒー農園直営店。カフェ、コーヒー＆チョコレートショップがある。マリーバの町なかにあって訪れやすい。なおコーヒーワークスのコーヒーはケアンズみやげの定番になってきており、ケアンズ市中のナイトマーケットやラスティーマーケット、おみやげ店でも購入できる。

DATA
MAP P.191 下 /1A
🏠 136 Mason St., Mareeba, QLD 4880
📞 (07)4092-4101　URL coffeeworks.com.au
🕐 毎日 8:00 〜 15:00

ジャックス・コーヒー農園
Jaques Coffee Plantation

コーヒー農園を眺めながらコーヒーが楽しめるカフェやレストランがあるほか、コーヒー農園を巡りながらコーヒー栽培について解説が聞けるツアーや工場内の様子も見学するビハインド・ザ・シーン・ツアーも催行している。

DATA
MAP P.191 下 /1A
🏠 137 Leotta Rd., Mareeba, QLD 4880
📞 (07)4093-3284　URL www.jaquescoffee.com
🕐 毎日 9:00 〜 17:00 ／コーヒーツアーは 10:30 〜 15:00 の 30 分ごと／ビハインド・ザ・シーン・ツアーは 11:00、13:00、15:00 スタート
料 コーヒーツアー 大人 $15 子供 $8 ／ビハインド・ザ・シーン・ツアー（250g × 2 のコーヒー付き）大人 $75 子供 $50

THEME PARKS iN CAIRNS AREA

ケアンズ近郊の
テーマパーク

自然の魅力が味わえるテーマパーク

ケアンズ近郊のテーマパークは、
周囲に広がる熱帯雨林を楽しむものから、オーストラリアならではの動物と触れ合うもの、
さらに自然のなかで太古から生きてきた先住民の文化を知るものまで、さまざま。
しかし基本は、人工的なアミューズメントを楽しむのではなく、あくまでナチュラル志向。
それだけにどのパークも、のんびり、ゆっくり時間を使って楽しみたい。

バスかレンタカー&ツアー利用が便利

いずれもケアンズ郊外にあるので、アクセスに車は不可欠。
一部のパークへは公共交通機関のトランスリンクバスも利用できる。
比較的遠いテーマパークへはレンタカー利用かツアー利用が現実的だ。

水陸両用車で熱帯雨林を巡る　MAP P.191 下/1A

レインフォーステーション・ネイチャーパーク
Rainforestation Nature Park

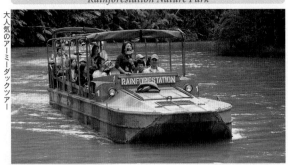

大人気のアーミーダックツアー

先住民アートでペイントされたデコダック

パマギリで本格的な先住民のダンスを見よう

お手本を見た後で、広々とした敷地でブーメラン投げ

　キュランダ郊外にある熱帯雨林テーマパーク。園内は3つのセクションに分かれており、すべてを見て回る以外に、それぞれ個別に見学することも可能だ。

　特に人気があるのが**アーミーダック・ツアー**。1940年代にアメリカで軍用に造られた30人乗り大型水陸両用車（コードネームDUKW／通称ダック）に乗って、熱帯雨林の森や水が満々と流れるクリークの中をアドベンチャー気分で見て回るというもの（所要約45分）。もちろんエコガイドが同乗するので、植物や動物、鳥などについての解説も詳しく聞ける（ケアンズ発着の日本語ツアーに参加すれば、日本語で解説が聞ける）。アーミーダックは数台あり、運がよければ先住民アートがボディに描かれた通称デコダックに乗ることができる。なおアーミーダック・ツアー発着場所の周りは、さまざまな熱帯フルーツが植えられた果樹園となっており、これらを見て回るのもお忘れなく。

　このほか先住民の踊りを見たり、ディジュリドゥ（先住民の木管楽器）を吹いたり、ブーメラン＆ヤリ投げなどが体験できる**パマギリ・アボリジナルエクスペリエンス**Pamagirri Aboriginal Experience（約1時間）、先住民と森を歩きながら彼らの自然の中での知恵や文化を学ぶ**パマギリ・レインフォレスト・ウオークアバウト**Pamagiri Rainforest Walkabout、コアラやカンガルー、ワラビー、ワニなどのいる**コアラ＆ワイルドライフパーク**Koala & Wildlife Parkがある。コアラ＆ワイルドライフパークでは、カンガルーやワラビーに餌づけできる。なお別料金で、コアラと記念写真（横に立って一緒に$24、抱っこ$29）の撮影も可能。

ワイルドライフパークでカンガルーに餌づけ

ケアンズ

ケアンズ近郊のテーマパーク

CAIRNS

■レインフォーステーション・ネイチャーパーク
📍Kennedy Hwy., Kuranda, 4881　📞(07)4085-5008
URL www.rainforest.com.au
🕐毎日9:00〜15:30
休クリスマスデー
料すべての入園料を含むビッグネイチャーパッケージ：大人$59 子供$37 家族$155／アーミーダックのみ：大人$28 子供$17 家族$73／コアラ＆ワイルドライフパークのみ：大人$20 子供$12 家族$52／パマギリ・アボリジナルエクスペリエンスのみ：大人$28 子供$17 家族$73／パマギリ・レインフォレスト・ウオークアバウトのみ：大人$25 子供$15 家族$58／トロピカルバーベキュービュッフェ：大人$25 子供$15
アクセス キュランダのオーストラリアン・バタフライサンクチュアリ前から10:45、11:45、12:15、13:45、14:15に送迎バスあり（往復大人$13 子供$8）。またケアンズからスカイレール、キュランダ・シーニックレールウェイと組み合わせたツアーが多数出ている（→P.237）。

●4パークパス
　レインフォーステーション・ネイチャーパークのフルパッケージとオーストラリアン・バタフライサンクチュアリ、ワイルドライフハビタット、ケアンズ・ズーム＆ワイルドライフドームの入園料がセットになったパス。
料大人$108 子供$65 家族$281

コアラもたくさんいる

211

ハートリースアドベンチャーズ
Hartley's Crocodile Adventures

■ハートリースアドベン
チャーズ
🏠 Captain Cook Hwy.,
Wangetti Beach (P.O.Box
171, Palm Cove), 4879
📞 (07)4055-3576
URL www.crocodile
adventures.com
🕐 毎日 8:30 〜 17:00
🚫 クリスマスデー
💰 大人 $45 子供 $22.50
家族 $112.50 ／コアラと
一緒に記念写真（10:30、
13:30）：1人 $24、2人 $33
／コアラを抱いて記念写真
（11:30、14:30）：1人 $33、
2人 $39 ／子ワニを抱いて記
念写真（10:00、16:00）：1
人 $26、家族 $33
●ズータスティック5（入園
料込み／要予約）
🕐 毎日 9:30、13:30 スタート
💰 ケアンズ送迎付き1人
$184
●ビッグクロック・フィード
（入園料込み／要予約）
🕐 毎日 10:30、13:00 スタート
💰 1人 $140 ／ケアンズ送迎
付き1人 $184 ／パームコー
ブ送迎付き1人 $170
●コアラと朝食（入園料＆ケ
アンズ送迎込み／要予約）
🕐 毎日 8:30 スタート
💰 大人 $126 子供 $63
アクセス ケアンズ、ポートダグ
ラス市中からはエクセレンス
コーチ利用（→ P.184）が便
利
●どきどき半日コアラ観光
　ケアンズ市中発日本語ガイ
ド付きでハートリースアドベン
チャーズを楽しめるツアー。
📞 1800-242-500
URL dokidokitours.com
🕐 毎日 9:00 〜 13:00、
13:45 〜 17:45
💰 コアラ抱っこ写真付き：
大人 $120 子供 $90（コアラと一
緒の写真、子ワニを抱いての
写真付き）

オーストラリアならではの動物と自然に近い環境で出会える動物園テーマパークで、ケアンズ近郊の同種施設としては最大規模だ。場所はケアンズとポートダグラスのほぼ真ん中あたりワンガッティビーチ地区にあり、しかも敷地の大部分は世界遺産ウェットトロピックスに登録されている森。動物を観察しながら、世界遺産の森も散策できるというのもうれしい。

もともとは 1930 年代にこの地で始まったクロコダイルファームがベースで、その後、ワニ以外の動物エリアが大幅に拡張され現在のようになった。園内はハートリースラグーン（ほぼ野生状態でイリエワニのすむ池）を中心に、ワイルドディスカバリートレイル（コアラとオーストラリアならではの鳥や爬虫類が観察できる）、ゴンドワナ・ゲートウェイ（コアラ、カンガルー、ウォンバットなど愛らしいオーストラリアの動物に出合える）、カソワリィウオーク（カソワリィと熱帯植物が見られる）に分かれている。もちろんコアラを抱いたり、コアラに触ったりしながらの記念写真、子ワニを抱いての記念写真撮影も可能だ。カンガルーの放し飼いエリアでは、餌づけも楽しめる。

1 日中さまざまなショーやアトラクションが行われているが、一番人気はハートリースラグーンで行われるジャンピングクロコダイルが見られるボートクルーズ。クルーズ途中で、ボートの上から釣り竿につるされた餌で水面を叩き、ワニに餌がいることを知らせておびき寄せる。そしてワニが餌に食いつこうとした瞬間に餌を大きく引き上げワニをジャンプさせるというわけだ。ほかにもワニの餌づけショー、クロコダイルファーム見学などがある。

ワニ以外の動物との触れ合いプログラムも充実。ウォンバットとの触れ合いやカソワリィの餌づけ、コアラ抱っこなど動物との触れ合いといったアニマルエンカウンター・プログラムを 5 種類楽しめる**ズータスティック5** Zootastic 5 も動物好きには大人気だ。このほか元クロコダイルファームだけあって、巨大イリエワニへ旅行者が自分で餌づけできるプログラム、**ビッグクロック・フィード** Big Croc Feed もある。

早朝にはハートリースラグーンを望むレストランで、**コアラと一緒に朝食**というプログラムもある。

縦書きキャプション（右上）: エキサイティングなジャンピングクロコダイル

縦書きキャプション（右中）: コアラ抱っこは旅のいい記念

コアラを見ながらの朝食も楽しい。朝食時間中はコアラに触れながら写真を撮る時間もたっぷり

ズータスティック5で体験できるウォンバットとの触れ合い

※ケアンズを始めとするオーストラリアのクイーンズランド州では、主要動物テーマパークで「コアラを抱いて記念写真」が可能だが、抱っこできるコアラの頭数には限りがある。そのため混雑期にはコアラ抱っこができない可能性もある。

熱帯雨林を再現した動物園　MAP P.179/3A

ケアンズ・ズーム&ワイルドライフドーム

Cairns ZOOm & Wildlife Dome

爽快感いっぱいのジップライン

■ケアンズ・ズーム&ワイルドライフドーム
住c/-Pullman Reef Hotel Casino, 35-41 Wharf St., 4870
(07)4031-7250
URL cairnszoom.com.au
営毎日 9:00 ～ 17:00
休クリスマスデー
料入園券 大人$27 子供$17 家族$71 ／コアラを抱いて記念写真付き入園券：大人$56 子供$46 家族$158／入園券込みズーム：1アクティビティ 大人$49 子供$34 家族$132、2アクティビティ 大人$59 子供$42 家族$160、3アクティビティ 大人$69 子供$50 家族$188、4アクティビティ 大人$79 子供$58 家族$216
※お得な4パークパスあり（→ P.211 欄外）
●入園なしコアラと一緒／コアラを抱いて記念写真（9:30 ～ 16:30 の1時間ごと）
料コアラと一緒$28、コアラを抱いて$33
※コアラ抱っこは1日にできる人数に限りがあるため、混雑期には抱っこできない可能性がある

　ケアンズ中心部プルマン・リーフカジノ屋上にある高さ20mのガラスドームが動物園&アトラクション施設として大人気。熱帯雨林が再現された内部では、オーストラリアの動物や鳥が飼育され、その合間にアドベンチャーなアスレチックコースの**ズーム**が配されているのだ。

　ズームは、ジップライン（滑車でロープを滑り下りるアクティビティ）やスインギングログ（綱渡りのようなアクティビティ）、パワージャンプ（13mの高さから飛び下りるアクティビティ）、ドームクライム（ドームの外側を歩くアクティビティ）などの空中アスレチック。コースはレベルに応じてミドルズーム（中くらいの高さを巡るコース）、ハイズーム（天井近くまでの高さを巡るコース）が用意されている。ハイズームのみで楽しめるジップラインでは、イリエワニのいる池の上を通過したり、パワージャンプでフリーフォール感覚を味わったりできて楽しい。

スインギングログを渡るのはスリルがある

　ズームを楽しんだら、ぜひ動物を見て回ろう。まず目を引くのが、内部を自由に飛び回るカラフルな鳥たち。アカクサインコやキンショウジョウインコ、ゴシキセイガイインコ（ロリキート）からキバタン（シロオウム）やクロオウムまでインコ、オウム類は特に数が多い。ほかにも人気のワライカワセミやガマグチヨタカももちろん見られる。鳥以外の動物で人気なのがやはりコアラ。コアラは特別展示スペースが別にあり、抱っこして写真を撮ることもできる。また熱帯雨林内ではワラビーの仲間パディメロンやワニ、トカゲなども野生に近い様子で観察できるようになっている。ワニはアクリルガラス越しに水中の動きも観察できるよう工夫されている。

カラフルな鳥がいたるところにいる

鳥に餌をやりながらドーム内を回るツアーもある

中心部でコアラが抱けるのはここだけ

左サイドバー情報

■ワイルドライフハビタット

🏠 Port Douglas Rd., Port Douglas, 4871

📞 (07)4099-3235

🌐 www.wildlifehabitat.com.au

🕐 毎日 8:00 〜 16:00

🚫 クリスマスデー

💰 大人 $43 子供 $26 家族 $112

※入園料は初回入園から3日間有効

※お得な4パークパスあり（→ P.211 欄外）

●コアラ記念写真

🕐 10:45 〜

💰 コアラと一緒 $24、コアラを抱っこ $29

●鳥と朝食（入園券付き）

🕐 7:45 〜 9:00

💰 大人 $77 子供 $50 家族 $237

●スイム・ウィズ・ソルティー（入園券付き）

🕐 10:00、11:30、12:45、13:30

💰 1人 $181、2人 $279、3人 $414、4人 $544

●ワイルドナイト・ノクターナルツアー

🕐 18:00 〜 20:00（催行日は要確認／時間は季節により多少異なる）

💰 大人 $46 子供 $33 家族 $125

※6歳以上
鳥との朝食はいい旅の記念になる

下：ガラス越しにイリエワニに大接近
右：実際にはこれぐらい目の前にワニがやってくる

本文

MAP P.199 右

熱帯雨林の中で動物と触れ合う

ワイルドライフハビタット
The Wildlife Habitat

エイビアリー内には熱帯の鳥がいっぱい

ポートダグラスの町の入口に位置するワイルドライフハビタットは、うっそうとした熱帯雨林や湿地、草地などを園内に再現し、そこに生きる動物たち本来の姿を見てもらえるよう考えられた動物園だ。運営にウエットトロピックス管理機構が協力していることからも、その施設の充実ぶりがわかるだろう。園内には140種を超える動物がおり、カンガルーやワラビー、カラフルな鳥などは放し飼い、さらに貴重なキノボリカンガルーの展示や小形夜行性動物の生態観察が楽しめる**ノクターナルハウス** Nocturnal House もある。

自然に近いかたちで動物が飼われている

熱帯雨林にすむさまざまな種類の鳥が自由に飛び回る巨大エイビアリーをもつ**ウエットランド・ハビタットエリア** Wetland Habitat Area は必見。エイビアリー内に植えられた熱帯樹木の林冠部分（キャノピー）の様子も見られるようタワーも造られている。

またアクティブ派に大人気なのが、獰猛なイリエワニのいるプールで一緒に泳ぐ**スイム・ウィズ・ソルティーズ** Swim with the Salties。体長3.5m以上の2頭のイリエワニのに餌やりを行う屋外シアターのプールで開催。同じプールといってもアクリルガラスで仕切られているので安全。目の前で餌づけをするので、大口を開けたワニが迫ってくる。スリルも味わえる注目のアトラクションだ。

ほかにもコアラを抱いて記念写真を撮るサービスが人気。早朝には園内の鳥放し飼いエリアで「**鳥と朝食**」というプログラムも組まれている。食事はビュッフェ形式で、食事していると、すぐ近くにインコやオウムがやってくるという感じだ。また食事の時間にはコアラも目の前に展示される。なおポートダグラスに滞在予定なら夜間にガイドと一緒に園内散策を行い、夜行性動物本来の姿が観察できる**ワイルドナイト・ノクターナルツアー** Wild Night Nocturnal Tour にも参加してみたい。

✉ ワイルドライフハビタットで野生ではなかなか見られないキノボリカンガルーを間近で見ることができました。（愛知県　動物大好き）['23]

キュランダでいろいろな動物と触れ合う　MAP P.191 上/A

キュランダ・ワイルドライフエクスペリエンス
Kuranda Wildlife Experience

キュランダ・ヘリテージマーケット内とそれに隣接するかたちで、3つの動物パークがあり、総称してキュランダ・ワイルドライフエクスペリエンスと呼ばれている。それぞれじっくり見学したいほど内容は充実している。

●キュランダ・コアラガーデン Kuranda Koala Garden

記念写真　コアラを抱いて

ヘリテージマーケット内にある。ハートリースアドベンチャー系列の施設で、名前の通りコアラの飼育に力が入っている。もちろんコアラと一緒&コアラを抱いて記念写真も撮れる。コアラ飼育舎の近くには、「世界一幸せな動物」と言われるほどいつも笑ったように見える小型ワラビーのクオッカも飼育（ケアンズ近郊でクオッカが見られるのはここだけ）。また園内の芝生エリアではワラビーが放し飼いになっていて一緒に遊べるし、人気のウォンバット、珍しいフクロムササビ、ビルビー（ミミナガバンディクートでピカチュウのモデルというウワサも……）なども飼育されている。動物好きなら外せない施設だ。

●バードワールド・キュランダ Birdworld Kuranda

カラフルな鳥が多い

ヘリテージマーケット内にあるハートリースアドベンチャー系列の施設。75種450羽もの鳥をオーストラリア最大級のエイビアリー（巨大な囲い）内で飼育。オウムやインコ、ニワシドリなどオーストラリア原産の56種に及ぶ鳥が自然に近い姿で観察できる。カソワリィや南米アマゾンにすむコンゴウインコなども見逃せない。

●オーストラリアン・バタフライサンクチュアリ
Australian Butterfly Sanctuary

レインフォレステーション・ネイチャーパーク系列の施設で、キュランダ・ヘリテージマーケット隣に建つ。世界最大級のチョウの保護・飼育施設として知られている。巨大な温室の中を自由散策したり専門ガイドの案内で見て回る。特に見逃せないのはこの地域の固有種ケアンズバードウイング（ケアンズトリバネアゲハ）。黒、緑、黄が鮮やかな大型のチョウ。また併設のラボでは運がよければチョウの羽化の様子なども見学できるし、出口前にはオーストラリアに生息する主要なチョウの剥製展示もある。なお観光客に大人気の青く光る幸運のチョウ、ユリシスは、羽化を試みてはいるが2023年6月現在見ることができない。

■キュランダ・ワイルドライフエクスペリエンス
料3施設すべてが見られるコンビネーションチケットあり。
大人 $57 子供 $31.50
●キュランダ・コアラガーデン
(07)4093-9953
URL www.koalagardens.com
営 毎日 10:00 ～ 16:00
料 大人 $21 子供 $10.50 ／ コアラと一緒に記念写真：1人$24、2人 $33／コアラを抱いて記念写真：1人$31、2人 $39
●バードワールド・キュランダ
(07)4093-9188
URL www.birdworldkuranda.com
営 毎日 10:00 ～ 16:00
料 大人 $21 子供 $10.50
●オーストラリアン・バタフライサンクチュアリ
(07)4093-7575
URL australianbutterflies.com
営 毎日 9:30 ～ 15:30 ／10:00 ～ 15:15 の1時間ごとにガイドツアーあり
料 大人 $22 子供 $14 家族 $58
※お得な4パークパスあり（→ P.211 欄外）

キュランダ・コアラガーデンではクオッカにも出会える

バタフライサンクチュアリのガイドツアー

バタフライサンクチュアリの一番人気はケアンズバードウイングだ

トンネル水槽は魚が間近に感じられて楽しい

■ケアンズ水族館

住 5 Florence St., Cairns, QLD 4870

℡ (07)4044-7300

URL www.cairnsaquarium.com.au

営 毎日 10:00 ～ 15:00（最終入場 14:00）／タートルリハビリテーションツアー 11:30 ～ 12:15、12:30 ～ 13:15／マリンライフエンカウンター・ツアー 11:30 ～ 14:30／トワイライトツアー 15:00 もしくは 15:15 スタート（夕食は 17:15 もしくは 17:30 スタート）

休 クリスマスデー

料 大人 $52 子供 $30 家族 $147／タートルリハビリテーション・ツアー付き入館料 大人 $72 子供 $44 家族 $215／マリンライフエンカウンターツアー（入館料込み）大人 $299 子供 $149 ／トワイライトツアー：ビュッフェ 大人 $129 子供 $69、ダンディーズ 3 コースディナー 大人 $179 子供 $79

タートルリハビリテーション・ツアーにはぜひ参加したい

■パロネラパーク

住 1671 Japoonvale Rd. (Old Bruce Hwy.), Mena Creek, QLD 4871

℡ (07)4065-0000

URL www.paronellapark.com.au

営 毎日 9:00 ～ 19:30（夜間のガイドツアーは時間要確認）休 クリスマスデー

料 大人 $55 子供 $31 家族 $162（2 年間有効）

アクセス ケアンズからの公共交通機関のサービスはないので、レンタカーかツアー（→ P.241）利用となる。

庭園内にあるカウリ松の並木

保存状態のいい軽食堂跡

グレートバリアリーフのことをもっと知りたい MAP P.179/1A

ケアンズ水族館
Cairns Aquarium

ケアンズ中心部、ノボテル・オアシスリゾートの隣にある。G.B.R. の珊瑚礁地帯（ケアンズ周辺、最北部リボンリーフ一帯、G.B.R. の外側に広がるコーラルシーの 3 つのエリアに分かれている）、世界遺産ウエットトロピックスの森を流れる河川、そしてマングローブ茂る汽水地帯など、ノースクイーンズランドの自然を館内に再現。特に G.B.R. の海を再現した巨大水槽内の一部にはアクリルガラス製のトンネルが設けられており、海中にいる気分でさまざまな魚を観察できる。特に自然ではなかなか見ることができないノコギリザメ（トロピカルソウシャーク）は必見だ。また海の生きものに触れることができるタッチタンクは家族連れに人気。ぜひ参加したいのが**タートルリハビリテーション・ツアー** Turtle Rehabilitation Tour。ケガをしたウミガメを保護し、治療、リハビリをして海へ帰す施設だ（フィッツロイ島にも同様の施設がある→ P.208）。このほか水族館の裏側見学とタートルリハビリテーション・ツアー、エイなどへの餌づけ体験が楽しめる**マリンライフ・エンカウンターツアー** Marine Life Encountre Tour、閉館後の夕方からガイド付きで館内見学、その後サメのいるタンク前でビュッフェディナーもしくは併設のダンディーズレストランで 3 コースディナーが楽しめる**トワイライトツアー** Twighlight Tour などもある。

スペイン移民が造り上げた夢の庭園 MAP P.191 下 /2B

パロネラパーク
Paronella Park

ケアンズの南約 126km のイニスフェイル郊外にある熱帯雨林の庭園と城跡のテーマパーク。森の中に残る小さな城が宮崎アニメ『天空の城ラピュタ』の城に似ていることから、日本人旅行者の間で注目を集めている（モデルとなった事実はない）。アニメファンならずとも、そのすばらしい建築、熱帯雨林をベースにした手入れされた庭園、そして美しい滝などは一見の価値ありだ。

この城と庭園は、スペインから移民してきたホゼ・パロネラが 1929 年から 6 年の歳月をかけて、数人の労働者や技術者と協力して完成させたもの。庭園にはケアンズ地域の熱帯植物のほか、カエデや松、カシの木などの植物も植えられている。また城は当時、ホゼ一家の住居としてはもちろん、イニスフェイルの人たちの社交場、結婚式会場、映画館などであった。

城は洪水や火事によって朽ちてしまっているが、その様子がうっそうとした森の中で独特の風情をもっている。園内の庭園は見どころが多く、特にカウリ松の大木が並ぶカウリの並木道、コウモリの巣がある愛のトンネルなどは必ず見ておきたい。自由散策もできるが、園内では個人客向けに、開園から 16:30 まで 30 分ごとにガイドツアー（所要 45 分）が催行されるので、まずそれに参加するのがいいだろう。

✉ パロネラパークへライトアップを見るツアーに参加して行ってきました。最後にホゼの「夢のかけら」が入った小さな袋をもらうことができて記念になりました。（東京都 大石恵子）['23]

林冠観察用のツリートップウオーク

林冠観察にベストな施設 MAP P.191 下 /2B
マムー・トロピカル・スカイウオーク
Mamu Tropical Skywalk

タワーから熱帯雨林の景観を眺めよう

敷地内では板根をもつ熱帯雨林特有の樹木がたくさん見られる

■マムー・トロピカル・スカイウオーク
住Palmerston Hwy., Innisfail, 4860
電(07)4064-5294
URL www.mamutropicalsky
walk.com.au
営毎日9:30 〜 16:30 (最終入園は15:30)
休クリスマスデー
料大人$30 子供$18 家族$90
アクセス 日本語ツアーはないので、レンタカーが一般的だ。

　イニスフェイルからミラミラへ向かうパルマーストン・ハイウェイ沿いにある熱帯雨林観察用施設。世界遺産の一角ウールーヌーラン国立公園南部の熱帯雨林内にウオーキングトレイルとツリートップウオークを張り巡らせており、入口から一番奥まで往復するだけで最低30分、じっくり見学するには2 〜 3時間必要となるほどの広さを誇っている。

　特にジョンストン渓谷を望む斜面に張り出すよう造られたツリートップウオーク (エレベーテッド・ウオークウェイと呼ばれる) は、時間をかけて歩いてみたい。普段なかなか目にすることのできない熱帯雨林のてっぺん、林冠部分を観察できるのだ。太陽からの光をできるだけ多く受けようと葉を茂らせる林冠部分は森の屋根。多くの鳥たちが姿を見せ、ポッサムなどの有袋類が日中はすみかとする場所でもある。またツリートップウオークの折り返し地点には、高さ37mのタワーがあり、ジョンストン渓谷のすばらしい景色を堪能できる。

■ディンツリー・ディスカバリーセンター
住Cnr. Cape Tribulation Rd. & Tulip Oak Rd., Cow Bay, 4873
電(07)4098-9171
URL www.discoverthe
daintree.com
営毎日8:30 〜 17:00 (最終入場16:00)
休クリスマスデー
料大人$39 子供$19 家族$95／オーディオガイドは1人$5
※7日間以内再入場可
アクセス 日本語ツアーはないので、レンタカーが一般的だ。

熱帯雨林に詳しくなれる！ MAP P.176/2A
ディンツリー・ディスカバリーセンター
Daintree Discovery Centre

　ケープトリビュレーションの入口、カウベイのやや南にある施設。園内には熱帯雨林のさまざまな植物を観察できるようボードウォークが張り巡らされており、オーディオガイドとガイドブック片手に植物を観察しながら、熱帯雨林のすばらしさや貴重さを知ることができるようになっている。オーディオガイドはマルチリンガルとなっていて、日本語の解説もひじょうにわかりやすい。専門ガイドなしでも、熱帯雨林の植物や動物に詳しくなれるほどだ。

　ルート内中央部には熱帯雨林をさまざまな高さから観察できるよう造られた5層23mのツリートップタワーがある。地面から林冠部へといたる植物の変化が手に取るようにわかって興味深い。また、熱帯雨林をわかりやすく説明するタッチパネル式展示やビデオ上映があるインタラクティブ・ディスプレイセンターもあるので、2時間程度は時間をかけて、じっくり訪れたい場所だ。

オーディオガイド片手に散策

さまざまな高さから熱帯雨林が観察できるツリートップタワー

TOURS & ACTIVITIES IN CAIRNS

ケアンズの
ツアー＆アクティビティ

自然を実感するツアー

ふたつの世界自然遺産
グレートバリアリーフとウエットトロピックスを抱えるケアンズ。
それだけにケアンズでは
こうした大自然の懐に抱かれるツアーが人気だ。
美しい珊瑚礁の海を目指してクルーズで海へ、
そして野生動物見学や鬱蒼とした森を探検しに熱帯雨林へ、
さあ出かけよう。

自然のなかでアクティビティを満喫

グレートバリアリーフでのスノーケリングやダイビングから、
熱帯雨林内を流れる川でのラフティング、
森のなかへ分け入る乗馬と、
アクティブに遊ぶ方法はいっぱいだ。

RANKING

ケアンズの
人気ツアー＆アクティビティ
ベスト 5

グレートバリアリーフ、熱帯雨林へと数多くのツアーが催行されているケアンズ。「滞在中どのツアーに参加するのがいいか、迷ってしまう」という声もよく聞く。そこで本誌では、現地旅行会社への申し込みが多く、評判もいいツアーをリサーチ。その結果を紹介しよう。

※順位は 2023 年 6 月現在

グリーン島クルーズ

第1位

手頃な料金でグレートバリアリーフを満喫できるグリーン島は、やはり人気が高い。特にグレートアドベンチャーズのクルーズは往復ともに船の時間の選択肢も多く、申し込みが多い。グレートアドベンチャーズのクルーズのなかではエコクルーズが、ビッグキャットのクルーズのなかでは 1 日クルーズが人気。

紹介ページ
P.222

ケアンズにやってきたらグリーン島は外せない

（催行会社） グレートアドベンチャーズ／ビッグキャット・グリーンアイランド・リーフクルーズ

キュランダ 1 日観光

第2位

キュランダ往復にキュランダ・シーニックレールウェイとスカイレールを片道ずつ利用したツアー。人気テーマパークのレインフォレステーションでの水陸両用車アーミーダック乗車も付いたデラックスタイプのツアーの人気が高い。もちろんキュランダでの散策時間も十分だ。

紹介ページ
P.237

レトロなキュランダ・シーニッククレールウェイ

（催行会社） どきどきツアーズ／マイティオージーアドベンチャーズ

熱気球ツアー

第3位

日本ではなかなか体験できない熱気球ツアー。早朝出発なのは少し大変だが、気球の上から日の出を見て、大地を走るカンガルーを探したりするのは、一生忘れられない思い出になる。ジェットスター便なら帰国日に参加できるのも高評価理由だ。

紹介ページ
P.245

バルーンの柄もオーストラリアっぽい

（催行会社） ホットエアー・ケアンズ

フランクランド諸島クルーズ

第4位

紹介ページ
P.228

1 日あたりの人数制限がある無人島フランクランド諸島のノーマンビー島へのクルーズ。ビーチもきれいで、カクレクマノミ（ニモ）やウミガメなどにスノーケリングで出合える確率が高いと評判だ。

（催行会社） フランクランド諸島リーフクルーズ

夜行性動物探検ツアー

第5位

紹介ページ
P.238

世界遺産の熱帯雨林の森とオーストラリアらしい動物に出合える、午後出発の人気ツアー。特に愛らしいロックワラビーへの餌づけ、珍獣カモノハシウオッチング（高確率で見ることができる）が評判。

（催行会社） どきどきツアーズ／マイティオージーアドベンチャーズ

世界遺産 グレートバリアリーフを 楽しむ

巨大ポントゥーン
をベースに楽しむ
ツアーも多い

ケアンズに来たら ぜったいG.B.R. へ

世界最大の珊瑚礁グレートバリアリーフ Great Barrier Reef（G.B.R.）。ケアンズにやってくるほとんどの人は、豪華な高速艇や大型ヨット、ダイビング専用ボートなどを利用し、ケアンズ沖合30～50kmに広がる珊瑚礁の楽園を目指す（所要約1～2時間）。クルーズは1年を通じて楽しめるが、ベストは9～12月。この時期は天候も安定しており、波も穏やかで海水温も比較的高めだ。1～3月はモンスーンの影響で雨に降られる可能性があり、4～7月は天気はいいが海がやや時化してしまうことがある。8月はコンディションは悪くはないが海水温が低めだ。なお船酔いが心配な人は、出航前に酔い止めの薬をもらい飲んでおこう。

ポントゥーン起点で 海中世界を満喫

大手のクルーズ会社はG.B.R. 洋上にポントゥーンと呼ばれる浮島をもっている。船はポントゥーンに横づけされ、そこを起点にスノーケリングや体験＆ファンダイビング、半潜水艦乗船、ヘリコプター遊覧飛行といった各種アクティビティにチャレンジすることになる。浮島といっても、長さ40m以上、幅15m以上もある巨大さで、かなりの悪天候でも揺れることはない。最近は2階建てが主流で、1階には食事・休憩のためのテーブル席が、2階にはサンデッキが設けられているのが普通だ。

世界遺産を大切に守ろう

アウターリーフを訪れる4歳以上のすべての人は、リーフタックス(Government Marine Park Environmental Management Charge：通称EMCで2023年7月現在1日＄7)を支払う義務がある。これはG.B.R. の環境保護に使われることになっている。大手クルーズの場合は料金にEMCが含まれているが、ダイビングクルーズなどでは別となっていることが多い（その他の税などと合わせて＄10～15とする会社もある）。

ケアンズ周辺の月別平均水温

月	1月	2月	3月	4月	5月	6月	7月	8月	9月	10月	11月	12月
平均水温（℃）	29.4	29.3	28.5	27.7	26.1	24.5	23.8	24.0	24.9	26.3	27.5	28.9

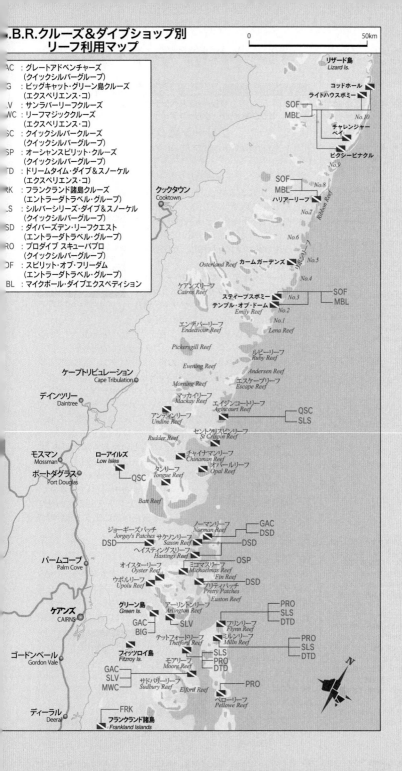

.B.R.クルーズ&ダイブショップ別 リーフ利用マップ

0　　　　　　　50km

- AC ： グレートアドベンチャーズ
  （クイックシルバーグループ）
- G ： ビッグキャット・グリーン島クルーズ
  （エクスペリエンス・コ）
- LV ： サンラバーリーフクルーズ
- WC ： リーフマジッククルーズ
  （エクスペリエンス・コ）
- SC ： クイックシルバークルーズ
  （クイックシルバーグループ）
- SP ： オーシャンスピリット・クルーズ
  （クイックシルバーグループ）
- TD ： ドリームタイム・ダイブ&スノーケル
  （エクスペリエンス・コ）
- RK ： フランクランド諸島クルーズ
  （エントラーダトラベル・グループ）
- LS ： シルバーシリーズ・ダイブ&スノーケル
  （クイックシルバーグループ）
- SD ： ダイバーズデン・リーフクエスト
  （エントラーダトラベル・グループ）
- RO ： プロダイブ スキューバプロ
  （クイックシルバーグループ）
- OF ： スピリット・オブ・フリーダム
  （エントラーダトラベル・グループ）
- BL ： マイクボール・ダイブエクスペディション

リザード島
Lizard Is.

コッドホール

ライトハウスボミー

SOF
MBL

チャレンジャー
ベイ

No.10

ビクシーピナクル

No.9

SOF
MBL

No.8

ハリアーリーフ

No.7

Ribbon Reef

No.6

クックタウン
Cooktown

リボンリーフ

No.5

カームガーデンズ

Osterland Reef

No.4

ケアンズリーフ
Cairns Reef

スティーブスボミー

No.3

SOF
MBL

テンプル・オブ・ドーム
Emily Reef

No.2

No.1

エンデバーリーフ
Endeavour Reef

Lena Reef

Pickersgill Reef

ルビーリーフ
Ruby Reef

Evening Reef

Andersen Reef

ケープトリビュレーション
Cape Tribulation

Morning Reef

エスケープリーフ
Escape Reef

デインツリー
Daintree

マッカイリーフ
Mackay Reef

エイジンコートリーフ
Agincourt Reef

QSC
SLS

アンディンリーフ
Undine Reef

Rudder Reef

セントクリスピンリーフ
St Crispin Reef

モスマン
Mossman

ローアイルズ
Low Isles

チャイナマンリーフ
Chinaman Reef

ポートダグラス
Port Douglas

QSC

タンリーフ
Tongue Reef

オパールリーフ
Opal Reef

Batt Reef

ノーマンリーフ
Norman Reef

GAC
DSD

ジョーギーズパッチ
Jorgey's Patches

サクソンリーフ
Saxon Reef

DSD

パームコーブ
Palm Cove

DSD

ヘイスティングスリーフ
Hastings Reef

DSD

オイスターリーフ
Oyster Reef

ミコマスリーフ
Michaelmas Reef

OSP

ウポルリーフ
Upolu Reef

フィンリーフ
Fin Reef

プリティパッチ
Pretty Patches

DSD

Euston Reef

グリーン島
Green Is.

アーリントンリーフ
Arlington Reef

PRO
SLS
DTD

ケアンズ
CAIRNS

GAC
BIG

SLV

フリンリーフ
Flynn Reef

ゴードンベール
Gordon Vale

テットフォードリーフ
Thetford Reef

ミルンリーフ
Milln Reef

PRO
SLS
DTD

フィッツロイ島
Fitzroy Is.

SLS

モアリーフ
Moore Reef

PRO
DTD

GAC
SLV
MWC

サドバリーリーフ
Sudbury Reef

Elford Reef

PRO

ディーラル
Deeral

FRK

フランクランド諸島
Frankland Islands

ペロリーリーフ
Pellowe Reef

N

グレートバリアリーフ・クルーズ

| 気軽に行ける G.B.R. | 日本語ツアー |

グレートアドベンチャーズ＆
ビッグキャット・グリーンアイランド・リーフクルーズ
グリーン島クルーズ
Great Adventures & Bigcat Green Is. Reef Cruises / Green Is. Cruises

グレートアドベンチャーズのクルーズ

シーウォーカーもぜひ試してみたい

G.B.R. 上にある島で、日帰りクルーズ先として人気のグリーン島（→ P.202）。島にあるリゾートホテルと同系列のクイックシルバーグループが手がけているクルーズで、高速カタマランを利用し、ケアンズ〜グリーン島は約50分だ。

グリーン島ディスカバリー Green Island Discovery、グリーン島エコツアー Green Island Eco Tour、グリーン島往復フェリー Green Island Transfer のみの3つのコースがある。グリーン島ディスカバリーは、グリーン島でのグラスボトムボート乗船料、スノーケリングセット、リゾートプール利用料が含まれているお得なパッケージ。さらに安くグリーン島を満喫したい人は、エコツアーがいい。グラスボトムボート乗船もしくはスノーケリングセットのいずれか一方と、リゾートプール利用料が含まれる。どちらのパッケージもランチは付いていないが、島内では手頃な料金でビュッフェランチが食べられるし、サンドイッチやホットドッグなどの軽食も購入可能だ。グリーン島へは1日3往復ある船のなかから、好みの時間の船をチョイスできるので、ほかのツアーと組み合わせて1日を有効に使うことが可能だ。

遠浅で透明度の高い海はスノーケリングに最適

ビッグキャットのクルーズ

グリーン島への1日、半日ツアーがあり、大型カタマランのビッグボート（片道約1時間30分）と高速船（片道約50分）を利用する。クルーズにはグラスボトムボート乗船もしくはスノーケルセットが含まれており（どちらかを選択）、それ以外に半潜水艦乗船やガイドスノーケルツアー、ランチ（1日ツアーのみ選択可能）などをオプションで選択。なお、グリーン島往復フェリーサービスのみの設定もある。

少し歩けば人が少なく、プライベートビーチ感覚も味わえる

✉ グリーン島へは朝一番のクルーズがおすすめ。到着後、桟橋の上からウミガメ、エイを見ることができました。朝はけっこうな確率で見られるようです。（宮城県　G.B.R. 大好き）['23]

グレートアドベンチャーズ
グリーン島 & G.B.R. アドベンチャー
Great Adventures / Green Is. & G.B.R. Adventure

大型ポントゥーンへ向かうクルーズ

クイックシルバーグループのクルーズ会社で、ケアンズ発着のアウターリーフクルーズを催行している。コースは2種類あるが、最も人気があるのが「グリーン島&グレートバリアリーフ・アドベンチャー」だ。このクルーズでは、往路グリーン島で約2時間の滞在時間がある。グリーン島からアウターリーフへ向かうのだが、目的地は当日の海況により北のノーマンリー

半潜水艦で珊瑚礁観察も楽しめる

フ Norman Reef（乾季のみ）か南のモアリーフ Moore Reef かのいずれかとなる。どちらも約1時間のクルーズだ。リーフには2階建ての大型ポントゥーンがあり、スノーケリングや体験&ファンダイビング、半潜水艦などによる海中散歩、ヘリコプター遊覧飛行が楽しめる。ポントゥーン周辺には、ウォーリーと名づけられた巨大なナポレオンフィッシュがすみついていて、スノーケリングでも触れそうな距離まで近づける。

アウターリーフに浮かぶポントゥーン

たくさんの魚が群れているアウターリーフ

ユニークなスキューバドゥーに挑戦

ポントゥーンで、人気なのがスキューバドゥー。空気が送られてくるフルフェイスのヘルメット付き水中スクーターで、スノーケリングよりも間近にサンゴの海が満喫できるのだ。ポントゥーン滞在時間はたっぷり3時間30分。なお同社では、グリーン島に寄らずに直接アウターリーフへ向かうコース「グレートバリアリーフ・アドベンチャー」も催行している。グリーン島は日帰りで別に行くという人におすすめだ。

人気のスキューバドゥー

アウターリーフの美しさを手軽に体感できるスノーケリング

ポントゥーン周辺にすみついている人気者のナポレオンフィッシュ

体験ダイビング中、ナポレオンフィッシュがずっと一緒に泳いでくれて感激。
（神奈川県　鎌田淳）['23]

■グレートアドベンチャーズ
（クイックシルバーグループ）
☎(07)4044-9944
URL www.greatadventures.com.au

●グリーン島 & G.B.R. アドベンチャー
時 ケアンズ発着 8:30〜17:30
料 大人 $304 子供 $164 家族 $780

●グレートバリアリーフ・アドベンチャー
時 ケアンズ発着 10:30〜17:30
料 大人 $274 子供 $149 家族 $705

●オプション
料 スキューバドゥー $185、体験ダイビング1本 $184、ファンダイビング1本 $136（全器材込み）、ガイドスノーケルツアー 大人 $76 子供 $40 家族 $192、ヘリコプター遊覧飛行 10分 $199

●送迎
料 ケアンズ市内 大人 $32 子供 $20 家族 $104

サンラバーリーフクルーズ
グレートバリアリーフ・エクスペリエンス・モアリーフ・クルーズ
Sunlover Reef Cruises / Great Barrier Reef Experience More Reef Cruise

■**サンラバーリーフクルーズ**
🏠 Reef Fleet Terminal, 1 Spence St., (P.O.Box 835), QLD 4870
📞 (07)4050-1333
URL www.sunlover.com.au

●**グレートバリアリーフ・エクスペリエンス・モアリーフ・クルーズ**
🕐 ケアンズ発着 9:30 ～ 17:30
料 大人 $265 子供 $155
家族 $685

●**フィッツロイ島＋モアリーフ・クルーズ 2日間**
料 大人 $374 子供 $224
家族 $972

●**オプション（モアリーフ）**
料 シーウォーカー $149、体験ダイビング1本 $149、ファンダイビング1本 $149（全器材込み）、ガイドスノーケルツアー 大人 $52 子供 $33 家族 $136、ヘリコプター遊覧飛行 10分 $199

●**送迎**
料 ケアンズ市内 大人 $32 子供 $20 ／ ノーザンビーチ 大人 $46 子供 $35

みんな大喜びでチャレンジするウオータースライダー

モアリーフの好スポットにポントゥーンがある

モアリーフはウミガメ遭遇率が高い

ケアンズ発着の人気クルーズ。出航時間が9:30とリーフクルーズの中では少し遅めで朝ゆっくりできるのも人気の理由。目指すモアリーフもハードコーラルが美しく魚影が濃いと評判だ。

モアリーフに浮かぶポントゥーンまではフィッツロイ島を経由して約1時間30分。ポントゥーンからはスノーケリング（有料のガイド付きツアーもある）やヘルメットダイビングのシーウォーカー（有料）、体験＆ファンダイビング（日本人インストラクターがいる場合が多い）、半潜水艦、グラスボトムボート、ヘリコプター遊覧飛行（有料）などが楽しめる。スノーケルエリア内で映画『ファインディング・ニモ』のモデルとなったカクレクマノミを高確率で見ることができるのもうれしい。またリーフ内にウミガメがすみついていて、スノーケルエリアに出てくることもある。またポントゥーンにはウオータースライダーも完備。子供も大人も大はしゃぎで楽しんでいる。

なおサンラバーリーフクルーズでは、モアリーフへの日帰りクルーズとフィッツロイ島への往復クルーズ（→ P.207）の2日間の割引パッケージがある。アウターリーフとアイランドリゾートの2日間を楽しみたい人にはぴったりだ。

ランチのビュッフェは種類も多く、味もいい

上：スノーケリングエリアにいるナポレオンフィッシュ
右上：気軽に楽しめるシーウォーカー

タッチタンクではいろいろな海洋生物に触ることができる

※ G.B.R. のポントゥーンへ行く各クルーズではヘリコプター遊覧飛行が楽しめるが、参加人数に限りがある。確実に参加したい人はクルーズ予約時にヘリコプター遊覧飛行の予約も済ませておこう！

人数限定でのんびりできる
リーフマジッククルーズ
マリンワールド・クルーズ
Reef Magic Cruises / Marineworld Cruise

ダイバーに人気のポイントにポントゥーンがある

ポントゥーンの周りにいつもいるナポレオンフィッシュ

中型の高速カタマラン、リーフマジックII Reef Magic IIを利用してモアリーフにある2階建てポントゥーン「マリンワールド」へ向かう（2023年に新造されたばかりだ）。ポントゥーンでの滞在時間が約5時間と長い。スノーケリングエリアが広いのも大きな特徴だ。しかも一帯の珊瑚礁はとてもきれいで、魚影も濃い。ポントゥーン周辺では、すみついている大型のナポレオンフィッシュを間近に見られるし、リーフトップやリーフエッジへ行けば人気のクマノミ数種をはじめとする数多くの魚を観察できるのだ。グラスボトムボートや海中観測室の設備もあるので、泳ぎの苦手な人は利用するといいだろう。もちろん体験&ファンダイビング、ヘルメットダイビングも可能。もちろんヘリコプター遊覧飛行（10分間）も可能だ。

先住民文化に触れながらG.B.R.を満喫
リーフマジッククルーズ
ドリームタイム・ダイブ&スノーケル
Reef Magic Cruises / Dreamtime Dive & Snorkel

訪れるポイントはスノーケリング&ダイビングに最高の場所

リーフマジックが催行する、先住民スタッフと行くアウターリーフクルーズ。クルーズスタッフが船上でディジュリドゥの演奏を見せてくれたり、自分たちがどのようにして自然の中で暮らしてきたかなどをユニークなパフォーマンスと語りで紹介してくれる文化的側面の強いクルーズだ。

もちろんグレートバリアリーフのポイントもすばらしい。フリンリーフ、ミルンリーフ、テットフォードリーフから、当日の海況に合わせて2ヵ所を訪れる。特にフリンリーフとミルンリーフはケアンズ近郊で最も外洋に近い場所にあるリーフで透明度、サンゴの美しさがすばらしく、魚影も濃いので、ダイバーたちに大評判のポイントとなっている。各ポイントではスノーケリングや体験&ファンダイビングが楽しめ、またグラスボトムボートによる珊瑚礁観察もある。グラスボトムボートでは、スタッフが昔の漁の方法についても説明してくれる。

■リーフマジッククルーズ
（エクスペリエンス・コ）
●マリンワールド・クルーズ
☎ (07)4222-7478
URL www.reefmagiccruises.com
時 ケアンズ発着 9:00～17:00
料 大人 $289 子供 $149
家族 $727
●オプション
料 体験ダイビング1本$119、ファンダイビング1本（全器材込み）$89、ヘルメットダイビング$119、初心者向けガイドスノーケルツアー$40、アドバンス・スノーケルツアー$50、ヘリコプター遊覧飛行10分$199
●送迎
料 ケアンズ市内&ノーザンビーチ1人$27

■リーフマジッククルーズ
（エクスペリエンス・コ）
●ドリームタイム・ダイブ&スノーケル
☎ (07)4222-7480
URL dreamtimedive.com
時 ケアンズ発着 8:00～16:30
料 大人 $269 子供 $139
家族 $677
●オプション
料 体験ダイビング1本$119(99)、ファンダイビング1本（全器材込み）$89(59)
※（ ）内は事前予約
●送迎
料 ケアンズ市内&ノーザンビーチ1人$27

船上でスタッフによる先住民文化体験が楽しめる

オーシャンスピリット・クルーズ

ミコマスケイ・クルーズ

Ocean Spirit Cruises / Michaelmas Cay Cruise

船はミコマスケイの沖合に停泊

大型カタマランヨットのオーシャンスピリット号

ダイビングやスノーケリングはビーチからなので安心

■**オーシャンスピリット・クルーズ（クイックシルバーグループ）**

🏠Reef Fleet Terminal, 1 Spence St., Cairns, QLD 4870
📞(07)4044-9944
URL www.oceanspirit.com.au
●**ミコマスケイ・クルーズ**
🕐ケアンズ発着 8:30〜17:00
💰大人 $250　子供 $130　家族 $638
●**オプション**
💰体験ダイビング1本 $150、ガイドスノーケリングツアー 大人 $76 子供 $40 家族 $192
●**送迎**
💰ケアンズ市内 大人 $32 子供 $20 家族 $104

帰りの船上ではスパークリングワインのサービスもある

セーリングを満喫できるクルーズ

　巨大なカタマランヨットを利用し、G.B.R. はもちろんクルーズ自体も存分に楽しもうというのがオーシャンスピリットだ（クイックシルバーグループのグレートアドベンチャーズが催行）。

　当日の海況にもよるが、基本的には2本のマストに真っ白なセールを張り、ゆっくりとクルーズを楽しみながら G.B.R. を目指す。広々としたサンデッキに寝転がりながら、海風を感じ、他のクルーズ参加者たちと旅の話に興じる。目的地ミコマスケイ Michaelmas Cay までは約2時間のクルーズとなる。

美しい無人島で G.B.R. の豊かさに触れる

　ミコマスケイは、サンゴのかけらでできた小さな無人島。中心部は、海鳥たちの営巣地としても保護されている自然の楽園だ（ものすごい数の海鳥がいるので

ビーチバギーで自然の楽園へ

そのつもりで）。島の周囲には美しい珊瑚礁のラグーン（ミコマスリーフ）が広がっており、クルーズ船はそのラグーンの一角に停泊。そこからビーチバギーと呼ばれるグラスボトムボートで島へと渡る。

　島での過ごし方は基本的に自由だ。ビーチでのんびりするのもいいし、無料のスノーケリング用具を借りて海中世界を見て回るのもいい。もちろん海中景観の美しさは評判で、白い砂底からそびえる根にはテーブルサンゴがせり出し、ベラやチョウチョウウオ、そして時にはウミガメが泳いでいる。おすすめは体験ダイビング。日本人インストラクターがビーチ前の浅瀬で簡単な講習をしてから出発となるので安心だ。

　泳ぐのが苦手な人は、セミサブマリンに乗ってみよう。スノーケルでは遠くて行けないエリアの海中世界をじっくり眺めることができるのだ。

体験ダイビングでは珍しい生き物をたくさん見ることができる

✉ ミコマスケイの海は本当にきれいでした。インストラクターの方がウミガメが見られそうな場所を教えてくれて、スノーケリングで見ることもできました。（東京都　坂本千夏）['23]

日帰り最北端のベストポイントで過ごす

クイックシルバークルーズ
アウターバリアリーフ・クルーズ
Quicksilver Cruises / Outer Barrier Reef Cruise

クイックシルバーグループのメインクルーズで、ボートはポートダグラス発着となる。ケアンズから参加の場合は、バスでの送迎となる。クルーズに使用するのは、クイックシルバーの代名詞ともいえるジェット噴射エンジンの高速カタマラン、ウエーブピアサーだ。巡航速度30ノット以上で海を疾走する。

珊瑚礁の美しさはケアンズ周辺でも有数だ

クルーズで向かうのは、ケアンズから日帰り最北圏にあるエイジンコートリーフ Agincourt Reef（所要約90分）。ケアンズ近郊有数の透明度、サンゴの美しさを誇るリーフで、スノーケリング、ダイビングの好スポットとして知られている。クイックシルバーはこのエイジンコートリーフに、2階建て全長50mという世界最大級のポントゥーンをふたつ浮かべている（ノースサイドとサウスサイド）。日によって、あるいは乗り込む船によってどちらのポントゥーンへ行くか変わるのだが、どちらででも、スノーケリング、半潜水艦による海中観察、ヘリコプターを使っての遊覧飛行が楽しめる。もちろん日本人インストラクター同行の体験＆ファンダイビング、さらにフルフェイスのマスクをかぶって海中散策するオーシャンウオーカーも可能。

時速80キロ近いスピードが出るウエーブピアサー

■**クイックシルバークルーズ**
（クイックシルバーグループ）
住 44 Wharf St., Port Douglas, QLD 4871
℡ (07)4087-2100
URL www.quicksilver-cruises.com

●**アウターバリアリーフ・クルーズ**
圏 ケアンズ発着8:00～18:00／ポートダグラス発着10:00～16:30
料 大人$298 子供$156 家族$760

●**ウエーブダンサー・ローアイルズ・クルーズ**
圏 ケアンズ発着8:00～18:00／ポートダグラス発着10:00～16:30
料 大人$242 子供$128 家族$620

●**オプション**
アウターバリアリーフ・クルーズ
料 オーシャンウオーカー$194、初心者向けガイドスノーケルツアー 大人$76 子供$42 家族$194、アドバンススノーケルツアー 大人$96 子供$48 家族$240、体験ダイビング1本$194、ファンダイビング1本$144（全器材込み）、ヘリコプター遊覧飛行10分$199

●**送迎**
圏 ケアンズ＆ノーザンビーチ 大人$39 子供$22 家族$100／ポートダグラス 大人$22 子供$11 家族$55

ポートダグラス発の大型カタマランヨットクルーズ

クイックシルバークルーズ
ウエーブダンサー・ローアイルズ・クルーズ
Quicksilver Cruises / Wavedancer Low Isles Cruise

クイックシルバーが誇る全長30mの大型カタマランヨットがウエーブダンサー。この船を使ってアウターリーフの最も内陸寄りにあるローアイルズへと向かう。目的地ローアイルズは、小さな灯台がひとつ建つだけの小さなコーラルケイの島ローアイランド Low Island と、マングローブに覆われたウッディアイランド Woody Island から成るが、やはりメインはローアイランド。島の周囲には美しい珊瑚礁が広がり、スノーケリングやグラスボトムボートで海中散策できる。また、海洋生物学者がビーチ際を歩きながらいろいろ説明してくれるガイドウオークや、説明しながらスノーケリングするガイドスノーケリングも楽しい。

大型カタマランヨットのウエーブダンサー

227

■フランクランド諸島リーフク
ルーズ
☎(07)4046-7333
URL www.franklandislands.
com.au
●フランクランド諸島クルー
ズ
図 月火金〜日催行：ケアンズ
発着 6:55 〜 17:30
図 大人 $219 子供 $129
家族 $567
●送迎
図 ケアンズ往復送迎無料

ガイドスノーケリングエリア
ではウミガメの遭遇率が高い

フランクランド諸島リーフクルーズ
フランクランド諸島クルーズ
Frankland Islands Reef Cruise / Frankland Islands Cruise

上下船時にはボートがビーチ近くまで乗り上げる

ケアンズから車で南へ30分ほどの、ディーラル Deeral 沖合に浮かぶ4つの島々がフランクランド諸島。1日に訪問できる人数制限がある諸島で、クルーズで訪れるのは、北から2番目に位置する中心の島ノーマンビー島 Normanby Is.。

ケアンズのマーリンワーフ発着でないこともあり、ディーラルからのクルーズは他のクルーズとは違った魅力がある。最初は両岸を熱帯雨林の森とマングローブ林に覆われたマルグレイブ川 Mulgrave River のリバークルーズ。30分ほどのクルーズ途中で、運がよければイリエワニも見ることができる。海に出ると前方にフランクランド諸島が姿を現す。目的地ノーマンビー島までさらに30分ほどだ。

ノーマンビー島は1周歩いて30分ほどの無人島。島での過ごし方は基本的に自由。クルーズにはボートスノーケルツアーや半潜水艦乗船、SUPやカヤックの貸し出し、ガイド付きアイランドウオーク、ランチが含まれているので、それらの催行時間をチェックしておくのを忘れずに（もちろん参加せずにのんびり過ごすのもいい）。

フランクランド諸島はもともとオーストラリア大陸と陸続きだった場所で、ノーマンビー島の周囲に広がる珊瑚礁はフリンジングリーフ（裾礁）だ。しかもケアンズ周辺のフリンジングリーフとしては、最も美しいといわれているほど。ビーチからの浅瀬のスノーケリングで、珊瑚礁の合間にニモ（カクレクマノミ）はもちろん、ウミガメに遭遇することも珍しくない。ボートスノーケリングツアーに参加すれば貴重なキャベツサンゴやテーブルサンゴ、エダサンゴの群生地帯で数多くの魚を見ることができる。5〜7月にはときおりマンタやジュゴンが姿を見せることもあるほどだ。

また12〜2月は島がウミガメの産卵場所にもなる。この時期にアイランドウオークをするとウミガメの産卵跡も見学できる。アイランドウオークではほかにも潮が引いたあとの浅瀬でクモガイやナマコに触ってみたり、まれに潮だまりに取り残されたウミガメを見つけたり……思いのほか楽しい体験ができるのだ。

ノーマンビー島の魅力は白砂のビーチと透明度の高い海

ガイド付きアイランドウオークでは
浅瀬で海の生き物に触ったり、森の
植物の説明を聞いたりできる

最新カタマランボート利用
シルバーシリーズ
ダイブ&スノーケル
Silver Series / Dive & Snokel

揺れの少ないシルバーシリーズの船

クイックシルバーグループが行うケアンズ&ポートダグラス発着の高速カタマラン利用クルーズ（定員80名）。本格的にスノーケリングやダイビングをしたい人におすすめだ。もちろん日本人スタッフも乗船している。なおポントゥーンベースではないため、波の荒い日は停泊中、船が揺れるので注意しよう。

ケアンズ発の場合、シルバースイフトを利用し、珊瑚礁の美しさではケアンズ近郊有数といわれるミルンリーフ Milln Reef、フリンリーフ Flynn Reef、テットフォードリーフ Thetford Reef を目指す。ポートダグラス発着の場合はシルバーソニックを利用し、エイジンコート・リーフ No.1〜No.4 にある 40ヵ所のポイントのなかから、当日の海況に合わせてベストな 3ヵ所へ向かう。

快適カタマラン利用
ダイバーズデン
リーフクエスト・グレートバリアリーフ・デイトリップ
Divers Den / Reef Quest Great Barrier Reef Day Trip

きれいな海でのダイビング&スノーケリング

ケアンズの大手ダイビングショップ、ディープシー・ダイバーズデンが手がけるスノーケリング&ダイビング・クルーズ。中型カタマラン（定員60名）リーフクエストを利用し、ノーマンリーフ、サクソンリーフ、ヘイスティングスリーフを目指す（1日に訪れるポイントは 2ヵ所で最大 3ダイブ可能）。ケアンズ出港後アウターリーフまでの所要時間は約 1時間 30分だ。なおポントゥーンとは違い、波の荒い日は停泊中、船が揺れるので注意しよう。

ケープトリビュレーションからの半日クルーズ
オーシャンサファリ
半日グレートバリアリーフ
Ocean Safari / Half Day Great Barrier Reef

高速ラフトボートを利用し、ケープトリビュレーションから半日で G.B.R. のスノーケリングを楽しめるクルーズ。目的地アンディンリーフ&マッカイリーフまでは、海の上を豪快に駆け抜けわずか 25分で到着。2ヵ所のポイントでスノーケリングが楽しめる。

スピード感いっぱいのオーシャンラフティング

■シルバーシリーズ／ダイブ&スノーケル（クイックシルバーグループ）
☎(07)4044-9944
URL www.silverseries.com.au
●シルバースイフト
時 ケアンズ発着 8:30〜16:30
料 大人 \$270 子供 \$200／体験ダイビング 1本 \$79／ファンダイビング（全器材込み・水中ガイド付き）2本 \$96、3本 \$116
●シルバーソニック
時 ポートダグラス発着 8:30〜16:30
料 大人 \$289 子供 \$207／体験ダイビング 1本 \$78／ファンダイビング（全器材込み・水中ガイド付き）2本 \$93、3本 \$113
●送迎
料 シルバースイフト：送迎サービスなし／シルバーソニック：ケアンズ&ノーザンビーチ1人 \$35

■ダイバーズデン（エントラーダトラベル・グループ）
☎(07)4046-7333
URL www.diversden.com.au
●リーフクエスト・グレートバリアリーフ・デイトリップ
時 ケアンズ発着 8:30〜16:30
料 大人 \$239 子供 \$169 ／体験ダイビング：1本付き \$319、2本付き \$369／ファンダイビング（器材込み）：2本付き \$319、3本付き \$339（水中ガイドは別料金で1本につき \$15）

ダイビング&スノーケリング専用のリーフクエスト号

■オーシャンサファリ
☎(07)4098-0006
URL www.oceansafari.com.au
●半日グレートバリアリーフ
時 ケープトリビュレーション発着 7:45〜12:30、11:45〜16:30
料 大人 \$184 子供 \$118
家族 \$552
●送迎
料 ケープトリビュレーション内送迎無料

ケアンズのおすすめ
ダイブショップ
DIVE SHOP

ダイビング目的のケアンズ。どんなポイントがあって、どんな魚が見られるかわからない……。水中でのていねいなガイディングはもちろん、ログ付けのアシストなどもしっかりサポートしてくれるダイビングショップがケアンズには多い。ここでは設備もよく日本人に人気のダイブショップを紹介しよう。またこうしたショップでは、ダイビングライセンス取得コースも行っている。G.B.R.へやってきた記念にライセンスを取得し、ダイバーの仲間入りするのもおすすめだ。

ダイバーズデン
Divers Den

おすすめ ダイブ ショップ1

リーフクエスト号を利用した日帰りグレートバリアリーフ・クルーズ（→ P.229）を催行する会社で、PADI の講習実績も世界有数（PADI 5 スターダイブ & IDC センターに登録されている）。オープンウオーター、アドバンスオープンウオーターから、プロを育てるインストラクター養成コースまで開催している。日本人インストラクターも数多い。日帰りクルーズ以外にも宿泊設備を持つダイビング専用船オーシャンクエスト号での 1 ～ 4 泊クルーズを催行している。

日本人インストラクターと一緒に安心ダイビング

明るいスタッフが多い

MAP P.177/3A **住** 319 Draper St., 4870 **電** (07)4046-7333 **URL** www.diversden.com.au
料 オープンウオーターコース：4 日間 $939、3 日間 e ラーニングコース $715 **カード** AJMV

サンゴの美しいポイントでのダイビング

プロダイブの講習用プール

プロダイブ・ケアンズ
Pro Dive Cairns

おすすめ ダイブ ショップ2

スキューバプロを使った 2 泊 3 日ダイブクルーズ（→ P.232）で知られるプロダイブは、ケアンズの老舗ダイブショップ。PADI 5 スターダイブ & IDC センターに認定されており、オープンウオーターからプロコースまで充実した設備を使った講習も実施している。オープンウオーター・コースの海洋実習はスキューバプロに乗船。ケアンズ近郊有数のダイビングポイントで初ダイビングができる。

MAP P.177/3B **住** 116 Spence St., 4870 **電** (07)4031-5255 **FREE** 1800-353-213 **URL** prodivecairns.com
料 5 日間オープンウオーターコース（2 泊 3 日クルーズ付き）$1205 **カード** AJMV

Column ケアンズの人気ダイビングポイント

ケアンズ近郊

ミルンリーフ Milln Reef

外洋に面していて透明度がよく、大物との遭遇率も高い。スイミングプールというポイントの海底は星の砂で、浅瀬のサンゴがきれい。スリーシスターズではボミーの間を通り抜けながらバラクーダ、ネムリブカ、ウミガメなどが見られる。

フリンリーフ Flynn Reef

外洋に面しているため透明度がいい。ゴードンズというポイントは真っ白な砂地にサンゴの根がいくつも点在し、アオウミガメやホワイトチップシャークもよく現れる。

ヘイスティングスリーフ Hastings Reef

フィッシュボールというポイントが人気。3匹のナポレオンがダイバーと一緒に泳いでくれる。ウミガメ、リーフシャーク、コショウダイ、クマノミ、ハゼなど大物、小物がいっぱいだ。

ノーマンリーフ Norman Reef

ポントゥーンは、ナポレオンがたくさんいるほか、アオウミガメやアカマダラハタ、さらに固有種を含む5種類のクマノミなどが見られる。

ツバメウオの大群もよく目にする

ポートダグラス周辺

エイジンコートリーフ Agincourt Reef

No.1～No.4のリーフがあり、ポイントは40以上。No.1とNo.2の間にあるナースリーボミーは、バラクーダやタカサゴ、ヨスジフエダイなどがいつも群れている。すぐ近くにはバラクーダポイントというポイントもあり、こちらもバラクーダ、アカヒメジ、タカサゴ、ハナダイ、ハナゴイの群れがいっぱい。No.1にあるキャッスルロックはマクロ派に評判で、ウコンハネガイ、キンチャクガニ、フリソデエビ、多種のハゼ類がいっぱい。冬場（6～8月）はNo.3内側のフィルスボミーに、よくミンククジラが現れる。

リボンリーフ＆コーラルシー

コッドホール Cod Hole

リボンリーフNo.10の北端にあるG.B.R.随一の人気ポイント。水深10～15mに体長1～1.5mのジャイアントポテトコッド（カスリハタ）が十数尾いて、餌づけできる。コッド以外にもナポレオンやスジアラ、ウツボなどが餌づけされている。

人気ポイントのコッドホール

ピクシーピナクル Pixie Pinnacle

リボンリーフNo.9の外れにある。各種チョウチョウウオ、ウメイロモドキ、ハナダイなどが群れており、フィッシュウオッチャーに人気の高いポイントだ。

ライトハウスボミー Lighthouse Bommie

リボンリーフNo.9とNo.10の間にあり、6月初旬～8月初旬にミンククジラがやってくることで知られている。

運がよければミンククジラに大接近できる

オスプレイリーフ＆ホルメスリーフ Ospley Reef & Holmes Reef

いずれもコーラルシーにあり、透明度常時40m以上で大物遭遇率も世界有数。マクロもレアものが多く、上級ダイバーにとって憧れのポイントだ。

大型ダイビングボートのスピ
リット・オブ・フリーダム

船内も快適と評判の
スキューバプロ

数日ダイブクルーズ

多くのダイブショップでは、日帰りクルーズ以外にも1～5泊
のボートトリップを行っている。時間に余裕のある人は、大きな
カスリハタが餌づけされているコッドホール Cod Hole とリボン
リーフ Ribbon Reef、あるいは透明度40m以上のコーラルシー
Coral Sea へのクルーズに参加するのがおすすめだ。コッドホー
ル＆リボンリーフの場合、ケアンズから3～4泊、コーラルシー
の場合4～5泊というのが一般的な行程だ。

また、ケアンズ近海は7～8月ならクジラを見る機会も多く、
11月の数日はナイトダイビングでサンゴの産卵も観察できる。

豪華な設備を誇る大型ダイビングボート
ダイバーズデン
スピリット・オブ・フリーダム
Divers Den / Spirit of Freedom

リーフクエスト号での日帰りダイブ
クルーズを行っているダイバーズデン
が催行。コッドホール＆リボンリーフ・
クルーズは3泊4日で最大11ダイ
ブできる。また透明度抜群のコーラ
ルシー（オスプレイリーフ）とコッド
ホールを組み合わせたコッドホール
＆コーラルシー・クルーズは4泊5
日（最大16ダイブ）。いずれのクルー
ズも片道ケアンズ～リザード島は飛
行機移動となり、G.B.R.の遊覧飛
行も楽しめる。日本人ダイビングガイドが乗船することも多い。

一度は潜りたいコッド
ホール

コーラルシーで行わ
れるシャークフィー
ディング

欧米のダイバーに大人気の
マイクボール・ダイブ・エクスペディション
Mike Ball Dive Expeditions

大型ダイビングボート、スポイルスポート号を使って3泊4日コッ
ドホール＆リボンリーフ・クルーズ（全12ダイブ）、4泊5日コッ
ドホール＆コーラルシー・クルーズ（全14ダイブ）を催行。日本
人向けサービスはダイブセブンシーズが行っている。片道ケアン
ズ～リザード島間に飛行機を利用しているのもうれしい。

ケアンズ近郊のライブ・ア・ボード・クルーズ
プロダイブ・ケアンズ
スキューバプロ
Pro-Dive Cairns / Scubapro

ケアンズのダイブショップの老舗プロダイブ・ケアンズが催行す
る2泊3日のクルーズ。ボートはまったく同型のスキューバプロI、
II、III号の3隻あり、週5日運航している。目的地はケアンズ沖
のミルンリーフ、フリンリーフ、テットフォードリーフ、ペローリー
フで、3日間で11ダイブを行う。リボンリーフやコーラルシーと
は違い、ケアンズ近郊最東端リーフなので、時間もたっぷりある
クルーズだ。

グレートバリアリーフ そのほかのツアー

セスナ機でアウターリーフを訪れる ▮日本語ツアー

フライシーイーグル
シーニックフライト
Fly Sea Eagle / Scenic Flight

アーリントンリーフ内にあるコアラリーフ

ケアンズ国際空港（国際線・国内線ターミナルとは滑走路を挟んだ向かい側）からセスナ機で出発する45分の遊覧飛行。グリーン島上空を通過し、巨大なアーリントンリーフでコアラの顔のように見える通称コアラリーフを見学。その後、ミコマスケイとミコマスリーフ、ヘイスティングスリーフ、ブラソフケイ、ウポルリーフと遊覧する。季節によっては上空からクジラを探してくれたり、マンタ、ウミガメを探してくれたりもする。

アウターリーフクルーズとセットにできる

ノーチラスアビエーション
シーニックフライト
Nautilus Aviation / Scenic Flight

ピア・マーケットプレイス脇の専用ヘリポートからのフライトをもっている。おすすめは45分のリーフ＆レインフォレスト。グリーン島上空を通過し、アーリントンリーフ、ウポルリーフ上空をひと回りしパームコーブから陸上に入りバロンフォールズ上空を回ってくる。またグレートアドベンチャーズ、クイックシルバークルーズなどのリーフクルーズの往路・復路もしくは往復をヘリコプターにするジョイントコースもある。

7〜8月のお楽しみ

ケアンズ・ホエールウォッチング
ホエールウオッチング・クルーズ
Cairns Whale Watching / Whale Watching Cruise

ケアンズ唯一のホエールウォッチングクルーズ

例年7月中旬〜8月末と期間限定で、ケアンズ発でホエールウオッチングが楽しめる。系列会社の船でケアンズ〜フィッツロイ島を往復し、クジラが多く現れるフィッツロイ島周辺を12:00〜14:00の間クルーズ。高確率で見られ、運がよければ豪快なクジラのジャンプ（ブリーチング）やクジラが海面から顔を出して周囲を観察するスパイホップなどが見られる。9:00出発の場合は午前中、11:00出発の場合はホエールウオッチング後にフィッツロイ島で2時間過ごすことができる。なおクジラが見られなかった場合は、翌日以降のホエールウオッチングクルーズに無料で参加できる。

フライト後に記念撮影

■フライシーイーグル
☎0448-531-704（日本語）
URL www.seaeagleadventures.com/ja/
●45分フライト：1人 $249
●送迎
料 ケアンズ＆ノーザンビーチ無料

■ノーチラスアビエーション
☎(07)4034-9000
URL www.nautilusaviation.com.au
料 30分 G.B.R.シーニック $399／45分リーフ＆レインフォレスト $499／60分リーフ＆レインフォレスト $699
※各ツアーとも1人 $80（最少催行2人から）の追加でサンドケイへのランディング体験もできる。サンドケイ上ではスパークリングワインでの乾杯付き。とてもお得なオプションだ。
●送迎
料 ケアンズ＆ノーザンビーチ無料

ヘリから見るアウターリーフの壮大さには驚かされる

■ケアンズ・ホエールウオッチング（エクスペリエンス・コ）
☎(07)4030-7910
URL www.cairnswhalewatching.com.au
●ホエールウオッチングクルーズ
時 期間中ケアンズ発着9:00〜14:50 もしくは11:00〜16:50
料 大人 $99 子供 $79 家族 $277

熱帯雨林ツアー

■キュランダ・シーニック
レールウェイ
🏠 P.O.Box 930 (Cairns
Railway Station, Bunda
St.), QLD 4870
📞 (07)4231-9045
🆓 1800-577-245
🌐 www.ksr.com.au
🕐 ケアンズ→キュランダ：ケ
アンズ発 8:30、9:30・フ
レッシュウオーター発 8:55、
9:55／キュランダ着 10:25、
11:25／キュランダ→ケア
ンズ：キュランダ発 14:00、
15:30・フレッシュウオーター
発 15:32、17:02・ケアンズ
着 15:55、17:25
🎫 片 道 大人 $50 子供 $25
家族 $125 ／ 往 復 大人 $76
子供 $38 家族 $190
※片道スカイレール＋片
道キュランダ・シーニック
レールウェイの料金はスカ
イレールの欄外データ参照
（→ P.236）。

ストーニークリークに架かる橋を渡る

熱帯雨林の森を駆け抜ける歴史的鉄道
キュランダ・シーニックレールウェイ
Kuranda Scenic Railway

ケアンズ～キュランダを車窓の景色を楽しみながら移動するキュランダ・シーニックレールウェイは、ケアンズの観光シーンをリードしてきたアトラクション。エンジと白に塗り分けられた19世紀後半の木造車両内はレトロな風情をもち、牽引するディーゼル機関車の車体には、熱帯雨林にすむカーペットスネーク（ニシキヘビの仲間）をモチーフにした先住民の絵が描かれている（一帯の土地の特徴ある場所は、このカーペットスネークの身からできたと信じられている）。客車内には小型モニターが取り付けられており、運行中見どころが近づくとモニターにその景観が映し出され、音声案内が流れるなどのサービスもある。

先頭車両にはカーペットスネークが描かれている

キュランダ鉄道の歴史

　鉄道開業までの歴史は、クイーンズランド州に敷かれた鉄道のなかで最も難工事だったといわれている。1886年にアサートンテーブルランドへの物資輸送手段として工事が始まったが、急勾配の続く斜面、熱帯雨林の森、切り立った崖、そして敵意を示す先住民など、多くの難題を抱えていた。わずか74kmの線路敷設に5年もの歳月をかけ、29名の人命まで失った。しかし、この鉄道の完成により、雨季でも山中の鉱山へ食料物資が滞ることなく届けられるようになり、結果、ケアンズの繁栄にも大きく寄与することとなったのだ。

キュランダ・シーニックレールウェイのポイント

　現在この列車が走るのはケアンズ～キュランダ間の約34km。1時間45分の鉄道旅行の車窓には、熱帯雨林の山の斜面に開けた景色のよい場所が次々と現れる。代表的な見どころを紹介しよう。

ツアー利用の場合はフレッシュウオーター駅が乗車駅となる

●フレッシュウオーター駅 Freshwater Station

　ケアンズを出た列車が最初に停車するのがこの駅。開拓当時の雰囲気を残す駅で、駅舎内にはキュランダ・シーニックレールウェイの博物館や古い客車を利用したカフェなどもある。送迎サービスを利用すればケアンズ駅ではなく、この駅から列車に乗

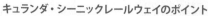

個人でキュランダ・シーニックレールウェイに乗るならケアンズ8:30発がおすすめ。大部分のツアーが9:30発を利用。8:30発なら空いていてけっこういい席が取れます。(新潟県　永井健司)['23]

り込むことも可能。なおキュランダ観光ツアー（→ P.237）に参加する場合は、この駅から列車に乗り込む。

●ホースシューベンド
Horse Shoe Bend

ケアンズの住宅街で鉄道建設時の工事監督の名前に由来するレッドリンチ Red Rinch、第2次世界大戦当時南半球最大といわれる巨大野戦病院があったジュンガラ Jungara を抜けると、最初の写真スポット、ホースシューベンド！線路はここで大きくカーブを切る。見晴らしもよく、広々としたサトウキビ畑やウィットフィールド山 Mt. Whitfield も望める。

●ストーニークリーク峡谷

峡谷にかかる大きく弧を描くストーニークリーク橋を渡るときは、橋のすぐ脇に 45m もの落差をもつストーニークリークフォール Stoney Creek Falls が見える。ルート内でいちばん人気の写真撮影ポイントだ。

●バロンフォールズ駅 Barron Falls Station

キュランダ鉄道最大の難所（平均勾配 45℃だったセクション 2）の工事責任者だったジョン・ロブの功績をたたえた線路脇の石碑ロブズモニュメント Robb's Monument を通り過ぎると、まもなくバロンフォールズ駅。ここで列車は小停止となり、プラットホームや展望台から迫力あるバロンフォールズの瀑布を見ることができる。

バロンフォールズ駅を出ると、目的地キュランダ駅までは 5 分ほどの道のりだ。

左：馬蹄のように大きく湾曲したホースシューベンドでは列車の写真が撮りやすい
上：レトロな雰囲気の客車

■優雅な鉄道の旅が楽しめるゴールドクラス

キュランダ・シーニックレールウェイを1ランクアップして楽しめるのがゴールドクラス。各種ドリンク（スパークリングワインやビール、ソフトドリンクなど）や軽食のサービスが受けられ、乗車記念にピンバッジやレターセットなどももらえる。
片　道 大人 $99 子供 $74 家族 $321 ／ 往　復 大人 $174 子供 $136 家族 $582

ゆったりとしたゴールドクラス。サービスもいい

キュランダ・シーニックレールウェイ＆スカイレール

スカイレール
Skyrail

バロン川を渡るスカイレール

スカイレールはスミスフィールド Smithfield の外れにある**カラボニカ駅**とキュランダを結ぶケーブルウェイ。世界自然遺産に登録された熱帯雨林の上を総距離 7.5km にわたって運行している。乗車前にスマホにアプリをダウンロードしておけば、途中のスカイレールから見える熱帯雨林の解説を日本語で聞くことができる。ぜひ利用したい。

途中ふたつの駅がある。カラボニカ駅からゆっくり山を登って、熱帯ユーカリ林が世界遺産の熱帯雨林地帯へとかわったあとにたどり着くのが**レッドピーク駅** Red Peak Station。ここでかならずゴンドラの乗り換えを行うことになる。ここでは駅の周りに熱帯雨林散歩用ボードウオークがあり、定期的にレンジャーによるガイドツアーが行われている。個人でも 10 分ほどで見学できるので、ゆっくり森を見て回ろう。

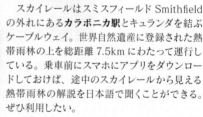

熱帯雨林散策が楽しめるレッドピーク駅脇のボードウオーク

スカイレールのハイライトとも呼べるのが、レッドピーク駅からの区間だ。静かで安定感のあるゴンドラに乗り、鳥のさえずりや森の香りを感じながら見下ろしてみよう。樹冠の高い所に大きな鳥の巣のように茂るシダ植物の眺めや、森の上を飛び回る色鮮やかな鳥の姿は、オーストラリアがまだゴンドワナ大陸だった原始世界を思い起こさせる貴重な体験だ。そして到着するのが**バロンフォールズ駅** Barron Falls Station。そのままゴンドラに乗っていることもできるが、ここでは絶対に下車したい。この駅から歩いて 5 分ほどの所には、バロンフォールズ脇に突き出した**バロンフォールズ展望デッキ**が設けられている。雨季には豪快に水しぶきを上げるバロンフォールズの様子が見られるし、乾季でも壮大な渓谷の様子が眺められる。また駅の反対側には熱帯雨林情報センターがあり、対話式ディスプレイを使って熱帯雨林の動植物について学べる。

バロンフォールズ展望デッキへは、スカイレール途中下車で必ず訪れたい

バロンフォールズ駅を出ると、キュランダまでは 10 分ほど。全行程は、途中駅での停止時間も含めて片道 90 〜 100 分だ。

またスカイレールでは、床が強化ガラス張りになった**ダイヤモンドビューゴンドラ** Diamond View Gondola を 10 台に 1 台の割合で運行。追加料金を払えば乗れるので、さらにすばらしい景色を堪能したい人はぜひ!

真下に熱帯雨林が見られるダイヤモンドビューゴンドラ

■**スカイレール**
🏠 6 Skyrail Drv., Smithfield, QLD 4878
📞 (07)4038-5555
URL www.skyrail.com.au
🕐 カラボニカ駅発 8:30 〜 13:15、キュランダ駅発 8:30 〜 15:30(時期により多少異なる)
🎫 片 道:大人 $62 子供 $31 家族 $155 / 往 復:大人 $93 子供 $46.50 家族 $232.50 /往復ケアンズ市中送迎付き:大人 $117 子供 $70.50 家族 $304.50 /片道スカイレール+片道キュランダ・シーニックレールウェイ:大人 $122 子供 $66 家族 $310 /ケアンズ市中送迎付き片道スカイレール+片道キュランダ・シーニックレールウェイ:大人 $124 子供 $68 家族 $316
※ダイヤモンドビューゴンドラ片道追加料金 大人 $28 子供 $14

キュランダの魅力を１日で体験　■日本語ツアー

どきどきツアー＆ジェイさんツアー
キュランダ１日観光

Doki Doki Tours & MIghty Aussie Adventures / Kuranda Full Day Tour

上：アーミーダックは日本語ガイド付き
左：人気のキュランダ・シーニックレールウェイにも乗れる

レインフォレステーションではコアラを抱いて記念写真も撮れる

　キュランダへのアクセスに、片道スカイレール＋片道キュランダ・シーニックレールウェイを利用し、さらにキュランダ散策と人気テーマパークのレインフォレステーション・ネイチャーパーク（→ P.211）をセットした日本語ガイド付きツアーが人気だ（レインフォレステーション・ネイチャーパークなしのフリーコースツアーもある）。数社がツアーを行っているが、内容はほぼ同じ。一般的な内容を紹介しよう。なおスカイレールとキュランダ・シーニックレールウェイは逆になる場合もある。

スカイレールに乗ってキュランダを目指す

　キュランダへは、まずスカイレールを利用。乗り換え駅のレッドピーク駅では、ボードウオークを歩きながらの 10 ～ 15 分ほどの熱帯雨林解説もある。
　キュランダ到着後は、レインフォレステーション・ネイチャーパークへ移動し水陸両用車アーミーダック乗車。個人での観光の場合、アーミーダックの解説は英語しかないが、ツアーでなら日本語でいろいろな解説が聞けるのでおもしろさも倍増。ここでは自由時間があるので、コアラと一緒に記念撮影したり、ツアーに含まれるアトラクションを楽しんだりしよう。ワイルドライフパークとパマギリ・アボリジナルエクスペリエンス（ダンス鑑賞もしくは文化体験のいずれか）観光のどちらか一方の見学となる場合が多い。一部ツアーでは選択可能だ。

マーケット散策を楽しんだらケアンズへ

　レインフォレステーション・ネイチャーパーク観光後はランチタイム。どきどきキュランダ１日観光デラックスの場合、昼食はキュランダホテルでオージーバーガーもしくはバラマンディのフィッシュ＆チップスのいずれか選択となる。昼食なしのツアーの場合は、キュランダでの自由ランチだ。ランチ後は、キュランダの自由散策だ。たいていのツアーでは、特製のキュランダ日本語マップがもらえるので、それを片手に散策するといい。

食事なしのツアーを選んだら名物ジャーマンドッグ屋さんに行ってみよう

　キュランダ駅に集合したら、帰路はキュランダ・シーニックレールウェイだ。車内では、ガイドが車窓からの見どころや写真撮影ポイントを教えてくれるので、英語の車内放送を一生懸命聞き取る必要もない。

■ **どきどきキュランダ１日観光デラックス**
催行：Doki Doki Tours
☎(07)4031-4141
URL dokidokitours.com
🕐 毎日 9:00 ～ 17:30
🎫 デラックスコース（昼食付き）：大人$280 子供$175
※ケアンズ発着のみ

■ **ジェイさんの選べるキュランダ観光**
催行：Mighty Aussie Adventures
☎(07)4041-2583
FREE 1800-444-154
URL www.mightyaussie.com
🕐 毎日 8:35 ～ 17:30
🎫 選べるフリーコース：大人$185　子供$135　家族$565
※レインフォレステーションでの参加アクティビティ、ランチ、キュランダ・ワイルドライフ・エクスペリエンス各施設入場がオプションで用意されている（料金は要確認）
※子供料金は 14 歳まで
※ケアンズ発着のみ

どきどきツアーのガイドさん

　アーミーダック乗車中に幸せのチョウ、ユリシスを見ることができました。（千葉県　リョウコ）['23]

237

■どきどき夜行性動物探検
ツアー
催行：Doki Doki Tours
📞(07)4031-4141
URL dokidokitours.com
🕐毎日 14:00 〜 21:30
💰大人 $190 子供 $120
👪$500
※ケアンズ発着のみ

■ジェイさんの大自然動物
探検ツアー
催行：Mighty Aussie
Adventures
📞(07)4041-2583
FAX 1800-444-154
URL www.mightyaussie.com
🕐毎日 13:15 〜 21:30（オ
フピークは催行日要確認）
💰大人 $190 子供 $130
👪$550
※子供料金は 14 歳まで
※ケアンズ発着のみ

どきどきツアー＆ジェイさんツアー
夜行性動物探検ツアー
Doki Doki Tours & MIghty Aussie Adventures & True Blue Tours / Wild Animal Watching Tour

　熱帯雨林へ向かうケアンズの日本語ツアーのなかで、一番人気があるのがこれ。熱帯雨林と高原地帯という独特な自然を残すアサートンテーブルランドを巡り、野生動物に出合い、そしてときには触れ合う。大人、子供とも大満足のツアーだ。数社がツアーを催行している。

どきどき夜行性動物探検ツアー
ジェイさんの大自然動物探検ツアー

　日本語ガイド付き夜行性動物探検ツアーで、特にポピュラーなのが「どきどき」「ジェイさん」両ツアー。ツアールートは両社とも似通っている。基本的なツアーの内容を下記に紹介しよう。

熱帯雨林と乾燥地帯が同居するアサートンテーブルランド

巨大蟻塚で記念写真

　ケアンズ出発後、最初の目的地キュランダへ向かう。山道にさしかかると周囲は熱帯雨林となる。森の中に、日本では目にすることの少ない木生シダや数種類の着生シダなどが見える。キュランダを抜けると熱帯雨林は消え、代わってユーカリ林が現れ、木々の合間には巨大な蟻塚（シロアリの一種ターマイト、和名テングシロアリが造ったものなのでターマイトマウンズ Termite Mounds と呼ばれる）が見えてくる。高さ2m 近い蟻塚に立ち寄り、中にすむシロアリや蟻塚の中の様子をガイドが詳しく説明してくれる。また先住民が薬として用いたという例にならい、シロアリの試食にも挑戦。

愛らしい野生動物に出合う

野生のカンガルーが見られる
こともある

　次に向かうのがマリーバ。「ジェイさん」ツアーが向かうのはゴルフ場だ。ここのゴルフ場には野生のグレーカンガルーがすみついており、簡

どきどき夜行性動物探検ツアー ルート図

希少動物のマリーバロックワラビーへの餌づけが楽しめることで評判

✉ ロックワラビーへの餌づけは本当に楽しい。運良くお腹のポケットから顔を出す子供も見ることができました（長野県　サキ）['23]

迫力満点のカーテンフィグツリー

希少動物カモノハシを間近で見られるチャンス大

運がよければエリマキトカゲをスタッフがつかまえて見せてくれることもある

ボリューム満点のBBQディナーだ

スタッフが料理してくれるオージーBBQは美味

単にカンガルーを見つけることができる。一方「どきどき」ツアーはマリーバ近郊の草原でのカンガルー探しとなる。

さらに、10分ほど車を走らせて溶岩台地の渓谷グラニットゴージ・ネイチャーパーク（→ P.194）へ。希少種マリーバロッククワラビーへの餌づけが楽しめるポイントだ。ここで簡単な休憩タイムがあり、その際、レインボーロリキートやレッドウイングパロットなどのインコ・オウム類やアオジタトカゲ、ウオータードラゴンなどの爬虫類との触れ合いもある。

その後、湿地帯でシロハラウミワシやオーストラリアツルなどを探しながらこの地域屈指の見どころで、オーストラリア最大級の絞め殺しのイチジクであるカーテンフィグツリーを見学。絞め殺された大木が隣の木にもたれかかるように倒れ、さらにこのイチジクは次の木まで絞め殺し始めている。自然が造り上げた一種異様なオブジェだ。なおカーテンフィグツリー周辺は珍獣キノボリカンガルーの生息地。運がよければ見かけることがあるほどだ。

珍獣カモノハシウオッチングと熱帯雨林散策

夕暮れ時は、河畔での野生のカモノハシウオッチング。カモノハシは、哺乳類の一種だが、排泄孔と生殖孔が同じで（それゆえ単孔類と呼ばれる）、子は卵で産み、孵ると腹部の腺から出る乳で育てるという変わり種。30分ほど土手の上から川面にカモノハシが現れるのを待つ。音に敏感で、しかも視力がよいので静かに、あまり動かずに探すのが鉄則。見つけるのが難しいとされるカモノハシだが、これらのツアーならひじょうに高確率で見られる。

日が暮れたら特設のキャンプサイトでBBQディナー。食事の用意を始めると、ポッサムやバンディクート、パディメロンなど小型有袋類が姿を現すこともある。その後は懐中電灯片手に熱帯雨林散策。夜の熱帯雨林散策では、ポッサム、バンディクートはもちろん、また乾季以外は、森の中を漂うように飛ぶホタルも見られる。晴れた日には熱帯雨林散策後に南半球の星空観察も楽しめる。

ディナー会場に現れるポッサム

ジェイさんツアーのオーナーガイド、ジェイさん

 カモノハシ探しのときは、とにかくあまり音を立てずに。うるさいとすぐに逃げてしまいます。
（石川県　カメラM7）['23]

ウエイトアホワイル・レインフォレストツアー
熱帯雨林と夜行性動物探検
Wait-A-While Rainforest Tours / Rainforest & Nocturnal Wildlife Spotlighting Tours

■ウエイトアホワイル・レインフォレストツアー
☎0429-083-338
URL www.waitawhile.com.au
🕐毎日 13:30 ～ 21:30
料 大人 $220　子供 $200
家族 $750
※ケアンズ発着のみ

幻想的な夜のカーテンフィグツリー

カモノハシを見るチャンス大

キノボリカンガルーが現れることも

　定員 11 名の少人数催行英語ガイドのツアー。おもにアサートンテーブルランド中部を訪れ、熱帯雨林の素晴らしさを知り、夜行性動物探検を行う。ツアーはケアンズの南ゴードンベールからつづら折りのギリス・ハイウェイを通りアサートンテーブルランドへと入っていく。まず最初に訪れるのは巨大絞め殺しイチジクのひとつ、カテドラルフィグツリー（→ P.195）だ。森の中、突如現れる巨大な絞め殺しのイチジクに圧倒されるほど。その後バリン湖とその周囲に広がるクレーター国立公園の熱帯雨林散策。さまざまな水鳥はもちろん、ハリモグラやオオコウモリなどを目にすることも多い。

　夕暮れ時にはヤンガブラ周辺の特別スポットでカモノハシ探しを行う。約 90％の確率で見られるほどだ。夕食後は、幻想的な夜のカーテンフィグツリーを訪れ、その周囲の森でトーチを照らしながら夜行性動物探し。ほぼ確実にポッサムやバンディクートが現れ、珍しいリングテイルポッサムやフクロムササビが顔を見せることもある。さらに運がいいと希少種カオグロキノボリカンガルーも姿を現すことがある。

ケアンズ近郊で野生動物探検と南半球の星空を見る　**日本語ツアー**

どきどきツアーズ
満天の星空とワイルドアニマル探索ツアー
Doki Doki Tours / Southern Nightsky & Wild Animal

■どきどきツアーズ
☎(07)4031-4141
URL dokidokitours.com
●満天の星空とワイルドアニマル探索ツアー
🕐毎日 19:30 ～ 22:00
料 大人 $69　子供 $49
※ケアンズ発着のみ

詳しい説明を聞きながら星空ウオッチングを楽しむ

スナイロワラビーの群れを観察

　夕食後に参加できるケアンズならではのツアーがこれ。まず向かうのが住宅街のすぐ近く、スナイロワラビーが集まる広場。愛らしいスナイロワラビーが人と一定の距離を保ちながら餌を食べる生き生きした姿が見られるのだ。ケアンズの人々の生活の場と野生動物の生息地域が思いのほか近いことに驚かされる。動物探索を終えたらケアンズの南、ゴードンベール郊外にあるサトウキビ畑の近くで星空観察。大きく開けた夜空に天の川や南十字星、さらに季節ならではの星を眺める。もちろん日本語ガイドは星に詳しいので、星にまつわるユニークな話も教えてもらえる。

✉ 星空観察で天の川と南十字星を見るのなら 5 ～ 8 月頃がベスト。9 月半ばからは夜遅くならないと南十字星は空に上がってきません。（石川県　カメラ M7）['23]

宮崎アニメファンに人気のパロネラパークへ ■日本語ツアー

トゥルーブルーツアーズ
半日パロネラパークツアー
True Blue Tours / Half Day Paronella Park Tour

じっくりとパロネラパークを見学

ケアンズから120kmほど離れており個人観光しにくいパロネラパークを短時間で観光できるのがこのツアー。早朝出発で開園してすぐのパロネラパークに入園。到着後は、日本語ガイドの案内でまずは

じっくりと園内散策。ホゼ・パロネラがどのような思いをもってこの庭園と城を築いたのか、またアイコニックな軽食堂跡はもちろん、カウリパインの並木や末広がりの階段など詳しい解説を聞きながらだと理解も深まる。ひととおり見学を終えた後は自由散策時間が設けられているので、気に入った場所でゆっくり写真撮影などして過ごそう。昼前にパロネラパーク内のカフェでランチを食べてケアンズへ戻るという内容だ。

■トゥルーブルーツアーズ
📞 0434-727-755
URL www.truebluetours.com
●半日パロネラパークツアー
🕐毎日 8:00 ～ 14:40
料大人 $200 子供 $165
●送迎
　ケアンズ送迎無料／それ以外は要問い合わせ

ミーナクリークの滝も見逃せない

夜の幻想的なパロネラパークを訪ねる ■日本語ツアー

ジェイさんツアー
夜のパロネラパークツアー
Mighty Aussie Adventures / Night-time Paronella Park

熱帯雨林の庭をもつパロネラパークは、夜間訪れるとまた別の顔を見せてくれる。そんな夜の景観を楽しむ日本語ツアーをジェイさんツアー（Mighty Aussie Adventures）が催行している。パロネラパーク到着時間が早めなので、明るい時間のパロネラパークも見学でき、夜のライトアップ時との比較ができるのもうれしい。夜間、園内を日本語ガイドとともに懐中電灯片手に散策しながら、詳しい熱帯植物の説明やパロネラパークの解説を聞く。散策のクライマックスは、美しくライトアップされるメインの城跡（軽食堂跡とその前の広場）観賞だ。ケアンズからの夜間ツアーということもあり、イニスフェイルにある老舗イタリアンレストラン、ロスコーズ（→ P.197）で美味なディナーも味わえる（金・土曜はイタリアンビュッフェ、それ以外の日はピザとサラダとなる）。

■ジェイさんツアー
📞 (07)4041-2583
FREE 1800-444-154
URL www.mightyaussie.com
●ナイトパロネラ
🕐 月～水金～日 15:10 ～ 22:00
料大人 $249 子供 $219
※子供料金は 14 歳まで
※ケアンズ発着のみ
※最少催行人数あり

夜のパロネラパークは神秘的だ

明るい時間帯に園内見学もできる

■ジェイさんツアー
📞(07)4041-2583
FREE1800-444-154
URL www.mightyaussie.com
●アサートンテーブルランドと
ライトアップパロネラパーク
🕐毎日13:10～22:00
料大$279 子供$219
※子供料金は14歳まで
※ケアンズ発着のみ
※最少催行人数あり

ジェイさんツアー
アサートンテーブルランドとライトアップパロネラパーク
Mighty Aussie Adventures/ Atherton Tableland & Light-up Paronella Park

景勝地ミラミラ滝も訪れる

　アサートンテーブルランドの見どころと、夜にライトアップされるパロネラパークを1日で楽しんでしまおうというツアー。

　アサートンテーブルランドでは、まず人気のグラニットゴージ・ネイチャーパークでのロックワラビーの餌づけを楽しむ。その後、アサートンテーブルランド随一の見どころカーテンフィグツリーの見学、そして熱帯雨林の美しいミラミラ滝を訪れる。ミラミラ滝はカンタス航空のCM撮影にも使われたほどの場所で、マイナスイオンもたっぷり。簡単な熱帯雨林ウオークも楽しめる。

　その後パロネラパークへ移動して、幻想的なパロネラパークのライトアップ見学。帰路にイニスフェイルの人気イタリアン、ロスコーズ（→P.197欄外）で夕食を食べるという内容だ。

■トゥルーブルーツアーズ
📞0434-727-755
URL www.truebluetours.com
●アサートン高原テーブルラ
ンドツアー
🕐毎日8:15～17:15
料大$175 子供$105
家族$485
●送迎
　ケアンズ送迎無料/パーム
コーブ送迎大$20 子供無
料 家族$40

トゥルーブルーツアーズ
アサートン高原テーブルランドツアー
True Blue Tours / Atherton Tableland Tour

バリン湖畔で見られるジャイアントカウリパイン

　熱帯雨林散策、野生動物探しとオーストラリアならではの牧場体験、名産品の試食・試飲を組み合わせたユニークなアサートンテーブルランド・ツアー。

　まず向かうのがアサートンテーブルランド南部のバリン湖。ここからショートウオークで樹齢1100年というジャイアントカウリパインを見に行く。まるで夫婦のように寄り添う巨木に圧倒されたら、ティーハウスに立ち寄り名物デボンシャーティーの時間だ。次にアサートンテーブルランド随一の見どころといわれる巨大絞め殺しのイチジク、カーテンフィグツリーの見学。

　ランチタイムはガロ・デイリーランドへ。チーズのテイスティングやチーズと地元の野菜、肉を使った美味なランチを味わう。もちろんおみやげにチーズや手作りチョコを買う時間もたっぷり。さらに地元のピーナッツショップで、いろんな味のピーナッツやマカデミアナッツの試食を楽しみ、グラニットゴージでは愛らしいロックワラビーの餌づけも満喫できる。ツアー後半はアサートンテーブルランド北の中心地マリーバへ。デ・ブルーイーズ・ブティックワインに立ち寄って、10種類のワインテイスティングができるのだ。

　とにかく内容盛りだくさんでおなかもいっぱいになれるツアーだ。

ロックワラビーの餌づけも楽しめる

ガロ・デイリーランドでいろんなチーズを試してみよう

オーナーガイドのシェーンさん

1日かけてアサートンテーブルランド周遊

ノーザンエクスペリエンス・エコツアー

熱帯雨林、滝とパロネラパーク

Northern Experience Eco Tours / Rainforest, Waterfalls and Paronella Park Tour

バリン湖のティーハウスで
デボンシャーティー

　アサートンテーブルランド中南部を巡り、日中のパロネラパークも楽しむというツアー。まず最初に向かうのはクレーター国立公園にあるバリン湖。ショートウオークで「夫婦の木」ともいわれる樹齢1100年のジャイアントカウリパインの2本の木を見、ティーハウスでデボンシャーティーを楽しみながらバリン湖の景色を満喫。次に訪れるのはカーテンフィグツリー。周囲の森で、日中でもときおり顔を見せることがあるというキノボリカンガルー探しも楽しい。さらに南下して、テーブルランドで一番フォトジェニックといわれるミラミラ滝で水遊びタイム。ランチ後にパロネラパークを訪れ、ガイドと一緒に園内の見どころを巡る。ケアンズへの帰路途中、バナナファームでの試食やバビンダ・ボールダーズ（→ P.197）での休憩がある。

■ノーザンエクスペリエンス・エコツアー
📞(07)4058-0268
URL www.northernexperience.com.au
●熱帯雨林、滝とパロネラパーク
時 毎日 7:00 ～ 18:00
料 大人 $195　子供 $145
家族 $645
●送迎
ケアンズ送迎無料／パームコーブ送迎1人 $30

太古の洞窟でオーストラリアの自然史に触れる

ビリーティーサファリ

チラゴー洞窟とアウトバックサファリ

Billy Tea Safaris / 1 Day Chillagoe & Outback

　アサートンテーブルランドの西側は乾燥したオーストラリア内陸部の風景アウトバックが広がる。その一角、ケアンズから220kmほどの場所にあるのがチラゴー—ムンガナ洞窟国立公園 Chillagoe-Mungana Caves NP。今から4億年ほど前、珊瑚礁のある浅い海（グレートバリアリーフ形成以前の海）だった場所が地殻変動で隆起、褶曲し、風化によってカルスト地形となった場所。その後の地下水位の変動や雨水による浸食により、この一帯にいくつもの鍾乳洞が形成されたものだ。ツアーで目指すのは、オーストラリア大陸の太古の歴史を記すこの洞窟だ。

　内陸部は乾燥した未舗装道路が多く、ツアーは大型4WDバスを利用。乗り込むだけでアドベンチャー気分が盛り上がる。まず最初に立ち寄るのが、アサートンテーブルランドのスカイブリュー・コーヒープランテーション。ここでモーニングコーヒーを楽しんで、いよいよアウトバック探検だ。チラゴー—ムンガナ洞窟国立公園では、国立公園のレンジャーガイドの案内で鍾乳洞見学。美しい鍾乳石や石筍、岩に残る珊瑚の化石など、自然の時の流れを感じるはず。その後は植民地時代のローカルな雰囲気が残るチラゴーホテルのパブでオージーランチ。午後はカルスト地形が造り出したバランシングロック見学や、先住民ガイドの案内で岩肌に描かれたロックアート見学と創世記の伝説を聞く。ケアンズへの帰路、グラニットゴージ・ネイチャーパークに立ち寄りロックワラビーの餌づけも楽しめる。

■ビリーティーサファリ
📞(07)4032-0077
URL www.billytea.com.au
●チラゴー洞窟とアウトバックサファリ
時 毎日 6:30 ～ 18:00
料 大人 $195　子供 $125
家族 $600
●送迎
ケアンズ送迎無料／パームコーブ＆ノーザンビーチ送迎要問い合わせ

オーストラリア北部を代表する鍾乳洞だ

■アクティブトロピック・エ
クスプローラー
📞(07)4031-3460
📠1800-801-540
🔗www.capetribulation
adventures.com.au
●ケープトリビュレーション
日帰りツアー
🕐毎日7:00～19:00
💴大人$205　子供$185
家族$720／バジェットオプ
ション大人$179　子供$159
●送迎
ケアンズ＆ノーザンビー
チ、ポートダグラス送迎無料

モスマン渓谷もケープトリビュレーションも満喫

アクティブトロピック・エクスプローラー

ケープトリビュレーション日帰りツアー

Active Tropics Explorer / Cape Tribulation Day Tour

ケアンズ発着でケープトリビュレーションまで日帰りで観光するツアー。ノーザンビーチやポートダグラスがツアールート上にあるので、ケアンズ以北滞在者には送迎無料なのもうれしい。ツアーではまずモスマン渓谷を訪れる。モスマンゴージセンターでククヤランジ族の歓迎スモークセレモニーを受け、その後モスマン渓谷のガイドウオーク（少し時間があるので夏季はモスマン川で泳ぐことも可能）。

モスマン渓谷後は、ディンツリー川をケーブルフェリーで渡り、いよいよケープトリビュレーション地区へ。熱帯雨林内でピクニックランチを楽しみ、マージア・ボタニカルウオークを歩きながら熱帯雨林とマングローブ林の素晴らしさを知る。その後熱帯雨林と珊瑚礁が出合うケープトリビュレーションのビーチを散策。午後は有名なディンツリー・アイスクリームショップで季節のフルーツアイスを食べ（有料）、最後のハイライトのディンツリーリバークルーズへ。クルーズではほぼ確実にイリエワニの姿を目撃することができる。なおリバークルーズが付かないバジェットオプションも用意されている。

夏季なら水遊びもできるモスマン渓谷

スモークセレモニーのあとは先住民スタッフと記念撮影

マングローブと熱帯林が茂るマージア・ボタニカルウオーク

Column　ポートダグラス滞在なら体験したいモスマンの先住民ツアー

ウオークアバウト・カルチュラルエクスペリエンス

先住民文化に触れられる貴重なツアーだ

モスマン地区に住む先住民ククヤランジ族がガイドする、モスマン近郊のビーチとモスマン渓谷を巡るツアー。熱帯雨林の説明はもちろん、ビーチ沿いのマングローブ林ではマッドクラブ探しを行ったり、イリエワニを見学に出かけたり。もちろん創世記ドリームタイムの神話とそれにまつわる場所の説明など内容も豊富だ。ケアンズからは送迎サービスがないがポートダグラス送迎を行っているので、ポートダグラス滞在者なら気軽に参加可能だ。

DATA
ウオークアバウト・カルチュラルエクスペリエンス
Walkabout Cultural Experience
📞0429-478-206
🔗walkaboutadventures.com.au
🕐1日ツアー8:00～17:00／半日ツアー8:00～13:00、12:30～17:30
※催行日は要確認
💴1日ツアー1人$245／半日ツアー1人$180

大空の上で優雅に夜明けを迎える ■日本語ツアー

ホットエアー・ケアンズ＆ケアンズ・ホットエアーバルーン

熱気球ツアー

Hot Air Cairns & Cairns Hot Air Balloon / Balloon Flight Tour

左：夜明け前のまだ気温が上がる前の時間、バーナーで熱風を送り込んで気球を膨らませる
下：アサートンテーブルランドを眼下に熱気球は風まかせに進む

オーストラリアは観光用熱気球フライトがひじょうに盛んだ。しかも日本で観光客が乗れる熱気球と違い、1ヵ所に係留されておらず、風にまかせてフワリフワリと移動するのだ。ケアンズでは現在、**ホットエアー・ケアンズ** Hot Air Cairns が、世界最大級の観光熱気球を使ってのツアーを催行している。

気流が安定している
アサートンテーブルランドでフライト

下をよくみ見ているとカンガルーの群れを発見することも

熱気球は気流が安定していないと飛ぶことができない。そのためまだ夜が明け切らない早朝、海風の影響を受けにくい高原地帯アサートンテーブルランド（マリーバ郊外）でツアーは催行される。凛とした空気のなかで大きく膨らんだ熱気球を見ながら、取り付けられた大型バスケットに乗り込む。ケアンズ近郊の観光用熱気球に取り付けられたバスケットの大きさは世界最大級。もちろんそれを運ぶ気球自体も世界最大級だ。

パイロットが操作するバーナーの音以外は本当に静かな朝。ゆっくりと上昇していくと、大分水嶺の向こうから日が差し始める。朝日が眼下の高原地帯を照らす。運がよければ草原を跳ぶカンガルーの群れも見ることができる。さらに空中では記念撮影もあり、あとで購入することもできる。なお上空は夏でも冷えるので、必ず上着を用意すること。約60分のフライトが終わると、乗客全員参加での気球のあと片づけ（バルーンパッキング）。たたんだ気球をケースに押し込むのが何とも楽しい。これもいい経験だ。最後は参加者全員でスパークリングワインで乾杯！（スナック付き）これは世界で初めて熱気球飛行が成功したときからの習慣だ。

GBR クルーズやキュランダ観光にも間に合うスケジュール

熱気球ツアー終了後にも、そのままリーフフリートターミナルへ送ってもらえば 10:30 出航のグリーン島クルーズやアウターリーフクルーズに間に合う。またキュランダで下ろしてもらって観光後に自分でスカイレールやキュランダ・シーニックレールウェイを手配してケアンズに戻る方法もある。

■熱気球ツアー
年齢制限：5歳以上
●ホットエアー・ケアンズ
☎(07)4039-9900
URL www.hot-air.jp
🕐 毎日 4:00 ～ 9:30
💲 60 分フライト1人 $440
※ケアンズ＆ノーザンビーチ＆ケアンズ空港送迎付き
※フライトによっては日本へ帰国するケアンズ最終日に熱気球ツアーに参加することも可能。2023年7月現在、ヴァージン・オーストラリア航空の羽田便、ジェットスターの関空便利用者は、参加が認められている。フライト発着時間の変更などにより日本帰国日の参加の可否が変わる可能性があるので、予定している人は必ず予約時に確認しよう。

参加者みんなで力を合わせてバルーンパッキング。これが楽しい！

熱気球は出発が朝早くてつらいのですが、空からの眺めで一気に気持ちが晴れやかになります。大空の上から見る日の出、野を走るカンガルー……最高の体験でした。（大阪府　清水亜希子）['23]

245

リバーガイドと一緒に激流に挑む 　日本語ツアー

レージングサンダー

タリー川＆バロン川ラフティング

Raging Thunder / Tully River & Barron River Rafting

力を合わせて激流に挑む

ラフティングとは、ゴムボートで急流を下るアクティビティ。ケアンズではレージングサンダーが日本人リバーガイド付きでツアーを催行している（場合によっては日本人リバーガイドが付かない場合もある。その場合は日本語の詳細な説明書が渡されるので心配ない）。

世界的に知られるタリー川1日ラフティング

1日ラフティングで訪れるのは、ケアンズの南（車で約2時間）のタリー川だ。一帯は世界自然遺産の一角タリーゴージ国立公園 Tully Gorge NP で、上流にはダムがあり、1年を通じて水量をコントロールしている。そのためいつもほぼ同じコンディションで、ラフティングが楽しめる。約5時間、全長13kmのラフティングで44もの激流ポイントがあり、1〜6で表される急流のグレードも、ラフティング初心者が参加できる最高の4。迫力満点だ。

1艇に7人で乗り込むラフティングを楽しむポイントは、チームワーク。両社とも客層に合ったチーム分けをしてくれるので、激流を乗り越えたときの興奮もひとしお。しかも日本人リバーガイドがいるので言葉の心配もなし。

なおタリー川のラフティング出発地点まではケアンズから約2時間。到着後はすぐに出発準備に取りかかるので、ホテルを出るときには水着を着用しておいたほうがいい。靴も簡単に脱げないスニーカーのようなひも靴がベストだ。また帰路はぬれたままでいると風邪をひくので必ず着替えも持参しよう。

早瀬を通過したあとはみんな笑顔だ

半日で楽しむバロン川ラフティング

短期間の旅程の場合、1日にいくつかのツアーやアクティビティをこなしたくなるものだ。そんな場合におすすめなのが、ケアンズから全行程4時間で行けるバロン川での半日ラフティングだ。こちらも世界自然遺産の一角バロンゴージ国立公園 Barron Gorge NP でのラフティングとなり、ラフティング中の周囲の景色もすばらしい。川のグレードは2〜3だが、おもしろい早瀬が多く満足度はかなり高い。約2時間の川下りだが、本当にあっという間に感じることだろう。

なお乾季は水量の関係により中止になる場合もある。乾季に参加予定の人は、早めに問い合わせて催行スケジュールを確認しておこう。

最初は浅瀬でトレーニング

アドレナリン全開で楽しめる
ケアンズ・キャニオニング
キャニオニング
Cairns Canyoning / Cairns Canyoning Tour

アクティブ派におすすめのキャニオニング

日本でも最近、渓流遊びとして人気上昇中のキャニオニング。ケアンズ近郊は世界遺産熱帯雨林の森の中に、数多くの渓谷や渓流があり、まさにキャニオニングするのにピッタリの場所なのだ。

催行場所は2ヵ所。12歳以上限定で楽しめる、ケアンズ近郊のクリスタルカスケード Crystal Cascades がポピュラーだ。初心者でも安心して楽しめるよう、渓流に着いたらガイドの指示による簡単なトレーニング。その後いよいよ本格的キャニオニング体験。いきなり30mの崖を垂直降下するアブセイリング。その後も5回のアブセイリング体験や、10mのロックジャンプ、30mのワイヤーロープを滑車で下るジップライン体験、滝壺への飛び込みなど、スリルと爽快さ満点のアクティビティだ。

もう1ヵ所はケアンズの南ウールーヌーラン国立公園にあるベハナ渓谷 Behana Gorge。こちらは8歳以上から参加でき、家族連れにも人気。アブセイリングは2ヵ所、12mのロックジャンプ、天然の岩の滑り台などがある（ジップラインはない）。

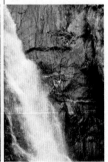

上：30mの崖を滝にそって懸垂下降するアブセイリング
左：スタッフがその場で設置するジップラインを豪快に滑り下りる

のんびり川下りをしながら熱帯雨林を楽しむ
バックカントリー・アドベンチャーズ
リバードリフト・スノーケリング
Back Country Bliss Adventures / River Drift Snorkeling

川の流れにまかせてのんびり下る

モスマン渓谷を流れるモスマン川での川下り体験。のんびり自然に親しんでもらうことを目的としており、フロートベッドに乗りながらのんびり川を下る。寝そべりながら森を見上げるとユリシスなどのチョウが舞い、さまざまな鳥が羽ばたく。途中フロートベッドを降りてスノーケルを付けて川を流れにまかせて泳ぐ。透明度の高い浅瀬の水中にはカメや魚もいっぱい。運がよければカモノハシに出合えることもあるという。午前中のツアーのみだが、ケアンズからの送迎サービスもある。

■ケアンズ・キャニオニング
🏠 58 Grafton St., Cairns, QLD 4870
📞 (07)4243-3242
🌐 www.cairnscanyoning.com
● クリスタルカスケード・キャニオニング
🕐 毎日 6:30 〜 12:00、12:00 〜 17:30
💰 1人 $224
● ベハナ渓谷キャニオニング
🕐 毎日 6:30 〜 12:00、12:00 〜 17:30
💰 大人 $284 子供 $184
家族 $699
※時計やジュエリー、カメラなどはツアーに持ち込むことができない（すべて出発時に預ける）。なお写真はスタッフが撮影してくれる（有料）

■バックカントリー・アドベンチャーズ
📞 (07)4099-3677
📞 1800-242-500
🌐 backcountrybliss.com.au/tours/river-drift-snorkelling/
● リバードリフト・スノーケリング
🕐 毎日 9:00 〜 12:30、14:00 〜 15:30
💰 大人 $139 子供 $110
家族 $450
● 送迎
ポートダグラス送迎無料／ケアンズ送迎（午前ツアーのみ）大人 $70 子供 $50

247

■ KUR カウ・バーンウェル農場

🏠 112 Barnwell Rd.,
Kuranda

📞 (07)4230-0580

URL www.kurcowfarm.com.
au

🕐 毎日 10:00 ～ 12:00、
11:00 ～ 13:00

● ATV ＆乗馬ツアー

💲 1人 $169
※レンタカーなどで農場まで
直接行く場合は、ATV、乗
馬それぞれ単独で参加可能
（1アクティビティ1人 $90）
※ツアー参加時には汚れてもい
い格好で。

● 送迎
　キュランダ送迎無料（ただ
し最少催行人数あり）／ケ
アンズ送迎は1人 $249

ローカルな農場で乗馬と ATV にチャレンジ

KUR カウ・バーンウェル農場
ATV ＆乗馬ツアー

KUR Cow Barnwell Farm / ATV & Horse Riding with a Visit to a Petting Zoo

牧場内でスキルに合わせた乗馬体験が楽しめる

キュランダの郊外にある農場が催行しているツアーで、原則キュランダ発着となる。敷地は広大で、ATV（4輪バギー）も乗馬も初心者でも楽しめるよう出発前に簡単なトレーニングを行ってくれる。

ATVは子供でも安心して楽しめる

　乗馬は牧場の草原内のトレイルをのんびりと。初心者の場合はスタッフがリードを引いてくれるので安心だし、経験者はトレイルライド後にトロッティングにもチャレンジさせてもらえる。ATVは子供や家族参加の場合は走りやすい草原内を、大人の参加者の場合は熱帯雨林内に造られたいくつかのコースの中からスキルに合わせてコース取りを行う。スカイレールやキュランダ・シーニックレールウェイなどで個人キュランダ観光をする予定なら2時間ほどで体験できるので候補に加えてみるといい。

■マウントンライド・アドベンチャー

🏠 60 Irvin Access, Little
Mulgrave, Gordonvale, QLD
4865

📞 (07)4056-5406

URL www.mountnride.com.au

🕐 毎日 7:45 ～ 12:00、
12:00 ～ 16:30、14:00 ～
18:30

● 半日乗馬ツアー

🎫 軽食付き 大人 $140 子供 $110
※ケアンズ送迎は少人数の場合は行われない。詳細は確認のこと。

熱帯雨林内で乗馬体験　　日本語ツアー

マウントンライド・アドベンチャー
半日乗馬ツアー

Mount-n-Ride Adventures / Half Day Horse Riding

マウントンライド・アドベンチャーで体験できる熱帯雨林内のクリークでの乗馬

　1日3回、半日でできる乗馬ツアーを催行している。場所はケアンズ中心部から南へ車で20～30分ほどのゴードンベール近郊のリトルマルグレイブバレー。観光ファーム内でまず日本人スタッフの手ほどきを受けながら乗馬レッスンを行い、その後約1時間30分かけて外乗。観光ファームの周りには世界遺産に登録されている熱帯雨林の森。コース内は私有地だが、うっそうとした熱帯雨林はもちろん、クリーク越えなどもあり、変化に富んだ乗馬が楽しめるのだ。またガイドが参加者のレベルをチェックしており、乗馬経験者にはトロッティング（早足）にチャレンジさせてくれるのもうれしい。

アドレナリン全開の空中遊泳が楽しめる ▮日本語ツアー

スカイダイブ・ケアンズ／ケアンズ・スカイダイバーズ

タンデムスカイダイビング

Skydive Cairns, Cairns Skydivers / Sky Diving

セスナから飛び出す、この瞬間のスリルがたまらない

爽快な自由落下

タンデムスカイダイビングはインストラクターが一緒に飛ぶものでオーストラリアではポピュラーなアクティビティ。もちろん初心者でも安心して楽しめる。ケアンズではスカイダイブ・ケアンズとケアンズ・スカイダイバーズの2社が催行している。

出発前に専用施設で空中の基本姿勢の簡単なトレーニングと、日本語での安全解説ビデオを確認。その後、いよいよセスナへと乗り込む。高度によりいくつか料金設定されているが、人気があるのは1万5000フィート（約4200m）からのジャンプだ。自由落下時間が約60秒と長く、そのあとパラシュートを開いてからもゆっくりと空中散歩が体験できるのだ。バジェット派には7000フィート（約1800mで自由落下は10秒）、1万フィート（約3000mで自由落下は30秒）からのタンデムジャンプも用意されている。

実際、わずか4～5分ほどの空中遊覧だが、日本ではなかなか味わえないスリルと爽快感が体験できる。両社とも早朝から午後まで1日数回ツアーを催行している。なおツアー時間は当日の天気に左右されるので、スカイダイビングに参加する予定なら、最低でも半日（可能であれば1日）は予定をとっておきたい。

■ **スカイダイブ・ケアンズ（エクスペリエンス・コ）**
☎ 1300-811-046
URL www.skydive.com.au/locations/cairns
🎫 1万5000フィート $359
※スカイダイビング中の写真 $129、写真＋ビデオ $179

■ **ケアンズ・スカイダイバーズ**
☎ (07)4015-2466
URL www.cairnsskydivers.com.au
🎫 1万5000フィート $329
※スカイダイビング中の写真 $129、写真＋ビデオ $159
※ $30 追加でビーチランディングも可能

セスナに乗る前はみんな余裕の表情（スカイダイブ・ケアンズ）

トローリングもルアーフィッシングもおまかせ

オールタックル・スポーツフィッシング

半日湾内フィッシングサファリ

All Tackle Sportfishing / Half Day Fishing Safari

大物を釣り上げよう

船酔いの心配のないケアンズ湾の内海での釣りで、フレンドリーなスタッフが餌づけからキャスティングまでやってくれるので、初心者でもOK。本格的にフィッシングが楽しみたい人は、外洋トローリング、ルアーフィッシング、ゲームフィッシングなどの手配をしているので問い合わせてみよう。

■ **オールタックル・スポーツフィッシング**
☎ 0414-185-534
URL www.alltacklesportfishing.net.au
● **半日湾内フィッシングサファリ**
🕐 7:30～12:00、13:00～17:30
🎫 1人 $120～
※ケアンズ市内送迎付き

■スカイパーク・ケアンズ・
バイ・AJ ハケット
🏠 End of McGregor Rd.,
Smithfield, QLD 4878
📞 (07)4057-7188
URL www.skyparkglobal.
com/au-en/cairns
●バンジージャンプ
🕐 毎日 10:00 ～ 16:30 の
随時
💰 バンジージャンプ 大人$149
子供$99 ／ジャイアント・
ジャングルスイング 大人$99
子供$69
※子供は 10 ～ 14 歳
※写真、ビデオをセットに
したパッケージもある。
※ケアンズ＆ノーザンビーチ・
エリア送迎付き

バンジー専用タワーからのジャンプ

スカイパーク・ケアンズ・バイ・AJ ハケット
バンジージャンプ
Skypark Cairns by AJ Hackett / Bungee Jump

勇気を出してジャンプ

宙づりブランコのジャイアント・ジャングルスイング

世界最初のニュージーランドでのバンジージャンプはもちろん、オーストラリア最初のバンジージャンプも AJ ハケットが行った。その記念すべき場所がケアンズから北へ車で 10 分ほど行った山の中腹。ここには世界でも珍しい高さ 44m のバンジー専用タワーがある。タワーの周りは熱帯雨林で、タワー下に造られた小さな池めがけてジャンプする。飛び降りた人には、その勇気をたたえ証明書が渡される。なお同タワーではバンジージャンプのほか、ジャイアント・ジャングルスイングと呼ばれるアトラクションも行っている。こちらは 1 ～ 3 人がタワーから宙づりになり、時速約 100 キロで大きくスイングするものだ（人間宙づりブランコと考えるとわかりやすい）。

■ノースクイーンズランド・
ウオータースポーツ
📞 0411-739-069
URL www.nqwatersports.
com.au
●パラセイリング＆ジェット
スキー
🕐 毎日 9:00、11:00、
13:00、15:00 マーリンワー
フ出発
💰 1 人乗り：パラセイリン
グ $145、ジェットスキー
$100、クロコダイルスポッ
ティング・ジェットスキーツ
アー $190 ／ 2 人乗り（2 人
分）：パラセイリング $160、
ジェットスキー $160、ク
ロコダイルスポッティング・
ジェットスキーツアー $260
※ケアンズ市内送迎付き

おもしろマリンアクティビティをまとめて楽しむ

ノースクイーンズランド・ウオータースポーツ
パラセイリング＆ジェットスキー
North Queensland Water Sports / Parasailing & Jetski

パラセイリングで大空散歩

人気のマリンアクティビティがケアンズ湾内で行われている。約 50m の高さからケアンズを一望できるパラセイリング（2 人乗りハーネスタイプ）、湾内を思う存分疾走できるジェットスキー（日本では免許が必要だがオーストラリアでは誰でも乗れる）で、ジェットスキーは 30 分間指定エリア内で楽しむツアーのほか、川を上りイリエワニを探すクロコダイルスポッティング・ジェットスキーツアー（約 1 時間）も催行している。ツアーは、マーリンワーフ発着で、日本語による詳しいインストラクションもある。毎日 4 回催行されているので、ちょっとした空き時間に参加できるのも魅力だ。

スピード感いっぱいの
ジェットスキー

リゾート気分いっぱいでプレイ
ケアンズでゴルフ

ケアンズ滞在の楽しみのひとつがゴルフ。ケアンズ近郊には初心者から上級者まで楽しめて、景色が美しいコースが数多くある。なかでもここで紹介する3つのコースは、オーストラリアのゴルフ界のレジェンドたちがデザインした、オーストラリア国内有数のリゾートコースと評判だ。

パルマーシーリーフ・ゴルフコース
Palmer Sea Reef Golf Course

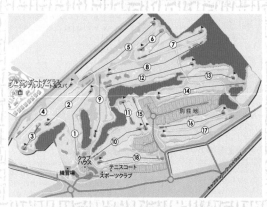

ポートダグラスの高級コンドミニアムリゾートのプルマン・ポートダグラス・シーテンプルリゾート＆スパ（→ P.291）に隣接するチャンピオンシップコース。世界有数のオーストラリアのコースデザイナーグループ TWP が設計。アンジュレーションがきつく、ウオーターハザードが多いコースで、初心者はスコアメイクに苦戦しそうだ。

MAP P.199 右
住 Old Port Douglas Rd., Port Douglas, QLD 4871
電 (07)4087-2222
URL www.palmergolf.com.au/cms/palmer-sea-reef
料 グリーンフィー（電動カート代含む）：18 ホール 6:45 ～ 8:00 スタート $135、8:00 ～ 14:30 スタート $175、14:30 以降 スタート $125｜9 ホール $105／レンタルクラブ 18 ホール $45、9 ホール $35 ※ハイシーズンは $10 の割増
カード ADJMV

●全 18 ホール	●パー TOTAL71	●距離	TOTAL 6465m

ホール	1	2	3	4	5	6	7	8	9	OUT
距離	369	399	153	460	505	201	395	588	325	3395
パー	4	4	3	4	5	3	4	5	4	36

ホール	10	11	12	13	14	15	16	17	18	IN
距離	323	141	462	335	440	176	380	436	377	3070
パー	4	3	5	4	4	3	4	4	4	35

個人でのゴルフの手配がおっくうに感じるようなら、ホテルからの送迎、18 ホールのグリーンフィー、電動カートをパッケージにした日本語ゴルフツアーを利用しよう。ケアンズではポートダグラスコネクションが、ここで紹介した各ゴルフ場へのツアーを催行している。

●ポートダグラスコネクション
電 (07)4051-9167 **URL** www.portdouglas-c.com
料 パルマーシーリーフ・ゴルフコース：2 ～ 3 名利用 1 人 $450、4 人以上利用 1 人 $295／ミラージュ・カントリークラブ：2 ～ 3 名利用 1 人 $410、4 人以上利用 1 人 $260／ケアンズ・ゴルフクラブ＆ハーフムーンベイ・ゴルフクラブ：2 ～ 3 名利用 1 人 $220、4 人以上利用 1 人 $160 ※クラブレンタル 1 セット $50

ミラージュ・カントリークラブ
Mirage Country Club

リーフナイン（アウト）

ポートミラージュ・ポートダグラス

ポートダグラス・ロード

↓マウンテンナインへ

別荘地

シェラトンミラージュ・ポートダグラスへ

PORT DOUGLAS RD.

ポートダグラス・ロード

マウンテンナイン（イン）

↑リーフナインへ

クラブハウス

練習場

ポートダグラスの高級リゾート、シェラトングランドミラージュ・ポートダグラス（→ P.292）併設のチャンピオンシップコース。設計は1950〜60年代の名プレイヤー、ピーター・トムソン。コースは比較的平坦で、初心者から上級者まで楽しめるようになっている。リーフナインと呼ばれるアウトはホテルとビーチに面した景色のいいコース。クラブハウスがあるマウンテンナイン（イン）は熱帯植物が生い茂り、数多くの池をもつコース。

MAP P.199 右
住 71-85 Port Douglas Rd., Port Douglas, QLD 4877
☎ (07)4099-5537
URL www.miragecountryclub.com.au
料 グリーンフィー（電動カート代込み）18 ホール：ビジター $99、ホテルゲスト $85／グリーンフィー（電動カート代込み）9 ホール：ビジター $79、ホテルゲスト $65／レンタルクラブ $40
CC ADJMV

●全 18 ホール	●パー TOTAL72			●距離		TOTAL 6202m			
ホール	1	2	3	4	5	6	7	8	9	OUT
距離	499	161	452	359	413	192	494	145	415	3130
パー	5	3	5	4	4	3	5	3	4	36
ホール	10	11	12	13	14	15	16	17	18	IN
距離	506	355	369	161	472	150	509	382	168	3072
パー	5	4	4	3	5	3	5	4	3	36

2023 年に開業 100 周年を迎えた、ケアンズの老舗ゴルフコース。ケアンズ市中に最も近いカジュアルコースだ。ローカルメンバーによる大会が多く、ビジターのプレイは 9 ホールなら毎日可能だが、18 ホールは土曜不可となっている。

ケアンズ・ゴルフクラブ
Cairns Golf Club

MAP P.176/3B
住 Links Drv., Woree, QLD 4870
☎ (07)4037-6700
URL www.cairnsgolfclub.com.au
料 グリーンフィー：18 ホール $75（電動カート代込み）、$49（手引きカート）／9 ホール $55（電動カート代込み）、$35（手引きカート）／レンタルクラブ $25
CC MV

●全 18 ホール	●パー TOTAL72			●距離		TOTAL 6509m			
ホール	1	2	3	4	5	6	7	8	9	OUT
距離	278	325	348	385	208	471	379	140	364	2898
パー	4	4	4	4	3	5	4	3	4	35
ホール	10	11	12	13	14	15	16	17	18	IN
距離	565	151	487	482	328	404	555	172	467	3611
パー	4	3	5	5	4	4	5	3	4	37

ケアンズのゴルファーに古くから親しまれてきたコースで、スカイレールやジャプカイにほど近いヨーキーズノブにある。オーストラリアらしいカジュアルな雰囲気がいい。

ハーフムーンベイ・ゴルフクラブ
Half Moon Bay Golf Club

MAP P.176/3B
住 66 Wattle St., Yorkeys Knob, QLD 4878 **☎** (07)4055-7933
URL halfmoonbaygolf.com.au
料 グリーンフィー 18 ホール $50、9 ホール $30／電動カート：18 ホール $50、9 ホール $30／手引きカート $5／レンタルクラブ 18 ホール $35、9 ホール $25
CC MV

●全 18 ホール	●パー TOTAL70			●距離		TOTAL 5335m			
ホール	1	2	3	4	5	6	7	8	9	OUT
距離	288	318	154	176	295	456	354	339	156	2536
パー	4	4	3	3	4	5	4	4	3	34
ホール	10	11	12	13	14	15	16	17	18	IN
距離	311	131	400	294	500	331	141	451	240	2799
パー	4	3	4	4	5	4	3	5	4	36

※ミラージュ・カントリークラブ、パルマーシーリーフ・ゴルフコースとも、ウオーターハザードになっている一部の池には野生のワニがすんでいる。近づきすぎないよう注意しよう。

Spa & Massage
relaxation in Cairns

ケアンズで癒やされる
スパ & マッサージ・
リラクセーション

ケアンズ近郊のリゾートホテルには、スパトリートメント施設を併設するところが多い。一応はホテルゲスト用施設なのだが、ほとんどの場合ビジターも歓迎だ（もちろん予約は必要だ）。またケアンズの街なかには最近リラクセーションが楽しめるマッサージ施設もオープン。ここではそのなかで代表的なところを紹介しよう。

アラマンダスパ (L.M. スパ) Alamanda Spa (L.M. Spa)

DATA MAP P.189

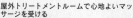

🏠 Alamanda Palm Cove By Lancemore, 1 Veivers Rd., Palm Cove, QLD 4879
📞 (07)4055-3000
🔗 www.lancemore.com.au
💰 フェイシャル 60 分 $170 ～／アラマンダシグニチャーマッサージ 60 分 $170 ／ホットストーンマッサージ 90 分 $225 ／スパパッケージ（ユートピア）150 分 $309

パームコーブのアラマンダ・パームコーブ・バイ・ランスモア内にある。トリートメントルームは屋内のほかに、屋上の屋外にもある。特に乾季によく利用される屋外トリートメントルームは評判。自然の風が心地よく、目の前にはヤシの木と海という光景が広がっている。アジア系テラピストが多く在籍しており、屋外トリートメントルームでのサービスは、どこか東南アジアの高級リゾートのスパにいる気分になる。トリートメントプロダクトは、ハンガリー生まれのオーガニックスキンケア製品エミネンスだ。

人気のホットストーンマッサージ

エミネンスのスパプロダクトを使用している

屋外トリートメントルームで心地よいマッサージを受ける

屋内トリートメントルームは落ち着いた雰囲気

ヴィスパ　Vie Spa

DATA
MAP P.179/3A
MAP P.189
MAP P.199 右

URL viespa.com.au
料 フェイシャル60分 $180
～／マッサージ30分 $65～
／ボディラップ45分 $150
～／スパパッケージ90分
$270～
●ケアンズ
住 Pullman Cairns
International, 17 Abbott St.,
Cairns, QLD 4870
℡ (07)4051-2124
●パームコーブ
住 Pullman Palm Cove Sea
Temple Resort & Spa, 5
Triton St., Palm Cove, QLD
4879
℡ (07)4059-9613
●ポートダグラス
住 Pullman Port Douglas Sea
Temple Resort & Spa, Mitre
St., Port Douglas, QLD 4877
℡ (07)4084-3515

アコーホテル系列のプルマン・ホテルズ&リゾーツで展開される豪華スパ。ケアンズ市中のプルマン・ケアンズインターナショナルと、パームコーブとポートダグラスのプルマン・シーテンプルリゾート&スパにある。オーストラリア生まれのオーガニックボディケアプロダクトiKOUや、イタリアのペボニア・ボタニカを使用している。

上：プルマン・ケアンズインターナショナルのヴィスパのトリートメントルームは明るい雰囲気
下：シーテンプル・パームコーブ内のビシーシャワールーム

リーフハウススパ　Reef House Spa

DATA　MAP P.189

住 Reef House Resort & Spa,
99 Williams Esplanade, Palm
Cove, QLD 4878
℡ (07)4080-2668
URL www.reefhouse.com.au/
reef-house-spa/
料 フェイシャル60分 $200
～／ボディマッサージ各種
60分 $200～／リーフハウ
ス・ロマンス・スパパッケー
ジ各種120分 $320～

パームコーブの人気ブティックリゾート、リーフハウス・リゾート&スパ内にある。ケアンズ地区では古くから知られたスパで、これまでさまざまな賞も受賞。ホテル滞在ゲストはもちろん、地元の人にも人気のあるスパだ。

熱帯植物茂る庭園内に2階建て戸建ての専用のスパハウスがあり、トリートメントルームも充実。1人用はもちろん、カップル用やビシーシャワー、スパバス付きの部屋などがある。経験豊富なテラピストが多く、予約時に相談すれば最適なトリートメントを教えてくれる。

リゾートらしい雰囲気の中、トリートメントが受けられる

心地よいビシーシャワートリートメント

ホテル敷地内にスパ専用の建物をもつ

ゆったりとしたビシーシャワー、スパバス付きのトリートメントルーム

パラダイス・デイスパ Paradise Day Spa

DATA MAP P.189

優雅な雰囲気でスパ体験できる

パームコーブのペッパーズ・ビーチクラブ&スパにあるスパ。オーストラリアの先住民の知恵などから、オーストラリアの多様な植物に治癒効果があることに注目し、ボディケアプロダクトとなったゼアリーフ ZEA Relif、そしてフランスのタラソテラピープロダクトのタルゴ Thalgo を使ったトリートメントが充実。

🏠 Peppers Beach Club & Spa, 123 William Esplanade, Palm Cove, QLD 4879
📞 (07)4059-9206
🌐 www.peppersspa palmcove.com.au
💲 フェイシャル 30 分 $120 ～／リラクセーションマッサージ 45 分 $110 ～／ホットストーンマッサージ 60 分 $170 ～／ドリーミングパッケージ 180 分 $450

エレム・デイスパ Eléme Day Spa

DATA MAP P.178/2B
MAP P.179/1A

ゆったりしたカップル用トリートメントルーム

ケアンズ市中、クリスタルブルックコレクションのライリーとフリン内にある。ケアンズ中心部のスパの中で、トリートメントルームのゆったりした雰囲気は随一。もちろんカップル用ルームも完備。オーストラリアのヴィーガンスキンケアプロダクトのソダシと同スパオリジナルプロダクトを使用したトリートメントだ。

🌐 www.crystalbrook collection.com/eleme-spa
💲 フェイシャル 30 分 $85 ～／マッサージ 30 分 $85 ～／ボディポリッシュ 60 分 $160 ～／スパパッケージ 90 分 $225 ～
●ライリー
🏠 Crystalbrook Riley, 131-141 Esplanade, QLD 4870
📞 (07)4252-7700
●フリン
🏠 Crystalbrook Flynn, 85 Esplanade, QLD 4870
📞 (07)4253-5035

ナチュラ・マッサージサロン
Natura Massage Salon

オイルドマッサージ
Oiled Massage

プルマンインターナショナル隣、コンサバトリー内にあり、スタッフは全員日本人。マッサージ前にカウンセリングを行い、最適なオイルを使ったていねいなマッサージが体験できる。

DATA MAP P.179/3A
🏠 Suite F11, The Conservatory, 9-15 Abbott St., Cairns, QLD 4870
📞 (07)4000-4892
🌐 natura189abbot.wixsite.com/natura189/blank
💲 マッサージ 30 分 $45、40 分 $60、60 分 $80

シャングリラ・ザ・マリーナとコンプレックスをなすピア・アット・ザ・マリーナ内にある。オイルを使ったマッサージやリメディアルマッサージなどを手頃な料金で体験できる。

DATA MAP P.179/2B
🌐 www.oiled.com.au
💲 オイルマッサージ 30 分 $50 ～／ホットストーンマッサージ 45 分 $80 ～／リメディアルマッサージ 60 分 $100 ～
●ピア・アット・ザ・マリーナ
🏠 G46, Pier at the Marina, Pier Point Rd., Cairns, QLD 4870 📞 (07)4041-4454

RESTAURANT iN CAIRNS

ケアンズの
レストラン

小さな町に豊富な選択
ケアンズは小さな町だが、
観光地だけあってレストランのバリエーションは豊富。
ただ、ほかの都市と比べると、
いわゆるおしゃれな店やスターシェフのいるような店は少ない。
その素朴さもケアンズならではのよさだ。

エスプラネードが狙い目
レストランが多く集まっているのは、
エスプラネード、アプリン・ストリート、グラフトン・ストリート、
そしてワーフ・ストリートに囲まれた一角。
シティプレイスの周辺にはいろいろなレストランがあるので、
店の雰囲気をひととおり見てから気に入ったところに入るといい。

🍴 アジアンフュージョンのおしゃれレストラン
ペーパークレイン

MAP P.178/2B

● Paper Crane

アジア各国料理を現代風にアレンジした料理を提供するのがペーパークレイン。特にタイ料理の料理法や香辛料、香草の使い方を多く取り入れている。ケアンズ周辺の食材を中心に使用したメニューを、季節ごとに変更しながら提供。ベジタリアンやグルテンフリーのメニューも充実している。ライリー・クリスタルブルックコレクションリゾートのエスプラネード沿いにあり、夕方からの屋外席の雰囲気はすばらしい。

オージーに人気の
屋外席

DATA

🏠 Reily A Crystalbrook Collection Resort, 131-141 The Esplanade, Cairns, QLD 4870
URL www.crystalbrook collection.com
営 毎日 7:00 ～ 10:30、火～日 17:30 ～ 20:30 ／スナックメニュー：日 月 15:00 ～ 18:00、火～土 16:00 ～ 20:00
予約 ディナーは望ましい
予算 2人 $100 ～ 180
酒 ライセンスド
CC ADJMV
ドレス スマートカジュアル

上：ボリュームがあるメインコース
左：前菜の盛りつけも美しい

🍴 オープンエアのビストロバー＆ダイニング
ザ・バックヤード

MAP P.179/2B

● The Backyard

シーフード料理も美味

シャングリラ・ザ・マリーナ1階ウオーターフロントにある。軽食やコーヒーブレイクに最適のキオスク、屋外にありフードやドリンクが楽しめるバックヤードガーデン、そしてマリーナを望みながら食事が楽しめるウオーターサイドダイニングと3つのエリアに分かれている（メニューは共通）。ちょっと一杯ドリンクを、というときから、カジュアルに食事を、あるいはおしゃれしてファインダイニングを楽しもう、というときまで、いろいろな用途に合わせて利用できるレストランだ。

DATA

🏠 Shangri-La The Marina, at The Pier on the Marina side , 1 Pier Point Rd.,Cairns, QLD 4870
(07)4052-7670
URL www.thebackyard cairns.com.au
営 毎日 6:00 ～ 10:30、12:00 ～ 17:00 (ランチ＆軽食メニュー)、17:00 ～ 21:30 (ディナー)
予約 デッキのディナーは望ましい
予算 2人 $50 ～ 120
酒 ライセンスド
CC ADJMV
ドレス スマートカジュアル

南国らしいカクテルがいっぱい

🍴 ローカルも集まる海辺のカジュアルレストラン
モンド・オン・ザ・ウオーターフロント

MAP P.179/3B

● Mondo on the Waterfront

人気のシズリングバーベキュー

ヒルトン・ケアンズにあるオープンエアスタイルのカフェレストラン。地元の人に大人気で、特に屋外席はランチタイム、ディナータイムはいっぱいになるほど。料理はインドネシア料理のナシゴレン ($29)、オーストラリア和牛バーガー ($26)、ピザ ($18 ～ 19) までメニューはバラエティ豊か。なかでも大人気なのが、お肉の種類を選べる串焼きバーベキューのシズリングバーベキュー ($34) だ。

DATA

🏠 Hilton Cairns, 34 The Esplanade, Cairns, QLD 4870
(07)4052-6780
URL mondoonthewater front.com.au
営 毎日 12:00 ～ 14:30、17:00 ～ 20:30
予約 不要
予算 2人で $40 ～ 80
酒 ライセンスド
CC ADJMV
ドレス カジュアル

人気メニューのインドネシア風炒飯のナシゴレン

海辺のファインダイニング
ダンディーズ・オン・ザ・ウオーターフロント

MAP P.179/3B、P.179/1A

● Dundee's
on the Waterfront

ハーバーライツのプロムナードにある、ケアンズの老舗ファインダイニング。実に30年以上の間、観光客にとって「ケアンズで外せないレストラン」として、そして地元の人が記念日に食事を楽しむレストランとして好評価を得ている。料理はモダンオーストラリアスタイルで、特に人気が高いのはアツアツの溶岩石の上で220gの分厚いステーキを焼く石焼きステーキ（ホットロックステーキ$58）。目の前で音を立てて焼きながら味わうオージービーフは本当においしい。さらに自社でバラマンディの養殖場をもっていることもあり、取れたてのバラマンディのソテー（$48）も自慢の逸品だ。また観光客向けだがブッシュタッカーと名づけられた、オーストラリアのワイルドミートが味わえるメニューもある。なかでもオーストラリアン・サンプルプレートはバラマンディ、カンガルーの串焼き、エミューソーセージ、ザリガニ、クルマエビ、骨付きラムがひと皿にのった人気メニュー。食べると記念の証明書がもらえる。なおケアンズ水族館に支店があり、大水槽前で食事も楽しめる（メニューは少し異なる）。

DATA
URL www.dundees.com.au　予約 ディナーは望ましい
予算 2人で $100 ～ 200　酒 ライセンスド
CC ADJMV　ドレス スマートカジュアル
●本店
住 Harbour Lights, 1 Marlin Pde., Cairns, QLD 4870
☎ (07)4051-0399　営 毎日 11:30 ～ 14:30、17:00 ～ 22:00
●ケアンズ水族館支店 Dundee's at the Cairns Aquarium
住 5 Florence St., Cairns, QLD 4870　☎ (07)4276-1855　営 毎日 10:00 ～ 15:00（カフェ）、11:30 ～ 15:00（ランチ）、火～土 17:00 ～ 21:00（ディナー）

ぜひ味わいたいバラマンディ

サンプルプレートを食べて証明書をもらおう

名物石焼きステーキ

ニューヨークスタイルのステーキハウス
シーシーズ・バー&グリル

MAP P.179/1A

● CC's Bar & Grill

ケアンズで、特に熟成肉のステーキがおいしいと評判なのがシーシーズ。クラシックな店内のオープンキッチン脇には、熟成肉庫がある。自社牧場からのクオリティの高い肉を、最大限おいしく味わえるよう熟成させてうま味を出しているのだ。ステーキは200gサーロイン$38～。2人以上ならお得なプリフィックスメニュー（1人$85）もあり、アミューズ、シェアできる前菜、メインコース（もちろんステーキも選べる）となる。

DATA
住 Bairey A Crystalbrook Collection Resort, Ground Floor A, 163 Abbott St., Cairns, QLD 4870
☎ (07)4253 4000
URL www.crystalbrook collection.com
営 火～土 16:00 ～ 22:00
休 日月　予約 望ましい
予算 2人 $100 ～ 200　酒 ライセンスド　CC ADJMV
ドレス スマートカジュアル

200gのサーロインは日本人にはちょうどいい分量

毎晩大にぎわいのステーキハウス
ウオーターバー&グリル・ステーキハウス

MAP P.179/2B

● Waterbar & Grill
Steakhouse

ピア・アット・ザ・マリーナのウオーターフロントにある、ケアンズを代表するステーキレストラン。炭火で焼かれるステーキ肉は、ノースクイーンズランド州の指定農家で飼育されたもの。ステーキメニューも豊富で、日本人には220gのニューヨークサーロイン$38、フィレ・オブ・テンダーロイン250g $54が人気。またオージーにはTボーン500g $52が評判だ。

DATA
住 Shop G1a, pier at the marina, 1 Pierpoint Rd., Cairns, QLD 4870
☎ (07) 4031-1199
URL waterbarandgrill.com.au
営 金 土 12:00 ～ 14:30、毎日 17:30 ～ 22:00
予約 ディナーは望ましい
予算 2人で D$100 ～ 180　酒 ライセンスド
CC ADJMV　ドレス スマートカジュアル

量も十分なショートカットサーロインステーキ

モダンな先住民料理を出す
オカーレストラン
●Ochre Restaurant

MAP P.179/3B

先住民のブッシュフードをモダンにアレンジする人気レストラン。特にメインコースのカンガルーのサーロイン（$46）は美味。また、エミューのワンタン、クロコダイルの燻製、オーストラリア自生スパイスソースのカンガルーなど、少しずついろいろなワイルドフードが味わえるオーストラリアンアンティパストプレート（$48）もある。もちろんシーフードやオージービーフなどのメニューもある。

DATA
住6/1 Marine Pde., Cairns, QLD 4870 ☎(07)4051-0100 URLwww.ochrerestaurant.com.au 営月～土 11:30～15:00、15:00～17:30（タパス）、17:30～21:30 予約ディナーは望ましい 予算2人 L$70～150、D$100～180 酒ライセンスド CCADJMV ドレス スマートカジュアル

カンガルーのサーロイン炭火焼き

食事前におしゃれなワインタイム
ヴィンルーム・アーバンプロバイダー
●The Vine Room Urban Provedore

MAP P.178/2B

ダブルツリー・バイ・ヒルトンのエスプラネード沿いにある屋外スタイルのワインバー。ディナー前にドリンクと軽食などというときは、ワインとシャリキトリーの盛り合わせがおすすめ。ピザやバーガー類などのフードメニューもいろいろある。

DATA
住Double Tree by Hilton Cairns, 121-123 The Esplanade, Cairns, QLD 4870 ☎(07)4050-6070 URLwww.facebook.com/thevineroomurbanprovedore/ 営毎日 16:30～20:30 予約不要 予算2人で$40～80 酒ライセンスド CCADJMV ドレス スマートカジュアル

夕暮れ時をワインとシャリキトリーで

ケアンズNo.1の見晴らしが楽しめる
オーク&ヴィン
●Oak & Vine

MAP P.179/2A

エスプラネードとスペンス・ストリートの角、オークス・ケアンズの最上階にあるルーフトップスタイルのレストラン&バー。特にサンセットタイムは大人気で、ケアンズで最高の景色を楽しみながら食事とドリンクが楽しめる。ランチ&ディナーメニューではバラマンディフィレ$38、250gリブアイフィレステーキ$42、ブロウンリングイネ$37などが人気。ドリンクメニューも充実している。

DATA
住59-63 The Esplanade, Cairns, QLD 4870 ☎(07)3188-6052 URLwww.oakshotels.com/en/oaks-cairns-hotel/oak-and-vine-restaurant 営毎日6:30～10:00、12:00～14:30、14:30～17:00（スナック）、17:00～21:00 予約ディナーは望ましい 予算2人で$70～150 酒ライセンスド CCADJMV ドレス スマートカジュアル

ラグーンプールを見下ろすレストランだ

明るくカジュアルでルーフトップテーブルもある
ベンソンレストラン
●The Benson Restaurant

MAP P.178/3A

ベンソンホテルの3階にあり、プール下の屋外ルーフトップ席と屋内エアコン席がある。ランチタイムの名物ベンソンバーガー $19やビアバターフィッシュ&チップス$24は、近くで働く人たちもわざわざランチに食べに来るほどの人気。ディナーはステーキやバラマンディなどを数人でシェアするメニュー（$24～36）が充実している。もちろんサンセットタイムに屋外席でドリンクを楽しむのもおすすめだ。

DATA
住50 Grafton St., Cairns, QLD, 4870 ☎(07)4046-0300 URLthebensonhotel.com.au/eat-drink 営毎日6:30～10:00、月～金11:30～14:00、水～日17:30～21:00 予約ディナーは望ましい 予算L$25～40、D$40～80 酒ライセンスド CCADJMV ドレス スマートカジュアル

ランチに試したいベンソンバーガー

🍴 シュラスコ料理で大人気の
ブッシュファイアー・フレームグリル

MAP P.179/2A

●Bushfire Flame Grill

パシフィックケアンズのエスプラネード側にある明るく開放的な雰囲気のレストラン。巨大な串焼きの各種肉類（ビーフピカーニャ、ランプステーキ、ラムショルダー、カンガルーなど）と、炭火焼きパイナップルを目の前で大串から切り分けてくれる食べ放題のブラジル料理のシュラスコ（大人 $68.50 ／ 子供 $5 ～ 8歳 $15、9 ～ 12歳 $20）が味わえることで人気。

DATA
住Pacific Cairns, 43 The Esplanade, Cairns, QLD 4870 ☎(07)4044-1879
URLbushfirecairns.com
営火～木 17:30 ～ 21:00、金土 11:30 ～ 21:30
休日月 予約望ましい
予算2人で $60 ～ 120
酒ライセンスド CCADJMV
ドレス スマートカジュアル

シュラスコではさまざまな種類の肉が食べられる

🍴 雰囲気のいいフレンチレストラン
セボン

MAP P.179/3A

●Cest Bon

プルマン・ケアンズインターナショナル脇のビレッジレーンのレイク・ストリート側にある。屋根の上のエッフェル塔が目印だ。本格フランス料理が比較的手頃な値段で味わえ、特にランチのセットメニューがお得。ランチタイムは1ドリンク付きプリフィックスの2コース $50、3コース $55、ディナータイムはアラカルトメニューとなっている。

シーフードのメインコース

DATA
住20 Lake St., Cairns, QLD 4870
☎(07)4051-4488
URLwww.cestboncairns.com.au 営火～金 12:00 ～ 14:00、毎日 18:00 ～ 21:00
予約 ディナーは望ましい
予算2人で L$100 ～ 110、D$120 ～ 200
酒ライセンスド CCAJMV
ドレス スマートカジュアル

レストランの雰囲気はどこかパリの下町風

Column

ちょっとおしゃれな海上ディナー
スピリット・オブ・ケアンズ - ハーバー&ディナー
Spirit Of Cairns - Harbour & Dinner Cruises

ケアンズでイベント的にディナーを楽しみたかったら、ぜひスピリット・オブ・ケアンズのディナークルーズに参加しよう。クルーズに使用されるのは大型カタマランヨットで、クルージングするのはケアンズの夜景がよく見える波のほとんどないエリア。船内ではシーフードたっぷりのビュッフェスタイルで食事が提供され、生演奏などのエンターテインメントもある。乗船時にはウエルカムドリンクのサービスもあるなど、ちょっと優雅に、ちょっとおしゃれにディナータイムを過ごしたい……そんな人におすすめだ。

ケアンズ唯一のディナークルーズ

ビュッフェメニューも豊富だ

スパークリングワインのウエルカムドリンク

DATA
☎(07)4047-9170 URLwww.spiritofcairns.com 営ディナークルーズ：毎日 18:30 ～ 21:00 ／ランチクルーズ：日 12:30 ～ 15:00 料ディナークルーズ：大人 $119 子供 $69（4 ～ 14歳）
乗船場所 ケアンズ市内からの送迎はなくリーフフリートターミナル前に停泊しているスピリット・オブ・ケアンズ号へ直接集合

おしゃれなアジアンフードが味わえる
スタンレー

MAP P.179/1A

● The Stanley

2022年に改装が終了したメルキュールホテルのメインダイニング。レストランのテーマが「自宅にいるようにくつろいで食事を……」ということもあり、店内は明るく開放的でカジュアルな雰囲気だ。メニューはモダンオーストラリア料理とピザ。前菜にはホタテやマグロなどシーフードを使った料理が多い。メニューは月替わりで、2人以上からのシーフードプラッターのようなシェアメニューもある。

DATA
住 15 Florence St. (Cnr. Florence & Lake St.), Cairns, QLD 4870 ℡(07)4051-5733 URL mercurecairns.com.au/dining/ 営 毎日6:30～9:30、火～土17:30～20:30 予約 ディナーは望ましい 予算 2人で$80～100 酒 ライセンスド CC MV ドレス カジュアル

ホタテを使った前菜

新鮮なシーフードを手軽にローカル気分で
プロウンスター

MAP P.178/3B

● Prawn Star

マーリンマリーナのEフィンガーに停泊した船がレストラン兼シーフードの卸店となっている。地元の人がシーフードを買いに来るお店として有名だ。船上に相席のテーブルがあり、手頃な値段で満足いくまでシーフード（基本的にボイルだけしてある）が味わえる。人気のジャンボプラッター（$130）は4人ぐらいでちょうどいいボリュームだ。最も小さなエビの盛り合わせ（$35）でも800gもあるほど。

DATA
住 Marlin Marina, E31 Berth, QLD 4870 ℡0497-007-225 URL prawnstarcairns.com 営 毎日11:00～21:00 予約 不要 予算 2人で$35～150 酒 BYO CC MV ドレス カジュアル

豪快に食べたいジャンボプラッター

ケアンズの人気老舗イタリアン
ラ・フェットチーナ

MAP P.178/3A

● La Fettuccina

レストランが集まるシールズ・ストリートで、長い間人気を保ち続けているイタリアンレストラン。本場イタリアのトラットリアのような雰囲気で、夕方オープンするとすぐに屋外席まで満席になるほど。パスタ、メイン、ドルチェと何を食べても満足できる味。おすすめはエビやイカなど魚介をふんだんに使ったスパゲティ・マーレ・エモンティ（Sサイズ$22.50、Lサイズ$25.50）。

DATA
住 41 Sheilds St., Cairns, QLD 4870 ℡(07)4031-5959 URL www.lafettuccina.com 営 火～木17:00～21:00、金土17:00～21:30 休 日月 予約 望ましい 予算 2人で$50～100 酒 ライセンスド CC ADJMV ドレス カジュアル

スパゲティ・マーレ・エモンティ

ギリシア料理に舌鼓！
フェッタズ・グリーク

MAP P.178/3A

● Fetta's Greek

美味なグリルドラム

エビやイカなどを使ったシーフード料理や羊を使ったラム料理が特に美味で、なかでもグリルドプロウンやグリルドラムは自慢の料理だ。週末の21:00頃から客席をベリーダンサーが踊りながら回ったり、名物の皿割りなどがあって、陽気な雰囲気で食事が楽しめる。週末の夜は特に混むので、できれば予約をしてから出かけたい。

DATA
住 99 Grafton St., Cairns, QLD 4870 ℡(07)4051-6966 URL www.fettasgreektaverna.com.au 営 月～木11:30～14:30、毎日17:00～23:00 予約 ディナーは望ましい 予算 L$30～60、D$40～80 酒 ライセンスド CC ADJMV ドレス カジュアル

週末のベリーダンスも楽しい

ロッコ サンセットタイムに出かけたい

MAP P.178/2B

● Rocco

前菜も種類豊富だ

メカクテルも大充実ニュー

クリスタルブルックコレクション・ライリーのトリニティ湾を望むタワー最上階にある。料理のコンセプトはミドルイースト＆メディタレニアン。ピタパンと各種ディップの組み合わせ（$16～18）や、2人からオーダーできる各種串焼き（$22～26）などお酒に合いそうなメニューがいろいろ。

DATA
住 Reily A Crystalbrook Collection Resort, 131-141 The Esplanade, Cairns, QLD 4870
URL www.crystalbrook collection.com 営日月木16:00～22:30、金土16:00～23:30（ディナーメニューは16:00～21:00）休火水
予約望ましい 予算2人 $80～100 酒ライセンスド CCADJMV ドレス カマートカジュアル

チェンバーズ コロニアルスタイルのカフェレストラン

MAP P.179/2A

● The Chambers

レイク・ストリートとスペンス・ストリートの角、1926年建造のかつての銀行の建物を改装したのがチェンバーズ。コロニアル調の屋内席と、屋外テラス席がある。メニューはブランチ用で、オージーに人気のスマッシュアボカドトースト $23 やブレックファストバーガー $21、フレンチトースト $24 など。なお4人以上で3日前までの予約必須だが、豪華なハイティー（1人 $49）も楽しめる。

DATA
住 21 Spence St., Cairns, QLD 487 TEL(07)4041-7302
URL www.the-chambers.com.au
営毎日7:00～14:00
予約不要
予算2人 $80～100
酒ライセンスド CCAMV
ドレスカジュアル

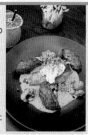

朝ごはんはもちろんランチにも最適なメニューがいろいろ

Column

ケアンズでクラフトビール工房巡り

ケアンズ市中に最近増えているクラフトビール工房（ブリュワリー）。ビール好きなら何軒かはしごして好みのビールを見つけてみたい。おすすめのブリュワリーを紹介しよう。

ヘミングウェイズ・ブリュワリー・ケアンズワーフ
Hemingway's Brewery Cairns Wharf

ケアンズの大型客船用クルーズターミナル脇にある。ノースクイーンズランド発のクラフトビール会社で、ブリュワリー内でビールを製造。併設のビストロで食事を楽しみながら、できたてのビールを味わうことができる。19種類のクラフトビールがあり、飲み比べもできる。支店がポートダグラスのクリスタルブルック・スーパーヨットマリーナにもある。

DATA MAP P.179/3A
住 Wharf St., Cairns, QLD 487
TEL(07)4047-9170
URL hemingwaysbrewery.com
営毎日12:00～22:00

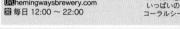

ローカル感いっぱいのコーラルシー

ソース・ブリューイング・ケアンズ
Sauce Brewing Cairns

ケアンズ中心部にある大型ブリュワリー。発祥はニューサウスウエールズ州だが、ケアンズでもクラフトビールを製造している。広々としたバー＆レストランスペースでは、18種類の生ビールが味わえる（飲み比べセットもある）。

DATA MAP P.179/2A
住 34-40 Lake St., Cairns, QLD 4870
URL sauce.beer TEL(07)4222-3320 営日～木11:00～22:00、金土11:00～24:00

コーラルシー・ブリューイング・タップルーム
Coral Sea Brewing Taproom

ソース・ブリューイングの裏側の路地にある（路地の入口はスペンス・ストリート側）。小さなバースペース（タップルーム）とその裏に製造工場をもっている。15種類のビールがあり、ほとんどがここでしか飲めないビールばかり。いつも地元の人で混んでいる。

DATA MAP P.179/2A
住 Bank Lane (40 Lake St.), Cairns, QLD 4870
URL www.coralseabrewing.com.au TEL0401-745-531
営月～木16:00～22:00、金～日12:00～24:00

絶品のアジアンフュージョン料理を味わう
タマリンド

MAP P.179/3A

●Tamarind Restaurant

リーフカジノのファインダイニングで、ディナータイムはゴージャス感もあって雰囲気がいい。ノースクイーンズランドで取れる新鮮な食材を、アジア各地のさまざまな料理法を駆使し、驚きの味で楽しませてくれると評判だ。基本はプリフィックスのコースメニューで、2コース$80、3コース$90。選べるメインコースのペナンダックカレーやロータスルートカレーなどが特においしい。

DATA
住 Main Foyer, Pulluman Reef Hotel Casino, 35-41 Wharf St., Cairns, QLD 4870
℡ (07)4030 8897
URL www.reefcasino.com.au/dine-2/tamarind-restaurant
営 火～土 17:30 ～ 21:30
休 日月　予約 望ましい　予算 2人で $160 ～ 250
酒 ライセンスド　CC ADJMV　ドレス カジュアル

ペナンダックカレーはこくがあって本当に美味

地元でも評判のファインダイニング
リーフハウスレストラン

MAP P.189

●Reef House Restaurant

パームコーブのリーフハウス入口にあり、おしゃれランチや優雅なディナーが楽しめる。料理はオーセンティックなモダンオーストラリア料理とアジアンテイストの料理の組み合わせ。ランチタイムに人気なのがバラマンディ＆チップス$28やQLD産和牛バーガー$26、シンガポールヌードル$28など。ディナーはプリフィックスのコース料理で、2コース$99、3コース$149。

DATA
住 The Reef House Palm Cove, 99 Williams Esplanade, Palm Cove, QLD 4879
℡ (07)4080-2600
URL www.reefhouse.com.au
営 毎日 6:30 ～ 10:00、12:00 ～ 14:00、18:00 ～ 20:00
予約 ディナーは望ましい
予算 2人で L$60 ～ 80、D$200 ～ 300
酒 ライセンスド　CC ADJMV
ドレス スマートカジュアル

盛りつけの美しさにも注目

パームコーブ随一とウワサの
ヌヌ

MAP P.189

●Nu Nu

パームコーブのアラマンダにある海を望むレストラン。アジア料理のエッセンスを取り入れたモダンオーストラリアスタイルの料理は、どれも繊細な味つけで、盛りつけもきれい。キムチバターや和風ソース、オイスターソースなどを、シーフードや肉料理に合わせたメニューが自慢。季節の食材に合わせ、毎月メニューが変わるので何度でも訪れたいレストランだ。

DATA
住 Alamanda Palm Cove By Lancemore, 1 Veivers Rd., Palm Cove, QLD 4879
℡ (07)4059-1880
URL www.nunu.com.au
営 毎日 7:00 ～ 11:00、12:00 ～ 15:00、17:00 ～ 21:30（ラストオーダー）
予約 ディナーは望ましい
予算 2人で D$80 ～ 250　酒 ライセンスド
CC ADJMV　ドレス スマートカジュアル

白身魚のメインコース

Column

ケアンズで BBQ を楽しむ

オーストラリアではバーベキューBBQは通称バービーと呼ばれ、人が集まれば気軽に楽しむもの。それだけにあちらこちらにバーベキュー施設がある。例えばエスプラネードラグーンの周り。専用のバーベキュープレイスがいくつもあり、誰でも自由に使うことができる。しかも無料（郊外では場所によって$1～2必要なところもある）。使い方はいたって簡単で、バーベキュー台の横に付いている点火ボタンを数秒押し続けると自動的に着火する。タイマー式になっているので、一定時間が過ぎれば火は消えるので安心だ。なおスーパーの肉売り場をのぞくと、BBQ1回用の肉の詰め合わせセットがいろいろとあり、旅行者でも気軽にトライできるのもうれしい。

ジャパニーズフュージョンを楽しもう
和話輪（ワワワ）

MAP P.179/2A

● Wawawa

シティプレス近くにある和風居酒屋で、変わった店名は「話」「輪」「和」から来ている。メニューにはにぎり寿司$22、巻き寿司$23〜26、タスマニアンサーモン丼$25、チキン照り焼き弁当$30など食事系から、揚げ出し豆腐や牛のたたき、から揚げなどの居酒屋風メニューまで揃っている。ドリンクメニューも充実しており、ビールは地元クイーンズランド産の他、エビスやアサヒもおいてある。

DATA
🏠 92 Lake St., Cairns, QLD 4870
📞 0455-125-057
URL wawawa.com.au
🕐 金 〜 月 12:00 〜 14:00、木 〜 月 17:30 〜 21:00 🚫 火水
予約 不要 予算 1人$25 〜 50 酒 ライセンスド
CC MV レス カジュアル

しっかり食事をしたいときは弁当メニューをオーダー

ユニークな和定食・ラーメン屋兼カフェ
フォーシンク（フォーサンク）

MAP P.179/3A

● Four Cinq

お店を切り盛りするご夫妻

コンセプトはラーメン屋＆定食屋とカフェの融合で、実物大の豚の置物が入口で迎えてくれる。ランチタイムにはワンプレート弁当定食（$16.50〜19）や各種ラーメン＋餃子セットなどのメニューが人気。夜は定食類のほか、予約すればコース料理も楽しめる。カフェメニューでは抹茶ラテやチャイラテなどが美味だ。

DATA
🏠 Shop 6, Village lane, 20 Lake St., Cairns, QLD 4870
📞 (07)4031-7774
URL four-cinq.com.au
🕐 火 〜 金 11:30 〜 14:00、土 11:30 〜 14:30、火 〜 土 17:30 〜 20:30
🚫 月日祝 予約 不要
予算 1人$20 〜 40
酒 ライセンスド
CC ADJMV レス カジュアル

ランチタイムのワンプレート弁当定食はボリュームも満点

ケアンズで食べる博多ラーメン
麺バカ がんばらんば

MAP P.179/2A

● Ganbaranba
Noodle Collosseum

じっくり煮込んだとんこつスープを使った本格的な博多とんこつラーメンが食べられる。ほかにも醤油、塩などがある。チャーシュー、焦がしニンニク入りとんこつラーメンのイケメン$16.95や、たっぷりの肉と野菜がのったとんこつスープ味ラーメンの無限$16.95が人気だ。本場博多同様替え玉サービスもあり。場所はケアンズのショッピングの中心アボット・ストリートとスペンス・ストリートの角からすぐ。

DATA
🏠 Shop 7, 12-20 Spence St., Cairns, QLD 4870
📞 (07)4031-2522
URL www.instagram.com/cool_ganba
🕐 月 火 木 〜 日 11:30 〜 14:30、17:30 〜 20:30
🚫 水 予算 $20 〜 30
酒 なし CC 不可
レス カジュアル

ケアンズ人気No.1のラーメン屋だ

Column
食費を抑えるなら
ナイトマーケットとケアンズセントラルのフードコート

ケアンズ中心部のフードコートは、夜のショッピングスポットとして人気のナイトマーケットのエスプラネード側入口と、大型ショッピングセンターのケアンズセントラルの2階中央部にある。ナイトマーケットのフードコートは和食、タイ料理、中華料理などアジア系が多く、夜はもちろんランチタイムもオープン。バーカウンターもあるのでアルコール類も飲める。一方ケアンズセントラルのフードコートは、バーガーチェーンからアジア系までバラエティ豊か。ただし、夕方までしかオープンしていないので、日中ツアーなどを利用する人は使いにくい。

Caféケアンズの 人気カフェ

オーストラリアはサードウエーブコーヒーの最先端をいく国。ましてケアンズは、近くでコーヒー豆が取れることもあって、おいしいコーヒーを飲ませてくれるカフェが数多い。ここではコーヒーだけではなく、一緒にいただくスイーツや軽食も美味なお店をいくつか紹介しよう！

ブラックバード・レーンウェイで極上エスプレッソを味わう

MAP P.178/3A

カフィエンドカフェ・アートミュージック
Caffiend Cafe Art Music

地元のコーヒー好きたちの朝食場所として人気がある。見事なラテアートが描かれたコーヒーと一緒に食べたいのが名物フレンチトースト。甘い食感のトーストされたパンの上に、アイスクリームやドライフルーツがたっぷりのった、オリジナリティあふれる一品だ。

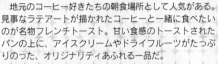

🏠72 Grafton St., Cairns, QLD 4870　📞(07)4051-5522
🌐www.caffiend.com.au　🕐毎日 6:30 ～ 14:30

名物フレンチトーストを
食べてみよう

MAP P.178/3A

ワッフルオン
Waffle On Cairns

ケアンズでワッフルが食べたくなったら迷わずここ。シールズ・ストリートで朝早くから開いており、おいしそうなワッフルメニューがいっぱい。ワッフル以外に朝食メニューも充実している。

🏠64 Shields St., Cairns, QLD 4870　🌐www.facebook.com/WaffleOnCairns
🕐火～日 7:30 ～ 13:00　休 月

MAP P.178/3A

メルドラムス・ベーカリーカフェ
Meldrum's Bakery Cafe

ケアンズ No.1 と評判のパイ屋さん＆カフェ。人気のチャンキービーフステーキパイ（$8.50）は、シチューでよく煮込んだかたまり肉がいくつも入っていてボリューム満点。ランチ利用におすすめしたいカフェだ。

🏠97 Grafton St., Cairns, QLD 4870　📞(07)4000-9391　🌐www.meldrumscairns.com.au　🕐月～金 7:00 ～ 14:00、土 8:00 ～ 13:00　休 日

売り切れ必須のチャンキー
ビーフステーキパイ

MAP P.179/2A

ブラックバード・レーンウェイ
Blackbird Laneway

ケアンズのコーヒー好きなら知らない人がいないほどのお店。アーケード内の小さなお店だが、本格的なエスプレッソを味わいたくなったら迷わずここへ。

🏠Oceana Walk Arcade, 13/62 Grafton St., Cairns, QLD 4870　📞(07)4031-1587　🌐blackbirdespresso.shop/　🕐月 ～ 金 7:00 ～ 16:00、土 7:00 ～ 15:00、日 7:30 ～ 13:00

ペロッタズ・アット・ザ・ギャラリー
Perrotta's at the Gallery

アートギャラリーにあるテラス席だけのレストラン。タコのサラダはスイカが意外に合って食感が楽しく、エビのスパゲティはクリームソースなのにレモンの酸味が軽やかで、散りばめたマスカットとエビの彩りがきれいでおいしかったです。（埼玉県　ぼうれいちゃー）['23]
MAP P.179/2A
🏠38 Abbott St., Cairns, QLD 4870
📞(07)4031-5899　🌐www.perrottasatg.com
🕐毎日 6:30 ～ 22:00

SHOPPING iN CAIRNS

ケアンズの
ショッピング

アボット・ストリートを中心にショッピング

ケアンズのショッピングスポットは、
シティプレイスから南側、
スペンス・ストリートとシールズ・ストリートのブロックに集中している。
特にアボット・ストリート界隈がショッピングの中心となる。

マーケットをのぞいてみよう

エスプラネードにあり夕方からほとんどのお店がオープンするナイトマーケットは、
おみやげ探しに最適な場所。
また週末には庶民のための市場として知られる
ラスティーズマーケットがオープン。
果物、日用品などの生活雑貨が並び、
ケアンズの人たちの生活が垣間見られておもしろい。

人気おみやげ店で見つけた
ケアンズでいまおみやげを買うならコレ！

オーケーギフトショップ OK GIFT SHOP MAP P.179/2A

日本人に人気の商品をセレクトしているオーケーギフトショップ。店内にはオーストラリアの定番、ユニークみやげがいっぱい。ここで紹介する以外にもマカダミアナッツやプロポリス、各種ジャーキー、オーストラリアンコスメ、通常のみやげ物まで大充実だ。

🏠 61 Abbott St., Cairns, QLD 4870
📞 (07)4031-6144 URL www.okgift.com.au
🕐 毎日 10:00 ～ 20:00 CC ADJMV

コアラをモチーフにしたキュートなデザイン
オーケーギフト限定グッズ

逆さコアラの顔にオーストラリアとトロピカルノースクイーンズランドの文字が入ったオーケーギフトのオリジナルデザイン商品。特にTシャツが男女問わずに大人気。財布やエコバッグ、缶バッジ、キーホルダー、タンブラーなどもある。

オーストラリアのアイコン的スプレッド
ベジマイトのグッズ

オージーの朝食の食卓に欠かせない発酵食品ベジマイト。そのクセのある味は観光客に賛否あるが、ベジマイトマークをデザインしたグッズはオーストラリアみやげにピッタリ。キャンバス地のエコバッグやキャップがかわいい。

ノースクイーンズランド産でフレーバーもいろいろ
チャーリーズチョコレート

ケアンズの南ミッションビーチで作られている高級チョコがチャーリーズ。地元産カカオを用いており、ダークチョコにレーズンやパイナップルなどの果実を合わせたフレーバーが人気。

ケアンズの名産品
オーストラリアマンゴー

オーケーギフトでは12～2月にケアンズ特産の高品質マンゴーの日本への宅配を行っている。日本の冬に、みずみずしいマンゴーが食べられるというわけだ。

ケアンズ近郊産出の人気コーヒー
スカイバリー

アサートンテーブルランドのコーヒーメーカーのひとつスカイバリー。カンガルーなどの動物を先住民アートふうにデザインしたパッケージもいい。1人用ドリップコーヒーやコーヒー豆は定番おみやげとして人気。また同社はパパイヤ農場ももち、パパイヤベースのスプレッドも美味と評判。

テーブルランドのフレグランスキャンドル
26 キャンドル

アサートンテーブルランド内陸部で作られているキャンドル。ケープヨークやフィッツロイアイランドなどケアンズ近郊の場所をイメージした香りを、ぜひ日本へ持ち帰ろう！

健康志向の人に大人気
オーストラリア産マヌカハニー

抗菌効果でニュージーランドのマヌカハニーがよく知られているが、それに匹敵する効果が得られるのはオーストラリアンマヌカ（オーストラリア原産ジェリーブッシュ）のハツミツ。ニュージーランドマヌカほど味に薬っぽさがなく食べやすいと評判だ。

267

フジイストア FUJII STORE MAP P.179/2A

日本で評判になりそうなオーストラリアの注目みやげをセレクトして揃えるのがフジイストア。ここで紹介した以外にも人気のマリーバコーヒーやケアンズのデザイナーによる絵タイル、プロポリスなどの健康食品を豊富に揃えている。

住 Shop 5A, Orchid Plaza, 58 Lake St., Cairns, QLD 4870　電 (07)4041-0554
営 毎日 10:00 ～ 19:00　CC ADJMV

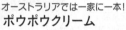

かわいいデザインが人気
アナベルトレンドのミトン

オーストラリアらしい絵柄が人気のアナベルトレンドのキッチン用品。ミトンは動物や植物がデザインされている人気商品だ。

オーストラリア各地をイメージしたデザインが人気
アナベルトレンドのエコバッグ

オーストラリア、クイーンズランド、ケアンズなどをイメージし、各地の代表的な観光地や動物をデザインしたエコバッグはおみやげとして最適。

オーストラリアでは一家に一本!
ポウポウクリーム

天然パパイヤ原料の万能クリームで、オーストラリアの家庭には必ずあるほど。ミランダ・カーも愛用しているとか。ニキビ、ひび割れ、アトピー、日焼け、虫刺されなど、さまざまな肌の症状に効果がある。

女性にも人気の
ブランドストーンのワークブーツ

タスマニア発ワークブーツの老舗ブランドストーンのタウン仕様ブーツ。衝撃を吸収する独自のインソールが入っており、疲れにくいと評判。

金運効果あり?
カンガルー袋

オスカンガルーの○タマ袋を加工した小銭入れ。現地では金運効果があると言われている。

ケアンズ発オーガニック石鹸
コハルソープ

植物オイルを使用し、天然グリセリンがたっぷり含まれるコールドプロセスで製造される石鹸。ケアンズ在住日本人が製造している。

ナイトマーケット NIGHT MARKETS MAP P.179/1A

エスプラネードとアボット・ストリートを結ぶ夕方からオープンする大きなマーケットで 20 以上のお店と、数店舗のマッサージ店、大きなフードコートが入っている。チョコ、スキンケアグッズ、先住民グッズからガラス細工まで、いろんな種類のお店が集まっていて、おみやげ探しに最適。

住 54-60 Abbott St. Through to 71-75 The Esplanade, Cairns, QLD 4870
電 (07)4051-7666
URL nightmarkets.com.au
営 毎日 16:30 ～ 23:00 (店舗により多少異なる)
CC 店舗により異なる

マッドマックス・ギフト
MAD MAX GIFT

ナイトマーケット最大級の売り場をもつ総合おみやげ店。特にスキンケアグッズは豊富で、各種ホホバオイルやプラセンタの品揃えはケアンズ有数。自社ブランドのホホバオイルは最高級品だ。ほかにもチョコやジャーキー類なども品揃え豊富だ。

自社ブランドをはじめ数多くのホホバオイルを揃えている

レインフォレストギフト
RAINFOREST GIFT

ケアンズ近郊で作られたコーヒー、マカダミアナッツと、ホホバオイル、プラセンタなどのスキンケアグッズを扱う。特にコーヒーは 4 社の商品を扱っている。ほかではなかなか買えないフレーバーコーヒーもある。

店内いっぱいに並ぶコーヒーはすべて地元産

ケアンズの人気ショッピングセンター

地元の人でいつもにぎわう

🎁 ケアンズセントラル
● Cairns Central

A ケアンズ中心部の外れにある　B 正面入口を入ると大きな吹き抜けになっている　C 人気の T2 は 1 階マイヤー側にある

ケアンズ中心部随一のショッピングセンターで、鉄道のケアンズ駅とコンプレックスをなしている。2 階建てのショッピングセンター内には 170 を超える専門店が入っている。

まずチェックしたいのが、日本未入荷の紅茶ブランド**T2**。さまざまなフレーバーがあり、値段も手頃で人気のおみやげとなっている。日替わりでお茶の試飲もあるので、まずその味わいを試してみたい。1932 年にオーストラリアのカウボーイブーツから始まった**RM ウイリアムス**は、知る人ぞ知るオーストラリアの高級ファッションブランド。タウン用にアレンジされた自慢のワークブーツはもちろん、シャツやパンツ、帽子まで品揃えも豊富だ。オーストラリアのサーフファッションを一堂に揃える**シティビーチ**もビラボンやクイックシルバー好きならかならずチェックしたい。またかわいい水着がいっぱいのスプリッシュ・スプラッシュ・スイムウエア、オーストラリアっぽい文房具のタイポやスミグルズなどもおみやげ探しに立ち寄るといい。

ケアンズセントラルには、オーストラリアのデパートチェーン、**マイヤー**も店舗を構えている。特にオーストラリア人気 No.1 コスメのジュリークを扱うのは、ケアンズではここだけだ。またオーストラリアの 2 大スーパーのウールワースとコールス、さらにバラエティショップのターゲット、K マート、さらにダイソー（日本のような 100 均ではない）、大きなフードコートまで入っている。

DATA

🏠 1-21 Mcleod St. Cairns, QLD 4870
📞 (07)4041-4111
🔗 www.cairnscentral.com.au
🕐 月〜水金土 9:00 〜 17:30、木 9:00 〜 21:00、日 10:30 〜 16:00 ／スーパー：月〜土 7:00 〜 22:00、土日祝 7:00 〜 21:00
※商店によって多少オープン時間に変更あり
💳 店舗により異なる

Column

ケアンズのスーパーマーケット

チョコレートやクッキーなどのおみやげをとにかく安く買いたい……そんな人は迷わずスーパーマーケットへ。ティムタムなどはセールに当たれば 1 箱 $3 前後という激安価格で販売されている。ケアンズ中心部では下記のスーパーが便利だ。

DATA

● ウールワース Woolworths
◆ ケアンズ店　MAP P.179/2A
🏠 103 Abbott St., Cairns, QLD 4870
📞 (07)4058-5356
🕐 月〜金 6:00 〜 22:00、土 7:00 〜 22:00、日 7:00 〜 21:00
🎄 クリスマス　💳 AMV
◆ ケアンズセントラル店　MAP P.178/3A
🏠 Cairns Central, McLeod St., Cairns, QLD 4870　📞 (07)4058-5375　🕐 月〜土 7:00 〜 22:00、日 7:00 〜 21:00
🎄 クリスマス　💳 AMV

● コールス Coles　MAP P.178/2A
🏠 Cairns Central, McLeod St., Cairns, QLD 4870　📞 (07)4040-7400
🕐 月〜金 6:00 〜 22:00、土 7:00 〜 22:00、日 7:00 〜 21:00　🎄 クリスマス　💳 AMV

ケアンズそのほかの
おすすめショップ

ケアンズ唯一の UGG オーストラリア専門店

アグラバー・バイ・PB オーストラリア

MAP P.179/3A

● **UGG Lover by PB Australia**

店内はおしゃれな雰囲気

日本でいちばん人気のアグブーツといえばアメリカのデッカーズ社が製造するアグ・オーストラリア。そんなアグ・オーストラリアとオーストラリア No.1 ブランドのエミュー、2 社の最高級アグブーツだけを扱っているのがこのお店だ（正規販売代理店となっている）。明るい店内にはさまざまなデザインのアグブーツがいっぱい。もちろん、室内履きや帽子、手袋、バッグ、ニットウエアといった商品も扱っている。

DATA
住 53 Abbott St., Cairns, QLD 4870
URL ugglover.com.au
営 月〜土 11:00 〜 17:00 　休 日祝
CC ADJMV

アグ・オーストラリア、エミューの正規代理店

アグブーツの種類が豊富

オリジナルアクセサリーを手に入れよう

インディビジュエル

MAP P.178/3A

● **Indivi Jewel**

手頃な値段でオパールアクセサリーを手に入れるのもおすすめ

オーストラリアヒスイ、サンゴ、パール、アクアマリン、水晶など、さまざまな石を組み合わせてイヤリングやネックレス、ブレスレット、指輪などが作れる。もちろん日本人スタッフがいることも多く、デザインの相談も安心だ。デザインを決めてからできあがるまで 1 日程度（簡単なデザインなら当日受け渡しも可能）。

DATA
住 Shop 3, 72 Grafton St., Cairns, QLD 4870
電 (07)4041-5064
URL indivijewel.com.au
営 月 〜 金 10:00 〜 16:30、土 9:00 〜 15:45
休 日祝 　CC MV

さまざまな石を組み合わせてお気に入りのアクセサリーを作ろう

ハンドメイドジュエリーとこだわりみやげの

パウチ・クオリティオージーギフト

MAP P.179/3A

● **Pauch Quality Aussie GIFT**

ケアンズ近郊で作られているスキンケアグッズなどの商品を集めたセレクトショップ。店内にはこうした商品販売のほか、サービスのKネイルサービスが入っている。特に人気なのがジュエリータカ。好みの石を選んで指輪やネックレスなどをオーダーするのがおおすすめ。簡単なものなら 1 〜 2 日で対応してもらえる（完全なオリジナル制作には 2 週間ほどかかる）。

すでに完成しているジュエリーも販売している

DATA
住 Shop 11, Village Lane, 20 Lake St., Cairns, QLD 4870 　電 (07)4028-3670 　電 0431-273-559（ジュエリータカ） 　URL jewellerytaka.net（ジュエリータカ）
営 火〜土 10:00 〜 17:00 　休 日月 　CC ADJMV

スキンケアなどのおみやげは店内正面のテーブルで販売

HOTELS & RESORTS IN CAIRNS AREA

ケアンズの
ホテル

どのホテルも便利なロケーション

多くの高級ホテルはエスプラネード近くにあり、
上層階の部屋なら眺めもいい。
もちろんショッピングや食べ歩きにも絶好のロケーションだ。

ケアンズ市中かアラウンド・ケアンズか？

ケアンズの北、パームコーブやポートダグラスにも魅力的なホテルがある。
市中のホテルに比べ敷地も広く、
リゾートとしての雰囲気にもあふれている。

グループ、家族旅行ならコンドミニアムも

ケアンズには大型リゾートスタイルのコンドミニアムも多い。
部屋が広く、1〜3ベッドルームがあるので、
グループ旅行や家族旅行に向いている。

マリーナを望む優雅なホテル

H ★★★★★ シャングリラ・ザ・マリーナ ●Shangri-La Hotel, the Marina

MAP P.179/2B

A マリーナに面した瀟洒な建物がシャングリラ・ザ・マリーナだ　B 1階のマリーナ沿いにあるザ・バックヤードのデッキと呼ばれるエリア。くつろいだ雰囲気でアラカルトメニューが楽しめる　C ホライズンクラブのアメニティはロクシタンだ　D 人気のホライズンクラブ　E 一般的なゲストルームでも十分快適　F 中庭のプールは静かな時間が流れている

ピア・アット・ザ・マリーナとコンプレックスをなすケアンズを代表する高級ホテル。マーリンマリーナとトリニティ湾を見下ろすウオーターフロントに建っており、海側の部屋からはヨットが並ぶマリーナや大海原を見渡すことができる。またアジア系ホテルならではの、ホテルスタッフのきめこまやかなサービスは、ケアンズでは他の追随を許さないほど。ゲストは滞在中 Wi-Fi が無料だ。

アコモデーションと設備

客室はシンプルさを追求した近代的な雰囲気で、全室バスタブとシャワーブースが別になっている。特にホライズンクラブになっている2階の 36 室は、天井も高く部屋も 40㎡ と広々。ワーフを見下ろすバルコニーは 16㎡ もあり、眺めも格別だ。ベッドルームとバスルームはガラスで仕切られており、もちろんスパバスとシャワーブースも別。クラブラウンジでは朝食や夕方のカクテル&ドリンク（アルコールを含む）、さらに日中はコーヒーやソフトドリンクも無料で楽しめる。ハネムーナーには一番におすすめしたい客室だ。

2階の中庭にはケアンズ市中では有数の広さを誇るプールがある。プールの周りはさながら熱帯植物園のようにさまざまな植物、花が植えられている。

ワーフに面したボードウオーク沿いはケアンズ有数のレストラン街。ホテル直営のダイニングはザ・バックヤード（→ P.257）で、カフェバースタイルのキオスク、屋外食事スペースのバックヤードガーデン、おしゃれな雰囲気のウオーターサイドダイニングとその日の気分で食事が楽しめるようになっている。このほかマリーナ沿いではケアンズ有数のステーキ専門店ウオーターバー&グリル・ステーキハウス（→ P.258）が人気だ。なおスパ設備はホテル内にはないが、ピア・アット・ザ・マリーナ内に日本人スタッフのいるオイルドマッサージ（→ P.255）があり、手頃な値段で利用できるのもよい。

DATA

🏠 Pierpoint Rd., Cairns, QLD 4870
📞 (07)4052-7500
🌐 www.shangri-la.com
🛏 Deluxe $280、Deluxe Seaview $310、Executive Marina View $360、Horizon Club $475、Executive Suite $485、圓 Suite $495、Royal Suite $1080
💳 ADJMV　📶 無料
日本での予約先：シャングリラ・ワールドワイドリザベーション 📞 0120-944-162
日本語スタッフ：いる　客室数 255 室

エレガント＆エキサイティングな滞在

H ★★★ ★★
プルマン・リーフカジノ

● Pullman Reef Hotel Casino

A 街なかにあるとは思えないほど静かなプールサイド　B ロビーエリアはゆったりと落ち着いた雰囲気　C ロビーエリアには無料で利用できる本格的コーヒーマシンがある　D 一般的な客室でも余裕の広さ　E バスアメニティは日本でも評判になっているシー・オー・ビゲロウ　F ワンランク上の豪華さが味わえるジュニアスイートの客室　G ジュニアスイートのバスルームからは海が見渡せる　H ジュニアスイート以上の客室にはネスプレッソのコーヒーマシンがある

ケアンズを代表する最高級ホテルのひとつで、カジノ、ケアンズ・ズーム＆ワイルドライフドーム（→ P.213）を併設していることでも有名。専任スタッフが着席スタイルで応対してくれるチェックイン、洗練されたインテリアなど居心地のよさは抜群。シティの中心に位置し、アクティビティにもショッピングにも便利なロケーションだ。

ロビーエリアはカジノの入口とは別になっており、ホテル内に騒々しさはまったくない。またロビーでは無料でコーヒーが飲めたり、滞在中ホテル内全域で無料 Wi-Fi が利用できたりとサービス面でもレベルが高い。

アコモデーションと設備

近代的で白を基調とした客室は全室バルコニー付き。しかも最も狭い客室でも 36㎡もの広さをもっている。バスルームはバスタブをベッド側に配置し、扉を開放すると部屋越しに外の景色が眺められるよう配置。バスタブは全室スパバスで深さもちょうどよく使いやすい。もちろんバスタブとシャワーブースは別だ。ちょっと贅沢をするならジュニアスイートがいい。角部屋で広く、バルコニーからの眺めもさらによくなる。またバスルームからは海が望めるなど、カップル、ハネムーナーにおすすめだ。

ホテルのメインダイニングはモダンアジア料理が味わえるタマリンド（→ P.263）。朝食はメイン料理をオーダーするスタイルのセミビュッフェだが、ディナータイムはプリフィックスのコース料理となる。なおアボット・ストリート側のカジノ入口脇には、アジア屋台料理が味わえるソイキッチン・ストリートフードもある。

ナイトライフはカジノのほか、カジノ入口にあるベルティゴ・バー＆ラウンジも人気。水〜日曜には生バンドの演奏も入って、地元の人で大にぎわいとなる。

DATA

住 35-41 Wharf St., Cairns, QLD 4870
電 (07)4030-8888
URL www.reefcasino.com.au
料 Superior $299、Deluxe $339 〜 359、Premium Deluxe $379、Jr.Suite $419、Executive Suite $499、Presidential Suite $899
CC ADJMV　**WiFi** 無料
日本での予約先：アコーホテルズ **電** (03)4455-6404
日本語スタッフ：いる　**客室数** 127 室
●リーフ・カジノ
営 日〜木 9:00 〜翌 3:00、金土 9:00 〜翌 5:00
※入場は 18 歳以上。襟付きシャツ、長ズボンのスマートカジュアル以上で

ウオーターフロントのリッチな滞在

H ★★★
★★

ヒルトン・ケアンズ

● Hilton Cairns

A 広々として気持ちのいいプールエリア　B デラックスの室内　C カップルに人気のスパルーム　D スパルームのスパバス。ガラス張りでベッドルームが見える造りだ　E コンテンポラリーモダンなインテリアで統一されたロビーエリア

トリニティ湾を見下ろす位置にあるヒルトン。部屋のバルコニーにはハイビスカスやブーゲンビリアが植えられ、ホテル中央の吹き抜けは熱帯植物が茂る森のよう。トロピカルムードとモダンな雰囲気が調和した、ケアンズの人気高級ホテルだ。

日本語の対応も万全。メニューやディレクトリーは必ず日本語版が用意されているし、レセプションに日本語スタッフがいることも多い。また各種クルーズが発着するリーフフリートターミナルも徒歩数分とロケーションも文句なしだ。

アコモデーションと設備

部屋はスパルームとスイートを除き、ほぼ同じ造り。値段の違いは部屋からの眺めやエグゼクティブラウンジが使えるかどうかによる。いずれにしても部屋は最低 30㎡とゆったりしており、シックでモダンなインテリアが印象的。全室にバルコニーが付いているのもリゾートらしくていい。カップルに人気のスパルームは、ベッドルームとガラスで仕切られたスパバス仕様のバスルームをもつ部屋だ。全体の 80%がツインルーム対応となっているのは日本人旅行者への配慮だそうだ。

ロビー脇にはバーとレストランがある。レス

トランは朝食ビュッフェ時はサンライズレストランとして、ディナータイムはモダンオーストラリア料理のアラカルトメニューが味わえるシグニチャーとしてオープン。また海沿いには、地元オージーに古くから親

レセプションでヒルトンの制服を着たコアラ人形が出迎えてくれる

しまれているオープンエアレストランのモンド・オン・ザ・ウオーターフロント（→ P.257）がある。このほかホテル内施設として、屋外プール、ジム、ウェディング用チャペル、ギフトショップなどがある。

DATA

🏠 34 The Esplanade, Cairns, QLD 4870
📞 (07)4050-2000
🔗 www.hilton.com/en/hotels/crnhitw-hilton-cairns
💰 Guest Room $270 ～ 280、Corner Room $285、Deluxe $300、Spa Room $380、Executive $340、Executive Spa Suite $380、Suite $490、Premium Suite $1080
💳 ADJMV　📶 無料
日本での予約先：ヒルトン・リザベーションズ
📞 0066-33-112505
日本語スタッフ：いる　客室数 263室

モダンリゾートといった装いの
ライリー・クリスタルブルックコレクション・リゾート ● Riley A Crystalbrook Collection Resort

MAP P.178/2B

A ホテル中央には広々としたプールがある　B プール脇、海を望むよう建てられたタワー棟　C メインビルディングの客室。広くて快適　D タワー棟の客室からは目の前に海が望める　E タワー棟上層階のバスルームは映画に出てきそうな雰囲気　F 全室にコーヒーマシンとTWG紅茶が用意されているのがうれしい　G 1階にあるエレム・デイスパのカップルトリートメントルーム

エスプラネードに面し、ほぼすべての部屋からプールもしくはトリニティ湾が望める本格的なリゾートホテル。毎日あれこれ外出するのではなく、ホテル内でのんびり過ごしてもらうことをコンセプトにしている。それだけにホテル敷地内中央には広々としたインフィニティプールがあり、プールサイドでは1日中多くのゲストのくつろいでいる様子が見られる。

アコモデーションと設備

客室はレセプションなどがある8階建てのメインのビルディングとプール脇の13階建てタワーに分かれている。メインビルディングの客室は全室バルコニー付きで、タワーはバルコニーはないが全面ガラス張りの窓からの景色はすばらしい。どちらの棟に宿泊しても、最低32㎡以上の広さの部屋となっており、インテリアはコンテンポラリーモダン。また客室に備えられた専用iPadでホテル内レストランの予約や、現地オプショナルツアーの予約ができるなど最新設備を備えている。しかもミニバー設備に無料で利用できるネスプレッソコーヒーマシンや、シンガポールの人気紅茶ブランドTWG紅茶が用意されているのもうれしい。

レストランは2軒。エスプラネード前にウッドデッキと屋内席をもつモダンアジア料理のペーパークレイン（→P.257）。朝食ビュッフェではパン用はちみつが巣のまま出てきたり、和食のソバも用意されるなど、提供される料理にこだわりも感じられる。紅茶はもちろんTWGだ。タワー最上階にあるのがミドルイースト＆メディタレニアン料理のロッコ（→P.262）。料理はもちろんカクテルメニューも豊富で、サンセットタイムから地元の人たちにバーとしても大人気。食後におしゃれバーとして利用するのもありだ。

またデイスパ設備のエレム・デイスパ（→P.255）も極上のトリートメントが受けられると評判だ。

DATA
🏠 131-141 The Esplanade, Cairns, QLD 4870
📞 (07)4252-7777　📞 1300-002-050
🌐 www.crystalbrookcollection.com/riley
🏨 Urban $345、Resort $393、Panoramic Sea $488、Family $873、Suite $1118、Riley's Suite $2118
💳 ADJMV　📶 無料
日本での予約先：なし
日本語スタッフ：いる　客室数 311室

ナイトマーケット脇のエスプラネードの新ホテル

フリン・クリスタルブルックコレクション・リゾート ● Flynn A Crystalbrook Collection Resort

アーバンサイドとエスプラネードサイドのふたつのタワーをもつ

活気のあるナイトマーケットのすぐ近くにある、ケアンズで最もスタイリッシュな雰囲気のリゾートホテル。アボット・ストリートとエスプラネードを結ぶようにホテルはあり、シティ&マウンテンビューのアボット側アーバンタワー、トリニティ湾ビューのエスプラネード側シービュータワーに分かれている。車寄せやチェックインはアボット・ストリート側だ。

客室には、アートが描かれたクッションやシック&モダンな調度品が置かれ、デザインセンスのよさに心躍らされる。バスルームはシャワーオンリーだが使い勝手もよく、バスアメニティもクリスタルブルックコレクション専用オーガニック製品が使われ、香りもいい。またホテル内には高級デイスパとして人気のエレム・デイスパ（→ P.255）も入っている。

レストランやプールなどはエスプラネード側に集められている。プールは中層階にあるインフィニティスタイルで、最前面がガラス張り（通りから泳いでいる人が見える）。プールサイドに朝食ビュッフェとディナータイムがアラカルトのフリンズ・イタリアン、エスプラネードに面した場所にはカジュアルダイニングのボードウオークソーシャルとウイスキー&ワインバーがある。

アートな雰囲気が感じられる客室

DATA

🏠 85 The Esplanade, Cairns, QLD 4870
📞 (07)4253-5000　📞 1300-002-050
🌐 www.crystalbrookcollection.com/flynn
🛏 Urban $325、Harbour $375、Urban Master $355、Sea View $425、Family Urban $655、Urban Suite $595、Sea View Suite $645、Flynn's Suite $1045
💳 ADJMV　📶 無料
日本での予約先：なし
日本語スタッフ：いる　客室数 311 室

熱帯雨林をイメージカラーにした

ベイリー・クリスタルブルックコレクション・リゾート ● Baily A Crystalbrook Collection Resort

落ち着いた雰囲気の客室

ケアンズ中心部、フリン・クリスタルブルックコレクション・リゾートの斜め向かいに建つのがベイリー。建物全体を熱帯雨林のグリーンカラーで統一。入口の吹き抜けのホールにはガラス窓を流れ落ちる巨大な人工滝を配し、ジュゴンをモチーフにした巨大先住民絵画を飾るなど、ホテル内に一歩足を踏み入れた瞬間から熱帯の町ケアンズを実感できる造りとなっている。

客室は一般的なホテルスタイルと、コンドミニアムタイプのレジデンシャルに分かれている。どちらのタイプでもモダンで、家具も現代的なものがセレクトされており、居心地がいい。ホテルタイプは客室の広さが26㎡からで、バスタブはなくシャワーオンリーだ。レジデンシャルは1～3ベッドルームがあるので、家族旅行やグループ旅行での利用におすすめだ。

レストラン&バーでは、おしゃれなバーとニューヨークスタイルのステーキハウスが評判のシーズ・バー&グリル（→ P.258）が人気。プールサイドにはメキシコ&カリブ・スタイルの食事とドリンクが評判のパチャママ、ロビー脇にシャリキトリーとワインが楽しめるアルテ・ワインバーがある。

ベイリーのプールエリア

DATA

🏠 163 Abbott St., Cairns, QLD 4870
📞 (07)4253-4000　📞 1300-002-050
🌐 www.crystalbrookcollection.com/bailey
🛏 Urban $265、Urban Master $315、Urban Family $565、Bailey Suite $615 ／コンドミニアム：1B $325、2B $425、3B $575
💳 ADJMV　📶 無料
日本での予約先：なし
日本語スタッフ：いる　客室数 217 室

ケアンズいちの高層ホテル
☆☆☆☆☆ プルマン・ケアンズインターナショナル

● Pullman Cairns International

MAP P.179/3A

A 吹き抜けの天井が開放感を醸し出すロビーエリア　B 一般的なシティ／マウンテンビューのゲストルーム　C プールエリアは緑も豊かでリラックスできる　D ヴィスパのカップル用トリートメントルームには専用屋外バスも付いている　E 16階建てケアンズ随一の高層ホテル

　ケアンズでは最高層、16階建てのホテルがプルマン・ケアンズインターナショナル。3階まで吹き抜けの天井をもつコロニアル風のロビーには、大きな窓から陽光が差し込み明るい雰囲気。床も大理石で高級感たっぷりだ。

　客室はコロニアル調のインテリアがエレガント。ベッドルーム、バスルームともに広々としている。全室バルコニー付きで、一般的なシティ／マウンテンビューの客室でも40㎡もある。

　2階には高級デイスパのヴィスパ（→P.254）が入っている。プールは上から眺めると蝶の形をした美しいプールで、子供用プールやジャクージなども完備。レストランはロビー脇のインターナショナルレストランのココス・キッチン＋バーCoco's Kitchen + Bar。朝食はビュッフェ、ランチ、ディナーはアラカルトだ。またバーエリアでは金～日曜の11:00～14:30に英国風ハイティーも楽しめる。

DATA
🏠 17 Abbott St., Cairns, QLD 4870
📞 (07)4031-1300
🌐 www.pullmancairnsinternational.com.au
🛏 City/Mountain View $370、Harbour View $390、Superior City/Mountain View $396、Deluxe Harbour View $426、Executive Suite City/Mountain View $576、Executive Suite Harbour View $733　💳 ADJMV
📶 無料　日本での予約先：アコーホテルズ
📞 (03)4578-4077
日本語スタッフ：いる　客室数321室

エロール・フリンが泊まった伝説のホテル
☆☆☆☆☆ パシフィックケアンズ

● Pacific Hotel Cairns

MAP P.179/2A

　エスプラネードとスペンス・ストリートの角に位置し、クルーズの発着所、カジノ、ショッピングエリアなど徒歩圏内というロケーション。1982年にオープンした11階建てのホテルで、アットホームなサービスが人気だ。客室は全室バルコニー付き。もちろん無料Wi-Fiサービスもある。レストランはシュラスコで有名なブッシュファイアー・フレームグリル（→P.260）があり、朝食ビュッフェも提供している。

DATA
🏠 43 The Esplanade, Cairns, QLD 4870
📞 (07)4051-7888　🌐 pacifichotelcairns.com.au
🛏 $287～397　💳 ADJMV　📶 無料
日本での予約先：なし　日本語スタッフ：いる
客室数207室

一般的な客室　　3階にあるプール

H ★★☆ トロピカル度満点のリゾート
ダブルツリー・バイ・ヒルトン・ケアンズ
● DoubleTree By Hilton Cairns

A リゾートらしい雰囲気の4つ星ホテルだ　B 明るくモダンな雰囲気の客室　C プールエリアはルームキーで出入りするようになっている　D 中庭の池ではバラマンディの餌づけも行われる

エスプラネード沿いで、丸みを帯びた外観がひときわ目立つホテル。ケアンズ中心部から徒歩5〜6分とロケーションもいい。

建物の中央にはトロピカルな植物や池を配置した熱帯雨林のアトリウムがあり、くつろぎのスペースとなっている。しかも中庭の池ではバラマンディも飼われていて、週に数回アトラクションとして餌づけも行っている。餌づけ以外の時間でも、バラマンディを間近で見られるのもいい。

客室はマウンテン&シティビュー（スタンダード）と海に面したウオータービューに分かれるが、基本的な設備はすべて同じで、広さも24〜28㎡と十分だ。キングとツインの2部屋がつながるインターコネクティングルームがあるなど、家族向けの対応も充実している。4つ星クラスではあるが、全室にバスローブを完備するなど客室設備は充実している。

レストランはロビー脇にオールデイダイニングのアトリウム（朝食はビュッフェ、ランチ、ディナー

はモダンオーストラリア料理）がある。またエスプラネードに面した場所には、ワインとのマリアージュを楽しみながら食事ができるヴィンルーム・アーバンプロバイダー（→ P.259）がある。夕暮れ時の屋外席は雰囲気がいいので、地元の人にも人気がある。

DATA
🏠 121-123 The Esplanade (Cnr.Florence St.), Cairns, QLD 4870
📞 (07)4050-60700
URL www.hilton.com/en/hotels/cnsdcdi-doubletree-cairns
💰 Guest Room $310 〜 320、Deluxe Room City & Mountain View $360、Superior $360 〜 375、Deluxe Water View $400　CC ADJMV　WiFi 無料
日本での予約先：ヒルトン・リザベーションズ
📞 0066-33-112505
日本語スタッフ：いない　客室数 237 室

H ★★★ ☆☆ エスプラネードの最新ホテル
オークスケアンズ・ホテル
● Oaks Cairns Hotel

メインプラザの真ん前に建つ5階建てのホテルで、入口はシールズ・ストリート側となる。客室は小さな明かり取りの窓だけのインターナル、町を望む窓のエグゼクティブ、海側に窓のあるエグゼクティブオーシャン、デラックス、2ベッドルームの5タイプ（すべてシャワーオンリー）。おすすめはジュニアスイートタイプのデラックスだ。また最上階にはケアンズで注目のルーフトップレストラン、オーク&ヴィン（→ P.259）もある。

DATA
🏠 59-63 The Esplanade, Cairns, QLD 4870
📞 (07) 3188-6052　URL www.oakshotels.com/en/oaks-cairns-hotel

広々としたデラックスルーム

💰 Internal $269、Executive $299、Executive Ocean $339、Deluxe $369、2B $549
CC ADJMV　WiFi 無料　日本での予約先：なし
日本語スタッフ：いる　客室数 76 室

ベンソンホテル

★★★
★☆

町の中心にあり何をするにも便利な

●The Benson Hotel

A 町の中心部で10階建ての建物はよく目立つ　B プールエリアは広々としていて眺めもいい　C ドリンクを楽しむのに最適なレストランのルーフトップエリア　D 客室は全体に落ち着いた色調でまとめられている

ケアンズの中心部にある10階建ての4つ星ホテル。目の前がラスティーズマーケットで、リーフフリートターミナルまでも徒歩10分以内と、ひじょうに便利な場所にある。2022年に全館改装が行われ、すべての設備が刷新された。シック＆モダンでスタイリッシュな広々とした客室は、最新式のAV設備完備。TVはNetflixやHuluなどのストリーミングサービスに対応したスマートテレビだ。さらに全室に電子レンジが完備されているので、スーパーやベーカリーでパンやパイ、総菜などを買って食費を安く上げたい人に最適。また無料Wi-Fiもひじょうに高速で、各部屋10台までの器機を接続できるなど、グループでの滞在やビジネス用途にも十分対応している。
　レストランは明るく開放的な雰囲気のベンソ

ンレストラン（→ P.259）。特に屋外ルーフトップバーは町の眺めもよく、夕方は地元の人で混み合うほどだ。このほかゲスト用ランドリー設備があるのもうれしい。

DATA

🏠 50 Grafton St. (Cnr.Spence St.), Cairns, QLD 4870
📞 (07)4046-0300　URL thebensonhotel.com.au
🏨 Silver Terrace $330、Gold $340、Suite $340
CC ADJMV
WiFi 無料
日本での予約先：チョイスホテルズ・ジャパンデスク 📞 0053-161-6337
日本語スタッフ：いない
客室数 56室

リッジス・エスプラネードリゾート

★★★
★☆

ホテルとコンドミニアムをもつ

●Rydges Esplanade Resort Cairns

中心部から徒歩10分ほどの、エスプラネード沿いに建つ。客室は機能重視のホテルタイプ、簡易キッチン付きオールスイート、フルキッチン完備のアパートメント、豪華なペントハウスまで4つのカテゴリーに分けられる。リゾート施設も充実。3つの大きな塩水プール、テニスコート2面、パッティンググリーン、ヘルスクラブ、サウナ、スパ、ゲスト用ランドリーなどを完備。レストランはビュッフェスタイルの朝食とアラカルトのランチ、ディナーが楽しめるコーラルヘッジ・ブラッセリーがある。

DATA

🏠 209-217 Abbott St., Cairns, QLD 4870
📞 (07)4044-9000
URL www.rydges.com
🏨 $309～424／コンドミニアム 1B $449、2B $519
CC ADJMV　WiFi 無料
日本での予約先：なし
日本語スタッフ：いない
客室数 242室

モスグリーンを基調としたホテルルーム

ケアンズ最大規模の客室数を誇るホテル

ラグーンプールが印象的なリゾート空間

★★★
★☆ **ノボテル・ケアンズ・オアシスリゾート** ● Novotel Cairns Oasis Resort

MAP P.179/1A

A ゆったりしたラグーンをもつプールエリア　B リゾートらしさあふれる客室　C 屋外席が気持ちいいモク・グリル＆バー

　ケアンズ中心部にあるとは思えないほどリゾート感いっぱいのホテル。砂浜をもつラグーンを模した大型プールがホテルの自慢で、このラグーンプールを囲むように、三角屋根の6階建て宿泊棟が並んでいる。

　客室はマウンテンビュー（スタンダード）とプールビュー（スーペリア）に分かれているが、基本的な設備は同じ。全室バルコニー完備だ。インテリアはモダンで明るい感じにまとめられている。もちろんTVはストリーミングサービス対応だ。朝食ビュッフェとアラカルトのオールデイダイニングのモク・バー＆グリルは、特にラグーンに面した屋外席が人気だ。ラグーンプ

ルーサイドには三角屋根のちょっと愛らしいモク・ビーチクラブ・プールバーもある。

DATA
🏠 122 Lake St., Cairns, QLD 4870
📞 (07)4080-1888
🔗 www.novotelcairnsresort.com.au
💰 Standard $270、Deluxe $320、Deluxe Pool View $350、Suite $420、Deluxe Suite $430
💳 ADJMV 📶 無料
日本での予約先：アコーホテルズ 📞 (03)4578-4077　日本語スタッフ：いない 🛏 314室

のんびり派におすすめ

★★★
★☆ **ホリディイン・ケアンズ・ハーバーサイド** ● Holiday Inn Cairns Harbourside

MAP P.177/2B

南国らしさいっぱいの開放的な雰囲気のホテルだ

白を基調としたモダンな客室

開放的な雰囲気のハーバーサイド・キッチン

　エスプラネードの北の外れに建つ。中心部から歩くと30分ほどかかるが、1日数便、朝と夕方に送迎バスが出ているのでさほど不便には感じない。客室は明るくモダンな雰囲気で、全室バルコニー付き。レストランはエスプラネードを眺めながら食事が楽しめるハーバーサイドキッチンがあり、朝食ビュッフェと、ランチ、ディナーがアラカルトとなっている。また12歳以下の子供は、大人がメインコースをオーダーすると食事が無料となるキッズイートフリーを行うなど家族連れにおすすめだ。

DATA
🏠 209-217 The Esplanade, Cairns, QLD 4870
📞 (07)4080-3000
🔗 www.ihg.com.au
💰 Standard $279、Seafront $299、Premium $369、Premium Seafront $389、Executive $209、Suite Seafront $409、🛏 Suite $434
💳 ADJMV
📶 無料
日本での予約先：インターコンチネンタル・ホテルズグループ 📞 (03)4526-3207
日本語スタッフ：いる 🛏 173室

H ★★★ ★☆ ラグーンプールが印象的なリゾート空間
メルキュール・ケアンズ

MAP P.179/1A

● Mercure Cairns

A 熱帯ケアンズによく映えるコロニアルな外観　B 小さなホテルなのでプールは混み合うことがほとんどない　C 居心地のいい一般的な客室　D ロフトルームは1階部分が広々している

ケアンズ中心部から10分ほど、ケアンズ水族館近くに建つコロニアルな装いの4つ星ホテル。ロビーにはレモン入りの水が用意されており、暑いケアンズでチェックイン時にほっとひと息付けるのがうれしい。またホテルの一角は、ケアンズで最近サービスが始まった電動キックボード（Eスクーター）のモビリティサービスのデポにもなっている。

ホテルの建物はあくまでコロニアル調を保つために2階建てとなっており、室内設備は2022年に改修されたばかりで最新。ミニバーにはネスプレッソのコーヒーメーカーが設置されている。またロフトタイプの客室もあり、リビングスペースをゆったり利用したい人に人気がある（ロフト部分がベッドルームになっている）。レストランはプール脇にあるスタンレー（→P.261）。開放的な雰囲気のレストランで、朝食はビュッフェ、ディナーはアラカルトだ。またプールは広くはないが、熱帯植物が植えら

れ、大きなフード付きチェアが置かれるなど、リゾートらしさを演出している。

DATA
🏠 Cnr. Florence & Lake Sts. (15 Florence St.), Cairns, QLD 4870
📞 (07)4051-5733
🌐 www.mercurecairns.com.au
🛏 Standard $259、Superior $284、Loft Room $284、Executive $279　💳 ADJMV　📶 無料
日本での予約先：アコーホテルズ 📞 (03)4578-4077　**日本語スタッフ**：いない　客室数 75室

H ★★★ ★☆ 広々としたプールをもつ南国リゾート
パームロイヤル

MAP P.177/3A 外

● Palm Royale Cairns

ケアンズ中心部から車で10分ほどのマヌンダ地区にある。中心部まではクルーズ出発に合わせた早朝とディナータイムに合わせた夕方〜夜、さらに数は少ないが日中と有料シャトルバスが出ている。ホテルは郊外にある地の利を生かしリゾートらしい雰囲気がいっぱい。ヤシの木が囲む中庭には大きなプールが2ヵ所、その周りには3階建てのコロニアルな外観の宿泊棟が建ち並んでいる。客室は2タイプでプールビュールームはシャワーのみ、エグゼクティブルームはバスタブ付きとなっている。ホテルの隣にはスーパーの入ったショッピングセンターがある。

DATA
🏠 7-11 Chester Court, Cairns, QLD 4870
📞 (07)4032-6400
🌐 palmroyale.com.au
🛏 $171〜181
💳 ADJMV
📶 無料
日本での予約先：なし
日本語スタッフ：いない
客室数 150室

モダンで清潔なゲストルーム

ヤシの木が茂るリゾートホテルだ

町の中心のコロニアルホテル
★★★
☆☆
ハイズホテル
● Hides Hotel

ケアンズの中心のコロニアル建築

プレミアムルームは最新設備完備

　町の中心シティプレイスに建つコロニアルスタイルの歴史的建造物を改装したホテル。ホテル内にはケアンズ最古のエレベーターが残っているほどで、朝食も取れる2階ロングバルコニーは、そこにいるだけで優雅な気分に浸れるほど。客室は開拓当時の建物内のバジェットルーム（高天井が開放的／バス・トイレ共同）、新しい建物内のプレミアムルームに分かれている。プレミアムルームは、主要電源すべてにUSB端子が付くなど使い勝手がいい。

DATA
🏠 87 Lake St., Cairns, QLD 4870
📞 (07)4058-3700
🌐 hideshotel.com.au
💲 Budget $89〜129、Premium $179〜189
💳 ADMV
📶 無料
日本での予約先：なし
日本語スタッフ：いない 🛏94室

南国リゾートらしさが味わえる
★★★
☆☆
ケアンズ・コロニアルクラブ・リゾート
● Cairns Colonial Club Resort

　町の中心から車で10分ほどのマヌンダ地区に建つ。数百種の植物が植えられた4ヘクタールの敷地をもち、夜間、野生のバンディクートも現れるなど、熱帯雨林内にあるリゾートという感じだ。部屋はシャワーのみのスタンダード、ベーシックな設備のコロニアル、簡易キッチン付きステューディオ、バルコニーが付いた4つ星クラスのスーペリア、豪華なスイートとなっている。

DATA
🏠 18-26 Cannon St., Manunda, Cairns, QLD 4870
📞 (07)4053-8800
🌐 www.cairnscolonial club.com.au
💲 $174〜194
💳 ADJMV 📶 無料
日本での予約先：なし
日本語スタッフ：いない 🛏345室

Column

日本人経営のゲストハウス＆シェアハウスに泊まる

　日本人在住者の多いケアンズだけあって、日本人が経営するゲストハウスやシェアハウスがある。オーナーから直接日本語で旅行情報を得ることもでき、市井の人々の生活をうかがえるのも魅力的だ。ここではスタイルの異なる人気の2軒を紹介しよう。

オーシャントライブ B&B

　ホームステイの斡旋も行うオーシャントライブは、自宅の1室をゲストルームとして提供。部屋には大型液晶テレビも完備。もちろんプールもある。ご主人は人気クルーズ会社グレートアドベンチャーズで働いており、G.B.R.クルーズやダイビングの相談に気軽にのってくれる。

ゲストはオーナー家族の一員のような雰囲気で過ごせる

エルウィング 33 ケアンズ

　ケアンズ中心部から徒歩15分ほどの場所にあるシェアハウススタイルの宿。コモンエリアで日本人旅行者同士が語り合えるなどシェアハウスならではの魅力がある。ご主人はダイビングインストラクターで、さまざまなダイビング情報を提供してくれる。

DATA
●**オーシャントライブ B&B Ocean Trib B&B**
MAP P.177/2A 外
🏠 5 Popple Close, Kanimbla, QLD 4870
📞 0435-552-861
🌐 oceantribecairns.com 💲⑤ $110、Ⓦ $130
※朝食付き 📶 無料
●**エルウィング 33 ケアンズ Alwing 33 Cairns**
MAP P.177/2A
🏠 33 Martyn St., Parramatta Park, QLD 4870
🌐 www.cairnsgbr.info/alwing33.php
💲⑤ $45、Ⓦ $55
💳 MV 📶 無料

ケアンズの人気コンドミニアム

ケアンズ市中はもちろん、パームコーブやポートダグラスで最近急増中のコンドミニアム。客室は広々としたリビングキッチンに、ベッドルーム、バスルームが独立しているという造りだ。通常1～3ベッドルームが選べるので、家族連れやグループ旅行の旅には最適。キッチンがあるので食費を安く抑えたい人にもおすすめだ。

H ★★★ ☆☆ エスプラネード沿いの人気コンドミニアム

MAP P.179/1A

マントラ・トリロジー

● Mantra Trilogy

A 新しくて快適なコンドミニアムだ　B 3つのタワーがあり、その間にプールが配されている　C プール脇のエスプラネードに面した眺めのいい場所にバーベキュープレイスがある　D シックでモダンなベッドルーム　E リビングエリアの広さは特筆もの

ケアンズ市中エスプラネードとアプリン・ストリートの角に建つ14階建て3棟からなる4つ星の豪華コンドミニアム。ルームキー以外に、レセプション時間外の玄関、エレベーター、さらにプールやジムを利用するための専用カードキーが渡されるほどセキュリティ面が強化されている。

客室は現代的なインテリアでまとめられており、キッチンは最新式で食器洗い機も完備。リビングスペースの広さもケアンズ市中のコンドミニアムとしては最大級だ。設備はトリニティ湾を見渡せる開放的な雰囲気のプールやジムを完備。

またエスプラネードに面した1階エリアはケアンズのレストラン街のひとつ。朝食時からオープンするイタリアンのヴィラロマーノ、新鮮な魚介料理中心のスプラッシュ・シーフードなどが入っている。このほか同建物内にミニスーパー（グッドフーズ・スーパーマーケット）も入っていて何かと便利だ。

DATA
🏠 101-105 The Esplanade, Cairns, QLD 4870
📞 (07)4080-8000
🌐 www.mantratrilogy.com.au
🏨 Hotel Room $275 ～ 318 ／ 1B $360 ～ 445、
2B $605 ～ 649、3B $756 ～ 825
※ベッドメーキング、タオルの交換は通常週1度。
毎日してもらう場合は有料
CC ADJMV
WiFi 無料
日本での予約先：アコーホテルズ 📞 (03)4578-4077
日本語スタッフ：いる
客室数 222室

リーフフリートターミナルに隣接した
H ★★★
★☆
シーベルケアンズ・ハーバーライツ

MAP P.179/2・3B

● **The Sebel Cairns Harbour Lights**

G.B.R. へのクルーズ船が発着するリーフフリートターミナル脇に建つ。ホテル形式のステューディオとコンドミニアムがあり、特にコンドミニアムの客室の広さはケアンズ地区有数。最新式のフルキッチン、ランドリー設備など、客室内設備も万全で、インテリアには現代的な家具が使われている。建物内には屋外プール、ジャクージ、サウナ、BBQ サイト、ジムがあり、1 階の海に面したボードウォークエリアは、レストランエリア。オーストラリア料理の人気レストラン、ダンディーズ（→ P.258）、オカー（→ P.259）などが入っている。
※シーベルブランド以外の客室は、AirBnB で貸し出しされていることも多い。

DATA
住 1 Marin Pde., Cairns, QLD 4870
URL www.thesebelcairnsharbourlights.com
料 Studio $248、**1B** $298 ～ 318、**2B** $498 ～、**3B** $618 ～
CC ADJMV **WiFi** 無料
日本での予約先: アコーホテルズ **☎** (03)4578-4077
日本語スタッフ: いない
客室数 20 室（シーベル営業分）

おしゃれな雰囲気のベッドルーム

キッチンコンロは I H

広々としたリビングルーム

プールからの眺めもすばらしい

便利で快適な滞在
H ★★★
★☆
マントラ・エスプラネード・ケアンズ

MAP P.179/2A

● **Mantra Esplanade Cairns**

エスプラネード沿いのロケーション

ケアンズのエスプラネードラグーンを望む、高級リゾートコンドミニアム。

リーフフリートターミナルも近く、ショッピングエリアもすぐ。ロケーションのよさはケアンズでも随一だ。客室の基本は 1 ～ 2 ベッドルームで、そのうちの 1 ベッドルーム 1 部屋のみを、ホテルルームとしても提供している。インテリアはモダンでシンプル。最新設備をもつキッチンは使いやすく、ランドリー設備もある。もちろんバルコニーも付いている。
モダンオーストラリア料理のヴィヴァルディやみやげもの店、現地ツアー手配会社も入っている。

DATA
住 53-57 The Esplanade, Cairns, QLD 4870
☎ (07)4046-4141
URL www.mantraesplanadecairns.com.au
料 Hotel Room $299 ～ 333 ／ **1B** $379 ～ 438、**2B** $645 ～ 694、**3B** $827
CC ADJMV **WiFi** 無料
日本での予約先: アコーホテルズ **☎** (03)4578-4047
日本語スタッフ: いない
客室数 121 室

使い勝手のいいリビングスペース

ゆったりとしたプールエリア

白を基調としたデザイン

イルパラッツォ・ブティックホテル

★★★
★☆

ナイトマーケット隣の便利な場所にある

●Il Palazzo Boutique Hotel

MAP P.179/1A

ナイトマーケットのアボット・ストリート側隣に位置する、ブティックホテル風コンドミニアム。南欧風の外観が印象的だ。ホテル内へ入るとまず、ロビーに置かれたダビデ像のレプリカが出迎えてくれる。レモンイエローで統一された壁、陽気なスタッフなど、どこかイタリア小都市のホテルを思わせる。

客室はクイーンサイズベッドの1ベッドルームのみだが、リビングのソファがエキストラベッドとして利用可能。キッチンも使いやすい。バスルームには洗濯乾燥機もあるので、長期滞在に便利だ。また同じ建物内に和食店「祭」が入っている。

DATA

🏠 62 Abbott St., Cairns, QLD 4870
📞 (07)4041-2155
📠 1800-813-222
🔗 ilpalazzo.com.au
💰 1B $200～250
💳 ADJMV
📶 無料
日本での予約先：なし
日本語スタッフ：いない
🛏 38 室

南欧風の装飾があちこちに施されている

上品な感じのメインベッドルーム

ヨーロッパにいるような雰囲気だ

リビングエリアは広々としている

レイクス・リゾート&スパ

★★★
★☆

広々とした敷地をもつ

●The Lakes Cairns Resort & Spa

MAP P.177/1A

広々とした敷地で思う存分リゾート気分を味わおう

ケアンズ中心部から少し離れた、センテナリーレイクス脇に建つ4つ星のコンドミニアム。まるでひとつの村のような4ヘクタールの敷地内には、大きく4つのブロックがある。各ブロック中央にスイミングプールがあるので、どの部屋に滞在していてもプールへのアクセスは簡単だ。また敷地内にはテニスコートやバスケットボールコート、BBQ場などレクリエーション施設も充実している。

客室はリビング、ベッドルームとも余裕の広さ。客室数が多いので年末年始など混み合う時期でも比較的部屋を確保しやすい。レストランはマッケンジーカフェ&バー1軒のみ。朝からオープンしており、宿泊客はレセプションでミールクーポンを購入することで、朝食割引が受けられる。

DATA

🏠 2-10 Greenslopes St., Cairns, QLD 4870
📞 (07)4053-9400
🔗 www.thelakescairns.com.au
💰 1B $275、2B $310～360、3B $425
※朝食付き　※最低2泊から
💳 ADJMV
📶 無料
日本での予約先：なし
日本語スタッフ：いない
🛏 322 室

コロニアルな雰囲気の内装

各ブロックにあるプール

アラウンド・ケアンズのリゾートホテル

Resort Hotels around Cairns

アラウンド・ケアンズ——ケアンズを一歩離れると、そこは世界遺産のグレートバリアリーフであったり、熱帯雨林であったり。こうした自然に抱かれた場所には、ケアンズ市中とは趣を異にする本格リゾートホテルがある。市中の滞在と違いホテル内でのんびりくつろげるので、鳥のさえずりや波の調べを聞きながら贅沢な休日を過ごすことができる。

 海と森が楽しめるアイランドリゾート　MAP P.208

★★★
★☆ **フィッツロイアイランド・リゾート** ●Fitzroy Island Resort

A 海を望むプールでのんびりするのもいい　B デイゲストがいない早朝、のんびりとビーチを散策する　C アイランドスイートのベッドルーム　D アイランドスイートのリビングエリア

　グリーン島と並ぶケアンズ近郊のアイランドリゾート、フィッツロイ島にあるリゾート。フィッツロイ島（→ P.207）は本土に近い大陸島のため、島の大部分はうっそうとした熱帯雨林に覆われている。もちろん島の周りには珊瑚礁が発達していて、ビーチはサンゴのかけらでいっぱい。森と珊瑚礁の海を一度に体験できる島なのだ。

　この島のリゾートは客室タイプが豊富で、カップル、ファミリー、友人同士などさまざまなスタイルの旅行に適応できる。なかでも人気があるのがオーシャンスイート。簡易キッチンをもつリビングダイニングとベッドルーム、バスルームからなる部屋で、最高4人まで宿泊可能だ。

　レストラン＆バー施設は2ヵ所。本格的なディナー、朝食が楽しめるゼファイアと、ランチタイムの軽食と夜間バンド演奏を聴きながら盛り上がれるフォクシーバーだ。無料Wi-Fiは、ロビーやレストランで使用可能（ただし電波は弱いので動画視聴には不向き）。

DATA

🏠 P.O.Box 3058, Cairns, QLD 4870
📞 (07)4044-6700
URL www.fitzroyisland.com
💰 Resort Studio $259、Butterfly Bungalows $279、Island Suite $469、Welcome Bay Suite $499、2B $655、Beach Cabin $469／キャンプ場1人 $39　CC ADJMV　WiFi 無料
日本での予約先：なし
日本語スタッフ：いない　客室数 105室
アクセス ケアンズからフィッツロイフライヤー、サンラバーリーフクルーズ、フィッツロイアイランド・アドベンチャーがそれぞれフェリーを運航（→ P.207）。

珠玉の珊瑚島リゾート
グリーンアイランド・リゾート ●Green Island Resort

MAP P.176/3B

A 透明度の高いラグーンをもつグリーン島　B グリーン島で見る天の川は本当にきれいだ　C オーストラリアならではの食材の味を生かしたエメラルドのディナー　D サンセットを眺めながらドリンクを楽しむ　E アイランドスイートの客室　F リーフスイートの客室

　ケアンズの沖合 30km のグレートバリアリーフ洋上に浮かぶ珊瑚島グリーン島（→ P.202）。美しいビーチ、珊瑚礁のラグーンをもつこの島は、ケアンズからの日帰り観光地として人気が高い。もちろん日帰りでもそのすばらしさは味わえるが、滞在すれば、ビーチに打ち寄せる波音を聞く夕暮れや早朝、満天の星を眺める夜、そしてガイドと一緒に散策する森など、よりナチュラルにグレートバリアリーフの魅力に触れられるのだ。

アコモデーションと設備

　グリーン島のリゾート施設は、デイビジターも使えるエリアと、宿泊客だけしか入れないリゾートゲストエリアに分かれる。リゾートゲストエリアには、緑の森の中に調和するよう造られた宿泊棟、静かなプールや東屋、そしてラウンジなどがある。グリーン島には日中数百人（多いときには 1000 人以上）のデイビジターが訪れるが、リゾートゲスト専用エリアにいると、日中でもひっそりと静かだ。

　客室は 2 タイプに分かれており、リーフスイートはリビングスペースをもつスタジオタイプ（キングサイズベッドのダブルのみ）、アイランドスイートはゆったりとした広さをもつダブル／ツインの客室だ。どちらの客室もウッディな内装、モダンなインテリアが印象的だ。もちろん無料Wi-Fi 完備だ。

　ディナーと朝食はファインダイニングのエメラルドレストランで。特にディナータイムはライトアップされたリゾートプールを眺めながら、クイーンズランド州の食材をメインに使った本格的なモダンオーストラリア料理が楽しめる。

　グリーン島はデイビジターがいない 16:00 〜翌 9:30 までがリゾートゲストだけの空間となる。日が西に傾き始める頃、桟橋でフィッシュフィーディングが行われ、その後桟橋近くでサンセットカクテルがサービスされる。スパークリングワインやビール片手にスナックをつまみ、ゆっくりと沈む夕日を眺めるのは至福の時間だ。

　ディナー後には星空観察（晴天時）、夜の森散策などのメニューが無料で用意されている。早起きしてスノーケリングを楽しむのも格別。早朝は特にウミガメに合える可能性も高い。

　デイビジターには有料のビーチパラソルやビーチチェア、エンジンを使わないマリンスポーツ、グラスボトムボートツアーなどが、リゾートゲストは無料で楽しめる。ほかにも有料だが、ガイド付きスノーケリングツアー、シーウォーカー、体験＆ファンダイビングなどに参加できる。

DATA

🏠 via Cairns (P.O.Box 898, Cairns), QLD 4870
📞 (07)4031-3300
🌐 www.greenislandresort.com.au
💰 Island Suite $835、 Reef Suite $935
※ケアンズ〜グリーン島往復のフェリー代込み
💳 ADJMV　📶 無料
日本での予約先：なし　日本語スタッフ：いる
🛏 46 室
アクセス 宿泊客はケアンズからグレートアドベンチャーズのクルーズを利用する。クルーズの時間は→ P.222。

H ★★☆ 大人のための隠れ家リゾート
ケワラビーチ・リゾート＆スパ ●Kewarra Beach Resort & Spa

MAP P.176/3B

ケアンズの北 20km、静かなケワラビーチに面して建つプチリゾート。30haの敷地には熱帯雨林やラグーンがあり、その中にバンガロー風の客室が点在している。ロビー、レストラン＆バー、ゲストルームとも、先住民アボリジニやアイランダーの文化を取り入れたインテリアを効果的に使い、上品でエキゾチックな雰囲気となっている。バンガローは 4 つのカテゴリーに分かれているが、いずれもゆったりしたバルコニーをもち、フローリングの床、柔らかな照明など、あたたかみのある部屋となっている。レストランは、ケアンズ市中からわざわざ食べにやってくる人がいるほど、味・雰囲気ともいい。

DATA
住 Kewarra St., Kewarra Beach, Smithfield, QLD 4871 **℡** (07)4055-6422
URL www.kewarra.com
※ 2023 年 5 月からリゾート全体の大規模リノベーションに入っており、2023 年 7 月現在宿泊予約を受け付けていない。リゾート再オープン時期に関してはウェブサイト参照のこと。
日本での予約先：なし　**日本語スタッフ**：いない
客室数 77 室（予定）

熱帯雨林の木立の中にバンガローが建つ

H ★★★ エスプラネードに建つ白亜のリゾート
ペッパーズ・ビーチクラブ＆スパ・パームコーブ ● Peppers Beach Club & Spa Palm Cove

MAP P.189

ホテルルームの客室

パームコーブのウイリアムエスプラネード沿いに建つ、コロニアルスタイルの白亜の外観が印象的な豪華コンドミニアムリゾート。客室はホテルタイプのラグーンスパとオーシャンスパ、ガーデンデラックススパ、1 〜 2 ベッドルームアパートメントに分かれている。ルーフトップのグランドペントハウススイートは特別なときに訪れたい部屋。キチネット付きのリビング、ガラス張りのプールがある屋上に BBQ グリルまでが備わる。また 9 室のトリートメントルームがあるパラダイス・デイスパ（→ P.255）も人気がある。

DATA
住 123 Williams Esplanade, Palm Cove, 4879
℡ (07)4059-9200
URL www.peppers.com.au
料 Hotel Room $452 〜 478 ／ **1B** $499 〜 619、**2B** $888 〜 953、**3B** $1071 〜 1236　※朝食付き
CC ADJMV　**WiFi** 無料
日本での予約先：アコーホテルズ **℡** (03)4578-4077 **日本語スタッフ**：いない
客室数 289 室

バルコニーにスパバスが付いたスパルーム

広々として美しいラグーンプール

H ★★★★★ 広々としたプールと豪華スパをもつ
プルマン・パームコーブ・シーテンプルリゾート＆スパ ● Pullman Palm Cove Sea Temple Resort & Spa

MAP P.189

くつろぎの空間となっているプールサイド

パームコーブのビーチ沿いにある高級コンドミニアムリゾート。広々とした敷地に白亜の宮殿のような 3 階建ての建物が建っており、プールや庭園、レストランなどもスペースを贅沢に使っている。客室はホテルタイプのステューディオ、コンドミニアムスタイルの 1 〜 2 ベッドルーム、そして専用プライベートプールをもつ 3 ベッドルームヴィラからなっている。全室にスパバスを完備。ホテル内には人気のデイスパ、ヴィスパ（→ P.254）もある。

DATA
住 5 Triton St., Palm Cove, QLD 4879
℡ (07)4059-9600
URL www.pullmanpalmcove.com.au
料 Studio $409、**1B** $559、**2B** $709、**3B** $989 〜 1009
CC ADJMV　**WiFi** 無料
日本での予約先：アコーホテルズ **℡** (03)4578-4077
日本語スタッフ：いない
客室数 43 室

優雅な雰囲気のベッドルーム

ロマンティックなリゾート
★★★ リーフハウス・リゾート&スパ ●Reef House Resort & Spa

MAP P.189

A 南国風デザインで統一されたベランダルーム　B ケアンズ近郊有数のスパとして評判のリーフスパ　C ブリゲディアーズバーでは夕方ゲストにアミューズとドリンクが振るまわれる　D ベランダルームのバルコニーは広々としている　E ゆったり落ち着いたブリゲディアーズバー　F プールはふたつあり、メインプールは落ち着いた大人の雰囲気

パームコーブにあるブティックタイプのリゾートホテル。ホテルの入口にはメラルーカの巨木が茂り、外観はオフホワイトを基調としたコロニアルスタイル。大人の雰囲気が漂うホテルで、カップルに人気がある。

アコモデーションと設備

客室はプールを囲むようにいくつかの棟に分かれている。リゾートで優雅に滞在できるよう最も狭いブリゲディアーズテューディオの部屋でも34㎡を確保。人気のベランダルームはバルコニーを入れると53.5㎡もの広さをもつ。一部の客室はバルコニーにアウトドアジャクージが備わっている。インテリアは南太平洋やオーストラリアのトレス諸島海洋民の伝統デザインをモチーフに、おしゃれにリメイク。バスアメニティもオーストラリアの高級ブティックホテルでよく用いられている、ナチュラルスキンケアのアッペルス製。部屋にいるだけでリゾート気分いっぱいになれるほどだ。

プールを囲む中庭には熱帯の木々が生い茂り、その一角にケアンズ地区有数の人気を誇る本格的デイスパ、リーフハウススパ（→ P.254）もある。また入口脇にあるオープンテラススタイルのリーフハウスレストラン（→ P.263）はパームコーブ有数のモダンオーストラリア料理レストラン。昼はテラス席からパームコーブビーチ

が望めるなど雰囲気もいい。週末の夜はホテルゲスト以外に地元の人の利用も多いので予約が必要なほどだ。

ロビー脇のブリゲディアーズバーには、ホテルの歴史を感じさせる調度品、この地域に関する図書が置かれており、まさに大人の交流空間。毎日夕方、ここでゲスト向けにドリンク&アミューズのサービスもある。

DATA

🏠 99 Williams Esplanade, Palm Cove, QLD 4879
📞 (07)4080-2600
🌐 www.reefhouse.com.au
💰 Brigadier $679、Brigadier Spa $780、Verandah $751、Verandah Spa $850、Ocean View $923、Ocean View Suite $1043、Reef Suite $1463、Villa Casablanca $1963　※朝食付き　※季節により最低3泊から
💳 ADJMV
WiFi 無料
日本での予約先：なし
日本語スタッフ：いない
客室数 67室
※大人のためのリゾートをコンセプトとしており滞在は18歳以上から

ケアンズ地区ではまだ珍しいアッペルスのバスアメニティ

289

ビーチフロントの豪華コンドミニアムリゾート

MAP P.189

H ★★★★★ アラマンダ・パームコーブ・バイ・ランスモア ● Alamanda Palm Cove by Lancemore

A プールサイドには南国の花が咲きほこっている　B 屋外トリートメントルームもあるアンサナスパ　C ビーチを望むウエディングチャペル　D ビーチスイートのベッドルーム　E 1ベッドルームのリビングエリア　F ヌヌのメインコースは盛りつけもおしゃれだ

　パームコーブでデイスパ併設の高級コンドミニアムの先駆けとなったリゾートがアラマンダだ。パームコーブではホテルの敷地からビーチへ直接出られる数少ないリゾートのひとつ。オーストラリア全土で豪華ホテルを運営するランスモア系列ということもあり、ホテルの設備、雰囲気ともすばらしい。

アコモデーションと設備

　まず驚かされるのは部屋の広さだ。最も狭い1ベッドルームでさえ85㎡もある。室内はカウンターキッチンの付いたリビングダイニング、ゆったりとしたバルコニー、バスルーム、ベッドルームに分かれており、2ベッドルーム以上の部屋ではバスルームもふたつ（ひとつはシャワーのみ）。雰囲気は確かに高級だが、こうした間取りから家族連れにも十分におすすめできる。なおチェックイン時には客室に据えられたコーヒーマシン用のコーヒーカプセル、洗濯用洗剤、さらにゲスト用無料Wi-Fiのパスワードが印された案内書などが渡される。また客室が3ブロックに分かれているため、プールもそれぞれに併設しているのがいい。

　アラマンダの代表的な施設といえるのが、高級デイスパのアラマンダスパ（→ P.253）だ。屋内外にあるトリートメントルームで、優雅なリラクセーションタイムがおくれる。

　レストランはビーチに面して建つヌヌ（→ P.263）。オーストラリアのグルメ誌などでの受賞歴も多く、パームコーブはもちろんケアンズ地区有数のモダンオーストラリア料理のレストランとして人気だ。料理はアジアンテイストが取り入れられており、日本人にはとても美味に感じられるはず。朝食やランチタイムには階段状に並べられた席からヤシの並木とパームコーブビーチが見渡せ、夜はテーブルにキャンドルライトが、屋外に松明が灯されるなど雰囲気も抜群だ。

　また敷地内には海を見ながら挙式できるウエディングチャペルもあり、日本からの海外ウエディングでもよく利用されている。

DATA

住 1 Veivers Rd., Palm Cove, QLD 4879
☎ (07)4055-3000
URL www.lancemore.com.au/alamanda
料 Poolview：1B $623、2B $779、3B $857 ／ Beachfront：1B $701、2B $857、3B $935
※季節により最低2泊から
CC ADJMV　WiFi 無料
日本での予約先：なし
日本語スタッフ：いない
客室数 69室

森の中にたたずむリゾート
★★★ ★★ ターラビーチ・ネイチャーリザーブ

MAP P.176/3A

● Thala Beach Nature Reserve

ポートダグラスの南16kmのオークビーチにある。145エーカーという広大な敷地に造られているため、すべての配置がゆったり。熱帯雨林に囲まれた高台にあり、客室はすべて高床式のバンガローだ。ウッディな室内はひじょうに落ち着ける。レストランはリゾートの中心に位置するオスプレイのみ。リゾート内で過ごすゲストが多いことから、食事のレベルはひじょうに高い。基本的に大人のためのリゾートで、12歳未満の子供の滞在は認められていない。

DATA
住 5078 Captain Cook Hwy.,, Oak Beach, Port Douglas, 4871 **℡** (07)4098-5700
URL www.thalabeach.com.au
料 $372〜930 ※朝食付き
CC ADJMV **WiFi** 無料（ロビーエリア）
日本での予約先：なし
日本語スタッフ：いない
客室数 83室

熱帯雨林に溶け込むよう造られたプール

すべての客室が独立した高床式バンガロー

ひとつの村のような大型リゾート
★★★ ★★ プルマン・ポートダグラス・シーテンプルリゾート&スパ

MAP P.199 右

● Pullman Port Douglas Sea Temple Resort & Spa

パームコーブの同名リゾートの姉妹リゾートで、同系列のパルマーシーリーフ・ゴルフコース（→P.251）に隣接している。ビーチ沿いに広大な敷地をもち、ホテル内自体、まるでひとつの村のような雰囲気。全客室に専用の駐車場があり、客室内の設備も最新。バスタブがスパバス仕様なのも高級リゾートらしい。また、メインのラグーンプールから運河のように張り巡らされた水路、そこかしこに繁るヤシなど、水と緑に演出された南国らしい雰囲気も大きな特徴だ。パームコーブ同様にヴィスパ（→P.254）もある。

DATA
住 Mitre St., Port Douglas, QLD 4877
℡ (07)4084-3500
URL www.pullmanportdouglas.com.au
料 Studio Spa $405、
1B $555〜575、
2B $855〜955
CC ADJMV **WiFi** 無料
日本での予約先：アコーホテルズ **℡** (03)4578-4077
日本語スタッフ：いない **客室数** 75室

上：最新設備が揃ったリビングエリア
下：リゾートらしい雰囲気のベッドルーム

設備のよい人気コンドミニアムリゾート
★★★ ★★ ペッパーズ・ビーチクラブ・ポートダグラス

MAP P.199 左

● Peppers Beach Club Port Douglas

ポートダグラス中心部にほど近い場所にあるコンドミニアムリゾートで、パームコーブにある同名リゾート（→P.288）と同様のコンセプトで造られている。ラグーンプールを囲むよう、コロニアルな雰囲気の白亜の客室棟が並び、各部屋には液晶テレビやDVDプレーヤー、ブロードバンドを完備するなど設備も最新。4マイルビーチまで徒歩5分とロケーションもよく、町の散策用に貸自転車のサービスもある。レストランはラグーンプール脇にあり、ノースクイーンズランドの旬の食材を用いたモダンオーストラリア料理が味わえる。

ラグーンプールを囲むよう建てられている

DATA
住 20-22 Davidson St., Port Douglas, QLD 4877
℡ (07)4087-1000
URL www.peppers.com.au
料 Spa Suite $445〜490、**1B** $587〜722、
2B $812〜1077、**3B** $1159〜
CC ADJMV
WiFi 無料
日本での予約先：アコーホテルズ **℡** (03)4578-4077
日本語スタッフ：いない **客室数** 92室

最新設備をもつゲストルーム

🏨 ポートダグラスのアイコン的豪華リゾート
★★★
★★
シェラトングランドミラージュ・ポートダグラス ● Sheraton Grand Mirage Port Douglas

A ラグーンプールに囲まれた美しいホテルだ
B 最も一般的なミラージュルーム C 高天井のロビーはくつろぎの空間 D フェストのデッキテーブル席

白を基調とする広々としたロビーにはルーフウインドーから自然光が差し込み、中央にはその光に向かって伸びる熱帯植物を配している。ロビーに入っただけで高級感を味わうことができる。この本館を中心に左右に羽のように並ぶ3つずつの客室棟、そして建物の周りには、ホテルの自慢、2haもあるラグーンプールがマリンブルーの水を満々とたたえている。

客室はホテルルームと最高級別荘という雰囲気のヴィラに分かれる。ホテルルームも眺めによりミラージュ、ラグーンのカテゴリーに分けられる。レストランは、ラグーンに面したフェスト。オープンエアーのデッキと名づけられたエリアもあり、晴れた日はこちらが人気だ。朝と夜はビュッフェ形式、昼はアラカルトメニューとなる。またぜひ試してみたいのがノースクイー

ンズランドの食材をモダンブリティッシュ料理として提供するハリソンズ。グルメ誌、旅行誌で数多くの賞を得ている。このほかロビー脇のパームツリー・カフェ、ディンツリーバーなどがある。アクティビティのメインは、オーストラリア有数のリゾートコースとして知られるミラージュ・カントリークラブ（→ P.252）。ほかにも9面のテニスコート、プール、フィットネスセンター、サウナがある。

DATA
🏠 Port Douglas Rd.(P.O.Box 172), Port Douglas, QLD 4871
📞 (07)4099-5888 FAX (07)4099-4424
URL www.marriott.com
🛏 Hotel : Mirage $529、Lagoon $579、Studio Suite Garden View $654、Studio Suite Lagoon View $704、Lagoon Access Premium $749 ／ Villa : 2B $1000、3B $1300
CC ADJMV WiFi 無料
日本での予約先：マリオットボンヴォイ FREE 0120-92-5659　日本語スタッフ：いる
客室数 295 室＋ヴィラ 100 棟

🏨 トロピカルリゾート感いっぱいの
★★★
★☆☆
オークスリゾート・ポートダグラス ● Oaks Resort Port Douglas

プールは家族連れでいつもにぎわっている

カジュアルな雰囲気のリゾートホテルで、すぐ裏側にはミラージュゴルフコースもある。コロニアルスタイルのロビーを抜けると、蓮池に浮かぶように建つレストラン、大きなプール、熱帯植物が植えられた庭園などが現れ、そのまわりを囲むように宿泊棟が並んでいる。ホテル内どこにいても、南国リゾート気分いっぱいだ。客室は明るい色調のモダンなインテリアで統一されており、無料 Wi-Fi などの設備も快適に使える。

DATA
🏠 87-109 Port Douglas Rd., Port Douglas, QLD 4871 📞 1300-165-369
URL www.oakshotels.com/oaks-resort-port-douglas
🛏 Hotel Room $241 ～ 262、1B $294 ～ 304、2B $652 CC ADJMV
WiFi 無料
日本での予約先：なし
日本語スタッフ：いない
客室数 147 室

客室は明るい雰囲気

最古の熱帯雨林に癒やされる
シルキーオークスロッジ&ヒーリングウォーターズスパ

★★★
★★

● Silky Oaks Lodge
& Healing Waters Spa

A モスマン川に面して建つシルキーオークスロッジ　B ヒーリングウォーターズスパのビシーシャワールーム　C バーエリアは大人の雰囲気　D ナチュラルな雰囲気のゲストルーム　E 森の中に浮かび上がるディナータイムのレストラン　F コース料理のディナーは味のよさでも評判だ

ケアンズから車で約1時間30分。世界最古の熱帯雨林をもつディンツリー国立公園モスマン・セクションに隣接して造られているのがシルキーオークスロッジだ。モスマン川沿いに高床式のホテル施設が点在し、自慢のライブラリーには熱帯雨林に関するさまざまな本が揃っている。もちろんゲスト向けに世界遺産の森を満喫してもらえるよう、数多くのアクティビティメニューをもっている。

アコモデーションと設備

宿泊施設は川に面したリバーハウスと、森に面したレインフォレストリトリート、ツリーハウスに分かれるが、基本的な設備は同じ。どちらもアロマオイルが焚かれたウッディでハイセンスな客室で、チェックイン後に部屋に入ると、心が癒やされるような環境音楽がかけられている。ハンモックがつるされたバルコニーで日中くつろぎ、夕方まだ暗くなる前にバスタブにつかりながら景色を眺める……そんな過ごし方がおすすめだ。

レセプションやレストラン、バー、ライブラリーはメインビルディングにある。メインビルディングといっても、モスマン川沿いに高床式で建てられたもの。特にレストランからは熱帯雨林とモスマン川が望めるようになっていて、とても気持ちがいい。もちろん、食事のレベル

もひじょうに高い。午後には熱帯雨林見学用の東屋、ジャングルパッチでアフタヌーンティーも楽しめる。またヒーリングウォーターズスパは、ケアンズ地域有数のスパとして知られており、2011年にはワールドラグジュアリースパ・アワードを受賞しているほどだ。

リゾート内には熱帯雨林に囲まれたプールやテニスコートもある。ほかにもモスマン川での遊泳、カヤッキング、ホテル敷地周辺を歩くレインフォレストウォーク、夜行性動物を探すスポットライトウォーク、モスマン渓谷のガイドウォーク、4WDでのケープトリビュレーションツアーなど、自然を楽しむアクティビティメニューも盛りだくさんだ。

DATA

🏠 Lot 3, Finlayvale Rd. (P.O.Box 396), Mossman, QLD 4871
📞 (07)4098-1666
🌐 silkyoakslodge.com.au
🏨 Rainforest Retreat $1170、Treehouse Retreat $1620、Riverhouse $2070、Treehouse Premium $2070、Billabong Suite $2520、Daintree Pavilion $5400　※朝食付き　※季節により最低2泊から
💳 ADJMV　WiFi 無料
日本での予約先：なし
日本語スタッフ：いない
客室数 40室
アクセス ポートダグラスからはホテルのシャトルサービスあり。

知る人ぞ知る熱帯雨林リゾート
★★★☆☆ ディンツリー・エコロッジ&スパ ●Daintree Eco Lodge & Spa

MAP P.176/2A

熱帯雨林を楽しむために最適なホテルだ

ディンツリーの町外れ、熱帯雨林内にある15室の小さなリゾート。エコロッジと名乗るように、リゾート施設の建築には十分な配慮がなされた。自生する木を極力残し、建物がかかる場合は移植、排水もリゾート内で浄化している。しかもこのリゾートの運営には、地元の先住民ククヤランジ族が協力。ホテル発でディンツリー国立公園を楽しむツアーのガイディングなども行っている。客室は全棟が独立した高床式ヴィラで、室内は大理石張りの床、エアコンやTVを完備するなど思いのほか豪華。また広々としたバルコニーは虫よけを考えて薄いネットが張られるなど、ゲストへの配慮も十分だ。レストランは、ジュラインバ・レストランで、ディナータイムには名物バラマンディやカンガルーなどをモダンオーストラリアスタイルで調理してサーブしてくれる。レストラン内では無料Wi-Fiも利用可能。また併設のディンツリー・ウエルネススパは、世界的に高評価を得ている。

DATA
住 3189 Mossman-Daintree Rd., Daintree, QLD 4873
☎ (07)4777-7377 (予約)
URL www.daintree-ecolodge.com.au
料 Lagoon Bayan $520、Canopy Bayan $600、Rainforest Banyan $660 ※朝食付き
CC ADJMV WiFi 無料 (ロビー、レストランエリアのみ) 日本での予約先：なし
日本語スタッフ：いない
客室数 15室

先住民の薬草の概念を取り入れたトリートメントが受けられるスパ

優雅な雰囲気の客室

太古からの熱帯雨林の中で過ごす
★★★☆☆ ファーンツリー・レインフォレストロッジ ●Ferntree Rainforest Lodge

MAP P.176/2B

ケープトリビュレーション・ビーチから車で5分ほどの熱帯雨林の中にあり、手頃な値段のキャビンから家族連れにおすすめのロフトスタイルのバンガローまで、いろいろなスタイルに対応している。食事はプールに面したコンテンポラリー料理のカソワリィレストランで。なお森の中にあるため夜間にはバンディクートやポッサムが出てくることも珍しくない。懐中電灯片手に敷地内で夜行性動物探しをするのも楽しい。

DATA
住 36 Camelot Close, Cape Tribulation, QLD 4873
☎ (07)4098-0000
URL ferntreerainforesthotel.com
料 $160～310 ※朝食付き
CC AMV WiFi なし
日本での予約先：なし 日本語スタッフ：いない
客室数 52室

ロフトスタイルの部屋はカップルに人気だ

動物好きなら一度は泊まってみたい
★★★☆☆ チェンバーズ・ワイルドライフ・レインフォレストロッジ ●Chambers Wildlife Rainforest Lodges

MAP P.191 下 /2A

バードウオッチャーや夜行性動物好きにはよく知られた世界遺産の森の中にあるホテル。世界遺産の熱帯雨林をもつイーカム湖のすぐ近くにあり、ほかではなかなか見かけないキャットバード (ネコドリ) やニワシドリといった珍しい鳥、さらにネズミカンガルー、パディメロン、フクロムササビなどの夜行性動物まで、ホテル滞在中目にする可能性がひじょうに高い。客室は自炊設備付き。ホテル内にレストランがないので、食糧を買って出かけたい。

DATA
住 Eacham Close, Lake Eacham, Atherton Tablelands, QLD 4884
☎ FAX (07)4095-3754
URL chamberslodges.com.au
料 1B $140～170 CC ADJMV WiFi 無料
日本での予約先：なし 日本語スタッフ：いない
客室数 11室

宿泊施設の周りは太古の熱帯雨林だ

ケアンズの格安アコモデーション

ケアンズはバックパッカーにも人気のリゾート。ここでは設備の整った人気のバックパッカーズホステルを紹介しよう。なおバックパッカーズホステルの部屋は、シングル、ツイン、ダブルのほか、ドミトリー（あるいはドーム）と呼ばれる相部屋形式がある。またシャワー、トイレ、キッチン、ランドリーなどの設備は、基本的に共用となっている。

H ケアンズ人気 No.1 ホステル　　　　　　　　MAP P.178/3A

ケアンズセントラル YHA　　　●Cairns Central YHA
★★★
☆☆

ケアンズセントラルのすぐ前にある。ユースホステル系なので、会員以外は追加料金が必要。ドミトリーからファミリールームまで客室のバリエーションも豊富で、プール、ランドリー、キッチン、インターネットルームなどもある。

DATA
🏠 20-26 Mcleod St., Cairns, QLD 4840
📞 (07)4051-0772
🌐 www.yha.com.au
💲 Ⓓ $40 ～ 55、Ⓢ $120、ⓉⓌ $146 ～ 158
💳 MV　WiFi 無料

ドミトリーはこんな感じ

清潔感いっぱいの共同キッチン

ゆったりとしたプールサイド

H 一級ホテル並みの設備をもつ　　　　　　　MAP P.178/3A

ギリガンズ・バックパッカーホテル&リゾート　●Gilligans Backpacker Hotel & Resort
★★★
☆☆

ケアンズ中心部にある 120 室を誇る大型バックパッカーズ。ドミトリー以外のダブル、ツインの客室はちょっとしたホテル並み。24 時間オープンのレセプション、ナイトクラブやゲーミングルーム、巨大スクリーンをもつプールなどの設備があり、わいわいとにぎやかに滞在したい人に人気がある。

DATA
🏠 57-89 Grafton St., Cairns, QLD 4870
📞 (07)4041-6566　FREE 1800-556-995
🌐 www.gilligans.com.au
💲 Ⓓ $41 ～ 58、ⓉⓌ $169 ～ 189
💳 AJMV　WiFi 無料

1 階にはレストランやバー、ショップなどが入っている

そのほかのホステル

カラベラ・バックパッカーズリゾート Caravella's Backpackers Resort　　　MAP P.178/2B
🏠 149 The Esplanade, Cairns, QLD 4870　📞 (07)4051-2431　🌐 www.caravella.com.au
💲 Ⓓ $35 ～ 45、ⓉⓌ $100 ～　💳 MV　WiFi 無料

バウンス・ケアンズ Bounce Cairns　　　MAP P.178/2A
🏠 117 Grafton St., Cairns, QLD 4870　📞 (07)4047-7200
🌐 www.staybounce.com　💲 Ⓓ $48 ～ 80　💳 MV　WiFi 無料

マッドモンキー・セントラル Mad Monkey Central　　　MAP P.178/2A
🏠 100-102 Sheridan St., Cairns, QLD 4870　📞 (07)4231-9871
🌐 www.madmonkey.com.au/locations/australia/cairns/mad-monkey-central/
💲 Ⓓ $46 ～ 50、ⓉⓌ $105 ～ 120　💳 JMV　WiFi 無料

※料金表示において：Ⓓ ドミトリー／Ⓢ シングル／Ⓣ ツイン／Ⓦ ダブル

Area Code
電話の州外局番
（エリアコード） **(07)**

Time Difference 日本との時差 **＋1**時間

　オーストラリア東部標準時で、サマータイムは実施していない。そのためサマータイムを実施している他の東部の州（シドニーのあるニューサウスウエールズ州など）とは、夏季に1時間の時差（－1時間）ができる。

世界中のアイランドシーカーが憧れる
ホワイトヘブンビーチとハートリーフへの玄関口

それが**ハミルトン島**。

世界最大の珊瑚礁地帯グレートバリアリーフに点在する
70以上の島のなかで、
最もリゾート開発が進んでおり、
世界中からの観光客を集めている。
もちろんハミルトン島以外にも、
グレートバリアリーフには魅力ある島がいっぱい。
南半球の日差し、大海原を渡る風を肌で感じ、
色とりどりのサンゴと魚たちの世界を目に焼きつける。
そのとき、あなたもアイランドシーカーの仲間入りだ。

Contents of Hamilton Is. & G.B.R.

How to get there
ハミルトン島とG.B.R.への行き方

日本 から

ハミルトン島＆ウィットサンデー諸島へは、日本からブリスベン、シドニー、メルボルンへ入り、そこでカンタス航空、ジェットスター、ヴァージン・オーストラリア航空などに乗り継いでハミルトン島へと向かうのが一般的。ウィットサンデー諸島の各リゾートへは、ハミルトン島空港でのフライトの発着に合わせて運航しているフェリーを利用する。もしくはブリスベン、シドニーからフライトのあるプロサパインのウィットサンデーコースト空港に入り、空港バス＆フェリーで各リゾートへ向かう。ゴールドコーストに直接入った場合は、陸路ブリスベンへ移動し、そこからカンタス航空、ヴァージン・オーストラリア航空を利用する。そのほかのアイランドリゾートへのアクセスに関しては、各島の項を参照のこと。

G.B.R.のアイランドリゾートで、唯一ジェット機発着可能なハミルトン島

ゴールドコースト／ケアンズ から

ハミルトン島＆ウィットサンデー諸島の入口はハミルトン島。ハミルトン島へは、ゴールドコーストから車で約1時間30分のブリスベンから、カンタス航空とヴァージン・オーストラリア航空の直行便がある。ウィットサンデー諸島の各リゾートへは、ハミルトン島空港でのフライトの発着に合わせて運航しているフェリーを利用する。ブリスベン～ハミルトン島は所要約1時間45分。

ハミルトン島空港ではタラップを利用する

またケアンズからは、ブリスベンで乗り継いでハミルトン島やプロサパインに入るのが一般的。豪華列車クイーンズランダー号や長距離バス利用も考えられる。

ハミルトン島以外の島へのアクセスに関しては各島の項を参照のこと。

Useful Address
ハミルトン島とG.B.R.のユースフルアドレス

日本大使館／領事館

●日本国総領事館（ブリスベン）
Consulate-General of Japan　MAP P.89/2B
住 Level 17, Comalco Place, 12 Creek St., Brisbane, 4000
☎(07)3221-5188　FAX(07)3229-0878
URL www.brisbane.au.emb-japan.go.jp
開 月～金 9:00～12:30、14:00～16:00

●日本国総領事館ケアンズ出張駐在官事務所
Branch Office in Cairns, Consulate-General of Japan at Brisbane　MAP P.179/3A
住 Level 15, Cairns Corporate Tower, 15 Lake St., 4870
☎(07)4051-5177
URL www.brisbane.au.emb-japan.go.jp/itpr_ja/about_cairns.html
開 月～金 9:00～12:00、13:30～16:00
休 土日祝および年末年始

主要航空会社連絡先

●カンタス航空 Qantas Airways
☎13-13-13
●ジェットスター Jetstar
☎13-15-38
●ヴァージン・オーストラリア航空
Virgin Australia
☎13-67-89

 POINT 旅のシーズン
Travel Season

乾季 dry season 5月～12月初旬

乾季には風の強い日も多く（特に前半）、船が揺れることもあるので、酔い止めの薬を飲むこと。水温も北部で23℃、中央部で22℃、南部では20℃前後まで下がる。スノーケリングやダイビング時にはウエットスーツ着用は必須だ。また、夜は冷え込むこともあるので、長袖1枚は必携だ。

雨季 wet season 12月中旬～4月

一応この時期は雨季だが、雨量は北部ほど多く、南部ほど少ない。1～3月のサイクロンシーズンに影響を受ける可能性も南部ほど少なくなる。北部でも、雨季に雨ばかりということは少なく、晴天日が続くことも多い。海水温は北部で29℃前後、中央部で27℃前後、南部で26℃前後だ。

ハミルトン島およびウイットサンデー諸島の平均気温・降水量

月	1月	2月	3月	4月	5月	6月	7月	8月	9月	10月	11月	12月
平均最高気温（℃）	30.4	30.1	28.8	27.1	24.8	22.4	21.9	22.9	25.4	27.6	29.1	30.0
平均最低気温（℃）	24.9	24.9	24.0	22.6	20.8	18.4	17.6	18.1	19.8	21.8	23.3	24.4
平均月間降水量（mm）	252.5	336.1	282.5	194.8	123.1	89.2	61.6	42.4	26.5	44.9	112.1	192.6

ヘロン島の平均気温・降水量

月	1月	2月	3月	4月	5月	6月	7月	8月	9月	10月	11月	12月
平均最高気温（℃）	29.8	29.5	28.7	27.0	24.4	22.2	21.5	22.6	24.6	26.5	28.0	29.1
平均最低気温（℃）	24.2	24.2	23.6	21.9	19.8	17.6	16.5	17.2	18.7	20.5	22.2	23.4
平均月間降水量（mm）	103.5	138.8	109.0	111.4	107.1	115.1	78.4	49.9	29.3	40.3	52.8	91.3

レディエリオット島の平均気温・降水量

月	1月	2月	3月	4月	5月	6月	7月	8月	9月	10月	11月	12月
平均最高気温（℃）	29.2	29.1	28.3	26.5	24.1	21.8	21.1	21.9	23.7	25.6	27.2	28.6
平均最低気温（℃）	24.0	24.0	23.4	21.8	19.5	17.6	16.6	17.2	18.8	20.4	21.9	23.2
平均月間降水量（mm）	122.4	166.5	124.1	102.8	114.7	92.1	90.4	57.1	38.8	56.5	66.9	92.4

ベダラ島の平均気温・降水量

月	1月	2月	3月	4月	5月	6月	7月	8月	9月	10月	11月	12月
平均最高気温（℃）	31.5	31.2	30.7	29.2	27.1	25.3	24.8	25.9	27.6	29.3	30.6	31.5
平均最低気温（℃）	22.9	22.9	22.0	20.1	17.7	15.0	13.7	14.3	16.3	18.9	21.0	22.3
平均月間降水量（mm）	440.4	468.5	397.1	208.5	94.0	46.9	31.3	29.2	38.6	54.0	116.4	193.2

リザード島の平均気温・降水量

月	1月	2月	3月	4月	5月	6月	7月	8月	9月	10月	11月	12月
平均最高気温（℃）	32.1	31.8	31.0	29.9	28.5	26.9	26.4	27.3	29.0	30.3	31.7	32.7
平均最低気温（℃）	24.7	24.7	24.5	24.3	23.2	21.5	20.9	21.1	22.1	23.0	24.2	24.9
平均月間降水量（mm）	293.2	271.9	456.4	194.1	57.2	43.6	40.3	16.6	7.1	19.2	33.2	108.4

グレートバリアリーフ中央部
Great Barrier Reef (Central)

0　　　　　　　　100km

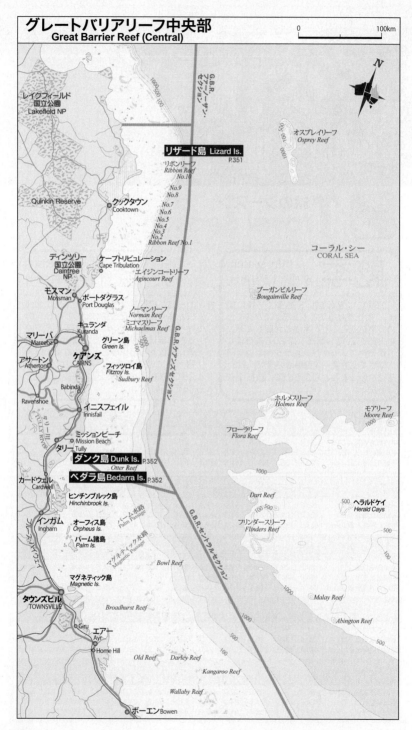

レイクフィールド
国立公園
Lakefield NP

Quinkin Reserve

クックタウン Cooktown

ディンツリー
国立公園
Daintree
NP

ケープトリビュレーション
Cape Tribulation

エイジンコートリーフ
Agincourt Reef

モスマン Mossman

ポートダグラス
Port Douglas

ノーマンリーフ
Norman Reef

ミコマスリーフ
Michaelmas Reef

キュランダ
Kuranda

マリーバ Mareeba

グリーン島
Green Is.

アサートン
Atherton

ケアンズ CAIRNS

フィッツロイ島
Fitzroy Is.
Sudbury Reef

Babinda

Ravenshoe

イニスフェイル Innisfail

ミッションビーチ
Mission Beach

タリー Tully

ダンク島 Dunk Is. P.352
Otter Reef

ベダラ島 Bedarra Is. P.352

カードウェル
Cardwell

ヒンチンブルック島
Hinchinbrook Is.

インガム Ingham

オーフィス島
Orpheus Is.

パーム水路
Palm Passage

パーム諸島
Palm Is.

マグネティック水路
Magnetic Passage

マグネティック島
Magnetic Is.

Bowl Reef

タウンズビル TOWNSVILLE

Broadhurst Reef

Giru

エアー
Ayr.

Home Hill

Old Reef　Darley Reef

Kangaroo Reef

Wallaby Reef

ボーエン Bowen

リザード島 Lizard Is. P.351

リボンリーフ
Ribbon Reef
No.10

No.9
No.8
No.7
No.6
No.5
No.4
No.3
No.2
Ribbon Reef No.1

オスプレイリーフ
Osprey Reef

コーラル・シー
CORAL SEA

ブーガンビルリーフ
Bougainville Reef

ホルメスリーフ
Holmes Reef

モアリーフ
Moore Reef

フローラリーフ
Flora Reef

Dart Reef

ヘラルドケイ Herald Cays

フリンダースリーフ
Flinders Reef

Malay Reef

Abington Reef

G.B.R.ファー・ノーザン・セクション

G.B.R.ケアンズセクション

G.B.R.セントラルセクション

300

グレートバリアリーフ南部
Great Barrier Reef (South)

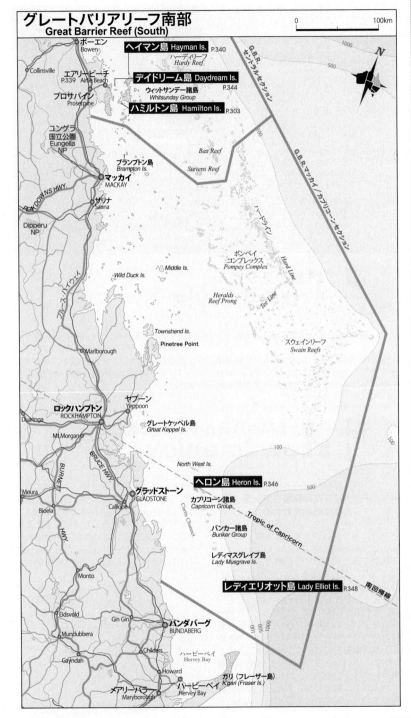

0   100km

ヘイマン島 Hayman Is. P.340

デイドリーム島 Daydream Is. P.344

ハミルトン島 Hamilton Is. P.303

ハーディリーフ
Hardy Reef

ウィットサンデー諸島
Whitsunday Group

ボーエン
Bowen

コリンズビル
Collinsville

エアリービーチ
P.339 Airlie Beach

プロサパイン
Proserpine

ユンゲラ
国立公園
Eungella
NP

ブランプトン島
Brampton Is.

マッカイ
MACKAY

サリナ
Sarina

Dipperu
NP

Bax Reef

Stevens Reef

Wild Duck Is.

Middle Is.

Pompey Complex
ポンペイ
コンプレックス

Heralds
Reef Prong

Tee Line

Hard Line

Townshend Is.

Pinetree Point

スウェインリーフ
Swain Reefs

Marlborough

ヤプーン
Yeppoon

ロックハンプトン
ROCKHAMPTON

グレートケッペル島
Great Keppel Is.

Duaringa

Mt.Morgan

Moura

Bioela

North West Is.

グラッドストーン
GLADSTONE

Calliope

Curtis Channel

カプリコーン諸島
Capricorn Group

ヘロン島 Heron Is. P.346

Tropic of Capricorn

バンカー諸島
Bunker Group

レディマスグレイブ島
Lady Musgrave Is.

Monto

レディエリオット島 Lady Elliot Is. P.348

南回帰線

Eidsvold

Gin Gin

バンダバーグ
BUNDABERG

Mundubbera

Childers

Gayndah

Howard

ハービーベイ
Hervey Bay

ガリ（フレーザー島）
K'gari (Fraser Is.)

メアリーバラ
Maryborough

ハービーベイ
Hervey Bay

各リゾートとも、さまざまなマリンアクティビティが用意されているので、気軽にチャレンジしてみよう

POINT Travel Style
旅のスタイル

基本はリゾートでのんびり

G.B.R. のリゾートは、ハミルトン島を除きデイゲストが訪れることは少ない。それだけにリゾートゲスト最優先でさまざまな施設が造られている。プールや島内アクティビティ施設、バラエティに富んだ食事が楽しめるレストラン、快適な客室……こうしたリゾート内施設を十分活用するのがおすすめだ。

POINT How to enjoy
一番人気のハミルトン島の過ごし方

のんびりリゾート滞在と
アクティブな島発着ツアーを
上手に組み合わせる

ハミルトン島にやってくる人は「ホワイトヘブンビーチで遊びたい」「ハートリーフを見てみたい」という目的が多い。ホワイトヘブンビーチはハミルトン島のお隣、ウィットサンデー島にある純白のビーチで、ハミルトン島からは半日もしくは1日のツアーを利用して訪れることになる。またハートリーフは、ハミルトン島から約50km離れたアウターリーフの一角にあり、ハミルトン島発着もしくはアウターリーフ上のポントゥーン（リーフワールド）発着の遊覧飛行を利用して見にいくことになる。

ハミルトン島はリゾートとしての施設も整っており、滞在中にホワイトヘブンビーチやハートリーフへのツアーに参加するのはもちろん、島でのんびり過ごすことも忘れてはいけない。滞在客向けの無料アクティビティも充実しているし、さまざまなタイプのプールも充実。本格的なゴルフ場や動物園もある。ツアーの合間にこうした島内滞在をいかにうまく組み合わせるかがポイントだ。

カップルで見ると永遠の幸せが続くと言われるハートリーフ

302

HAMILTON ISLAND

ハミルトン島

オーストラリアを代表する
アイランドリゾート

ハミルトン島は G.B.R. のアイランドリゾートのなかで、
唯一ジェット機が直接乗り入れることができる大型リゾートだ。
そのアクセスのよさから、
世界中から G.B.R. でのアイランドステイを楽しみたいゲストが大勢訪れ、
日本人旅行者にとってもポピュラーな旅先として認知されている。
また空港をもつことから、ウィットサンデー地域のリゾートへのアクセス拠点でもある。
もちろんリゾートとしての規模も大きい。
ウィットサンデー諸島最大の施設を誇り、
ホテルスタッフ以外にもこの島に土地を購入し住んでいる人も大勢いる。
そう。ハミルトン島は、単なるアイランドリゾートではない。
豊かな自然に囲まれた、リゾートらしさいっぱいの町なのだ。

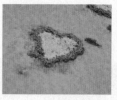

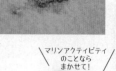
マリンアクティビティ
のことなら
まかせて！

Schedule Hamilton Island Trip

ハミルトン島 おすすめ モデルプラン

ハミルトン島とホワイトヘブンビーチ、ハートリーフなどを満喫するには4泊はほしい。一部のツアーは毎日は催行されていないし、遊覧飛行などはごくまれに強風などの自然状況により催行されない可能性もあるからだ。ここでは、一般的な4泊の滞在パターンと、それほど日数が取れない人のための3泊、2泊パターンを紹介しよう。

カップルで楽しむ ベストプラン現地4泊

1日目 ハミルトン島内で過ごすリゾートらしい1日

昼 **ハミルトン島へのフライト到着**はほとんどが昼過ぎ。ホテルに荷物を置いたら、バギーを借りて島内散策。

午後 **キャッツアイビーチ**でアクティビティにチャレンジ。無料でできるカタマランやSUPから、有料のジェットボートまでアクティビティメニューも多い。

滞在中はバギーを借りておきたい

夕方 夕日を眺めながらワンツリーヒル（→ P.311）でサンセットドリンク♪

夜 **日本語ゲストサービス**のおすすめメニューを参考にディナー。

サンセットタイム、ワンツリーヒルにはたくさんの人が集まってくる

2日目 ハートリーフが見られるグレートバリアリーフ・クルーズ

日中 **G.B.R.アドベンチャー・リーフワールドクルーズ**（→ P.315）に参加しよう。リーフワールドではオプションの遊覧飛行に申し込んで、ハートリーフを観に行こう！

ハートリーフは遊覧飛行からしか見ることができない

夜 **日本語ゲストサービス**のおすすめメニューを参考にディナー。

ホワイトヘブンビーチの眺めがすてきなヒルインレット展望台

3日目 ホワイトヘブンビーチの白さに感激！

日中 **ホワイトヘブンビーチ**への1日ツアー（→ P.317）に参加。ヒルインレット展望台からの眺めは本当にすてき。

夜 **マリーナタバーン**（→ P.329）で、ハミルトン島スタッフに混じってパブミール＆ドリンクが楽しい！

4日目 風光明媚なコースでゴルフ三昧

午前 **グレートバリアリーフ地区**No.1の呼び声が高いゴルフコース（→ P.325）でゴルフを楽しもう。

昼 **ランチはクラブハウスで**（→ P.329）。美味と評判だ。

ゴルフ好きなら迷わずプレイ

間近でコアラやオーストラリアならではの動物が見られる

午後 **ワイルドライフ・ハミルトンアイランド**（→ P.311）でコアラに大接近！

夕方 **サンセットクルーズ**（→ P.319）に参加して、ロマンティックなひととき。

夜 **最終日の**ディナーはふんばってボミー（→ P.327）へ。

5日目 ハミルトン島から他の都市へ

午前 **フライト**に合わせてチェックアウト。

ドリンク片手にサンセットが楽しめるクルーズだ

パッケージツアー参加者に多い 魅力を凝縮した現地3泊

1日目 1日目はハミルトン島巡りで過ごす

昼
午後 ハミルトン島空港に昼過ぎに到着。**カタマランセイリングなどのアクティビティ**（→ P.321 〜）にチャレンジ。ビーチで無料アクティビティを楽しんだり、プールサイドでのんびりするのもおすすめ。

夕方 ワンツリーヒル（→ P.311）でサンセットドリンクを楽しむ。

夜 ピザ&ジェラートバーでわいわいピザを食べよう！

講習を受けると簡単に乗れるカタマラン

ハミルトン島スタッフにも大人気のピザ

2日目 ちょっとぜいたくなグレートバリアリーフ・ツアー

日中 **G.B.R.アドベンチャー・リーフワールドクルーズ**（→ P.315、320）の片道をヘリコプターにアップグレード。遊覧飛行でハートリーフ、ホワイトヘブンビーチの壮大な眺めが楽しめる。

リーフワールドはスノーケリングに最適

夕方 マリーナビレッジでショッピング。

夜 **日本語ゲストサービス**のおすすめメニューを参考にディナー。

ハミルトン島のロゴ入りシャツは記念になる

3日目 ホワイトヘブンビーチで遊ぼう！

午前 **ホワイトヘブンビーチ半日クルーズ**（→ P.316）に参加。空から眺めるのとはひと味違ったビーチでの体験。

午後 **ワイルドライフ・ハミルトンアイランド**（→ P.311）でオーストラリアならではの動物見学。

夕方 **BBQディナークルーズ**（→ P.327）に参加。サンセットタイムまではデッキでドリンク片手に過ごし、日が暮れてから肉類やシーフードのBBQ料理をいただくという内容だ。

4日目 ハミルトン島出発

午前 出発までゆっくり。プールサイドやビーチで過ごそう！

ホワイトヘブンビーチでのんびり過ごそう

優雅な気分に浸れるディナークルーズ

どうしても時間が取れない人向け 現地2泊

　ハミルトン島現地2泊と短い日程の場合は、できるだけ時間を効率よく使えるように、日本からカンタス航空利用ブリスベン経由でハミルトン島へ。復路はカンタス航空でシドニー経由で日本へというパターンになる。日本出発翌日の午後早めにハミルトン島に到着、帰路はハミルトン島を午後早めのフライトで出発。翌朝日本着の全行程4泊5日（機中2泊）というスケジュールだ。

1日目 ハミルトン島見どころ巡り

1日 **到着日は**ほかのスケジュール同様、ハミルトン島内滞在となる。島内でやりたいアクティビティはこの日にやってしまおう！

2日目 ハートリーフとホワイトヘブンビーチを訪れる

日中 **ヘリコプターによる**ベスト・オブ・ボースワールド（→ P.320）に参加。ハートリーフ、ホワイトヘブンビーチ、両方を空から眺められるほか、リーフワールドでのスノーケリングタイムやホワイトヘブンビーチでのリラックスタイムもある豪華ツアーだ。予算が厳しい場合は、リーフ&ビーチ・エクスプローラーがおすすめ。

この壮大な景観は遊覧飛行ならでは

3日目 ハミルトン島出発

午前 早めに朝食を済ませて、出発まで島内散策。ほとんどのフライトは午後早めの出発だ。

リーフワールド沖にあるヘリ発着用ポントゥーン

ハミルトン島空港入口にある看板

■空港送迎シャトルバス
　ホテルゲスト（経営の異なるウィットサンデーアパートメントを除く）は無料。

■無料アイランドシャトル（→ P.307）のバスルート
●グリーンシャトル
🚌 毎日 7:00 ～ 23:00 の 15 分ごと
[ルート] リゾートセンター→ウィットサンデーアパートメント→リーフビューホテル→クルーズウィットサンデー・ターミナル→ゴルフクラブ行き桟橋→ヨットクラブヴィラ→フレームツリー・グローブ→マリーナタバーン→マンタレイカフェ＆ロマノーズ前→アイスクリームパーラー→リゾートセンター

●ブルーシャトル
🚌 毎日 7:00 ～ 22:20 の 40 分ごと
[ルート] リゾートセンター→ウィットサンデーアパートメント→リーフビューホテル→小学校→ココスアパートメント→バンクシア→ワンツリーヒル西→クオリア・グレートバリアリーフ→コーラルシー・アベニュー→ワンツリーヒル東→イーストビュー→マンゴーツリーコーナー→パッセージビュー展望地→ハミルトンアイランド・エアー（遊覧飛行発着場所）→ゴルフ練習場→レイクビュー展望台→オーバル→パッセージビュー展望地→マリーナビュー展望地→ヨットハーバータワー→リゾートセンター

主要都市にフライトをもつヴァージン・オーストラリア航空

ハミルトン島へのアクセス

　2023 年 6 月現在、ハミルトン島へは、ブリスベンからカンタス航空が週 5 便、ヴァージン・オーストラリア航空 (VA) が毎日 1 便、シドニーからカンタス航空、ヴァージン・オーストラリア航空がそれぞれ毎日 1 便、ジェットスター (JQ)

日本との最速ルートをもつカンタス航空

が週 5 便、メルボルンからカンタス航空が週 3 便、ヴァージン・オーストラリア航空が週 2 便フライトをもっている。東京からカンタス航空でブリスベンに入り、ハミルトン島へのフライトへ乗り換えるのがオーストラリア到着同日にハミルトン島へやってくる最速パターンだ。ほかの乗り継ぎでは到着都市で必ず 1 泊必要となる。また、帰路の場合はカンタス航空のシドニー乗り換えが唯一同日乗り継ぎ可能となっている。

空港アクセス

　ハミルトン島空港 (HTI) は島の中心部の南側にあり、ジェット機の発着可能な滑走路をもっている。ウィットサンデー地域の拠点空港で、ここをゲートウェイにしてほかのリゾートアイランドへ向かう人も多い。

飛行機を降りたら歩いて空港内へ

　空港ターミナル自体はそれほど大きくなく、到着時、出発時ともタラップを利用することになる。飛行機を降りたあとターミナル建物内に入ると、広々とした通路にウィットサンデー諸島各リゾートのカウンターがいくつか並んでいる。通路を抜けた左側が預託荷物受け取り場所で、ここで荷物を受けとったらスタッフの指示に従い各ホテルまで向かう送迎バスに乗り込もう。宿泊予定ホテルまでは 5 ～ 10 分ほどの道のりだ（ビーチクラブ、クオリア・グレートバリアリーフ宿泊客は専用ワゴン車での送迎）。

　帰路の場合だが、各ホテルのチェックイン時にハミルトン島発のフライトの日時を告げると、チェックアウト時間と空港行きシャトルバスの出発時間が指定されるので、それに従おう。

フェリーターミナル・アクセス

　オーストラリア本土エアリービーチ Airlie Beach のポート・オブ・エアリー Port of Airlie からクルーズウィットサンデーのフェリーがある（一部はデイドリーム島経由）。ターミナルは島の中心部マリーナビレッジだ。そのほかウィットサンデー諸島の各アイランドリゾートからのクルーズウィットサンデーのフェリーは、ハミルトン

島空港脇フェリー乗り場が発着場所だ。ハミルトン島内のホテル予約が済んでいれば、いずれのターミナルにもハミルトン島スタッフが出迎えにやってきてくれる。その後の流れは、飛行機で到着した場合と同じだ。

利用価値の高いグリーンシャトル

ハミルトン島の島内交通

無料アイランドシャトルバス ハミルトン島のリゾート施設を有意義に利用してもらえるよう、7:00 〜 23:00 に無料アイランドシャトルバスが運行している。このバス利用で島内移動の不便さは感じないはずだ。ふたつの路線があり、主要ホテルが並ぶリゾートエリア〜マリーナビレッジを15分おきに結ぶのが**グリーンシャトル** Green Shuttle、島内 27 ヵ所を 40 分ごとに結ぶのが**ブルーシャトル** Blue Shuttle だ。

バス停には詳しい時刻表も付いている

レンタルバギー ハミルトン島での行動の自由度がぐんと広がるレンタルバギー。日本の運転免許証があれば借りることができるゴルフカートだ。レンタル場所はリゾートエリア内のビーチクラブやパームバンガローの近くにある。滞在客の多くが利用するため、ピークシーズンは予定通り借りられない場合もあるほど。利用予定の人は、ホテル予約時に一緒に申し込んでおこう！

ハミルトン島周遊はバギーが一番！

バギーには電動式で、夜間ホテルの駐車スペースに停めておく際、充電しておくことを忘れずに（フル充電でほぼ 1 日運転可能）。駐車スペースには充電用コンセントが設けられている。

島内は信号がないので、交差点などでは必ず減速して左右の確認を忘れずに。またシードベルトを必ず着用。このほか携帯電話は運転中には絶対に触らないこと（触るだけで交通違反になる）。

■レンタルバギー
運転者は 21 歳以上で日本の運転免許証もしくは国際運転免許証が必要。
☎ 内線 68263
🕐 月〜土 8:00 〜 17:00、
日 9:00 〜 17:00
💰 24 時間 $119
※ 深夜 1:00 〜 5:00 は バギー運転不可

バギーの絵が描かれたハミルトン島ならではの交通標識

ホテルのバギー駐車スペースには電源コンセントがあるので、充電するのを忘れずに

Column

困ったときは日本語ゲストサービスに LINE で相談

ハミルトン島の滞在中、何か困ったことがあるときは、日本語ゲストサービスに LINE で相談しよう。ハミルトン島内は無料 Wi-Fi が完備されているので、到着したらすぐに LINE で、「HI 日本語デスク」を友達登録。すぐに返信があり、ハミルトン島滞在中から出発までの必要情報をまとめたリンクが送られてくる。その後は、滞在中に疑問などにトークで対応しても

らえる（各ツアーやレストランの予約代行などはできないが、方法は教えてもらえる）。なお対応してもらえる時間は毎日 9:00 〜 17:00だ。

LINE でこの QR コードをスキャンすると友達登録完了

野生のワラビーやポッサムに出合うことがあるほど自然が豊かだ

■無料 Wi-Fi サービス
　島内のほとんどのエリアで無料 Wi-Fi が利用可能だ。

■日本語ゲストサービス
📞 内線：89164
🕐 毎日 9:00 〜 17:00

キバタンは島のいたるところで見られる

ハミルトン島の歩き方　Orientation

ワンツリーヒルからのリゾートサイドの眺め

ハミルトン島はこうなっている

　ハミルトン島の各種施設は島の北側に配置されている。フェリーや各種クルーズが発着するハミルトンハーバー周辺は**マリーナビレッジ** Marina Village と呼ばれ、はずれにある IGA スーパーマーケットから、レストラン、カフェ、パブ、各種ショップ、ダイブショップが並んでいる。いわゆる町としてのハミルトン島の中心部だ。こ

各種ツアーの予約を行っているリゾートセンター

こから小高い丘を越えると**キャッツアイビーチ** Catseye Beach に面した**リゾートサイド** Resortside となり、ビーチ沿いにホテルコン

ハミルトン島
Hamilton Is.

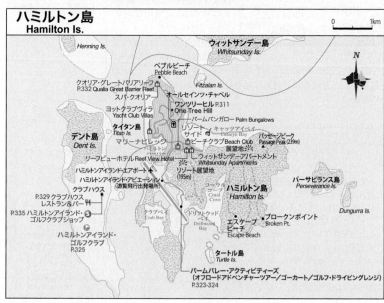

0　　　　1km

Henning Is.

ウィットサンデー島
Whitsunday Is.

ペブルビーチ
Pebble Beach

Fitzalan Is.

クオリア・グレートバリアリーフ
P.332 Qualia Great Barrier Reef
スパ・クオリア

オールセインツ・チャペル

ヨットクラブヴィラ
Yacht Club Villas

ワンツリーヒル P.311
One Tree Hill

パームバンガロー Palm Bungalows

タイタン島
Titan Is.

リゾートサイド

キャッツアイベイ
Catseye Bay

マリーナビレッジ

ビーチクラブ Beach Club
展望地

パッセージピーク
Passage Peak (239m)

デント島
Dent Is.

リーフビューホテル Reef View Hotel

ウィットサンデーアパートメント
Whitsunday Apartments

ハミルトンアイランド・エアポート

ハミルトンアイランド・アビエーション
(遊覧飛行出発場所)

リゾート展望地
(195m)

パーサビランス島
Perseverance Is.

ハミルトン島
Hamilton Is.

クラブハウス

P.329 クラブハウス
レストラン&バー

P.335 ハミルトンアイランド・
ゴルフクラブショップ

コーラル
コーブ
Coral
Cove

Dungurra Is.

ブロークンポイント
Broken Pt.

クラブベイ
Crab Bay

ドリフトウッド
Driftwood
Bay

エスケープ
ビーチ
Escape Beach

ハミルトンアイランド・
ゴルフクラブ
P.325

タートル島
Turtle Is.

パームバレー・アクティビティーズ
(オフロードアドベンチャーズツアー/ゴーカート/ゴルフ・ドライビングレンジ)
P.323-324

ハミルトンハーバーにはクルーズ船やヨットが並んでいる

さまざまな無料アクティビティにチャレンジできるキャッツアイビーチ

いろいろなお店が並ぶマリーナビレッジ

リゾート内の散歩も楽しい

プレックス、プール、レストランなどが並んでいる（この間は歩いても5～10分ほど）。各種ツアー＆アクティビティは、リゾートサイドのほぼ真ん中にある**リゾートセンター** Resort Centre で受け付けている。

キャッツアイビーチでは、リゾートゲスト向けに各種無料アクティビティが実施されている。潮の干満の時間によって可能なアクティビティが異なるので、参加する前に日本語ゲストサービスで、参加したいアクティビティの時間をチェックしておくといい。特にビーチからのスノーケリングでは、サンゴやトロピカルフィッシュ、ウミガメなども見られるので、ぜひチャレンジしてみたい。

リゾートホテルに欠かせないプールは、リーフビューホテルのロビー階のラッププール、リゾートセンター前のメインプール、ウィットサンデーアパートメント前のブーゲンビリアプールの3ヵ所。ほかにビーチクラブやクオリアには宿泊客専用のプールがある。なおリーフビューホテルのラッププール、ブーゲンビリアプール、ビーチクラブとクオリアのプールは、気温の低い季節にも安心して泳げるよう温水となる。

■島内での支払いについて
ハミルトン島内は現金が利用できず、すべての支払いはルームチャージ（部屋付け）かクレジットカード、デビットカード利用となる。
なお宿泊客（*1）は、島内のすべてのレストラン、IGAスーパーマーケット、郵便局を除くすべての店舗で支払いをルームチャージにすることができる。なおルームチャージにする際にはルームキーが必要となる。
（*1）ウィットサンデーアパートメント宿泊客を除く

■コインランドリー
リゾートサイドでは、リーフビューホテルの7階、10階、15階、17階、ウィットサンデーアパートメント3階、10階にある。どのホテル滞在者も利用可能だ。

Column

アプリを活用してハミルトン島探検

ハミルトン島の滞在をさらに充実したものにしてくれる日本語アプリがある（iOSのAPP Store、AndroidのGoogle Playストアで「ハミルトン島」で検索すればインストール可能）。ハミルトン島のほとんどエリアではゲスト向け無料Wi-Fiが利用できる。アプリはGPS連動なので、シャトルバスの最寄りの乗り場や時刻表のチェックも可能。レストランの営業時間を調べたり予約したり、各アクティビティの予約方法を日本語でチェックしたりできるなど、すぐれものものアプリだ。また、島内のウオーキングルート散策時には音声ガイド（英語）による解説も聞けるほど。ぜひインストールして活用しよう。

リゾートサイドのメインプール

マリーナビレッジ、リゾートサイド以外のエリアでは、島の西北**ワンツリーヒル** One Tree Hill 方面に挙式ができる教会、学校、宅地、さらに島の北端にはオーストラリア有数の高級リゾート、クオリア・グレートバリアリーフがあり、西南部空港周辺の**パームバレー** Palm Valley にゴルフ練習場や4輪バイク、ゴーカートなどのアクティビティ施設が集まっている。それ以外、つまり島の大部分は自然の森だ。そのため夜間にはリゾート周辺でもポッサムやワラビーを見かけることが珍しくない。またゴシキセイガイインコ（ナナイロインコ）やキバタン（シロオウム）など南国ならではの野鳥も数多く生息している。なお、野生動物や野鳥への餌づけは、いくらかわいいからといっても厳禁だ。野生は野生のまま──それが基本だ。

■メディカルセンター

急病やけがのときに利用できるメディカルセンター。もちろん海外旅行保険も適用可。ただし利用には基本的に予約が必要なため、まずは日本語ゲストサービスに連絡を入れてから向かおう。

■島内はとても安全だが、最低限の注意を……

ハミルトン島はデイビジターも訪れ、住んでいる人も数多い島だが、ひじょうに治安がよいため小さな交番しかないほど。

島内はキャッシュレスで、現金を持ち歩く必要はないけれど、カメラなどの貴重品を持ち歩くことはあるはず。いくら安全とはいえ、ビーチに大っぴらにわかるよう貴重品を置いておくのは考えもの。最低限、日本にいるときと同じ程度には荷物に注意を払っておきたい。

大自然の森を歩いてみよう

ハミルトン島の大部分を占める大自然。ここにはいくつかのウオーキングトラックが設けられており、誰でも気軽にそのすばらしさが味わえるようになっている。いくつかあるルートのうち人気なのが、島の最高地点**パッセージピーク** Passage Peak（239m）へと向かうコース。山頂からはお隣ウィットサンデー島のホワイトヘブンビーチの入江、ヒルインレットまで眺められる。リゾートサイドのコンベンションセンター裏側に**シーニックトレイル入口** Scenic Trail Entrance があり、パッセージピークへは片道約90分ほど（距離2650m）の道のりだ。ほかにもリゾートの全景が楽しめるリゾート展望地への片道45分のルートなどが人気だ。

リゾート展望地からの眺め

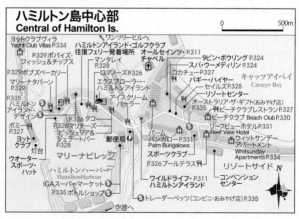

ハミルトン島中心部
Central of Hamilton Is.

0　　　500m

ワンツリーヒルへ

ヨットクラブヴィラ
Yacht Club Villas P.334
P.329ポパイズ・フィッシュ&チップス
P.329ボブズベーカリー
マリーナタバーン P.329
P.335 ハミルトンアイランド・デザイン
ボニー P.327
ヨットクラブ
灯台
ウオータースポーツハット
ハミルトンハーバー HamiltonHarbour
IGAスーパーマーケット
P.335ボトルショップ

ハミルトンアイランド・ゴルフクラブ
往復フェリー発着場所
マンタレイ P.328
ロマノーズ P.326
サイドバー・ハミルトンアイランド
アイスクリームパーラー
P.326 タコ
P.326マリナーズ
ピッツェリア&ジェラートバー P.328
郵便局
マリーナビレッジ

チャペル
9ピン・ボウリング P.324
スパ・ウーメディリン P.324
ロカチュー P.327
バギー・ハイヤー
セイルズ P.328
リゾートセンター
オーストラリア・ザ・ギフト（おみやげ店）P.335
ビーチクラブレストラン P.327
ビーチクラブ Beach Club P.330
リーフビューホテル P.331
Reef View Hotel
ウィットサンデーアパートメント
Whitsunday Apartments P.334
リゾートサイド
コンベンションセンター

パーム バンガロー P.331
Palm Bungalows
スポーツクラブ
P.326プールテラス
ワイルドライフ・P.311
ハミルトンアイランド

オールセインツ・P.311

キャッツアイベイ
Catseye Bay

S トレーダーベッツ（コンビニ・おみやげ店）P.335

空港へ

Sightseeing Points
ハミルトン島のおもな見どころ

コアラを抱いて記念写真が撮れる
ワイルドライフ・ハミルトンアイランド
Wildlife Hamilton Island

MAP P.310

コアラもたくさんいる

　コアラをはじめカンガルーやワラビー（パディメロン）、ウォンバットなどの有袋類、イリエワニやオーストラリアワニ、エリマキトカゲやヘビなどの爬虫類、そしてカソワリィ（火喰鳥）まで、オーストラリアを代表するさまざまな動物が見られる。毎日10:00、16:00には園内ガイドツアー（冬季を除いてクロコダイルの餌づけショーもあり）がある。またコアラ好きに大人気なのが**コアラ・エンカウンター** Koala Encounter。コアラの間近で飼育員から生態説明を聞き、そのあとコアラに触りながら記念写真が撮れるのだ（コアラ抱っこはできない）。

　なおワイルドライフ・ハミルトンアイランドの入口脇にはカフェがあり、朝食や昼食も楽しめる。

アクセス抜群の見晴らしポイント
ワンツリーヒル
One Tree Hill

MAP P.308

　ハミルトン島随一の人気展望スポット。海の向こうにはウィットサンデー島をはじめとする島々を、また眼下には珊瑚礁が織りなす色が美しいキャッツアイベイが見渡せる。海を望むワンツリーヒル・バーもあってひと休みするには最適の場所だ。特にサンセットの時間には、バーからの飲み物

サンセットを満喫

持ち出しもOK。茜色に染まる空を眺めながら各種ドリンク類を楽しめる。日が暮れたあとは、アクセス至便な星空観察スポットとしても評判なので、天気のいい夜はぜひ訪れてみよう。

ウエディングでも大人気の
オールセインツ・チャペル
All Saints Chapel

MAP P.310

　キャッツアイベイを見下ろす高台に建つ愛らしいチャペル。コロニアルスタイルの外観にステンドグラスを施した装い、内装はシルキーオークを使ったゴシック様式だ。ウエディング会場として人気

で、日本人カップルはもちろん、数多くのオージーの有名人も挙式している。なおチャペルの周りの芝生エリアには、夜間ワラビーが現れることも多い。
かわいらしいチャペルだ

■**ワイルドライフ・ハミルトンアイランド**
☎(07)4946-8635
🕐毎日8:00～17:00／コアラ・エンカウンター9:30～10:00
💲大人$32　子供$22／コアラ・エンカウンター $32
※入場チケットはハミルトン島滞在期間有効なので、何度でも訪問できる

■**ワンツリーヒル**
　リゾートエリアからバギーで5分、無料アイランドシャトル（オレンジシャトル）で5分。徒歩だと約30分。

ワンツリーヒル・バーからの眺めはすばらしい

■**オールセインツ・チャペル**
　リゾートエリアからバギーで3分、無料アイランドシャトル（ブルーシャトル）の場合はリゾートエリアから3分ほどのココスアパートメント下車後徒歩2分。リゾートエリアから徒歩だと10～15分。

■**ハミルトン島ウエディングの問い合わせ先**
●**ハミルトンアイランド・ウエディングス**
Hamilton Island Weddings
☎(07)4946-8750
🌐www.hamiltonislandweddings.com

G.B.R. 随一の見どころ

ホワイトヘブンビーチとハートリーフを見にいこう！

Whitehaven Beach & Heart Shape Reef

ハミルトン島にやってきて見逃せないのが
ホワイトヘブンビーチとハートリーフだ。

いずれもハミルトン島発着ツアーで
アクセスできる場所。

これぞグレートバリアリーフ という
その姿を、ぜひ目に焼きつけよう！

ハミルトン島発着ホワイトヘブンビーチ＆ハートリーフ・ツアー 一覧

ツアー会社	ツアー名	ツアー紹介ページ	ホワイトヘブンビーチ			ハートリーフ	
			遊覧飛行	ビーチへ上陸	ヒルインレット展望台	遊覧飛行	ハートリーフでスノーケリング
クルーズウィットサンデー	G.B.R. アドベンチャー・リーフワールド	315				○（有料）	
	リーフスリープ	316				○（有料）	
	ホワイトヘブンビーチ半日ツアー	316		○			
	ホワイトヘブンビーチとヒルインレット＆展望台1日ツアー	317		○	○		
ハミルトンアイランド・ウォータースポーツ（リーフライダー）	ウィットサンデー・エクスプローラー	318		○	○		
	ツーインワン／ホワイトヘブンダッシュ	318		○			
エクスプローラーグループ	セイル・スノーケル・ホワイトヘブン＆チョーキーズビーチ	318		○			
ハミルトンアイランド・エアー	リーフ＆ビーチ・エクスプローラー（水上飛行機）	320	○	○		○	
	ハートリーフ＆ホワイトヘブン・シーニック（ヘリコプター／水上飛行機）	320	○			○	
	リーフディスカバリー（ヘリコプター）	320	○			○	
	リーフワールド・フライ＆クルーズ／クルーズ＆フライ（ヘリコプター）	320	○			○	
	ベスト・オブ・ボースワールド（ヘリコプター）	320	○			○	
	ホワイトヘブンビーチ・ゲートウェイ（ヘリコプター）	320	○	○			
	ホワイトヘブンビーチ・ファンシーカー（水上飛行機）	320	○	○			
	ジャーニー・トゥ・ザ・ハート（ヘリコプター）	320	○			○	○

ホワイトヘブンビーチ
Whitehaven Beach

世界中に知られる純白のビーチ

ウィットサンデー諸島最大の島ウィットサンデー島。約275kmの広さをもつ無人島で、島全体は亜熱帯の森に覆われている。この島の南東部に広がる約6kmもの長さをもつビーチがホワイトヘブンビーチだ。2008年には、オーストラリアの美しさを守ろう協会 The Keep Australia Beautiful Council 主催のクリーンビーチチャレンジにおいて、クイーンズランド州で最もきれいなビーチに選ばれ、2010年7月にはアメリカのCNNにより世界のトップ・エコフレンドリー・ビーチにも選ばれているほどだ。

ホワイトヘブンビーチの名づけ親

このビーチの発見者であり、後世に残るすばらしい名前をつけたのは、1879年、この海域を航行していた貨物船ロウェリン号 SS Llewellyn の船長ベドウェル Bedwell。その砂浜の白さに感激した彼は、故郷イギリスのカンバーランド地方の町ホワイトヘブンにちなんで、名づけたのだという。

6kmも続く白砂のビーチでのんびり過ごす

ホワイトヘブンビーチの楽しみ方

G.B.R. を紹介するテレビの旅番組や旅行雑誌で必ず目にする神秘的な美しさをもつビーチで、ハミルトン島にやってくる観光客の多くが、半日や1日のツアーで訪れる人気ポイントだ。「白い安息地」と名づけられているとおり、ビーチの白さには驚かされる。それもそのはず、このビーチの砂は98%シリカ、つまりガラスのもととなる小さな結晶なのだ。しかもこの砂はひじょうに細かく、歩くと音がする鳴き砂だ。この白い砂と真っ青な海が描き出すコントラストには、ただ圧倒されるばかり。なおビーチに面した海は遠浅の砂地のため、サンゴはほとんどなく魚影も少ない。スノーケリングを楽しむよりも、のんびり過ごすのに向いているビーチだ。

ホワイトヘブンビーチの美しさを堪能したかったら、**ヒルインレット展望台** Hill Inlet Lookout を訪れたい。ホワイトヘブンビーチの北端は深く切れ込んだ河口入江（ヒルインレット）になっており、白い砂と青い海が絵画のようなグラデーションを描き出している。しかも、潮の満ち干きによってその様子が変化するので同じ姿を二度と見ることができない場所だ。ハミルトン島発着クルーズの一部はヒルインレット展望台にも立ち寄るので、ツアーを選ぶときは内容を必ずチェックしよう。もちろん、ハミルトン島発の遊覧飛行に乗れば、この展望台よりさらに上空から、そのすばらしい眺めが楽しめる。

世界中のカップル憧憬の地

ハートリーフは、ハミルトン島からおよそ50km北北東にあるアウターリーフのひとつ**ハーディリーフ** Hardy Reef 内にある。ハーディリーフは南北16km、東西4kmにも及ぶ巨大な珊瑚礁で、広大なラグーン（礁湖）内に数多くのボミー（サンゴの塊／ダイビング用語ではサンゴの根という）がある。ハートリーフは、実はそんなボミーのひとつ。自然が奇跡的にハートの形にボミーを造り上げたのだ。発見されたのは1975年のこと。上空を飛んでいたエア・ウィットサンデーのパイロットが発見したのだという。

ハートリーフ付近には現在ヘリコプター専用ポントゥーンがひとつあるだけ（ジャーニー・トゥ・ザ・ハートのツアーでのみ使用される）。ほかに上陸する場所はなく、基本的には空から眺めるだけとなる。カップルで見ると「永遠に愛が続く」、ひとりで見ても「幸せが訪れる」「恋がかなう」などといわれており、いまや世界中のカップル、そして恋の成就を願う人たちの憧れの場所となっている。

ハミルトン島もしくはリーフワールドからの遊覧飛行で見る

ハートリーフ付近の遊覧飛行は、ハミルトン島発着のヘリコプター、水上飛行機がよく知られている。ハミルトン島発着遊覧飛行は、ホワイトヘブンビーチも一緒に上空から眺めることができる。ただし料金は高めだ。もう少し安くというのなら、ハーディリーフ上にあるリーフワールドへのクルーズへ参加し、そこから約10分のヘリコプター遊覧飛行に参加すればハートリーフを見ることができる。このクルーズ、ハミルトン島〜リーフワールドの行きか帰りをヘリコプターにすれば、やはりホワイトヘブンビーチも眺められる。

リーフワールドからのヘリコプター遊覧もおすすめの観光方法

ハーディリーフ内に突然現れる愛らしいハート形のボミーだ

ジャーニー・トゥ・ザ・ハートのポントゥーン

ハートリーフ
Heart Shape Reef

巨大なハーディリーフ

ハミルトン島発着ツアー

人気アウターリーフ
クルーズウィットサンデー

G.B.R. アドベンチャー・リーフワールド

Cruise Whitsundays / G.B.R. Adventures Reefworld

■ クルーズウィットサンデー
📞 (07)4946-7000
URL www.cruisewhitsundays.com

● G.B.R. アドベンチャー・リーフワールド
營 毎日 9:00 ～ 17:00
料 大人 $299 子供 $146
オプション 体験ダイビング 1 本 $165 ／ファンダイビング全器材付き 1 本 $120 ／ガイド付きスノーケリングツアー 大人 $69 子供 $39 家族 $170 ／ 10 分ヘリコプター遊覧飛行 10 分 $205
※ハミルトン島からの往復、または片道にヘリコプターを利用することも可能（→ P.320）。
※アーリービーチ、デイドリーム島からも参加可能。
※天候によっては、船がかなり揺れることもある。酔い止めの薬は飲んでおいたほうがいい（スタッフが用意している：有料）。

ハーディリーフにあるリーフワールド

リーフワールドの周りは美しいサンゴの森。色とりどりの魚がたくさん見られる

大型船を使ったアウターリーフクルーズ。利用する船は高速カタマランで、アウターリーフまでは約 2 時間の船旅となる。

目的地はハーディリーフにあるリーフワールドと名づけられた 2 階建てのポントゥーン。1 階には更衣室やシャワー、アンダーウオーターシアター（海中展望室）などの設備が、2 階は広々としたサンデッキとなっている。リーフワールドでは、スノーケリングや体験＆ファンダイビング（有料）、半潜水艦によるサンゴ観察などを楽しもう。リーフワールド下にはジョージと名づけられた 2m 級のクイーンズランドグルーパがすみついているほか、周辺にはナポレオンフィッシュも数匹泳いでいて、運がよければスノーケリングでも比較的簡単に接近できる。また、海洋生物学者のガイドによるスノーケリングツアーもあり、珊瑚礁や魚に興味があるなら参加してみるとおもしろい。ほかにも、有料でヘリコプターによる約 10 分間の遊覧飛行が可能。この遊覧飛行では、G.B.R. の壮大な眺望はもちろん、自然の造り出したハート形のハートリーフを見ることもできる。

リーフワールド周辺で見られるハナビラクマノミ

ヘリコプター遊覧飛行にもせひ参加したい

リーフワールド 2 階はサンデッキになっている

透明度の高い海でスノーケリング

サンデッキにテントを張って
スワッグで眠る

■ **クルーズウィットサンデー**
📞 (07)4946-7000
URL www.cruisewhitsundays.
com

●リーフスリープ
🕐 毎日 9:00 ～翌日 17:00
💰 アンダー・ザ・スター・
スワッグ（寝袋）1人用
$900、2人用 $1300
※滞在中の全食事、アフタ
ヌーンティー、モーニング
ティー、ディナー時のドリン
ク付き
※リーフワールドでのオプ
ション→ P.315
※アーリービーチ、デイドリー
ム島からも参加可能。

●ホワイトヘブンビーチ半
日ツアー
🕐 毎 日 8:30 ～ 12:30、
13:10 ～ 17:00
💰 大人 $140 子供 $55

ホワイトヘブンビーチには桟
橋がないので、潮が満ちてい
るときは船から降ろした階段
状デッキを使って上陸

クルーズウィットサンデー
リーフスリープ
Cruise Whitsundays / Reef Sleep

荘厳な雰囲気のサンセットタイム

前述のリーフワールドに1泊するツアー。2日間丸々リーフワールドでのアクティビティが満喫できるのはもちろん、デイビジターが帰ったあとの静かなサンセットタイム、満天の星の下の専任シェフによるコースディナー、水平線から昇ってくる朝日……そんな贅沢な時間が過ごせるのも魅力だ。宿泊はサンデッキにテントを張ってその中で寝袋（スワッグ）で眠るスタイル。天気がよく温かい時期にはテントなしで星空の下、眠ることも可能だ。

短時間でホワイトヘブンビーチを楽しむ

クルーズウィットサンデー
ホワイトヘブンビーチ半日ツアー
Cruise Whitsundays / Whitehaven Beach Half day

ウィットサンデー島の東側にあるホワイトヘブンビーチへの大型船クルーズで、午前出発と午後出発がある。ホワイトヘブンビーチまでは約45分。比較的穏やかな海域なのでまず船酔いの

のんびりするのに最適なビーチだ

心配もなし。ビーチではスタッフがクリケットやビーチラグビー、ビーチバレーなどさまざまなビーチゲームを企画するので参加するもよし、のんびりくつろぐもよし。もちろん透き通った海で泳ぐのもいいだろう。ビーチにはガゼボが設置され、ドリンク販売も行われている。ホワイトヘブンビーチで乾杯するのも楽しい。

人気 No.1 ホワイトヘブンビーチ・クルーズ

クルーズウィットサンデー

ホワイトヘブンビーチとヒルインレット＆展望台1日ツアー

Cruise Whitsundays / Whitehaven Beach, Hill Inlet & Lookout Full day

ヒルインレット展望台から美しい景色を楽しむ

ゾディアックボートで周遊する

■ **クルーズウィットサンデー**
📞(07)4946-7000
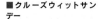 www.cruisewhitsundays.com
●ホワイトヘブンビーチとヒルインレット＆展望台1日ツアー
🕐 毎日 8:30 ～ 17:00
💰大人 $250 子供 $130
※アーリービーチ、デイドリーム島からも参加可能。

ホワイトヘブンビーチ・クルーズの決定版で、内容盛りだくさんの1日クルーズだ。大型カタマランで、まずホワイトヘブンビーチへ。ビーチに上陸したら、泳いだり、のんびりしたり……とにかく時間がたっぷりあるので、思いおもいの方法で過ごそう。

ホワイトヘブンビーチで過ごしたあとは、ゾディアックスタイルのミニボートに乗って出発。ホワイトヘブンビーチの北の突端、ヒルインレットに上陸だ。真っ白な砂とウィットサンデー島から流れ出す川との合流地点で、織りなす景色は幻想的。ヒルインレットからは、この地の先住民ガロ族 Ngaro のガイドと一緒にブッシュウオーキング。創世記の神話や植物の説明を聞きながら 15 ～ 20 分ほどかけて展望台へと向かうのだ。展望台からは白と青のグラデーションが織りなす神秘的な光景が楽しめ、訪れた人、誰をもトリコにするほどの景観だ。

その後再びホワイトヘブンビーチへ戻り、リラックスタイム。ビーチ BBQ でのランチが楽しい。午後はのんびりビーチで過ごすもよし、スタッフと一緒に遊んだり（クリケットやビーチバレー、ビーチラグビーなどの用意がある）するのもいい。またウィットサンデー島にあるホワイトヘブンビーチ展望台 Whitehaven Beach Lookout へのウオーキングもぜひ体験したい。スタッフがルートを教えてくれる。

ヒルインレットに上陸する数少ないツアーだ

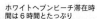

ホワイトヘブンビーチ滞在時間は 6 時間とたっぷり

■ハミルトンアイランド・ウォータースポーツ
☎(07)4946-9934
URL www.hiwatersports.com.au
●ウィットサンデー・エクスプローラー
時 月水金 9:30～16:30
料 大人 $190 子供 $145 家族 $600
●ツーインワン
時 毎日 9:00～12:00／13:30～16:30
料 大人 $120 子供 $100 家族 $400
●ホワイトヘブンダッシュ
時 火木土日 9:00～11:30／13:30～16:00
料 大人 $100 子供 $90 家族 $350

高速ボートでホワイトヘブンビーチへ

ハミルトンアイランド・ウォータースポーツ
リーフライダー

Hamilton Is. Water Sports / Reef Ryder

チョーキーズビーチでのスノーケリングは楽しい

強力エンジンを積んだ高速ボートのリーフライダーで、ホワイトヘブンビーチ方面を目指すクルーズ。

一番人気なのが**ウィットサンデー・エクスプローラー** Whitsunday Explorerという1日ツアー。ウィットサンデー島の向かいにあるハッスルウッド島チョーキーズビーチでのスノーケリング、ヒルインレット展望台からのホワイトヘブンビーチのパノラマビューとホワイトヘブンビーチでのリラックスタイム、さらにボーダー島Border Is.もしくはフック島Hook Is.沖のコーラルガーデンCoral Gardenのスノーケリングという盛りだくさんの内容だ。**ツーインワン** 2 in 1は半日ツアーで、チョーキーズビーチでのスノーケリングとホワイトヘブンビーチでのリラックスといった内容となる。**ホワイトヘブンダッシュ** Whitehaven Dashはツーインワンからチョーキーズビーチでのスノーケリングを外したツアーで、とにかくホワイトヘブンビーチでのんびりしたい人におすすめだ。

1日ツアーならヒルインレット展望台も訪れる

■エクスプローラーグループ
☎(07)4946-9664
URL www.exploregroup.com.au
●セイル＆スノーケル・ホワイトヘブン＆チョーキーズビーチ
時 毎日 8:00～15:30
料 大人 $215 子供 $105 家族 $535
●エクスプローラー・ヒルインレット半日ツアー
時 毎日 8:30～12:00 または 12:30～16:00（潮の干満によりどちらかの出発）
料 大人 $165 子供 $85 家族 $415

優雅なセイリングを楽しみたいなら

エクスプローラーグループ
セイル・スノーケル・ホワイトヘブン&チョーキーズビーチ

Explorer Group / Sail Snorkel Whitehaven & Chalkies Beach

大型カタマランヨットのジ・エッジ

大型カタマランヨット、ジ・エッジ号を利用してのホワイトヘブンビーチへのクルーズも人気がある。ネットが張られた船上は、セイリング時には波しぶきを間近に感じることもできる。このクルーズではウィットサンデー諸島のふたつの人気ビーチを目指す。まず最初に向かうのが、チョーキーズビーチだ。フリンジングリーフの美しいビーチで、ビーチからのスノーケリングでさまざまな魚を見ることができる。もう1ヵ所が、ホワイトヘブンビーチ。ビーチ滞在時間をたっぷり取ってあり、日光浴はもちろん、スタッフたちとさまざまなビーチゲームに興じたり、ランチやアフタヌーンティーを味わったりできるのだ。

なおホワイトヘブンビーチとヒルインレットだけを訪れたいという人向けに、ヨットクルーズではなく通常のクルーズ船を利用した**エクスプローラー・ヒルインレット半日ツアー** Explore Hill Inlet - Half Dayというツアーも催行している。

ソフトコーラルの多いチョーキーズビーチ

ダイバー、スノーケラーなら迷わずこのクルーズ
エクスプローラーグループ
スノーケル&ダイブ・ザ・G.B.R.
Explorer Group / Snorkel , Dive The G.B.R.

ポイントの美しさはこの海域でも随一と言っていい

ダイビング専用ボートでアウターリーフへ

人気のベイトリーフでダイビングにチャレンジ

浅瀬にサンゴが多いので、スノーケルでも十分楽しめる

スタッフによるブリーフィング後スノーケルに出発

高速ダイビング専用ボートを利用してのアウターリーフへのクルーズ。ウィットサンデー地域のアウターリーフのなかで、特に有名なダイビングスポット、ベイトリーフ Bait Reef を訪れる。ステッピングストーン、パラダイスラグーン、マンタアレイという人気ダイビングポイント 3 ヵ所のなかから、当日の海況に合わせて 2 ヵ所でダイビング&スノーケリングを楽しむ。どのポイントでも美しいエダサンゴやテーブルサンゴの合間を泳ぐ、さまざまな魚が見られる。ダイビング用に設計されたボートなので、バックデッキからスノーケリングやダイビングのエントリーがしやすいようになっている。なおスノーケリングは場所が大海原のまっただ中ということもあり、原則スタッフと一緒にポイント内をひと回りすることになる（もちろんスノーケルに自信のある人は自分で行ってもいい）。

クルーズしながらサンセットを満喫
エクスプローラーグループ
サンセットセイル・ウィットサンデー諸島
Explorer Group / Sunset Sail Whitsunday Is.

サンセットクルーズでは、気さくなスタッフがおつまみをサーブしに船上を回ってくれる

日中ホワイトヘブンビーチへのクルーズに利用されているジ・エッジ号を使ったサンセットクルーズ。セイリングを楽しみながら、船上からウィットサンデー諸島に沈むサンセットを楽しむという趣向だ。クルーズ中のドリンク（ソフトドリンク&アルコールドリンク）、おつまみは無料。ディナー前のひととき、ロマンティックな気分に浸りながらドリンク片手にクルージングするのも、リゾートならではの楽しみ方だ。

■エクスプローラーグループ
📞(07)4946-9664
🌐www.exploregroup.com.au
●スノーケル&ダイブ・ザ・G.B.R.
🕐毎日（ダイビングは火木土日）8:00 〜 16:00
💰スノーケラー：大人$285 子供$140 家族$710／ファンダイビング 2 本付き（全器材込み）：大人$450 子供$300
※ダイビングの子供料金は 14 〜 17 歳
●サンセットセイル・ウィットサンデー諸島
🕐出発は 16:45 〜 17:30（時期により催行曜日は異なる）。所要 1.5 時間
💰大人$105 子供$85

サンセットクルーズ中はフリードリンク。あまり飲み過ぎないように

ヘリコプターでアウターリーフへ

■ハミルトンアイランド・エアー
℡(07)4969-9599
URL www.hamiltonislandair.com

●リーフ＆ビーチ・エクスプローラー（水上飛行機利用）
圏1人 $660

●ハートリーフ＆ホワイトヘブン・シーニック
圏ヘリコプター利用：1人 $730／小型飛行機利用：1人 $365

●リーフワールド・ツアー（ヘリコプター利用）
圏当日の予約状況による異なるので要問い合わせ
圏リーフディスカバリー：1人 $875／フライ＆クルーズもしくはクルーズ＆フライ：大人$600 /子供$550

●ジャーニー・トゥ・ザ・ハート（ヘリコプター利用）
圏1人 $1270

●ベスト・オブ・ボースワールド（ヘリコプター利用）
圏1人 $1270

●ホワイトヘブンビーチ・ゲートウェイ（ヘリコプター利用）
ホワイトヘブンビーチ滞在に特化したツアー。
圏1人 $400

●ホワイトヘブンビーチ・ファンシーカー（水上飛行機）
ホワイトヘブンビーチ滞在に特化したツアー。
圏当日の海況によりツアー時間は異なる
圏1人 $320

ヒルインレット上空から眺めるホワイトヘブンビーチ

ハミルトンアイランド・エアー
ヘリコプター＆水上飛行機遊覧飛行
Hamilton Is. Air / Helicopter & Seaplane Scenic Flight

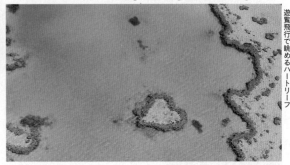

遊覧飛行で眺めるハートリーフ

ハートリーフはもちろん、ホワイトヘブンビーチも上空からの眺めは格別。できることなら遊覧飛行に参加して、そのすばらしさを味わってほしい。ハミルトンアイランド・エアーがさまざまな遊覧飛行ツアーを催行している。

まず**リーフ＆ビーチ・エクスプローラー** Reef & Beach Explorer。水上飛行機でアウターリーフを目指し、ハーディリーフ上空から壮大な眺めを楽しみながらハートリーフへ。南下してヒルインレット上空を通過したあとホワイトヘブンビーチ前の浅瀬に着水。専用ボートでビーチに上陸してスパークリングワインを楽しみながらのんびり過ごすというもの。全行程約3時間と時間の少ないカップルに人気だ。どちらも上空から眺めるだけで満足という人には、**ハートリーフ＆ホワイトヘブン・シーニック** Hart Reef & Whitehaven Scenic もある。

ホワイトヘブンビーチへの上陸はほかのツアーで、という人におすすめなのがクルーズウィットサンデーのリーフワールドへの往復（デイゲストのいない早朝と夕方に行う**リーフディスカバリー** Reef Discovery）、もしくは片道をヘリコプターにした**リーフワールド・ツアー**（フライ＆クルーズもしくはクルーズ＆フライ）。ホワイトヘブンビーチ＆ヒルインレット、ハートリーフ＆ハーディリーフの遊覧飛行が楽しめ、リーフワールドではスノーケリングで色とりどりのサンゴや魚たちを見ることができる。

またジャーニー・トゥ・ザ・ハート Journey to the Heart はスペシャルなツアーとして大人気。ホワイトヘブンビーチ、ヒルインレット上空を通りハートリーフ脇

ハートリーフにここまで近づけるのはジャーニー・トゥ・ザ・ハートだけ

の専用ポントゥーンにヘリで降り立つ。そこからグラスボトムボートでハートリーフへ。周辺でスノーケリングを楽しんだらポントゥーン下のラウンジでスパークリングワインと軽食も楽しむ。所要3時間のエクスクルーシブなツアーだ。このほかリーフワールド・ツアーの往復ヘリコプターにホワイトヘブンビーチ滞在も組み合わせた**ベスト・オブ・ボースワールド** Best of Both World も短時間にいろいろ体験したいという人にはいいだろう。

ハミルトン島でのツアー＆アクティビティ

いろんなアクティビティにチャレンジ ■宿泊者無料
ビーチスポーツ
Beach Sports

上：SUP は気軽にできるので大人気
左：ちょっと練習すればカタマランセイリングも楽しめる

用具の申し込みはここで

■ビーチスポーツ
📞 内線 68286
※カタマラン、ウインドサーフィンは毎日有料レッスンも行われている（ウインドサーフィン＄30、カタマラン＄60）。
※ハミルトン島内のホテルゲスト（*1）はエンジンを使わないビーチスポーツが無料となる。
（*1）ウィットサンデーアパートメント宿泊客は有料

キャッツアイビーチにあるビーチハットで、宿泊キーを見せるだけでさまざまなビーチスポーツにチャレンジできる。

一番人気があるのがカタマラン。帆が付いた双胴の小型ヨットで、スタッフから帆の操り方を教われば、誰でも比較的簡単に操舵できるようになる。少し上手になるとかなりスピードも出るので、アクティブ派なら迷わずトライしよう。またカップルや家族連れに人気なのがパドルスキー。簡易シーカヤックのようなもので、のんびりオールをこぎながらキャッツアイベイを散策。このほか、SUP（スタンドアップパドルボート）やスノーケリングなども可能だ。なおキャッツアイベイは干満の差が大きいため、時間帯によってはできないものもある。各アクティビティが楽しめる時間や貸出時間は、公式日本語アプリ（→ P.309）で当日チェック可能。時間を確かめていろいろなビーチスポーツにチャレンジしてみよう。

パドルスキーでウミガメ探しに出かけよう

すばらしい景色が楽しめる ■宿泊者無料
ブッシュウオーキング
Bush Walking

景色を楽しみながらブッシュウオーキング

ハミルトン島は島の多くが手つかずの森。そんな森でのブッシュウオーキングも楽しい。ツアーデスクでウオーキングトラックの情報がもらえるので、それを参考に歩いてみよう。コンベンションセンター裏側にあるシーニックトレイル入口から森に入るのだが、一番ポピュラーな目的地はハミルトン島最高峰のパッセージピーク往復だ。晴れた日ならホワイトヘブンビーチの河口入江ヒルインレットまで見える絶景ポイントで、そこへいたるウオーキングトレイルでも、さまざまなユーカリ、亜熱帯の木々、オーストラリアならではのグラスツリーなどの植物、ワラビーなどを見かけることもある。往復ゆっくり歩いて約 3 時間の行程だ。

途中の展望台からの眺めもすばらしい

■ハミルトンアイランド・ウ
オータースポーツ／チューブ
ライド、ウエイクボード
📞(07)4946-9934
🔗www.hiwatersports.
com.au
🕐チューブライド、ウエイク
ボードは毎日9:00～16:00
の間随時
💰チューブライド：10分
$35／ウエイクボード（水上
スキー）20分$85

リゾートの定番アクティビティ
ハミルトンアイランド・ウオータースポーツ
チューブライド、ウエイクボード
Hamilton Is. Water Sports / Tuberide, Wakeboarding

マリーナ発着（マリー
ナタバーン前のDアー
ム）で楽しめるエンジン
使用のマリンアクティビ
ティはこのふたつ。

チューブライドはオース
トラリアではポピュラー
なアクティビティで、ス
ピードボートにロープで

子供に大人気のチューブライド

つながれた大きな浮き輪に乗って海上を疾走するもの。海面が近
いためスピード感があり、ボートの立てた波の上でバンピングする
のでスリルもある。ウエイクボードもオーストラリアではポピュラー
なアクティビティだ（水上スキーも可能）。

■ビーチスポーツ／ウミガ
メ追いかけツアー
📞内線 68286
🕐11～5月の毎日催行で、
時間は潮の干満による。所
要約1時間
※上記以外にスクールホリ
デー時期にも催行される場
合がある
💰大人$35 子供$20

海の中でウミガメを見つけよう
ビーチスポーツ
ウミガメ追いかけツアー
Beach Sports / Deep Water Turtle Chase

キャッツアイベイには
ウミガメが数多く生息し
ている。このツアーはガ
イドと一緒にスノーケリ
ングでウミガメ探しに出
かけるもの。ガイドはウ
ミガメがよく現れるポイ
ントを知っているので、
高確率で海の中を泳ぐウ

意外な浅瀬にウミガメがいることもある

ミガメに出会える。ウミガメ以外にもさまざまなコーラルフィッシュ
を見ることができる、おすすめツアーだ。

■ウィットサンデー・アイラ
ンドカヤッキング
📞(07)4946-8305（内線
68305）
●アドベンチャーパドル
🕐月～金 12:00～16:00
💰$85
●サンセットパドル
🕐毎日 17:00～18:30
💰$65
※季節により催行されない
場合がある。

島の周りをカヤックで巡る
ウィットサンデー・アイランドカヤッキング
アドベンチャーパドル、サンセットパドル
Whitsunday Islands Kayaking / Adventure Paddle, Sunset Paddle

自分の力でカヤックをこいでハミルトン島の海を満喫しようとい
うのがこのツアー。出発はマリーナのDアーム。日中行われるア
ドベンチャーパドルでは、マリーナからこぎ出してゴルフ場のある
デント島周辺を目指す1時間ツアー。デント島周辺はサンゴもき
れいでウミガメもよく姿を現すので、パドリングしながら探してみ

よう。サンセットパドルは島の北側を目指して
海上からサンセットを楽しむ1時間30分のツ
アー。サンセット時にはシャンパンも振る舞わ
れる。

自分でパドルをこぐのは気
持ちがいい

スピード感満点の沿岸周遊
ハミルトンアイランド・ジェットスキーツアー
ジェットスキーツアー
Hamilton Island Jet Ski Tours / Jet Ski Tour

日本では船舶免許の必要なジェットスキーも、オーストラリアならインストラクター同行で誰でも楽しめるアクティビティだ。ほかのリゾートと違い、ハミルトン島では、ジェットスキーのスリル、スピード、爽快感を満喫できるよう、島の周囲を回る1時間ツアー

飛沫を上げながら島の周りを疾走しよう

として催行している。ツアーといってもジェットスキーの操縦は自由で、スピードを上げたり、思うようにカーブを切ったりと、存分に楽しめる。出発場所はマリーナタバーン前のCアームだ。

豪快に飛沫を浴びながらクルージング
ハミルトンアイランド・ウオータースポーツ
ジェットライダー
Hamilton Is. Water Sports / Jetryder

スピード抜群のジェットライダー

420馬力のターボエンジンを積んだ高速ジェットボートで、島の周りを疾走するスリル満点のツアー。波を貫くようにして走る圧倒的なスピード感、加速するたびにかかるG、そして急ターンにより豪快な水しぶき……海上のジェットコースターという感じで、絶叫系ライド好きなら外せない。マリーナのDアームが発着場所だ。

大人から子供まで楽しめる
パームバレー・アクティビティーズ
オフロードアドベンチャーツアー
Palm Valley Activities / Off Road Adventure Tours

開放感ある小型4WDを利用する

通常は入って行きにくいハミルトン島内の山の中や隠れ家的ビーチへ、小型全地形対応4WDで向かうのがこのツアー。最初車になれるために練習コースで約15分かけて4WDの操縦を行い、いよいよ出発だ。まずは森の中のダートコースを突っ走る。

思いのほかスピードも出てアドレナリンも全開！　目指す目的地はリゾート展望地。この展望地からはキャッツアイベイ、ウィットサンデー島、コーラルコーブなど360°開けた景色が楽しめる。休憩後再びダートを走り、今度は山を下る。通常は徒歩でのみアクセス可能なコーラルコーブのビーチへ向かう。ここでのんびりとひと休みし、記念写真を撮ってから戻るという内容だ。

■ハミルトンアイランド・ジェットスキーツアー
📞(07)4946-8305（内線68305）
🕐 月火木金 9:30、13:15、14:45 出発
※天候により多少時間はずれることがある
💰 ジェットスキー1台につき$245（2人目は+$40）
※18歳以上より運転可能／同乗者は10歳以上

■ハミルトンアイランド・ウオータースポーツ／ジェットライダー
📞(07)4946-9343
URL www.hiwatersports.com.au
🕐 毎日時間は要確認（所要30分）
💰 大人 $70 子供 $60

島の周りを豪快にクルーズ

■パームバレー・アクティビティーズ
📞 内線 68850
●オフロードアドベンチャーツアー
※ごく小区間だが一般道も走行するため、参加には日本の免許証もしくは国際免許証が必要
🕐 火～日 9:30～11:00、13:00～14:30、15:00～16:30
💰 $169（1～2人）

リゾート展望地まではオフロードの坂道を一気に駆け上がる

レースもできるゴーカート場

■ パームバレー・アクティ
ビティーズ
📞 内線：68850
● ゴーカート
🕐 毎日 9:00 ～ 16:30
💰 10 分 $52
※ 11 歳以上・身長 150cm
以上が参加条件
※ ふたり乗りの場合はドライ
バーは 16 歳以上
● ゴルフ・ドライビングレンジ
🕐 月 火 木 ～ 土 9:30 ～
17:00
💰 50 球 $23 ～

■ 9 ピン・ボウリング
📞 内線：68440
🕐 水～土 13:00 ～ 20:00、
日 13:00 ～ 19:00
💰 1 レーン（最大 6 人まで）
60 分 $49、120 分 $79

日本とはちょっと違った感じ
のボウリングだ

ラップを計りながらレースを楽しもう
パームバレー・アクティビティーズ
ゴーカート
Palm Valley Activities / Go Karts

パームバレーにある本格的カートコースで、ゴーカートを楽しも
う。コースは戦略的に 9 つのカーブが設けられており、もちろんラッ
プタイムも計れる。カート自体も最高時速 45 キロまで出る本格的
なものだ（ひとり乗りとふたり乗りがある）。家族や友人同士で参
加してレースを楽しむのもいいだろう。

コースに出る前の練習に最適
パームバレー・アクティビティーズ
ゴルフ・ドライビングレンジ
Palm Valley Activities / Golf Driving Range

打ちっ放しも楽しい

ハミルトン島には、ハミルトンアイラン
ド・ゴルフクラブというオーストラリアで
も有数の本格的なチャンピオンシップコー
スがある（→ P.325）。そんなコースでプ
レイする前に、パームバレーにあるこの
練習場で、思いきりドライバーを振り抜い
てみよう。池に向かって打つ打ちっ放し練習場で、ネットに囲まれ
ている日本の練習場よりも爽快感がある。

雨の日や夕食後におすすめ
アイランドボウリング
9 ピン・ボウリング
Island Bowling / 9-Pin Bowling

リゾートセンター内にある 7 レーンのボウリング場。日本のボウ
リングと違いピンは 9 本、ボールも小型で 2 本の指を入れて投
球するスタイルだ。夜も開いているので、夕食後カップルや家族、
友達同士で、わいわい言いながらプレイしよう。

🌸 ハミルトン島のスパ・リラクセーション
Spa relaxation in Hamilton Is.

スパ・ウーメディリン
Spa Wumurdaylin　　　🗺 P.310

ハミルトン島にはふたつのデイスパが
あり、ひとつは高級リゾート、クオリア
宿泊客専用のスパ・クオリア、もうひと
つがリゾートセンター脇にあるこのウー
メディリンだ（スパの名前は先住民アボ
リジニの言葉で「トンボ」を意味してい
る）。スパで使用するのは先住民の知恵を
応用したプロダクト、レディアだ。カッ
プル用のトリート
メントが充実してお
り、ビシーシャワー
などの設備も充実し
ている。

DATA
📞 (07)4946-8669
🕐 月～土 9:00 ～ 18:00、日 10:00 ～ 17:00
💰 リラクセーションマッサージ 30 分 $120
／ホットストーンマッサージ 90 分 $255／
デ・ストレスパッケージ 90 分 $250／シーサ
イドドリームパッケージ 3 時間 $500

世界遺産地域にある見晴らし抜群のコース

ハミルトン島で**ゴルフ**

ハミルトンアイランド・ゴルフクラブ
Hamilton Island Golf Club

ハミルトン島の向かいにある島の地形を生かしたコースだ

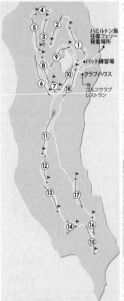

ハミルトン島
往復フェリー
発着場所

パット練習場
クラブハウス

ゴルフクラブ
レストラン

ハミルトン島のお隣デント島の南側半分を占めるのがハミルトンアイランド・ゴルフクラブ。

18ホールのチャンピオンシップコースで、コースデザインはオーストラリアのゴルフ界の重鎮ピーター・トムソンによるもの。各ホールから眺めるウィットサンデー諸島の島々や青々とした海など、ゴルフコースとしての眺望のよさはオーストラリアでも有数。ただし、島の地形を生かしたハザードがあちらこちらに点在しており、スコアメイクにはかなり苦労させられそうだ。

なお各ホールごとの移動距離がかなりあるため、このコースは電動カート専用となっている。

見晴らし抜群のコースで気持ちよく
プレイを楽しむ

🏠 Dent Is., Whitsundays, QLD 4803
📞 (07)4948-9760 (内線69760)
🔗 www.hamiltonislandgolfclub.com.au
🕐 毎日7:00 〜／18ホールプレイの場合最終ティーオフ13:00、9ホールプレイの場合最終ティーオフ14:30
💰 18ホール：$195／9ホール：$135 (電動カート代込み)／レンタルクラブ$55、レンタルシューズ$15
🚗 マンタレイカフェ脇の桟橋からフェリーサービスあり。所要約10分。

●全18ホール ●パー TOTAL71 ●距離 TOTAL6120m

ホール	1	2	3	4	5	6	7	8	9	OUT
距離	369	379	318	175	446	494	150	332	379	3042
パー	4	4	4	3	5	5	3	4	4	36

ホール	10	11	12	13	14	15	16	17	18	IN
距離	342	537	321	378	150	387	160	382	421	3078
パー	4	5	4	4	3	4	3	4	4	35

ハミルトン島のレストラン

気軽に本格的な料理が味わえる
プールテラス

MAP P.310

● Pool Terrace

盛りつけもきれいで味もいい

リーフビューホテル1階、プールを望む場所にあるインターナショナルレストラン。朝食はビュッフェ、ランチとディナーはアラカルトだ。ランチはカジュアルだが、ディナータイムはプールがライトアップされ雰囲気もいい。料理は本格的なモダンオーストラリア料理で、特にシーフードやオージービーフを使った料理が美味。

DATA
住 Reef View Hotel
📞 (07)4946-8536
（内線 68019)
営 毎日 6:00 ～ 10:30、11:30 ～ 15:00、17:00 ～ 22:00
予約 ディナーは望ましい
予算 2人で $100 ～ 160
酒 ライセンスド
ドレス カジュアル

本格的なイタリアンを味わう
ロマノーズ

MAP P.310

● Romano's

ロマノーズ自慢のムール貝

本格的イタリアンをおしゃれな雰囲気で楽しめる。特に魚介を使った料理が評判だ。マリーナを見渡すテラス席とシックな雰囲気の屋内席がある。テラス席は島内随一のサンセットポイントとして有名。早めのディナーを味わいながら眺めるサンセットはとてもロマンティックだ。併設ラウンジでのプレディナーカクテルもおすすめ。

DATA
住 Marina Village, Front St.
📞 (07)4946-8212
（内線 68212)
営 火～土 17:30 ～ 22:00 （季節により営業日は異なる)
予約 望ましい
予算 2人で $150 ～ 200
酒 ライセンスド
ドレス スマートカジュアル

シーフードを食べるならここ
マリナーズ

MAP P.310

● Mariners

新鮮なキングプラウン

マリーナビレッジ随一のエレガントな雰囲気のファインダイニング。新鮮なシーフードをふんだんに使ったモダンオーストラリア料理が味わえる。プリフィックスの2コース／3コースで、前菜、メイン、デザートともに季節の食材を使ったバラエティに富んだメニューが用意されている。数は多くないが肉料理もある。

DATA
住 Marina Village, Front St.
📞 (07)4946-8628
（内線 68628)
営 金～火 17:30 ～ 22:00 （季節により営業日は異なる)
予約 望ましい
予算 2コース $85、3コース $105　酒 ライセンスド
ドレス スマートカジュアル

カジュアルな雰囲気でメキシカン
タコ

MAP P.310

● Tako

タコスメニューもいろいろ

マリーナビレッジにあるメキシコ料理＆マヤ料理店。店名は日本の海タコとメキシコ料理のタコスをかけたものだそう。チキンやバラマンディなどを具材にしたタコスや前菜のトルティーヤチップス、チリコンカンなどが人気メニュー。メキシコ料理以外にもオーストラリア和牛ステーキなどもある。

DATA
住 Marina Village, Front St.
📞 (07)4946-8032
（内線 68032)
営 木～火 17:30 ～ 21:00 （季節により営業日は異なる)
予約 望ましい
予算 2人で $60 ～ 100
酒 ライセンスド
ドレス スマートカジュアル

ハミルトン島随一のファインダイニング
ボミー
● The Bommie

MAP P.310

ハミルトン島のヨットクラブ内にあり、海に面した大きな窓と落ち着いた雰囲気の内観が印象的で、16歳以上のゲストのみを対象とする、大人のレストランだ。メニューは新鮮な魚介やオーストラリアならではの肉を使ったモダンオーストラリア・スタイルのコースメニュー。特にシェフおまかせのデガステーションはぜひ味わってみたい。

DATA
住 Hamilton Island Yacht Club
☎ (07)4998-9422（内線 89433）
営 水〜日 17:30〜21:00
予約 必要
料金 3コース $130、デガステーション $190
酒 ライセンスド
ドレス スマートカジュアル

ハミルトン島を代表するレストランだけあって、食事のレベルはひじょうに高い

カップルでロマンティックなディナーを……
ビーチクラブレストラン
● Beach Club Restaurant

MAP P.310

ビーチクラブに滞在するなら、一度はぜひこのレストランで食事をしたい。原則ビーチクラブ宿泊客専用となっており、季節の食材の味を生かしたメニューが自慢だ。キャッツアイビーチに面したプール沿いにレストランはあり、リクエストすればプール脇の屋外テーブルの用意もしてくれる。松明の明かりの下、すばらしい雰囲気でファインディナーが楽しめる。

DATA
住 Beach Club
☎ (07)4946-8000（内線 89117）
営 毎 日 12:00〜15:00、18:00〜21:00
予約 必要
料金 2人で $180〜250
酒 ライセンスド
ドレス スマートカジュアル

オーストラリアらしいサーフ＆ターフ

オージーに評判のモダンアジア・キュイジーヌ
コカチュー
● Coca Chu

MAP P.310

リゾートセンター近く、キャッツアイビーチの目の前にある。オープンキッチンスタイルのモダンアジア料理のレストランで、特にタイ、マレーシア、インドネシアの料理をベースにしている。スパイスがほどよく効いた料理はどれも美味だ。

DATA
住 Catseye Beach
☎ 内線 68580
営 月〜土 17:30〜22:00
予約 望ましい
料金 2人で $120〜160
酒 ライセンスド
ドレス スマートカジュアル

右：人気のトムヤムクン
下：広々とした店内

Column

優雅な雰囲気でディナーを楽しむ
BBQ ディナークルーズ
BBQ Dinner Cruise

優雅にディナータイムを過ごしたい人におすすめ。日が暮れかかる頃クルーズは出航。船内やデッキでチーズやクラッカーなどスナックを味わいながらゆっくりとサンセットを楽しみ、その後船内のテーブルへ。食事は肉類のバーベキューとシーフードや野菜、デザートのビュッフェを合わせたスタイルだ。

サンセットタイムは船上デッキがおすすめで

DATA
☎ (07)4946-9664
URL www.exploregroup.com.au
営 火〜日 17:30〜19:30（日没時間により多少変更有）
料金 大人 $150 子供 $75 家族 $375

キッズステイ＆イートフリー・プログラム：一部レストランでは、保護者同伴であれば0〜12歳の子供の食事は無料となる。プールテラス、タコ、マンタレイ、セイルズが対応レストランだ。

スタッフにも大人気のカジュアルレストラン
マンタレイ

● Manta Ray

マリーナを望むテラス席、大勢でわいわいと食事が楽しめるガーデン席をもつレストラン。夜遅くまで開いているのもうれしい。シーフードを中心に使った、地中海風にアレンジしたモダンオーストラリア料理や肉料理が自慢のメニューだ（メニューは季節により変わる）。各種トロピカルカクテル（ノンアルコールもあり）もオーダーしたい。

DATA
🏠 Marina Village, Front St.
📞 (07)4946-8213（内線 68096）
🕐 土・日 12:00 ～ 15:00、木 ～ 日 17:00 ～ 22:00
予約 不要
料金 2 人で $80 ～ 120
酒 ライセンスド & BYO（ワインのみ）
ドレス カジュアル

魚介入りパスタは美味

家族連れに人気の
セイルズ

● Sails

リゾートセンター内にあるカジュアルな雰囲気のレストランで、屋外席ならビーチやプールを眺めながら食事が楽しめる。朝食とランチタイムのみオープンで、朝食はビュッフェスタイルで、ランチはアラカルト（土～月のみサンセットタイムもオープン）。モクテルやスムージーなどドリンクも豊富。また子供が喜びそうなメニューも多い。

DATA
🏠 Resort Centre
📞 (07)4946-8536（内線 68562）
🕐 毎日 7:00 ～ 10:30、11:30 ～ 15:30、土 ～ 月 16:30 ～ 19:00
予約 不要
料金 2 人で $80 ～ 120
酒 ライセンスド
ドレス カジュアル

プールとビーチに面した屋外席が人気

デリバリーも OK のピザ屋さん
ピッツェリア&ジェラートバー

● Pizzeria & Gelate Bar

マリーナ地区にあるピザ専門店。20 種類以上のピザメニューがあり、どれをオーダーしたらいいか迷ってしまいそうになるほど。また店内一角にあるジェラートバーも大人気。30 種類のフレーバーがあり、ピスタチオ味などが人気だ。ピザはテイクアウェイもでき、ホテルの客室へのデリバリーサービス（$5）も行っている。

DATA
🏠 Marina Village, Front St.
📞 (07)4946-8660（内線 68660）
🕐 ジェラートバー：毎日 11:00 ～ 22:00／ピッツェリア：毎日 16:00 ～ 21:30（デリバリーは 17:00 ～ 21:00）
予約 不要 料金 2 人で $30 ～ 50
酒 ライセンスド
ドレス カジュアル

オージーピザは 1 枚 $20

食後はジェラート！

Column

ハミルトン島の朝ごはんは
プールテラスかセイルズで

日本人旅行者はもちろん、ハミルトン島滞在者にいちばんポピュラーな宿泊先がリーフビューホテル。朝食付きのパッケージが多く、その場合はリーフビューホテル内のプールテラス、リゾートセンター内のセイルズでのビュッフェとなる。場所によって料理の内容も少し違うので、せっかくの滞在、日替わりでレストランを変えて食事を楽しむのがおすすめだ。

セイルズの朝ごはん

スタッフたちに交じってパブミールを
マリーナタバーン
● Marina Tavern

マリーナビレッジにあるオージーパブで、フィッシュ＆チップスやステーキ、ペンネなどのパブミールが楽しめる。パブなのでアルコール類は豊富。毎晩遅くまでにぎわっており、ホテルスタッフも集まってくるお店だ。

お酒を飲みにいくだけでも楽しい

DATA
住 Marina Village, Front St.
☎ (07)4946-8839（内線 68244）
営 毎日 11:30 〜 深夜（食事は 11:30 〜 21:00）
予約 不要
予算 2 人で $60 〜 80
酒 ライセンスド
ドレス カジュアル

チキンパルミジャーナも人気メニューのひとつ

ランチタイムに大人気の
ポパイズ・フィッシュ＆チップス
● Popeye's Fish & Chips

スタッフたちに人気のフィッシュ＆チップスのテイクアウェイ店。揚げたてのフィッシュは衣もサクサクで美味。店の前やマリーナ沿いのベンチで、安くてボリュームのあるランチを楽しむのに最適。

DATA
住 Marina Village, Front St.
☎ (07)4946-8610（内線 68610）
営 毎日 11:30 〜 16:00、17:00 〜 20:30
予算 2 人で $40 〜 60

カジュアルなランチにおすすめ

ミートパイの名店
ボブズベーカリー
● Bob's Bakery

ハミルトン島のパン屋さんで、朝早くから営業。朝ごはんにおすすめのクロワッサン、デニッシュなどのパンはもちろん、ランチに評判なのがさまざまな味のミートパイやソーセージロール。またティータイムにはチーズケーキが評判だ。

DATA
住 Marina Village, Front St.
☎ (07)4946-8281（内線 68281）
営 毎日 6:30 〜 14:00
予算 2 人で $15 〜 30

人気のパイを買いに行こう！

Column 趣向を変えておしゃれランチ
ハミルトンアイランド・ゴルフクラブへのランチツアー

眺めが抜群のハミルトンアイランド・ゴルフクラブ。ここのレストランでのランチとハミルトン島からのフェリーサービスがセットになったツアーが人気。レストランメニューの前菜、メイン、デザートのなかから2 種類をチョイスできる。ふたりで出かけて前菜ひと皿、メインふた皿、デザートひと皿をシェアすれば、いろいろな料理が味わえる。

クラブハウスからの見晴らしもいい

何人かでシェアするのがおすすめ

DATA
☎ (07)4948-9759（内線 89759）URL www.hamiltonislandgolfclub.com.au
予約時にフェリースケジュールが通知される 料 1 人 $89

キッズステイ＆イートフリー・プログラム：一部レストランでは、保護者同伴であれば 0 〜 12 歳の子供の食事は無料となる。プールテラス、タコ、マンタレイ、セイルズが対応レストランだ。

ハミルトン島の**ホテル**

ハミルトン島はほかのリゾートアイランドとは異なり、ひとつの島の中にいくつかのホテルがある。各ホテルは特徴をもっており、旅のスタイルや予算に合わせて選ぶことができる。なおここで紹介したホテルのなかで、ウィットサンデーアパートメントのみ経営が異なる。そのため、ほかのホテル滞在者が受けられるような各種サービスが受けられない場合が多いので、注意しよう。

日本人旅行者に最も一般的なリーフビューホテル

MAP P.310

H ハネムーナーに人気の
★★★★★ **ビーチクラブ**
● Beach Club

A インフィニティプールはいつも静かでのんびり過ごすのに最適　B ビーチクラブの周りに熱帯の植物がいっぱい　C すべての仕様がカップル向けになっている客室　D 陽気なコンシェルジュスタッフ　E 午前中にハミルトン島に到着してもゲストラウンジがあるから安心

リゾートサイドで最も高級な5スターリゾート。キャッツアイビーチに面した場所に建つ2階建てのホテルで、専任コンシェルジュによる行き届いたサービスが受けられる。ハミルトン島では、ほとんどの施設が全ホテルゲスト共通で利用できるようになっているが、ビーチクラブの施設は原則ビーチクラブ滞在者のみが利用できる。海を望むインフィニティプール、ゆったりとしていてライブラリーもあるラウンジ、そしてビーチクラブレストラン（夕食時のみテーブルに余裕があれば、ほかのホテルゲストも利用可能）などがその設備だ。また18歳以上のゲストしか受け入れないので、ホテル内はとても落ち着いている。ハネムーナーや年配のカップルに人気なのも、そうした雰囲気だからだろう。

もちろん客室もほかのホテルよりワンランク上。58の客室すべてがビーチフロントにあり、40㎡もの広さをもつ。明るくおしゃれなインテリア、まるで映画の一場面にでも出てきそうなバスタブなど、部屋にいるだけで優雅な気分になれるほど。もちろん無料Wi-Fiも完備。またビーチクラブ宿泊者は、スポーツクラブが無料で利用でき、島内移動にはワゴン車での送迎サービスも受けられるといった特典がある。

DATA
🏨 9 Resort Drv., Hamilton Island
📞 (07)4946-8000
🌐 www.hamiltonisland.com.au
💰 Premium $903 〜
※ 18歳未満の宿泊不可
💳 ADJMV　📶 無料
日本での予約先：なし
日本語スタッフ：いない（日本語ゲストサービスが対応）
🛏 58室

ハミルトン島随一の客室数を誇る

★★★
★☆ **リーフビューホテル**

● Reef View Hotel

MAP P.310

ハミルトン島で最も一般的な 4.5 スタークラスのホテル。キャッツアイベイを望む 19 階建ての高層ホテルで、ロビー脇には人気のプールテラス・レストランもある（朝食のスタート時間が一番早いので、早朝出発の場合はとてもありがたい）。プールテラス前にあるプールは 35m の本格的なもので、朝早くからラップを刻むゲストも多い。客室は 6 タイプあり、一般的なのはコーラルシービュールーム（5 ～ 18 階）。65㎡と広々としており、各種ファブリック類は明るい雰囲気。バルコニーからのキャッツアイベイの眺めもすばらしい。同じ間取りだが 1 ～ 4 階はガーデンビュールームとなる。なおリーフビューホテル宿泊者は、スポーツクラブが無料で利用でき、無料 Wi-Fi も利用可能だ。

DATA

🏠 12 Resort Drv., Hamilton Island
📞 (07)4946-9999
🔗 www.hamiltonisland.com.au
🛏 Garden View $396、Coral Sea View $432、King Coral Sea View $441、Reef Family $608、Reef Suite $798、1B Terrace Suite $893、2B Terrace Suite $1112、Presidential Suite $1482
💳 ADJMV
📶 無料
日本での予約先：なし
日本語スタッフ：いない（日本語ゲストサービスが対応）
客室数 382 室

ハミルトン島随一の高さを誇る

左：明るく開放的なロビーエリア
右：コーラルシービューのツインルーム

手頃な値段が魅力の

★★★
☆☆ **パームバンガロー**

● Palm Bungalows

MAP P.310

3 つ星クラスで料金も手頃なバンガロースタイルの宿泊施設。チェックイン／チェックアウトはリーフビューホテルのカウンターで行う。

パームバンガローはリゾートセンター脇とスポーツクラブ隣にあり、いずれも熱帯植物に囲まれて南国ムードいっぱい。朝夕は周りにワラビーやポッサム、さまざまな野鳥がやってくることも少なくないほど。室内はモダンな雰囲気のインテリア。電子レンジなどのキチネット設備が整っている。バスタブはなくシャワーのみ。各バンガローにバギーの駐車スペースがあるのもうれしい。無料 Wi-Fi 完備。

DATA

🏠 Resort Drv., Hamilton Island
📞 (07)4946-9999
🔗 www.hamiltonisland.com.au
🛏 $423
💳 ADJMV
📶 無料
日本での予約先：なし
日本語スタッフ：いない（日本語ゲストサービスが対応）
客室数 49 室

バンガロー前にはよくワラビーが現れる

バンガローの周りでよく目にするゴシキセイガイインコ

フローリングの床と現代的な家具が印象的

トロピカルムード満点のバンガロー

H
★★★
★★
クオリア・グレートバリアリーフ ●Qualia Great Barrier Reef

オーストラリア有数の極上リゾート

MAP P.308

グレートバリアリーフ中部。アイランドリゾートが数多く集まるウィットサンデー諸島の、ハミルトン島にあるのがクオリア・グレートバリアリーフだ。ハミルトン島のほかのリゾートホテルから離れた最北部に位置する、16歳未満の宿泊を認めない大人のリゾートで、世界中のセレブに愛されている。それだけに宿泊施設やレストランなどのハード面はもちろん、サービスなどのソフト面でのレベルもひじょうに高い。

2012年英国の権威ある旅行雑誌『コンデナストトラベラー』のリーダーズチョイスアワードで世界No.1リゾートに選ばれるなど、これまで数多くの受賞歴をもっている。

ハミルトン島到着時から始まる
特別な時間

「クオリアへようこそ」

ハミルトン島空港専用カウンターで、にこやかな笑顔で出迎えてくれるのがクオリアのスタッフ。

「飛行機に預けたお荷物は、私どもがピックアップしてお部屋までお持ちいたします」

こう伝えられ、手渡された冷たいタオルでリフレッシュしたら、すぐに専用車に乗ってクオリアへと向かう。わずか5分ほどのドライブだが、あきらかにほかの滞在客とは違ったサービス。このときからすでにハミルトン島の「特別なゲスト」としてのもてなしを受けることになるのだ。

自然と調和した
エクスクルーシブな空間

クオリアのある一帯は、ゲストのプライバシーを最優先に考えられた空間。そのためクオリアの敷地は宿泊客以外立ち入ることができないし、当然クオリア内のレストランやスパなども滞在ゲスト専用となっている。またクオリアの全施設は自然景観が損なわれないよう配慮がなされており、最高級リゾート敷地内とは信じられないほど緑が多い。夜間にはワラビーやポッサムが姿を現すこともあるなど、豊かな自然も魅力だ。

ヴィラスタイルの
優雅な客室

客室はすべてパビリオンと呼ばれる戸建てのヴィラスタイルで、高級感あふれる家具・調度品、モダンなインテリアが印象的だ。キャッツアイベイを望むエリアにあるのがウインワードパビリオン。リビング、ベッドルーム、バスルームとプライベートプランジプールからなる豪華さで、その広さは何と120㎡。バスルームだけでも通常のホテルの客室並みの広さがあるほどだ。リーワードパビリオンはリビングとベッドルームが一緒になった豪華なスタジオタイプで、プランジプールは付いていないがバルコニーはゆったりとした広さ。リーワードパビリオン側からはサンセットを望むこともできる。ビーチ

A ロングパビリオン前のプール　B ロビーではマネジャーが出迎えてくれる　C ロビーからの眺めはまるで絵画のようだ　D プランジプールの付いたウインワードパビリオン　E ウインワードパビリオンのベッドルーム　F ウインワードパビリオンのバスルーム　G リーワードパビリオンはスタジオタイプだ　H 夜のロングパビリオン　I スパ・クオリアのカップルトリートメントルーム　J 静寂の時間が流れるメインプール

ハウスはプライベートプランジプール付きの2ベッドルームスタイルで、240㎡の広さをもっている。

　客室内のミニバーはアルコール類以外はすべて無料。さらに特筆したいのがバスアメニティ。日本にもファンが多いオーストラリアを代表する自然派コスメのイソップを使用している。もちろん無料Wi-Fi完備。

　なお1パビリオンにつき1台無料でバギーが貸し出されるので、気軽に島内散策が楽しめるのもうれしい（日本の運転免許証が必要）。

アジアンテイストも取り入れた
見事な食事

　メインダイニングとなるロングパビリオンレストランは、朝食と夕食時にオープン。海を望みながらいただくイングリッシュブレックファストは、季節のフルーツも添えられ1日を元気に過ごせそうな気分にしてくれる。夕食時はファインダイニングとなり、見た目にも美しく、絶妙な味つけが楽しめる料理の数々に舌鼓を打つことだろう。シーフードは和風の味つけや盛りつけが取り入れられていることも多く、日本人にはうれしいかぎりだ。

　ランチタイムは海辺のペブリィビーチレストランで。カジュアルな雰囲気で、料理もオーガニックな食材をふんだんに使ったヘルシーなものが多い。

瀟洒なトリートメントルームで
極上スパ体験

　クオリアにはゲスト専用のデイスパ施設スパ・クオリアがある。風が吹き抜けるゆったりとした空間をもち、大きな東屋では毎朝ヨガクラスも行われている。トリートメントには、先住民アボリジニの太古からの知恵を生かしたレディアプロダクトを用いている。緑に囲まれた広々としたトリートメントルームで受けるボディケアは、まさに至福の時間だ。

DATA
🏠 20 Whitsunday Blvd., Hamilton Island, Whitsundays, QLD 4803
☎ 1300-780-959
🌐 www.qualia.com.au
💰 Leeward $1640、Windward $2660、Beach House $5940
※朝食付き／最低宿泊日数2泊から
💳 ADJMV　📶 無料
日本での予約先：なし
日本語スタッフ：いない（日本語ゲストサービスが対応）
🛏 60室

H ★★★ ★★ 5スターの高級別荘
ヨットクラブヴィラ

MAP P.310

● Yacht Club Villas

ヨットクラブの脇、海に面して建つ高級貸別荘がヨットクラブヴィラだ。各ヴィラは4階建て4LDKという豪華さで、その設備や雰囲気はクオリア・グレートバリアリーフに匹敵するほどだ。各ベッドルームにバスルームが付いているので、数家族での家族旅行などにおすすめ。各ヴィラには4人乗りバギーが1台付くのもうれしい（日本の運転免許証が必要）。

なおお貸別荘のため、ホテル同様のサービスは受けられないので注意。部屋のクリーンアップは5日に一度となっている。

DATA
住 Front St., Hamilton Island
☎ (02)9433-0444 /1300-800-070
URL www.hamiltonislandholidayhomes.com.au/yacht-club-villas
料 Standard Villa $1440 ～、Premium Villa $1590 ～
※オフシーズン3泊以上、ハイシーズン4泊以上、年末年始1週間以上から
CC ADJMV　WiFi 無料　日本での予約先：なし
日本語スタッフ：いない（日本語ゲストサービスが対応）
客室数 14棟のみ貸別荘

海沿いにヴィラが並んでいる

広々としたリビングルーム

海に面した大きな窓が印象的なマスターベッドルーム

ヨットクラブヴィラ滞在客専用のプール

H ★★★ ★☆ 家族連れにおすすめの
ウィットサンデーアパートメント

MAP P.310

● Whitsunday Apartments

リーフビューホテル隣に建つ、1ベッドルームタイプの高層コンドミニアム。このホテルのみハミルトンアイランド・エンタープライズとは別会社の運営で、各種アクティビティやレストランでの支払いをルームチャージにすることができなかったり、無料ビーチアクティビティ、島内無料Wi-Fiが利用できなかったりするので注意が必要だ。それでもコンドミニアムだけあって部屋は広々。リビングダイニングとベッドルームに分かれており、最大5人まで宿泊可能だ。もちろんフルキッチン完備。スーパーで食材を仕入れれば自炊可能なので、子連れの家族旅行も安心。6階以下がガーデンビュー、7～13階がシービュー＆デラックスコーラルシービューで、ガーデンビューに宿泊した場合は、ハウスキーピングが3日ごととなるので注意が必要（コーラルシービューは毎日）。全室にランドリー設備があるのも大きな魅力だ。

DATA
住 14 Resort Drv, Hamilton Island
☎ (07)4966-9999
URL www.wahi.com.au
料 Garden View $410、Sea View $445、Deluxe Coral Sea View $495
CC ADJMV　WiFi 有料
日本での予約先：なし
日本語スタッフ：いない
客室数 163 室

客室はベッドルームとリビングルームに分かれている

建物の前のプールはゆったりした雰囲気だ

ハミルトン島ならではの
おみやげは コレ！

せっかくハミルトン島にやって来ているのだから
この島ならではのユニークなおみやげがほしい。
ここでは、そんなおみやげを一挙公開！

島でもさっそく使っちゃおう！
ハミルトン島ネーム入りビーチサンダル

ハミルトン島のビーチですぐにでも履きたくなるサンダルだ。

〈購入場所〉ハミルトンアイランド・デザイン

おみやげにも喜ばれそう
ハミルトン島ロゴ入り大小トートバッグ

おしゃれで使いやすい大きさのトートバッグ。

〈購入場所〉ハミルトンアイランド・デザイン

ビーチでの思い出がよみがえる
ハミルトン島貝の詰め合わせ

ハミルトン島のビーチ周辺の貝殻を詰め合わせたギフトボックス。

〈購入場所〉オーストラリア・ザ・ギフト

柄がかわいい
ウィットサンデー地域の絵入りエコバッグ

ハミルトンとのバギーはもちろん、ハートリーフ、ウミガメやイルカなどが描かれたキャンバス生地のエコバッグ。

〈購入場所〉オーストラリア・ザ・ギフト

レトロデザインの
おしゃれTシャツ

ハミルトン島のネーム入りTシャツはいろいろあるけれど、ちょっとレトロ風の文字を使ったこのTシャツは人気商品。

〈購入場所〉オーストラリア・ザ・ギフト

ハミルトン島の
カラフルなキャップ

亜熱帯のハミルトン島で使うのもいい帽子。南国らしい色のキャップが豊富にそろっている。

〈購入場所〉オーストラリア・ザ・ギフト

バギー・グッズ

ハミルトン島を象徴するのがバギー。キーホルダーやおもちゃ、ちょっとレトロなスズ製置物、水筒など種類も多い。販売場所によってちょっとずつデザインが違ったりするので、いろいろ見比べてから購入しよう。

〈購入場所〉オーストラリア・ザ・ギフト／トレーダーペッツ

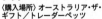

Australia the Gift

Trader Pete's

Hamilton Island Design

おみやげが手に入るショップ一覧		MAP	営業時間
オーストラリア・ザ・ギフト Australia the Gift	リーフビューホテルのすぐ近くにあるおみやげ専門店	310	毎日 8:00 〜 21:00
トレーダーペッツ Trader Pete's	マリーナビレッジ入口に建つおみやげ店兼コンビニエンスストア	310	毎日 7:00 〜 17:00
ハミルトンアイランド・デザイン Hamilton Island Design	ハミルトン島オリジナルのおしゃれな衣類、アクセサリーを扱っている	310	月〜金9:00〜17:30、土9:00〜17:00、日10:00〜16:00
ボトルショップ Bottle Shop	IGAスーパー入口にある。ワインを買うならここ	310	毎日 10:00 〜 19:00
ハミルトンアイランド・ゴルフクラブショップ	ゴルフウエアはここで	308	毎日 7:00 〜 16:00

RESORT iN WHITSUNDAY GROUP

ウィットサンデー諸島
そのほかのリゾート

ハミルトン島があるウィットサンデー諸島は、
G.B.R. のなかでも最もアイランドリゾートの多いエリアだ。
そのほとんどがハミルトン島とは異なり、
リゾートゲスト、リゾートスタッフ以外に住む人がいない島。
特によく知られているのが
ラグジュアリーな雰囲気に包まれたヘイマン島、
家族連れやカップルに人気のデイドリーム島。
またオーストラリア本土側、
ウィットサンデー諸島への起点となる町エアリービーチも、
オージーには人気のリゾートタウンだ。

Access Guide
アクセスガイド

ハミルトン島空港アクセス

クルーズウィットサンデーのフェリー

日本やオーストラリア各地からやってくる場合、玄関口は**ハミルトン島空港** (HTI) となる。ウィットサンデー諸島内の各リゾートの予約が済んでいる場合は、空港到着時にターミナル通路に設けられた各リゾートの受付カウンターで、その指示に従うことになる。基本的に各リゾートへのアクセスは、ハミルトン島空港脇にある桟橋発着のフェリーとなる。高級リゾートのヘイマン島へは、リゾート専用の高速クルーザーが運航している。デイドリーム島などそのほかのアイランドリゾートへは**クルーズウィットサンデー** Cruise Whitsundays がフェリーを運航している。

ウィットサンデーコースト空港アクセス

ウィットサンデーコースト空港利用で、フライトの選択肢も大幅に増える

オーストラリア本土プロサパイン郊外にある**ウィットサンデーコースト空港** Whitsunday Coast Airport (PPP) も、ウィットサンデー諸島へのゲートウェイとして利用できる。ウィットサンデーコースト空港へは、ブリスベンからジェットスターが毎日1～2便、ヴァージン・オーストラリア航空が毎日1便、カンタス航空が週3便、さらにシドニーからジェットスターが週5便、メルボルンからジェットスターが週4便のフライトを運航している。ウィットサンデーコースト空港からウィットサンデー諸島の各リゾートへのフェリーが出る**エアリービーチ** Airlie Beach の**ポート・オブ・エアリー** Port of Airlie、**シュートハーバー** Shute Harbour へは、**ウィットサンデートランジット** Whitsunday Transit のエアポートリンクバスが利用できる。

ウィットサンデー諸島内フェリーサービス

オーストラリア本土側のエアリービーチのポート・オブ・エアリー、シュートハーバーから、ウィットサンデー諸島のリゾートがあるハミルトン島、デイドリーム島へクルーズウィットサンデーがフェリーサービスを行っている（シュートハーバーからはハミルトン島のみ）。クルーズウィットサンデーは、このほかハミルトン島、デイドリーム島間のフェリーも運航している。

ポート・オブ・エアリーからアイランドリゾートや各種クルーズに出発

■**クルーズウィットサンデー**
℡ (07)4967-7000
URL www.cruisewhitsundays.com

●ハミルトン島～ポート・オブ・エアリーのフェリーサービス
圏 毎日9便運航（ハミルトン島空港離発着の飛行機がある時間帯はハミルトン島空港桟橋経由）。
圀 片道：因$61.90
子$51.90

■**ウィットサンデーコースト空港 (PPP)**
URL www.whitsundaycoastairport.com.au

■**ウィットサンデートランジット**
℡ (07)4946-1800
URL www.whitsundaytransit.com.au
圏 ウィットサンデーコースト空港フライトの発着に合わせて運行
圀 ウィットサンデーコースト空港～ポート・オブ・エアリーもしくはシュートハーバー：片道因$25 子$14／ウィットサンデーコースト空港～ハミルトン島（ポート・オブ・エアリー経由）：片道因$83.90 子$66.90

ウィットサンデートランジットのバス

ウィットサンデー諸島
Whitsunday Group

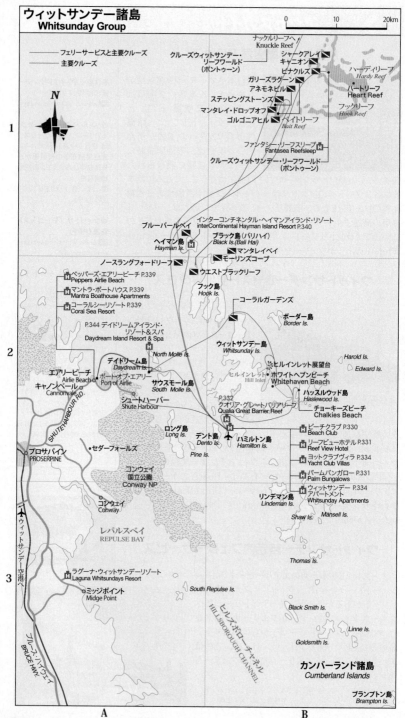

0   10   20km

フェリーサービスと主要クルーズ
主要クルーズ

N

ナックルリーフへ
Knuckle Reef

クルーズウィットサンデー・
リーフワールド
（ポントゥーン）

シャークアレイ
キャニオン
ピナクルズ

ハーディリーフ
Hardy Reef

ガリーズラグーン
アネモネヒル
ステッピングストーンズ
マンタレイ・ドロップオフ
ゴルゴニアヒル
ベイトリーフ
Bait Reef

ハートリーフ
Heart Reef

フックリーフ
Hook Reef

ファンタシー・リーフスリープ
Fantasea Reefsleep

クルーズウィットサンデー・リーフワールド
（ポントゥーン）

ブルーパールベイ
インターコンチネンタル・ヘイマンアイランド・リゾート
interContinental Hayman Island Resort P.340

ヘイマン島
Hayman Is.

ブラック島（バリハイ）
Black Is.(Bali Hai)

マンタレイベイ
モーリンズコーブ

ノースラングフォードリーフ

ウエストブラックリーフ

ペッパーズ・エアリービーチ P.339
Peppers Airlie Beach

マントラ・ボートハウス P.339
Mantra Boathouse Apartments

コーラルシーリゾート P.339
Coral Sea Resort

フック島
Hook Is.

コーラルガーデンズ

ボーダー島
Border Is.

P.344 デイドリームアイランド・
リゾート＆スパ
Daydream Island Resort & Spa

North Molle Is.

ウィットサンデー島
Whitsunday Is.

Harold Is.

Edward Is.

デイドリーム島
Daydream Is.

ヒルインレット展望台

ヒルインレット
Hill Inlet

ホワイトヘブンビーチ
Whitehaven Beach

エアリービーチ
Airlie Beach

キャノンベール
Cannonvale

ポートオブ・エアリー
Port of Airlie

サウスモール島
South Molle Is.

ハッスルウッド島
Haslewood Is.

チョーキーズビーチ
Chalkies Beach

シュートハーバー
Shute Harbour

P.332
クオリア・グレートバリアリーフ
Qualia Great Barrier Reef

ビーチクラブ P.330
Beach Club

ロング島
Long Is.

デント島
Dento Is.

ハミルトン島
Hamilton Is.

リーフビューホテル P.331
Reef View Hotel

プロサパイン
PROSERPINE

セダーフォールズ

Pine Is.

ヨットクラブヴィラ P.334
Yacht Club Villas

パームバンガロー P.331
Palm Bungalows

コンウェイ
国立公園
Conway NP

リンデマン島
Lindeman Is.

ウィットサンデー P.334
アパートメント
Whitsunday Apartments

コンウェイ
Conway

Shaw Is.

Mansell Is.

レパルスベイ
REPULSE BAY

Thomas Is.

ラグーナ・ウィットサンデーリゾート
Laguna Whitsundays Resort

ミッジポイント
Midge Point

South Repulse Is.

Black Smith Is.

Linne Is.

Goldsmith Is.

カンバーランド諸島
Cumberland Islands

ブランプトン島
Brampton Is.

1

2

3

A

B

エアリービーチ　*Airlie Beach*

波の穏やかな美しいビーチ沿いに町が広がっている

明るい雰囲気のエアリービーチの町

水陸両用車によるエアリービーチ・ツアーも催行されている

ハミルトン島と並ぶウィットサンデー諸島観光の拠点がエアリービーチ。パイオニアベイ Pioneer Bay に面した小さなリゾートタウンだ。町にはコンドミニアムスタイルのホリデーアパートメントからバックパッカー向けのホステルまで数多くの宿泊施設がある。レストランやショップ、バックパッカーズホステルなどは、おもに町のメインストリートのシュートハーバー・ロード Shute Harbour Rd. 沿いにあり、アッパークラスのホテルは町を見下ろす高台やポート・オブ・エアリー周辺に集まっている。

エアリービーチには遠浅の湾沿いに広がる美しいビーチや、ビーチ沿いの広大な無料ラグーンプールがあり、のんびりと過ごすのに最適。ジェットスキーやカタマランセイリングなどいろいろなマリンアクティビティ、水陸両用車で町の周囲を巡るツアーや亜熱帯雨林の森へのツアーなどに参加するのもいい。

またこの町はクルーズウィットサンデーのベースタウン。ハミルトン島同様にホワイトヘブンビーチや G.B.R. 洋上のポントゥーン、リーフワールドへのアウターリーフクルーズ、さらにハミルトン島からは出ていない高速カタマランヨット、カミーラ号で行くウィットサンデー諸島クルーズにも参加可能だ。

海沿いには広大なラグーンプールがあり、無料で利用できる

人気のクラブウインダム・エアリービーチ

ポート・オブ・エアリーのすぐ近くにあるマントラ・ボートハウス

海のすぐ前にあるコーラルシーリゾート

エアリービーチのおすすめリゾートホテル

クラブウインダム・エアリービーチ Club Wyndham Airlie Beach　MAP P.338/2A
🏠 Mount Whitsunday Drv., Airlie Beach, QLD 4802　📞 (07)4962-5100
🌐 www.clubwyndhamairliebeach.com.au　1B $255 〜、2B $429 〜、3B $529 〜　CC AMV　WiFi 無料

マントラ・ボートハウス Mantra Boathouse Apartments　MAP P.338/2A
🏠 33 Port Drv., Port of Airlie, QLD 4802　📞 (07)4841-4100
🌐 www.mantra.com.au　2B $515 〜、3B $705 〜　CC MV　WiFi 無料

コーラルシーリゾート Coral Sea Resort　MAP P.338/2A
🏠 25 Oceanview Ave., Airlie Beach, QLD 4802　📞 (07)4964-1300
🌐 coralsearesort.com
T W $290 〜 370、1B $380 〜、2B $585 〜、3B $585 〜　CC ADMV　WiFi 無料

ヘイマン島　　*Hayman Is.*

ヘイマンプールの美しさは格別。1階の部屋からは直接プールに出られる

数あるウィットサンデー諸島のリゾートのなかで、サービス、ホテルの施設などすべての面で「最高級」といわれるのがヘイマン島。1950年代のオープン以来、マーガレット王女をはじめとする英国王室関係者に愛され、「ロイヤルヘイマン」という称号を与えられていたほどだ。2019年7月に1年以上に及ぶ改装を経て、インターコンチネンタルグループの豪華リゾートに生まれ変わった。リゾートの姿はさらに優雅さを増し、サービスもより極上のものとなって、ゲストを迎えている。

大理石を多用し、それでいて趣味のよい重厚さを見せるインテリア、ホテル内にさりげなく置かれた調度品、古きよき英国を思わせるバーや、さまざまなカテゴリーのレストラン、オリンピックプールの7倍もの広さをもつヘイマンプール……こうした設備面の豪華さ、充実度はもちろんのこと、心のこもったサービスを提供するホテルスタッフたちの存在。これらすべてが「最高級」のリゾートライフを演出してくれるのだ。

ハミルトン島〜ヘイマン島を結ぶクルーズ島

インターコンチネンタル・ヘイマンアイランド・リゾート
InterContinental Hayman Island Resort

ヘイマン島
Hayman Is.

0　　　500m

ドルフィンポイント
Dolphin Pt.

ゴートビーチ
Goat Beach

Rescue Pt.

ブルーパールベイ
Blue Peal Bay

クック展望地

ウィットサンデー
展望地

Mt.Carousel▲

マリーナ
展望地

インターコンチネンタル・
ヘイマンアイランド・リゾート
InterContinental Hayman Island
Resort

Arkhurst Is.

ボートハーバー
スタッフビーチ
Staff Beach

ハミルトン島、
ショートハーバー、
ラングフォードリーフへ

グルーパー
ポイント

**ヘイマン島への船に乗り込む。
そこから始まるリゾート体験**

ハミルトン島空港の到着ホールにはインターコンチネンタル・ヘイマンアイランド・リゾート専用カウンターがあり、ここで飛行機に預けた荷物のピックアップの依頼をして、目の前の桟橋に停泊しているクルーザーへと向かう。ここからすでにヘイマン島のサービスが始まっている。クルーザーは飛行機の発着に合わせて運航されている。船内ではスパークリングワインなどのウエルカムドリンクで迎えられ、美味なフィンガーフードを味わい

クルーズ船の中ではドリンクや軽食がふるまわれる

ながらリゾートへと向かう。クルーズ中のドリンクはおかわり自由。心地よい気分で約1時間、ウィットサンデー諸島のクルージングを楽しんでいるうちに、クルーザーはヘイマン島へと到着する。

ヘイマン島の桟橋では、スタッフ運転のバギーに乗り込み300mほど離れたレセプションへ。

島の南側に集まるリゾート施設

リゾート施設は、島の南側の湾に面して造られている。その象徴ともいえる広々としたヘイマンプールや、客室棟を囲むように植えられた南国を思わせる木立、美しい庭園など、ヘイマン島の緑豊かなイメージを損なわないように細心の注意を払ったリゾートだ。建物は**プールウイング** Pool Wing、**ラグーンウイング** Lagoon Wingという大きな客室棟と、その間を結ぶ**セントラルウイング** Central Wing、さらにビーチ前のガーデン内に建てられた**ビーチウイング** Beach Wingに分かれる。各ウイングにはラナイ Lanaiと呼ばれる広々としたスペースが設けられており、ゆったりしたソファでくつろげるようになっている。またセントラルウイングには、レセプションやレストラン、バー、スパなどが入っている。

セントラルウイング山側にはアクティビティセンターがあり、テニスコート、フットサルコート、バスケットコートなどがある。またカタマランセイリングやカヤックなどエンジンを使わない無料マリンアクティビティの用意はビーチにあるビーチアクティビティセンターで。ダイビングやジェットスキーなどは、リゾートの主要建物が並ぶエリアから500mほど離れた桟橋脇にあるダイブ&モータライズド・ウオータースポーツセンターからとなる。

こうしたリゾート施設を除き、島のほとんどは国立公園に指定されている。アクティブにヘイマン島を楽しみたいなら、島内に設けられたいくつかのウオーキングトラックを歩いて、ほとんど人のいないビーチに出かけてみるのもいいだろう。なおウオーキングに出かけるときは水を忘れずに持っていこう。

各ウイングにあるオープンエアのラナイ

■エコに配慮したペットボトル型水筒

ヘイマン島では客室に丈夫なペットボトル型水筒を用意（おみやげに持ち帰り可）。飲み水はリゾート内あちらこちらにある冷水器で補給できる。またプールサイドにいるときには、スタッフが冷水を持って回ってくるサービスもある。

リゾート内にたくさんある冷水器

ビーチ前にあるクジラのアート。冬季は目の前の海でクジラを見かけることも多い

インターコンチネンタル・ヘイマンアイランド・リゾート
InterContinental Hayman Is. Resort

0　　　　100m

ブルーパールベイへ
テニスコート
アクティビティセンター
フィットネスセンター
ヘイマンスパ
グローブ・ブティック&カフェ
リゾートショップ
プールラナイ
アミーチ・トラットリア
プールウイング
Pool Wing
バー・フィフティ
ビーチウイング
ラグーンラナイ
Beach Wing
セントラルウイング
ヘイマンプール
（レセプション）
リリィラグーン
ラグーンウイング
Lagoon Wing
ヘリポート
ビーチヴィラ
Beach Villas
アクア
パシフィック
バムバム
ダイブ&モータライズド
ウオータースポーツセンター
ステラマリス・チャペル
ビーチアクティビティ
センター
アクアズーアプール
水上飛行機
発着場所
ハミルトン島空港行き
クルーザー桟橋
エンタテインメント
&イベントセンター
ヘリパッド

水上飛行機でアウターリーフ
へ向かうツアーもある

カタマランや SUP など無料
アクティビティも充実

ヘイマン島のツアー＆アクティビティ

島内でのアクティビティなら珊瑚礁がきれいなブルーパールベイまで 5km の道のりをガイドと一緒に歩き、さらにスノーケリングも楽しむ**ブルーパールベイ・ガイドハイク＆スノーケル** Blue Pearl Bay Guided Hike & Snorkel（$40）、シーカヤックでブルーパールベイや近くのラングフォード島を巡る**シーカヤックアドベンチャー** Sea Kayak Adventure（2 時間 $80）が楽しい。もちろん**アウターリーフへのスノーケル＆ダイブ・ツアー**（スノーケル $350、ダイビング $450）やホワイトヘブンビーチへの 1 日クルーズ（大人$375 子供$275）もある。またヘリコプターや水上飛行機でのツアー（$550 〜）も人気だ。

カップルならスピードボートで無人小島ラングフォード島へ出かけ、シャンパンとチーズで夕暮れを楽しむ**サンセットエスカペーデ** Sunset Escapade（約 2 時間 2 人 $180）もおすすめだ。

ヘイマン島のレストラン

左：パシフィックのビュッフェは種類が多いのでつい取りすぎてしまうほど
右：パシフィックのディナーは優雅に食事が楽しめる雰囲気だ

まずセントラルウイングの前、ビーチに面した場所にある**パシフィック** Pacific。朝食はメニュー豊富なビュッフェブレックファストで、コーヒーもエスプレッソマシンで入れたものをサーブしてくれる。ランチ、ディナーはアラカルト。オープンキッチンスタイルで、新鮮な食材を使ったモダンオーストラリア料理が味わえる。なお金曜は

シーフードをふんだんに使った料理が並ぶシーフードビュッフェ（1 人 $165）もある。

セントラルウイングにあるのがイタリア料理の**アミーチ・トラットリア** Amici Tratoria もある。カジュアルな雰囲気で家族連れにも人気。特にかまど焼きピザが美味と評判だ。

アクアズーアプール脇にある**バムバム** BAM BAM は、オーストラリアとアジアの味を融合させた料理が特徴。毎日のランチのほか、曜日によってはディナータイムもオープンしている。

夜間の照明もきれいなアミーチ・トラットリア

極上のリラクセーションタイムを
ヘイマンスパ Hayman Spa

優雅なデイスパがセントラルウイング内にある。13 のトリートメントルームをもつほか、希望すればガーデン内の東屋やビーチフロントなど屋外でもトリートメントが受けられる。あまり暑くない時期などは、こうした屋外トリートメントのほうが気持ちがいい。各種ボディマッサージ＆トリートメントからフェイシャルトリートメント、ハンド＆フットマッサージまでメニューも豊富。カップル用トリートメントルーム、ビシーシャワーなどの設備もある。

カップル用
トリートメ
ントルーム

DATA
🕐 毎日 9:00 〜 17:00
💰 ピュアラディエンスフェイシャル 60 分 $220 ／ヘイマン・シグニチャーマッサージ 60 分 $220 ／ヘイマンリカバリー・ボディトリートメント 60 分 $220 ／アイランド・ジェムストーンセラピー 90 分 $320 など

バムバムの人気メニューのひとつ、バムバッタイ

ヘイマンプールの中央に位置するのが**アクア** Aqua だ。ランチタイムのみオープンで、食事メニューはバーガー類など簡単に食べられるものが多い。

セントラルウイングにある**グローブ・ブティック＆カフェ** Grove Boutique & Cafe は、ベーカリーメニューがあって、朝や昼に軽い食事をしたいと

夜間リゾート内は美しくライトアップされる

きにおすすめ。またバーは、セントラルウイング内にライブラリーやチェスなどのゲームコーナーをもつ**バーフィフティ** Bar Fifty もある。

ヘイマン島のゲストルーム

左：プールウイングのスイートタイプの豪華な客室
右：ラグーンウイングの一般的な客室

インターコンチネンタル・ヘイマンアイランド・リゾートの象徴的なヘイマンプールに面して建つのがプールウイング Pool Wing。全室リビングルームとベッドルームが分かれたスイートタイプで、部屋は最も狭い 1 ベッドルームタイプでも 75㎡、2 ベッドルームになると 103㎡ もの広さとなる。どの部屋のバルコニーからもヘイマンプールが眺められるが、特に 1 階はバルコニーから直接プールに入れるプールアクセスルームとなっている。上品でモダン、それでいてゴージャス感あふれるインテリア、ゆったりとしたリビングルーム、ベッドルームとはガラスで仕切られた大理石張りのバスルームと広々としたウオークインクローゼット、さらにバルコニーにはソファベッドも置いてあるなど、贅を尽くした感じで、カップルにうってつけの部屋だ。

アクアズーアプール側、リリィラグーンに面して建つのがラグーンウイング Lagoon Wing。プールウイングの客室よりも明るい感じのインテリアが印象的だ。部屋のタイプも、1 ルームの一般的ホテルスタイルが多い（それでも 54㎡ もある）。基本的にはバルコニーからの見晴らしでカテゴリー分けされており、下層階のラグーン、上層階のオーシャンビュー、さらにスイートタイプのヘイマンスイートがある。なおヘイマンラグーンとヘイマンスイートはコネクティングルームに対応しており、家族用として利用可能だ。

ビーチを目の前にした庭園内にあるのがビーチウイング Beach Wing。ビーチウイングのキーがなければ敷地内に入れない特別な空間だ。客室は戸建ての別荘といった雰囲気。ビーチヴィラはプランジプールをもつ 120㎡ のスイートタイプの客室。映画の一場面に出てきそうなバスルームも印象的だ。なお同敷地内にあるホテルタイプのリトリートとビーチヴィラはコネクティングしてファミリー向けの利用もできるようになっている（リトリートのみの予約は受け付けていない）。このほかビーチ前の豪華プール付き別荘といえるビーチハウスや、ヘイマンウイング最上階の一部に造られた趣向を凝らしたペントハウスがある。

DATA

■**インターコンチネンタル・ヘイマンアイランド・リゾート**
住 1 Raintree Ave., Hayman Is., QLD 4801　℡(07)4940-1234
FREE 1800-468-357（予約）
URL haymanisland.interconti nental.com
客室 Lagoon Wing : Lagoon Classic $574、Premium Lagoon View $612、Premium Lagoon Ocean View $687 〜 724、Lagoon Suite $799 / Poool Wing : Pool Ocean View Suite $874、Pool Access Suite $949 / Beach Wing : Retreat Courtyard View $589、Beachfront Pool Villa $1549、Hayman Residence $3574
カード ADJMV　WiFi 無料
日本での予約先：インターコンチネンタルグループ FREE 0120-730-743
日本語スタッフ：いない

客室数 234 室
アクセス ハミルトン島から専用高速船で約 1 時間（片道 大人 $210 子供 $110）、またはヘリコプターで 15 分。
■島内の移動
リゾート自体がそれほど広くないので、レストランやビーチに行くのは徒歩で。

ウィットサンデー諸島のなかで最も本土寄りにある小さな島デイドリーム島。島のほぼすべてがデイドリームアイランド・リゾート＆スパとして開発されており、家族連れ、カップル、ハネムーナーに人気だ。

設備の整った人気リゾートだ

デイドリーム島 *Daydream Is.*

デイドリームアイランド・リゾート＆スパ
Daydream Island Resort & Spa

女性客やカップルに人気なのが**エリータ・デイスパ** Elita Day Spa だ。トリートメントルームも多く、設備も充実。もちろんトリートメントメニューも豊富だ。また家族連れで利用する人が多いのが、ウィットサンデー諸島随一の**キッズクラブ**。年齢に合わせてクラス分けされ、専任スタッフと一緒にさまざまなアクティビティにチャレンジしたり、遊んだり……。

島内で見逃せないのが、実際の珊瑚礁を据えた天然プールのリビングリーフ The Living Reef。100種あまりの海洋生物が見られ，一部はタッチプールで触ることもできる。マリンアクティビティは、カヤッキングやスノーケリングなどが島の周りで楽しめるほか、クルーズウィットサンデー（→ P.315 ～ 317）の G.B.R. アドベンチャー・リーフワールドやリーフスリープ、ホワイトヘブンビーチ半日ツアー、ホワイトヘブンビーチとヒルインレット＆展望台 1 日ツアーにも参加可能。

部屋は広く、家族連れがエキストラベッドを入れたりベビーコットを入れたりしても余裕だ。カップルには眺めのいいオーシャンバルコニールームがおすすめだ。

スパのトリートメントルームは明るい雰囲気

DATA

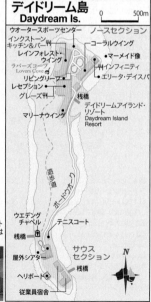

ISLAND RESORT IN SOUTH G.B.R.

G．B．R．南部の
アイランドリゾート

ウィットサンデー諸島の南、
マッカイ沖合のカンバーランド諸島から
南回帰線を中心とした一帯がG.B.R.の南部にあたる。
このエリアにもいくつかアイランドリゾートがあるが、
日本人ゲストによく知られているのは
ヘロン島とレディエリオット島だ。
どちらの島もアイランドリゾートのなかでは
数少ないアウターリーフ上にあるサンゴでできた島で、
11〜2月の夏季にはウミガメが産卵に上陸するほど自然が豊か。
自然大好きという人なら見逃せない場所だ。

美しいラグーンに囲まれた島だ

ヘロン島

Heron Is.

世界中のダイバーにとって憧れの島ヘロン島。グラッドストーンの沖合約80km、グレートバリアリーフ最南部のほぼ南回帰線上に位置する、1周歩いて30分ほどのコーラルケイ（サンゴでできた島）だ。島の周りには実に24km四方という広大なラグーンがあり、そこではウミガメやサメ、マンタなどが悠々と泳ぐ。この島はまた、その名前からもわかるように、野鳥たちの楽園でもある。島の名前にもなっているサギをはじめ、さまざまな渡り鳥、オーストラリア中で見られるカモメ……島のいたるところで、こうした鳥たちの生態を観察できる。

ヘロン島には、大自然に抱かれるという何物にも代えられない豊かさがある。珊瑚礁の海、色とりどりの魚、そしてたくさんの鳥たちに囲まれて「これぞグレートバリアリーフ」といった滞在を体験してみるといい。

ラグーンエッジへの
スノーケリングツアー

ヘロンアイランド・リゾート Heron Island Resort

グラッドストーンから高速船で2時間。透明度の高いラグーンに感激

国立公園に指定されているため自然は保護され、ヘロンアイランド・グレートバリアリーフの各施設は島の西側のごく狭い場所にある。この島に見かけの豪華さや近代的な設備、贅を尽くしたサービスを求めてやってくるとしたらそれは間違いだ。G.B.R. の真っただ中、美しい自然に抱かれて滞在することに喜びを感じる、そんな自然派志向の人におすすめのリゾートだ。

快適なリゾート施設

客室は決して豪華とはいえないが、明るく清潔感にあふれ、広さも十分。一般的なのはタートルルームとリーフルームで、どち

ビーチサイドスイートの
ベッドルーム

らにも家族4人向けのファミリータイプもある。またヘロンビーチサイドスイートは、リビングとベッドルームが分かれていてハネムーナーに人気だ。バルコニーからは珊瑚礁の海も見渡せる。食事は朝食のみ宿泊料金に含まれている。朝食と昼食はビュッフェスタイルで、夕食は日替わりでビュッフェかアラカルトとなる。

ナチュラルなマリンアクティビティを満喫

自然のままの島だけあって、ここでできるアクティビティは、ダイビング、スノーケリング、半潜水艦＆グラスボトムボート乗船、リーフウオーキング、アイランドウオーキン

グなど。特に気軽にできるスノーケリングは必須アクティビティといっていい。ビーチからでも色とりどりのサンゴ、魚が見られるが、専用桟橋から出ているボートスノーケリングツアーに参加すれば、テーブルサンゴやエダサンゴの群生の中、コーラルフィッシュ、ウミガメやリーフシャークも見られる。

またヘロン島は、ダイバー憧れの島。島の周りには一度は潜ってみたいポイントがめじろ押し。各ダイビングポイントまでボートで5〜15分と近いので、船に弱い人でも十分楽しめる。もちろん初心者のための体験ダイビングも盛んに行われている。

こうしたアクティブな過ごし方以外にも、白砂のビーチに寝転びながら、のんびりと

過ごすのも、とても充実した気分になれるはずだ。

アクアソウルスパで日に焼けた肌をケアしよう

もちろん本格的なデイスパ施設**アクアソウルスパ** Aqua Soul Spa もある。

ウミガメの産卵に感動する

11〜2月の夏場には、ウミガメの産卵も見られる。深夜、浜辺のあちらこちらにウミガメがやってきて、夜明け

季節さえ合えばウミガメの産卵は見逃したくない

近くまでかけてゆっくりと卵を産む。1個1個慎重に産卵するウミガメの姿には、感動させられる。この時期は夜間にスタッフによるタートルツアーも行われている。なお、産卵の時期以外でも、ラグーン内では頻繁にウミガメが見られる。

リーフウオーキングに参加しよう

DATA 1

■ヘロンアイランド・リゾート
住 via Gladstone, QLD 4680　(07)4972-9055　FAX 1800-875-343 (予約)
URL www.heronisland.com　料 Turtle Room $418、Turtle Family $468、Reef Room $438、Reef Family $488、Beachside Suite $488、Wistrari Suite $538、Point Suite $688、Superior Point Suite $889
※朝食付き　カード ADJMV　WiFi 有料　日本での予約先：なし　日本語スタッフ：いない　客室数 109室　アクセス グラッドストーンのフェリーターミナルから、月水金〜日に各1便高速カタマランタイプのフェリーが出ている。所要2時間で片道 大人 $85 子供 $45。グラッドストーン発9:30、ヘロン島発12:45。またグラッドストーン空港から水上飛行機を使ってのアクセスも魅力的だ (片道30分)。グラッドストーン空港の定期フライトの発着に合わせて運航。片道1人 $470。空から見るヘロン島は広々としたリーフに囲まれてとてもきれいだ。

DATA 2

主要アクティビティツアー料金
●スノーケリングツアー
時 毎日9:00、11:00、14:30スタート (所要約1時間)
料 大人 $50 子供 $35
●体験ダイビング
料 1本 $200
●ファンダイビング
料 器材別1本 $80 (5本目以降1本 $60) ／器材レンタル1本 $50
●半潜水艦ツアー
料 大人 $60 子供 $40
●カヤックツアー
料 1人乗り $40、2人乗り $70
●サンセットクルーズ
料 大人 $50 子供 $35
●タートルツアー
料 無料 (ウミガメの産卵時期のみ)

■アクアソウルスパ
料 フェイシャル30分 $75〜、ボディセラピー45分 $100〜、マッサージ30分 $75〜。各種パッケージメニューもあり。要予約。

ヘロン島
Heron Is.

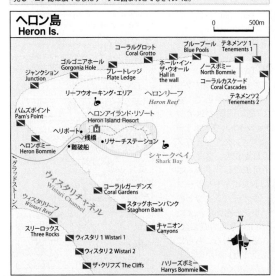

0　　　500m

コーラルグロット Coral Grotto
ブループール Blue Pools
テネメンツ1 Tenements 1
ゴルゴニアホール Gorgonia Hole
ホール・イン・ザ・ウォール Hall in the wall
ノースボミー North Bommie
ジャンクション Junction
プレートレッジ Plate Ledge
コーラルカスケード Coral Cascades
リーフウオーキング・エリア
ヘロンリーフ Heron Reef
テネメンツ2 Tenements 2
パムズポイント Pam's Point
ヘロンアイランド・リゾート Heron Island Resort
ヘリポート・
桟橋
・リサーチステーション
ヘロンボミー Heron Bommie
・難破船
シャークベイ Shark Bay
ウィスタリチャネル Wistari Channel
コーラルガーデンズ Coral Gardens
グラッドストーンへ
スタッグホーンバンク Staghorn Bank
キャニオン Canyons
ウィスタリリーフ Wistari Reef
スリーロックス Three Rocks
ウィスタリ1 Wistari 1
ウィスタリ2 Wistari 2
ザ・クリフズ The Cliffs
ハリーズボミー Harrys Bommie
N

透明度抜群の海が広がっている

海中ではこれでもかというほどウミガメに出会える

グレートバリアリーフ最南端に浮かぶコーラルケイ、それがレディエリオット島だ。1周歩いてわずか1時間ほどの小さな島で、周囲は珊瑚礁でぎっしりと覆われている。ほかのG.B.R.のリゾートとは違い、船でのアクセスはできず、すべてのゲストはバンダバーグやハービーベイ、ゴールドコーストなどから専用の小型飛行機を利用することになる。

レディエリオット島 Lady Elliot Is.

レディエリオットアイランド・エコリゾート
Lady Elliot Island Eco Resort

国立公園に指定されている島で、滑走路を除いた大部分が渡り鳥の生息地。夏になると浜辺にはウミガメが産卵に上がり、島の周囲の珊瑚礁はまったく荒らされていない。これほどの自然を抱える貴重な島のため、リゾート施設も自然に溶け込むよう造られている。ほとんどの建物がグリーンやレモンイエローに塗装され、その周りにはヤシやカジュアリーナ、ピソニアなどの木が生えている。島の自然について関心をもってもらうためのエデュケーションセンターがあるのもレディエリオット島ならではだ。

スノーケルとダイビングを楽しむ

この島で最もポピュラーなアクティビティはスクーバダイビングだ。島の周りがすべて珊瑚礁で、ダイビングポイントも20以上。島の西側ではアンカーボミー Anchor Bommie とライトハウスボミー Lighthouse Bommie が人気。マンタ、ウミガメが見られることも珍しくない。ほかにも、スノーケリングは島の周りのどこででも可能だし、グラスボトムボートやリーフウオーキングなどのツアーもある。また11～2月の夜には、島のあちらこちらにウミガメが産卵に上がってくる。

マンタが悠々と泳ぐレディエリオットの海

DATA

■レディエリオットアイランド・エコリゾート
⌂ P.O.Box 348, Runaway Bay, QLD 4216
☎ (07)5536-3644 FAX 1800-072-200（予約）
URL ladyelliot.com.au
料 $510～1028　※朝・夕食付き　CC ADJMV
WiFi 無料 日本での予約先：なし
日本語スタッフ：いる　客室数 109室
アクセス 日本人旅行客にはゴールドコーストからのアクセスが最も便利 大人 $865 子供 $570／2024年4月から 大人 $910 子供 $599）。小型飛行機利用の日帰りツアー（→ P.124）が催行されているほか、宿泊パッケージも用意している。このほか、ハービーベイ、バンダバーグ、ブリスベン、サンシャインコーストからシーエアパシフィックのフライトが利用できる。スケジュールや予約は直接レディエリオットアイランド・エコリゾートへ。

レディエリオット島
Lady Elliot Is.

0　200　400m

アンカー・ボミー Anchor Bommie
マオリラッセ・ボミー Maori Wrasse Bommie
キャニオンズ Canyons
チェインボミーズ Chain Bommies
スパイダーレッジ Spider Ledge
サダーレッジ Sader Ledge
コーラルガーデンズ CoralGardens
スリーピラミッズ Three Pyramids
セカンドリーフ Second Reef
野鳥保護区
野鳥保護区
セバーンズ Severns
レストラン&バー
ライトハウスボミー Lighthouse Bommie
従業員宿舎
レディエリオットアイランド・エコリゾート Lady Elliot Island Eco Resort
灯台
リーフウオーキングエリア
フィッシュプール Fish Pool
ブロウホール Blow Hole
ヒロイズケーブ Hirois Cave
エンカウンターズ Encounters
サザンドリフト Southern Drift

水中写真：大河平隆人

自然が魅せてくれる感動のドラマ ウミガメの産卵

夜明け頃、産卵を終えたウミガメが海へ戻っていく

グレートバリアリーフの人気者ウミガメ。ヘロン島、レディエリオット島では、ダイビングやスノーケリングで簡単に出会うことができる。そして夏の夜、これらの島ではウミガメの産卵も見ることができるのだ。シーズン中はガイド付きでの産卵見学ツアーも行われるし、もちろん島の周りを歩いて個人で見学することも可能(フラッシュを使っての写真撮影はガイドの許可が必要)。自然が魅せてくれる荘厳なドラマを、ぜひ見てみたい。

ウミガメの産卵

G.B.R. には、アカウミガメ Loggerhead Turtle、タイマイ Hawksbill Turtle、アオウミガメ Green Turtle などが生息しているが、ヘロン島、レディエリオット島に産卵に訪れるのはほとんどがアオウミガメだ(まれにアカウミガメがやってくることもある)。産卵時期は 11 月前半～3 月前半で、この時期の夜から朝にかけて数多く(多い日には 1 日 50 匹以上)のウミガメが産卵場所を求めて浜辺へと上がってくる。

上陸したウミガメは気に入った産卵場所を

産卵中のウミガメの目から、まるで涙のように塩水が流れ落ちる

求めて這いずり回り、場所が決まってからは 30 分ほどかけて穴を掘る。産卵に適した穴ができると、ピンポン玉ほどの大きさの卵を 1 回に 100 ～ 120 個ほど産み落とし、その後盛り砂をしてから海へと戻っていく。見学する際は、卵を産み始めるまではとにかく静かにして待つこと。ウミガメは危険を察知すると産卵をやめて海へ戻ってしまうからだ。

なおアオウミガメは、13 日ほどの周期で 5 ～ 8 回程度産卵するといわれている。そして一度産卵したウミガメは、次の産卵までの数年間は卵を産むことはない。

子ガメが海へ帰っていく日

産み落とされた卵は、11 ～ 12 月の雨の少ない時期にはおよそ 8 ～ 9 週間で、雨が多くなる 1 ～ 3 月は 12 週間ほどで孵化する。おもしろいのは性別で、ウミガメの場合、孵化するまでの砂の温度で性別が決定される。一般に砂が暖かい場合はメスに、冷たい場合はオスになるといわれている。

元気に海へ戻っていく子ガメ

砂の中から這い出してきた子ガメたちは、夜明けの薄明かりのなか、海へ向けて行進を始める。しかし、カニやカモメなどが子ガメを餌として狙っているのだ。この危険をくぐり抜けること、それが子ガメが一人前のウミガメへ成長していく最初の冒険となる。

ISLAND RESORT IN NORTH G.B.R.

G. B. R. 北部の
アイランドリゾート

ケアンズを中心とした G.B.R. 北部には、
ケアンズ沖合のグリーン島、
フィッツロイ島（いずれもケアンズの項で解説）以外にも
いくつかのアイランドリゾートがある。
ケアンズから小型飛行機でアクセスするリザード島は、
G.B.R. 最北の高級リゾートとして、
世界中のセレブに愛されるリゾートだ。
ケアンズの南、ミッションビーチ沖合にはベダラ島、ダンク島がある。
ベダラ島はリザード島と並ぶプライベート感たっぷりの高級リゾート、
ダンク島はデイビジター向け施設が整った熱帯雨林の島だ。

美しいラグーンに面してリゾート施設が並んでいる

目の前の海でスノーケリング

リザード島

リザード島は、ダイバーとアングラー憧れの島だ。G.B.R.随一の人気ダイビングポイント、コッドホールへの日帰りダイビングが可能だし、近海はブラックマーリンの宝庫でゲームフィッシングが盛んなのだ（島のトレードマークはカジキマグロだ）。

島の名前はオオトカゲに由来する。1770年にキャプテンクック一行が島へ上陸。その際、クックと行動をともにした医師ジョセフ・バンクが、生息する数多くのオオトカゲを見て名づけたのだという。

Lizard Is.

リザードアイランド・グレートバリアリーフ
Lizard Island Great Barrier Reef

　リザードアイランド・グレートバリアリーフは、40室のみのブティックリゾート。客室はすべて高床式のロッジ風、木をふんだんに使ったナチュラルな造り、上品なインテリア、行き届いたサービス、宿泊料金に含まれる全食事の豪華さなど、オーストラリアのアイランドリゾートのなかでも最高級にランクされている。

落ち着いた雰囲気の客室

リザード島のアクティビティ

　リゾート滞在者は、スノーケルやカタマラン、ウインドサーフィンなどエンジンを使わないアクティビティがすべて無料。島の周囲は美しいラグーンになっており、数多くのスノーケリングポイントがある。ディンギーも無料で借りられるので、リゾートスタッフにポイントを尋ね、ぜひ出かけてみよう。島発のダイビングクルーズも盛ん。島の周りのインナーリーフでのダイビングから、G.B.R.有数の人気ダイブサイトのコッドホールのあるリボンリーフでのダイビングまで、日によってさまざまなツアーが催行されている。ゲームフィッシングはボートをチャーターすることになるが、通常の時期であれば半日1艇 $2300（4人まで）で借りることができる。また高級スパ設備をもつ**エッセンティア・デイスパ** Essetia Day Spa も併設している。

DATA

■**リザードアイランド・グレートバリアリーフ**
🏠 PMB 40, Cairns, QLD 4870
📞 (07)4043-1999 [FAX] 1800-837-204(予約) [URL] www.lizardisland.com.au
🛏 $3099 ～ 6999 ※滞在中の全食事付き
※ 15 歳以下の滞在不可
[CARD] ADJMV
日本での予約先：なし
日本語スタッフ：いない [客室数] 40 室
[アクセス] ケアンズからリゾート専用チャーターフライトが毎日 2 便ある。往復 $780。予約はリザードアイランド・グレートバリアリーフへ。

リザード島
Lizard Is.

0　　　1km

マーメイドコーブ Marmaid Cove
ノースポイント North Point
ワトソンズベイ Watsons Bay
クックス・ルック Cook's Look (259m)
サンセットビーチ Sunset Beach
ミセス・ワトソンの家
クリスタルビーチ Crystal Beach
アンカーベイ Anchor Bay
リザードアイランド・グレートバリアリーフ Lizard Island Great Barrier Reef
ペップリービーチ Pebbly Beach
滑走路
ハイビスカスビーチ Hibiscus Beach
リザード島 Lizard Is.
リサーチ・ステーション
ココナッツビーチ Coconut Beach
ブルーラグーン Blue Lagoon
灯台
パレリー島 Palerey Is.
Seabird Is.
サウス島 South Is.

351

べダラ島　Bedarra Is.

左：ベダラ島のウェッジロックベイでは無料でカタマランセーリングなどのアクティビティが楽しめる
下：ヘルナンディアビーチを望む場所に建てられているヴィラはプランジプール付きだ

ベダラアイランド・グレートバリアリーフ
Bedarra Island Great Barrier Reef

　ダンク島の南約8kmに位置するベダラ島は、グレートバリアリーフ地区有数の高級リゾート。英国の王室関係者や世界中のセレブが好んで訪れる、リゾートラバーの間ではよく知られた隠れ家的リゾートだ。

のんびりとくつろぐ大人の空間

　忙しい人が休息を求めてやってくる場所だけあって、快適に過ごせることを追求したリゾートだ。何といっても客室がすばらしく、ほとんどが海を望む2階建てヴィラだ。海沿いの一部の部屋には海を望むプランジプールも付いており、ラグジュアリーな雰囲気を楽しむことができる。ここではまた滞在中の全食事、飲み物もすべて無料、アクティビティもエンジンを使わないものは

すべて無料だ。滞在中ゲストが、何でも好きなように楽しめるようにという配慮が行き届いている。

DATA

■ベダラアイランド・グレートバリアリーフ
🏠Bedarra Island, Mission Beach, QLD 4852
📞(07)4068-8233
URL www.bedarra.com.au
料$1890～3150
※滞在中の全食事付き　※15歳以下の滞在不可
CC ADJMV　日本での予約先：なし
日本語スタッフ：いない　客室数40室
アクセス ミッションビーチから毎日12:30発の専用フェリーサービスあり（所要約30分）。ベダラ島発は10:30。料金は往復2人$500。このほかケアンズ国際空港からヘリコプターでの送迎も可能。毎日12:00発（ベダラ島発10:30）で、2人片道$1350。

ダンク島　Dunk Is.

訪れる人がそれほど多くないので海辺はとても静かだ

　ケアンズの南約110km。ミッションビーチの沖合に浮かぶファミリー諸島を代表するのがダンク島。熱帯雨林と美しいビーチが魅力の島で、かつては豪華リゾートもあった（2011年2月、オーストラリア観測史上最大といわれるサイクロンの直撃によりクローズ）。現在はデイビジター用施設（トイレ、BBQ設備）とキャンプ場、桟橋脇にジェッティカフェもあって、ケアンズやミッションビーチの若者や家族

連れが週末遊びに行く場所として人気がある。ミッションビーチから中型カタマランフェリーが運航しているのでアクセスもしやすい。

DATA

■ダンク島スピットキャンプ場
URL www.dunkislandcamp.com.au
料キャンプサイト$20
アクセス ミッションビーチのクランプポイント・マリーナ Clump Point Marina からクイックコースト Quick Coast のダンクアイランド・アドベンチャーフェリー Dunk Island Adventures Ferry が運航。火木土日クランプポイント発9:00、ダンク島発15:25（所要約30分）。
📞0493-101-030　URL quickcoast.com.au　料同日往復 大人$75 子供$37.50／ランチ付き 大人$99 子供$67

旅の準備と技術

旅の情報収集
Travel Information

旅の準備

■新型コロナウイルス感染症について

新型コロナウイルス（COVID-19）の感染症危険情報について、全世界に発出されていたレベル1（十分注意してください）は、2023年5月8日に解除されましたが、渡航前に必ず外務省のウェブサイトにて最新情報をご確認ください。

●外務省 海外安全ホームページ・オーストラリア危険情報
URL www.anzen.mofa.go.jp/info/pcinfectionspothazardinfo_071.html#ad-image-0

■オーストラリア政府観光局公式サイト
URL www.australia.com/ja-jp

■主要観光局日本語ホームページ
●クイーンズランド州政府観光局
URL www.queensland.com/jp/ja/home
●ゴールドコースト・ツーリズム
URL www.destinationgoldcoast.com
●トロピカルノースクイーンズランド観光局
URL www.tropicalnorthqueensland.org/jp/

■在日オーストラリア大使館
URL japan.embassy.gov.au

■日本語お役立ちサイト
●地球の歩き方ホームページ
URL www.arukikata.co.jp
「地球の歩き方」公式サイト。ガイドブックの更新情報や、海外在住特派員の現地最新ネタ、ホテル予約など旅の準備に役立つコンテンツ満載。
●日豪プレス
URL nichigopress.jp
●リビング イン ケアンズ
URL www.livingincairns.com.au

インターネットで情報収集

オーストラリア政府観光局はもちろん、本書で紹介したクイーンズランド州やゴールドコースト、ケアンズ＆グレートバリアリーフの各観光局では、インターネットで積極的に旅行関連情報を提供している。それぞれのエリアごと、テーマ別に項目が分かれていて、おすすめスポットや観光トピックスなど必要な情報が簡単に引き出せるようになっている。一部の観光局のウェブサイトからはホテルなどの予約もできるようになっている。なおレストラン情報は、トリップアドバイザー Tripadviser のゴールドコースト、ブリスベン、ケアンズが情報豊富で役に立つ。アプリもあるのでスマホに入れていこう！

ビザや検疫、税関などの最新情報は、在日オーストラリア大使館のウェブサイトが詳しい。

またオーストラリア関連の旅行会社、ホテル、交通機関などウェブで情報を発信しているところはひじょうに多い。本書掲載のツアー＆アクティビティ会社、ホテル、レストラン、ショップなど可能なかぎりアドレスを掲載しているので参考にしてほしい。またアドレスがわからなくても、Google や Yahoo! などの検索エンジンを使えば、探したいウェブサイトへのアクセスも簡単だ。

このほか Facebook や LINE、Twitter、インスタグラムなど SNS には、現地の見どころやツアー会社がページを開設していることも多い。これらの情報も、日本出発前にチェックしておきたい。

現地では

各都市や観光地、空港や主要駅には必ずビジターセンターやインフォメーションがあり、さまざまな情報を提供している。日系のツアー会社などでも情報提供しているところがある。また、ケアンズ、ゴールドコーストともに現地では観光客向けの日本語情報誌が発行されているので、これらも上手に利用したい。どれも無料で配布されていて、免税店やおみやげ店、日本食レストランで入手できる。

Column **ゴールドコースト＆ケアンズへ行く前に 入れておきたいアプリ**

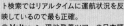

●**Australian ETA** ▶ オーストラリアの電子ビザ（→ P.360）を取得するのに必要なので、旅を決めたらまず最初にこのアプリを取得。

●**Google Maps** ▶ 現地で場所確認や目的地への移動ルートなどの検索に便利。カーナビ代わりに利用するのもある。

●**Google 翻訳** ▶ カメラ機能を連動させてメニューなどを翻訳するのにも使える。

●**Uber** ▶ オーストラリアで最もよく利用されているライドシェア配車アプリ。

●**MyTranslink** ▶ クイーンズランド州の公共交通機関のアプリで、バス、電車利用時のルート検索ではリアルタイムに運航状況を反映しているので最も正確。

●**Veltra** ▶ 現地発着ツアーの日本語検索・予約は数社がウェブサイトで行っているが、ベルトラはアプリでも対応していて便利。

旅のシーズン
Travel Season

南半球のオーストラリアは、季節が日本と反対となる。しかし国が南北に広いため「冬だから寒い」といった日本では当たり前となっている感覚は、必ずしも当てはまらない。特に本書で紹介しているオーストラリア東海岸北部のクイーンズランド州は、州全域が亜熱帯～熱帯に属しており、真冬でも晴れていれば日中20℃を下回ることはほとんどない。

ゴールドコーストは晴天率が高く、1年を通じてさまざまな観光が楽しめる

ゴールドコースト一帯は亜熱帯

年間晴天日数約300日を誇るゴールドコーストは、1年中が観光シーズン。特に9～5月は日中の最高気温が25～30℃と暖かく、湿度も少なくて、ビーチ遊び、各種アクティビティにチャレンジ、テーマパーク巡り、そして亜熱帯雨林散策と、どんな観光にも適している。6～8月の冬は晴天率がより高く、海以外の観光なら何でも楽しめる。ただし気温は低め。日中は20～23℃くらいになるが、朝夕は10℃以下になる日もあるので、厚手の服装も用意したい。ただしこの時期はホエールウオッチングなど季節限定の楽しみもある。

ホエールウオッチングは、ゴールドコーストの7～10月のお楽しみ

ケアンズ＆ G.B.R. は乾季と雨季がある

クイーンズランド州北部のケアンズ＆グレートバリアリーフ（G.B.R.）地域の季節は、大きく分けて夏の雨季（12月中旬～4月）と冬の乾季（5～12月初旬）のふたつ。ただし同じ G.B.R. でも南北に2000km以上離れているため、ケアンズを中心とした北部、ハミルトン島を中心とした中部、ヘロン島やレディエリオット島がある南部では、特に雨季の様子が異なる。基本的に北部が最も雨が多く、南部は雨季といってもそれほど雨が多くない。また北部でも雨季といっても1日中ずっと雨というケースは決して多くなく、どちらかといえば朝夕雨が降っていても日中は曇りや晴れという場合が多い。そのため雨季だから観光に適さないということはない。

なお G.B.R. でのダイビング目的の場合は、乾季前半（5～6月）や乾季の終わり（10～12月中旬）がおすすめ。この時期は風があまり強くなく海中の透明度も高い。また6月にはケアンズから数日のダイビングクルーズに参加すれば、海中でミンククジラに出合える可能性が高く、11月中旬には夜間サンゴの産卵が見られる。

透明度の高い G.B.R. でナポレオンフィッシュと泳ごう

■ 知っておきたいオーストラリア人の旅行シーズン

11～3月が本格的な旅行シーズン。特に12月中旬～1月中旬にかけては、オーストラリア中がクリスマス休暇に入るため、人気観光地のゴールドコースト＆グレートバリアリーフ地域は、オーストラリア人観光客でいっぱい。ホテルの予約が取りにくくなるので、早めの予約を心がけたい。そのほか、3～4月のイースターホリデー期間やスクールホリデー期間も、オーストラリア各地で家族連れの旅行者が多くなる。

ちなみにイースター時期は2024年が3月29日（金）～4月1日（月）、2025年が4月18日（金）～4月21日（月）。クイーンズランド州スクールホリデー時期は2023年9月16日～10月2日、12月9日～2024年1月21日、3月29日～4月14日、6月22日～7月7日、9月14日～9月29日、12月14日～2025年1月27日。

旅のモデルルート
Model Routes

時間的ロスをなくすなら日本でスケジューリング

余裕あるスケジュールを組んで熱帯雨林や亜熱帯雨林の散策も楽しんでみたい（ケアンズ近郊ミラミラ滝）

オーストラリアを代表するリゾート地、ゴールドコーストとケアンズ＆グレートバリアリーフ地域。日本からカンタス航空（ブリスベン）、ヴァージン・オーストラリア航空（ケアンズ）、ジェットスター（ゴールドコースト*1、ブリスベン*1、ケアンズ）の直行便が出ている関係で、3～5日程度の滞在で出かける人も多い。滞在期間が短いぶん、現地での過ごし方をより実りあるものにするのなら、日本出発前にある程度の日程は固めてしまいたい。インターネットの発達のおかげで、現地のホテルはもちろん、各種ツアー、レストランなどの予約も出発前に可能。英語でのやりとりが不安なら、日本語で各種予約を取り扱う現地旅行会社のウェブサイトを通すのもおすすめだ。

なお現地での天候や体調を考えて各種ツアーに申し込みたいと考えている場合でも、大まかなプランは日本で考えておきたい。現地到着後でも、年末年始などの混雑時期以外なら、ほとんどのツアーの予約が前日もしくは当日早朝でも可能だ。

*1 ジェットスターのゴールドコーストへのフライトについて
東京からゴールドコーストへのフライトは2023年10月28日で運休となり、10月29日からはブリスベン発着となる。また2024年2月2日より大阪～ブリスベンも運航予定。

■ゴールドコースト滞在のモデルプラン
ブリスベン国際空港発着の「はじめてのゴールドコースト」「レンタカー利用」「2度目のゴールドコースト」といったモデルプランを詳細に紹介→ P.50～51

■ケアンズ滞在のモデルプラン
「ふたつの世界遺産を満喫」「ハネムーナーにおすすめ」「現地3泊の短期間」といったモデルプランを詳細に紹介→ P.174～175

モデルルート

●ゴールドコースト1都市滞在

モートン島で野生イルカへの餌づけはぜひ体験したい

ゴールドコーストの魅力は、60km以上にもなる黄金色のサーフビーチ、そして世界遺産にもなっている亜熱帯雨林の森。もちろんテーマパークの充実度もオーストラリア随一だ。海で遊び、森を散策してテーマパークも……となると、最低でも3泊、できれば4～6泊はしたいところ。4泊以上あれば、野生のイルカに餌づけできるモートン島や亜熱帯雨林内の山岳リゾート（オライリーズ・レインフォレストリトリート＆ヴィラやビナブラ・ロッジなど）にも1泊は可能だ。

●ケアンズ1都市滞在

グレートバリアリーフと世界最古の森ウエットトロピックス、ふたつの世界遺産に囲まれたケアンズでは、その大自然の魅力をどう味わい尽くすか、というのが大きなポイント。基本的にグレートバリアリーフもウエットトロピックスも、ケアンズの町から1日観光で訪れるため、それぞれ1日ずつとっても、到着日を入れて最低3泊必要となる。またグレートバリアリーフ、ウエットトロピックスともにさまざまなバリエーションの観光方法があるし、南国リゾートならではのスパ体験などもしてみたい。そのためおすすめの滞在日数は4～6泊となる。

ケアンズから日帰りで行けるG・B・R・で最も人気のグリーン島

●ゴールドコースト＋ケアンズ

　壮大なサーフビーチのゴールドコーストとグレートバリアリーフというふたつの異なったタイプの海が満喫できるルート。ゴールドコースト、ケアンズともに世界遺産に登録されている森もあり、自然愛好派にもおすすめのルートだ。日本からゴールドコースト(ブリスベン)*1、ケアンズどちらへもジェットスターが直行便をもっており、ブリスベン～ケアンズにもジェットスターが就航。またカンタス航空が日本からブリスベン便、ヴァージンオーストラリアが日本からケアンズ便をもっており、路線網豊富な両航空会社の国内線を利用すればゴールドコースト＋ケアンズ(あるいはその逆)パターンの滞在もロスなくできる。両都市で3泊以上あれば、ゴールドコーストもケアンズも魅力を存分に味わえるはずだ。

●ゴールドコースト＋ハミルトン島／アイランドリゾート

　ゴールドコーストのビーチは、ほとんどがサーフビーチ。そのため、泳ぐというよりは波と戯れて遊んだり、ビーチで肌を焼いて過ごすというのが一般的。ハミルトン島やアイランドリゾートでの滞在を加えることで、珊瑚礁の海で泳いだりスノーケリング＆ダイビングを楽しんだりといったことも可能になる。ハミルトン島～ブリスベンは毎日フライトがあり、ヘイマン島やデイドリーム島へはハミルトン島からフェリーで接続可能。ゴールドコーストとハミルトン島、ヘイマン島、デイドリーム島を組み合わせたプランの場合、日本からブリスベン経由でまずこうしたアイランドリゾートへ入り、その後ブリスベン経由でゴールドコーストへ向かい、日本へ帰ってくるのが日程的に最もロスが少ない。アイランドリゾートでは最低でも2泊(できれば3泊)、その後ゴールドコーストで3～4泊というのがおすすめパターンだ。

　なおゴールドコーストにレディエリオット島を加える場合は、ゴールドコースト滞在中に専用機で向かうことができるので、総滞在日数はゴールドコースト滞在＋1～2泊でOK。ヘロン島を加える場合は、ブリスベン～グラッドストーン往復にカンタス航空を利用し、接続するフェリーサービスを利用する。

●ケアンズ＋ハミルトン島／アイランドリゾート

　グレートバリアリーフのアイコン的存在のハートリーフやホワイトヘブンビーチは、ハミルトン島からのアクセスが一番便利。同じグレートバリアリーフでもケアンズとハミルトン島では、見られるものや観光方法が少し異なっている。日本からのアクセスを考えると、ブリスベン経由でハミルトン島に入り、2～3泊。その後再びブリスベン経由でケアンズへ移動して、3～4泊というのがおすすめ。ヘイマン島、デイドリーム島も同じパターンでOK。

　レディエリオット島やヘロン島滞在は、ゴールドコーストを起点とした旅のほうが便利だし日程的にもロスが少ない。

●ケアンズ＋ハミルトン島＋ゴールドコースト

　クイーンズランド州の人気観光地を周遊するルート。ハミルトン島へのフライトがブリスベン発着が基本ということもあり、上記ケアンズ＋ハミルトン島パターンの最後にゴールドコースト滞在を入れるのが時間的ロスが少ない。

■ハミルトン島滞在のモデルプラン

「カップルで楽しむ4泊」「魅力を凝縮した3泊」「どうしても時間のない人向け現地2泊」といった滞在日数別に詳細を紹介→P.304～305

アイランドリゾートでは無料で楽しめるアクティビティも多い(ハミルトン島)

ハミルトン島から半日、1日のツアーが出ているホワイトヘブンビーチ

ゴールドコーストではビーチでのんびりする時間も取りたい

旅の予算とお金
Travel Budget & How to bring money

■日本～オーストラリアの
航空券代の詳細
　航空券の手配→ P.363

■現地移動の詳細
　現地での国内移動
　→ P.372

■現地観光費を安く抑える
　現地ツアーは、ツアー手
配専門のインターネット旅行
会社を通すと割引が受けられ
る場合が多い。主要な会社
は次のとおりだ。
●ナビツアー（トラベルドンキー）
URL www.navitour.com.au
URL www.traveldonkey.jp
●ホットホリデー
URL www.hotholiday.jp
●オーストラリアンツアースペシャリスト（ATS）
URL www.ats.co.jp
●ベルトラ
URL www.veltra.com/jp/
oceania/australia

■宿泊費の詳細
　ホテルの基礎知識
　→ P.380

■おもなクレジットカード
会社（日本の窓口）
●JCB カード
FREE 0120-015-870
（入会案内専用）
☎ 0570-015-870
（携帯電話から）
URL www.jcb.co.jp
●アメリカン・エキスプレス
（AMEX）
FREE 0120-020-120
☎ (03)6625-9100
URL www.americanexpress.
com/ja-jp
●三菱 UFJ ニコス（AMEX、
JCB、Master、VISA）
URL cr.mufg.jp
●三井住友カード（VISA）
URL www.smbc-card.com
●エポスカード（VISA）
URL www.eposcard.co.jp
●ダイナースクラブ（Diners）
FREE 0120-041-962
URL www.diners.co.jp

ブリスベン国際空港国
際線ターミナル到着
ホールにある両替商ト
ラベレックス

旅の予算

●日本～オーストラリアの航空券代
　本書で取り上げたゴールドコーストへはカンタス航空、ジェットスター利用が、ケアンズへはヴァージン・オーストラリア航空、ジェットスター利用が一般的。日本～ケアンズ、ゴールドコースト（ブリスベン）は安い時期だと往復 6 ～ 8 万円、高い時期で 14 万円程。

●現地移動費
　複数都市を周遊する場合は、カンタス航空やジェットスター、ヴァージン・オーストラリア航空のウェブサイトから航空券を手に入れよう。国際線航空券と一緒に予約すると割安になることが多い。

●現地観光費
　オーストラリアでは、町を離れた自然のなかでアクティブに楽しむのが基本。そのため半日～1日の現地ツアーに参加するケースが多い。半日ツアーで $80 ～ 150、1 日ツアーだと $150 ～ 280 程度必要だ。

●宿泊費
　ゴールドコースト、ケアンズの 4 ～ 5 つ星ホテルは、インターネットのホテル予約サイトを利用すると公示レートよりも割安で、1 泊 $150 ～ 300。ハミルトン島などアイランドリゾートステイの場合は、旅行会社のパッケージツアーを利用するのが割安だ。

●食費
　食費は日本よりも高い。マクドナルドのような世界的ファストフードチェーンでも 2 ～ 3 割高額で、レストランだとランチタイムでひとり $30 ～ 50、ディナーだと $50 ～ 100 を目安に。もちろんアルコール類を頼めばそのぶん高くなる。ショッピングセンターのフードコートなどを利用して食費を抑えることも考えよう。

外貨の両替

　日々刻々為替レートが変動しているので、お金の持っていき方に絶対はない。日本円で持っていって現地で両替する方法もあれば、日本で A$ を手に入れていく方法もあるし、クレジットカードでキャッシングする方法もある。
　現地での現金への両替は、マネーチェンジャー（両替商）で行う。場所によってレート、手数料が異なるので、できれば数軒確認しておきたい。両替商は土・日曜や夜間でも開いているところが多い。なおオーストラリアはキャッシュレス決済が進んでおり、一部ホテルやレストランでは現金を受け付けてくれないほど。現金両替はあくまで最低限にしておき、後述する各種カード類を積極的に利用しよう。

●クレジットカード

　オーストラリアでは、ホテル、レストランはもちろん、ほとんどの店舗、ツアー会社、郵便局、タクシーなどでクレジットカードが使える。しかも請求時のレートがよく、キャッシングサービスも受けられ、海外旅行保険が付いてくる（一部のカードのみ）など、持っていくメリットは大きい。オーストラリアでほぼどこでも使えるのがVISA、Master（このどちらかのカードは必須で、できればタッチ決済対応のもの）。4～5つ星ホテルや主要観光地のレストラン、ショップはAMEX、JCB、Diners も使えることが多い。

　現地で使用する現金も、現地ATMでのキャッシングが一般的。キャッシング時の為替レートは銀行間取引レートに近く、支払期日までの利子を考えてもお得。同日同時刻であれば、現金の日本円をA$に両替するより確実にいい。キャッシングできるのはVISA、Master のほか、カードに Cirrus、PLUS マークが入っているもの（ほとんどのクレジットカードが対応）。各空港、市中に数多くのATMがあり、24時間利用できるのもメリットだ。なおATMは、会社により操作方法が多少異なる（大手トラベレックスのATM操作例は下記参照）。

●デビットカード

　使用方法はクレジットカードと同じだが支払いは後払いではなく、発行金融機関の預金口座から即時引き落としが原則となる。口座残高以上に使えないので予算管理をしやすい。加えて、現地ATMから現地通貨を引き出すこともできる。

●海外専用プリペイドカード

　海外専用プリペイドカードは、外貨両替の手間や不安を解消してくれる便利なカードのひとつだ。多くの通貨で国内での外貨両替よりレートがよく、カード作成時に審査がない。出発前にコンビニATMなどで円をチャージし（預け入れ）、その範囲内で渡航先のATMで現地通貨の引き出しができるので、使い過ぎや多額の現金を持ち歩く不安もない。VISA、Master 提携カードの場合、加盟店ではデビットカードとしても利用可能（カードによっては若干の手数料が必要）。日本で入金代行人の手続きをしておけば、旅行中お金が足りなくなった場合でも入金してもらえる。クレジットカードを持てない未成年者の海外旅行にも利用価値が高い。

■ **最新為替レートをインターネットで**

『地球の歩き方』ホームページでは、東京三菱UFJ銀行の現金、T/Cのレートを表示している（毎日正午頃更新）。
URL www.arukikata.co.jp/rate

■ **海外専用プリペイドカード発行会社**

おもなカードは下記のとおり。
● アプラス発行「GAICA ガイカ」
URL www.gaica.jp
● アプラス発行「「MoneyT Global マネーティーグローバル」
URL www.aplus.co.jp/prepaidcard/moneytg
● トラベレックスジャパン発行
「Multi Currency Cash Passport マルチカレンシーキャッシュパスポート」
URL www.travelex.co.jp/product-services/multi-currency-cash-passport

クレジットカードでキャッシングできるATMは、空港やショッピングセンターなど、人の集まる所には必ずある

ATMの使い方

①カードを挿入して手続き開始

② PIN は暗証番号のこと。4桁の暗証番号をキーボードから入力

③サービスの選択。お金の引き出しなので withdrawal を選択

④レシートを必要とするかどうかを Yes / No で選択

⑤クレジットカードでのキャッシングなので Credit を選択

⑥引き出し外貨の種類を選択（A$ のみ画面表示）

⑦必要な金額を選択

⑧最後にカード会社への請求金額が表示され、問題なければ Accept を選択

※大手トラベレックスのATMの場合で、他社のATMは多少使い方が異なる。

出発までの手続き
Prepare

■パスポートAtoZ（外務省）
URL www.mofa.go.jp/mofaj/
toko/passport/

■パスポート申請に必要な書類
① 一般旅券発給申請書
　各都道府県庁の旅券課でもらえる。申請書にはサイン（署名）をする欄がある。サインは和文でも英文でもOK。
② 戸籍謄本（1通）
　6ヵ月以内に発行されたもの。本籍地の市区町村の役所で発行してくれる。
③ 住民票（1通）
　住民登録している市区町村の役所で6ヵ月以内に発行され、かつ本籍の入ったもの。住基ネット運用の都道府県窓口で申請の場合、不要。
④ 顔写真（1枚）
　6ヵ月以内に撮影したもの。サイズは縦45mm×横35mm（顔部分の縦の長さ34mm±2mm）。背景無地、無帽正面向き、上半身。白黒でもカラーでもよい。
⑤ 申請者の身元を確認するための書類
　パスポート、運転免許証など官公庁発行の写真付き身分証明書、あるいはマイナンバーカードならひとつ。健康保険証、年金手帳などはふたつ必要。
⑥ 旅券を以前申請した人は、その旅券

■パスポートの発給手数料
　受領窓口脇で手数料ぶんの印紙（都道府県収入証紙と収入印紙）を購入する。
● 10年有効：1万6000円
● 5年有効（12歳以上）：1万1000円
● 5年有効（12歳未満）：6000円

■オーストラリアの最新ビザ情報はインターネットで
　ビザ発給の手続きや条件は、予告なしに変更になることがある。最新情報は下記にて確認のこと。
●在日オーストラリア大使館
URL japan.embassy.gov.au

パスポート

　オーストラリアへ行く際に、まず必要になるのがパスポート。持っている人も残存期間のチェックを忘れずに。オーストラリアの場合、滞在予定期間内有効のパスポートが必要となる。

　申請は自分の住民票のある各都道府県庁の旅券課で行う。学生などで現住所と住民票のある場所が違う人は、現住所のある各都道府県庁旅券課に相談してみるといい。なおパスポートは発給日から5年もしくは10年有効となっている（20歳未満の人は5年間有効のみ取得可能）。申請後1週間から10日でパスポートが発給される。受領日には受理票（申請時にもらえる）、および発給手数料を持って本人が受領に行く（発行後6ヵ月以内に受けとること）。

　なおパスポートの発給申請手続きが一部オンライン化されており、残存有効期間が1年未満のパスポートを切り替える場合や、査証欄の余白が見開き3ページ以下になった場合、マイナポータルを通じて電子申請が可能（旅券の記載事項に変更がある場合を除く）。その場合、申請時に旅券事務所へ行く必要がなくなる。

　またオーストラリア訪問に有効なパスポートを持っている場合でも、2014年3月19日以前に旅券の身分事項に変更のあった人は再取得が必要。変更内容がICチップに反映されていないためだ。国際民間航空機関（ICAO）の決定により、2015年11月25日以降は機械読取式でない旅券（パスポート）は原則使用不可となっており、ICチップに変更内容が反映されていない場合は、国際標準外と判断される可能性もある。

ビザ（査証）

　オーストラリアの入国にはビザが必要。現在は短期の観光・商用に電子ビザ（電子渡航認証）のETA（Electric Travel Authority System：イータス）登録が必要。これは旅行者のパスポート情報を出発前にオーストラリア出入国管理局に登録するもの。登録後1年間は何度でも渡豪でき、1回の入国に際し3ヵ月までの滞在が許可される。

● ETA申請はスマホのアプリで

　コロナ禍前までは旅行会社や申請代行業者に依頼する方法があったが、現在は専用アプリからのみ取得可能。しかも2023年7月現在アプリの画面はすべて英語だ。少し難しく感じるかもしれないが、ゆっくり読み進めていけば大丈夫。なおパスポート情

上：ETA申請アプリの画面。パスポートはスマホのカメラでスキャン後にICカードの読み取りも行う。また顔写真撮影時には背景ができるだけ無地であることが望ましい。
左：登録後送られてくるETA登録済みのPDF

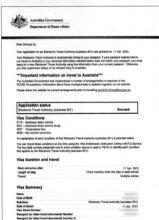

報をスマホで読み取る必要があるため、スマホはNFC Type B（近距離無線通信規格B）に対応している必要がある。古いスマホや低価格のスマホだと対応していない場合があるので注意が必要だ。家族や親しい友人であれば、1台の対応スマホで全員分の申請も可能だ。

　申請時には、パスポートの顔写真が載っているページのスキャン、さらにパスポートのICチップの読み取り、顔写真撮影、現住所の登録を行い、メールアドレスを登録。送られてくる認証コードを入力して続ける。

　ビザの種類（観光／商用）の選択、犯罪歴（Criminal convictions）の有無や家庭内暴力の加害歴（Domestic violence offence）などを申告。現地コンタクト先を記入する欄には、滞在予定ホテルの住所と電話番号を入力しておけばOKだ。申請終了後、特に問題がなければ24時間以内に登録メールアドレス宛にETAがPDFで送られてくる（1時間以内に届くことがが多い）。またPDF受信後は、ETAの内容をアプリ内でも確認可能となる。

●そのほかのビザ

　オーストラリアでは働きながら旅ができるワーキングホリデー・ビザが人気がある。日本人の場合18〜30歳の人が申請可能で、取得すれば原則1年間オーストラリアで旅をしたり、働いたりできる。また現地で一定条件を満たすと1回の1年延長申請も可能だ。申請方法の詳細は在日オーストラリア大使館ウェブサイト、オーストラリア政府観光局ウェブサイトで。

■オーストラリア出入国管理局 ETA 登録アプリ
● iOS

● Android

💴 \$20　💳 AMV

■オーストラリア政府観光局ワーキングホリデービザサイト
🔗 www.australia.com/ja-jp/youth-travel/working-holiday-visa/how-to-apply-for-a-working-holiday-visa-417.html

オーストラリア政府観光局のワーキングホリデー・ビザ説明サイト。申請の手順がQ＆A方式で解説されており、登録手続きサイトへのリンクもある

海外旅行保険

海外での事故や病気などの際に、助けになるのが海外旅行保険。加入は任意だが、不慮の事故に対する安心料だと思えば、高くないはずだ。

海外旅行保険は、まず基本契約として傷害保険（死亡、後遺症、治療費用）、さらに特約として疾病保険（治療費用、死亡）、賠償責任保険（旅行中に物を破損したり、他人を傷つけた場合に支払われる）、救援者費用保険（事故に遭った際、救援にかけつける人の費用に充当される）、携行品保険（旅行中の荷物を盗難、破損したときに支払われる）がある。日本の主要保険会社から、さまざまなタイプの海外旅行保険が出ており、各社のウェブサイトから申し込みも可能となっている。なお、**価格.com**や**i保険比較サイト**では、10社以上の海外旅行保険の料金・保証内容比較が可能。チェックして、よりお得に海外旅行保険に加入しよう。

価格・ｃｏｍの海外旅行保険比較サイト。人気保険も順番に表示される

国際運転免許証

オーストラリアで車やバイクの運転を予定しているなら、国際運転免許証 International Driver Permit を持っていくこと。日本の運転免許証があれば誰でも取得できる。有効期間は発行日から1年。取得時には1年以上有効の免許証がないといけないが、1年未満の場合は免許更新日まで有効の国際運転免許証が発給される。もちろん日本の免許証を更新してから1年間有効の国際運転免許証を取得する方法もある。国際運転免許証は、住民票のある都道府県の警察本部運転免許担当課（公安委員会）や警察署（一部）で取得できる。なお、現地で運転の際には日本の免許証、パスポートも合わせて携行しておくこと。

国際学生証

国際学生証 International Student Identity Card(ISIC) は、海外で学生であることを証明するもの。このカードの提示で、各種入場料やバスパスなどの割引が受けられる場合がある。国際学生証を取得するには、大学、短大、大学院（以上 Student）、中学、高校、専修学校本科（以上 Scholar）にフルタイムに所属していることが条件。オンライン申請し、専用アプリからバーチャルカードを呼び出して利用する。

航空券の手配
Air Ticket to Australia

パッケージツアーを利用する

往復の航空券とホテルをベースに、食事や観光などを組み込んだパッケージツアー。短期間にゴールドコースト、ケアンズ、ハミルトン島といった観光地を2ヵ所以上訪れる場合、国内線の航空券や各滞在都市でのホテル、その他もろもろの手配が必要になるが、パッケージツアーならすべて含まれているうえ、個人で予約して支払うよりも割安となる場合が多い。最近ではケアンズ、ゴールドコーストなどへの1都市滞在も高級ホテルに滞在するのであれば、パッケージツアーのほうが安くなるのが一般的だ。

●ツアー選び

ゴールドコーストやケアンズ、グレートバリアリーフへのパッケージツアーの主流は、基本的に飛行機とホテル、空港送迎に簡単な市内観光がセットされているパターン。現地自由時間も多く、好みに合わせてさまざまな観光オプションを加えられる。どんなツアーを選ぶのかは、まず、誰と何を目的に行くのかを明確にすることが大事だ。目的がはっきりしたら、パンフレットや旅行情報誌、インターネットなどで情報収集。ホテルのランク、食事の有無、オプショナルツアーの有無で料金は変わってくる。自分の目的によりフィットしたものを見つけよう。

個人旅行で旅する

ローコストキャリアのジェットスター日本線就航後、ゴールドコースト、ケアンズ旅行の飛行機代が格段に安くなった。これにより現地のホテルのランクを多少落とすことで、同日程のツアーより個人でも安く旅行することが可能となっている。しかも個人旅行の場合、ツアー日程のない日の出発や、滞在期間を長くしたり、短くしたり、あるいはツアーにないような高級リゾートに宿泊したり、といった調整も自由に決められる。安上がりなバジェットスタイルの旅から、高級志向のリッチな旅まで、自分の予算と志向に合わせてプラン作りをしよう。ただし、何かトラブルが起こっても自分で対処しなければならないので、自己管理はしっかりと。

オーストラリアへのフライト

ゴールドコースト（ブリスベン）*1 へは東京からジェットスター、カンタス航空が、ケアンズへは東京・大阪からジェットスターが、東京からヴァージン・オーストラリア航空が直行便を運航。ハミルトン島をはじめとするグレートバリアリーフの島々へはブリスベン、もしくはシドニー、メルボルン（欄外参照）で乗り換えて向かうことになる。このほかブリスベンへは日本各地からシンガポール航空やキャセイパシフィック航空、チャイナエアライン、エバー航空、フィリピン航空、ベトジェットエアなどの経由便が、ケアンズへはシンガポール航空の経由便が利用できる。

ゴールドコースト、ケアンズへの便利なフライトをもつジェットスター

■オプショナルツアーは現地での申し込みも

日程にオプショナルツアーを詰め込むと、体力的にはかなりつらくなる。現地での申し込みもできるので、行ってから決めるのも OK。余裕をもって計画をしよう。

■ホテル選び

快適な滞在を楽しみたいなら、ホテル指定や部屋指定のできるツアーを選ぼう。ショッピングが目的の旅行なら、町の中心地にあるホテルを選択するのが得策。アクティビティや観光を重視し、ホテルへは寝に帰るだけというのなら、グレードがそこそこのホテルを選び、ツアー料金を抑えることも可能だ。

■シドニー、メルボルン経由で旅を計画

2023年7月現在、シドニーへは羽田空港からカンタス航空、全日空、日本航空が毎日直行便を運航。またメルボルンへは羽田空港からカンタス航空が週4便、成田空港から日本航空が週4便フライトを運航している（カンタス航空メルボルン便は2023年11月26日より成田空港発着・毎日運航に変更予定）。シドニー、メルボルンはオーストラリア国内線のハブ空港で、ゴールドコースト、ケアンズ、ハミルトン島へのフライトも多く、旅の計画もしやすい。なおオーストラリア国内線は航空会社連合（アライアンス）や相互マイル提携の関係から、カンタス航空と日本航空の場合はカンタス航空かジェットスター、ヴァージン・オーストラリア航空と全日空の場合はヴァージン・オーストラリア航空で、日本から通して予約できる場合が多い。

---

*1：ジェットスターは2023年10月29日から東京〜ゴールドコースト便を運休し、代わりに東京〜ブリスベン便を運航する予定。また2024年2月2日から関空〜ブリスベン便も運航予定だ。

■ジェットスター
📞0570-550-538
URL www.jetstar.com/jp

■カンタス航空
📞(03)6833-0700（市外局番が03,04から始まる地区）
FREE 0120-207-020（上記以外）
URL www.qantas.com

■ヴァージン・オーストラリア航空
📞050-5369-8005（月～金 9:30～17:30）
URL www.virginaustralia.com/jp/en/book/haneda/
　2023年7月現在ヴァージン・オーストラリア航空の東京～ケアンズ便は上記電話でも、もしくは海外旅行を取り扱う旅行会社で購入可能（今後ヴァージン・オーストラリア航空のサイトで購入できる予定）。
　座席はエコノミークラスとビジネスクラスの2クラス制。エコノミークラスの航空券はチョイス Choice、フレックス Fliex に分かれているが、フライトの変更ができるかどうかの違いだけでサービスに差はない。エコノミークラスは預託荷物23kgまで（1個）、機内持ち込み手荷物7kgまで（最大2個）が含まれている。食事は含まれておらず機内で購入可能、エンターテインメントはもちろんだスマホやタブレットなど専用Wi-Fiにつないで視聴する。

個人旅行のための航空券

　ジェットスター以外のフライトの手配は、海外旅行を扱うほとんどの旅行会社で可能。季節によって値段が異なり、年末年始や夏休みなどのピーク時には当然値段も高い。ピーク時は予約も取りにくくなるので、早めにアクションを起こすことが大切だ。また国内線を含めた予約の場合は、**カンタス航空のウェブサイト**から予約すれば、思いのほか安い値段が出ることがある。チェックしてみよう！

●個人でジェットスターを利用する

　ゴールドコースト、ケアンズへの個人旅行はジェットスター利用が料金的なメリットが大きい。同社ウェブサイト、予約専用ダイヤルを通じて、日本～オーストラリアの国際線、オーストラリア国内線の予約が可能。運賃は需給関係に合わせて変動する。
　エコノミークラスで、最安値なのが**スターター** Starter。荷物は機内持ち込み手荷物（7kg）のみ認められており、必要に応じて預託荷物（15kgから5kg単位で最高40kgまで）を有料で追加する。また機内での食事、飲み物、機内エンターテインメント、アメニティキット（毛布やアイマスクなど）も有料だ。スターターで予約した場合は、払い戻し不可、予約の変更には手数料と差額が必要。スターターに機内での食事と預託荷物20kgが付き、差額運賃で予約変更可能、カンタス航空マイレージポイントが付くのが**ちゃっかり Plus**（**スタータープラス** Starter Plus）、さらに預託荷物30kgまで増え、手数料だけで払い戻しが可能となるのが**スターターマックス** Starter Max だ。

●ハミルトン島への航空券

　ハミルトン島への旅行を考えている場合、料金的にはカンタス航空のブリスベン経由が安くなる場合が多い。ただしブリスベンでは帰路日本への同日乗り継ぎはできないので、全路線をカンタス航空利用にする場合はブリスベン泊、もしくはシドニー経由を検討しよう。ハミルトン島だけの旅行で、日程的にロスが最も少ないのは往路ブリスベン経由、帰路シドニー経由だ。

カンタス航空のブリスベン便はA330

Column

「ボンド保証会員」の旅行会社が安心

　ツアーを申し込んだ旅行会社が、突然、営業停止！　というアクシデントが発生しても、その旅行会社が（社）日本旅行業協会（JATA）の正会員であれば「弁済業務保証金制度」が適用され、払い込んだ代金は弁済限度額の範囲内で返還されるが、この制度を強化したのが「ボンド保証制度」だ。
　これは、旅行会社が自己負担で一定額の「ボンド保証金」をJATAに預託しておくシステム。旅行会社が営業停止になった場合

など、JATAは弁済業務保証金制度の弁済限度額に「ボンド保証金」を加えた合計額を弁済できる。これにより、消費者は確実に弁償金が受けられる。ただし、このボンド保証制度は任意加入なので、保証が受けられるのは「ボンド保証会員」である会社と旅行契約を交わしたケースのみ。利用する旅行会社がボンド保証会員かどうかは、パンフレットや広告に表示される右上のマークが目印。

旅の持ち物
Luggage

　旅の荷物は軽くするのが原則。しかし時間のかぎられた旅行なら、必ず使うものは揃えておいて時間を有効に使いたい。以下のリストを参考に、季節、目的、期間などによって自分で工夫して荷造りをしよう。

	持ち物	チェック	備考
必須	パスポート		一番肝心。有効期限も確認しておこう。ETAの申し込みを忘れずに。コピーと顔写真があればさらに安心。
	航空券		eチケットの予約確認書のプリントアウトを持参。
	現金		日本円なら現地でも両替可能。また、日本円の現金は空港から自宅までの帰りの交通費や食事代ぶんを残しておこう。
必要	クレジットカード／海外専用プリペイドカード		オーストラリアはカード社会。小さな店でもカードが通用するところが多いし、キャッシングサービスは現金両替よりレートもいい。身分証明にもなるので必ず持っていこう。紛失時の連絡先もメモしておくこと。
	海外旅行保険証		日本の出発空港で申し込みも可能。使用クレジットカード付帯の保険を利用する場合は条件や補償内容を確認しておくこと。
	常備薬		風邪薬、整腸剤は必須。海外の薬は成分が強く、胃を傷める可能性もある。虫刺され、うがい薬も必要に応じて携帯しよう。
	国際運転免許証／日本の免許証		現地でレンタカーを運転する予定があるなら両方とも必須。日本でレンタカーを予約している場合は予約確認書のプリントアウトも持参しよう。
あると便利	洗面用品		歯磨き粉、歯ブラシ、カミソリは必ず携帯すること。高級ホテルでも基本的には用意されていない。石鹸、シャンプー、リンスは中級以上のホテルなら揃っているが、自分のお気に入りを使いたいなら持参のこと。
	化粧品		リップクリーム、保湿ローション＆クリームは男性も必要。女性の生理用品は日本からの持参をおすすめ。
	コンタクトレンズ用品		煮沸するタイプのものは、アダプター、プラグが必要。洗浄・保存液など普段使っているものが現地で手に入る保証はないので、日数分用意したほうがよい。
	変換プラグ、変圧器		ノートパソコンやスマートフォン、タブレット（ほとんど100/240V対応となっているが一応確認のこと）を利用する場合は変換プラグ（Oタイプ）が必要。持っていく電気製品が240V非対応の場合は変圧器も必要。
	デジタルカメラ		スマートフォンをデジカメ代わりに利用するのがおすすめ。デジカメを持っていく場合は、バッテリーの予備と充電器を忘れずに。記録メディアも予備があったほうが安心。
	スマートフォン／携帯電話		デジカメ代わりにしたり、無料Wi-Fiが利用できるところでは日本に連絡したり、SNSの更新をしたりできる。SIMロックフリーなら現地SIMを手に入れて利用するのがおすすめだ。
	スリッパ		高級ホテルでもランクによってはないことがある。部屋でくつろぐには必要。
	目覚まし		慣れないホテルでの時計セットは面倒。モーニングコールとの併用が無難。携帯電話やスマートフォンで代用するのもいい。
	水着		マリンスポーツに参加するなら必須。ホテルのプールで泳ぐときにも必要。現地調達も可能。
	上着		夏でも朝晩は冷えることがある。長袖の上着があると便利。フリースやレーヨンのジャケットは軽くてシワにならず重宝。
	携帯灰皿		禁煙の場所が多く、どこでも灰皿が見つかるわけではない。
	ウエットティッシュ		現地で手に入りにくい。日本のようにおしぼりがあるわけではなく、手を洗いたいのに洗える場所がないときに便利。
	日焼け対策品		日差しの強いオーストラリアでは、冬でも紫外線対策が必要。日焼け止めは必須。サングラスもあったほうがよい。

■重要メモを携帯！

　以下の連絡先をすぐわかる所にメモしておくと、いざというときに助かる。
- ●ツアーデスク　●滞在ホテル
- ●利用航空会社　●日本大使館・領事館　●クレジットカード会社
- ●保険会社　●警察・消防・救急車

■荷物の重さ

　日本〜オーストラリア線の無料機内預託荷物は、航空会社によって制限が異なる。特にLCCのジェットスター利用時は原則有料となるので注意が必要だ。詳細は利用航空会社に問い合わせよう。

■日本の電気製品

　オーストラリアの電圧は220/240V、50Hz。アダプターと変圧器が必要。

■刃物はスーツケースに

　刃物は原則、機内持ち込みの手荷物に入れることが禁止されている。すべて預託手荷物に入れるように。

■ 100㎖以下の液体物を機内持ち込み手荷物にする場合

　100㎖以下の液体であれば、1ℓ以下の大きさの透明ジップロックに、中身がわかるよう容器を入れておけば保安検査場を通過できる。100㎖以上の液体は預託手荷物に入れるようにしよう。なお、保安検査場通過後に購入する液体物は機内持ち込み可能だ。

■貴重品は手荷物に

　預ける荷物と機内に持ち込む手荷物の区分けも大事。現金や貴重品、壊れ物、薬品、カメラ、スマートフォン、タブレット、モバイルパソコン類、リチウムイオンバッテリーは手荷物に。

出入国の手続き
Immigration & Custom

■預託荷物の許容量
●オーストラリア方面の国際線

航空会社によってシステムが異なるので注意が必要。ジェットスターはエコノミークラスの場合、オプションで預託荷物の重さを指定する（15～40kgで指定）。ただし荷物1個の重さは32kgまで。

●オーストラリア国内線

カンタス航空国内線は原則3辺の合計140cm以内の荷物を1個（23kg以内）まで無料。ジェットスター、ヴァージン・オーストラリア航空は購入チケットにより異なる。

■オーストラリアへの持ち込み禁止品と入国時に申告が必要な品目

食料品や植物、動物などに関しては細かな規定がある。代表的な持ち込み禁止品に関しては下記に掲載するが、詳細はオーストラリア検疫検査局のウェブサイトで確認のこと。一部、申告することで持ち込み可能な場合もある。
●卵（生、ゆで卵）
（加工したものは可能な場合がある）
●青果物すべて
●生きている動物（ただし犬、猫は一定期間の動物検疫を受けることで可能。盲導犬は要確認）
●肉類
（6ヵ月以上保存可能な加工肉は持ち込み可能）
●ほとんどの魚類（常温保存可能に食品加工されたモノをのぞく）
●種子、あるいは種子を使った工芸品およびみやげ物
●生のナッツ類（一部可）
●繁殖力のある植物など
●土や砂

■オーストラリア検疫検査局（AQIS）

動植物検疫に関する詳細は下記参照。
URL japan.embassy.gov.au/tkyojapanese/quarantine_jp.html

日本出国の手続き

●搭乗チェックイン

搭乗手続きは、空港の利用航空会社の出発カウンターでフライト時刻の2時間前を目安に行う。現在オーストラリアへのフライトをもつほとんどの航空会社はセルフチェックイン機利用だ。機械にパスポートを読み取らせ、座席を確認し、荷物の預け入れなどの質問に答えると搭乗券（ボーディングパス）と預託荷物用シール、荷物預け入れ証がプリントアウトされる。それを預託荷物預け入れカウンターへ持っていき荷物を預けるという手順（一部航空会社は荷物預け入れもセルフの機械が導入されている）。各カウンターには必ずスタッフがいるので、うまくできないときはサポートしてくれる。刃物類や100mℓを超える液体などは機内に持ち込めないので、預託荷物に入れること。パスポートや現金などの貴重品、カメラなどの壊れ物は機内持ち込みの手荷物にしよう。荷物預け入れ証は、万一、預託荷物が目的地の空港に届かなかったり、破損している場合に必要となるので、なくさないように。

●セキュリティチェック

ハイジャック防止のため、ボディチェックと手荷物検査が行われる。手荷物をX線検査機の上に載せ、金属探知機のゲートをくぐる。100mℓ以内の液体を持ち込む場合は、容量1ℓ以下の透明ビニール袋に入れて係員に検査してもらう。

●税関

高価な外国製品（バッグ、時計など）を持っている場合は、税関カウンターで「外国製品の持ち出し届」の手続きをする。100万円相当額の現金を持ち出す場合も同様に手続きが必要。

●出国審査

自動出国ゲートにパスポートを読み取らせ、顔写真照合を行うとゲートが開いて審査終了。出国スタンプが必要な人は、ゲート後にあるカウンターにパスポートを提示すれば押してもらえる。

●搭乗ゲートへ

出国審査を抜けると免税エリアとなり、成田国際空港、羽田空港、関西国際空港ともにさまざまな免税店がある。ショッピングを楽しんだあと、搭乗券に記載されている番号の搭乗ゲートへ進む。30分前までには搭乗ゲートに着くように。

オーストラリアまでの機内で

飛行機が出発すると間もなくして、キャビンアテンダントが**入国カード** Incoming Passenger Card（税関・検疫質問票も兼ねている）を配る。到着前までに必要事項を記入しておこう（→ P.367）。

入国カード（オレンジ色）

表

裏

日本からのフライトで配られる入国カードはすべて日本語なので、記入は難しくない。
ただし記入はすべて英語で。注意したい箇所のみ説明しよう。

① 滞在予定ホテル名、都市名を記入。

② 州の略号は次のとおり。
　クイーンズランド州＝ QLD ／ニューサウスウエールズ州＝ NSW ／ノーザンテリトリー＝ NT ／ビクトリア州＝ VIC ／タスマニア州＝ TAS ／南オーストラリア州＝ SA ／西オーストラリア州＝ WA ／オーストラリア首都特別区＝ ACT

③ 検疫・税関の質問には正直に答えること。

④ 署名はパスポートと同じものを。もちろんここは日本語でもかまわない。

⑤ 現地で使える電話番号、メールアドレスがあれば記入。なければ無記入でもよい。

⑥ 日本の家族の名前と電話番号、メールアドレスを記入。

⑦ 日本から搭乗した場合は JAPAN。

⑧ 職業欄の英語例は次のとおり。
　会社員＝ OFFICE WORKER ／主婦＝ HOUSE WIFE ／学生＝ STUDENT ／無職＝ NIL

⑨ 国籍　JAPAN　と記入

⑩ 観光客は B 欄に記入のこと。

※オーストラリアの入国審査が原則 e パスポート・セルフサービスに変更になったことにともない、入国カードの書式は今後変更される場合があります。また、従来あった「出国カード」は廃止されています。

オーストラリアの入国手続き

●免税店

オーストラリアでは入国審査前に免税店がある。おもにアルコール類や香水・化粧品、たばこなどが売られている。現地で使用する予定の免税品を買える最後のチャンスだ。

●入国審査

オーストラリアの入国審査は原則 e パスポート・セルフサービス ePassport Self-service 利用となる（16 歳未満の子供とその家族連れは入国審査官の窓口へ向かう）。専用機械にパスポートを入れるとタッチパネルに日本語で質問が現れるので答える。その後、顔写真撮影があり、終わるとモノクロで顔写真が印刷されたレシートがプリントアウトされる。それをもって次のゲートへ向かうと、顔認証が行われ審査が終了する。ブリスベンやシドニー、メルボルンなどでは e パスポート・セルフサービスが審査エリア手前にもあり、こちらを利用すればほとんど並ぶ必要がない。

ブリスベン空港到着コンコース内にある e パスポート・セルフサービス

e パスポート・セルフサービスのパスポート読み取り機

e パスポート・セルフサービスから出力される照合用レシート

ブリスベン国際空港保安ゲート前。スティーブン・キラー作「トラベラー」の彫像が飾られている

●荷物受け取り

預託荷物を受け取りにターンテーブルへ。もし、荷物がなかったり損傷を受けていたら、すぐに空港職員に申し出ること。その場で申告しないと、補償はまず受けられない。

●税関・検疫検査

税関・検疫場前で、係員が機内で記入してある入国カードと e パスポート・セルフサービスで出力されたレシートの回収を行っている。回収時に記入内容を見て、申告するものがない場合は、係員が通常そのまま出口へ向かうよう指示してくれる。申告物がある場合は荷物検査となるし、申告物がない場合でもまれに荷物チェックが行われることがある。

オーストラリアの出国手続き

フライト時刻の 2 時間前までには空港に到着するようにしたい。機内持ち込みできる免税品しか購入していなかったり、免税品購入自体がない場合は、空港到着後まっすぐにチェックインカウンターへ向かおう。

●機内持ち込み不可の免税品がある場合の TRS チェック

ワインや液体化粧品など 100mℓ を超える液体物、さらにサーフボードのようなオーバーサイズの免税品がある場合は、機内持ち込みできない。そのため出国審査前に、GST 払い戻し手続きのための TRS (Tourist Refund Scheme) チェックと購入時のレシートを提示する必要がある（払い戻し手続き自体は出国審査後→下記）。ケアンズ国際空港、ゴールドコースト空港、ブリスベン国際空港ともに、1 階搭乗手続きフロアの外れに TRS オフィスがあり、ここで GST 払い戻し商品のチェックを受けて書類をもらう（機内持ち込みできる商品もある場合は一緒にチェック可能）。その後、預託荷物に商品をしまい、チェックインへと向かう。

●搭乗チェックイン

利用航空会社のカウンターで搭乗手続きをしよう。日本出発時と同じようにセルフチェックイン機利用となる。なおゴールドコースト空港ではジェットスターのチェックイン手続きは国際線・国内線とも同じカウンターで、ブリスベン国際空港やケアンズ国際空港の場合は国際線ターミナルとなる。

●セキュリティチェックと出国審査

機内持ち込み手荷物のセキュリティチェックを受けたら、出国審査だ。原則 e パスポート・セルフサービスのカウンターを利用する。パスポートを読み取り機械に入れて、特に問題がなければゲートが開き出国審査終了。その後、現金で $1 万相当以上を持ち出す場合は税関カウンターで申告が必要。

●免税品書類提出、GST の払い戻し

免税品を購入しているなら、税関員に免税品を見せて添付された書類を回収してもらう（免税品は必ず未開封の状態であること）。GST（消費税）の払い戻し手続きは、TRS (Tourist Refund

Scheme) ブースで購入した商品とタックスインボイス、パスポート、搭乗券を提示して行う。返金はクレジットカードの引き落とし口座への入金となる（→ P.383）。

●搭乗ゲートへ

搭乗券に記載されている番号の搭乗ゲートへ進む。出発の30分前までには着くようにしよう。

日本入国の手続き

●検疫

旅行中に下痢や発熱などの症状があり、体調が思わしくない人は健康相談室へ。問題がなければ、そのまま入国審査へ。

●入国審査

日本人、外国人それぞれの表示のある入国審査カウンターへ進む。日本人の場合はパスポートを機械に読み取らせる自動化ゲート。入国スタンプが必要な人はゲートの後にあるカウンターで。

●荷物の受け取り

ターンテーブルから預託荷物が出てくるので、荷物引換証の番号と照合してピックアップ。くれぐれも間違えないように。Visit Japan Web 登録をしている場合は、このエリアに設置されている機械にパスポートを読み取らせて税関審査も終わらせておく。

●植物・動物検疫

植物や動物（ビーフジャーキーなどの肉製品も）などを持ち帰った場合は、植物・動物検疫カウンターで輸入検査を受ける。これらをおみやげとして買うときには、検疫・検査証明書が付いているものを選ぼう。

●税関

旅行中に買った物品のほか、預かり物も含め、数量や価格が免税範囲かを確認。免税範囲内であれば緑の検査台で、免税範囲を超えている、または免税の範囲を超えているかどうかわからない人は赤の検査台で検査を受ける。税関では機内で配られている「携帯品・別送品申告書」を提出（家族の場合は代表者1名のみ提出となる）。課税の場合は、税関検査場内の銀行で税金を納付する。

日本入国に際する日本人ひとり当たりの免税範囲

	品　名	免税範囲	備　考
成人	酒　類	3本	1本760mlのもの。
	たばこ 「紙巻たばこ」のみ	200本	
	「加熱式たばこ」のみ	個包装10個	「加熱式たばこ」は1箱あたり紙巻きたばこ20本に相当する量。
	葉巻 のみ	50本	
	その他の場合	250g	
	香　水	2オンス	1オンス＝約28ml。オーデコロン、オードトワレは計算に含まない。
	その他の物品	20万円 (海外市価の合計)	合計額が20万円を超える場合には、20万円以内におさまる品物が免税になり、その残りの品物に課税される。1個で20万円を超える品物は全額について課税される。また1品目ごとの海外市価の合計額が1万円以下のものは、原則として免税となる
未成年	酒・たばこ	免税適用なし	
	その他の物品		6歳以上は成人と同様 6歳未満は本人の物と認められる物品のみ

■ Visit Japan Web 登録

日本入国時の手続き「入国審査」、「税関申告」をウェブで行うことができるサービス。必要な情報を登録することでスピーディに入国できる。
URL vjw-lp.digital.go.jp

■日本への持ち込み禁止物品

●麻薬、覚醒剤、向精神薬など
●拳銃や銃砲およびその部品
●通貨や証券の偽造品、変造品
●公安、風俗を害する書籍、ビデオなど
●コピー商品（偽ブランド）など

■日本への持ち込み規制がある物品

●ワシントン条約に基づく動植物や物品
●動・植物検疫の必要なもの
●猟銃、空気銃、刀剣など
●一部の医薬品や化粧品

■コピー商品の購入は厳禁！

旅行先では、有名ブランドのロゴやデザイン、キャラクターなどを模倣した偽ブランド品や、ゲーム、音楽ソフトを違法に複製した「コピー商品」を絶対に購入しないように。これらの品物を持って帰国すると、空港の税関で没収されるだけでなく、場合によっては損害賠償請求を受けることも。「知らなかった」では済まされないのだ。

携帯品・別送品申告書は機内で記入しておこう。なお Visit Japan Web で同内容を登録している場合は、上記申告書の記入は必要ない

旅の技術　空港へのアクセス
Access to Airport

■航空券購入時に支払う主要空港施設使用料など
●国際観光旅客税
出国1回につき1人1000円
●成田国際空港第1・第2ターミナル
図 大人 2660円 子供 1600円
●成田国際空港第3ターミナル
図 大人 1570円 子供 1050円
●羽田空港国際線利用
図 大人 2950円 子供 1470円
●関西国際空港第1ターミナル
図 大人 3100円 子供 1710円

■成田国際空港 (NRT)
URL www.narita-airport.jp

■JR東日本
☎ 050-2016-1600
URL www.jreast.co.jp
●JR 成田エクスプレス
図 例：東京駅 3070円 (60分) ／新宿駅・池袋駅・品川駅 3250円 (70～90分) ／横浜駅 4370円 (90分) ／大船駅 4700円 (110分)
※上記料金は通常期の場合で、閑散期には200円引き、繁盛期には200円追加となる
●JR 総武線快速成田空港行き
図 例：東京駅 1340円 (90分)

■京成電鉄
☎ 0570-081-160 (ナビダイヤル)
URL www.keisei.co.jp
図 例：京成上野駅・日暮里駅～成田空港：スカイライナー 2520円 (2507円)、アクセス特急 1270円 (1257円)、モーニングライナー＆イブニングライナー 1470円 (1442円)、快速特急 1050円 (1042円)
※ ( ) 内は PASMO、Suica など IC カードで改札を通った場合の運賃

（写真：京成電鉄提供）最短ルートで都心～成田空港を結ぶスカイライナー

成田国際空港へ

成田国際空港は第1～3と3つのターミナルがあり、利用航空会社によってターミナルが分かれている。ゴールドコースト（ブリスベン）、ケアンズへの直行便をもつジェットスターは LCC が利用する第3ターミナル発着。2023年11月26日以降ブリスベン、メルボルンへの直行便就航予定のカンタス航空、メルボルンへの直行便をもつ日本航空は第2ターミナル発着だ。

■ 電車

（写真：JR東日本提供）JR線内からのアクセスなら成田エクスプレスが便利

● JR 成田エクスプレス

都心と成田空港駅をノンストップで結ぶ。所要時間は、東京駅から約60分。運行間隔は30～60分に1本程度だが、駅によっては1日に数本の運行となる。なお成田エクスプレス以外に、逗子から横浜、東京、千葉を経由して成田空港へ向かう**総武線快速成田空港行き**の電車も運賃が安く利用価値が高い（東京駅から所要約90分）。

●京成電鉄「成田スカイアクセス」スカイライナー

京成上野駅から日暮里駅を経由して成田空港駅を結ぶ。日暮里駅～成田空港駅は成田スカイアクセス利用で、最速時速160キロ、最短36分（上野駅から41分）。このほか成田スカイアクセス利用のアクセス特急は日中、都営浅草線に乗り入れているので、都心から利用しやすい（日本橋駅～成田空港駅約50分）。

●京成電鉄 特急

京成上野駅と成田空港駅を結ぶ京成在来線が快速特急を運行（朝・夕方には全席指定のモーニング＆イブニングライナーもある。所要70～75分）。また特急は、羽田空港駅へも都営浅草線、京浜急行線を経由して、直通運転をしている（所要約105分）。

■ リムジンバス

運行本数も多く、路線も多い東京空港交通エアポートリムジン。京成バス、JR バス、ウィラーエクスプレスが東京都心部と成田空港を結ぶ格安高速バスを運行している。このほか、各バス会社が運行する地方都市発着の路線もある。バス利用の際は、道路事情により所要時間が異なるため余裕をもって出かけよう。

成田空港発着 東京空港交通エアポートリムジン（おもな路線）

発着地	所要時間	料金
東京駅・日本橋地区	80～110分	2800円
羽田空港	75分	3200円
新宿・渋谷・池袋・赤坂・九段・銀座など都内各地区	80～120分	3200円
東京ディズニーリゾート	60～85分	1900円
YCAT（横浜）	90分	3700円

東京中心部行き 成田空港シャトルバス

発着地：名称		所要時間	料金	問い合わせ
東京駅・銀座駅	エアポートバス東京・成田	80～110分	1300円	0570-048-905
大崎駅	成田シャトル	80～110分	1300円	0570-666-447

370

羽田空港へ

ヴァージン・オーストラリア航空のケアンズ線のほか、カンタス航空、日本航空、全日空のシドニー便などが羽田空港第3ターミナル（国際線専用）利用となる。

■ モノレール・電車

JR浜松町駅から東京モノレールを利用するか、京浜急行の京急空港線（京急蒲田駅〜羽田空港駅）を利用するのが便利。京浜急行は都営地下鉄浅草線、京成電鉄、北総鉄道北総線と相互乗り入れを行っており、これらの沿線ならアクセスは便利だ。

■ リムジンバス

発着場所が多くて便利なエアポートリムジン

東京空港交通エアポートリムジンが東京・銀座・新宿・渋谷など都心との間に路線をもっている。また京浜急行バスもお台場や横浜・川崎方面に路線をもっている。

関西国際空港へ

ジェットスターがケアンズ、ブリスベン（2024年2月以降）直行便を運航するのが関西国際空港。関西圏内からのアクセスは電車、バス利用が便利。

■ 電車

● JR特急はるか
京都、新大阪、天王寺各駅と関空駅間を結ぶ特急電車。1時間に上下各2本運行。

● JR関空快速
京橋、大阪、天王寺、日根野方面各駅と関空駅間を結ぶ快速電車。1時間に上下各3本運行。

● 南海電鉄ラピート
南海なんば駅と関空駅間を結ぶ全席指定の特急電車。ノンストップ所要29分のラピートαと、新今宮、天下茶屋、堺など主要駅を経由して34分で結ぶラピートβがある。このほか、空港急行（所要42分）も運行。

■ リムジンバス

関西エアポートリムジンが、大阪の主要ホテルや周辺都市から全28ルートを運行（2023年7月現在一部路線運休中）。また、大阪シティエアターミナル（OCAT）からはシャトルバスもある（所要48分、1100円）。

関西エアポートリムジン（おもな路線）

発着地	所要時間	料金
大阪主要ホテル	50〜60分	1600円
大阪空港	70分	2000円
USJ	70分	1600円
神戸三宮	65分	2000円
京都駅	95〜105分	2600円
奈良駅	80〜90分	2100円
和歌山駅	40分	1200円

■東京空港交通エアポートリムジン
📞(03)3665-7220
🌐www.limousinebus.co.jp

■羽田空港国際線旅客ターミナル（HND）
🌐www.tokyo-haneda.com

■東京モノレール
🌐www.tokyo-monorail.co.jp
🚃例：浜松町駅〜羽田空港国際線ビル駅：500円（492円）※（）内はPASMO、SuicaなどICカードで改札を通った場合の運賃

■京浜急行羽田アクセスガイド
🌐www.keikyu.co.jp/visit/haneda-airport
🚃例：品川駅〜羽田空港第3ターミナル駅：300円（292円）、横浜駅〜羽田空港第3ターミナル駅：340円（333円）※（）内はPASMO、SuicaなどICカードで改札を通った場合の運賃

■関西国際空港（KIX）
🌐www.kansai-airport.or.jp

■JR西日本
📞0570-00-2486
🌐www.westjr.co.jp
● JR特急はるか
🚃例：京都駅から指定席3080円、自由席2770円（75分）／新大阪駅から指定席2570円、自由席2260円（50分）
● JR関空快速
🚃例：京橋から1210円（所要76分）

■南海電鉄
📞(072)456-6203
🌐www.nankai.co.jp
🚃南海なんば駅〜関西国際空港：空港特急ラピート1450円（スーパーシートはプラス210円追加）、空港特急930円

■関西エアポートリムジン
📞(072)461-1374
🌐www.kate.co.jp

■OCATシャトルバス
📞(06)6635-3000
🌐ocat.co.jp

現地での国内移動
How to travel around Australia

■オーストラリア国内線航空会社連絡先

●ジェットスター
URL www.jetstar.com
日本コールセンター：
📞0570-550-538
オーストラリア国内：
📞13-15-38

●カンタス航空
URL www.qantas.com
日本国内：
📞(03)6833-0700
（市外局番が03、04で始まる地区）
FREE 0120-207-020
（前記以外）
オーストラリア国内：
📞13-13-13

●ヴァージン・オーストラリア航空
URL www.virginaustralia.com
日本国内：
📞050-5369-8005
オーストラリア国内：
📞13-67-89

●リージョナルエクスプレス（REX）
URL rex.com.au
オーストラリア国内：
📞13-17-13

●ボンザ・アビエーション
URL www.flybonza.com.au

■ボンザの予約はアプリのみ

機材も少なくフライト数も多くないため、日本人旅行者はまだほとんど利用していないボンザ。それでもケアンズやウイットサンデーコーストからサンシャインコーストへという独自のフライトをもっているので、旅のルートによっては利用価値がある。機内での食事サービスはなく、座席指定や預託荷物も有料。また予約は同社のアプリ（ウェブサイトにリンクあり）からのみできる（支払いはVISA、Masterカードのみ）。

ボンザのアプリ画面

飛行機

ハミルトン島空港に到着したジェットスター

　広大なオーストラリアを効率よく移動するなら飛行機だ。主要都市、観光地間にはフライトも多く利便性はかなり高い。日本へもフライトがある**カンタス航空** Qantas Airways (QF)、その系列会社（**カンタスリンク** Qantaslink、**ジェットスター** Jetstar）、そして日本〜ケアンズ便を運航する**ヴァージン・オーストラリア航空** Virgin Australia (VA) が、オーストラリア全土に充実した路線をもっている。このほかクイーンズランド州の内陸などへの路線をもつ**リージョナルエクスプレス＝通称 REX** Regional Express(ZL)、サンシャインコースト空港をベースにケアンズやタウンズビル、ウイットサンデーコーストなど沿岸部の町へのフライトをもつ新興 LCC の**ボンザ・アビエーション＝通称ボンザ** BONZA Aviation(AB) などが、クイーンズランド州内を飛ぶおもな航空会社だ。

ジェットスターの割引運賃

　日本でも LCC としてポピュラーなジェットスターは、オーストラリア国内でも大都市間や観光ルートを低価格で結ぶ航空会社として人気がある（エコノミークラスのみで運航）。本書で紹介した都市間では、ゴールドコースト〜ケアンズ、ブリスベン〜ケアンズ、さらにブリスベン〜ハミルトン島、ブリスベン〜ウィットサンデーコーストなど利用価値の高い路線が多い。日本からの国際線同様、預託手荷物、食事やドリンク類などの機内サービスは有料だ。料金は激安だが、シーズン、購入時期などにより大幅に変動する。ジェットスターの日本語ウェブサイトからでもオーストラリア国内線のチケット予約ができるのがうれしい（支払いにはクレジットカードが必要）。なお激安料金の場合、払い戻し不可や便名変更不可などの条件がつくので、購入時の注意事項をしっかり確認すること。

ヴァージン・オーストラリア航空の割引運賃

　日本〜ケアンズ線はミドルサービスキャリア（預託荷物無料、

ヴァージン・オーストラリア航空の
機材はボーイング737だ

機内食有料）となっているヴァージン・オーストラリア航空だが、オーストラリア国内線はジェットスター同様、預託荷物、機内サービスなどを有料とするLCCだ。同社ウェブサイト（現在は英語のみ）で予約可能で、支払いにはクレジットカードが必要だ。ウェブ上には期間限定のスペシャル割引が掲載されることが多い。フライト指定で、座席割り当て少数、払い戻し不可などの条件がつくが、お買い得だ。本書で紹介したブリスベン～ケアンズ、ブリスベン～ハミルトン島、ブリスベン～ウィットサンデーコーストなどの路線が利用価値が高い。

なお一部フライトは全日空とコードシェア運航をしており、全日空のウェブサイトから全日空便として予約可能。2023年7月現在クイーンズランド州を飛ぶフライトではケアンズ、ブリスベン、ゴールドコーストとシドニーを結ぶ便の一部がコードシェア便となっている（今後コードシェア便は増える予定）。全日空便として予約の場合は、運賃に預託荷物や機内サービスが含まれる。

カンタス航空の割引運賃

●レッドディール／スーパーセーバー／フレキシーセーバー
Red Deal / Super Saver / Flexi Saver

各路線の混み具合、シーズンに合わせて設定される割引運賃。オーストラリア国内のカンタス航空もしくはカンタス航空のウェブサイト（英語バージョン）で購入可能。なかでもレッドディールは、超格安運賃。通常運賃の60～80%割引で設定されている。ジェットスターやヴァージン・オーストラリア航空とほぼ同額となる格安チケットだ。ただし座席の割り当てが少なく、売り切れるのも早い。スーパーセーバーは通常料金の50%割引程度に設定されている運賃（フライトにより割引率は異なる）。フレキシーセーバーは割引率は通常運賃の30%程度だが、座席割り当てが多く予約が取りやすい。本書で紹介した都市間を結ぶルートでは、ケアンズ～ハミルトン島、ブリスベン～グラッドストーン（ヘロン島への入口）はカンタス航空のみの運航なので、レッドディールを早めに予約するのがおすすめだ。

オーストラリア国内線利用時の注意

●機内持ち込み手荷物の大きさ・重さ制限あり

各空港の搭乗待合室には、機内持ち込み手荷物の大きさ、重さを量るゲージが置いてある。厳密に量るようなことはほとんどないが、あまり大きいものを持ち込もうとしているところを見られると、ゲージで大きさ・重さを量られるので注意が必要。ちなみに、荷物ひとつの大きさは3辺の和が105cm以内で、重さは7kgまでで、カンタス航空、ヴァージン・オーストラリア航空はひとり2個まで。ジェットスターはひとり1個までとなっている。

■ ジェットスター、ヴァージン・オーストラリア航空、ボンザ利用時の預託荷物について

この3社は、機内持ち込み手荷物だけの場合と、預託荷物がある場合では料金が異なる。機内持ち込み手荷物だけで予約（これが一番安い）して、空港で荷物を預けることになると思いのほか高額の料金を請求されるので、荷物を預ける可能性のある人は、前もって「預託荷物」をつけて予約しよう。なおジェットスターの場合、預託荷物の重さは15～40kgの間で5kg単位で選択可能。ヴァージン・オーストラリア航空の場合はエコノミークラス23kgまでの選択のみ、ボンザは15kg、23kg、28kg、32kgから選択となっている。

■ eチケットについて

現在、航空券は個人の飛行旅程をコンピューター管理し、紙の航空券を原則廃止するeチケット制を採用している。利用者はチェックイン時に目的地（あるいはフライトナンバー）を告げ、身分証明書（パスポートなど）を提示することになる。

東海岸の小さな町や島を結ぶカンタスリンクの機材

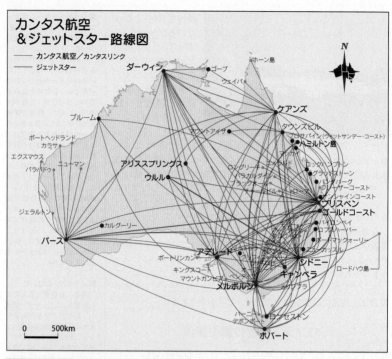

カンタス航空
＆ジェットスター路線図

—— カンタス航空／カンタスリンク
—— ジェットスター

0　500km

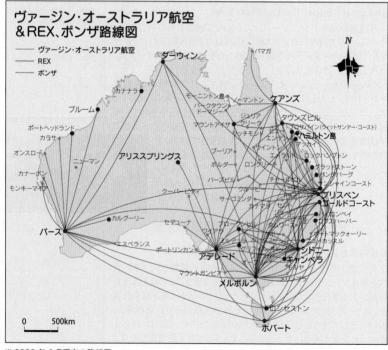

ヴァージン・オーストラリア航空
＆REX、ボンザ路線図

—— ヴァージン・オーストラリア航空
—— REX
—— ボンザ

0　500km

※ 2023年6月現在の路線図

●カンタス航空／ジェットスターのコードシェア便利用時の注意

ジェットスターのフライトは、ほとんどがカンタス航空とのコードシェア便。そのため日本でカンタス航空の予約をしたつもりでも、現地でのチェックインはジェットスターのカウンターとなる場合がある。空港によってはターミナルが分かれていることがあるので注意が必要。

●国際線の国内線区間を利用する場合

カンタス航空には、数は少ないがオーストラリア国内のいくつかの都市を経由して国外へ行くフライトがある。この国内線部分を利用する場合は注意が必要だ。まずチェックインおよび搭乗する場所が国際線ターミナルとなること。またチェックイン時に渡される搭乗券には Dマーク（国内線旅客を示す）のシールが貼られる。イミグレーションや税関では、航空券とパスポート、さらにこの Dマーク付き搭乗券を提示すると、ノーチェックで通してもらえる。そのため目的地の通関が終わるまで、絶対に搭乗券を捨てることのないように注意しよう。

Dマーク付き搭乗券

■大手・準大手レンタカー会社

●エイビスレンタカー
URL one.avisworld.com/ja_JP/AvisJapan/#

●バジェット・レンタカー
URL www.budgetjapan.jp

●ハーツ
URL www.hertz-japan.com

●ヨーロッパカー
URL www.europcar.jp

●シクスト・レンタカー
URL www.sixt.jp

●スリフティ・カーレンタル
URL www.thrifty.com.au

●ダラー・レンタカー
URL www.dollar.co.jp

●ナショナル・カーレンタル
URL www.nationalcar.com

●エンタープライズ・レンタカー
URL www.enterprise.com/en/home.html

●イーストコースト・カーレンタル
URL www.eastcoastcarrentals.com.au

レンタカー

ゴールドコースト近郊ではコアラ注意の標識を見かけることも多い

安心な大手・準大手レンタカー会社を利用する

旅行者が海外で安心して車を借りるとなると、車の整備や事故や故障に対する緊急体制、保険などしっかりした大手が安心だ。もちろん世界的大手レンタカー会社がオーストラリアでも営業。いくつかの大手は提携関係にあり、レンタルオフィスや空港のレンタカーカウンターを共有している。おもな提携関係は、**エイビスレンタカー** AVIS Rent a Carと**バジェット・レンタカー** Budget Rent a Car、**ハーツ** Hertz と**ダラー・レンタカー** dollar Rent a Car、**スリフティ・カーレンタル** Thrifty Car Rental、**ナショナル・カーレンタル** National Car Rentalと**エンタープライズ・レンタカー** Enterprise Rent-A-Car。このほか**ヨーロッパカー** Europcar、**シクスト・レンタカー** SIXT Rent a Car や、準大手でブリスベン、ゴールドコースト、ケアンズなどクイーンズランド州を中心としたネットワークをもつ**イーストコースト・カーレンタル** East Coast Car Rental の利用価値が高い。これらの会社は都市間での乗り捨て（ワンウェイレンタル）にも対応している。

■フライ＆ドライブを楽しむなら航空会社のサイトから予約しよう

カンタス航空やジェットスター、ヴァージン・オーストラリア航空のウェブサイトからは、フライ＆ドライブを楽しむ人向けにレンタカー会社へのリンクが設けられている。このリンクから予約システムに入ると、通常のレンタカーサイトから予約システムに入る場合に比べ、割引となる場合が多い。

■レンタル資格

オーストラリアでは、21歳以上からレンタカーを借りることができるのだが、多くの会社は安全性を考え25歳以上としている。ただし一部の中小レンタカー会社や、大手のパッケージシステムを日本で購入する場合などは、21歳以上でも利用可能だ。

375

車を借りる際・返す際の注意

■レンタカーを借りるための必要書類

●国際運転免許証

一時滞在者がオーストラリアで運転する場合には、国際運転免許証が必要（→ P.362）。

●日本の運転免許証

ほとんどのレンタカー会社では国際運転免許証と一緒に日本の運転免許証の確認も行う。また運転時には国際運転免許証と一緒に携帯することを義務づけている。

●クレジットカード

デポジット（保証金）としてほぼ必須。なくても借りられるが、その場合、デポジットとして1日当たり $200 ほど必要となる。

●パスポート

これは身元確認のため。

●まず予約

コロナ禍中、観光客の減少を受け、世界中でレンタカー会社が車を手放した。その後、観光客の増加に車の台数が追いつかず、間際だと予約が取れない、予約ができてもレンタカー代が高額ということが当たり前になってきている。そのため、とにかく**予定が決まったらなるべく早くウェブから予約する**。これができるだけ手頃な料金でレンタカーを借りる鉄則だ。なお当日借りたくなった場合でもウェブサイトでレンタル可能かどうかチェックはできる。ただし手頃な料金はあまり望めない。

●乗り捨て予約の注意

例えばゴールドコースト市内で車を借りて、ブリスベン空港に返却といったように、車の乗り捨て（**ワンウェイレンタル** One-way Rental）を行う場合は、予約時にその旨しっかりと伝えること。比較的近距離の都市間（ブリスベンとゴールドコーストなど）や空港で借りて市内で返却（あるいはその逆）といった乗り捨ては、大手レンタカー会社の場合、無料となるケースが多い。しかし、田舎町で車を借りた場合は、高額の乗り捨て料金が発生したり、場合によっては乗り捨て不可とする場合もあるのだ。

●レンタカー会社へのアクセス

ブリスベン空港国際線ターミナル到着ホールのレンタカー会社カウンター

空港には大手レンタカー会社のカウンターがあるので、空港からドライブする予定の人は予約時の借り出し場所を空港に指定しておくといい。それ以外の場合でも、大手の会社は比較的わかりやすい場所に営業所を構えている。またレンタカー会社によっては、電話で車を借りる旨告げると、ホテル送迎をしてくれる場合もある。

●契約内容の確認

予約したとおりのサイズ、期間（借り出した時間から24時間で1日と数える）、車の返却場所を必ず確認すること。その際、料金内容もしっかりチェック。レンタカー料金以外に、空港で借りた場合・返す場合は施設使用料が追加されたり、乗り捨ての場合は追加料金が発生したりする。このほか、ブリスベン周辺など ETC 化

空港では指定されたベイでレンタカーをピックアップ

（現地では **VIA** と呼ぶ）された有料道路を利用する場合の、料金の支払い方法も確認しておきたい（通常は後日登録されたクレジットカードに請求される）。

また、運転者が数名いる場合はその旨伝え、必ず追加運転手 Additional Driver 申請を行うこと。オーストラリアでは、レンタカー契約には基本的な保険が料金に含まれているが、慣れない場所でのドライブであり、より補償を厚くする保険制度もあるので、できることなら加入しておきたい。知っておきたい主要保険制度は次（→ P.378）のとおり。

オーストラリア
ドライブ事情

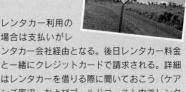

ケアンズ近郊で見かけた
珍しい「カソワリィとカ
ンガルー注意」の看板

●右方優先

右ハンドルであるため、ほとんど問題なく運転できるが、日本と異なる点もある。そのひとつが右方優先。交差点での優先順が直進車、右折車、左折車となっている。

●ラウンドアバウト Round About

これも日本にはほとんどないシステム。ラウンドアバウトと呼ばれる交差点（図参照）。田舎町や、都市でもちょっと郊外に行くと、交差点には信号がなく、ラウンドアバウトが設けられている。ラウンドアバウトは先に進入した車が基本的に優先だ（つまり右方優先）。

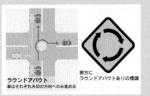

ラウンドアバウト
車はそれぞれ矢印の方向へのみ進める

前方に
ラウンドアバウトありの標識

●野生動物注意

郊外ではカンガルー、コアラ、エミュー、ウォンバットなどの野生動物が道路に飛び出してくることがある。特に多い区間には動物マークの交通標識が立てられている。なお、誤ってはねてしまった場合は、生死を確認し、生きている場合、もしくはメスの場合（袋の中に赤ん坊が生きている可能性あり）は RSPCA(Royal Society for the Prevention of Cruelty to Animals) に連絡して獣医を呼ぶ。死んでいるオスの場合はほかの車の通行のじゃまにならないよう路肩に片づける。
RSPCA URL www.rspca.org.au

●ハイウェイは高速道路にあらず

ハイウェイというのは日本の「主要国道」ほどのニュアンス。自動車専用道路をオーストラリアでは、モーターウェイ Motorway あるいはフリーウェイ Freeway と呼ぶ（フリーといっても有料道路で通行料は 50¢〜 \$3）。

なおブリスベン周辺の一部のフリーウェイは VIA と呼ばれる ETC 化された有料道路。日本の ETC とは異なり、カメラで通過車両のナンバーを撮影し、その車が登録された GO VIA Roadpass から料金が引き落とされるシステム。

レンタカー利用の場合は支払いがレンタカー会社経由となる。後日レンタカー料金と一緒にクレジットカードで請求される。詳細はレンタカーを借りる際に聞いておこう（ケアンズ周辺、およびゴールドコースト内でレンタカーを利用する場合は、VIA を気にする必要はない）。

●制限速度

町を外れると、日本なら時速 40 キロ制限と思われる道路でも、時速 100 〜 110 キロが当たり前。気をつけなければいけないのは、想像以上に路面が荒れているということ。そのためあくまで抑え気味に走り、速い車には道を譲るのが慣れない海外でのドライブの基本だ。なお、スピード違反の取り締まりはけっこう頻繁に行われているのでそのつもりで。

●駐車について

ゴールドコースト、ケアンズなど観光地の場合でも駐車可能な道路は数多い。ただし中心部の路上駐車はほとんど有料。料金支払いにはクレジットカード（Master、VISA）が利用できる。駐車エリアの一角にパーキング登録機、もしくはパーキングチケット機がある。パーキング登録機の場合は、車のナンバーを登録し、必要分の駐車料金を、チケット機の場合は必要時間ぶんの料金を支払いチケットを購入し、そのチケットをフロントガラスの内側に見えるように置いておく。なお郊外へ行くと路上駐車は基本的に無料だ。

クレジットカード可のパーキングチケット機

●ガソリンはセルフが基本

ガソリンスタンドはセルフサービスがほとんど。レンタカーの場合、基本的に無鉛ガソリン（アンレイデッド Unleaded）を給油する（一応給油口カバーに記載されている表示を確認のこと）。セルフといっても簡単で、給油機から給油ガンを外し、車の給油口に差し込んでレバーを引くだけ。満タンになると自動的にレバーが戻る。あとはスタンド内のレジで、給油機番号を告げてお金を払うだけだ。

377

■チャイルドシートは義務
　子供は年齢に合わせたチャイルドシートの使用が義務づけられている。子供連れでレンタカーを借りる際には、必要となるチャイルドシートを必ず予約しておこう。1日$5程度で借りられる。なお違反した場合はクイーンズランド州では$400の罰金が科せられる。

■カーナビは標準装備ではない

　新しい車が割り当てられた場合ならカーナビは付いているが、少し古い車だとカーナビはない。そんな場合は、追加料金でポータブルタイプのカーナビ（オーストラリアでは単にGPSナビゲーションユニットと呼ぶ）が借りられる。1台につき$10～12。なおスマートフォンの常時接続が可能なら、Googleマップなどのアプリをカーナビ代わりに使うのもおすすめ。日本語音声ガイダンスも役に立つ。

■長距離バスの詳しい情報をインターネットで

　主要路線の時刻表、割引バスの料金、条件などをインターネットで調べることができる。
●グレイハウンド・オーストラリア
URL www.greyhound.com.au

陸路をのんびり移動する旅行者に人気のグレイハウンド

◆**車両損害補償制度CDW/LDW（Collision Damage Waiver / Loss Damage Waiver）**：車を破損した場合にその損害金の支払いを免除する制度。通常レンタカー料金に含まれているが、オーストラリアでは一定額までは会社側が免責となる（車種によって免責額は異なるが通常$3000程度と高額）。

◆**車両損害補償免責減額制度ER（Excess Reduction）**：CDW／LDWの免責額を減額する制度で1日当たり$15～30追加料金が必要。加入すると免責額は$300程度まで減額される。さらに免責額をゼロにする**ゼロ・エクセスリダクション**Zero Excess Reductionを選ぶこともできる。車種により1日当たり$40～50必要だが、万一を考えて加入することをおすすめする。

●**車を返す際の注意**

　基本的には指定した返却営業所に、営業時間内に車を返すだけだ。その際、満タン返しが基本。満タンでないときは、各レンタカー会社の規定料金で足りないぶんのガソリン代が請求される（通常のガソリンスタンドより多少割高）。また早朝、あるいは夜間出発の飛行機に乗る前に車を返すときは、空港のレンタカー会社カウンターが閉まっていることが多い。その場合は、指定された場所に車を戻し、カギを各レンタカー会社のカウンターや空港内オフィスにあるエクスプレスリターン・ボックスに入れておけばよい（鍵の返却方法はちゃんと確認しておくこと）。仮に車を破損してしまった場合は、営業所カウンターで指定の用紙に破損内容、破損時の状況などを記入して渡すことになる。

●**スピード違反と運転中のスマホの扱いには特に注意が必要**

　交通ルールを守るのは当然だが、特にスピード違反に関しては日本よりもはるかに取り締まりが厳しい。日本では時速10キロ程度のスピード超過は大目に見てもらえることが多いが、オーストラリアでは数キロオーバーでもスピード違反となる。カメラによる取り締まりの場合は、日本帰国後にレンタカー会社を通じて違反切符が送付されてくる（時速9キロまでの超過で約$100の罰金）。またスマホの取り扱いも要注意。信号停止時も含む運転中に、スマホに触ったら（操作しなくても）それだけで違反対象（クイーンズランド州では$1000の罰金）。スマホのナビなどを扱う場合は、必ず車を止めてセットし、その後は決して触らないこと。

モーターウェイの出口標識はわかりやすい

長距離バス

　旅行者が通常利用する長距離バス会社は、**グレイハウンド・オーストラリア**Greyhound Australia。オーストラリア東海岸沿いに充実したルートをもっており、クイーンズランド州沿岸部のケアンズ～ブリスベン間には毎日2便の直行バスを運行している。

●割引パスを手に入れる

ある程度バスを使いこなすつもりなら、割引パス利用がおすすめだ。グレイハウンド・オーストラリアの**イーストコースト・ウイミット** East Coast Whimit と呼ばれるパスで、ケアンズ〜ブリスベン〜シドニー〜メルボルンの東海岸ルートを、使用日から連続した一定日数、自由に途中下車しながら旅ができるというものだ。7、15、30 日間の 3 種類のパスが用意されており、陸路、さまざまな町に立ち寄りながら移動したいという人におすすめだ。

長距離列車

サンシャインコーストを走るスピリット・オブ・クイーンズランド（Queensland Rail 提供）

オーストラリアでは同一区間の移動を考えると、鉄道は長距離バスよりも遅く、値段は飛行機より高い。しかし長距離列車の旅は、優雅で独特の旅情がある。クイーンズランド州内の鉄道はクイーンズランドレイル Queensland Rail が運営しており、州内にいくつかの長距離列車を運行している。ここではケアンズ〜ブリスベン間を走る代表的な列車を紹介しよう。

なおクイーンズランドレイルでは州内の鉄道を数多く利用する人のために割引パスを販売している。ケアンズ〜ブリスベンなど沿岸部の路線が、期間内一定方向に対して（ケアンズからはブリスベン方向への南路線というように）乗り降り自由となる**クイーンズランド・コースタルパス** Queensland Coastal Pass、クイーンズランド州内のすべての長距離列車が期間内乗り放題となる**クイーンズランド・エクスプローラーパス** Queensland Explorer Pass だ。どちらもエコノミークラスもしくはプレミアムエコノミークラスのみ利用可能となっている。ファーストクラスやビジネスクラスを利用する場合は追加料金が必要だ。

●スピリット・オブ・クイーンズランド Spirit of Queensland

レイルベッドはフルフラットベッドで快適（Queensland Rail 提供）

ブリスベン〜ケアンズを約 25 時間で結ぶ高速列車（週 5 往復）で、オーストラリア最高速（時速 160 キロ）で走る。広々とした座席のプレミアムエコノミーシートと、フルフラットベッドにもなる飛行機のビジネスクラスシートのようなレイルベッドの 2 クラス制。座席では映画や音楽プログラムも楽しめる。

●ティルトトレイン Tilt Train

スピリット・オブ・クイーンズランド同様の高速車両を使った列車。ブリスベン〜ロックハンプトン、ブリスベン〜バンダバーグ路線がある。

高速列車で人気の
ティルトトレイン

■イーストコースト・ウイミット料金（2023 年 6 月現在）
料 7 日間 大人 $265 ／ 15 日間 大人 $339 ／ 30 日間 大人 $415

■クイーンズランド州の長距離列車の最新時刻・料金・予約はインターネットで
FREE 1800-803-009
☎ (07)3606-6630
URL www.queenslandrail travel.com.au

■クイーンズランドレイルのパス
●クイーンズランド・コースタルパス
料 1 ヵ月有効 大人 $209
●クイーンズランド・エクスプローラーパス
料 1 ヵ月有効 大人 $299 ／ 2 ヵ月有効 大人 $389

■スピリット・オブ・クイーンズランド
●ケアンズ発
時 月水〜金曜日 9:35 ／ブリスベン着翌 10:20
●ブリスベン発
時 月〜水金曜土 13:45 ／ケアンズ着翌 14:30
※プロサパイン〜アーリービーチ、メアリーバラ〜ハービーベイの接続バスを無料で利用可能

ホテルの基礎知識
Accommodation

　個人旅行の場合は、旅の予算のなかでホテルの値段が占める割合がひじょうに大きくなる。そこで、いかに安く、好みのホテルに泊まれるかが大きなポイントとなる。特にゴールドコーストやケアンズの快適なホテルは、通常料金がどこも1泊$150以上。$300以上するホテルも少なくない。そこでここでは、少しでも安くホテルの予約をする方法を紹介する。

インターネット旅行会社を利用する

ウォティフは、オーストラリアのホテルに関しては最大規模の予約サイト

　何といってもインターネットのホテル予約サイトを積極的に活用したい。**トリバゴ**や**Googleホテル検索**などを利用し、どのサイトで目的のホテルが安く予約できるかをまず比較検索。その後、各サイトに飛んで、実際の予約を行うというのがおすすめの方法だ。ただし、比較検索で出てくる料金は、実際に予約をしようとする料金と異なることもあるので、注意が必要。

　一般的にオーストラリア最大手の**ウォティフ** Wotif、さらに日本語サイトもある**エクスペディア** Expedia、**ブッキングドットコム** Booking.com、**アゴダ** Agoda などは、対象が日本人旅行者にかぎらないのでホテル送客数が多く、お得な割引レートをもっていることが多い。さらに何度か利用することで会員ランクが変わり、お得な料金が提示されることもある。また格安料金に日本人向けサービスを加えたりして予約を受け付けている**ホテリスタ**、**JHC**、**楽天トラベル**なども要チェックだ。

　現地にオフィスを構え、現地でホテルと交渉して格安料金でホテルを仕入れている旅行会社の利用もおすすめ。**ホットホリデー**や**ナビツアー**などは、さまざまなカテゴリーのホテル手配を行っており、現地ツアーの割引予約も一緒にできるので、何かと利用しやすい。

ホテルが実施する割引

個人でできるだけ安く高級ホテルを利用する

　上記のサイトを通しても割引メリットがあまりない場合は、直接ホテルに割引プランがないかどうかチェックしよう。ヒルトングループ、アコーグループ、マリオットボンヴォイ、IHGグループなどは、自社予約サイトで最低料金保証をうたうことも多くなってきているし、自社サイト予約者へのサービス特典（Wi-Fi無料、朝食付き、部屋のアップグレード、レイトチェックアウトなど）を提示していることもある。またリゾートホテルなどでは3泊以上の滞在の場合、割引プランを用意していることが多いので、直接ホテルに問い合わせてみるといい。

レストランの基礎知識
Restaurant

多民族国家のオーストラリアは安くて豊富な食材を生かし、本場顔負けの味を提供する各国レストランがしのぎを削っている。最近では各国料理のエッセンスを取り入れ、独自のアレンジを効かせたモダンオーストラリアも登場。これら食のバラエティがオーストラリアならではの特徴となっている。

食事と一緒に楽しむお酒について

● BYO とライセンスド

雰囲気のいいレストランで食事を楽しみたい

オーストラリアではアルコールの販売はライセンス制。そこで生まれたのが BYO（Bring Your Own の略）。自分でワインやビールを持ち込むシステムだ。BYO のレストランではアルコールを出さない代わりに、持ち込み客のためにグラスを出してくれる。持ち込み料（コルク抜き料という意味でコーケージ Corkage という）としてひとり $3 〜 5 程度をチャージするのが一般的。BYO であるかどうかは、看板が掲げられているので、予約するときや入る前に確認しておこう。

アルコール販売のライセンスをもっている店はライセンスド・レストラン Licenced Restaurant という。ライセンスド＆ BYO（ワインのみ持ち込み）としているレストランもある。

●味わってみたいオーストラリアワイン

オーストラリアのワイン造りは、約 210 年前のヨーロッパ人入植とともに始まった。移民とともにブドウの苗木が持ち込まれ、各州の風土に合ったワインが造られるようになった。現在では大小約 2200 のワインメーカーがある。ワインは単一品種で造られ、ブレンドも 2 種類までが一般的。同品種のブドウを各地から集めて造るワインも多い。原産地の呼称でなく、原料品種による分類表示をしているため、わかりやすい。

オーストラリアワインと一緒にディナーを味わう

●気軽に飲めるオージービール

10 年ほど前までは、オージーに人気のアルコール飲料といえばビールで、成人ひとり当たりのビール消費量が世界ベスト 10 の常連国でもあったほど。もちろん今もビールはよく飲まれている。人気の銘柄は州によってかなり異なる。これは、かつて有名銘柄が州ごとのビールであった時代の名残だ（現在は大手資本によるビール会社買収により、ほとんどの銘柄が全国で飲めるようになっている）。また最近ではオーストラリアでもクラフトビールが人気で、しゃれたレストランでは地元産クラフトビールを提供するところも多い。

■ワインの種類

白ワイン

●ソーヴィニヨンブラン
Sauvignon Blanc

フランスのボルドー、ロワールで有名な品種。今、オーストラリアの若者の間でブームの白ワインの品種だ。シャープでフルーティなさっぱりとしたドライワイン。

●シャルドネ **Chardonnay**

フランス・ブルゴーニュの代表的な銘柄シャブリ用の品種。トロピカルフルーツ系の香りの辛口ワイン。熟成に樽を使ったかどうかで風味が異なる。

●セミヨン **Semillon**

フランス・ボルドー地方が原産。ブレンドに使われることが多いが、ハンターバレーでは 100％セミヨンもある。辛口でさっぱりとしたものからフルーティな甘口まで揃う。

●リースリング **Riesling**

ドイツやフランスのアルザス地方で有名な品種。ドライで酸味が強いものからフルーティでさっぱりとしたもの、甘い貴腐ワインまである。

赤ワイン

●カベルネソーヴィニヨン
Cabernet Sauvignon

ボルドーで有名なブドウ種。タンニン豊かなフルボディ、軽い甘口のライトボディ、ソフトな飲み口でコクもあるミディアムボディまで。なおオージーはカブサブと略して呼ぶことも多い。

●シラーズ（シラー）
Shiraz

フランス・ローヌの品種。重いスパイシーなものから口当たりのよいまろやかなものまで。単一種のほか、カベルネソーヴィニヨンとのブレンドもある。

●ピノノアール **Pinot Noir**

ブルゴーニュで有名な品種。フルーツ系の香りが強く、スモーキーで飲みやすいもの、酸味が豊かでクラシック、ライトからミディアムボディまでさまざま。発泡酒用の主要品種。

パブミールにはやっぱりビール

クイーンズランドが発祥の大人気ビール、グレートノーザン

オーストラリア全土で飲める代表的な銘柄

ビールの種類は、生ビールのドラフト draught、苦味が強いビター bitter、辛口で色の薄いラガー lager、コクがあってアルコール分が高いエール ale がある。通常アルコール分は 5%前後で、ライト light はその半分。

■おもなオージービール

●グレートノーザン Great Northern

ケアンズ発祥で、その後全国区になったのに合わせてブリスベン郊外ヤタラで作られるようになった人気ビール。口当たりがよくやや辛めで、暑いクイーンズランド州の気候によく合う。オリジナル、スーパークリスプ、さらにノンアルコールなど数種類あり。

●フォーエックス XXXX

古くからクイーンズランド州で愛されてきたビール。やや甘口で軽め。

●ビクトリアビター Victoria Bitter

ビクトリア州のビールだったが、現在ではオーストラリアで最も人気のビールとなっている。独特のコクがある。

●フォスターズ Fosters

世界各地に輸出されているオーストラリアビールの主力銘柄。もともとはビクトリア州のビールで、クセがなく飲みやすい。

●トゥーイーズ Tooheys

ニューサウスウエールズ州の主力ビールで、苦さと甘さのバランスがよい。

ビンテージものからテーブルワインまで、いろいろ試してみたい

レストラン利用術

●予約

少し高級なレストランへ行く場合は、できるだけ予約を入れよう。前日までに予約するのが望ましいが、当日でも食事の 2 ～ 3 時間前に電話を入れれば席を用意してくれることが多い。眺めのいい店で窓際をおさえたければ、数日前に予約を入れて指定するのが望ましい。

オープンエアのおしゃれなレストランが増えている

●服装

カジュアルなお国柄だけに、ネクタイ、ジャケット着用などという厳しいドレスコードを指定するレストランはほとんどない。ただしだらしがない格好だと、それなりのサービスしか受けられないので、スマートカジュアルが基本だ。

●オーダー

メニューはアントレ Entree またはアペタイザー Appetizer（前菜）、メイン Main、デザート Desert などに分かれているが、必ずしもそれぞれ 1 品ずつ頼む必要はない。おなかのすき具合によっては前菜のみ、あるいはメインのみを頼んでもいいし、前菜を何人かで分け合うのもいい。ウエーターにおすすめ料理を聞いてみるのも一案。ライセンスド・レストランでは、ドリンクメニューを最初に持ってくる。ワインはボトルはもちろんグラスワインも数種類用意しているところが多い。

●支払い

キャッシュレス化が進んでおり、テーブルでクレジットカード、デビットカードなどで支払いをするのが一般的。ホールスタッフに伝票を持ってきてもらい、料金を確認してカードを提示。通常、スタッフはカード読み取り機を携帯してくるので、その場で決済を行う（まれにキャッシャーにカードを持っていく場合もある）。なおオーストラリアは基本的にノーチップだが、気持ちのよいサービスを受けたと感じたら、決済前に伝票に支払額とチップ額（切りのいい数字に切り上げ程度）と合計額を記入。その金額を決済する。

旅の技術

ショッピングの基礎知識
Shopping

海外ブランドからオーストラリアンブランド、アボリジナルアート、カンガルーの革製品やオパールまで、ショッピングのターゲットはさまざまだ。ただし、オーストラリアドル \$1 が約95円（2023年7月現在）であることを考えると、物価は日本より高く、オーストラリアンメイドの商品以外をおみやげにする理由はあまりない。

オーストラリアンメイドで日本未入荷もあるヘレンカミンスキーのラフィアハット

レイトナイト・ショッピングデーと免税店を活用

各都市には大型のショッピングセンターがあり、まとめ買いするには最適。ブリスベンやゴールドコーストにはブランド直営店も多いが、店は通常、平日18:00頃には閉まってしまう（土・日曜はさらに早く閉店）。ただし町ごとに、1週間に1日だけ店を遅くまで開けるレイトナイト・ショッピングデーがあるので、その日をショッピングに充てるなど日程を調整しよう。また、総合免税店、総合おみやげ店は、通常21:00頃まで開いているので、日中遊んだあとでも十分ショッピングは可能だ。

オーストラリアでは、すべての物品に10%の **GST**（Goods and Service Tax ＝消費税）が加算される。しかし、一部のブランドショップや免税店は、免税価格で販売をしている。免税で買い物をするためには、航空券の予約確認証（スマホで提示でもOK）とパスポートが必要だ。また、免税店で買い物をして「Tax Free」と梱包された商品の袋は、開封せずにそのまま手荷物として出国審査を受けること。袋についている伝票は、出国審査後にタックスフリーの担当者か税関員に渡す。飛行機が離陸したら開封しても大丈夫。もし違反すると最高約500万円の罰金になる。

免税ショッピング

免税で買い物できなくても、いったん税込みの料金を支払い、あとで払い戻しが受けられる旅行者払戻制度（**TRS** ＝ Tourist Refund Scheme）がある。これは、オーストラリアを30日以内に出国すること、手荷物として未使用のまま持ち出すこと、GST込みで1点 \$300以上、あるいは同じ店での合計買い物金額が \$300以上であることが条件。なお、ワインについても同様にワイン平衡税（**WET** ＝ Wine Equalisation Tax）が免除され、14.5%が返金される。

いろいろなフレーバーのマカダミアナッツがある

払い戻し方法は、オーストラリアの各国際空港の出国審査通過後の場所にあるTRSブースで、買い物をしたときに店でもらうタックスインボイスTax Invoiceと商品、パスポート、搭乗券を提示。原則としてクレジットカードへの振り込みとなる。実際の手続きは2～3分ほどだが、15分くらいは余裕をみよう。払い戻しは航空機の出発30分前まで。

■レイトナイト・ショッピングデー
●ケアンズ：毎週木曜
●ブリスベン中東部：毎週金曜
●サーファーズパラダイス：毎週木曜

■マカダミアナッツはオーストラリアが原産地
ハワイみやげとして定着した感のあるマカダミアナッツだが、実は原産地はオーストラリア中東部（現在のゴールドコースト～サンシャインコースト）。現在も世界で栽培されるマカダミアナッツの40%はオーストラリア産だ（世界第1位）。そのためオーストラリアみやげとして、マカダミアナッツやマカダミアナッツチョコなどはひじょうにポピュラーとなっている。

■GSTなどの払い戻し品に液体が含まれる場合
ワインや化粧水など液体のGST、WET払い戻しを受ける場合は注意が必要。液体は機内持ち込みできないので、チェックイン前に出発ホールの一角にあるTRS商品チェックブースに立ち寄る必要がある。ここで還付を受けるすべての商品とタックスインボイスを提示し、タックスインボイスに確認のスタンプをもらう。その後、預託荷物に商品を詰めてしまい、チェックイン手続き。出国審査後に再びTRSブースで、先ほどスタンプをもらった書類を提示して払い戻し手続きを受けるという手順だ。

チップとマナー
Tips & Manners

■キャッシュレスが一般的

オーストラリアでは、急速にキャッシュレス化が進んでおり、一部のレストラン、ショップ、ホテル、さらにハミルトン島などのリゾートアイランドでは現金決済ができなくなっている。なおクレジットカードもタッチ決済が一般的で、店舗によってはICカード読み取り対応機械を持っていない場合もある。日本から持っていくクレジットカードの1枚（できればVISA, Master）はタッチ対応のものにしておこう。

■積極的にあいさつをしよう

オーストラリアでは公園やビーチなどを散歩する人が多い。こうした場所ではすれ違う際に、見ず知らずの人でも「Good Morning」とか「Hello」とあいさつするのがオーストラリア流。森の中のウオーキングルートなどでも同様だ。

■自然のなかからは何も持ち帰らない

グレートバリアリーフの無人島の砂やサンゴのかけら、森の中で見つけた花など、「旅の思い出」に持ち帰りたくなってしまうことがあるかもしれない。しかし自然は自然のままにがオーストラリア流。特に国立公園に指定されている場所では、勝手に何かを持ち帰ってしまうこと自体、法に触れることになる。持ち帰っていいのは「思い出と写真」……このことを肝に銘じておこう。

■タクシーは自動ドアではない

オーストラリアのタクシーは日本と違いドアはすべて手動。後部座席に乗り込んで黙っていてもドアは閉まらない。必ず自分で閉めること。また男性がひとりでタクシーに乗る場合は、助手席に座ると喜ばれる。これは人と人とのつながりを大切にするオーストラリアの伝統「マイトシップ」の表れと見なされている。

チップについて

オーストラリアには原則、チップの習慣はない。基本的に日本と同じようにしていて問題ない。ただし一部例外もある。

まずはテーブルクロスがかかっているような高級レストラン。こうした場所で食事をした場合は、会計時に10～15%程度を目安に切りのいい金額を支払うのが普通だ。クレジットカードでの伝票には、「Tip」「Total」と書かれた空欄の項目があり、「Tip」欄にチップ金額を記入するか、「Total」の欄にチップを含めた合計金額を記入し、決済する。もちろんレストランでの食事が期待ほどおいしくなかったり、サービスに不満があったりした場合は、チップを支払う必要はない。また高級ホテル利用の場合、ポーターに荷物を運んでもらったら$1～2程度の硬貨をチップとして渡すのが一般的だ。同様にタクシーでホテルに到着後、運転手にレセプションまで荷物を運んでもらった場合なども$1～2のチップを渡すといい。こうした場合のために少額の現金は用意しておきたい。

マナーについて

● TPO に合わせた服装を

オーストラリアはカジュアルな国だが、服装は最低限のTPOをわきまえておきたい。本書で紹介するケアンズやゴールドコースト、ハミルトン島では中級程度のレストランならTシャツ、短パン、スニーカーで問題ないが、ファインダイニングでは襟付きシャツ、長ズボンは必須だ。ディナータイムには、靴もスニーカーは好ましくなく、最低でもローファー程度は用意しておきたいところだ。

●列はカウンターごとにではなく一列に

銀行や郵便局、ファストフード店などで列を作る場合は、それぞれのカウンターごとに並ぶのではなく、一列に並んで、順番に開いているカウンターを利用する。トイレも同様だ。

またエスカレーターは左側に寄って立ち、右側を急いでいる人のために空けておくのが基本（「Keep Left」という）。

●飲酒・喫煙について

日本は、花見など屋外で宴会を行うことが多いせいか、飲酒にひじょうに寛大だ。しかしオーストラリアでは飲酒できる場所がかぎられており、どこでもお酒を飲んでいいというわけではない。レストランやホテルの部屋は問題ないが、屋外の場合はほとんどの場所で不可と考えたほうがいい。

また世界的な禁煙の流れもあり、オーストラリアでも喫煙場所はひじょうにかぎられている。基本的に空港、ホテルのロビー、ショッピングセンター、レストランなど公共の場所、乗り物の中はすべて禁煙。

電話とインターネット、郵便
Telephone & Call Internet, Post Service

オーストラリアの無料 Wi-Fi 事情

　旅行にスマートフォンやタブレット、モバイルパソコンなどのインターネット端末を持っていくのが当たり前になってきているが、現地で無料の Wi-Fi スポットが使えなければ、有料の接続を考えなければいけない。ここ最近オーストラリアでは無料 Wi-Fi スポットが多くなってきており、上手に利用したい。

　ファストフード店やカフェ、ショッピングセンターなどは時間限定の無料 Wi-Fi を提供しているところが多いし、ホテルはおおむね無料 Wi-Fi が利用可能だ。高級ホテルは一部で無料あるいはメンバーになれば無料（たいてい登録はその場で無料でできる）というところが多い。また SNS への投稿を期待してか、多くのツアー会社のバス車内でも無料 Wi-Fi が使えるようになってきている（回線容量があまりないので動画視聴や音声通話は不可）。このほか公衆電話のある場所では、電話ボックス自体が無料 Wi-Fi スポットになっていることが多い。

　無料 Wi-Fi 接続 OK なら、通話も無料あるいは格安の LINE、Facebook Messenger、Skype、FaceTime（iOS のみ）などが利用可能だ。

いつでもスマートフォン／携帯電話を利用したい！

　無料 Wi-Fi が利用できるに越したことはないが、やはり日本にいるときと同じようにいつでもスマートフォンや携帯電話が利用できると便利。その場合は、日本で使用しているものをオーストラリアで利用する方法、日本でオーストラリア国内専用携帯電話をレンタルする方法、オーストラリア国内で携帯電話／スマートフォンをレンタルする方法、現地でプリペイド式スマートフォンやプリペイド SIM カード（この場合は SIM ロックフリーのスマートフォンが必要）を購入する方法などが考えられる。それぞれメリット、デメリットがある。

●簡単な Wi-Fi ルーターレンタル

　料金的にも手頃で簡単なのが、日本でオーストラリア仕様の**モバイル Wi-Fi ルーター**を**レンタル**する方法。出発前に予約して成田国際空港や羽田空港、関西国際空港のカウンターで借り出し、帰国時に各空港のカウンターに返却する(1日当たり300〜1800円で容量によって異なる)。またほとんどの会社が当日空港でのレンタルにも対応している。この方法なら1台の Wi-Fi ルーターでスマホもタブレットも PC も接続できるし、2〜3人の少人数旅行で常に行動が一緒の場合は1台ルーターがあれば、全員で利用できる。

■インターネットを使うには
「地球の歩き方」ホームページでは、オーストラリアでのスマートフォンなどの利用にあたって、各携帯電話会社の「パケット定額」や海外用モバイル Wi-Fi ルーターのレンタルなどの情報をまとめた特集ページを公開中。
URL www.arukikata.co.jp/net/

■主要海外用モバイル Wi-Fi ルーターレンタル会社
●グローバル WiFi（ビジョン）
FREE 0120-510-670
URL townwifi.com
●イモトの Wi-Fi（エクスコムグローバル）
FREE 0120-800-540
URL www.imotonowifi.jp
●ワイホー（テレコムスクエア）
FREE 0120-388-212
URL www.wi-ho.net

■日本での国際電話の問い合わせ先
● NTT コミュニケーションズ
FREE 0120-003300
URL www.ntt.com/
●ソフトバンク
FREE 0088-24-0018
URL www.softbank.jp
● au 　**☎**0057 (au の携帯からは **FREE** 157)
URL www.au.com/
● NTT ドコモ（携帯）
FREE 0120-800-000 (NTT ドコモの携帯からは **FREE** 151)
●ソフトバンク（携帯）
FREE0800-919-0157 （ソフトバンクの携帯からは **FREE**157)

グローバル Wi-Fi のウェブサイト

■オーストラリアの携帯電話会社
●テルストラ
URL www.telstra.com.au
●オプタス
URL www.optus.com.au
●ボーダフォン
URL www.vodafone.com.au

■オーストラリアの州外局番
州ごとに日本の市外局番に当たる州外局番が割り振られている。なお同一州内であっても、市外へかける場合は州外局番からダイヤルする。

■フリーコールについて
基本的に1800から始まる10桁の電話番号はオーストラリア国内無料のフリーコール。1300で始まる10桁の番号は、無料通話の場合と市内通話料金の場合がある。また13から始まる6桁の番号は市内通話料金だ。こうした特殊な番号は、日本からの国際電話では原則つながらないので注意が必要。

■日本語オペレーターを介したコレクトコールの国際電話
●KDDIジャパンダイレクト
FREE 1800-551-181
FREE 1800-738-181

●日本で利用しているスマートフォンをそのまま利用する

日本で利用しているスマートフォンをそのまま使う場合は、日本の携帯電話会社が提携している海外ローミングサービスを利用することになる。NTTドコモの「世界そのままギガ」は日本で契約しているデータ量から海外渡航中に必要日数分使うプランがあり(24時間980円〜)、NTTドコモのahamoなら「海外データ通信」で20GB以内なら無料で利用できるサービスがある。またauやUQ利用者は「世界データ定額」の専用アプリを使うことで24時間690円から利用可能。ソフトバンクは、専用サイトから申し込みをしておくことで、24時間3GBまで980円で利用できる「海外あんしん定額」というプランがある。

●現地携帯会社のSIMを手に入れる

ブリスベン、ケアンズ、ゴールドコースト各空港到着ホールにオプタスOptus、ボーダフォンVodafoneのSIMカード売り場があり購入可能(どの都市でも市内に数多くのショップあり)。プリペイドのeSIMプランもあるので、現地で購入

ブリスベン空港国際線到着ホールにあるオプタスのSIMカード売り場

するのが不安、あるいはSIMカードの入れ替えが心配という人は、スマートフォンが対応しているならeSIMプランを日本出発前に購入しておき、現地到着後アクティベーションするのもおすすめだ。ちなみに2023年6月現在オプタスの場合28日間30GB＋オーストラリア国内通話無制限で$30プランが人気だ。SIMロックフリーのスマートフォンでも機種ごとに利用できるバンド(周波数)に制限がある。日本から持っていく場合は、自分の持っている機種がオーストラリアで利用可能か調べておこう。

携帯電話以外の電話機について

携帯電話／スマートフォンを利用しない場合、旅行者が利用するのは、オーストラリア最大手の電話会社テルストラTelstraが

オーストラリアから日本への国際電話（ダイレクトコール）

一番簡単な方法で料金も手頃（かける時間帯にもよるが1分約$1〜2）。
例として東京(03)1234-5678へかける場合の手順を示す。

0011 国際電話識別番号	+	81 日本の国番号	+	3 市外局番と携帯電話の最初の0を除いた番号	+	1234-5678 相手先の電話番号

※公衆電話から日本へかける場合は上記のとおり。ホテルの部屋からは、外線につながる番号を頭に付ける。

日本からオーストラリアへの国際電話

例としてブリスベン(07)1234-5678へかける場合の手順を示す。

国際電話会社の番号 0033（NTTコミュニケーションズ） 0061（ソフトバンク） 携帯電話の場合は不要	+	010※ 国際電話識別番号	+	61 オーストラリアの国番号	+	7 州外局番（頭の0は取る）	+	1234-5678 相手先の電話番号

※携帯電話の場合は010のかわりに「0」を長押しして「+」を表示させると、国番号からかけられる
※NTTドコモは、事前にWORLD CALLに登録が必要

公衆電話は国内無料。Wi-Fi ホットスポットも兼ねている

設置している公衆電話機（現地ではペイホーン Payphone と呼ぶ）、あるいはホテルの部屋に設置された電話機だ。公衆電話の数は少なくなっているが、オーストラリア国内通話が無料になっている。ホテルからの通話は市内通話が 55¢ で時間無制限。市外通話は時間・距離制で、州外局番からダイヤルする（最大料金 $2）。ホテルの部屋から電話する場合は、かけたい番号の前に外線直通番号をダイヤルする必要がある。国際電話はダイレクトコールが最も簡単（前ページ別表）。

郵便について

日本までの郵便は通常であれば4日～1週間程度で届く。2023 年6月現在、郵便事情はまだ完全にコロナ禍前には戻っておらず、余分に時間がかかる場合がある。ほとんどの郵便局は郵便・通信関係のショップをもっており、切手、アエログラム、絵はがき、封筒、小包用の箱から、スマートフォンなどネット関連商品も扱っている。

オーストラリアから日本への郵便料金 （2023 年7月現在）

種類	重量	料金
アエログラム Aerogrammes		$3.00
はがき＆封書 (エアメール)	250g 以内	$3.10
Postcard & Airmail Letter	250g ～ 500g	$10.60
	250g 以内	$16.25
郵便小包エコノミー (2kg まで)	250g ～ 500g	$21.95
Parcel Post Economy Air	500g ～ 1kg	$33.40
	1kg ～ 1.5kg	$44.85
	1.5g ～ 2kg	$56.30
郵便小包スタンダード (20kg まで)	250g 以内	$18.75
Parcel Post Standard Air	250g ～ 500g	$24.45
	500g ～ 1kg	$35.90
	1kg ～ 1.5kg	$47.35
	1.5g ～ 2kg	$58.80
	2kg 以上 0.5kg ごとの追加料金	$6.20
郵便小包エクスプレス (20kg まで)	250g 以内	$33.75
Parcel Post Express Air	250g ～ 500g	$39.45
	500g ～ 1kg	$50.90
	1kg ～ 1.5kg	$62.35
	1.5g ～ 2kg	$73.80
	2kg 以上 0.5kg ごとの追加料金	$21.20

URL www.auspost.com.au

INFORMATION

オーストラリアでスマホ、ネットを使うには

スマホ利用やインターネットアクセスをするための方法はいろいろあるが、一番手軽なのはホテルなどのネットサービス（有料または無料）、Wi-Fiスポット（インターネットアクセスポイント。無料）を活用することだろう。主要ホテルや町なかにWi-Fiスポットがあるので、宿泊ホテルでの利用可否やどこにWi-Fiスポットがあるかなどの情報を事前にネットなどで調べておくとよい。ただしWi-Fiスポットでは、通信速度が不安定だったり、繋がらない場合があったり、利用できる場所が限定されたりするというデメリットもある。そのほか契約している携帯電話会社の「パケット定額」を利用したり、現地キャリアに対応したSIMカードを使用したりと選択肢は豊富だが、ストレスなく安心してスマホやネットを使うなら、以下の方法も検討したい。

☆ 海外用モバイルWi-Fi ルーターをレンタル

オーストラリアで利用できる「Wi-Fiルーター」をレンタルする方法がある。定額料金で利用できるもので、「グローバルWiFi（[URL] https://townwifi.com/)」など各社が提供している。Wi-Fiルーターとは、現地でもスマホやタブレット、PCなどネットを利用するための機器のことをいい、事前に予約しておいて、空港などで受け取る。利用料金が安く、ルーター1台で複数の機器と接続できる（同行者とシェアできる）ほか、いつでもどこでも、移動しながらでも快適にネットを利用できるとして、利用者が増えている。

▼グローバルWiFi

海外旅行先のスマホ接続、ネット利用の詳しい情報は「地球の歩き方」ホームページで確認してほしい。
【URL】https://www.arukikata.co.jp/net/

オーストラリアが安全な国とはいえ、油断は禁物。楽しく旅行するためにも、安全管理、体調管理はしっかりしておきたい。

パスポート紛失の場合

万一パスポート（以下旅券）をなくしたら、まず現地の警察署へ行き、紛失・盗難届出証明書を発行してもらう。次に日本大使館・領事館で旅券の失効手続きをし、新規旅券の発給または、「帰国のための渡航書」の発給を申請する。現地での滞在日数を考えるとより発給が早い「帰国のための渡航書」が現実的だ。

旅券の顔写真があるページと航空券や日程表のコピーがあると手続きが早い。コピーは原本とは別の場所に保管しておこう。

盗難およびクレジットカードの紛失の場合

盗難に遭ったら必ず警察署へ出向き、盗難届出証明書をもらうこと。あとで保険の請求をするときに必要になる。またクレジットカードの盗難・紛失の場合は、違法利用を止めるために、早急に各カード会社緊急連絡先へ連絡して、カードの無効を申請する。再発行はカードにより数日〜1週間以上必要となるので、短期の旅行の場合は帰国してからの再発行が現実的だ。

日本語通訳サービス

英語を話せない人のために、連邦政府では翻訳・通訳サービスTIS（Translating & Interpreting Service ☎13-14-50）を提供している。年中無休、24時間対応だ。緊急時、病院に連絡が必要なときなどに電話口で「ジャパニーズ、プリーズ」と告げれば、日本語通訳者が対応してくれる。例えば、医師と患者、通訳の3者で通話をし、問診や応急処置を日本語で聞くことができる。

日焼け対策と健康管理

オーストラリアは日差しが強く、正午前後は特に紫外線が強い。ビーチなど屋外で長時間過ごすときには、帽子やサングラス、日焼け止めなど、日焼け対策は万全にしよう。日射病や熱中症になる場合もあるので、水分補給にも気をつけたい。風邪薬や頭痛薬、胃薬など、日本から常備薬を持っていこう。医師による診療費は実費精算となる。海外旅行保険に加入していれば、キャッシュレスでの診療といったサポートが受けられる。

また、オーストラリアの現地ツアーは体力を使うものが多い。ハードなスケジュールのなか、疲労がたまったところでのアクティビティは、ときによって身に危険を及ぼすこともあるので、自分の体調管理は怠らずに。

■在オーストラリア日本大使館・領事館
● ブリスベン
☎(07)3221-5188
● ケアンズ
☎(07)4051-5177
● キャンベラ
☎(02)6273-3244

■パスポート（旅券）の失効・発給、および「帰国のための渡航書」申請必要書類
①写真1枚（縦45mm×横35mm）
②現地警察の発行した紛失・盗難届出証明書
③戸籍謄本　1通
● その他失効手続き必要書類
①紛失一般旅券等届出書1通
● その他発給手続き必要書類
①新規旅券：一般旅券発給申請書、手数料（10年用1万6000円、5年用1万1000円）
● その他「帰国のための渡航書」申請必要書類
①渡航書発給申請書、手数料（2500円）
②旅行日程が確認できる書類（旅行会社にもらった日程表または帰りの航空券）

■外務省ホームページ（パスポートについて）
URL www.mofa.go.jp/mofaj/toko/passport/

■クレジットカード会社オーストラリア国内連絡先
● アメックス
FREE 1800-553-155
● ダイナースクラブ
☎+81-3-6770-2796（コレクトコール）
● JCB
FREE 0011-800-00090009
● マスターカード
FREE 1800-120-113
● VISA
FREE 1800-555-648
FREE 1800-125-683（三井住友カード）

■渡航先で最新の安全情報を確認できる「たびレジ」に登録しよう
外務省の提供する「たびレジ」に登録すれば、渡航先の安全情報メールや緊急連絡を無料で受け取ることができる。出発前にぜひ登録しよう。
URL www.ezairyu.mofa.go.jp/index.html

旅の会話
English Conversation

オーストラリアの英語

オーストラリアの都市部で一般的に話される英語は、イギリス英語に近く、使われる単語やスペルも英国式だ。また比較的単語を一つひとつきちんと発音するため、慣れればアメリカ英語よりも聞き取りやすい。さらに移民が多く住むオーストラリアでは相手の発音が下手だからと見下すようなことはなく、何が言いたいのかを理解しようとしてくれる。正しい英語を話そうという気持ちは捨てて、とにかくしゃべってしまおう。

一番簡単で使える英語は、「Thank you.」「Please.」「Excuse me.」。親切にされたら「Thank you.」。お願いするときは「Please.」。お願いするときのきっかけ作りは「Excuse me.」。謝るときは「Sorry.」で。

● 基本フレーズ

〜ください ■名詞, please.

とにかく最後に、**please**を付ける。
(例) Exchange, please.（両替、お願いします）両替所、銀行にて
Receipt, please.（領収書、お願いします）お店で

〜したい ■I would like to 動詞／I would like 名詞, please.

動詞の前には to が付く。最後にpleaseを付ければ、よりていねいな感じで印象もよい。
(例) I would like to check-in, please.（チェックインしたいのです）ホテルにて
I would like room service, please.（ルームサービスをお願いします）ホテルにて

〜してよいか ■Can I 動詞 〜

オーストラリアでは、canを使うことが多い。I would like to 〜 より少しくだけた感じで、許可を求める言い方。
(例) Can I try this on？（試着していいですか）お店で
Can I smoke？（たばこ吸っていいですか）相手がいる場合に

〜してください ■Please 動詞

相手に依頼するとき。最初にプリーズ！そして何とかして、と続ければOK。
(例) Please go to Marriott Hotel.（マリオットホテルに行ってください）タクシーで
Please give me a discount.（まけてください）マーケットなどで

いつ／どこ／誰／何／どうやって

5W1Hを覚えれば、質問もバッチリ。

When	(例)	When is the pick-up time？（ピックアップ時間はいつ）
		What time〜も同じ
Where	(例)	Where is a toilet？（トイレはどこ）
Who	(例)	Who is the guide？（ガイドはどなた）
What	(例)	What is this？（これは何）
Which	(例)	Which is the gate for Cairns by Jetstar Flight？
		（ジェットスターのケアンズ行きゲートはどれ）
How	(例)	How much is this？（これいくら）
		How can I go to Sea World？（シーワールドまでどう行くの）

受け答えフレーズ

これをとっさに言えたら、かなり英語慣れしている人のように聞こえる。
No, thanks. （けっこうです）すすめられて断るとき
Thanks, anyway. （とにかく、ありがとう）
何かを尋ねたが、相手もわからない、できないとき
No worries！ （心配するなよ）Thank you.に対する「どういたしまして」

■病気・緊急時の英語

I feel sick.
気分が悪い。

I have a fever.
熱があります。

Can you call a doctor？
医者を呼んでください。

Help！
助けて！

I've been robbed！
強盗に遭いました。

I've left my purse in the taxi.
タクシーに財布を忘れました。

My bag was stolen.
かばんを盗まれました。

I've lost my passport.
パスポートをなくしました。

A lost（theft）report, please.
紛失（盗難）証明書をお願いします。

Do you have any Japanese Speakers？
日本語を話せる人はいますか。

Please call the Japanese Embassy.
日本大使館に連絡してください。

■ Google 翻訳アプリを活用しよう

通常の会話利用はもちろん、カメラ機能を使えばレストランのメニューも翻訳可能だ。
URLtranslate.google.com/intl/ja/about/

■「地球の歩き方」公式LINEスタンプが登場！

旅先で出合うあれこれがスタンプに。旅好き同士のコミュニケーションにおすすめ。 LINE STORE で「地球の歩き方」と検索！

緊急時の医療会話

●ホテルで薬をもらう

具合が悪い。
アイ フィール イル
I feel ill.

下痢止めの薬はありますか。
ドゥ ユー ハ ヴ アアンティダイリエル メディスン
Do you have a antidiarrheal medicine?

●病院へ行く

近くに病院はありますか。
イズ ゼ ア アホスピタル ニ ア ヒア
Is there a hospital near here?

日本人のお医者さんはいますか。
アー ゼ ア エニー ジャパニーズ ドクターズ
Are there any Japanese doctors?

病院へ連れていってください。
ク ッ デューテイク ミートゥ ザ ホスピタル
Could you take me to the hospital?

●病院での会話

診察を予約したい。
アイ ドゥ ライク トゥ メイク アン ア ポイントメント
I'd like to make an appointment.

グリーンホテルからの紹介で来ました。
グリーン ホテル イントロデュースド ユー トゥ ミー
Green Hotel introduced you to me.

私の名前が呼ばれたら教えてください。
プリーズ レッ ミー ノ ウ ウェン マイ ネイム イズ コールド
Please let me know when my name is called.

●診察室にて

入院する必要がありますか。
ドゥ アイ ハ フ トゥ ビー アドミッテド
Do I have to be admitted?

次はいつ来ればいいですか。
ホ エン シュッダ イ カ ム ヒ ア ネクスト
When should I come here next?

通院する必要がありますか。
ドゥ アイ ハ フ トゥ ゴートゥ ホスピタル レギュラリー
Do I have to go to hospital regularly?

ここにはあと2週間滞在する予定です。
アイル ステイ ヒ ア フォ ア ナ ザ ー トゥ ウイークス
I'll stay here for another two weeks.

●診察を終えて

診察代はいくらですか。
ハ ウ マッチ イズ イット フォ ー ザ ドクターズ フィー
How much is it for the doctor's fee?

保険が使えますか。
ダ ズ マイ インシュアランス カ バ ー イット
Does my insurance cover it ?

クレジットカードでの支払いができますか。
キャナ イ ペ イ イット ウィズ マイ クレディット カード
Can I pay it with my credit card?

保険の書類にサインをしてください。
プ リーズ サイン オン ザ インシュアランス ペーパー
Please sign on the insurance papar.

※該当する症状があれば、チェックをしてお医者さんに見せよう

☐吐き気 nausea	☐悪寒 chill	☐食欲不振 poor appetite
☐めまい dizziness	☐動悸 palpitation	
☐熱 fever	☐脇の下で計った armpit	＿＿＿℃／℉
	☐口中で計った oral	＿＿＿℃／℉
☐下痢 diarrhea	☐便秘 constipation	
☐水様便 watery stool	☐軟便 loose stool	1日に＿＿回 times a day
☐ときどき sometimes	☐頻繁に frequently	絶え間なく continually
☐風邪 common cold		
☐鼻詰まり stuffy nose	☐鼻水 running nose	☐くしゃみ sneeze
☐咳 cough	☐痰 sputum	☐血痰 bloody sputum
☐耳鳴り tinnitus	☐難聴 loss of hearing	☐耳だれ ear discharge
☐目やに eye discharge	☐目の充血 eye injection	☐見えにくい visual disturbance

※下記の単語を指さしてお医者さんに必要なことを伝えましょう

●どんな状態のものを	落ちた fall	毒蛇 viper
生の raw	やけどした burn	リス squirrel
野生の wild	●痛み	(野)犬 (stray) dog
油っこい oily	ヒリヒリする buming	●何をしているときに
よく火が通っていない	刺すように sharp	ジャングルに行った
uncooked	鋭く keen	went to the jungle
調理後時間が経った	ひどく severe	ダイビングをした
a long time after it was cooked	●原因	diving
●けがをした	蚊 mosquito	キャンプをした
刺された・噛まれた bitten	ハチ wasp	went camping
切った cut	アブ gadfly	登山をした
転んだ fall down	毒虫 poisonous insect	went hiking (climbling)
打った hit	サソリ scorpion	川で水浴びをした
ひねった twist	くらげ jellyfish	swimming in the river